O INCONSCIENTE
SEM FRONTEIRAS

RENATE JOST DE MORAES

O INCONSCIENTE SEM FRONTEIRAS

Editora
IDEIAS &
LETRAS

DIREÇÃO EDITORIAL:
Carlos da Silva
Marcelo C. Araújo

CONSELHO EDITORIAL:
Avelino Grassi
Roberto Girola

COORDENAÇÃO EDITORIAL:
Denílson Luís dos Santos Moreira

REVISÃO:
P. S. Lozar

CAPA:
Inge Jost Mafra

© Todos os direitos reservados à Editora Ideias & Letras, 2021

17ª impressão

EDITORA
IDEIAS&
LETRAS

Avenida São Gabriel, 495
Conjunto 42 – 4º andar
Jardim Paulista – São Paulo/SP
Cep: 01435-001
Editorial: (11) 3862-4831
Televendas: 0800 777 6004
vendas@ideiaseletras.com.br
www.ideiaseletras.com.br

Dados Internacionais de Catalogação na Publicação (CIP)
(Câmara Brasileira do Livro, SP, Brasil)

O inconsciente sem fronteiras / Renate Jost de Moraes.
Aparecida-SP: Ideias & Letras, 2007.

Bibliografia.
ISBN 978-85-98239-80-4

1. Psicologia 2. Subconsciente I. Título.

07-1282   CDD-154.2

Índice para catálogo sistemático:

1. Inconsciente: Psicologia 154.2

Em memória

Rafael,
excepcional esposo e constante amigo
que em seu leito derradeiro
apesar de constrangido
por encontrar-se em local estrangeiro,
e pelo corpo todo monitorizado,
esforçava-se, mesmo assim,
até o último alento,
para ler e comentar a presente obra...
É em você que penso neste momento...
Estava você convencido de que deste trabalho
muito precisava a humanidade,
fazendo-me, por isso, prometer e declarar,
que não deixaria de levá-lo até o final,
mesmo que você, entre nós, viesse a faltar...

A você, Rafael, portanto,
devo a força da continuidade
e dedico, com a ternura da saudade,
este meu livro, que ora apresento.

Sua Renate

PREFÁCIO

Na oportunidade de celebração da passagem dos 10 anos da edição do livro *O inconsciente sem fronteiras*, lançado na cidade de Braga, em Portugal, em 1995, comemorando também os 30 anos do início dos trabalhos de pesquisa do método ADI/TIP – Abordagem Direta do Inconsciente/Terapia de Integração Pessoal, criado pela autora deste livro (1975) e os 20 anos da FUNDASINUM (1986), entidade instituída pela mesma autora para a coordenação das atividades relacionadas ao método ADI/TIP, sinto-me honrado pelo convite a relatar de forma sucinta o desenvolvimento da obra até a chegada deste marco histórico.

Desde o início a preocupação da autora foi de disponibilizar à humanidade o recurso de uma terapia especial, rápida e profunda, de abrangência integral do ser humano, cujos resultados eram significativos. Na época, foi necessário administrar a polêmica natural gerada por tudo o que é novo ou diferente. Mas, provavelmente em função dos resultados, essa etapa foi bem mais pacífica do que se esperava.

A Fundação de Saúde Integral Humanística – FUNDASINUM, surgiu em 1986 em substituição a uma outra entidade, o IMEP – Instituto de Medicina Psicossomática – instituído em 1982, também pela autora deste livro, com as mesmas finalidades estatutárias que hoje vigoram na FUNDASINUM, mas que não pôde concretizar-se como tal. Entretanto, a autora não desistiu de seu intento e retomou o projeto de enquadrar a ADI como instituição em função de sua missão principal e mais ampla de ajudar o homem a se reencontrar com sua natureza original, equilibrada e sadia, reorientando as distorções que passam de geração em geração e que se expressam numa variedade de sofrimentos psíquicos, relacionais físicos e existenciais.

A FUNDASINUM, portanto, foi criada com a finalidade de servir, promovendo o atendimento de pacientes carentes de recursos, criando agentes multiplicadores do trabalho, através de uma escola de formação de novos profissionais dentro da metodologia. Visa também a FUNDASINUM disponibilizar, através de publicações, os resultados deste trabalho para a comunidade de uma forma geral, em especial à científica, através de um departamento de pesquisa, que acumula a função de garantir a boa qualidade na aplicação do Método ADI/TIP a pacientes atendidos por profissionais por ela certificados.

De fato, a ADI tem potencial e possibilidades técnicas de combater os males pela raiz, especialmente os sociais, e de prevenir o surgimento de doenças de toda ordem, que aumentam em cada ano em quantidade e diversidade, segundo estatísticas sociais, apesar dos fantásticos progressos da ciência. E, pela ADI, é possível também prevenir os desvios que desorientam a juventude. É possível refazer os desequilíbrios que desestruturam a célula mater da sociedade. É possível ainda, numa perspectiva mais vasta, eliminar a violência e as guerras, que nada mais são do que uma somatória e um mecanismo repetitivo de "inconscientes familiares desagregados". A ADI, em sua aplicação prática, visa levar a pessoa em tratamento ao encontro de sua ordem intrínseco-universal, que não pode continuar a ser reduzida ao limite do psicológico para atender aos ditames do paradigma científico. Pela ADI, pode-se levar a pessoa à responder a anseios e a todos aqueles sofrimentos pessoais e sociais que se encontram na maior profundidade do ser humano.

Focalizando-se mais essas realidades junto ao processo psicoterapêutico, passou-se a estudar e a realizar projetos sociais de maior alcance. Assim, a partir de 1999, com o objetivo de ir ao encontro das necessidades sociais, além de atendimentos filantrópicos prestados à comunidade dentro de seu espaço físico, a FUNDASINUM iniciou projetos de parcerias com instituições de menores carentes, de dependência química, de menores em conflito com a lei, além de participar ativamente em projetos de clubes de serviço, órgãos de classe, e outros do III Setor, o que veio a atribuir à FUNDASINUM o prêmio de Excelência Fundacional conferido pela Federação das Fundações de Direito Privado de Minas Gerais, a FUNDAMIG, no ano de 2004.

Em 1999, as psicólogas Renate Jost e sua filha Maria Clara Jost, em nome da FUNDASINUM apresentaram os resultados da ADI/TIP no II Congresso Mundial de Psicoterapia, em Viena, Áustria. O evento projetou a ADI para a atuação em outros países, além de Portugal e Alemanha, quais sejam a Espanha, Turquia, Chile e, mais recentemente, a Itália. Preocupada em potencializar o benefício dos trabalhos para um maior número de pessoas, a FUNDASINUM lançou uma tecnologia social preventiva para líderes comunitários e profissionais de todas as áreas, ensinada através do então criado "Curso de ADI-Orientadores". Novas aplicações da ADI surgiram, entre as quais o "Curso ADI para Casais", a "ADI Organizacional", a "ADI Pedagógica" e vários outros, como resposta da criatividade de membros da ADI e com resultados sempre estimuladores.

Em 2000, a FUNDASINUM dedicou maior atenção à estruturação dos trabalhos de pesquisa científica, o que despertou a curiosidade da comunidade acadêmica, em especial dos estudantes de psicologia. Em seguida, reestruturou o curso de formação que passou a contar com um programa de respeitável qualidade pedagógica, além de um acervo de mais de 15.000 horas de vídeos de terapias realizadas pela autora, que hoje estão sendo digitalizados, digitados e categorizados por uma equipe de psicólogos que fazem parte do grupo de especializandos no método.

A instituição é hoje portadora dos certificados de Utilidade Pública Municipal, Estadual e Federal; pelo Conselho Nacional de Assistência Social (CNAS); é membro do Conselho Mundial de Psicoterapia (WCP). É participante e parceira de entidades de promoção de desenvolvimento sustentável, como a "Câmara Americana de Comércio", de promoção da ética, como a "Associação dos Dirigentes Cristãos de Empresas", de promoção humana, como a "Associação de Promoção Humana Divina Providência", e de outras entidades que se destacam por valorizar a pessoa humana. Honra seus títulos com um número cada vez maior de atendimentos a cada ano, tendo ultrapassado, em 2004, a marca de mais de 8.000 atendimentos psicoterapêuticos a carentes de recursos sem nenhuma ajuda governamental.

Cumpre-nos, ainda, neste prefácio, um ato de responsabilidade no sentido de orientar o leitor interessado em se submeter ao método ADI/TIP, e de colher os reais benefícios desse modelo de intervenção terapêutica, a consultar no *site* da FUNDASINUM o nome dos profissionais por ela certificados no endereço www.fundasinum.org.br. A FUNDASINUM certifica e mantém atualizada a certificação desses profissionais que realizam periodicamente uma reciclagem técnica. Além disso, a FUNDASINUM mantém uma estrutura que permite o acompanhamento individual da qualidade percebida por cada um dos pacientes atendidos pelos referidos profissionais por ela certificados. Esses profissionais atendem sempre em um estabelecimento denominado "TIP Clínica", marca registrada no INPI de propriedade da FUNDASINUM. Assim, todas as "TIP Clínicas" do Brasil e do exterior estão constantemente informando ao centro de pesquisa da FUNDASINUM, na cidade de Belo Horizonte, os dados estatísticos sobre os pacientes por elas atendidos. A FUNDASINUM, por sua vez, conta com assessorias especializadas de universidades e de laboratórios de pesquisas de avaliação para garantir a confiabilidade nos procedimentos de acompanhamento técnico da qualidade desses atendimentos. Além de todos os mecanismos preventivos de garantia de qualidade do atendimento acima citados, a FUNDASINUM garante ainda aos pacientes das TIP Clínicas integradas, através dessa logística, a rapidez na identificação e imediata ação corretiva, sempre que necessário.

Vale dizer que as "TIP Clínicas" estendem para as localidades onde estão instaladas as finalidades estatutárias da FUNDASINUM, ou seja, o atendimento a pacientes carentes de recursos financeiros, a formação de novos profissionais, a pesquisa, o desenvolvimento e a disponibilização dos resultados obtidos através do método.

Tudo isso se tornou possível graças a incessantes esforços e investimentos que vêm sendo realizados pela FUNDASINUM e suas mantenedoras, as TIP Clínicas, para garantir ao paciente a qualidade de uma ADI bem aplicada. Os procedimentos acima citados, portanto, surgiram como resposta da preocupação com a qualidade de atendimentos aos nossos pacientes. De fato, muitos profissionais que passaram pelo processo de especialização do Método ADI/TIP pararam na caminhada, acabando por aplicar em pacientes uma ADI/TIP de forma incompleta, distorcida, por vezes levando os pacientes a serem submetidos a um tratamento de qualidade aquém da ADI/TIP original. Com essa preocupação, a FUNDASINUM disponibilizou, através de cada uma das TIP-Clínicas, espaço para o aprimoramento técnico desses profissionais para adequação e possibilidades de futura certificação pela instituição.

Acreditamos que com esses novos procedimentos de proteção ao paciente, gerou-se uma outra expressiva contribuição para a humanidade: a garantia de que a ADI não ficará confinada a consultórios particulares ou clínicas independentes, sujeita a ser mesclada com outros procedimentos de intervenção, de acordo com o parecer de cada profissional, o que poderia acabar levando a ADI a ser diluída ou partida em incontáveis "tipos de ADI", perdendo-se a originalidade da ADI, que é completa, coerente em si, em relação à natureza integral do ser humano, e que se aprimora a cada dia, sem perder o que é essência do método. A nova da FUNDASINUM é, portanto, marcada pelo foco na unidade, na qualidade, e no seu crescimento sustentável.

Antes de encerrar este prefácio, queremos ainda comunicar ao público que um novo livro da ADI já está em "gestação". Explica-se nele como atingir, pela ADI, a humanidade com mudanças profundas de "ser", realizando cortes em relação à hereditariedade negativa dos antepassados e recuperando-se a antiga matriz humana presente na concepção onde se apresenta na forma do seu Eu-Pessoal sadio e perfeito. Por esse meio, o nível noológico, não limitado no tempo, espaço e matéria, irradia aos outros o que foi curado, e gradativamente, assim, reacertam-se as distorções e deturpações que se tornam incontroláveis, através do acúmulo no tempo, dando origem aos males familiares, sociais e da humanidade.

Em nome da criadora do método ADI/TIP, a psicóloga Gisela Renate Jost de Moraes, e da FUNDASINUM, aproveito a oportunidade para deixar aqui um agradecimento a todos que, direta ou indiretamente, ajudaram esta obra a vencer todas as etapas descritas. Agradecemos ao nosso Conselho Curador, que tanto nos incentiva na continuidade do trabalho, a cada membro de nossa administração e à sua gerência com os trabalhos de suporte, tantas vezes prolongados para além dos horários; obrigado a todos os nossos profissionais, médicos, TIP-terapeutas e visiotronistas, que tudo fazem para ajudar as pessoas que nos procuram; agradecemos aos nossos preceptores, que incansavelmente doaram horas de trabalho para a concretização das diversas atividades mencionadas; agradecemos aos jovens e dedicados estagiários, que representam o futuro desta obra; nosso agradecimento às instituições que formam as parcerias com a FUNDASINUM, possibilitando o trabalho da ADI com pessoas carentes; obrigado aos nossos "ADI-Orientadores", cujo trabalho é também voluntário e que tem um alcance inesgotável de aplicação pela ADI em grupo; agradecemos a pessoa do nosso paciente, cujo inconsciente sofrido nos ensina os meios de solucionar os problemas; agradecemos a você, leitor, que levou este livro à sua 11ª edição; por fim agradecemos a todos os que colaboraram à sua maneira para que a FUNDASINUM, unificadora das ações da ADI, fortifique-se sempre como instituição cujo objetivo, como diz a autora do método, mais do que curar, é de "reumanizar a humanidade".

Amintas Jacques de Moraes
Diretor Presidente da FUNDASINUM

APRESENTAÇÃO

A presente obra expõe três temários fundamentais:
O pensamento inicial detém-se em analisar o problema da angústia do homem moderno através de enfoques específicos do histórico do conhecimento. A ênfase recai sobre a divisão aparentemente irreversível gerada entre o saber filosófico ou humanístico e a metodologia científica, considerando-se as perniciosas consequências dessa dicotomia sobre a integralidade humana e a busca de sentido dos homens e da humanidade.

O tema seguinte oferece uma solução para o problema citado, através da apresentação de uma metodologia para esse fim criada e elaborada pela autora deste livro. É o processo denominado *Abordagem Direta do Inconsciente* ou *ADI* que se estrutura sobre os moldes científicos da "pesquisa de campo", mas focaliza como área de atuação o inconsciente ou a interioridade mais profunda do homem, onde se situa a sabedoria universal e a *intuição*. Nesse nível torna-se "possível o impossível", ou seja, a conciliação harmoniosa entre os conhecimentos científicos e os "humanísticos" e mesmo os transcendentais. O Método ADI posiciona-se também como respondendo ao *esprit de l'époque* e é proposto como *paradigma científico complementar*.

O último tema, embora o primeiro na sequência desta obra, relata a experiência de aplicação prática da ADI, concretizada em relação a pessoas em estado "psiconoossomático" de sofrimento, através do que se chamou de *Terapia de Integração Pessoal* ou *Método TIP*. Por meio da ilustração com 257 trechos de casos clínicos, retirados dos casos atendidos pela autora, e em confirmação com os resultados obtidos pela equipe de TIP-terapeutas num total de 80 mil casos atendidos (2004) no Brasil, evidenciam-se realidades antes desconhecidas do inconsciente e apresentam-se resultados inéditos do tratamento. Visa-se demonstrar, dessa forma, a aplicabilidade do método e comprovar sua validade, não só na cura e prevenção de doenças, mas como processo de reintegração do ser humano, de reumanização das ciências e de reformulação existencial da humanidade.

A obra **ADI/TIP**, resumida neste livro, não é apenas um novo enfoque *profissional* de tratamento dos problemas humanos. Mas a ADI/TIP autêntica é *vocacional*, pois surgiu para, curando os homens, reconduzi-los ao encontro de seu Eu-Pessoal, originariamente sadio e perfeito, imagem e semelhança de Deus.

INTRODUÇÃO

Em meados da década de oitenta, entregamos ao público *As Chaves do inconsciente*, visando abrir as portas para que os leitores pudessem encontrar-se — e desta maneira pela primeira vez na história — direta, metódica e desveladamente com uma dimensão mental, que antes sempre fora envolvida em mistérios: *o inconsciente*.

Rompidas as barreiras iniciais, convida-se agora o leitor, por meio de *O inconsciente sem fronteiras*, a continuar entranhando o amplo espaço da mente inconsciente e a movimentar-se sobre essa área mental em diversas direções para convencer-se, no final, de que é ilimitado o potencial de saber que jorra inesgotavelmente dessa fonte.

O inconsciente sem fronteiras, partindo do conteúdo de *As chaves do inconsciente*, conduzirá as reflexões para outros enfoques e levará ao encontro de novas informações e revelações, as quais, embora ampliando sempre mais a área de compreensão desse nível mental, não se desprendem dos dados inconscientes anteriormente obtidos e já descritos por nós.

Tudo se passa como se tivéssemos inicialmente lançado, com As Chaves do Inconsciente, uma pedra sobre as águas tranquilas da mente, que escondia sua profundidade. Imediatamente círculos concêntricos passaram a formar-se em torno deste ponto de toque, multiplicando-se em número cada vez maior, na medida em que se distanciavam desse centro, o qual, porém, continuava a manter-se presente como origem de seu movimento e como referencial constante.

Assim, em *O inconsciente sem fronteiras*, inicia-se com a "Abordagem Direta do Inconsciente" ou a "ADI" e o "Método TIP", ora em visão retrospectiva, ora por meio de enfoques evolutivos e absolutamente novos e sempre ilustrados com casos clínicos, os quais, desta vez, são apresentados em descrições mais longas e mais específicas nos detalhes metodológicos e técnicos que no livro anterior.

Logo a seguir, na medida em que os "círculos concêntricos" se ampliam e se afastam de *As chaves do inconsciente*, *O inconsciente sem fronteiras* abre seu leque, tendendo a concentrar-se predominantemente sobre a síntese do verdadeiro mecanismo do sofrimento humano e da "cura", que se relaciona muito mais com o amor e o processo global de "humanização" do que propriamente com os problemas físicos e psicológicos sofridos e queixados pelo paciente.

Introduzida esta questão, focalizamos nesta obra, sinteticamente, o desenrolar da história do humanismo através dos tempos, concluindo que o método de "Abordagem Direta do Inconsciente" se enquadra nessa evolução, encaixando-se, no contexto final, com respostas que fazem eco ao espírito da época, profundamente sedento de "interiorização" e de verdades menos relativas.

No que se refere ao processo de humanização, a pesquisa direta sobre o inconsciente evidencia informações inéditas sobre vários assuntos, dentre os quais sobre a "gênese da vida", tema que antes, devido à inexistência de respostas objetivas, tem perturbado cientistas preocupados com a manipulação da vida, especialmente em Institutos de Bioética.

Um tema que se destaca a seguir é o que se refere às "instâncias humanísticas". O processo de pesquisa sobre o inconsciente permite identificar aí a "pessoalidade" original e sadia dos seres humanos. Permite também verificar os desvios ou as deformações que criamos nesse "eu" original e, ainda, possibilita que busquemos, no próprio inconsciente, os recursos para sua reestruturação. Percebe-se, nesse nível humanístico, a instância da "inteligência" e seu potencial infinito, modificando-se, assim, conceitos tradicionalmente admitidos. Identifica-se, sobre o inconsciente, a "capacidade de amar" e seus bloqueios. Verifica-se que existe aí um "núcleo existencial" que nos permite avaliar a qualidade de vida que levamos. Finalmente percebe-se, nesse nível mental, a presença contínua de um foco de "Luz" mais a forma e o significado de sua propagação ou de seus "escurecimentos". Veremos, ainda, sob esse enfoque, que a ADI não somente nos fornece esses dados, mas também que nos permite realizar, com eficácia, o tratamento dessas áreas mencionadas, se as mesmas estiverem em desequilíbrio.

A pesquisa sobre o inconsciente aqui descrita fornece ainda, dentro da mesma temática, informações objetivas sobre valores intrínseco-universais e sobre a transcendência. Fala-se nesta obra sobre as expressões e a importância do Amor, o qual não apenas se faz necessário para sustentar o equilíbrio psicológico, mas é imprescindível para a própria sobrevivência física do homem. Através dos relatos da experiência clínica, apresentam-se também outras questões especiais, tais como a liberdade versus condicionamentos, a unicidade e a integralidade da pessoa, o sentido da vida e o sentido da morte e, por extensão, relata-se a experiência inconsciente em relação à sobrevida e à perda da matéria do corpo. Finalmente, verifica-se pela pesquisa do inconsciente como acontece o encontro do homem, dentro de si, com a revelação inconfundível de Deus, como presença pessoal e de Amor.

INTRODUÇÃO

O inconsciente sem fronteiras, através de informações fornecidas pela pesquisa da ADI, apresenta respostas para um grande número de "vazios" científicos, oferecendo simultaneamente alternativas para nossa ciência que progride incessantemente em tecnologia e descobertas "externas" ao homem, enquanto mantém o ser humano em si "reduzido", estacionado e, até mesmo, "regredindo" em seu desenvolvimento interior, conforme nos comprovam os fatos, cada vez mais alarmantes, dos acontecimentos mundiais...

Através de uma série de capítulos finais, *O inconsciente sem fronteiras* demonstra que a ADI não apenas constitui mais uma terapia ou teoria a competir com outras, mas um conhecimento extraído do interior do próprio homem e de todos os homens. Evidencia-se, então, como uma proposta de *paradigma científico complementar*, que comprova pela pesquisa e pela prática clínica o que afirma, posicionando-se, outrossim, como elo de ligação entre os dois pontos tradicionalmente inconciliáveis: o dos conceitos antropofilosóficos e as "certezas" que nos dita a metodologia científica. Desta forma, a ADI constitui-se, simultaneamente, como *ponte entre ciência e transcendência*.

Muitos são os objetivos que nos guiaram na elaboração desse trabalho. Sem dúvida, pensamos, em primeiro lugar, nas pessoas sofridas que, apesar das fantásticas descobertas científicas, não encontram na ciência fisicista o bálsamo que cura verdadeiramente suas enfermidades e seus males... Pensamos nas crianças, o futuro da humanidade, que estão em nossas mãos, e que, desde o útero materno, já se desestruturam, destroem e bloqueiam seu potencial, contaminadas por nossas falhas e nosso desamor... Pensamos nos homens angustiados e perdidos no labirinto de seu "ser" e que, paradoxalmente, são tanto mais inseguros quanto mais se agarram aos recursos do "ter"... Mas pensamos também em motivar cientistas e humanistas a darem-se as mãos, engajando-se na busca de um mesmo projeto amplo de saber, através de uma linguagem e metodologia unificadas e tendo por objetivo o progresso harmonioso, expressado na luta pela eliminação do "reducionismo" e a favor da "humanização" da ciência... Objetivamos, portanto, contribuir com essa centelha de luz para a iluminação da tenebrosa estrada vivencial de nossa humanidade, que busca exaurida e desanimada encontrar-se, enfim, com a saúde, o seu bem-estar, a fé verdadeira, a justiça e a paz social.

É assim que se apresenta *O inconsciente sem fronteiras*.

1
"O INCONSCIENTE SEM FRONTEIRAS"

Afirmou Freud que conhecer o inconsciente "diretamente" seria impossível... Jung, conseguindo atingir esse nível mental apenas pela "inferência", lamentou que o inconsciente tivesse "fronteiras intransponíveis"... Mas pela abordagem direta do inconsciente humano ou ADI e graças ao recurso da "inversão direcional", que conduz o "consciente ao inconsciente", ao invés de levar o "inconsciente ao consciente" e, por evitar-se, dessa forma, a "racionalização", rompem-se as barreiras acima mencionadas e encontram-se os conteúdos "puros" de um "inconsciente sem fronteiras"...

1.1 - CONSIDERAÇÕES INICIAIS

O inconsciente sem fronteiras *detém-se sobre a evolução da ADI e do Método TIP que aconteceu no espaço de tempo entre a publicação de* As chaves do inconsciente *até a redação do presente livro... Mas certos princípios e procedimentos básicos precisam ser enfatizados inicialmente para que se entenda melhor a continuidade da pesquisa e da experiência clínica com esse inconsciente, quando diretamente abordado...*

Uma das características mais impressionantes que encontramos no *inconsciente, quando diretamente abordado,* é a linha de coerência e de complementaridade que unifica as mais variadas informações que dele coletamos. Assim, na evolução gradativa do processo, aparecem sempre ângulos novos de aprofundamento e de ampliação, mas nunca se entra em contradição com os dados anteriormente obtidos...

Isso, sem dúvida, é para nós um referencial de segurança e um sinal de que estamos trilhando o caminho certo. Entretanto, para que o leitor possa nos acompanhar, torna-se necessário — antes de apresentar ao leitor as novas informações evolutivas — traçar um perfil das revelações mais fundamentais do inconsciente.

É isso, portanto, que apresentaremos nestes primeiros capítulos, sob o título de "O inconsciente sem fronteiras".

Começaremos por esclarecer o que é a "Abordagem Direta do Inconsciente" ou ADI e como diferenciá-la do "Método TIP" ou da "Terapia de Integração Pessoal".

Abordagem Direta do Inconsciente ou *ADI* é o nome que damos ao processo de atingir diretamente o inconsciente, através de técnicas específicas, visando a busca genérica de informações, pela "pesquisa", sobre essa área da mente. Parte-se aqui da premissa confirmada pela prática clínica de que o "inconsciente" mais do que o raciocínio consciente, o pensamento lógico, o intelecto, ou até mesmo o laboratório de análises, *oferece respostas precisas e exatas.* Isto acontece tanto dentro de perspectivas específicas ou particulares, quanto em relação a questões genéricas ou universais. E isso é confirmado tanto para realidades físico-materiais quanto para as transcendentais, pois o inconsciente é inesgotável em sua sabedoria. Entretanto, para se chegar ao alvo desejado dessa busca do saber, é necessário utilizar-se de técnicas que permitam o encontro com os conteúdos "puros" desse inconsciente, sem necessidade de interpretação, que sempre deforma a objetividade das informações obtidas. Essa tecnologia específica nos é oferecida pelo método de "Abordagem Direta do Inconsciente". A denominação de Abordagem Direta do Inconsciente *ou ADI,* nós a reservamos, portanto, para *o processo de "pesquisa" sobre o inconsciente, quando visamos adquirir conhecimentos.*

O Método de "Terapia de Integração Pessoal" ou "Método TIP", é a aplicação da ADI ao processo terapêutico de pessoas que se encontram em estado "psiconoossomático" de sofrimento. Entendamos que, em *As chaves do inconsciente* mantivemo-nos, quase que exclusiva-mente, na descrição da experiência clínica pioneira com o Método TIP. Em *O inconsciente sem fronteiras,* nos primeiros capítulos do livro, descreveremos a evolução dessa experiência, através do relato de casos e com enfoques técnico-metodológicos mais aprofundados. A seguir, nos capítulos que focalizam o processo de "humanização", orientaremos o conteúdo para assuntos originais, o das "instâncias humanísticas", temários que entrelaçam a pesquisa da ADI com o Método TIP. Assim, *no decorrer do desenvolvimento, a ADI como pesquisa do conhecimento e o Método TIP como "aplicação diagnóstico-terapêutica", se complementam e se unificam.* E isso se torna possível em função da técnica básica do *"questionamento"* que possibilita a realização de uma pesquisa, ao mesmo tempo que se faz o diagnóstico sobre o inconsciente e que se investigam aí as soluções ou os recursos terapêuticos.

A partir desse esclarecimento preliminar, focalizaremos os *fundamentos ou a essência* relacionada com o Método ADI/TIP que embasa toda e qualquer descrição que faremos daqui para frente.

A) *O objeto do processo da ADI é o inconsciente, mas o "universal"*, o da *"normalidade"*, aquele que existe em todos nós, portanto, não somente o "paranormal", o "doentio", o "reprimido", o "condicionado", o das "motivações ocultas" e de tantos outros enfoques sobre os quais se costuma centralizar o inconsciente. *O inconsciente de todos nós* abarca tudo isso, mas é bem mais amplo, repleto de registros positivos, de potencialidades, de criatividade, de intuição, de sabedoria e até de assuntos relativos à transcendência e à fé... Disso conclui-se também que todas as pessoas, as que se consideram dentro do "padrão da normalidade", podem submeter-se ao processo do Método TIP e com grandes benefícios, pois sempre há muita coisa que pode ser melhorada dentro de nós...

B) Importa saber que *toda pessoa, desde que realmente "queira", é capaz de atingir "conscientemente seu inconsciente" e de perceber os conteúdos do mesmo*. Não é necessário ter "dons" especiais de "sensibilidade" ou de "paranormalidade" para conseguir, com mais facilidade, esse objetivo. A terapia pelo Método TIP também não é facilitada ou dificultada em função de níveis de cultura diferentes, pois a sabedoria do inconsciente é inata e igual para todos. Tanto as pessoas de grande intelectualidade quanto os mais pragmáticos, ou de pouca cultura, todos têm acesso ao inconsciente. Prevê-se um treinamento preparatório da pessoa que se submeterá ao processo, mas o essencial é a *sincera abertura interior, a coragem de olhar para dentro de si, sem restrições, a "escuta* fiel*" de seu próprio inconsciente e a disposição para mudá-lo.* Tais "mudanças", muitas vezes, vão bem além da simples substituição de "registros negativos por positivos", *exigindo novas posturas "humanísticas". Pela ADI a pessoa, portanto, não apenas responde intelectual e descompromissadamente, mas empenha-se vivencialmente.*

C) Do que foi dito entende-se, portanto, que diante da ADI *o paciente não depende de "acreditar" ou não na metodologia, mas apenas de "assumir" a terapia, pois é ele próprio quem realiza todo o processo diagnóstico-terapêutico em si mesmo, conduzido apenas pelo "questionamento" do terapeuta*.

D) *A "técnica de base" da ADI e do Método TIP é o "questionamento" que conduzirá a pessoa a uma "interiorização" gradativamente mais profunda e em direção à descoberta de realidades, das quais a pessoa não tinha consciência, mas que ela própria irá descobrir*. Nesta atitude, portanto, a pessoa se encontrará com áreas que ultrapassam o nível psicológico do inconsciente, *entranhando percepções que um estudo intelectual não consegue atingir e que uma análise descritiva não é capaz de interpretar...*

E) Esta "interiorização", por sua vez, deve ser distinguida da atitude que se centraliza ou se fixa egocentricamente sobre si mesmo. *"Interiorizar-se", não é "analisar-se" em função de problemas "sofridos", mas "enfrentar-se" em relação a "opções" malfeitas e atitudes erradamente assumidas em nível inconsciente, verificando, a seguir, os seus efeitos e reformulando as questões. O paciente, portanto, deixa de ser "vítima" e torna-se "responsável",* tanto pelos "registros negativos" condicionados, quanto pelas suas mudanças, o que o conduzirá a remover e a decodificar estes condicionamentos indesejáveis e a substituí-los por outros. Estes "outros", então, terão *efeito retroativo*, ou seja, irão instalar-se naquele passado, onde foram originariamente condicionados como negativos e *na "camada viva" de seu "ser eterno", não apenas em sua memória.*

F) Para conservar-se fiel ao espírito de pesquisa do seu inconsciente e, consequentemente, tornar possível a decodificação de registros negativos, o paciente deve aprender a "distanciar-se" de si e a posicionar-se como "observador" e "consultor" do seu próprio inconsciente. Ele não deve interferir com raciocínios, pois estes gerariam imediatamente o processo de "racionalização" (Freud), afastando-o da "pesquisa" e dos conteúdos "puros" do seu inconsciente. Ao terapeuta que é o "guia" do processo é que cabe a formulação de raciocínios. Mas ele os expressará através do "questionamento", nunca como "respostas". As respostas surgirão exclusivamente do "inconsciente do paciente" e serão sempre pessoais e únicas.

G) *O "TIP-terapeuta" ou o "pesquisador" da ADI, "guia" — sempre através dos questionamentos — para a "objetivação" dos conteúdos esparsos ou amplos que o "pesquisado" percebe e revela, a partir de seu próprio inconsciente.* Se esta "objetivação" for adequadamente realizada, evidenciará uma espécie de funil que conduzirá até o *"vértice"* da questão em foco. Encontra-se aí, pela "objetivação", *o núcleo de registros de base sobre os quais se assenta toda uma gama enorme de problemas "psiconoossomáticos".* Em termos de terapia, tocar-se-á, portanto, no ponto central que deverá ser *decodificado,* para que *se quebre, depois, a* "cadeia" *ramificada para a vasta e diferenciada sintomatologia atual.*

H) Uma das *características do inconsciente,* quando diretamente pesquisado, e que precisa ser renovadamente enfatizada, é a *ausência de limitação de tempo, espaço e matéria desse nível mental.* Somente diante da consideração destes fatores é que a fenomenologia da realidade desse inconsciente pode ser entendida, inclusive quanto à possibilidade de *"objetivação exata"* desse nível mental. De fato, a percepção do inconsciente sempre foi injustamente classificada de "subjetiva" e "imprecisa". *Entenda-se agora que, lidando tecnicamente com o inconsciente diretamente pesquisado, a "precisão" nas respostas que se obterá é muito maior que a do "consciente", e nesse contexto também mais "exata" do que as afirmações científicas que conhecemos*, uma vez que estas sempre se referem apenas a "limitadas" condições e ao número mínimo de variáveis, além de responderem apenas por "aproximação", quando visam amplitudes maiores.

I) Devido às características acima mencionadas, acontece que a *memória do inconsciente não diminui ao se afastar do presente, como acontece na "memória consciente". Não há diferença de nitidez, quer percebamos no inconsciente o dia de ontem, ou a nossa fase de gestação...* A memória *"inconsciente" é infinitamente mais perfeita que a memória consciente*, pois nesta, às vezes, não sabemos precisar a hora do que aconteceu na véspera, e na memória inconsciente podemos chegar a dizer, por exemplo, dia, hora, minutos e segundos do momento em que fomos gerados. A *"comunicação inconsciente"* é também *imediata e atual, acontecendo sempre e espontaneamente*. As pessoas transmitem umas às outras a sua maneira de "ser" mais profunda, muito mais do que aquilo que racionalmente querem comunicar. Existe também a *comunicação interna, no próprio inconsciente, de situações vivenciadas no passado para o momento atual e que acontecem quando são acionadas por situações semelhantes. Há em nós o registro completo dos antepassados, o que também motiva nossos comportamentos e reações*. Agem tais registros como se fossem processos hereditários, entretanto, fomos nós que, em determinado momento da vida, os selecionamos para serem ativos como "registros de base" de nosso inconsciente. Em relação aos antepassados forma-se, em nós também, uma espécie de "cadeia": o *Mecanismo Inconsciente Automático de Repetição" (MIAR)*, que conduz à tendência de imitação inconsciente de certos fatores através das gerações... Consideremos, ainda, que o inconsciente, à semelhança da "previsão de tempo" dos nossos computadores, *identifica tendências prospectivas...* Enfim, assim como a Nova Física registra fenômenos que superam leis newtonianas de tempo, espaço e matéria, *no inconsciente também o tempo é "atemporal", porque é sempre atual, a matéria é "imaterial", porque é perpassada tranquilamente e no "espaço" se reflete também a "quadridimensionalidade"*.

J) Importa ainda considerar que o inconsciente, quando diretamente abordado, evidencia sempre o *"homem total". Isto quer dizer que não apenas se verificam aí "aspectos" ligados ao psiquismo, mas o psiquismo "todo" e não apenas a situação de "sistemas ou órgãos", mas todo o organismo, não apenas "traços" humanísticos, mas o ser humano em toda a sua integralidade.* E tudo isso acontece em profundo inter-relacionamento. *Evidencia-se no inconsciente a realidade de que todas estas instâncias podem ser harmonizadas e promover a cura total da pessoa. Essa "cura total", portanto, não está na simples remoção de problemas ou de condicionamentos, nem na recuperação de funções orgânicas, nem na ativação espiritual como processo isolado, mas na reaproximação, ao máximo possível, do homem à sua estrutura originariamente sadia e perfeita.* Esta estrutura é a dimensão da "pessoalidade" única e livre, por nós chamada de Eu-Pessoal. Aliás, *é o Eu-Pessoal que reestrutura a pessoa que está em terapia, não o TIP-terapeuta...*

K) *O Eu-Pessoal é, portanto, a instância capaz de modificar "condicionamentos" negativos.* Os condicionamentos negativos resultam de opções malfeitas por nós, geralmente, na fase do útero materno e na primeira infância. Esses, uma vez lançados no "computador" do inconsciente, costumam expressar-se automaticamente, quando acionados por "estímulos semelhantes" ou "emparelhamentos". Entretanto, o ser humano não se torna robô desses condicionamentos. Ele pode reagir e modificá-los, através da dimensão de seu Eu-Pessoal, que se evidencia espontaneamente no inconsciente. *Daí o homem nunca "é" um ser condicionado, apenas "tem" condicionamentos. Em função disso, mesmo em áreas onde condicionamentos permanecem* fixados, *continua livre, no mínimo para "discernir" esses atos ou sentimentos "condicionados".*

L) Para realizar as mudanças dentro de si e de uma forma harmonizada, o Eu-Pessoal abastece-se ainda em outro nível mais profundo. Ele percebe esse outro nível na forma de uma "Luz" e identifica essa claridade como "vinda do Infinito", mas presente nele! *Essa "Luz" é o referencial mais perfeito para as novas opções de saúde, equilíbrio e do vir a ser humano. O Eu-P, que identifica a "Luz", aponta-nos outra dimensão que chamamos de "inconsciente espiritual".* Este *"inconsciente noológico ou espiritual",* em momentos determinados da terapia, *propicia ao paciente a oportunidade de uma profunda experiência de fé vivencial pela identi*ficação *de uma realidade divina, sempre presente no homem, embora sem se confundir com ele.*

M) O inconsciente revela ainda outras instâncias humanísticas, tais como a "inteligência", a "capacidade de amar" e o "núcleo existencial". São essas dimensões os principais fundamentos do que vamos conhecer, ilustrar com casos clínicos e aprofundar em *O inconsciente sem fronteiras*, no que se relaciona à experiência clínica com o Método TIP. Os outros capítulos referem-se mais genericamente à ADI, situando-a no processo evolutivo do conhecimento e em relação a outras ciências.

Retornando ao Método TIP queremos agora enfatizar os dois procedimentos básicos que nos conduziram a essas observações e conclusões que acabamos de descrever: *o processo de busca "direta" do inconsciente* e a conduta técnica que chamamos de *"inversão intrapsíquica"*.

Vejamos separadamente cada um desses dois processos:

1.2 - O SIGNIFICADO DIFERENCIAL DA PESQUISA "DIRETA" DO INCONSCIENTE

Para diferenciar o método de pesquisa "direta" do inconsciente, é preciso esclarecer o que consideramos ser a abordagem "indireta" desse nível mental.

No livro *As chaves do inconsciente*, já explicamos a questão acima em relação à Psicanálise. Aqui lembremos apenas que *Freud, embora desse máxima importância ao inconsciente, o buscava "indiretamente", através de formas simbólicas...* E é também o próprio Freud quem faz restrições a essa forma de verificar o inconsciente, quando aponta o mecanismo de defesa da *"racionalização"*, posicionando-o como processo que *"deforma"* os conteúdos inconscientes assim aflorados. *Daí por que a Psicanálise necessita da "análise" e da "interpretação", que são, por si só, uma segunda forma subjetiva e, portanto, "indireta" de se entender o inconsciente*. Além disso, para que essa análise e interpretação possam ser realizadas de uma forma "adequada", criou-se para elas uma *"teoria generalizante"*. Assim, *o referencial de entendimento do inconsciente psicanalítico baseia-se, em última instância, em formulações externas ao contexto do inconsciente — o que é, pela terceira vez, uma forma "indireta" de se entender esse nível mental...*

O inconsciente da Psicologia Analítica de Jung também é "indireto" porque é "inferido", ou seja, buscado por "dedução de raciocínios" sobre conteúdos que se supõem vindos do inconsciente, embora, com Jung, a aproximação do inconsciente "puro" já se faz sentir... Até mesmo na *Medicina* não se conhece profundamente o estado de inconsciência a não ser pela *sintomatologia externa...* Na *Parapsicologia*, a percepção "indireta" do inconsciente acontece porque o *"paranormal"* ou *o "sensitivo" concentram-se sobre o inconsciente "do outro" para depois o interpretar* de acordo com a sua própria percepção, que sofre a interferência de conteúdos do inconsciente da parte de quem interpreta... *No processo hipnótico ou regressivo,* poder-se-ia dizer que se busca uma expressão mais direta do inconsciente, porque o *"consciente é obli-*

terado" ou diminuído para que não interfira. De fato pela *"regressão"* consegue-se uma *"catarse",* mas essa é apenas a revivência emocional liberada pela "memória inconsciente", é a repetição de "sintomas" da época em que fatos aconteceram, ou seja, *não é a revelação da realidade etiológica ou dos registros primários do inconsciente* — motivo pelo qual o próprio Freud desistiu do processo.

Em algumas *terapias de origem americana usa-se o processo de buscar o inconsciente pela criação de estados artificiais de consciência dos pacientes, através do uso de drogas alucinógenas.* Expressa-se o paciente, então, por meio de manifestações comportamentais e de desenhos projetivos, os quais depois devem ser *"interpretados"* de acordo com os "pareceres" de quem controla o processo... Nesse caso, devido ao uso de drogas, não se sabe até que ponto as substâncias químicas alteram a validade do que foi expressado. *Também aqui, portanto, as interpretações são sempre "subjetivas" e "indiretas",* não se tendo dados que possam comprovar com certeza que os resultados obtidos revelam o inconsciente "puro", "pessoal" do paciente e muito menos o "universal", o "inconsciente de todos nós".

Outro processo, muito em voga em nossos dias, é o que tenta conduzir por meio da hipnose ou da alteração — ao menos parcial — da consciência, à "prova" de que a pessoa já viveu *"vidas passadas".* Ora, *o despertar dos traços "mnêmicos" dos antepassados em nosso inconsciente é possível e nos detalhes mais incríveis.* Por isso, *não é difícil ao paciente sentir-se "vivendo" como se fosse este antepassado, especialmente quando o "consciente" foi obliterado.* Entretanto, *quando atingido o inconsciente mais profundo, onde se encontra o nível da sabedoria e da verdade, esta situação é esclarecida como sendo enganosa...*

De uma forma genérica podemos dizer que em todas essas *terapias "indiretas" nunca o inconsciente é atingido em seu contexto puro e global,* mas em aspectos simbólicos isolados do mesmo, *não se garantindo a coerência do todo,* necessitando-se do encaixe numa forma ex-terna de pensar de quem coordena o processo. *As respostas são sempre subjetivas, sujeitas a diferentes interpretações e a pareceres de terceiros.*

Nas abordagens acima e em outros processos que não mencionamos, as quais classificamos genericamente de *"indiretas", existem,* portanto, *aspectos comuns.* Identifica-se nelas, de alguma forma, a *"ação externa"* interferindo sobre a compreensão do conteúdo do inconsciente. E há algo de *"não entendível"* ou de *"não percebível"* pela própria pessoa que se submete ao processo e também para o coordenador do mesmo, o que exige a *"interpretação",* a qual, por sua vez, fornece *respostas "subjetivas".* Enfim, *o assunto revelado nas terapias "indiretas" precisa ser "acreditado" pela pessoa,* porque não resulta de suas próprias descobertas e convicções... E o *"acreditar" gera "dependência"* do paciente em relação à pessoa que faz a interpretação, como para com o tratamento ou a análise em si, além de, muitas vezes, *reter o paciente preso ao processo por um tempo interminável*. Há, portanto, muitas *restrições* a serem feitas em relação ao que chamamos de *"abordagens indiretas do inconsciente"*, correndo-se, ainda, o risco de, por meio delas, reforçar *sentimentos negativos vividos pelo paciente no passado*... Além disso, *os traumas não são removidos nesses processos,* porque não se atinge a realidade mais profunda do inconsciente e a decodificação. A pessoa mantém-se posicionada como *vítima* das circunstâncias, o que por si só deixa-a num quadro doentio. Observe-se também que os processos indiretos tendem a *confundir a estrutura humanística e transcendente,* simplesmente por *negarem* este aspecto ou, pelo contrário, por *induzirem a tipos de crenças que resultam não da "revelação inconsciente", mas da interpretação ou da convicção do terapeuta*...

Por outro lado, *nas terapias "indiretas" do inconsciente existe normalmente uma relação de "dominador e dominado".* O orientador do processo "afirma" e o paciente "acredita", sem contestações. *Nessas terapias o paciente é aquele que, em princípio, "ignora" totalmente o que se passa em seu inconsciente e o terapeuta, ou dirigente do processo, "sabe" todas as respostas.* Na "regressão", por exemplo, a finalidade terapêutica é a de promover a "catarse", como um simples despejar incontrolado de conteúdos ou acrescido de "amenizadores" impostos pela sugestão... Em outras terapias mais clássicas do inconsciente, leva-se o paciente a conclusões teóricas já pré-formuladas.... De qualquer forma *é difícil considerar e respeitar, nessas terapias "indiretas", a dimensão livre e autodeterminante da pessoa que a elas se submete,* porque o processo não possibilita o acesso do paciente à sua realidade mais profunda que está no inconsciente.

Observa-se, finalmente, que *nas terapias "indiretas" a preocupação principal é "explicativa" ou "diagnóstica" e não "curativa". Até mesmo o "efeito* final*" concentra-se mais sobre a "explicação" dos fenômenos e a "conscientização" dos mesmos*... E, ainda, até mesmo como processo diagnóstico, essas terapias, sem dúvida, se ressentem da *ausência da "objetividade" do processo "interpretativo",* ao qual se submetem os conteúdos verificados...

Às considerações acima *contrapõe-se uma realidade totalmente diversa, quando o inconsciente é abordado de forma "direta" como se faz com a ADI, que se assenta sobre a pesquisa do inconsciente e sobre vasta experiência clínica, concretizada através do "Método TIP" ou da "Terapia de Integração Pessoal".*

Já vimos, no capítulo anterior, os fundamentos essenciais da ADI e do Método TIP, que os caracterizam como originais, e, portanto, também os diferenciam das terapias indiretas. Enfatizamos alguns desses aspectos, que esclareceram essa diferenciação. Temos a *mudança de enfoque* a partir do *passo inicial, pois a ADI, como "pesquisa", colhe dados e atua através de perguntas ou de "questionamentos", que conduzem à "etiologia" dos problemas, em vez de se deterem na interpretação de "símbolos" ou "sintomas"*. E o "questionamento" realiza-se com a pessoa em estado *"consciente"*. *É a própria pessoa quem "percebe" seu inconsciente, quem fala ao terapeuta o que vê e o que "entende". Evita-se a "racionalização", no momento em que se leva o "consciente" do paciente ao seu "inconsciente", ao invés de conduzir o "inconsciente ao consciente"*. (Veja próximo capítulo.) O TIP-terapeuta *nunca "interfere"* nos conteúdos inconscientes, apenas *"objetiva"* os mesmos, através do *"questionamento"*. Os *"mal-entendidos emocionais"* que afloram numa "catarse" também apresentam-se por meio da ADI, mas são examinados em sua *causa primeira e pelo próprio paciente. E as "causas primeiras" nunca se encontram num "trauma sofrido" e sim numa "atitude assumida" diante de determinadas circunstâncias*. Assim, o paciente *não é "vítima"*, mas *"responsável"*. E como "responsável", ele pode *refazer* seu posicionamento gerando agora *"condicionamentos positivos"* em substituição aos negativos. *Pela ADI, portanto, os traumas não são apenas "explicados" e o paciente não apenas é "diagnosticado", mas "curado"*... Isto também porque, à semelhança do computador, *o dado que foi substituído não tem condições de retornar.*

A terapia pela Abordagem Direta do Inconsciente ou, mais especificamente, o Método TIP, é também um processo de *reeducação vivencial, que orienta para a libertação e, portanto, elimina a "dependência"*. E tudo isso acontece num *período mínimo de tempo,* porque o trabalho terapêutico se concentra sobre a *raiz* dos sofrimentos, não sobre as "ramificações". Nesta raiz, por sua vez, acontece a descoberta de *valores humanísticos e autotranscendentes — sempre identificados pelo próprio paciente* — não ocorrendo a oportunidade de o terapeuta "negá-los", "mistificá-los" ou "conduzi-los" na linha de sua crença pessoal... Também a situação de *"dominador-dominado"* de *"terapeuta que tudo sabe"*, ou de *"um paciente que precisa acreditar",* não tem como acontecer com a pesquisa direta do inconsciente.

Considere-se, ainda, que a ADI, por ser orientada por um *questionamento* que focaliza os conteúdos para a essência das questões e por não permitir qualquer interferência externa sobre os conteúdos em si, *escapa da "subjetividade". A ADI é absolutamente objetiva*. Além disso, o processo de "pesquisa de campo" posiciona a metodologia da ADI como *paradigma científico,* mas que ultrapassa o "reducionismo", permitindo a *abrangência integral da realidade humana*.

Em síntese, apresentamos aqui o que diferencia as terapias "indiretas" de abordagem do inconsciente, da "direta", ou ADI. O termo "Abordagem Direta do Inconsciente" ou "ADI", portanto, foi criado com exclusividade para o que aqui o caracteriza. Atente-se, assim, para o uso indevido do termo em processos diferentes, que não estão integrados a esta metodologia.

Na medida em que o leitor seguir os capítulos do livro, entenderá melhor certos aspectos ligeiramente mencionados sobre a "Abordagem Direta do Inconsciente" ou a "ADI" e o Método TIP em sua aplicação terapêutica.

Para finalizar, queremos ilustrar as questões acima descritas por um modelo figurativo, que facilita a compreensão geral do que tentamos esclarecer sobre a diferenciação entre abordagens "indiretas" e "direta" do inconsciente.

Imaginemos uma catedral e alguém olhando de fora através de uma pequena vigia, tentando descrever o seu interior, fracamente iluminado... Assim figuraremos o inconsciente, quando "interpretado" ou "analisado" indiretamente. É o entendimento feito a partir de pequenos aspectos nublados, os sintomas, os sonhos... O "observador", por ter visto o interior da catedral apenas obscuramente, interpreta-o de acordo com seus conhecimentos "intelectuais" ou "teóricos" e "generaliza" sobre esse assunto. Mas nada garante que aquela construção em particular seja igual às outras. Ou, então, o observador pretende "captar" por "sensitividade" o que se encontra no interior da catedral esquecendo-se, porém, que "sentirá" também de acordo com o seu próprio "interior" pessoal.

E se essas ressalvas valem para "construções", bem maior é a restrição quando focalizarmos a variedade interior de um "inconsciente" para outro!... Continuando com a metáfora, diremos, então, que o Método TIP, ao contrário da necessidade de espiar por uma vigia, deixa abrir amplamente as portas e janelas da catedral, inundando-a de luz e permitindo que tanto o arquiteto (paciente), quanto o observador da vigia (o terapeuta) entrevejam e entendam o seu interior e o significado "pessoal" daquela obra. Observe-se, ainda, que não será o "observador" quem dará as explicações ao "arquiteto", mas este ao observador, pois só ele sabe "por que" fez de uma e não de outra maneira o projeto de sua construção... De fato, como já dissemos, *no inconsciente, quando diretamente abordado, percebe-se que toda pessoa é a "arquiteta de si mesma"*. Portanto, cabe a ela falar do que "arquitetou" para seu ser e esta pessoa sem dúvida o fará com muito mais propriedade e autoridade que o "observador-terapeuta", o qual apenas olhou e escutou, sem conhecer as razões profundas e os detalhes desse inconsciente. Ao "observador" de catedrais, no Método TIP, cabe questionar o paciente em função do que conhece genericamente sobre o tema, apenas para orientar as "reflexões" do "arquiteto", visando conduzi-lo à "objetivação", para entrosar e ajustar essas "generalidades" com as suas "particularidades"... Cabe ao paciente trazer de seu "saber" interno, não apenas o "diagnóstico" para os problemas identificados, mas as soluções, ou as respostas terapêuticas. *Somente o "arquiteto" da estrutura de sua própria "personalidade" pode ser o verdadeiro e exclusivo terapeuta de si mesmo*!

1.3 - A REALIDADE INCONSCIENTE DIANTE DA "INVERSÃO DIRECIONAL"

Abordar o inconsciente "diretamente" sem recursos intermediários, tais como a "interpretação", significa metodicamente realizar uma "inversão" na ordem direcional com que se atinge o inconsciente. Assim, *pela ADI, ao invés de se tentar "aflorar os conteúdos inconscientes", leva-se o "consciente" ao "inconsciente", visando encontrar sua realidade "pura"*. E, uma vez concretizado esse *"marco inicial de diferenciação",* todas as outras características que distinguem a ADI são praticamente consequentes.

Em relação à "inversão direcional" consideremos, em primeiro lugar, que *este processo segue a lógica filosófica do "maior que supõe o menor"*...

Foi o próprio Freud que, em sua descoberta genial do imenso potencial mental do inconsciente, usou o símbolo do *iceberg* para dizer que, assim como nesse bloco de gelo apenas 1/3 aparece sobre as águas, mantendo-se os outros 2/3 submersos, da mesma forma o "inconsciente", a parte "oculta", representa 2/3 da realidade mental. É evidente, portanto, que *ao querer Freud entender o inconsciente através do seu afloramento ao consciente, estava tentando fazer caber uma área muito mais vasta e profunda, a do "inconsciente", num espaço menor, o do "consciente"*... E, como era de prever, as dificuldades em função dessa conduta que contradiz a lógica filosófica logo se fizeram sentir na prática clínica de Freud. Primeiro, pela "racionalização" do material inconsciente por parte do paciente e, depois, pela necessidade da elaboração de um complexo construto hipotético de teoria que pudesse servir de referencial para um longo e penoso processo "analítico-interpretativo", o qual, finalmente, expressava-se em seu *Endeffekt* quase que somente "explicativo".

Por que motivo teria Freud, com sua agudíssima percepção dos fatos mentais, preferido trilhar este caminho tão complexo, moroso e subjetivo de entender o inconsciente? Acreditamos que a resposta esteja em parte no que lemos em um dos escritos sobre a vida e obra de Gustav

Jung. Dizia-se aí que ambos, tanto Freud quanto Jung, estavam convictos de que seria absolutamente impossível atingir o inconsciente por vias diretas! Jung lamenta-se disso, afirmando que pelos processos que usava o inconsciente sempre apresentava "fronteiras intransponíveis"... Aliás, foi nesta afirmação de Jung que nos inspiramos para o título do presente livro, mas para afirmar exatamente o contrário, ou seja, que *o inconsciente é "sem fronteiras"!*

Dizíamos que, uma vez realizada a "inversão direcional", todas as outras características da ADI são praticamente consequentes. Vejamos, então, algumas dessas revelações surpreendentes do inconsciente quando encontrado pela "inversão direcional". *No momento em que o pensamento "consciente" e "racional", conduzido ao inconsciente, atinge esse campo, a "razão" começa a expandir-se em sua compreensão, enriquecida pelo "entendimento" de uma "realidade globalizante" e "total", que é incomparavelmente maior em dados e informações* que qualquer raciocínio consciente ou intelectual sobre a mesma questão. Além disso, *essa apreensão é imediata e as informações entrelaçam-se em aspectos qualitativos e quantitativos,* formando um quadro tão amplo que as palavras levariam horas para descrevê-lo e não o fariam por completo. E, pelo processo do Método TIP, *não importa tanto que o "psicólogo" entenda tudo mas, muito mais, que o "paciente" o faça, pois isso é suficiente para que o terapeuta possa "guiá-lo" a decodificar e a substituir o que de indesejável foi registrado em seu inconsciente.*

Essa "apreensão imediata" que acontece em nível de inconsciente foi chamada por Bergson, um dos maiores filósofos da atualidade, por *"intuição"*. Bergson — conforme veremos mais adiante — colocava a "intuição" como sendo a área do verdadeiro saber, onde não haveria contradição entre os diversos conhecimentos.

Outra diferença marcante do inconsciente atingido pela "inversão direcional" acontece no que diz respeito à "razão". Pois o "intelecto" tece raciocínios sequenciais e conceituais, enquanto que o *"inconsciente" não elabora raciocínios sequenciais mas evidencia, de uma só vez, ampla realidade que no inconsciente cerca as informações intelectuais e as amplia.* O entrelaçamento de dados, o *insight* de novas compreensões, a criatividade, são capacidades geradas pelo inconsciente, não pela razão. *O "intelecto" ou a "razão" entendem fato sobre fato. O inconsciente "compreende e apreende" tudo integralmente e de uma só vez.*

Existe uma brincadeira, um jogo que se costuma fazer em grupos de adolescentes e que pode ilustrar a *diferença entre o entendimento consciente e a "compreensão" inconsciente quando se utiliza a "inversão direcional".* No jogo mostra-se uma pintura de um quadro com muita riqueza de dados e pede-se que determinada pessoa descreva para outro colega o que viu. A "pobreza" do relato intelectual ou "consciente", em relação à percepção total, faz-se sentir imediatamente. Pede-se, a seguir, a este segundo colega, o qual não viu o quadro, mas ouviu o relato, que conte a uma terceira pessoa a descrição do que escutou e, assim, sucessivamente. Resulta disso uma "deformação" gradativa sobre os dados do quadro, até que relatos absolutamente diferentes são ouvidos pelos últimos da fila... No final do jogo, chama-se a todos e mostra-se o quadro. Há, então, uma reação geral de riso pelo absurdo das deformações verificadas através dos relatos sucessivos!

O exemplo ilustra bem o que queríamos dizer em relação à diferença dos fatos que acontecem, conforme sejam "vistos" no "inconsciente" ou pelo "consciente". *O primeiro jovem que "olhou" o quadro por alguns segundos teve uma percepção semelhante ao que um paciente tem de seu inconsciente. Rapidamente e, mesmo sem pensar muito nos detalhes, uma memória fotográfica o ajudou a reter a totalidade.* Mas os colegas que descreveram sucessivamente o quadro, seguindo a descrição intelectual e "consciente" sobre o que haviam ouvido contar, utilizaram-se da "interpretação", *o que implicou na modificação dos fatos e induziu também o outro a formas diferentes de pensar. A fuga dos dados objetivos é evidente!*

A "inversão direcional", ao contrário, proporciona a oportunidade do insight. *Ela conduz a uma percepção intuitiva, não isolada e subjetiva, e sim baseada sobre dados objetivos do "consciente", do conhecimento ou de "raciocínios" que, porém, passam a ser enriquecidos pela "apreensão imediata" do inconsciente.* Dados científicos ou conceituais, quando isolados, são restritivos ou se perdem em desvios na elaboração de raciocínios, nunca conseguindo ser totalmente objetivos. Quando, porém, focalizados no inconsciente, a "intuição" percebe os mesmos dados, não como fatores avulsos, mas sim unidos dentro de um contexto global, *tornando possível identificar os "erros" que se vinham cometendo ou, então, confirmando que estamos certos.*

Outro aspecto curioso sobre o que acontece com a "inversão direcional" é que as revelações dos conteúdos do inconsciente também se processam numa "sequência inversa" ao que estamos acostumados, ou seja: *enquanto o "consciente" ou a "razão" escolhe as imagens que possam servir aos raciocínios lógicos que "quer" formular, o inconsciente expressa diretamente as imagens que percebe, sem saber do raciocínio, o qual apenas pode ser entendido no final do processo. E nisto prova-se a autenticidade das informações inconscientes coletadas, pois esta "inversão de ordem" das percepções não permite interferências das "opiniões" do paciente, nem por parte do terapeuta, porque nenhum dos dois conhece as respostas. A resposta é acionada para ambos, paulatinamente, pela técnica do "questionamento", e apenas amadurece com o decorrer do processo quando, então, as imagens se encaixam com a perfeição de um quebra-cabeças e sem contradição no conjunto visualizado.* E isso acontece porque as informações já estão registradas no inconsciente e o questionamento apenas "digita" os dados que quer selecionar desse "computador" mental. *Nada precisa ser acrescentado ao inconsciente a não ser o novo "posicionamento" que o paciente livremente assume no momento terapêutico, refutando aqueles registros antigos, que agora podem ser entendidos de forma diferente...*

Entende-se, pelo exposto acima, que a lógica intelectual interpretativa e generalizante do *consciente mantém-se num nível "paralelo" ao "inconsciente" e não há "ponto de fuga", onde possam encontrar-se sobre o "consciente".* Em outras palavras: *o "inconsciente", quando abordado pela "inversão direcional", revela sempre realidades e conteúdos absolutamente diferentes que qualquer "raciocínio", "interpretação" ou "análise" pudessem fornecer.* Especialmente no processo terapêutico a "análise e a interpretação" não conseguem atingir o "âmago" da questão, principalmente sob o enfoque "pessoal e único" o que, porém, é possível quando se aborda diretamente o inconsciente.

Na "inversão direcional", que não permite ao paciente antecipar raciocínios e, portanto, falsificar os dados, *a pessoa só consegue "ver o que vê" e não o que "deve ver" ou o que "deseja ver". Se o paciente tentar criar qualquer situação artificial, confundirá perceptivelmente as informações, entrará em contradição ou bloqueará de súbito a visualização que vinha tendo do inconsciente.* Em nossas exposições, perguntas feitas em pessoas participantes de palestras, questiona-se, por vezes, se o terapeuta, ao "pesquisar" o inconsciente da pessoa, realmente não pode influenciar as respostas, uma vez que os inconscientes têm comunicação constante entre si. A pergunta faz sentido. *Entenda-se, no entanto, que "comunicação" é diferente de "influência".* No processo da ADI, a capacidade de comunicação se torna mesmo maior e o psicólogo, pela experiência e pela vivência profissional, acompanha o que se desenrola no inconsciente de seu paciente, ao mesmo tempo que este pode "sentir" o que o terapeuta pensa. Entretanto, como nesta "inversão" o consciente permanece ativo ao lado do "inconsciente", não sendo obliterado, tanto o paciente como o terapeuta sabem *discernir* estes aspectos e sentem-se independentes e livres nos seus próprios pensamentos, até mesmo para contestá-los, se for preciso. *A comunicação inconsciente com a "inversão direcional" é semelhante a um "diálogo" e não a uma "hipnose". O paciente "ouve" o pensamento do terapeuta e este pode "ouvir" o seu paciente numa linguagem não verbal e "ver" a cena que o paciente "vê". Mas o paciente não se deixa confundir a ponto de "enxergar" outras imagens diferentes daquelas que vê; é como se estivesse diante de uma mala fechada, cujas roupas ele mesmo aí tivesse colocado.* A outra pessoa, o terapeuta, pode conhecer por experiência o que costuma conter uma "mala de viagem". Pode questionar em função do que conhece. Mas é o paciente que orienta as respostas. E ele responderá conforme o que realmente está em "sua" valise. O terapeuta pode enganar-se porque "supõe", mas o inconsciente do paciente "sabe" e não se engana. O paciente só responderá falsamente quando o "quiser" conscientemente. Mas ainda que o fizer, expressar-se-á então dentro da linearidade "racional" e o terapeuta poderá perceber nitidamente a falsificação... Daí porque podemos dizer que *no inconsciente — e desde que abordado pela "inversão direcional" — "a mentira e o engano não se sustentam"*.

Concluindo: trazidos aqui, em traços sumários, os fundamentos essenciais da ADI e do Método TIP que se concretizam sempre através do "questionamento", descritas também as *duas condutas diferenciais básicas desse método, ou seja, a abordagem "direta" do inconsciente e a "inversão direcional",* torna-se mais fácil entender o conteúdo que será apresentado nos próximos capítulos e onde também as informações aqui lançadas são gradativamente aprofundadas e melhor explanadas ou ilustradas com casos clínicos.

2 A ABRANGÊNCIA INTEGRAL DO HOMEM PELO MÉTODO TIP

> *Todo enfoque direto sobre o inconsciente conduz espontaneamente a uma "apreensão imediata" dentro de um "contexto global", ainda que se busquem apenas fatos particularizados, pois estes se encontram relacionados e em coerência com o todo. Consequentemente, também o Método TIP foi estruturado diante da perspectiva da "abrangência integral do homem". Pelo Método TIP focaliza-se, em termos técnicos, a atuação diagnóstico-terapêutica pelo processo "circular" e perpassam-se os diversos "períodos vitais" da pessoa que se submete ao tratamento, tendo-se sempre como meta final a sua projeção em direção à plenificação humana...*

Ao descrevermos, no capítulo anterior, como se expressa a realidade do inconsciente em relação ao ser humano quando este nível mental é diretamente abordado, enfatizamos a tendência para a "integralização" entre os fatos constatados e a perspectiva "globalizante" presente no que aí se revela. Um método que se estrutura para atuar sobre este tipo de inconsciente, portanto, deve também refletir, de forma técnica, esta perspectiva de totalização e de integração entre os conteúdos.

Diante do que foi dito, podemos dividir a metodologia da ADI ou, mais especificamente, o Método TIP em *três formas de abrangência*.

Em primeiro lugar, temos a abrangência pelo *processo diagnóstico-terapêutico como-um-todo, onde são definidas as diversas etapas do tratamento*. Através da ADI, portanto, pode-se fazer a previsão do tempo médio que levará uma terapia, e com bastante exatidão. O segundo tipo de "abrangência" acontece através do que chamamos de *"períodos vitais"*, onde se identificam as áreas da vida de uma pessoa, que devem ser perpassadas para que o todo seja atingido e para que nenhuma fase importante do viver seja esquecida.

A perpassagem pelos "períodos vitais" objetiva a terapia e, ao mesmo tempo, organiza-a em torno de aspectos que são semelhantes para todos os seres humanos, embora únicos em detalhes. Daí o número de sessões exigidas não diferir muito de um para outro caso tratado.

Outro tipo de *abrangência dá-se através da técnica "circular"*. Esta representa o *"círculo" que deve se abrir e fechar em torno de cada questão abordada dos "períodos vitais"*. No terceiro tipo de "abrangência" trabalhada pelo Método TIP estão as *"instâncias do nível humanístico"*. De fato, pelo inconsciente, constata-se a existência dessas instâncias e consegue-se identificá-las ao nível da mente. A consideração desse tema justifica-se aqui porque a partir das instâncias humanísticas os outros "níveis" do ser humano podem ser verificados em sua situação de bem ou mal-estar, de saúde e de doença, e podem ser tratados, porque *nesse nível revela-se também o "homem por excelência"*.

Com a apresentação acima esclarece-se uma das grandes diferenças do Método TIP para as terapias convencionais, pois nessas segue-se uma sequência linear e acumulativa onde se necessita reunir e agrupar informações para conclusão de forma interpretativa.

Veja, a seguir, e separadamente, cada uma das três "abrangências", acima mencionadas:

2.1 - A ABRANGÊNCIA TERAPÊUTICA PELO MÉTODO TIP

A ADI, aplicada ao processo diagnóstico-terapêutico, não se atém aos problemas "queixados" pelo paciente, mas focaliza diretamente os registros de base negativos e "condicionados" no inconsciente. Independentemente da gravidade dos casos clínicos, consegue-se, assim, obedecer a um plano geral da terapia que prevê "começo, meio e fim", e um número médio de sessões para todos os pacientes. Objetiva-se, num curto espaço de tempo, "decodificar" essas raízes dos sofrimentos "psiconoossomáticos", a ramificação consequente e realizar a substituição por registros positivos, os quais são reativados na própria memória inconsciente. Semelhante enfoque terapêutico tem como meta constante o "processo de humanização".

A "abrangência diagnóstico-terapêutica do Método TIP" refere-se, em primeiro lugar, a um *tratamento onde se pode estabelecer o tempo médio da terapia completa, dividindo-se a mesma em princípio, ou "fase preparatória", meio, ou "tratamento propriamente dito" e final, ou "fase de avaliação"*. O número de sessões necessárias para estas três etapas é semelhante de um paciente para outro, ou seja, modifica-se muito pouco em função dos tipos diferentes de problemas. Explica-se isso, porque pelo Método TIP uma sessão não é dependente da outra, no sentido de que não é necessário acontecer o acúmulo de dados para se chegar a algumas conclusões. Nessa terapia buscam-se diretamente os enfoques específicos que representam as raízes de questões maiores e que são tratadas em processo circular, em torno do qual se "fecham" as questões, uma a uma. *E essas "raízes" são os "núcleos de base", os quais — de acordo com o que nos diz a estatística junto à vasta experiência clínica — não exigem mais do que dez a quinze sessões de terapia para serem eliminados.* Nesse espaço de tempo citado, em geral, *consegue-se não só eliminar todos os registros de base negativos do inconsciente de um paciente, mas substituí-los, deslanchando a quebra de cadeias nas ramificações que se assentaram sobre essas bases, além de se realizar outras mudanças na linha da "humanização".* Embora sempre se prevejam algumas sessões de avaliação e reforço, no final do processo terapêutico o próprio paciente, através de determinadas respostas que emite, dá o sinal de que "nas raízes não há mais nada a tratar". *Assim, além de ser possível planejar sobre o inconsciente um tratamento de "começo, meio e fim", consegue-se também chegar a este final, confirmando através do questionamento e dos testes, que nada mais de essencial existe para ser "decodificado" nesse nível mental.* Mas a abrangência terapêutica do Método TIP não prevê apenas o tempo de duração e o início, mas o fim do tratamento. *Ela atinge "o mais profundo" e o "primeiro elo",* através dos núcleos de base mencionados. Por outro lado, a objetividade diagnóstica permite que os núcleos de base sejam decodificados e substituídos, tendo-se, portanto, a cura e não apenas a eliminação de sintomas. De fato, *o que foi decodificado do "computa-dor" do inconsciente não tem como retornar...*

Esclarecido o que queremos dizer com "abrangência terapêutica", vejamos sumariamente as três etapas do "começo, meio e fim" dessa terapia aplicada ao inconsciente.

2.1.1 - A fase inicial da Abordagem Direta do Inconsciente

Para que se torne possível, a qualquer pessoa, atingir diretamente o seu próprio inconsciente e sem "racionalização", é preciso que ela seja "treinada" a "visualizá-lo" e que seja também aliviada do desgaste psico-emocional ou das somatizações que sempre acompanham as pessoas que sentem a necessidade de fazer uma terapia.

No processo terapêutico do Método TIP prevê-se *um "período preparatório"* para o tratamento. Muitas pessoas não entendem essa necessidade. Ansiosas demais para resolverem seus sofrimentos, insistem em adiantar uma consulta com o psicólogo para "contarem os seus problemas" e ouvirem alguma orientação do profissional, a fim de que possam ficar mais tranquilos. Entretanto, quando se submetem imediata-mente ao processo preparatório, recebem uma ajuda muito mais eficaz em relação ao seu estado de tensão emocional do que se "conversassem" sobre o assunto. *Pois as palavras do terapeuta antes desse processo preparatório, por mais profissionais ou sábias que sejam, são pouco assimiladas por quem está estressado, esgotado ou fixado num problema.* Quem, porém, se submete logo à fase preparatória, sente-se imediatamente muito melhor, psíquica e fisicamente, a ponto de, às vezes, achar que a terapia já não se faz mais necessária. E, realmente, este estado de bem-estar pode manter-se por muitos meses, dependendo do quanto a própria pessoa o "alimenta" ou de quanto, ao contrário, destrói o seu efeito com novo desgaste psicoemocional.

Para se iniciar a "fase preparatória" criou-se um "Teste de Registros Inconscientes" ou o "TRI", que leva o paciente a expressar, através de figuras, o estado atual de seu inconsciente. O mesmo teste é aplicado após a terapia.

O *TRI* foi criado após o lançamento de *As chaves do inconsciente*. É um teste projetivo. Conhecemos da Psicologia convencional a importância desses testes. *A diferença do TRI é que ele, em coerência com todo o processo sobre o inconsciente, não é "interpretado" pelo terapeuta, mas lançado novamente para o inconsciente do paciente para que o significado venha dele próprio.* Também aqui a devolução ao inconsciente das figuras projetadas pelo paciente é feita pelo terapeuta, através da técnica do "questionamento" e com uma orientação específica para se evitar a "racionalização", a qual é mais fácil acontecer no "teste" que no processo "diagnóstico-terapêutico".

Outros recursos da "fase preparatória" já foram descritos em *As chaves do inconsciente*. Sabemos, desde lá, que o paciente deve submeter-se ao *médico*, o qual o examina em relação a problemas orgânicos ou mentais, verifica os medicamentos em uso e indica restrições na aplicação do processo, quando necessário. *Hoje o Método TIP já enquadra também médicos especializados para que se integrem ao próprio processo da ADI,* diagnosticando e tratando o organismo pelo inconsciente. O *"alívio de tensões" é realizado através do aparelho "neurotron", que age* fisiologicamente *na reativação dos neurônios.* Esse aparelho tem sido utilizado também, independente do processo terapêutico, especial-mente para a recuperação do *stress*, do cansaço ou do sistema nervoso abalado — de acordo com o que se costumava fazer nos balneários de países soviéticos. Na adaptação do "neurotron" ao Método TIP, criou-se uma fita específica que resume simbolicamente as diversas etapas do tratamento. *Faz parte da fase preparatória também o aparelho chamado "visiotron",* cujo objetivo é "treinar" o paciente na "visualização" e na "percepção" de seu inconsciente.

Através do aparelho de visiotron, três objetivos específicos precisam ser atingidos, em cinco sessões: o *"distanciamento"*, a *"inversão intrapsíquica"* e a *"motivação para a cura"*. Esses três aspectos constituem uma espécie de "tripé" essencial para que o paciente consiga de fato atingir o seu inconsciente. Vejamos cada um desses três aspectos:

A) O *"distanciamento"* baseia-se na observação de que a pessoa, enquanto emocionalmente envolvida em seus problemas, não consegue agir sobre si mesma. Por esse motivo o operador do visiotron treina o paciente, através de símbolos, a *"distanciar a sua dimensão livre da condicionada"* no inconsciente. Aqui muitos tipos de técnicas podem ser utilizados. Pode-se, por exemplo, levar o paciente a "visualizar" de forma "distanciada" a "sua criança dentro de si". *O paciente adulto vê, então, a sua criança e separado dela consegue perceber ainda a intensidade e a qualidade do sofrimento da mesma, mas sem precisar sofrer de igual maneira.* Pode-se também conduzir o paciente para as "alturas" sobre o mar, ao nível da gaivota e fazê-lo sentir a liberdade dos pássaros, para somente depois fazer com que olhe, assim bem "distanciado", para a sua "situação-problema". Esse distanciamento, treinado no visiotron, é fundamental em todo o processo terapêutico sobre o inconsciente, evitando as somatizações e a perda do controle emocional durante a terapia. Além disso, *o paciente não conseguirá perceber o seu inconsciente de forma "consciente", enquanto não tiver aprendido o "distanciamento" de si mesmo.*

B) A *"inversão intrapsíquica"* é outro passo do treinamento específico a ser feito no "visiotron" para que haja condições de se realizar a terapia sobre o inconsciente. Entenda-se que, quando estamos doentes, se temos algum sofrimento físico ou psicológico, a origem primeira desse problema está num "pensamento", ainda que rápido, mas envolvido em profunda emoção e lançado como "condicionamento" ou "frase-registro" no inconsciente. Em algum momento do remoto passado, portanto, o mal que sofremos hoje foi "desejado", ainda que sob forma de impulso e de autoagressão e sem medir consequências. A partir daí, esse condicionamento inconsciente exerce automaticamente a "função" que lhe foi entregue, ou seja, "executa o comando", bloqueando a capacidade livre e o bom senso do consciente, o qual, evidentemente, deseja estar sadio e equilibrado. *É preciso,* portanto, *reinverter esta ordem. O paciente que conscientemente "quer" a saúde e o bem-estar, deve assumir, pela sua dimensão livre de ser, a coordenação sobre o "inconsciente que não quer", descondicionando e até mesmo decodificando os registros negativos que o prejudicam. Entretanto, essa mudança deve acontecer em nível inconsciente, sendo que a dimensão livre da pessoa em questão precisa se decidir em favor dela. Só esta dimensão que chamamos de "Eu-Pessoal" tem capacidade para reinverter um condicionamento prejudicial.* Assim, na terapia, logo que o Eu-Pessoal do paciente foi "distanciado" dos núcleos condicionados, deve esse paciente assumir um forte "querer ficar sadio" e superior ao "não querer" já viciado do inconsciente, para conseguir reconquistar o controle de si mesmo e realizar as decodificações necessárias.

Observe que falamos em "Eu-Pessoal" como representante da "dimensão livre". Isto, porque o "inconsciente" emocional ou condicionado pode estar equivocado. E também o *"consciente" pode enganar-se, ser capaz de formulações racionais e lógicas que não precisam necessariamente ser coerentes com a verdade e o bem maior.* O "consciente" deixa-se, facilmente, confundir com raciocínios sofismáticos ou do agrado imediato, que são sugeridos pela dimensão psicofísica ou pelo "inconsciente condicionado". *O Eu-Pessoal é a dimensão do "humano" enquanto tal, e é de sabedoria maior que o "consciente", conhecendo intrinsecamente os valores universais e sabendo diferenciar o bem do mal, o certo do errado, o falso do verdadeiro, porque está naturalmente orientado na linha do "vir a ser" e do processo de plenificação humana.* (Veja capítulo sobre "pessoalidade".)

Entende-se daí que *não somos vítimas passivas dos condiciona-mentos inconscientes. O Eu-Pessoal tem condições para inverter, a qualquer hora, essa situação. É ao Eu-Pessoal livre que cabe fazer surgir o "querer" decisivo para a "cura". Esse "querer" tem força para fazer o raciocínio "consciente" também "querer", justificando-o a si mesmo e, a tal ponto, que "convença" o inconsciente rebelde a modificar os registros condicionados.* Pois, para mudar "condicionamentos", não basta "fazer terapia", mas é preciso "querer" conhecer-se no mais íntimo e estar disposto a enfrentar-se. É preciso abrir mão das "racionalizações" que são justificativas e desculpas, ainda que não conscientizadas, de um "querer" diferente. Esse outro "querer" é fortemente inspirado pelos sentimentos, pelas paixões, pelos desejos do psicofísico o que, na maioria das vezes, se opõe ao verdadeiro Bem do ser humano.

Resumindo: para que se consiga uma *inversão intrapsíquica, é necessário que o paciente antes de apenas "querer", "queira querer", a partir do Eu-Pessoal, que comanda tanto o "consciente" quanto o "inconsciente".*

C) *A motivação para a cura* — é o último dos objetivos principais do treinamento pelo visiotron, ou da "fase preparatória" à terapia.

A experiência clínica mostra, frequentemente, atitudes surpreendentes da parte dos pacientes. Nesse sentido é comum que o paciente venha à terapia genericamente *motivado para "receber ajuda", mas nem sempre preparado para "assumir sua cura",* especialmente quando entende que essa conduta exige esforço para a mudança interior, a disposição para renunciar à "cobrança" inconsciente que faz dos outros e a coragem de enfrentar um processo de "humanização" mais plena. *Hesita ele em enfrentar a cura quando compreende que o preço da saúde plena e integral exige o seu encaminhamento numa linha que se orienta para a atitude responsável, portanto, para o engajamento num "sentido".* A respeito disso diz Viktor Frankl que, quando um paciente não tem "para que" se curar, de nada lhe adianta saber o "porquê" de sua doença. E isso se confirma na terapia sobre o inconsciente. Aí, de fato, *se o paciente não tem um "para que" se curar, não "conseguirá" sequer abordar seu inconsciente para descobrir o "porquê" de seus males.*

As pessoas que não têm um "para que" se curar ou que, ao contrário, têm motivos inconscientes para "não se curar" formam o grupo dos pacientes que chamamos de "resistentes". Quando estão em terapia, têm um comportamento contraditório. Assim, negam que estão bloqueando a terapia, mesmo diante das evidências que eles próprios expressaram como respostas ao "questionamento". Dizem que "querem" curar-se, mas agem no sentido oposto. Expressam atitudes de duplicidade devido a um "querer" fraco *versus* um "não querer" forte, em relação à sua cura. Se diante das tentativas técnicas do terapeuta o paciente continuar a não querer mudar o seu "não querer", o TIP-terapeuta só tem uma solução tecnicamente certa: a de suspender a terapia, pois se não o fizer "reforça" a resistência... O paciente, então, retira-se magoado, posicionando-se como incompreendido e vítima, negando, com todas as forças e argumentos possíveis, que é "resistente". Entretanto, de acordo com sua incoerência — se isso por acaso não acontecer, ou seja, se "o paciente", ao sair da sessão "não" negar que é resistente, mas se entender que "está resistindo", isso paradoxalmente será sinal de que já venceu a resistência e a terapia poderá continuar. *A "motivação para a cura", portanto, é um processo que se mede em nível "inconsciente" e não pelo "querer consciente".*

Concluindo, agora, essa nossa exposição sobre a "fase preparatória à terapia", queremos enfatizar, mais uma vez, sua grande importância para que qualquer pessoa consiga abordar, visualizar e decodificar o seu inconsciente, sem "racionalização" do seu conteúdo. *A fase preparatória torna possível a terapia sobre o inconsciente, da mesma forma que a preparação orgânica de um paciente enfraquecido por longa enfermidade garante o sucesso da reação positiva do seu organismo em uma intervenção cirúrgica.*

2.1.2 - A fase diagnóstica no Inconsciente

O diagnóstico da situação-problema de um paciente pede que se evitem os demorados relatos conscientes, pois pelos sintomas nunca se chega à "causa primeira" ou aos "registros de base" do inconsciente. Para que esses possam ser encontrados deve-se orientar o paciente a enfocá-los diretamente no inconsciente, visando sua identificação. O paciente deve assumir uma "atitude de abertura" para fatos novos, diferentes de seu pensar, de sua memória e, muitas vezes, contrários às suas convicções...

Na primeira consulta escuta-se o paciente. Mas caso ele não sinta tanta necessidade de falar sobre si, executa-se, ainda nessa sessão, um "teste" sobre sua capacidade de abordar seu inconsciente. Isso pode ser feito tendo-se como pano de fundo o que o paciente vem falando. *Testa-se, nesse início da terapia, a capacidade de "percepção" ou de "visualização" inconsciente do paciente, a disciplina, a objetividade, o ritmo, a forma de realizar mudanças e a "sinceridade".* Basta esse teste para se conhecerem certas características de atitudes ou de comportamentos do paciente, como pessoa e diante da vida, e já se torna aí possível "intuir" se ele tem ou não "resistência" à terapia.

Nas consultas seguintes o terapeuta deve evitar a "fala" do paciente. O terapeuta que conhece a capacidade de mudança rápida do inconsciente, deve ajudar o paciente a "não perder tempo" com relatos, que nada resolvem e retardam a terapia. *O paciente deve agora iniciar o tratamento pela "concentração enfocada" sobre conteúdos inconscientes.*

Na "autopesquisa" do paciente sobre seu inconsciente, para que ele possa "distanciar-se" de seus condicionamentos e isolar-se do envolvimento emocional, cria-se para o mesmo uma figura imaginária que represente o seu inconsciente. Essa figura, justo por apenas representar-lhe o inconsciente, pode ser sua autoimagem, como se ele a visse no espelho, mas pode ser também outra representação qualquer. O que importa é que essa "figura" permita um diálogo entre ele e o paciente, que não seja a projeção de pessoa conhecida e que tenha a característica de "tudo saber", como o próprio inconsciente. Daí porque essa "pessoa imaginária" é denominada de "sábio" na terapia... *O paciente aprenderá, em seguida, a "dialogar" com o seu "sábio", a "ouvir" dele o que se passa em seu íntimo e a "escutar", então, muitas coisas com as quais conscientemente não concorda. Quando isso acontecer é sinal de que o paciente realmente está "ouvindo" seus "registros inconscientes" e não "racionalizando" o que percebe.*

Para encontrar o *sábio* pode-se também solicitar ao paciente que se olhe num espelho imaginário e que convide, depois, esta sua *auto-imagem* para acompanhá-lo durante todo o processo da terapia.

Este aspecto técnico de se criar uma figura representativa do inconsciente para que a pessoa possa dialogar é importante, porque *uma das questões que costumam preocupar o paciente iniciante no tratamento é a dificuldade que encontra em fazer a distinção entre a sua fala "consciente" da "inconsciente"*. E isso acontece exatamente porque não é "hipnotizado", ou seja, porque sua "consciência não é obliterada", mas porque fala "conscientemente sobre seu inconsciente". *Entretanto, para o terapeuta que conduz a terapia as duas realidades mentais são inconfundíveis, graças à forma como se expressam.*

Quando o paciente "dialoga" com o seu sábio, "ouve" frequentemente respostas contrárias ao que pensa e pode, então, até mesmo discutir numa espécie de "diálogo-monólogo". Veja-se o caso de uma paciente de origem muito humilde, mas com grande facilidade de percepção do inconsciente. Sua filha estava internada numa instituição e era cega e muda. No trabalho terapêutico revelou, porém, repentinamente, grande dom para a música. Encaminhada a um professor, começou a aprender piano com rapidez. Já estava progredindo quando, inesperadamente, começou a bloquear sua aprendizagem e a regredir. Procurou-se saber o motivo, abordando-lhe, através da mãe, o inconsciente. Acompanhe um trecho do processo dessa terapia "indireta", porque feita na filha através da mãe.

T: Pergunte ao sábio de sua filha porque ela deixou de tocar piano e de atender ao professor...
Pc: Nossa! Ele diz que sou eu (a mãe) que não quer deixar a filha progredir... Mas isso não é verdade! Sempre fiz tudo para minha filha! Tudo que eu quero é que ela progrida!...
T: Fale isso para o seu sábio! Discuta com ele e não comigo...
Pc: Ele diz que é verdade... Sou eu mesma que estou bloqueando minha filha com uma força que vem da cabeça!
T: Pergunte por que você faz isso.
Pc: Nossa! Ele diz que é para não perder a ajuda da instituição onde ela está internada... Mas isso é um absurdo!... Eu não acredito nisso!...
T: Já falei! Diga isso para seu sábio...
Pc: É!... Ele diz que é verdade... Mas isso me deixa muito chateada... Eu nunca pensei que eu pudesse querer uma coisa dessas dentro de mim... Como eu faço para mudar?!?!

Um dos sinais de que o paciente entranhou o inconsciente é que agora ele "sente" mais do que fala. Ele "vivencia", tendendo a "pausas" intermediárias de silêncio, expressando-se lentamente, e isso porque está tendo a experiência de uma situação ampla, difícil de ser verbalizada em seu todo. *Mas o terapeuta vai "centralizando" o enfoque, através do questionamento e o paciente, aos poucos, dirá quais os "aspectos que mais importam", fornecendo sempre um mínimo de dados ao terapeuta. É como se ele se "concentrasse assistindo" a um acontecimento do passado, que o emociona suavemente, enquanto vem acontecendo. Mas a sequência é relatada no "presente" e na ordem cronológica dos fatos, não na forma de uma recordação do passado.*

Tendo em vista que, praticamente, todos os pacientes manifestam esta dificuldade inicial de distinção entre sua expressão "consciente" ou "inconsciente", tentaremos mostrar mais alguns aspectos que distinguem um enfoque do outro. Assim, por exemplo, no momento em que um paciente atingiu o seu inconsciente ele, de certa forma, inverte a ordem sequencial do pensamento lógico consciente. Por solicitação do terapeuta, o paciente "verá" primeiramente um "número" (idade), data e hora; depois, acionado pelo questionamento, surgirá diante dele uma cena; após a cena, ele visualizará o "enfoque que importa da cena": e desse enfoque tirará a "frase conclusiva" e a "frase-registro". Falaremos mais dessas etapas no capítulo sobre o processo "circular". Por enquanto, basta saber que na ordem consciente ou do raciocínio sequencial a percepção do paciente seria exatamente inversa: o paciente "lembraria" um "detalhe" (o enfoque que importa) e imediatamente o relataria, "interpretando" e "racionalizando"; depois "tentaria" localizá-lo em determinada época (número) de sua vida; e *nunca* conseguiria dizer — de forma consciente — o dia da semana e a hora exata desse "enfoque que importa", muito menos localizaria a "frase-registro".

Para melhor entendimento, relataremos aqui um caso clínico que mostra a diferença de percepção do inconsciente em relação a um fato que a paciente conhecia "conscientemente".

A paciente ouvira contar, muitas vezes, que aos dois anos de idade, pela manhã, costumava sair de casa e ir até a mata próxima com um pedaço de pão. Um dia a mãe resolveu segui-la e viu a menina sentada num toco de árvore, conversando "carinhosamente" com uma jararaca que se aproximava para pegar o pão, o qual a mãozinha da menina estendia ao seu encontro. A mãe, apavorada, matou a cobra com uma paulada certeira, logo abaixo da cabeça. A menina chorou muito. Estava inconsolável pela perda de sua "amiga" cobra!

Está aí o relato consciente que a paciente conhecia. E, na terapia, naturalmente sem ter a menor ideia de qualquer relação dos fatos, mesmo sem lembrar desse acontecimento, relatou ela suas "queixas"... Tinha tendência a engasgar, um medo inexplicável de morrer sem ar, sentia frequentemente "sufocação" e havia tido um "espasmo de glote", há algum tempo. Iniciou-se a terapia, seguindo-se a sequência normal. Em determinado momento, porém, a paciente foi solicitada a ver o "registro de base", ou seja, o "momento mais difícil" dos seus dois anos de idade. A paciente começou a sentir um aperto no pescoço, sufocação e muita angústia. Aconteceu aí o seguinte diálogo entre paciente e terapeuta:

T: Distancie-se bem, para não sofrer, mais e mais... Agora localize a menina de dois anos de idade, na cena destas sensações que você está tendo... Veja o dia da semana e a hora.
Pc: São 8h30min da manhã de uma segunda-feira. A menina está agarrada ao pescoço da mãe, chorando muito... está tossindo, sentindo falta de ar...
T: Olhe para ver o que causou esta falta de ar... O que aconteceu antes?
Pc: Ela tem medo de olhar... é algo muito ruim... está atrás da menina... ela aponta com o dedo indicador para trás, mas não tem coragem de olhar...
T: Vamos dizer à menina que olhe para frente no tempo, numa cena após ter superado o problema...
Pc: 4 anos — ela está brincando com um cachorrinho...
T: Por que esta cena "supera" os dois anos?
Pc: Por que o cachorrinho é amigo dela... e está vivo!

Comentário: observe que a cena que "supera" costuma ser, de alguma forma, o contrário da que traumatizou.

T: Então o que aconteceu aos dois anos? Agora você já sabe que o problema foi superado... já pode enfrentá-lo...
Pc: Ela está apenas sofrendo muito, mas não sei o porquê (a paciente tremia). Está no colo da mãe... O problema está atrás dela...
T: Então mande a menina de 4 anos, aquela que já superou o problema, trocar de lugar com a menina dos dois anos no colo da mãe e olhar para trás... É a menina dos quatro anos que identificará a cena... consegue?
Pc: Sim... Tem uma cobra atrás dela... ela se mexe, mas não sai do lugar... ela está de boca aberta... ela sente falta de ar... coitada... está sofrendo... ela vai morrer... é amiga da menina... Estou sentindo a sufocação dela.
T: Distancie-se dessa menina. Não somatize... O problema dela já passou, não é? Agora veja bem... quem está com falta de ar?! A cobra ou a menina?
Pc: (mais calma) A cobra... não, a menina!... As duas... Não, é a cobra, mas a menina sente também.
T: Por que a menina "sente também"?

Pc: Se a cobra morrer, ela também quer morrer...
T: Quais os pensamentos que a levam a isso?
Pc: A cobra é a única amiga dela... A mãe não é amiga!... Ela matou a amiga dela... A menina está muito magoada com a mãe...
T: E uma menina que se sente assim, o que diz de si mesma? Veja o que a menina conclui sobre si...
Pc: "Estou abandonada"... "Não quero viver." (Frases-conclusivas)
T: Como a menina concretiza "Não quero viver?" Veja um número, dia e hora.
Pc: 7 anos, segunda-feira, 21h10min.
T: O que está acontecendo?
Pc: A menina está engasgada.
T: O que aconteceu antes disso?
Pc: A mãe disse que vai se internar ... fazer uma cirurgia.
T: O que a menina pensou?
Pc: "Ela vai me abandonar"... "Não quero viver."

(Exemplo de um momento de concretização da frase-conclusiva.)

O exemplo acima deixa bem clara a diferença de um relato "consciente" daquele que é acionado do "inconsciente" pelo questionamento do Método TIP. Observe-se comparativamente o relato anterior com aquele que foi descrito em diálogo, portanto, o relato "inconsciente". No relato "consciente" não se conseguiria objetivar com exatidão os elementos para uma terapia psicológica, pois existe excesso de dados importantes que se confundem. E várias poderiam ser as "interpretações". Pelo relato "inconsciente", evidentemente objetivado pela técnica do "questionamento", chega-se ao *"diagnóstico preciso"* do registro de base do caso que é "não quero viver". O "emparelhamento" inconsciente feito pela paciente entre "abandono da mãe" e "engasgo" é a somatização para concretização de "não quero viver".

Aqui se teve, portanto, um diagnóstico único e objetivo do que precisava ser trabalhado na paciente, ou seja, a sensação de "abandono da mãe" que conduziu à decisão do "não quero viver" que, por sua vez, se somatizou em "engasgos" vida afora. Para remover esta sensação, buscou-se na paciente o primeiro elo correspondente à primeira vez em que aconteceu a sensação de abandono da mãe. Isso se revelou como tendo acontecido antes do fato relatado da "cobra", no primeiro mês de gestação. Substituído este "registro" pela terapia específica, automaticamente "dissolveu-se" a ramificação que se associava a ele.

Observe-se, portanto, através desse caso, que na terapia sobre o inconsciente, quando o paciente identifica a "causa" do seu sofrimento, este não indica ainda o "diagnóstico". Isto porque *o "diagnóstico" das causas inconscientes não está nos fatos que o paciente evidencia, mas na resposta dada ao que ele sentiu!* O diagnóstico se encontra na sua "frase-conclusiva" e, mais especificamente, na "frase-registro", que resultou dessa "frase-conclusiva". *O que importa aqui é entender que o diagnóstico não está no que a pessoa "sofreu", nem no "sentimento" que disso resultou, mas na "atitude" que "assumiu" diante do fato.* No caso relatado, a "atitude" expressou-se na frase "eu não quero viver". Esta decisão é que foi "condicionada" e sobre ela abriu-se uma "ramificação" dos mais diversos sintomas, dos quais um elo foi especificado aqui aos 2 e outro aos 7 anos de idade da paciente...

O diagnóstico sobre o inconsciente comprova, portanto, que os condicionamentos negativos, que temos em nós, são uma espécie de "escolha" que fizemos e não uma ação que caiu fortuitamente sobre nós.

Uma outra questão importante a considerar sobre as frases "conclusivas" ou de "registro", após serem lançadas no computador do inconsciente, *é que elas agem de dentro para fora para atingirem, mas somente em última instância, o organismo.* São raríssimas as condições de problemas físicos que não se originam em primeiro lugar de um raciocínio, que foi cercado por um envolvimento emocional e lançado, a seguir, como "frase-registro", no computador do inconsciente, concretizando-se como "ordem cerebral" para só então projetar-se sobre o físico. *Assim, os males físicos são também a manifestação externa do mundo interior do homem. São a expressão de uma "linguagem emocional". Mesmo diante de agentes patológicos "que atacam" de fora, a sensibilidade maior para ser ou não contagiado vem do interior do homem, de seu estado psicoemocional e até mesmo do nível espiritual.* Sem dúvida, há exceções, como em casos de violentas agressões físico-químicas, de acidentes e de outros fatores. Mas também aqui — como em qualquer lugar — as exceções apenas confirmam a regra.

Essa observação sobre os males orgânicos como resultantes de "condicionamentos" e de "frases-registro" tem levado alguns médicos a buscar a "especialização" pelo Método TIP, com o objetivo de poderem ser mais específicos nos diagnósticos sobre a verdadeira etiologia das doenças e para, consequentemente, medicar melhor, ou então, para dispensar a medicação em troca de um processo de "reversão da doença" que pode ser feito pela ADI. (Veja capítulo sobre a ADI na Medicina e na Psicossomática.)

Do acima exposto, entende-se melhor o que sempre se enfatiza no Método TIP: que *dificilmente sofremos de sintomas de uma só ordem, ou seja, apenas psicológicos, apenas espirituais ou apenas físicos... No núcleo central dos registros inconscientes, os problemas, que nos sintomas externos parecem distintos, vêm de uma só causa, e que é "psiconoológica".*

Em relação aos registros lançados no inconsciente, é importante saber também que podemos classificá-los em duas espécies. A *forma de registro mais profunda chamamos de "sabedoria". De fato, o inconsciente é profundamente sábio e conhece, como nenhuma Medicina, a natureza orgânica, e como nenhuma Psicologia, o psiquismo. Conhece ele a capacidade paranormal e até a realidade transcendente, donde advém que a criança no útero materno e na infância, em nível inconsciente, "sabe" as coisas ligadas ao mais íntimo do ser humano, distinguindo, inclusive, valores e tendo fé em Deus. Aliás, ao contrário do que se pensa, a sabedoria está na criança e em seu inconsciente.* Mas isso vai sendo abafado, na medida em que a sua atividade inconsciente é substituída pela capacidade "racional". E, conforme já afirmamos oportunamente, o "intelecto" do adulto é bem mais restrito que o "inconsciente"... Consequentemente, *o adulto é muito menos "sábio" que a criança, porque tende a dispensar a assessoria de seu inconsciente!* Voltaremos mais adiante a esse assunto. *Mas guardemos que "raciocínios" e "pensamentos" não têm a clareza nem a objetividade da experiência vivida a nível de "interiorização" ou a nível do inconsciente da criança.*

O segundo tipo de registro inconsciente é mais superficial, e é o "emocional". É subjetivo, representando as "escolhas" feitas sobre este nível mental, as quais, por sua vez, resultam em "frases-registro" e nos "condicionamentos" que nos prejudicam. *Esse tipo de registro é o campo de atuação do diagnóstico na terapia do inconsciente. É aqui que se encontram aqueles dados que precisam ser "decodificados". E a decodificação se faz levando o paciente a retornar àquele momento do passado, em que fez o registro indesejável, para que tenha a chance de rever os fatos e de refazer suas opções.* Os fatos serão então reformulados em função da forma mais profunda de registro, o da "sabedoria", mencionada acima. É então que entra a "fase terapêutica". A "terapia", portanto, começa quando as "frases-registro" negativas, resultantes de "opções" malfeitas no passado, já estiverem identificadas.

Na "fase diagnóstica", quando realizada sobre o inconsciente, precisa-se observar o seguinte:

O TIP-terapeuta, na condução do paciente ao seu inconsciente, deve discipliná-lo e ensinar-lhe o espírito de "pesquisa", convencendo-o de que *nem ele, nem o terapeuta sabem antecipadamente a resposta inconsciente, a qual é acionada apenas no momento do "questionamento". A resposta apresenta-se, então, de forma bem diferente de qualquer "raciocínio interpretativo" ou da "memória-consciente". E tais respostas serão absolutamente "objetivas".* Respostas diferentes, algumas das quais são muito valorizadas em psicologias convencionais, assim como "insegurança", o "chamar a atenção", o sentir "raiva" ou "medo", serão sempre "abstratas", "generalizantes", "interpretativas" e ainda "sintomáticas", *não são etiológicas, portanto, não têm valor numa pesquisa sobre o núcleo do sofrimento do inconsciente.* E a "racionalização" identificada por Freud, que tanto dificulta o acesso aos conteúdos verdadeiros do inconsciente, numa "diagnose" realizada por "pesquisa" direta do inconsciente, é contornada, não se apresenta. *Sem dúvida, o paciente sem experiência com a pesquisa sobre o seu inconsciente ensaia, por vezes, respostas "racionalizadas" ou "interpretativas". Mas cabe ao TIP-terapeuta contornar a situação através do "questionamento".* Acompanhe um questionamento que demonstra uma dessas formas de "contornar" respostas "racionalizadas".

T: Veja o momento mais difícil de seus dois anos.
Pc: Eu caí.
T: "Para que" você caiu?
Pc: Para chamar a atenção (racionalização).
T: Foi esta a única vez que você caiu aos dois anos?
Pc: Não... eu caí muitas vezes... sempre para chamar a atenção!
T: No entanto, foi somente esta vez que sua queda se registrou como "momento difícil"... Qual o dia da semana e a hora exata que você caiu?
Pc: Num domingo, às 10h20min da manhã.
T: O que aconteceu de "diferente" dos outros dias para você cair aí, às 10h20min de um domingo? O que aconteceu um pouco antes?
Pc: Papai fala que mamãe está esperando outro bebê...
T: Sim... e qual a relação disso com sua queda?
Pc: Se ela tiver outro bebê, "eu ficarei sobrando"!
T: Quem fica sobrando pensa o que de si?
Pc: "Eu sou sobra".
T: Ok! Qual foi a primeira vez que você pensou "eu sou sobra"?... número?
Pc: 02 (segundo mês de gestação).

Comentário: Quando o paciente forneceu esse último dado, a resposta racionalizada havia sido contornada. Podia-se prosseguir agora com o processo terapêutico sobre o segundo mês de gestação, pois aí é que se localizava a "causa primeira" da queda do paciente aos dois anos e não no "chamar a atenção", que era apenas um comportamento consequente.

Em relação ao caso acima, a "fase-diagnóstica" continuou a ser aprofundada em torno do problema de base do 2º mês de gestação. O paciente ouviu seu pai dizendo: "Mais um? Nós já temos filhos o suficiente!" Então, pensou "eu sou sobra" (Frase-Registro) e encolheu-se no útero como se quisesse "sumir".

Prosseguimos, ainda, com o "diagnóstico", levantando a cadeia de problemas psicológicos, físicos e de personalidade que se assentaram sobre a "frase-registro". O paciente citou 18 números correspondentes a determinadas idades e que representavam, de alguma forma, uma "réplica" do 2º mês de gestação. Em relação ao "encolhimento" por exemplo, este problema refletiu-se sobre sintomas físicos, tais como tensão muscular crônica, cifose, crises periódicas de bursite. Uma ramificação da frase "eu sou sobra" foi a frase "não sou importante", o que se manifestou pelo "silêncio" ou "afasia". Gerou ele também uma disfunção digestiva calcada na "frase-conclusiva" de que "não posso assimilar bem os alimentos para não me tornar grande, porque não posso ocupar muito lugar, uma vez que sobro"... e muitos outros problemas apareceram na "ramificação".

Ainda em relação ao caso, na área humanística, o "estar sobrando" para os pais generalizou-se para "estar sobrando para o mundo" e ramificou-se em "não tenho um lugar próprio", em "existo por engano", em "não fui criado por Deus" e "Deus não me ama"... Pode-se imaginar a dificuldade de "conseguir existir" para um paciente que no seu inconsciente tem todos estes registros. Entretanto, toda essa cadeia foi eliminada, quando se decodificou o "primeiro elo" da questão... Compare a diferença de resultados do processo assim conduzido para outro que se deteria na análise interpretativa de "cair para chamar a atenção"... Por outro lado entenda-se a gama de "ramificações" que se quebrou logo que "terapizamos" o 2º mês de gestação do paciente!

Na fase-diagnóstica, as frases-registro são sempre únicas, mesmo diante de fatos semelhantes. Para que se tenha uma ideia mais concreta dessa realidade, veja-se, a seguir, um caso semelhante ao primeiro, mas de reação diferente.

Queixava-se o paciente de uma espécie de inadequação a qualquer ambiente. Em determinado momento do relato, pedimos que "fechasse os olhos" e visse diante de si um "número". O paciente respondeu número "três". Perguntamos se ele tinha visto 3 ou "03". Esclarecemos que podia ser tanto um quanto outro. O paciente respondeu: "É 03!"

O número antecedido por zero revela os meses da vida intrauterina. Por isso conduzimos o paciente para o terceiro mês de gestação onde ele "vê" seus pais "conversando". Ora, "os pais conversam sempre e não só nesse instante", argumentamos. E perguntamos: "Qual o motivo especial dessa conversa para que seu inconsciente a localizasse?" O paciente responde: "A mãe está comunicando ao pai que está grávida". Continuamos a perguntar: "Sim?! O que é importante nesse fato?" O paciente silencia alguns segundos e responde: "É a resposta de meu pai... Ele reage... negativamente". O paciente manifesta palpitação cardíaca. Insistimos: "Negativamente?" Diz o paciente: "É... ele diz: Vem mais um?!" O paciente neste instante se encolhe no útero (o mesmo que fizera o paciente de nosso relato anterior). Continuando o questionamento-diagnóstico, perguntamos: "E o menino que percebe esta cena, o que conclui?" O paciente responde: "...que eles não me querem! Eles não me amam!" Chegou-se, portanto, a uma "frase-conclusiva". Mas era preciso "objetivar" ainda mais a questão para se chegar à "frase-registro", que permitiria entrar no processo terapêutico. Perguntamos: "E um menino que não se sente amado, o que pensa de si mesmo?" Responde o paciente: "Eu atrapalho"... Está aí *a frase-registro única* que foi lançada no "computador do inconsciente" desse paciente para passar a agir automaticamente na sua vida, toda vez que acionada por estímulos semelhantes. *A resposta desse paciente, portanto, foi diferente da anterior, embora o problema fosse semelhante.* Ambos ouviram o pai dizer " Mais um?!" Mas um paciente respondeu com a FR "eu sou sobra" e o outro com "eu atrapalho" ou "eu sou trapalhão"... A "cadeia de sintomas" de um e outro paciente, portanto, também se diferenciou totalmente.

O posicionamento individual diante dos fatos que sofremos é tão único que, até mesmo entre gêmeos, as reações são diferentes. E nisto se evidencia a capacidade de autodeterminação do ser humano. Com o caso que acabamos de relatar, é possível provar esta afirmação. Este último paciente tinha um irmão gêmeo univitelino. Também ele se submeteu à terapia e identificou a mesma cena do útero materno de seu irmão, mas concluiu para si uma frase-registro semelhante ao primeiro caso relatado que foi: "Eu estou sobrando", ou mais exatamente: "Eu sobro". E "eu sobro" gerou nele consequências diferentes de "Eu atrapalho" e diferentes do outro paciente com a mesma frase-registro "eu sou sobra". Mas voltemos aos gêmeos: o paciente gêmeo que "sobrava", assumiu uma personalidade de indiferença e era passivo, porque se sentia sempre "dispensável" e "inútil". Já o outro irmão gêmeo, que registrou "eu atrapalho" era inquieto, apresentava tiques nervosos nas pernas, sempre levantando um pé, depois o outro, como se marchasse, mexendo o corpo para a esquerda e para a direita. A explicação desse "tique" apareceu como uma "frase-conclusiva" consequente dos seus cinco anos. Dizia esta frase: "Preciso sair da frente e dar lugar aos outros, porque atrapalho". Daí a marcha contínua, como quem "sai da frente". A primeira "Frase", portanto, se foi entrelaçando, ampliando e reforçando com outras situações e outras frases-registro. Para entender estes entrelaçamentos, lembremos sempre aqui que um paciente com uma "FR" lançada no "condicionamento" de seu inconsciente, percebe-a como "ordem" e submete-se, em sua vida diária, a obedecer a tais "comandos" gerados por ele próprio. Assim, *o "inconsciente" do paciente citado, que tinha registrado "eu atrapalho", acabava por atrapalhar de fato e o outro "fazia-se" sobrar!...* Relatou-

-nos o paciente do "eu atrapalho" em tom de brincadeira, embora sofrendo: "Eu tenho o raro dom de conseguir perturbar qualquer ambiente e qualquer encontro de pessoas! E quanto mais me proponho não fazê-lo, mais perturbo!" Da mesma forma o outro paciente revelou-nos a interferência do seu "eu sobro" em sua vida espiritual e de fé. Embora a manifestação de seu próprio inconsciente, em determinado momento, lhe trouxesse a frase "Deus ama a todos e a cada um", o paciente retrucou ao que vinha de seu próprio inconsciente, dizendo "eu não tenho lugar definido como cada um tem... porque sobro". Disse, ainda, a partir do inconsciente: eu não estou entre o "todos" — pois se sentia alguém que não era integrante com sua presença, pois era "sobra".

Procuramos demonstrar ligeiramente o quanto uma frase-registro é única e como se amplia e se abre de forma também exclusiva, para que se entendesse a importância de sua localização precisa. Pois, *localizada a frase-registro pode-se decodificar, de uma só vez, todas as ramificações da cadeia que se assentam sobre a mesma.* Por outro lado essa situação esclarece porque, *no Método TIP, é possível realizar uma terapia simultaneamente "profunda e rápida"* — questão que tem perturbado profissionais da área da Psicologia da linha tradicional, onde "rápido" ou "breve" é associado a "superficial". Por outro lado, se explorássemos mais essas duas frases-registro, através da cadeia que formaram, veríamos a sua concretização em problemas de saúde física, de ordem relacional e profissional.

A frase-registro, que será mais uma vez abordada quando falarmos sobre a abrangência "circular", evidentemente não é a única técnica que especifica e conclui o "diagnóstico". Às vezes, basta localizar o "primeiro elo da questão", que será respondido por um número. Outras vezes basta a "frase-conclusiva", ou então pede-se a "cadeia" ligada a determinado fato e solicita-se ao inconsciente do paciente o "número mais significativo" da mesma, podendo-se então "entender" mais precisamente a questão. E, permanentemente, recorre-se à figura auxiliar do *"sábio", o "representante simbólico" e "personalizado" do inconsciente. Esse "sábio imaginário" é convidado a emitir símbolos e a tecer correlações.* Não podemos esquecer também a importância do registro inconsciente dos antepassados na "diagnose" dos sofrimentos. Trataremos desse assunto mais adiante. Enfim, *são muitas as técnicas sobre o inconsciente que conduzem ao diagnóstico, mas o essencial é realizar uma objetivação que sintetize a raiz das questões reveladas pelo inconsciente.*

Em relação à fase diagnóstica consideremos, ainda, que quando o TIP-terapeuta se empenha em buscar as causas primeiras de sofrimento, vai encontrá-las na infância do paciente, na fase do útero materno na concepção. (Veremos isso em outro capítulo.)

Considere, nesse final sobre a fase diagnóstica, que *a qualidade de sua elaboração, assim como da fase terapêutica, em muito depende da habilidade do TIP-terapeuta em saber focalizar a "essência" dos registros inconscientes pelo questionamento. O terapeuta que se contentar com aspectos secundários do diagnóstico será jogado numa espécie de círculo-vicioso de perguntas e respostas e, na hora das "testagens", verificará que o "número" enfocado não chegou a ser "decodificado", retornando constantemente. Os lapsos cometidos pelo TIP-terapeuta através de questionamentos malformulados se reapresentam no inconsciente em determinado momento da terapia, ou na verificação dos testes.* Realizar tecnicamente o questionamento da TIP, portanto, exige do terapeuta especializado muita perspicácia, maleabilidade, criatividade, além do domínio das técnicas e de uma atenção muito viva e permanente sobre o analisado em nível de seu inconsciente. É preciso também "objetivar" com precisão para não retardar o processo de terapia. E, principalmente, *é preciso atuar mais como "ser" do que por meio de técnicas sobre o paciente.* E para "ser" é necessário que o TIP-terapeuta, ele próprio, tenha realizado uma boa terapia, não apenas na linha da decodificação de problemas, mas especialmente em relação a "mudança de atitudes" no inconsciente.

É impressionante como isso se confirma na prática. O profissional que entranha o processo de especialização na ADI, antes de ter assumido a atitude sincera "de mudança interior", não consegue atingir a "especialização"; seus casos apresentados ao grupo para avaliação sempre expressam erros de base e a não compreensão do essencial... *O profissional transmite pela terapia feita no outro o que não corrigiu em si mesmo!* Daí, porque existem profissionais que não estão dispostos a enfrentar mudanças em nível de "ser", é que alguns não conseguem exercer esse tipo de terapia... ou então podemos dizer: *só conseguirá ser um bom TIP-terapeuta quem se esforçar para conseguir a coerência entre o que "é" e o que "faz" profissionalmente.*

2.1.3 - A fase terapêutica no Inconsciente

Feito o diagnóstico de um registro de base, aplica-se imediatamente o processo terapêutico, utilizando-se também aqui a técnica mestra do "questionamento". Por esse meio reativa-se a memória do inconsciente, coletando-se dados que sirvam para remoção dos registros negativos, para as decodificações e a reestruturação positiva. Pode-se também realizar a terapia no inconsciente através de outrem.

Vejamos o acima dito por partes.

A) O "questionamento" na terapia e a "Realidade em Potencial" (RP)

A fase terapêutica da TIP, da mesma forma que a diagnóstica, é realizada através do questionamento.

"Questionar" em termos "terapêuticos" significa buscar as respostas no inconsciente do próprio paciente. E isso é possível, pois no inconsciente pantomnésico encontram-se as soluções para todos os problemas antes diagnosticados. O "computador do inconsciente" fornece todos os dados importantes para a formulação de novos "códigos positivos" em substituição aos negativos.

Daí porque a fase-terapêutica do processo TIP é por nós chamada de "reativação da memória inconsciente" ou "RMI", conforme tema do próximo capítulo. *O questionamento, que na fase diagnóstica era orientado para nuclear a "causa primeira" de um registro emocional negativo, agora pesquisa no inconsciente do paciente o "outro lado da moeda", a "outra face da realidade", que também existiu na mesma época, na qual foi lançada a "frase-registro" negativa. Ou, então, se não existir um "outro lado", existe a possibilidade de outro "posicionamento" diante do fato.*

Recordemos, a respeito dessa questão, o que acabamos de falar no capítulo sobre a fase-diagnóstica. Em nosso inconsciente existem dois tipos de registros gerais. O primeiro a se revelar é "emocional", particular e subjetivo e se constitui como a área do "diagnóstico"; o outro registro é o "verdadeiro", "sábio" e conhecedor das verdades universais, não sendo limitado pelas opiniões pessoais ou pela incompreensão. É essa a área atingida pelo "questionamento terapêutico". Esse registro das verdades mais profundas está disponível no inconsciente do paciente para fornecer elementos que venham substituir o "registro emocional negativo". O registro emocional corresponde ao que Daniel Goleman lançou como grande novidade em seu livro *Inteligência emocional*, falando sobre a inteligência que sofre influência do estado emocional. Na realidade, a TIP já trabalha com este nível emocional desde 1975 e o substitui, na prática terapêutica, por um nível de inteligência mais profundo e não-emocional ou "verdadeiro", que não foi percebido por Goleman.

O registro dessas verdades subjacentes aos fatos emocionais representa também o que chamamos de "Realidade em Potencial" ou "RP". Essa RP raramente coincide com o "registro emocional" e, por muitas vezes, se opõe aos fatos historicamente acontecidos. Isto quer dizer que a RP tem como referencial de autenticidade a "realidade interna" do paciente e dos "personagens" que constituem o "fato inconsciente", e não os acontecimentos externos. Digamos, por exemplo, que um transeunte na rua esbarrasse em outra pessoa com tanta força que o derrubasse. O derrubado se enfurece e "contra-ataca" a pessoa que nele bateu.

Esta, por sua vez, pede desculpas, esclarecendo que escorregou e que esbarrou "sem querer". O fato histórico continua o mesmo, mas o psiquismo, o dos "fatores internos" das pessoas em jogo, mudou. A RP do "não querer esbarrar" no outro ficou escondida sob o fato histórico, mas quando revelada, mudou a "realidade" psicológica. Então, em termos de RP a agressão não aconteceu! Podemos perguntar agora: qual é o "fato verdadeiro": o historicamente acontecido ou o que se passou no interior dos personagens da história? Para o Método TIP o que importa é a "verdade interior", mesmo que como "fato histórico" não tenha acontecido. E a "verdade interior" é a autêntica verdade, desde que tenha como referencial a "sabedoria" inconsciente e não o "registro emocional".

Essa afirmação é corroborada por pacientes em terapia. Assim, por exemplo, um dos problemas mais trabalhados no tratamento é o desentendimento conjugal dos pais. Buscado o "registro verdadeiro" de determinado momento de desajuste do casal pode-se, por exemplo, descobrir que a discussão percebida pelo paciente foi apenas um "Mecanismo Inconsciente Automático de Repetição", ou seja, uma projeção da infância, onde o pai e a mãe "transferem" um para o outro sofrimentos do passado. O paciente consegue perceber, então, que a discussão dos pais não é "pessoal", não está ligada ao "desamor", mas é "circunstancial", porque algum estímulo acionou "registros" do passado. Essa é, portanto, a "Realidade em Potencial", pois estava também registrada no inconsciente do paciente, ainda que não acontecesse historicamente dessa forma... No momento em que o paciente descobre essa RP por detrás dos "fatos históricos", passa ela a ser a "verdadeira realidade". Comprova-se isso no teste final dessa cena, quando se solicita ao paciente mais uma vez o número inicial (em que viu seus pais discutindo). *O paciente agora já não os verá em discussão, aliás verá outra cena totalmente diferente, porque o fato histórico não correspondeu à verdade dos sentimentos dos pais. Entenda-se que o fato, apesar de "acontecido", era "falso" pela forma como fora interpretado pelo paciente!*

Mas a RP pode também coincidir com fatos acontecidos historicamente e que foram negados pelo "registro emocional" do paciente. A recuperação desses "registros negados" busca-se na terapia e, especial-mente, para reforçar os aspectos positivos já pesquisados no inconsciente. Assim, por exemplo, em relação ao problema acima mencionado, logo depois de o paciente perceber que os pais, apesar daquela discussão, se amam, pode-se solicitar algumas "cenas que comprovem que isso é verdade". E o paciente descobrirá, então, vários momentos em que "vê" seus pais se amando, sabendo agora que isso aconteceu; apenas nunca havia "conscientizado" esses fatos, ainda que estivessem registrados em seu inconsciente.

Na fase terapêutica, os questionamentos feitos ao paciente trazem à tona aquela forma de registros do nível da "sabedoria" ou da "intuição" inconsciente, que conhece as coisas como de fato são, sem deformação emocional. Assim conclui-se que, *enquanto o "questionamento diagnóstico" busca a "frase-registro", o "questionamento-terapêutico" busca a Realidade em Potencial.* Na "Realidade em Potencial" inconsciente, estão, portanto, os fatos que permaneceram escondidos, mas latentes por detrás dos registros condicionados e que representam a "verdadeira realidade", uma realidade mais ampla, mais profunda, de dimensão pessoal ou universal, científica, antropológica, filosófica, transcendental, intrínseca ou aprendida, livre ou condicionada, de enfoque retrospectivo até várias gerações de antepassados, ou de visão atual, prospectiva e, ainda, podendo ser de natureza física, psicológica ou espiritual.

O paciente, na fase preparatória à terapia, havia sido treinado a identificar e a distanciar em si a dimensão do Eu-Pessoal dos condicionamentos e de toda a realidade psicofísica. *E é pelo Eu-Pessoal que o paciente fará agora a diferença entre a compreensão "subjetiva" que teve no passado e os dados "objetivos" que vê agora. Separa ele a Realidade em Potencial dos condicionamentos, tendo assim a oportunidade de refazer as opções e desencadear decodificações.* O Eu-Pessoal, como dimensão original do ser que não adoece, nem se deteriora ou envelhece, serve ainda de referencial para mudanças a serem feitas no que diz respeito a valores e à transcendência. Pois a *resposta terapêutica, como já falamos, nem sempre pede apenas a compreensão dos acontecimentos passados sob novos enfoques mas, muitas vezes, exige a mudança radical de atitudes, hábitos, maneira de pensar, de agir e até de valores morais-religiosos...*

Na prática clínica, a reestruturação acontece em função do "novo enfoque da mesma questão". Para isso se conduz o paciente a identificar o mesmo dia do mês, da semana, mesmo horário e as mesmas situações do passado. Localizam-se na memória inconsciente, pelo "questionamento", o ambiente e as mesmas pessoas presentes na época do sofrimento. O paciente perceberá suas emoções naquele tempo, os seus sentimentos e os das outras pessoas, o seu mal-entendido diante disso, a conclusão a que chegou prejudicando-se, o que visava ao atingir-se agressivamente e, ao mesmo tempo, vê agora todo um outro lado da mesma situação. O terapeuta continuará questionando, dando ao paciente a oportunidade de modificar as "opções"... Realiza-se, assim, a terapia do núcleo básico do sofrimento, em geral, daquela "frase-registro" que foi identificada na "fase-diagnóstica".

Na fase terapêutica geram-se novos "condicionamentos positivos", que se ampliam para outras cadeias "positivas" e, dessa vez, concretizan-

do-se, para auxiliar a saúde e o equilíbrio psíquico. Tudo isso é possível no inconsciente e, exatamente, porque aquele registro do *"conhecimento sábio" de todas as coisas não se perde, mas continua existindo na memória inconsciente como "Realidade em Potencial", escondido sob o "registro emocional".* Em função da atemporalidade do inconsciente, entende-se também como é possível que *uma mudança de opção feita hoje possa ter realmente o efeito retroativo de modificar o passado.* A atemporalidade do inconsciente significa também que as nossas "pessoas internas" do passado continuam vivas e ativas, isto é, *não são passado...*

Em todos os casos tratados pelo Método TIP, *o processo "terapêutico" começa a acontecer quando o paciente já percebe claramente a interligação entre seus males psicofísicos com suas atitudes pessoais e livres diante dos fatos inconscientes. E a terapia se concretiza quando a pessoa assume em si esse conflito e se empenha na mudança.*

Entenda-se, ainda, que o Eu-Pessoal livre nem sempre pode se ater apenas à reformulação de opções feitas a partir das influências externas ou ambientais da vida pessoal, pois os condicionamentos são também herdados. Repetimos em nós os nossos antepassados e a tendência à repetição continua através das gerações, sempre diante de estímulos semelhantes. Repetem-se esses fatos, inclusive, em idades correspondentes. *Referimo-nos ao que já denominamos de "Mecanismo Inconsciente Automático de Repetição" ou "MIAR".* Expressa ele a tendência a imitar, através das gerações, sentimentos, reações, sofrimentos — até mesmo físicos — atitudes, maneiras de ser e de julgar, costumes, defeitos psíquicos ou morais, comportamentos, gestos e crenças religiosas. Mas *se falamos em "tendências" à imitação é porque também em relação a esses registros nos é facultada a escolha. Herdamos o "todo" de nossos antepassados, mas selecionamos aspectos do acima mencionado para integrar a nossa personalidade.* E podemos até mesmo "imitar" algum antepassado com tanta perfeição e detalhes que pareça aos outros que estamos "reencarnando" em nós um ancestral.

Os problemas de MIAR ou dos antepassados, no entanto, podem ser decodificados no inconsciente. *E realizada essa decodificação o registro deixa de existir, não tendo mais condições de retornar nem de se transmitir às outras gerações.* Sem dúvida, uma pessoa pode condicionar-se também a partir do consciente adulto, mas a força desse condiciona-mento é incomparavelmente menor que aquela que se realiza direta-mente sobre o inconsciente e nas condições do passado. Paradoxalmente, porém, *a "substituição" de códigos negativos por positivos, realizada "hoje sobre o passado" traumático, tem até mais força que aqueles condicionamentos negativos. Explica-se isso porque os recondicionamentos positivos da fase terapêutica, geralmente delineados pela "Realidade em Potencial", baseiam-se na natureza normal, sadia e universal, ou seja, no bem, no verdadeiro, no legítimo.*

Na fase terapêutica é importante enfatizar a técnica do "adulto que trata de sua criança interna". Não se tem aí um "adulto que *interpreta* as suas vivências da infância" — pois isso se faz em grande número de terapias. *Aqui, o adulto "revive" — embora sem precisar sentir emocionalmente — toda a maneira de perceber de "sua criança interna" e torna a viver "como criança" as mudanças que realiza. Isto é diferente de "recordar".* Mas é também diferente do reviver catártico da hipnose. O Eu-Pessoal sadio, que comanda as reflexões do adulto, observa os fatos dentro das mesmas condições em que aconteceram na infância, inclusive nas mesmas circunstâncias emocionais, mas também vê os "enganos" que conduziram a essas emoções, sendo capaz de "discernir" e de "refazê-las" diante de "outros fatos", tão reais quanto os primeiros.

Na fase-terapêutica é preciso considerar, renovadamente, que todo o sofrimento inconsciente é sempre múltiplo, entrelaçando o psiquismo com o nível mental e com a dimensão orgânica. Daí a terapia deve ser multifacetária. Entretanto, para se atingir o paciente em seu inconsciente total, não bastam trabalhos com atuação paralela — como já dissemos em *As chaves do inconsciente*, mas necessita-se de *uma ação terapêutica unificada, simultânea e dentro da mesma linguagem e tecnologia,* o que se torna possível realizar pelo Método TIP.

Outra consideração importante em relação à fase-terapêutica do Método TIP é que *o "questionamento", quando conduz à substituição de registros do inconsciente, não apenas realiza um processo que fará efeito com o passar do tempo pela "conscientização" dos fatos, como nas terapias convencionais. Aqui a mudança é "imediata", mesmo antes de qualquer "conscientização".* Esse aspecto é de difícil compreensão porque pouco se conhece a realidade e a força do inconsciente. Por isso ilustraremos a questão com um caso clínico.

Certa paciente, levada em terapia ao quinto mês de gestação, encontra-se aí diante de um conflito sério, existencial. Vê-se posicionada entre pai e mãe, visualizando uma espécie de raios contínuos (símbolo) caindo sobre ela, sugerindo-lhe a autodestruição e levando-a a pensar que não seria possível continuar a existir. Sofre a sensação insuportável de não saber se deve identificar-se como pessoa ao seu pai ou à mãe, caso sobreviver. Pergunta o TIP-terapeuta José Ismael Vilela: "Por que o sofrimento?" Responde a paciente: "Sou mulher, mas meu pai quer que eu seja homem. Eu não consigo me decidir..." O conflito continua sendo vivenciado pela paciente, com muita angústia. O terapeuta questiona: "Para que seu pai quer um filho homem?" A paciente "pergunta" ao inconsciente do pai e "ouve" sua resposta: "Para ser religioso".

Continua perguntando o terapeuta: "E para que quer ele um religioso?" A paciente, auscultando o inconsciente do pai, responde: "Para fazer apostolado, como ele faz". O terapeuta prossegue: "Então ele quer um homem ou um apóstolo?" A paciente responde: "Apóstolo". "E para ser apóstolo é preciso ser homem?", finaliza o terapeuta. A paciente consegue responder negativamente à última pergunta e nesse exato momento vê apagarem-se os "raios destruidores". Além disso acontece nela agora uma transformação enorme: suspirando profundamente, sente libertar-se de uma espécie de angústia existencial. A paciente percebe ainda que uma ligação profunda, afetiva e positiva de identificação se estabeleceu repentinamente entre ela e sua mãe, cujo "rosto" nunca antes conseguira "ver" no inconsciente e cuja "figura" antes sempre se lhe apresentava de forma "nublada". Os efeitos dessa mudança no *aqui* e *agora*, com este questionamento aparentemente tão óbvio e simples, foram de um alcance inimaginável para a paciente. Não só eliminaram uma série de sintomas psicológicos, como houve ação benéfica sobre diversas "somatizações" físicas da mesma. O alívio sentido pela paciente foi imediato, mas apenas com o decorrer do tempo pode ela identificar e conscientizar detalhes das mudanças nela acontecidas.

    O caso exemplifica o que já foi falado teoricamente quanto às diferenças fundamentais da terapia pela Abordagem Direta do Inconsciente em relação aos "processos sugestivos". A sugestão não decodifica, mas se "sobrepõe" e por isso tem pouco tempo de duração. *O questionamento terapêutico, ao contrário, aguarda as reformulações interiores do paciente, reformulações estas alicerçadas sobre conhecimentos diferentes do " racional" e identificados pela "dimensão sadia" dentro da própria pessoa. Resultam daí profundas "convicções", muito diferentes de "pensamentos sugestionados".* Além disso, *o que se extrai de um inconsciente pelo "questionamento" forma, paulatinamente, um quadro referencial de fatos unidos em coerência, onde a contradição é eliminada por si mesma.*

    Para encerrar as considerações da fase terapêutica do Método TIP, figuremos uma maneira de melhor entender o *processo terapêutico como um todo, incluindo a fase diagnóstica.*

    Tudo se passa como se estivéssemos diante do paciente numa sessão de júri, onde o promotor realizasse o "questionamento terapêutico". Podemos entender, assim, por que no "questionamento diagnóstico" o terapeuta, no papel de promotor ou advogado de acusação, conduz o paciente, através de perguntas, a perceber que falhou, que errou, que cometeu o "crime" de optar por "registros negativos" que prejudicaram toda a sua vida. Já na hora do questionamento-terapêutico, o terapeuta se torna o "advogado de defesa" quando, através de perguntas, procura levar o paciente a "defender a si próprio" ao conduzi-lo por raciocínios que lhe permitam a descoberta dos "registros positivos" que também estão no seu inconsciente, mas permaneciam "escondidos" por detrás dos "registros negativos".

Veja, a seguir, como aconteceu em terapia o que queremos dizer. No trecho do caso clínico que se segue, não se busca substituir o "registro negativo" pelo "positivo", mas se realiza, pelo questionamento, uma mudança de enfoque. E assim o próprio fato, por si só altamente negativo, transformou-se em positivo.

Vejamos o caso:

O paciente em questão encontra-se em terapia no segundo mês de gestação. Relata, indignado, o problema que aí percebe: a mãe fala ao pai que está grávida e ele vira-lhe as costas, se afasta em silêncio e só retorna a casa à noite. O paciente, com profundo problema de identificação masculina, encontra nesse fato a causa principal. O "desprezo" do pai fez com que elaborasse os seus "raciocínios conclusivos", que assim se expressam: "Meu pai não quer saber de mim... Eu também não vou querer saber dele... Papai é homem... Eu não posso ser homem porque então serei como ele... Eu não posso ser mulher como a mamãe..." Desse conjunto de conclusões o paciente chega finalmente à sua frase-registro: "eu não sou nada" (no sentido de *não existo*). Semelhante frase-registro atingiu profundamente a sua personalidade, e não apenas no sentido de não deixá-lo identificar-se com o sexo masculino, mas também em fazer com que surgissem nele "traços esquizoides" e muitos outros sintomas.

O fato acontecido, no entanto, era historicamente real e não podíamos querer substituí-lo por um fato não verdadeiro. Procuramos, então, conduzir o paciente para outro enfoque da mesma questão. Acompanhe o questionamento, procurando perceber o momento do "promotor" (acusador) e o do "advogado de defesa".

T: Entre no inconsciente de seu pai e veja se lá você encontra algum número do passado dele, ligado à atitude que ele assumiu virando as costas, quando mamãe falou em gravidez.
Pc: Sim... é o número 02.
T: Então vejamos o que aconteceu no segundo mês de gestação do seu pai.
Pc: A mesma coisa... A vovó falou para o vovô que estava grávida e ele virou as costas, foi embora, só retornando à noite (Mecanismo Inconsciente Automático de Repetição ou MIAR).
T: Se tirássemos do "filme da vida" do seu pai o que ele viveu aí no segundo mês de gestação, como seu pai agiria com a notícia da gravidez? (RP)
Pc: Eu o vejo muito contente... Estou comovido em vê-lo assim...
T: Podemos, então, dizer que seu pai, ao virar as costas para sua mãe, estava apenas imitando seu avô?
Pc: Sim (suspira aliviado).

T: Muito bem... Então vamos recordar o que você concluiu numa sessão anterior de terapia em relação ao sentimento de sua mãe para com você, quando também repetiu um gesto da avó... Você lembra?
Pc: Sim... eu entendi que as mães repetem na gravidez o que sofreram na própria gestação...
T: E por que repetem?
Pc: Porque a identificação com o filho é muito grande... é sinal que o amam como a si mesmas.
T: E com os pais?
Pc: Não vejo assim... entre os pais isso não é tão comum.
T: Por quê? Eles não amam os filhos?
Pc: Sim... mas não amam a ponto de se confundirem com eles.
T: E se um pai passasse a reviver a própria gestação, em relação ao seu filho, inclusive a ponto de repetir inconscientemente em relação a ele o que sofreu na gestação... o que você pensaria desse pai?
Pc: Que ele ama o filho excepcionalmente, mais que outros pais amam seus filhos...
T: Então o que você vai concluir sobre seu pai, que imitou seu avô, inclusive no mês correspondente?
Pc: (Comovido) Que ele estava mais identificado a mim que outros pais...
T: O que quer dizer isso?
Pc: Que ele me ama... mais que outros pais amam seus filhos (e o paciente chora convulsivamente, falando): Não é possível! Não é possível! Meu pai, eu também te amo!... Como precisei de você!... Quanto tempo eu perdi à toa... Eu te amo meu pai!... Eu posso ser como você!... Eu quero ser como você!...

Comentário: Reforçamos o fato com mais outras seis cenas positivas. Depois, estando o paciente mais calmo, perguntamos, em termos de "testagem".

T: Como era sua frase-registro no segundo mês de gestação?
Pc: Não consigo lembrar como era.
T: Ótimo... Mas veja que frase surge agora... Eu?
Pc: Eu sou muito importante! Eu tenho muito valor! Eu sou homem! Eu posso ser homem! (E o paciente chora novamente, ainda que de alegria.)

Nesse caso apresentado, em vez de se trabalhar diretamente a decodificação, transformou-se o enfoque do problema através do questionamento. A terapia sobre o inconsciente utiliza-se com frequência dessa técnica.

Há um último aspecto da fase-terapêutica do Método TIP que não podemos deixar de lembrar aqui. É que, tendo em vista a comunicabilidade contínua e espontânea do inconsciente, não é possível acontecer uma mudança de registros ou de "cura", sem que as outras pessoas, de alguma forma envolvidas emocional ou afetivamente com a pessoa tratada, não sejam também beneficiadas. Daí, a experiência levou à conclusão de que *uma só pessoa que recupera seu inconsciente, modifica sua família e irradia esse equilíbrio sobre o ambiente social e de seu trabalho. E, da mesma forma que o inconsciente traz a nós problemas de várias gerações passadas, um só inconsciente tratado, curado e humanizado, transmite esse bem-estar à descendência de dezenas de gerações....*

B) A Reativação da Memória Inconsciente ou RMI

Conforme já esclarecemos nos dois capítulos anteriores, todo processo de atuação diagnóstico-terapêutica sobre o inconsciente é, em síntese, o despertar de conteúdos da "memória" desse nível mental e a utilização desses recursos, por parte do próprio paciente, para a reelaboração livre de nova realidade, já existente em "potencial", no inconsciente.

Explica-se, assim, o motivo pelo qual chamamos nosso processo especificamente terapêutico de "Reativação da Memória Inconsciente" ou RMI. Deixamos, dessa forma, o termo "ADI" ou "Abordagem Direta do Inconsciente" mais para o enfoque "diagnóstico" ou da "pesquisa" sobre o inconsciente, como já esclarecemos nos primeiros capítulos do livro.

A memória inconsciente difere essencialmente da "consciente", motivo por que veremos, a seguir, alguns aspectos dessa diferença.

A *"memória consciente" é, comumente conceituada como a capacidade de trazer à consciência fatos experienciais do passado.* E o limite dessa memória, em geral, está em torno dos três anos de idade, sendo que abaixo dessa data dificilmente se é capaz de recordar alguma coisa.

A *"memória inconsciente" é sem comparação, mais abrangente. Ela já é reativável, desde o momento da concepção, em termos de vida pessoal, e pode atingir dezenas de gerações de antepassados pelos registros que se fixaram nessa memória. Ela é atemporal, mas também não se limita pela matéria, nem pelo espaço.* Assim, não registra apenas fatos do passado, mas cada momento atual e permite, até mesmo, a visão prospectiva, à semelhança dos aparelhos de previsão do tempo, só que com maior perfeição. Ela "atravessa" a matéria, pois os inconscientes se comunicam a todo instante, em todo o mundo. Registra tudo, e não apenas os acontecimentos, mas pensamentos, sentimentos e maneiras de ser. A memória inconsciente se constitui um parâmetro, uma espécie de referencial para testar as verdades e a coerência. *Ela responde com "condicionamentos", mas fornece também respostas novas, melhor que qualquer computador, em relação às informações solicitadas. Ela "sabe" selecionar as "ramificações" para uma determinada cadeia e permite que esta seja quebrada, exatamente nos pontos em que o deve, para que se extinga qualquer vestígio da mesma. Ela sabe tecer correlações exatas.* Na terapia isso acontece entre o que é questionado e os fatos correspondentes. *A memória inconsciente é um arquivo do saber científico e de todo o conhecimento que o homem procura. Não é o ambiente, nem o mundo externo que apaga essa memória. Mas ela obedece às ordens da dimensão livre e, então, modifica os seus códigos. Apenas a própria pessoa, portanto, é que consegue comandar, em última instância, a memória inconsciente.* A memória inconsciente traz também em si, como já vimos, registros que vêm dos ancestrais e que são anteriores aos dados lançados pela própria pessoa, nessa sua memória. *Outro tipo de registro existente no inconsciente são os valores intrínsecos e universais e o referencial interno da moral e da fé num Deus único, num Deus-Pessoa, num Deus-Pai, num Deus-Amor...*

De fato, a memória inconsciente revela objetivamente realidades da transcendência, esclarecendo o sentimento da vida, a morte, a questão da sobrevida e da espiritualidade. Ela é também uma espécie de órgão de autocensura para atitudes intrinsecamente amorais ou antiéticas. A memória inconsciente registra o fato de uma transgressão e, ao mesmo tempo, elabora um mecanismo de sentimento de culpa e de autopunição — mesmo sem que a pessoa se aperceba disso ou aceite conscientemente que errou. A pessoa pode exteriorizar o fato, através de angústias, desequilíbrios, depressões, problemas de saúde física e psíquica, sem ter a mínima "consciência" da origem interna e moral desses males. A memória inconsciente sabe, ainda, conjugar verdades parciais, selecionar e desprezar as respostas falsas e unificar aspectos isolados de verdades autênticas, como se fosse o mais perfeito dos computadores...

Em relação à *memória do inconsciente comparada ao computador*, esclarece-nos o Engenheiro João Bosco Martins de Abreu, Diretor-Presidente da FUNDASINUM, que a memória RAM do computador corresponde ao "consciente" e a ROM, ao inconsciente. Na memória ROM estão as "programações" que são representadas pelas "frases-registro" do inconsciente. Fatos atuais acionam tais registros do passado, fora do raciocínio sequencial e realizam o que na linguagem do computador se chama "Go To". Por outro lado, quando acontece um *go to* em torno de vivências emocionais, há uma espécie de bloqueio na sequencia dos fatos, porque a pessoa fixa-se na questão, tornando-se ilógica aos olhos dos outros e realizando o que no computador se chama de *looping*, ou o "ir e voltar, sem sair do lugar". Isto reflete com fidelidade o que acontece com frequência em relação à memória do inconsciente. Entenda-se, ainda, que *a memória inconsciente não é um arquivo "morto", mas muito vivo, que emite irradiações contínuas, lançando para o psiquismo, para o organismo, para o relacionamento, para as crenças e opiniões, a sua "inspiração" baseada em seus registros.* Assim *a pessoa, por meio da decodificação da memória inconsciente, pode prevenir certos problemas de saúde ou estacionar processos que tenham sua origem em desejos inconscientes de autodestruição.*

No que diz respeito à *"prevenção"* de males pela decodificação da memória inconsciente, veja, a seguir, trechos de um caso clínico de certo rapaz que se apresentou à terapia, com o diagnóstico de "retinose pigmentar". Se o leitor acompanhar atentamente o relato, verificará que *o paciente não teria sido atingido por esse mal se tivesse trabalhado sua "memória inconsciente" e eliminado mais cedo seus registros de base.*

Vejamos o caso.

O paciente relatou, na primeira sessão de consulta, que seu problema surgira aos 18 anos. Devido à dificuldade e certa resistência por parte do paciente, começamos a terapia de forma simbólica.

Solicitamos ao paciente que "visse" nove peixinhos (nove meses uterinos), de tamanhos diferentes, desfilando à sua frente num lago e perguntamos se um deles parecia mostrar alguma dificuldade. O paciente percebeu o primeiro peixe, vendo-o de tamanho menor e referindo que parecia perder o equilíbrio. Perguntamos o motivo e o paciente respondeu: "Ele está com os olhos embaçados... não enxerga direito". Solicitamos que observasse os outros peixinhos e o paciente identificou ainda os peixes "do terceiro e do sétimo mês", com o mesmo problema, sendo que os dois também estavam desequilibrados na água. Iniciamos a terapia com o "peixe" do primeiro mês de gestação. Acompanhe o diálogo.

T: Pergunte ao sábio por que o peixe menor (1º mês de gestação) está com o olhar embaçado.
Pc: Para não enxergar.
T: Não enxergar o quê?
Pc: O pai.
T: Por que o menino não quer ver o pai?
Pc: Ele é mau... Está dizendo para a mamãe me abortar.
T: E o menino que tem um pai assim, o que decide para si?

A ABRANGÊNCIA INTEGRAL DO HOMEM PELO MÉTODO TIP   65

Pc: Eu sou como o pai... Não presto... Sou mau.
T: "Não presto"... "Sou mau"... "Não quero ver"... Como você concretizou essas três frases, número?

Comentário: Aqui o paciente se vê numa cena com cinco anos, em que o pai tenta comunicar-se com ele, chamando-o insistentemente, e ele não responde. Perguntamos o motivo. Veja-se:

Pc: Eu me fecho, não me comunico com o pai...

Comentário: Tendo surgido mais uma frase conclusiva, ou seja "eu me fecho", perguntamos ao paciente:

T: Qual a frase que resume e centraliza "eu sou mau", "eu não quero enxergar" e "eu me fecho?" E o paciente respondeu:
Pc: Eu não devo existir.

O paciente nos dera a "frase-síntese" de suas frases-registro, ou seja: "ser mau", e "não enxergar", assim como "fechar-se" e não apenas para o pai, mas para o mundo. Essas eram formas de o paciente "não existir". Portanto, estávamos diante da frase que deveria ser trabalhada em primeiro lugar na terapia.
Mas vejamos a continuação do caso, ainda na "fase-diagnóstica". No terceiro mês de gestação do paciente, o problema é reforçado. Acompanhe:

Pc: Não estou enxergando... não quero ver.
T: Por quê?
Pc: Meu pai insiste para que minha mãe faça aborto. Eu me enrolo... me fecho sobre mim... não quero ver meu pai... não quero existir...

No 7º mês de gestação o paciente vê os pais discutirem violenta-mente. A mãe reclama que quer completar o enxoval e o pai diz que não se queixe, pois ela poderia ter abortado a criança e não quis. O paciente, mais uma vez, "não quer existir" e diz em terapia que "não está enxergando nada", que não vê o pai nem a mãe. Além disso, o paciente durante o processo de tratamento vai relatando várias reações suas de "fecha-mento sobre si", momentos nos quais, na época, sentia perturbação da visão. Mas o médico nunca encontrou problema físico algum em sua visão. Aos seis anos de idade o paciente perde um irmão e então acontece um fato que merece ser relatado em mais detalhes.
Veja o questionamento:

Pc: Estou cego... não vejo nada... não vejo meu irmão morto...
T: Você está cego mesmo? O médico confirma?
Pc: O médico diz que não tenho nada na vista... mas eu não enxergo...
T: Quanto tempo durou essa "cegueira"?
Pc: Fiquei assim três dias... depois voltei ao normal...

Comentário: Aqui se identificou um sentimento de culpa em relação à morte do irmão, porque o paciente havia tido, em determinado momento, ciúmes do mesmo, em relação ao amor do pai para com ele... A morte do irmão, portanto, acionou em seu inconsciente a frase-registro: "eu sou mau", que se expressou pela frase "eu não quero ver" e que gerou a reação da incapacidade de enxergar.

Na terapia dessa questão o paciente foi conduzido — sempre pelo questionamento sobre o inconsciente — a ver qual a doença do irmão, o motivo da morte, para que entendesse que o seu desejo negativo não influíra sobre esse acontecimento. Quanto ao seu "sentimento" contra o irmão, ficou demonstrado, sempre em nível inconsciente, que na realidade não havia no paciente o desejo de sua morte, mas o desejo de ter o "amor do pai", o que era existencialmente necessário para ele, diante do que sofrera. O paciente conseguiu entender e perdoar-se. Isso foi reforçado com cenas em que ele fora amigo e "bom" para o seu irmão. Como teste final pediu-se que olhasse mais uma vez para a cena da morte do irmão... O paciente agora "vê" o seu irmão. Portanto, o paciente já não consegue se perceber "cego" diante do irmão morto (Realidade em Potencial ou RP).

Aos sete anos repete-se mais uma cena relacionada aos fatos anteriores. Acompanhe:

Pc: O pai quer me ensinar a ler... mas eu não enxergo... papai me chama de "burro".
T: Por que você não "enxerga"?
Pc: Não quero aprender de meu pai... ele é mau...

Aqui o paciente descreve também como "fez concretizar" a "burrice" em si, uma vez que o pai o considerava assim. Descreve ele a forma como agrediu sua inteligência.

Agora o paciente se sente "burro", porque é "cego", e se fecha sobre si porque "não pode existir". Acrescente-se a isso uma xingação da mãe chamando-o de "lerdo", o que ele também assimilou no inconsciente como "ordem", ajustando-se a uma "lentidão" geral...

Durante a terapia, em um dos "testes" periódicos, a frase "eu não vejo" continuava viva. Ela já deveria ter desaparecido aos 7 anos pela decodificação feita. Mas havia se criado um "ganho secundário" ligando essa frase à "lentidão", e à "burrice"; era uma espécie de acomodação em função da ajuda que os outros lhe haviam prestado ao vê-lo menos capaz: o paciente encontrava nisso uma compensação afetiva.

Em termos de terapia, entre outros enfoques específicos, "terapizou-se" a decodificação dos problemas da memória inconsciente, no primeiro mês de gestação, em que se levou o paciente a vivenciar a alegria que o pai sentiu quando ele nasceu. Conduziu-se o paciente "à infância do pai", onde se localizou um "mecanismo de repetição" dele em relação ao que o pai vivera. O paciente percebeu, então, que a insistência do pai em querer abortá-lo era, na realidade, um "condiciona-mento", uma revivência do que ele próprio experimentara na gestação... Quanto a "ser mau", também o pai pensara isso do avô do paciente e fixara isso como "autoconceito", o que o fazia usar "máscara de mau" para atender à sua frase-registro — pois ninguém é mau na origem. E, terapeuticamente, o paciente foi levado a "ver" no inconsciente cenas do "contrário de ser mau" de seu pai, cenas igualmente verdadeiras (RP). No teste final, a frase-conclusiva do paciente dizia: "Eu quero viver". E quanto a "ser cego" e "fechado" ao mundo, surgiu simplesmente a frase "Eu sou normal"... Como teste final pedimos que visualizasse, mais uma vez, os peixinhos do primeiro, terceiro e sétimo mês... O paciente os viu nadando equilibradamente e os olhos deles estavam vivos, atentos.

Quanto ao "ganho secundário" e ao excesso de necessidade de chamar a atenção, trabalhamos o inconsciente, com intensidade, um sentido de vida e uma missão a cumprir. Esse novo código aí lançado mudou toda a postura do paciente, que deixou de ser "lerdo" e aprendeu muitas formas de ser "independente", inclusive passando a namorar, casando e tendo filhos. Sua frase-registro final foi "sou capaz"! E o paciente ativou suas potencialidades, inclusive a capacidade "intuitiva" que o levava agora a "enxergar" muitas coisas sem os olhos... Aliás, o paciente conseguiu modificar aquele seu olhar "parado" de cego, passando a movimentar os olhos para o lado das pessoas. Desenvolveu a alegria e a simpatia e melhorou visivelmente a sua forma de expressar-se através da fala. No caso relatado observamos que a programação negativa do paciente sobre si mesmo como pessoa e em relação à cegueira estava registrada na "memória inconsciente" e expressou-se várias vezes de forma simbólica, criando "cegueiras" sem comprovação física. A memória inconsciente, portanto, já vinha irradiando sua mensagem e assim vimos que a cegueira poderia ter sido *evitada*, através do processo de "reativação da memória inconsciente" ou RMI, se fosse feita antes de se concretizar no físico. Observe-se ainda que, em termos de inconsciente, o paciente ficou "curado" das suas frases-registro após a cena tratada nos 7 anos de idade, embora a lesão física já não permitisse mais a reversão total do mal. Mas, se o paciente se tivesse submetido mais cedo à terapia , certamente não teria adquirido, aos 18 anos, a cegueira física causada pela "retinose pigmentar".

C) Remoção técnica dos registros e a reestruturação

No processo terapêutico do Método TIP, todo ele realizado pelo "questionamento", utiliza-se um conjunto de técnicas específicas. Tais técnicas criaram-se em função da prática clínica e foram, aos poucos, sendo incorporadas ao processo. Entretanto, "técnicas" são apenas "detalhes de recursos", criados em função das metas. Nunca podem ser valorizadas por si só. Recursos técnicos podem ser criados tantos quantos forem necessários e isso acontece com os bons TIP-terapeutas, a cada sessão de terapia. Sempre é necessário criar novos meios ou adaptá-los às situações específicas do paciente. *É preciso, no entanto, ter o cuidado de não se perder o direcionamento, o ponto de chegada visado, os objetivos essenciais ligados à estruturação da metodologia, que visam não só tratar os problemas do paciente, mas conduzi-lo ao encontro de seu Eu-Pessoal livre e sadio e à autotranscendência.* Assim, não basta que as técnicas resolvam "problemas apresentados", se a forma de solucioná-los não estiver integrada ao todo humanizante do paciente. Mesmo porque, se os problemas forem resolvidos fora desse contexto, a "cura" será aparente, acabando por fazer o problema retornar, ou então, aparecendo sob outra forma de "somatização".

Em nosso livro *As chaves do inconsciente*, falamos ligeiramente sobre algumas formas práticas de se fazer a remoção dos "registros de base negativos" que o processo diagnóstico do Método TIP identifica. Aqui distinguiremos outros enfoques em seis procedimentos básicos: a positivação, a decodificação, a dessensibilização, a valorização, a reestruturação e a "substituição".

Num processo terapêutico onde se visa a renovação de registros, raramente utiliza-se apenas um só desses recursos. Mas vejamo-los separadamente para melhor entendimento:

A "positivação" é a troca de registros negativos por positivos. Isso é válido para "aliviar" o sofrimento, mas apenas a "decodificação" concretiza a "cura". A seguir veremos um exemplo clínico de "positivação".

Certo paciente, aos dois anos de idade, assiste a uma discussão violenta dos pais, concluindo que eles não se amam e que ele, portanto, também não é amado e, consequentemente, decide "não amar". Esta frase-conclusiva "eu não quero amar" ramificou-se para muitos tipos de sintomas. Uma das áreas mais agredidas pelo paciente foi a inteligência, porque segundo nos informou seu inconsciente, "se sou pouco inteligente, não percebo e não entendo as discussões de meus pais e não sofro". Esse bloqueio da inteligência prejudicava-o profissionalmente. Além disso, por transferência do sofrimento da infância, o paciente identificou-se à agressividade do pai refletindo isso sobre a sua vida conjugal. Assim, ao casar-se, embora amando a esposa, não sabia ele expressar esse "amor", devido a sua frase-conclusiva "eu não quero amar". Repetia o comportamento de seu pai para com a sua mãe, no relacionamento conjugal. O paciente e sua esposa já haviam se separado, e o paciente, embora sofresse com isso, dava-lhe razão, pois não conseguia controlar certas reações suas para com ela.

Perguntamos ao "inconsciente" do paciente: o que seria preciso acontecer para você se curar? E o paciente respondeu: "Que meus pais se amassem!" — E em seguida argumentou por meio do raciocínio "consciente": "mas isso é impossível, porque eu sei que eles não se amam!"

Siga agora a sequência desse tratamento, onde foi utilizada primeiramente a técnica de "positivação".

T: Você diz que "sabe" que eles não se amam. Pergunte ao seu inconsciente (o sábio) para ver se isso é verdade.
Pc: Ele faz que "não" com a cabeça. Ele diz que eles se amam! Mas eu não consigo acreditar. Eu nunca vi nada de amor entre eles.
T: Muito bem! Se o "sábio" diz que eles se amam, peça a ele que prove o que diz. Peça a ele seis números que testemunhem o que falou.
Pc: 02, 07, 09, 1, 2, 5.
T: Veja o que aconteceu no segundo mês de gestação, que prova o contrário de que seus pais não se amam.
Pc: Mamãe fala que está grávida... Papai se comove... dá um beijo na mamãe e passa a mão na barriga dela.
T: E por que isso prova "o contrário" de que "eles não se amam"? Qual o momento exato, dia da semana, hora, minutos em que você sentiu esta prova?
Pc: Domingo — 10h17min.
T: O que aconteceu às 10h17min que não aconteceu antes, nem um minuto depois?
Pc: Papai, passando a mão na barriga da mamãe, pensa: "Esta criança vai ajudar a ficarmos mais unidos".
T: E por que essa é a prova?
Pc: Porque se papai quer ficar mais unido à mamãe, é *porque ele a ama!*
T: Então vivencie agora profundamente o que você acabou de descobrir...

No processo de "positivação" continua agora procedendo da mesma forma, como se fez acima, com os outros números mencionados. Observe-se que nessa técnica de "positivação" aqui utilizada, o psicólogo pede ao paciente que veja "o contrário" do que o fez sofrer. O psicólogo, portanto, não especificou esse "contrário", pois apenas o inconsciente do paciente sabe o significado exato do seu sofrimento e, consequentemente, qual seria especificamente o "oposto". Em relação aos significados das palavras pode-se ter aqui grandes surpresas, quando o paciente aponta o "contrário" das mesmas, a partir de seu inconsciente!

É importante considerar que sempre existe um "contrário" negativo na cena de "positivação". Se não houvesse um negativo anterior, o registro positivo não teria aparecido da forma como se apresenta. "Positivação" é diferente de "substituição". Na "substituição" se faz o simples levantamento de cenas positivas. Esta técnica é própria do "visiotron".

Entretanto, a "positivação" pura e simples como aqui a fizemos, se não é uma sugestão, porque levantou fatos realmente acontecidos é, porém, uma "acoplagem" sobre o negativo. Não é a "remoção" do problema e, portanto, não é a "cura". Essa só acontece com a "decodificação". Muitas vezes, no entanto, é preciso primeiro criar um "campo apropriado" à decodificação no inconsciente, o que se faz pela "positivação". E esta técnica pode ser utilizada também em grupos onde se aplica a ADI e onde, por motivos éticos, não se pode descer ao problema pessoal. Em situações de trabalho de grupo pede-se ao paciente que identifique "dia da semana e hora" da causa de seu sofrimento, mas não se solicita a "causa" em si. Em seguida aciona-se no inconsciente a cena "contrária" e essa geralmente pode ser verbalizada sem constrangimento pelo paciente. *O inconsciente, portanto, sabe qual a "cena contrária", ainda que o paciente não identifique o momento negativo.*

Há pacientes que resistem em pesquisar as cenas "contrárias", por não acreditarem que elas existam. Aí é preciso usar de outros artifícios. E como o problema mais comum do paciente é o sofrimento com momentos de desunião entre seus pais, uma das técnicas frequentemente usadas para resolver a questão é a substituição dos "pais reais" por "pais ideais". Essa técnica conduz de forma sutil à identificação de aspectos positivos no relacionamento dos pais, o que o paciente, devido ao bloqueio, não conseguiria ver se o terapeuta lhe solicitasse procurar tais cenas diretamente.

Porquanto hoje, entre as muitas "crises" vivemos também e, principalmente, a "crise de Amor", refletida especialmente na problemática conjugal, poderíamos questionar essa técnica dos "pais ideais", pois pode parecer que se ignora que existam pais que realmente não se amam. Mas, de acordo com nossa experiência clínica e com o que já descrevemos em As chaves do inconsciente, *quando um homem e uma mulher se unem "compromissadamente" um com o outro e por toda a vida, nessa "atitude íntima" de se assumirem "responsavelmente", juntos, prontos a todos os riscos, então, infalivelmente, o amor existe.* Entretanto, em nossa educação, normalmente não se aprende a amar. *Somos orientados egoisticamente para a competição e a "cobrança"!* O casal "sente" amor, mas não sabe que o amor precisa ser alimentado pela doação mútua. Além disso, tendemos a fixar-nos nos poucos momentos negativos de nossos relacionamentos. *Dificilmente buscamos, num esforço de boa vontade, a lembrança dos bons momentos.* Na terapia, o inconsciente faz essa busca e encontra sempre o que procura, ou seja, momentos em que aqueles casais, que se uniram por toda a vida, realmente se amam.

A *"dessensibilização"* é uma forma específica de "substituição", mais voltada à "positivação". Cria-se, por meio dessa técnica, uma nova estruturação positiva, gerando-se uma cadeia de situações gratificantes em troca da cadeia negativa anterior. A "dessensibilização" é a condução do paciente no processo "progressivo", através de determinadas idades, fazendo-se com que em cada uma delas visualize no inconsciente uma cena "oposta" ao trauma enfocado, ou outras cenas genericamente positivas. *A técnica de "dessensibilização" pode ser descrita como "uma aproximação sucessiva de quadros mentais positivos extraídos de fatos vivenciados no inconsciente (e não "imaginados" no consciente!) Serve, assim, para suavizar o sofrimento, antes de se realizar a decodificação.* É utilizada, portanto, especialmente em casos onde houve traumas muito violentos, por vezes, em psicóticos ou em outros casos especiais, como em crianças abandonadas pela mãe ou resultantes de estupro. Mas essa técnica pode ser utilizada também como reforço após a terapia. É especialmente útil como reforço da vida intrauterina.

A técnica da *"valorização" não é a remoção do sofrimento, mas a pesquisa inconsciente de todos os aspectos "bons" que resultaram daquele sofrimento.* É surpreendente como o paciente consegue descobrir tais valores no inconsciente. Ilustremos a questão com uma moça, paciente nossa, que guardava profunda mágoa do pai. O pai, em determinada época de sua vida, bebia e, então, assumia uma atitude agressiva e irresponsável. Certa vez, ele estava bastante embriagado. Nesse estado, praticamente obrigou a família, esposa e cinco filhos, a entrarem no carro. Pouco depois, sentiu-se desafiado por outro motorista e apostou corrida... Como não podia deixar de acontecer, houve grave acidente e todos, inclusive ele, foram levados bastante feridos ao hospital. A paciente relatava a história com mágoa profunda contra o pai e contra Deus, por ter permitido que isso acontecesse. Falou que perdera um ano da escola e relatou em pormenores o sofrimento de cada irmão. O ressentimento estava prejudicando a paciente e expressando-se em males psicossomáticos. E a mágoa contra Deus também lhe gerava profunda angústia. Por outro lado, um sentimento de culpa devido a essa mágoa contra o pai e contra Deus bloqueava a terapia, fazendo a paciente tornar-se "resistente", por não se permitir a cura.

Como último recurso para quebrar a "resistência" falamos à paciente que pedisse ao "computador" do inconsciente apenas o que de bom resultara desse acidente... A paciente hesitou, *conscientemente*, não querendo admitir que tivesse havido algo de valor no mesmo. Mas, pouco a pouco, cedeu e começou, então, a perceber coisas extraordinárias: seu pai, por sentimento de culpa, aproximara-se mais da mãe e os dois acabaram se redescobrindo numa união mais profunda. Após o acidente ele deixara de beber e passara a se preocupar mais com os filhos. Durante a fase de recuperação hospitalar da família, ele chorara amargamente de arrependimento e fizera propósitos positivos, que estava cumprindo. Ela própria recebera no hospital visitas de colegas e descobriu que tinha muito mais amigos do que supunha. Em razão do acidente reencontrara o atual namorado. A situação financeira melhorara, porque o pai se dedicava com mais seriedade ao trabalho. Os irmãos haviam "crescido", à sua maneira, com o acidente... e havia muitos outros aspectos positivos.

É importante esclarecer que todos esses aspectos de valorização do sofrimento nunca poderiam ter sido "extraídos" de um raciocínio consciente. Mas pelo inconsciente a paciente penetrou nesse nível mental de cada um dos seus familiares e "soube" de detalhes que conscientemente não sabia, como o "choro de arrependimento do pai", o seu "propósito" de mudar, as "colegas" que realmente a queriam bem. Desfez ela, ainda, uma desconfiança para com o namorado que tornara a procurá-la, descobrindo em função do acidente o quanto ele a amava.

Na *"decodificação" está o efeito final do processo terapêutico. Sabe-se que aconteceu uma autêntica "decodificação", quando através de testes específicos o paciente não percebe mais, em nível inconsciente, as cenas iniciais do sofrimento, embora possa "recordá-las" pela memória consciente. Sempre que acontece uma "decodificação", ao se "testarem" os resultados surgem, então, outras cenas totalmente diferentes.* Explicamos melhor: se o paciente, na cena traumática, "vê" que "papai está agredindo mamãe", e se no "teste" ele disser simplesmente "papai não está mais agredindo mamãe", então, como teste, a resposta será negativa. Na "decodificação" o trauma não pode mais aparecer, nem como o "oposto". Entretanto, pode aparecer uma cena de "oposto indireto", como por exemplo, uma cena de muito amor e entendimento entre os pais, quando antes o paciente os vira discutindo. Mas, nesse caso, o paciente não deve perceber a relação com a cena anterior que o traumatizou, senão teríamos apenas uma *"positivação"* e não a *decodificação*. E a decodificação é a exigência para que o trauma seja considerado definitivamente eliminado, ou para que se possa afirmar que houve uma "cura", e o problema então não retornará.

A *"decodificação" tem também o efeito de quebrar "cadeias" ou "ramificações" do registro de base*. Na prática clínica, quando o psicólogo identifica uma frase-registro, geralmente pergunta "qual a cadeia que se assentou sobre a mesma". O paciente indicará, então, uma grande quantidade de "números" que se estenderão até a idade atual do paciente. Em cada um desses "números" haverá sempre uma cena onde se identificarão fatos ligados à "frase-registro". Mas não é preciso "terapizar" fato por fato. A solicitação da cadeia serve mais para que no final da terapia o terapeuta possa solicitá-la mais uma vez e ouvir, então, do paciente, que ela já não existe, ou que se mantiveram apenas alguns poucos números. A *"quebra da cadeia" é uma prova de que aconteceu a "decodificação"*.

Mostraremos um exemplo das mudanças que se geraram no inconsciente com uma "decodificação" feita numa seqüência dos meses no útero materno. Compare os dizeres do paciente "antes" da terapia e "após" a mesma. Para não estender o assunto não colocaremos aqui as intervenções do terapeuta. Acompanha-se o caso. Observam-se as "FC" (frases-conclusivas) e as "FR" (frases-registro).

2º MÊS DE GESTAÇÃO

Antes — Pc.: Mamãe está cansada... ainda não sabe que estou aqui... mas desconfia... percebe diferenças no corpo... pensa que tenho muitos irmãos... pensa: "tomara que não seja gravidez"... Estou apavorado... Estou ansioso... "preciso não aparecer"... (FC-negativa)

Após — Pc: Papai e mamãe estão namorando... papai abraça mamãe... põe o ouvido na barriga dela... Eu quero me movimentar para que me sinta... eu dou uma tremidinha... ele sorri... estou contente...

4º MÊS DE GESTAÇÃO

Antes — Pc: Papai e mamãe estão brigando... mamãe está muito zangada com papai... Ela diz que ele está gastando todo o dinheiro e não deixa para meu enxoval... Não mereço viver... Eu sou culpado... (FR-negativa).

Após — Pc: Mamãe está brincando com os meus irmãos... Ela olha para eles e me imagina por perto... batendo palmas... Ela ri muito... Eu rio com ela... Eu me solto no útero... Eu subo e desço aqui no líquido... Sinto meu corpo acariciado pela água... Estou leve... "Quero viver" (FC-positiva).

5º MÊS DE GESTAÇÃO

Antes — Pc: Mamãe está doente... pressão baixa... calafrios... Está desanimada... magoada com papai... ele não liga para nós... não se importa... não a abraça... não me dá carinho... Eu estou me sentindo angustiado... "quero desaparecer"... (FC-negativa).

Após — Pc: Aniversário do meu irmão... Mamãe e papai se olham... se amam no olhar... Papai põe o braço no ombro de mamãe... Ela se sente amada... Eu também... Estou dando "cambalhotas" aqui no útero, na água... Ela borbulha ao redor de mim... É gostoso... "É bom viver"! (FC-positiva).

6º MÊS DE GESTAÇÃO

Antes — Pc: Mamãe não gosta da cara do papai... Está ruim, fechada... Ela tenta abraçá-lo... Ele a empurra e diz: "Você não vê que estou preocupado"? (paciente chora). Mamãe vai para o quarto... se sente sozinha... pensa que não quer mais ter filhos... Papai não a apoia... Eu me encolho... fico num cantinho... provoco cólicas na mamãe... tem um fiozinho de sangue... Eu arranho mais... o sangue aumenta... quero ir embora... morrer... Mamãe foi ao hospital, ameaça de aborto... vou sair... "Não quero existir" (FC-negativa).

Após — Pc: Papai está voltando do trabalho... cara boa, feliz... recebeu um dinheiro maior... Dá para a mamãe... diz que é para o enxoval... Mamãe fica feliz, abraça papai... Eles fazem amor... Eu me sinto aconchegado... amado nos dois... Fico quietinho... para não perturbar o seu amor... mas estou muito feliz... sem tensões "quero nascer" (FC-positiva).

7º MÊS DE GESTAÇÃO

Antes — Pc: Estou encolhido num canto... tenso, com medo... papai está bravo, nervoso, grita, se agita... está falando: "quero paz" ... mande esses meninos ficarem quietos! Mande-os para o quarto. Não quero menino perto de mim... Estou todo encolhido... Meu corpo dói... Minhas pernas estão sem força... não consigo me mexer... "Eu vou morrer" (FC-negativa)

Após — Pc: Papai está vendo um programa de TV... É humorístico... Ele ri muito. Eu gosto de ouvir a risada de meu pai. Eu rio com ele... Mamãe me sente... põe a mão na barriga e diz para o papai: "Oh! seu filho está se mexendo quando você ri... Eu acho que ele gosta"!... Papai puxa mamãe para perto de si... Ele nos abraça!... Eu relaxo meu corpo... mexo a água com meus pés... pedalo... é gostosa a sensação!

8º MÊS DE GESTAÇÃO

Antes — Pc: Mamãe está com as pernas inchadas... Ela se queixa de mim... Estou muito pesado... Ela diz que não dorme bem... Ela diz: tomara que nasça logo!... Preciso nascer... para ela me querer... Eu me mexo... Eu forço para descer a cabeça... Mamãe sente cólicas... assusta... chama o papai... Mamãe sente dor... papai chama o médico... "Vou nascer para não viver"... (FC negativa)

Após — Pc: Mamãe está arrumando as roupinhas... Ela me vê nas roupas... Ela está me imaginando... com ternura... Eu me sinto bem... solto meu corpo... Mamãe tem medo de eu nascer antes da hora... Eu não vou nascer antes... Eu fico quietinho... Eu vou esperar... "Eu quero nascer forte..." (FC-positiva)

9º MÊS DE GESTAÇÃO

Antes — Está na hora de nascer... Eu me seguro... Mamãe está sofrendo... Eu não quero sair... Tenho medo de ela não gostar de mim... Estou demorando a nascer... Mamãe sofre... Eu não quero que ela me veja... não vai gostar de mim... (paciente chora). Ela diz: tomara que seja mulher... Eu sou homem... Ela não vai gostar de mim... Eu me seguro com força... não quero nascer! O médico me força... usa o fórceps... Ele amassa minha cabeça... Eu não me solto... Ele puxa muito... sinto raiva... Ele me força para nascer... Eu não quero! Eu me seguro mais!...

Após — (Diante da Realidade em Potencial, o paciente refaz o seu nascimento, sem condicionamentos) — Pc: Estou colaborando com o parto... Papai quer um homem... Eu vou nascer depressa... Estou me mexendo... Encaixo a cabeça... solto os ombros, para se adaptarem à passagem... Empurro com os pés para sair depressa... Nasci... Papai e mamãe estão felizes. Mamãe me olha e me acha forte... Me encosta em seu peito... Papai me beija na testa... Me pega... É desajeitado, tem medo de me quebrar ao meio!... Mas está muito feliz...

No final dessa sessão de terapia submetemos o paciente a mais um teste geral sobre seu todo psicossomático. Pedimos que observasse a si mesmo à "esquerda" ou "antes da terapia" e "depois" da mesma, à "direita". No "antes" percebeu ele um bebê minguado, assustado, pequeno. No "depois" uma criança feliz, solta, bem maior e mais gordinha.

Aqui, mais uma vez, se caracteriza a "Realidade em Potencial" ou "RP". Em termos do "acontecido histórico" revela-se a criança de "antes" do processo terapêutico. A criança do "depois" é como ela passa a se ver após a terapia, mas esta imagem é também *o que a criança deveria ser*. Aqui se explica, portanto, porque até mudanças físicas acontecem com a terapia. *O organismo, ao ser reprogramado psicologicamente, reage, procurando ajustar-se também* fi*sicamente à nova programação*. Acontece uma aproximação, o máximo possível do Eu-Pessoal, originariamente sadio e perfeito. Entretanto, as mudanças físicas e psicológicas tendem a ser imprevisíveis, quase sempre indo para muito além do que poderia se prognosticar sob o ponto de vista profissional e científico.

A *"reestruturação"* é uma forma especial de "reforço" a ser feita após a "decodificação". Leva-se o paciente a "crescer novamente", mas agora sobre o lado já refeito, o lado "sadio" resultante da "decodificação". Pede-se que o paciente "espie" para o "antes". Este deverá apresentar-se "vazio". Mas, se por acaso algo de negativo ainda aí estiver, deve isso ser tratado nesse momento. *A "reestruturação" tem efeito acumulativo em relação a emoções e pensamentos positivos e as mudanças para melhor, sob todos os aspectos, são surpreendentes.* A mudança psicológica, a aproximação da pessoalidade sadia e original, reconstruída dentro da "Realidade em Potencial", é simultaneamente geradora de mudanças orgânicas. Mesmo que o paciente não seja considerado pessoa desequilibrada e que não tenha conhecimento de certas limitações orgânicas, ele mudará em função da terapia, em seu todo "psiconoossomático" e sempre para muito melhor.

D) A terapia através de outrem

O tratamento pelo Método TIP, que visa fazer a terapia no paciente através de outra pessoa, baseia-se na característica da ausência de limitação da matéria do inconsciente. Já falamos no início do nosso trabalho que o inconsciente de qualquer pessoa está automaticamente em contato com todos os inconscientes do mundo e que uma pessoa, quando faz o tratamento de seus registros inconscientes, atinge beneficamente aos que com ela convivem. Em nossa clínica, os pacientes nos testemunham, a cada momento, as mudanças que acontecem em seus familiares, na medida em que se submetem ao tratamento, mesmo sem que tenham tido contato direto com eles. E alguns desses acontecimentos impressionam até quem já se acostumou a eles. Um dos casos é de uma paciente que fez conosco uma terapia intensiva em quinze dias, pois, veio de um local distante e não poderia retornar facilmente. Estava separada de seu marido e, há cinco anos, não o via. Relatou também que seus pais haviam se separado, há 9 anos. Durante o processo terapêutico o problema de desentendimento dos pais da paciente aparecia constantemente em ligação com o sofrimento da mesma. "Terapizaram-se", por isso, no inconsciente, os pais. Ora, quando se trabalha terapeuticamente e no inconsciente o problema de outra pessoa, ainda que seja apenas visando ao paciente, essa pessoa não pode deixar de ser atingida. Assim, na terapia da paciente citada, mesmo sem intenção de fazê-lo, estávamos atuando também na vida conjugal dos pais da mesma, além do modelo negativo de identificação conjugal da paciente com sua mãe. E "terapizou-se" ainda o inconsciente do marido da paciente, que sofrera a transferência conjugal negativa da esposa. A preocupação terapêutica — inclusive pelo curto tempo disponível para o tratamento — em nenhum instante foi orientada diretamente para as outras pessoas ligadas à paciente. Entretanto, na segunda semana de tratamento, a paciente fez uma ligação telefônica para a mãe e teve duas notícias inesperadas: o pai havia procurado sua mãe, para tentarem nova união conjugal e o marido da paciente — que silenciara durante cinco anos — havia telefonado para a mãe dela, mostrando interesse em reencontrar a esposa. Sem dúvida, este é um caso de resposta excepcionalmente rápida à terapia. Mas em prazo de tempo um pouco maior todos os pacientes observam mudanças significativas no relacionamento ou no comportamento geral de suas esposas, maridos, filhos e pais, quando fazem tratamento pelo Método TIP.

E essa característica do inconsciente, de automaticamente atingir a outros, pode também ser intencionalmente aproveitada. Veja um exemplo:

Certo dia uma mãe procurou-nos, desesperada, porque queria encaminhar alguém à nossa terapia, mas não sabia por onde começar. Falou então: "Tenho uma filha que é mãe solteira dentro de casa; outra é desquitada; um dos meus filhos mexe com drogas; o mais velho bebe muito e o mais novo está dando para tirar as coisas dos outros... Qual deles eu trago primeiro?" E eu respondi: "A senhora"!

Com efeito, os problemas que essa pobre mãe via nos filhos nada mais eram do que reflexos daquilo que tinha sido semeado na fase da infância e do útero materno. Essa paciente estava separada do marido e, na infância dos meninos, sua convivência conjugal fora péssima. Acontece que no inconsciente o passado é sempre simultaneamente presente. Essas desavenças conjugais, portanto, continuavam a acontecer no inconsciente da mãe e os efeitos também se renovavam no inconsciente dos filhos, mesmo que o pai estivesse longe. Pois também a mãe tivera mágoas com seu pai e o procedimento deste com sua mãe. E poderíamos ir mais longe localizando mais gerações para ver o mecanismo de repetição...

Entretanto, essa mãe do caso acima nos procurou, fez o tratamento e assumiu bem suas mudanças internas. Fez as pazes com o pai e com sua figura de mulher. Reconciliou-se, inclusive, com seu marido, embora apenas em nível inconsciente (não na realidade concreta, pois ela nem sequer saberia onde encontrá-lo)... Após três meses, a paciente procurou-nos para contar emocionada a mudança em toda a sua família. Todos haviam sido, de alguma forma, atingidos beneficamente e modificados em suas atitudes e em sua maneira de ser.

O processo de *"terapia através de outrem"* é normalmente utilizado pelo Método TIP, em diversas *circunstâncias*. Vejamos algumas:

a) quando os filhos ainda não atingiram a adolescência e precisam de tratamento

Já explicamos que o método TIP trata da "criança dentro do adulto" fazendo o "adulto assumir sua criança". Entende-se que a criança tem um inconsciente mais ativo que o adulto, e a "razão" menos desenvolvida. Daí é difícil levá-la a "distanciar" dentro de si o adulto da criança, pois o adulto racional não existe nela. Assim, submetê-la ao tratamento sobre o inconsciente, sem conseguir realizar o "distanciamento", seria como jogá-la dentro do poço do sofrimento e sem condições de prestar-lhe ajuda concreta. No máximo poder-se-ia realizar aqui um processo "sugestivo" que, porém, seria apenas paliativo e não removeria as "causas" de seu sofrimento. Além disso a criança, antes da adolescência, é profundamente dependente do inconsciente de seus pais, principalmente da mãe. Assim, qualquer trabalho direto sobre o inconsciente da criança é desfeito quando a mãe não se submete simultaneamente ao tratamento. A recíproca é também verdadeira: se a mãe se submete ao tratamento, *todos* os filhos são simultânea e beneficamente atingidos.

Observamos, ainda, que existe um trabalho experimental de ADI-médica sendo aplicado a crianças e adolescentes carentes, em áreas de periferia urbana, com muito bons resultados (Dra. Helenice M. Diniz, no Espírito Santo, em Vitória).

b) quando a criança está em fase de gestação

A mãe não deve ser submetida ao tratamento pelo Método TIP em relação ao seu próprio passado, quando está grávida, mas o bebê pode ser tratado dentro da mãe, durante a gravidez. Será ele assim atingido na fase mais importante da estruturação de sua personalidade e de sua saúde psicofísica. E incalculáveis são os problemas que assim podem ser evitados, por prevenção, no futuro dessa criança.

No caso acima citado, o "distanciamento" a mãe do filho dentro de si deve ser muito bem treinado com a paciente. *Ela deve aprender a "ouvir" a sua criança na forma como essa registrou os fatos e não como "lembra" que as coisas aconteceram.*

Algumas mães solteiras nos procuraram para esse tipo de trata-mento. Nestes casos, quase sempre, a criança sofreu gravemente na concepção ou nos primeiros meses, quando a mãe se surpreendeu com a gravidez e quando, em geral, não a desejava. Muito frequentemente existiram até mesmo pensamentos de abortá-la. *É indiscutível o sofrimento de uma criança no útero materno, cujo único referencial psicológico são os pais, quando sente que esses pais, aos quais vê com o máximo de amor, não apenas a rejeitam, mas até mesmo querem matá-la!*

Os problemas mais graves da criança e consequentemente do adulto, resultam desses momentos dramáticos. Está aí uma das origens dos casos de esquizofrenia e de outros desequilíbrios graves, tanto psíquicos como físicos. O inverso acontece em relação às crianças em gestação que são desejadas pelas suas mães: são sadias e equilibradas depois que nascem e colaboram, inclusive, com o processo do parto. Daí a importância da terapia numa mãe gestante, que por algum momento, ainda que fosse o mais oculto dos pensamentos, desejou abortar o filho. Atitudes mais monstruosas, como as de tentar o aborto, naturalmente são bem mais difíceis de contornar a ponto de não se deixar a criança com alguma sequela séria, mas sempre é possível reparar muitos males quando o ódio de morte da mãe é revertido em amor ao filho!

O termo "monstruosidade" em relação ao fato de uma mãe querer abortar o filho tem sido, por vezes, julgado exagerado, como se não se considerasse o sofrimento pessoal de uma mãe que, por algum motivo, não deseja o filho... Mas, tornam-se os horrores da guerra menos graves pelo fato de se justificarem os seus motivos? Torna-se a tortura mais humana por ser a forma de se obterem informações? Fica o assassinato menos mortífero quando se entende a loucura do assassino? A "radicalidade" dos que se levantam contra o aborto não se volta para a mãe que o pratica, mas para a criança que deve ser morta. Serão "radicais" aqueles que defendem irredutivelmente a vida de inocentes indefesos, ou é na eliminação das crianças pelo aborto que está a "radicalidade"? A morte de crianças em gestação pode, de alguma forma, ser "suavizada" ou tornar-se "morte menos mortal"? *Às vezes tendemos a minimizar a gravidade de certos fatos, apenas porque gostaríamos que não fosse assim!*

Mães que entendem a seriedade desta questão, educam em tempo seus sentimentos e não caem em atitudes de "rejeição" e, muito menos, em desejos de abortar o filho. Sabem que bastam esses pensamentos para que a criança se autoagrida de formas imprevisíveis, acarretando sofrimentos futuros para ela e para os pais, por toda a vida. Sabem elas também que, mesmo perdendo a matéria de seu corpo, a criança continua "viva" e "pesa" sobre o estado de percepção interior da mãe. Vale a pena "querer" e "amar" o filho, desde o primeiro momento da fase de gestação. Lembre-se também a mãe que basta a criança nascer para que ela a queira bem e tudo faça no sentido de beneficiá-la.

c) quando casais estão desajustados e ao menos um dos cônjuges deseja tentar a reconciliação, o tratamento pode ser feito sobre ambos, a partir de apenas um deles. (Mais adiante falaremos sobre a questão conjugal)

d) quando as pessoas que necessitam do tratamento são *psicóticas, deficientes mentais ou de alguma forma incapacitadas de se submeterem a ele,* **pode-se realizar a sua terapia** *através de outra pessoa*

De fato, já deixamos claro que a "Abordagem Direta do Inconsciente" ou a "ADI" exige que o paciente esteja em boas condições mentais e que "queira", de forma "convicta", submeter-se ao processo de terapia. Estas condições geralmente não existem nos doentes mentais. Por outro lado, a pessoa deficiente, com Síndrome de Down ou psicótica, em nível inconsciente tende a ser mais dependente da mãe. Assim, é exatamente esse tipo de paciente que mais se beneficia com a "terapia realizada através de outrem", especialmente através da mãe.

Realmente, as crianças que chamamos de *"excepcionais",* são as grandes beneficiadas com a "terapia através de outrem", e é exatamente devido a essa dependência que as mencionamos. Mas lembremos que, se a causa que sintetiza a etiologia de todos os males humanos é o "desamor", por outro lado, *o veículo mais importante para atingir essas crianças é o verdadeiro Amor. O encontro da terapia com o interior das crianças "excepcionais" deve dar-se, portanto, no nível do Amor, e daquele Amor que no inconsciente aparece envolvido em "Luz" da comunicação espiritual.* É interessante observar, através desse tipo de terapia, como crianças que ainda não falam, que parecem ainda não ouvir ou se comunicar, absorvem mensagens que vêm do nível espiritual das pessoas. *Essa passagem do amor, que se abre a partir de uma vivência interior, está sempre aberta aos deficientes e através dela flui muito mais do que pensamos.* Crianças excepcionais se agitam na presença de pessoas cuja "Luz interior" está obscurecida pelo mal ou pela falsidade, enquanto os adultos nada percebem! Tende-se a pensar que os excepcionais nada entendem e, por isso, muitas vezes, deixamos de mostrar-lhes a realidade espiritual. Mas aquelas mães às quais solicitei que se comunicassem com as suas crianças nesse nível e que me atenderam, observaram mudanças com essa *comunicação vivencial.* Isto faz lembrar uma criança mongoloide que despertava sozinha todas as manhãs, antes das oito horas, vestia-se e ia até à igreja para assistir à Missa. Entrava desajeitadamente na fila dos fiéis, para receber a Sagrada Comunhão. Soube, mais tarde, que essa criança manifestava, à sua maneira, uma alegria muito grande com o que assim fazia. E isso tocou o coração de muitas pessoas sadias, que no gesto espontâneo e na persistência dessa criança sentiam haver algo de muito especial. Desta forma, aquele menino-mongoloide tem sido um apóstolo, mesmo sem articular uma única palavra perfeita! *A vida desse menino excepcional, portanto, também tem sentido!*

Os pais desse menino com Síndrome de Down não se submeteram à terapia. Mas o caso testemunha que o nível espiritual dos excepcionais não fica "fechado" só porque a "inteligência" não funciona. Aliás, a inteligência pode também ser atingida nos excepcionais, principalmente, através da mãe. E melhorada, ou até normalizada a inteligência, os comportamentos se modificam, consequentemente.

Importante na "terapia através de outrem" é que no tratamento da mãe ou dos pais eliminam-se também as influências negativas dos antepassados que atuam, através dos pais, sobre a criança. *E é muito comum haver no inconsciente dos excepcionais, das crianças autistas, mongoloides e psicóticas, um acúmulo de influências negativas vindas de gerações passadas.* Muitas vezes essas "cargas negativas" estão ligadas a desavenças conjugais. *E não esqueçamos também que a criança, ela própria, lá na sua concepção, "se fez" excepcional por algum motivo grave, onde sempre está presente o sentimento de "desamor".* Daí, outra forma importante de ajudá-la é tentar melhorar o relacionamento entre seus pais para com ela e resolver problemas de ancestrais.

Por meio das técnicas especiais da "terapia através de outrem" pode-se também estruturar trabalhos em grupo com mães e assim prestar grande ajuda a instituições de excepcionais.

2.1.4 - A fase de avaliação final

"A fase final" da terapia pelo Método TIP se resume, genericamente, em "avaliação, reforço e fechamento". A avaliação dos resultados obtidos é realizada por meio de técnicas bem distintas. Temos a avaliação constante do processo "circular". Avaliam-se, nesse final, também os problemas inicialmente manifestados. E, após o tratamento, o paciente é submetido novamente ao TRI e, se necessário, a exames médicos. Mas o que realmente importa é saber se o paciente realizou suas "mudanças de atitudes", se concretizou a integralização interna do seu psicofísico com o nível noológico e se caminha agora na direção do seu sentido existencial.

Nos capítulos precedentes esforçamo-nos para demonstrar a preocupação que se tem, na TIP, em abranger o ser humano integralmente, em objetivar o diagnóstico e operacionalizar as questões a serem terapizadas. No final da terapia testa-se e avalia-se o que foi tratado e não só em relação às queixas iniciais ou quanto aos registros negativos de base aflorados do inconsciente, mas especialmente no que diz respeito às mudanças no sentir, no reagir e nas atividades do paciente que se submeteu ao processo. Acompanhem-se, a seguir, os passos que podem ser dados nesta testagem geral do processo terapêutico, ou seja, no final da terapia. Veja-se a "testagem" em termos do processo "circular" e dos "períodos vitais". Apresentaremos apenas alguns exemplos práticos e genéricos em torno do TRI, ou "Teste de Registros Inconscientes".

No final da terapia:

A) Pergunta-se ao paciente sobre o inconsciente: existe, ainda, algum "número" (núcleo de base negativo) a ser trabalhado?

Esta pergunta pode ser direta ao inconsciente do paciente. Mas, em geral, isso não basta e precisa-se da utilização de símbolos. Entre vários desses símbolos, um dos mais comuns é o "teste da escada da vida". Busca-se saber qual o número de degraus dessa escada, se ainda existe qualquer anormalidade na mesma. O paciente poderá enxergar "degraus" gastos, quebrados ou com outros defeitos que precisam ainda ser trabalhados terapeuticamente. Testa-se, simultaneamente, se essa escada tem sólido corrimão à esquerda e à direita. Os corrimãos representam a estrutura psicológica do paciente sobre a imagem inconsciente de pai e mãe ou a identificação pessoal... Em função do número de degraus dessa "escada" e de outros detalhes chegará, depois, o momento em que diremos ao paciente que ele "se deu alta", que não há mais nada a "terapizar". *O que acontecerá a partir dessa hora será um gradativo amadurecimento, mudanças constantes para melhor, observáveis sob vários ângulos e que continuarão a acontecer através do tempo!* E essa melhora terá, portanto, um crescimento contínuo, tendendo não apenas a concretizar a saúde psicofísica do paciente, mas a levá-lo a um estado de alegria e a um sentido de vida, a atividades "autotranscendentes" e à vivência equilibrada de sua espiritualidade e de sua fé religiosa.

B) Pergunta-se ao paciente: com a terapia aconteceram mudanças no relacionamento com os filhos, com o cônjuge? Objetive por meio de "dia da semana e hora"...

A pergunta liga-se ao fato constatado de que basta uma só pessoa curar o seu inconsciente pela decodificação dos registros de base, para que todos os familiares se beneficiem.

Para responder a esse teste pode-se levar o paciente a enfocar o inconsciente dos filhos e solicitar-lhe que os "projete", por exemplo, à esquerda, correspondendo a "antes da terapia" e à direita, "depois". Pode-se perguntar, sob o nível inconsciente, "aos filhos" (através do paciente), qual a maior mudança acontecida no paciente ou o que ainda precisa ser mudado etc. Em relacionamentos profissionais ou de amigos também pode haver questões, ainda, a serem trabalhadas dessa forma.

C) As "queixas" apontadas no início da terapia, no aspecto psicológico ou de doenças físicas, podem e devem ser avaliadas uma a uma, inclusive, se for necessário, através de exames médicos. Isto pode acontecer em nível "consciente", embora alguns ângulos devam ser confirmados no inconsciente.

D) Reaplica-se, no final, o teste específico, o TRI ou "Teste de Registros Inconscientes", que já foi aplicado no início. O TRI consta da solicitação ao paciente de que desenhe cinco objetos num porão, a si mesmo num espelho e uma escada...

Através do TRI faz-se, genericamente, uma comparação entre aquilo que foi desenhado pelo paciente ao iniciar a terapia e o que foi feito depois. Entretanto essa comparação, em coerência com toda a metodologia TIP, não é "interpretada" pelo terapeuta, mas levada de novo ao inconsciente do paciente, pelo "questionamento". Semelhante *avaliação* pode ser feita de várias maneiras, por exemplo:

D.1) Pode-se tomar em mãos os dois testes do TRI, o anterior e o posterior e compará-los, na ordem em que foram feitas as projeções, porque o paciente, inconscientemente, desenhará objetos correlacionados. Assim, pode-se perguntar: por que motivo você desenhou uma "arca" como primeiro desenho e o substituiu por um "castiçal" no último? Ou, então: por que motivo você passou a "lâmpada" do último lugar ao primeiro? Ou, ainda: por que você eliminou a "corrente" do último teste? E para que o paciente não "racionalize", pede-se que aponte um "número" e uma cena que nos dê a resposta.

D.2) Outra forma de trabalhar o TRI pode ser feita com o enfoque apenas sobre o último teste. Joga-se, então, sobre o inconsciente do paciente figura por figura, pedindo que o seu "sábio" (a "representação" simbólica do inconsciente) mostre ao paciente (e ao terapeuta) um objeto simbólico do significado do desenho. Mostrado o objeto, pede-se que o sábio "faça algo com o mesmo", para que possamos entender melhor o significado. Pergunta-se agora qual o significado desse gesto... e outras perguntas podem ser acrescentadas.

D.3) Para pacientes que tendem à abstração ou à racionalização é interessante pedir o "número" ligado a determinado desenho e solicitar aí a vivência que expresse o significado daquela projeção. Vista a cena pelo paciente, pergunta-se "por que motivo essa cena explica seu desenho?"
Atente-se para o fato de que o TRI final pode apresentar problemas ainda não resolvidos. Assim, a técnica de solicitar um "número" para a "cena" correspondente ao desenho feito e perguntar o motivo dessa cena é, geralmente, a melhor maneira de se colherem os resultados desejados.

D.4) A aplicação do TRI é indispensável para o tratamento de todos os pacientes, especialmente para os que tendem à "racionalização" ou para aqueles que o terapeuta desconfia estejam ocultando aspectos da personalidade, ou algum problema mais grave de caráter, um duplo, uma falsidade. Isto porque existem pacientes que conseguem conduzir a terapia dentro do que se espera, mas o terapeuta percebe — ainda que não surpreenda o paciente em contradição — que algo está sendo ocultado pelo paciente em nível mais profundo, ou seja, o terapeuta percebe que a mudança profunda ainda não aconteceu. *Mesmo quando os testes confirmam certa mudança psicológica, às vezes, deixa de acontecer o engajamento envolvente do "ser" do paciente na mudança.* Em resumo, *o TRI tem condições de revelar quem não é profundamente sincero na terapia, ainda que o próprio paciente não se aperceba dessas suas restrições.* O TRI vem sendo aperfeiçoado por uma TIP-terapeuta, que é também professora do Método ADI-TIP, chamada Valquíria Gonçalves de Oliveira.

Veja o que aconteceu com um caso clínico que, excepcionalmente, conseguiu chegar ao final da terapia sem "denunciar" um determinado problema, embora o terapeuta percebesse, de alguma forma, que algo não estava bem durante a evolução do processo.

A paciente, após ter feito tranquilamente a terapia, e depois do TRI final, entra no consultório dizendo-se muito nervosa com o teste que acabara de fazer. Perguntamos o motivo e ela desculpou-se, dizendo que sempre ficava assim com qualquer tipo de teste. Ao olharmos sobre os desenhos do TRI final vimos, então, que esses eram praticamente os mesmos da projeção inicial. Percebia-se nos desenhos o que se supusera durante a terapia: as "mudanças" haviam sido apenas superficiais. No caso, em vez de fazermos qualquer comentário, pedimos à paciente que entrasse em seu inconsciente e jogamos nesse nível a pergunta: "Por que fiquei nervosa diante do teste?" Como resposta solicitamos números e símbolos. A paciente acabou por ver uma "pedra que não queria remover". Continuando-se o questionamento respondeu ela que havia "algo muito oculto debaixo da pedra"... Acabou-se descobrindo um problema de ordem moral. *A paciente vinha escondendo essa questão de si mesma, e em função disso não se permitia a verdadeira cura...* No caso, a paciente "denunciou-se" antes da avaliação do TRI. Mas depois da "retirada da pedra", os desenhos projetivos do teste foram fundamentais para a solução de questões importantes não reveladas na terapia pela paciente.

A seguir, vejamos alguns exemplos de aplicação de TRI. O caso que segue é de um religioso que no princípio se dizia em "crise vocacional". A investigação, nesse caso, é apenas sobre o TRI final. Acompanhe:

T: Você desenhou uma vela acesa... descubra no seu I o número que simbolicamente esclarece o significado desse objeto.
Pc: 00.
T: Vá até a sua concepção... o que existe lá relacionado ao objeto?
Pc: O núcleo de Luz transmitindo-me amor.
T: Como você sabe que transmite Amor? Veja algo que sirva de prova para mim.
Pc: Luz após a morte... Vida nova... Ressurreição.
T: Esta resposta está bastante interpretativa e racional. Objetive melhor. Resuma numa frase completa.
Pc: Que eu estava morto e revivi (com a terapia).
T: Como você sabe?
Pc: Porque vi uma pessoa morta num caixão se levantando... sou eu... e na frente tem um caminho iluminado para eu seguir...
T: Agora, sim, você objetivou...

Comentário: O trecho do questionamento que reproduzimos apontou um resultado positivo da terapia.

Outro objeto desenhado pelo paciente foi uma mesa. Segue-se o diálogo terapeuta-paciente.

T: Descubra em seu I o número que nos explica este desenho.
Pc: 03.
T: Veja-se no terceiro mês de gestação.
Pc: Mamãe está rezando... ela está pedindo perdão a Deus, porque tentou me abortar... Ela pede a minha saúde e me ama...
T: O que quer dizer isso em termos de "teste final" da terapia?
Pc: O amor da mãe que entrega o afeto.
T: Não entendi. Como você sabe? Objetive.
Pc: A mãe tem um coração na mão e o coloca sobre o meu coração.
T: Peça uma frase em torno da questão.
Pc: O sábio diz: o amor da mãe acorda o amor do filho... Pelo amor da mãe, que redescobri (na terapia), eu consegui reintegrar-me no afeto.
T: Veja outra cena que explique isto tudo, número?
Pc: Doze anos... Aquele rapaz mais velho do qual lhe falei (terapia) se aproxima de mim com intenções homossexuais... Eu o empurro... Me sinto forte... Me sinto homem.
T: E a mesa? Por que o símbolo da mesa?
Pc: O sábio me mostra os pés da mesa... Ela só tem dois pés...
T: O que isso quer dizer?
Pc: É a mesa do altar... é unificação... é uma integração da minha pessoa na fé... eu recuperei a minha integração como pessoa e na fé.

(O teste foi positivo, mas a questão teve de ser ainda melhor objetivada.)

O terceiro objeto desenhado pelo paciente foi um banco. Veja a sequência:

T: Qual o número relacionado ao banco?
Pc: Um.
T: Cena do 1º ano de vida?
Pc: Vejo o momento de meu batismo... houve uma mudança aí...
T: Que mudança? Em que momento da terapia aconteceu? Número?
Pc: 00 (Concepção). Quando foi trabalhado o "núcleo de luz"... Descobri que posso abrir-me à Luz independentemente de meus pais... Eu não dependo do que eles pensam e sentem... Eu vejo a Luz... Eu quero a Luz... Ela me ama.

T: Objetive. Como você sabe que "a Luz ama você"?
Pc: Vejo duas mãos abertas para me receber dentro da Luz... Sinto uma irradiação de Amor... Eu "ouço" a Luz convidando-me para ficar com ela e oferecendo-se para envolver-me em seu Amor... As mãos são de Cristo...
T: Peça ao sábio um símbolo qualquer que possa nos dizer se as mãos que você "vê" em seu inconsciente são realmente as de Cristo...
Pc: Elas estão transpassadas... Este é o sinal que o sábio me dá... Vejo a minha Luz colocando-me nessas mãos...
T: Diga um número de sua idade que nos explique melhor o que você vê e o que significa.
Pc: 12 anos... Foi no momento em que entreguei minha vida a essa missão que tento viver hoje...
T: Você lembrava disso conscientemente?!
Pc: Não. Eu não sabia que tinha havido um momento assim... de Luz... de decisão vocacional muito profunda... Estas mãos... eu as vejo também aí nos 12 anos... Sinto um Amor muito profundo... (O paciente revive a cena, sereno, mas emocionado...).
T: Pergunte ao seu sábio agora: como está a sua "dúvida" inicial? Veja um símbolo ou um número...
Pc: Que dúvida?!...

Comentário: O paciente havia esquecido sua dúvida vocacional. Lembrou-a apenas depois quando acionamos a memória "consciente". O detalhe interessante nesse processo é que, por momento algum da terapia, trabalhou-se a "crise vocacional", o "batismo" ou a "fé", mas apenas o "orgânico", o "psiquismo" e genericamente a "dimensão noológica" e sempre de acordo com os passos normais de qualquer terapia. *O TRI, portanto, traz respostas diferentes das esperadas e mais voltadas ao todo humanístico.*

Em outro paciente utilizamos o TRI "comparativamente".
Veja o que segue:

T: Você fez um armário fechado no primeiro teste e aberto no segundo... Por quê? O que significa?
Pc: Agora está vazio e aberto para frente.
T: Aberto para frente? Vazio?
Pc: É... Eu sou o armário... Estou livre... Sadio... E aberto para o futuro.
T: O armário fechado focalizava um problema específico dentro de você... Vamos ver se você realmente ficou livre dele. Veja o número ligado ao armário do primeiro teste.
Pc: 003.
T: 003 é simbólico. Não é número seu. Pergunte ao sábio o significado... Este "003", o que quer dizer?

Pc: 3 gerações atrás de mim... Meu bisavô... É a revolta dele que eu guardava no armário... em mim... Ela sumiu... Não tem mais nada...

Comentário: o "armário esvaziado", embora positivo como teste, precisava ser "preenchido" com conteúdos positivos do próprio inconsciente do paciente; foi o que fizemos.

Um terceiro paciente desenhou uma "estatueta de santo". Pedimos inicialmente o número ligado à mesma. O paciente respondeu "00", o que corresponde à concepção. Solicitamos:

T: Vá até o momento de sua concepção e veja o que o sábio quer mostrar.
Pc: ...

Comentário: o paciente, não conseguindo "ver" a cena, denunciava um problema não resolvido. Continuamos "distanciando" o paciente e tornamos a solicitar:

T: Olhe bem... aqui tem algo não resolvido...
Pc: Vejo um túnel escuro... no final tem uma luz, mas não consigo chegar até lá... Sinto angústia... tem algo de ruim...
T: Veja um símbolo desse "ruim"...
Pc: Um sapato... É de papai.
T: Número do pai?
Pc: 01...
T: Veja seu pai no primeiro mês de gestação.
Pc: Os pais dele brigam.
T: O que seu pai conclui para si?
Pc: Meus pais não têm Amor. "Eu também não vou amar."
T: "Eu não vou amar"... E o que tem isso a ver com o túnel, o "ruim"?
Pc: O túnel é o útero até o nascimento. Estou procurando não me desenvolver como devo lá no útero... para não chegar à luz, ao nascimento... Eu tenho medo de encontrar o pai que não me ama...
T: Mas hoje, depois da terapia, você já descobriu que o pai ama você... Por que não mudou? Sábio?
Pc: O sábio diz que não tem mais problemas... *Eu é que não quero mudar...*

Comentário: Aqui o paciente denuncia uma "resistência a mudanças". Embora tivesse realizado toda a "visualização", na verdade não mudou sua "atitude interior" em relação ao pai. Continuando o TRI:

T: E por que você não quer mudar? Número?

Pc: 3.
T: Veja você com três anos.
Pc: Vejo papai... ele deu razão ao meu irmão e me bateu... mas depois se arrependeu... ele comprou balinhas para mim...
T: Pergunte ao sábio por que mostrou essa cena para você no contexto que pedi? Pc: Eu quero ver meu pai arrependido... com isso eu o prendo a mim... *não quero ficar normal... porque o perco...*

   Comentário: Aqui trabalhamos duas situações. Primeiro, mostrando ao paciente, através de outras cenas evocadas do inconsciente dele, que o pai não precisava ficar "preso por arrependimento" a ele para "amá-lo"... Reforçamos isso com várias cenas retiradas da memória inconsciente, mostrando-lhe que o pai o amava em qualquer circunstância. Num segundo enfoque trabalhamos o egocentrismo e mostramos ao paciente a diferença do seu "sentir" quando se "doava" com gestos de amor ao pai (autotranscendência), em vez de exigir o estado de "arrependimento" para pedir atenção contínua. Pedimos que refletisse na vantagem que levava sobre seu pai, por ter feito esse tratamento que o libertara de tanta coisa e mostramos que seu pai não tivera a mesma chance... Por fim convidamo-lo a assumir uma atitude interna de reconciliação e de ajuda ao pai, ali mesmo no consultório. Veja a sequência:

T: Você já fez o tratamento... Você agora é capaz de transmitir Amor ao seu pai em vez de cobrar arrependimento... Você pode atingir "hoje" o primeiro mês de gestação registrado no inconsciente de seu pai e pode modificá-lo...
Pc: Sim... eu vejo que sou capaz... Eu quero ajudar meu pai.
T: Então faça isso...

   Comentário: O paciente, em terapia, abraçou o seu pai (imaginariamente) e chorou. Depois falou:

Pc: O túnel se tornou claro... O "ruim" acabou...
T: E qual foi o significado da estatueta de santo?! O que teve para ser símbolo desse problema?
Pc: Vejo que a figura não era de santo, mas de um anjo... O anjo da guarda de papai... É como se ele me pedisse para ajudar o papai... e ensiná-lo a amar!... E eu que não havia entendido isso!... Estou louco para chegar em casa e abraçar meu pai de verdade!

   No exemplo relatado, mais uma vez o teste final do TRI conduziu a um problema oculto. Se o paciente não resolvesse a mágoa com seu pai e conservasse a atitude de "cobrança", não deixaria que a terapia continuasse a fazer efeito depois, quebrando cadeias e se multiplicando em mudanças no dia a dia. *O Eu-Pessoal, inspirado no sentimento de culpa, barraria os efeitos positivos multiplicadores, próprios do período posterior à terapia.*

É importante nunca esquecer que, em termos de TRI, *os desenhos projetados, na maioria das vezes, nada têm a ver com os "problemas sofridos", nem mesmo com os problemas tratados diretamente.* O teste final de TRI também evidencia que *frequentemente questões atingidas pela terapia, as quais o paciente não conscientizara como problemas, são importantes no processo integral de reestruturação do Eu-Pessoal sadio do paciente.*

Citemos mais um exemplo de TRI devolvido ao inconsciente do paciente e que nos revela dados interessantes, porque o caso nos esclarece que *jamais se podem entender "projeções figurativas" somente pela interpretação externa, analítica e generalizante, uma vez que é sempre único cada significado.*

No teste final do TRI, o paciente desenha, como primeiro objeto, uma "torneira". Conscientemente, qual a interpretação que poderíamos dar a uma simples torneira?! Observe-se como o significado, porém, se expressa com riqueza pelo inconsciente. Acompanhe o questionamento.

T: Veja qual o número que corresponde à torneira.
Pc: Número um.
T: Visualize-se com um ano, na cena que seu inconsciente quer mostrar.
Pc: Estou pulando amarelinha... Eu venço as linhas...
T: O que quer dizer isso, sábio?
Pc: Eu avanço...
T: Situe-se num momento de sua vida onde você vivenciou "eu avanço", para vermos se entendemos melhor.
Pc: 04...(quarto mês de gestação). Estou com as mãos na minha frente... Eu olho para elas... Eu olho para frente.
T: Olhar para frente é o contrário de que momento de sua vida?
Pc: De voltar para trás.
T: Quando aconteceu isso?
Pc: 01... (primeiro mês de gestação) pais brigando... não quero viver...
T: Dê mais um exemplo de sua vida quanto a "eu avanço". Diga outro número.
Pc: 5... (5 anos) Estou correndo atrás de uma bola.
T: Junte o número 1, com o 04 e o 5... Qual o pensamento comum que explica "eu avanço"?
Pc: "Eu posso tocar a vida para frente"...
T: Muito bem... Então a "torneira" foi uma figura de resultado positivo de seu teste... Mas por que uma "torneira"?

Pc: A torneira é algo que posso abrir e sai água... água é vida...
T: Quando foi a primeira vez que você "abriu essa torneira"?
Pc: 03... (terceiro mês). Meus pais se abraçam, eu consigo "abrir" os braços... sai uma luz das mãos (vida)... eu abraço no Amor... e vou seguir em frente no Amor...

Veja como o inconsciente descobre símbolos únicos, que não poderiam ser entendidos por uma análise interpretativa. Quem, por exemplo, conseguiria verificar "racionalmente" que "abrir os braços" no útero materno está ligado a "querer avançar na vida", o que, por sua vez, se associa a Amor e Luz, que novamente se expressa na água, como símbolo da "vida" e, finalmente, se projeta na figura de uma "torneira" como sinal de decisão por "abrir-se à vida"?

O segundo objeto desenhado pela paciente foi uma "mesa". É muito comum ver-se que mesa representa união familiar. Entretanto, através do questionamento, têm-se surpresas. Acompanhe:

T: Veja o número que corresponde à mesa.
Pc: 02... (segundo mês de gestação) Estou quietinha...
T: Quem fica quietinha é o quê?
Pc: É boa... Eu sou boa (FR-positiva).
T: Por que você precisa especificar que é boa? Quando foi que você pensou o contrário de "eu sou boa"?
Pc: 04 (quarto mês de gestação). Estou movendo muito a cabeça para os lados...
T: Por que isso é o "contrário" de "eu sou boa"?
Pc: Porque "eu atrapalho" meus pais (FR-negativa) .
T: Então por que você é boa no segundo mês de gestação?
Pc: "Eu colaboro"(FR-positiva).
T: (Projeção ao futuro.) Onde é que você foi boa e colaborou? Número?
Pc: 16 anos... Vejo um grupo de pessoas de minha cidade... Eu vou ao encontro delas.
T: Qual a diferença de antes da terapia?
Pc: Estou indo com determinação e delicadeza, antes eu fazia o oposto...

Comentário: Aqui temos, portanto, mais um resultado positivo do teste, mas que se refere à pessoa do paciente, não a um processo de união familiar.

Como terceiro objeto, a mesma paciente desenhava uma "toalha" sobre a mesa. Segue o questionamento:

T: Qual o número da toalha?
Pc: 05... (quinto mês de gestação)... Estou vendo uma Luz à minha frente... Este pontinho de Luz vem em minha direção... Ele fala: "Eu te amo"... Eu respondo: "Eu também te amo!"... Há um fluxo que agora vem de lá até meu coração... O fluxo aquece meu coração...

Comentário: Também aqui a "toalha" que, geralmente, denota que o paciente "encobre" algo, teve significado diferente. A paciente, hoje religiosa, identifica no 5º mês de gestação uma "chamada vocacional", à qual, desde aquele instante, respondeu positivamente... Veja que poderíamos perguntar à paciente "por que a toalha?", mas isso seria apenas por curiosidade, porque o importante é sentir o "significado único" do teste para ela.

O quarto objeto é um "prato com um pedaço de pão". Vejamos o questionamento:

Pc: ... O número do "prato com pão" é 08 (oitavo mês de gestação)... Abro as mãos na altura da testa.
T: Qual o significado desse gesto?
Pc: Estou vendo meus pais lá fora... caminham lado a lado... o pai pôs a mão no ombro de minha mãe... estão pensando no futuro, em mim... pensam de forma positiva... que eu vou ser uma bênção.

Comentário: Aqui perguntamos qual a ligação entre o símbolo dado e o prato de pão. A paciente respondeu: o prato de pão é bênção. Os pais é que fazem essa ligação em seus sentimentos e pensamentos e eu percebo o que pensam...

T: Como você reage a isso?
Pc: "Eu penso bem"... (FC).
T: Quando foi que você pensou o contrário?
Pc: 03 (terceiro mês de gestação)... Eu seguro o meu pé direito.
T: Por quê? Segura o quê?
Pc: Seguro meu pai... ele está saindo correndo de casa... com pressa... Mamãe quer falar com ele... Ele não espera... Eu não gosto disso... "Eu penso mal"... Eu amarro... a "cabeça"... Eu agarro... Eu não deixo desenvolver minha inteligência...
T: Veja em sua vida onde aconteceu concretamente este "eu não deixo desenvolver, eu amarro"?
Pc: 2 anos... Estou segurando a calça do pai... eu não quero que saia... eu choro... Eu quero que fique comigo...
T: Ainda não deu para entender... Veja outro número que expresse com mais clareza o que significou em sua vida "eu amarro e não desenvolvo"?

Pc: 14 anos... Estou na soleira da porta... Estou tímida... "me sinto amarrada"... não consigo sair... enfrentar... não consigo tocar para frente... minha cabeça está confusa.
T: Explique o contrário dessa situação, onde você se viu *abrindo as mãos na altura da testa...* O que significa?
Pc: Sinto um impulso forte para agir... agora eu já posso me soltar... *abrir a inteligência...* e amar...

Comentário: A partir de fases anteriores da terapia sabia-se que a "amarração" da inteligência dessa paciente estava ligada também a outros sentimentos de mágoa e desamor contra o pai... Ao se resolverem essas questões, a paciente sentiu-se "capaz de amar" e percebeu facilidade em sua capacidade de entendimento dos fatos, que antes não sentia.

O quinto objeto da paciente era uma "porta aberta". O questionamento foi o seguinte:

T: Qual o número ligado à "porta aberta"?
Pc: 0... (nascimento) Vejo-me escorregando, saindo para o mundo... bem soltinha...
T: Projete esse significado para a sua vida, número?
Pc: 9 anos... estou com minhas colegas na escola... Comunico-me... amo e deixo-me amar... acredito que existe comunicação de Amor... É possível querer bem e ser querida...

Conclusão: Procuramos objetivar melhor a cena dos 9 anos. Era ela "contrária" à outra que existia antes da terapia. O teste-final dessa paciente, como vimos, foi positivo e teve um sentido mais amplo, mais humanístico, pouco tendo a ver diretamente com as queixas feitas no início da terapia.

Na mesma paciente buscamos também o significado de seu "desenho da escada". Mas dessa vez usamos outra técnica, comparando o TRI feito por ela antes da terapia com aquele feito depois. Na primeira "escada" a paciente desenhara poucos degraus e apenas o contorno dos mesmos. Na segunda traçava os detalhes diferenciais entre os degraus. Segue o questionamento:

T: Compare mentalmente a sua primeira "escada" desenhada à segunda... qual o número que nos esclarece a diferença entre essas duas projeções?
Pc: O número 06 (6º mês de gestação)... Estou fazendo um movimento com as mãos e delas saem fachos de luz.

T: O que significa isso?
Pc: Estou irradiando uma força que estava dentro de mim... estou caminhando bem...
T: Dê um exemplo de sua vida onde aconteceu o contrário... número?
Pc: 03 (terceiro mês de gestação)... Eu me viro de costas e fico quieta dentro do útero.
T: O que acontece lá fora?
Pc: A mamãe deu as costas para o papai...
T: O que você conclui para si?
Pc: Mamãe não ama o papai... ela é má... Eu sou má (sou como mamãe)... "Eu paro".
T: O que você pára?
Pc: O crescimento... (físico, intelectual, psicológico e espiritual).

Comentário: De fato essa paciente, no início da terapia, caracterizava-se como "infantil" e "parada", até mesmo no tom de voz e na maneira de falar. Parecia sonolenta. A sua mudança após a terapia era evidente a qualquer observador.

Vale ainda lembrar que essa paciente, cujo teste TRI final foi positivo, era profundamente resistente no início da terapia, passando por dois TIP-terapeutas e sendo mesmo suspensa por resistência. Somente agora permitira ela entranhar-se "o motivo da resistência": estava na FR "eu sou má" e na FC "por ser má, não mereço curar-me"... No momento em que a paciente colaborou para permitir a busca da causa de sua resistência, desbloquearam-se as frases e pôde-se realizar, em pouco tempo, essa terapia de resultados altamente gratificantes.

E) *A avaliação em relação ao "processo de humanização" ou à "mudança de atitudes",* pode ser vista simultaneamente com o TRI. Pode-se perguntar ao inconsciente do paciente: houve em você, com essa terapia, mudanças para uma maior "humanização"? Sim? Então, quais os números que revelam estas mudanças? — Outra forma de testar a melhora em termos de processo de "humanização" é fazer o paciente retornar a cenas onde antes evidenciara atitudes egocêntricas ou gestos menos "humanos" e perguntar como "ficaram agora" essas cenas (RP). Pode-se também fazer uma projeção ao futuro e posicionar o paciente diante de cenas imaginárias. Pode-se, ainda, dizer ao paciente: "Qual o sinal que os outros darão a você comprovando que você mudou em suas atitudes? Quem perceberá essa mudança?" Nesse sentido é interessante levar o paciente a ver a família em nível inconsciente e perguntar: veja o que seus familiares (especificando) pensavam de você "antes" da terapia e como sentem você agora. Um teste também interessante nessa linha é colocar o paciente diante da missão de "doar-se" e de "autotranscender-se", deixando que sinta o quanto isso se reflete como bem-estar e alegria sobre ele próprio. Pode-se, ainda, identificar as pessoas que mais precisam ou podem se beneficiar com a "doação" desse paciente, e deixar que o paciente vivencie essa situação sobre o inconsciente.

F) Realizados todos os testes e sendo eles "positivos", *encerrou-se a "fase terapêutica" da terapia. Mas a profundidade da "mudança" interior em torno de alguns desses registros pode ter sido de maior ou menor intensidade.* Isto, por sua vez, vai refletir-se na maior ou na menor força de modificação projetada sobre a quebra da cadeia, que se assentara sobre aquela base. Daí por que *se convoca o paciente para "avaliação e reforço", alguns meses após a terapia.* Na maioria dos casos clínicos basta uma única série de três a cinco consultas de "avaliação e reforço", precedidas por outro TRI. Mas há casos onde essa avaliação precisa repetir-se, principalmente quando se trata de doenças físicas ou mentais graves.

Concluindo: Uma das questões que têm sido de difícil entendimento, especialmente para profissionais de Psicologia, é a afirmação de que *o Método TIP elimina, de fato, todas as causas primeiras dos registros indesejáveis de base do inconsciente, além de tudo isso acontecer em muito pouco tempo, ou seja, numa média de dez a quinze sessões de terapia, após a "fase preparatória"* — conforme temos comprovado também com tratamentos vídeofilmados. Acreditamos que as descrições acima sirvam para esclarecer muitas destas dúvidas. De fato, pode-se dizer, resumidamente, que *o paciente, após o tratamento e a "alta" pelo Método TIP, "está curado". Mas não fica como se fosse um "robô" e sim como "ser humano", ou seja, como aquele que deverá agora dar a melhor ou a pior "qualidade" aos efeitos dessa terapia. Há pacientes que sentem o "vazio" da doença quando retornam "curados" em tão pouco tempo e estranham a fase de adaptação, a necessidade de mudança de hábito... E assim, por vezes, retêm algo de doentio na "aparência", embora a questão já não tenha mais "raízes". É certo apego natural ao antigo que demora um pouco a desaparecer e que necessita do esforço da pessoa. Por vezes já existem seqüelas físicas marcantes antes da terapia e essas continuam demonstrando uma "área mais sensível" de resposta orgânica ou psicológica. Assim, é a "qualidade" dos efeitos que pode diferenciar os pacientes. Mas se o teste* final *for "positivo", é garantido que os registros de base negativos do inconsciente foram eliminados e que a sintomatologia de que se queixava o paciente ou era observada pelos médicos deve ter desaparecido ou, então, está em processo gradativo de desaparecimento.*

É importante lembrar que as respostas ao teste revelam sempre dados mais globalizantes em relação à "personalidade" do paciente. *Às vezes o próprio paciente não consegue identificar especificamente o que nele mudou e o quanto ele mudou.* Expressa-se, então, com colocações genéricas, como as que se seguem: "Eu não conseguia viajar 100 km com meu marido sem discutir e agora, após a terapia, viajamos juntos e sozinhos 2.000 km e não tivemos um só desentendimento!" Ou então diz uma mãe que fez a "terapia indireta" sobre o filho: "Meu filho, aquele que era tão difícil, que não estudava, não ficava no emprego e estava saindo de casa, agora (após minha terapia) está mais amigo, mais alegre e calmo, não vai mais deixar-nos, arrumou um serviço e vai voltar a estudar!" Diz também outra paciente: "Sou outra pessoa em tudo!" E diz uma quarta: "Somente agora sinto que vivo!" — Genericamente, o que se observa é que há sempre um "estado geral" de "leveza", alegria e entusiasmo... O que antes parecia grave passa a ser encarado com menos emoção e as soluções para problemas atuais surgem com mais facilidade... A pessoa que se submeteu ao tratamento parece, em geral, mais jovem, mais bonita... Seu corpo tende a harmonizar-se, seu psiquismo a serenar e seu olhar passa a expressar um "brilho" especial de "vida"...

2.2 - A ABRANGÊNCIA TÉCNICA PELO PROCESSO "CIRCULAR"

Através do Método TIP todo registro negativo de base do inconsciente é tratado por meio de um processo "circular". Processo "circular" significa que toda questão-problema é objetivada, diagnosticada, tratada, fechada e testada antes de se partir para a questão seguinte. Na sequência terapêutica a sistematização dos fatos a serem questionados pertence ao terapeuta, mas as respostas inconscientes são exclusivamente do paciente e, portanto, sempre diferentes e únicas.

Vimos no capítulo anterior a "abrangência" da terapia como-um-todo. Agora veremos a "abrangência" em torno de uma só questão-problema. Em reflexões anteriores já apontamos o "questionamento" como a "técnica-mestra" do Método TIP porque está presente a qualquer momento, tanto na fase diagnóstica, como na terapêutica e, inclusive, na avaliação dos resultados. Aqui obedece o "questionamento" a uma formulação de raciocínios que orienta a terapia de forma "circular", em torno de cada questão a ser estudada. *O processo "circular" indica o caminho a seguir pelo questionamento e disciplina, orienta o terapeuta para manter o paciente sempre dentro da "via preferencial" ou, se for necessário, seguir por "desvios", mas apenas enquanto se esclareçam assuntos do tema principal, em função do mesmo, ou dos objetivos intermediários e finais.*

Pelo processo "circular" cada problema enfocado é resolvido e testado, antes de se iniciar o "círculo" com nova questão. Daí porque não se constitui como problema mais sério o fato de o paciente ter que interromper, por algum motivo, a terapia, antes de concluí-la. *O paciente será sempre beneficiado com cada sessão, mesmo interrompendo a terapia, embora, assim, diminuam os resultados positivos ligados à integração e multiplicação de efeitos, que exigem a totalidade do tratamento.*

Da mesma forma como acontece na terapia integral, também no restrito processo "circular", distinguem-se vários "momentos metodológicos": *a objetivação, a fase diagnóstica, a terapêutica, a avaliação ou teste, o reforço e o fechamento.* Esses momentos, muitas vezes, se entrelaçam na prática. Nesses casos a aplicação é orientada pela experiência clínica com *o Método TIP, que toma como norma a necessidade pessoal do paciente, antes de prender-se a qualquer técnica específica.* Ao TIP-terapeuta cabe a habilidade e a maleabilidade de saber centralizar a atenção sobre a pessoa particular do paciente, mas sem perder-se dos esquemas básicos da orientação metodológica e técnica. Vejamos, a seguir, os diversos momentos mencionados do processo "circular".

A) A objetivação no processo "circular"

Em termos de abrangência terapêutica global, um dos primeiros passos a serem dados pelo TIP-terapeuta com o paciente que se submete ao processo terapêutico é o de transportá-lo da "fala" e do raciocínio "consciente" para a "visualização" e a "percepção inconsciente".

No processo "circular" em torno da questão enfocada o TIP-terapeuta é também o "guia" do processo através do questionamento. Mas entenda-se que o paciente é sempre absolutamente livre nas respostas, embora precise ser disciplinado em torno de enfoques específicos, em função de objetivos intermediários e finais. *A organização mental da terapia é do terapeuta. Mas os conteúdos inconscientes são apenas do paciente.* O terapeuta precisa disciplinar a forma de fazer a investigação do inconsciente, para *guiar o paciente com objetividade em direção à meta, mas sem limitá-lo por qualquer tipo de ideias pré-concebidas, sejam elas teóricas, de interpretação, de convicções, crenças ou da opinião pessoal do terapeuta.*

O paciente já vem à terapia "treinado" — pela fase preparatória — a perceber seu inconsciente "conscientemente". E, da parte do terapeuta, a *"objetivação" exige técnicas que levam o paciente a responder apenas pelo inconsciente, impedindo assim a "racionalização".*

Essa "racionalização" pode acontecer também diante dos próprios conteúdos inconscientes, quando o paciente "interpreta" o que percebe nesse nível. No processo terapêutico sobre o inconsciente o "pensamento lógico" do paciente é substituído pelo terapeuta. *O paciente mantém-se "consciente", mas apenas numa atitude de "observador" ou de "pesquisador" de seu próprio inconsciente. O paciente "vê" e "relata" o que "vê", não "analisa", não tenta "entender". Quem "entende" racionalmente é o terapeuta, mas não "analisando" e sim "questionando", para que mais dados completem o que foi compreendido por ele.* E é o "questionamento" que evita a interferência do terapeuta, pois fica sempre aberta a questão para as respostas livres e únicas do paciente. *Se assim for o procedimento, no final, o entendimento do terapeuta e a descoberta do paciente coincidirão e se confirmarão, com profunda convicção e sem margem de dúvidas para ambos.*

Nesse entendimento final da questão entre terapeuta e paciente, *o conhecimento dos fatos pelo paciente é muito mais amplo e profundo que o do terapeuta, porque foi "vivenciado" por ele e em toda a sua extensão. Também aqui se destaca um aspecto de diferenciação das terapias convencionais, pois nessas o paciente fica sempre aquém na compreensão do todo em relação ao terapeuta, cuja análise e compreensão são "intelectuais" e não "vivenciais".*

No que diz respeito à objetivação, *uma das técnicas mais eficazes para a conseguirmos é a solicitação de "números" ao paciente.* O número conduz o paciente, de imediato, à faixa etária onde se localiza o "registro de base" ligado ao que ele está sofrendo, ou então, o número conduz à época onde se encontra um forte elo da cadeia em torno do assunto enfocado pelo "questionamento".

O paciente surpreende-se com a repentina solicitação numérica por parte do terapeuta, pois aparentemente isso nada tem a ver com o que ele vinha falando. *A "surpresa" evita a "racionalização", ou seja, evita que o paciente queira buscar na "memória consciente" alguma data ou dado correspondente aos fatos que revela.* Já dissemos que o paciente deve acompanhar "conscientemente" o processo "inconsciente", mas não deve "interferir" nele com o seu raciocínio. Daí por que é bom que "não entenda" racionalmente o seu processo particular enquanto a ele se submete, e esse é um dos motivos pelos quais o psicólogo faz a solicitação do "número" sem muita explicação. O paciente "vê" o número que o terapeuta solicita, mas, nesse primeiro instante não sabe o "motivo". E assim é que deve ser. O paciente precisa ter aprendido a devolver o questionamento do terapeuta ao seu inconsciente e a "ouvir" dele a resposta sem interferência de qualquer lógica ou ligação de fatos. Sua atitude deve ser a do verdadeiro "pesquisador", que só vai entender o que descobriu depois que encontrou os dados necessários... *Tudo isso normalmente é treinado e bem aprendido na "fase preparatória" à terapia do paciente.*

Quando se solicita ao paciente um "número", o inconsciente, então, se revela como "computador" que realiza, por si só, as correlações desejadas, e antes que o paciente as faça ou interfira, deturpando-as com "interpretações" racionais.

E a utilização de "números" continua em toda a terapia, como técnica preferencial para a "objetivação", enquanto se investiga o "passado" do paciente. *A "objetivação" é também conseguida, com facilidade, quando se solicita ao paciente "dia e hora" exatos do momento em que aconteceu o "registro de base" que nos interessa.* Mas também aqui o detalhe precisa ser dado pelo paciente antes de ele saber o fato que aconteceu, para evitar a "racionalização" e garantir a fidelidade ao espírito de pesquisa. *A solicitação de "data e hora", devido às capacidades "computadorizantes" do inconsciente, conduzem o paciente de imediato a uma resposta "única", que não pode ser outra.*

Na "objetivação" do Método TIP diferencia-se a percepção que o paciente tem de seu próprio inconsciente daquela percepção natural de pessoas conhecidas como "sensitivas". A percepção espontânea dos sensitivos acontece em relação a uma circunstância do inconsciente psicológico "do outro" e é imediatamente "interpretada" em linguagem "consciente" e "subjetiva". Este é um dos motivos pelos quais o Método TIP não se utiliza dos "sensitivos" no processo terapêutico, porque, através do paciente, é possível chegar a uma percepção muito mais exata e objetiva.

A técnica de "objetivação" deve acontecer desde o início da terapia. Já na primeira sessão, em determinado momento crítico e emocional do relato do paciente, o psicólogo pode solicitar que o mesmo pare por um instante de falar, que feche os olhos, desligue-se um pouco do ambiente e se "interiorize" transportando-se, por exemplo, a uma "praia" de mar... Feito esse "distanciamento" dos fatos atuais, o psicólogo pode solicitar ao paciente que "visualize", por exemplo, uma moeda ou uma placa de árvore com um número, ou o sábio escrevendo no chão, na areia... Visto o "número", transporta-se o paciente à idade correspondente. Assim, um paciente que se disciplina depressa pode chegar em poucos minutos ao registro de base da questão, descondicionar e substituí-lo por um registro positivo. *Nesse caso o paciente pode sair, já do primeiro encontro de terapia, com um dos problemas, até dos mais graves, resolvidos e com a "ramificação", que se assentava sobre esse registro, em eliminação.*

Um exemplo do que foi dito acima é o caso de uma senhora que, há seis anos, vinha se submetendo sistematicamente a uma terapia psicanalítica, três vezes por semana, tentando resolver um problema de aversão sexual em relação ao marido, que muito amava. Quando nos relatou o fato, na primeira sessão de terapia, chorou sobre este seu sofrimento invencível. Fizemos, então, a "interrupção" à qual já nos referimos, para entrar com o "questionamento". A paciente localizou, com facilidade, uma "cena" de trauma sexual que sentiu por identificação à mãe, ainda no útero materno. Além disso, descobriu, pelo inconsciente, que o problema vinha vindo de cinco gerações, onde havia uma antepassada que fora estuprada. A "conscientização" do fato *em nível "inconsciente"* de que o problema não era seu, mas uma identificação inconsciente possibilitou a decodificação imediata. Na "visualização", a paciente percebeu a quebra de uma "corrente negra". Essa corrente ligava as mulheres de cinco gerações e havia um cadeado preso a cada uma delas, na região genital. Bastou a abordagem que fizemos para que a paciente não mais "enxergasse" essa corrente. Ao sair da sessão, a alegria estampada no rosto da paciente já nos sugeria que o problema fora vencido. E a paciente realmente nos confirmou nossa suposição na próxima sessão, dizendo: "Só agora iniciei realmente uma vida conjugal plena! Meu marido também está muito feliz! e até as crianças mudaram!"

Foi graças à técnica da "objetivação" do inconsciente, seguida imediatamente pela "positivação", a "decodificação" e o "reforço", que se conseguiu resolver com tanta rapidez um problema que fazia a paciente sofrer há muitos anos.

B) A fase-diagnóstica no processo "circular"

Feita a objetivação, segue-se agora com o "questionamento-diagnóstico", que é o *segundo "momento metodológico"* do processo "circular". Na fase diagnóstica continua-se a atuar com a ajuda da "objetivação". Assim busca-se agora, em primeiro lugar, a "cena" correspondente ao "número" antes solicitado. E na "cena" é preciso focalizar o "centro" da questão, "aquilo que mais marcou" ou "aquilo que faz essa cena ser diferente de outra semelhante". Centralizada a cena, faz-se o "questionamento" mais importante do "diagnóstico", que é a pergunta sobre *qual a "atitude", qual o "posicionamento" assumido pelo paciente diante daquele fato.* Repetimos que *o verdadeiro trauma não é formado pelos fatos em si, mas pela maneira como o paciente reagiu diante dos mesmos.* É a *"reação" pessoal do paciente aos acontecimentos que se fixa como condicionamento e que gera "cadeias", que se ramificam em sintomas.* Essa reação se expressa, em primeiro lugar, como uma *"frase-conclusiva"* e é, logo depois, sintetizada na *"frase-registro"*. E a "frase-registro", que se busca logo depois da frase-conclusiva e que o paciente tira, não da situação, mas sobre si mesmo, é sempre única, porque responde à sua situação particular. O que distingue a fase-diagnóstica "circular" da "diagnóstica-geral" no Método TIP é que no processo "circular" gira-se em torno de uma única questão. A habilidade do terapeuta está em não deixar que o paciente se desvie dessa meta.

C) A fase-terapêutica no processo "circular"

Encontrada a "frase-registro" e focalizada a "ramificação" ou a "cadeia", encerra-se o "momento diagnóstico" e inicia-se o *terapêutico*. *O "momento terapêutico"* continua ainda através do "questionamento", e em torno da "frase-registro", mas agora buscam-se *novas respostas* no inconsciente que possam substituir as antigas. Conforme já vimos, as substituições dos registros negativos por positivos e a decodificação acontecem, em geral, pela "Realidade em Potencial" ou RP. A RP apresenta fatos que se encontram também registrados no inconsciente, mostra o que "teria acontecido", caso não tivesse havido a deformação pela "racionalização" ou pelas "escolhas" do Eu-Pessoal, que se concretizam em "condicionamentos". *A RP apresenta a verdadeira "pessoa", quando libertada de condicionamentos e que sempre persiste. A RP, portanto, é, ao mesmo tempo, "potencialidade" tanto quanto uma "realidade". Essa simultaneidade só é possível acontecer no inconsciente!*
Na fase-terapêutica do processo "circular" deve-se ter o cuidado de resolver tanto os problemas diretamente ligados à questão-diagnóstica, quanto aos secundários, que foram levantados em torno da mesma. Há uma técnica própria para a ordem sequencial dessas questões.

D) A fase de avaliação, reforço e testes no processo "circular"

A testagem do processo "circular" é diferente do TRI. Os testes, no processo "circular", concentram-se especificamente sobre a sequência particular que se iniciou a partir do "número" fornecido pelo paciente. Torna-se a levantar o "número" com o qual se iniciou o processo "circular", pedindo-se ao paciente que explique o que está "vendo", sem fazer relação com a cena inicial. Em resposta, o paciente deverá relatar outra cena, sem a vincular à primeira, conforme acontece também em relação à avaliação geral da terapia — ou seja: *o paciente, após o processo terapêutico, ao perguntar-se pela cena do número inicial, tenderá a responder espontaneamente com uma vivência positiva, geralmente oposta à anterior, sem se lembrar de relacioná-la com a antiga cena percebida.* Se isso acontecer, entende-se que a decodificação aconteceu. Na hora do "teste" pode ocorrer, por exemplo, que o paciente se expresse com frases semelhantes a "agora está melhor..." Nesses casos, precisa-se insistir no enfoque, procurando saber "o que ainda não está resolvido". Também a simples negação da cena anterior não pode ser aceita. *Os "testes", assim como a "objetivação", são realizados constantemente em torno de cada aspecto específico do processo, acompanhando o caso do começo ao fim e orientando o terapeuta na eficácia do seu trabalho.*

Vejamos, em relação ao que foi dito, o caso de um paciente que "viu" os seus pais "discutirem", estando ele no 2º ano de vida, numa segunda-feira, de manhã, às 7h45min. Iniciou-se a objetivação com a pergunta ao paciente se essa fora a única vez que os pais discutiram. Face à resposta negativa, perguntou-se por que "dessa vez" tinha sido um fato marcante. De resposta em resposta o paciente foi assim chegando à frase-conclusiva: "Eles não se amam... assim também não me amam... eu os vejo divididos e eu estou no meio... solto no espaço... sem poder colocar os pés no chão... dividido como eles, partido ao meio..." A síntese desses pensamentos conclusivos foi a frase-registro "Eu não sou". Sobre essa frase-registro assentou-se a seguinte cadeia numérica: 3, 4, 5, 7, 9, 10, 11, 13, 15, 17, 18, 21, 25, 30, 37, 43. Além disso, houve também números da fase do útero materno, e que já haviam preparado o terreno para que, aos dois anos, o problema fosse considerado tão grave pelo paciente. Pelo "questionamento-diagnóstico" buscou-se ainda saber qual dos números era o que mais tipicamente havia concretizado o pensamento "Eu não sou" e de que forma havia acontecido essa concretização. A frase-registro atingira a personalidade do paciente, gerando um duplo (dividido) e dando-lhe, muitas vezes, a sensação de realmente não ser ele próprio, mas uma espécie de "encarnação de outra entidade", a qual fugia ao seu controle pessoal. Em resposta, o seu comportamento não era entendido, nem por ele próprio e muito menos pelos outros. O psiquiatra diagnosticara o paciente como esquizofrênico e receitara-lhe a medicação correspondente. Isto aliviava sua tensão interna, mas passado o efeito do medicamento, os sofrimentos retornavam. E toda vez que retornavam, reforçavam nele a ideia de "não ser". Isso, em círculo vicioso, agravava suas "crises" e exigia aumento da dose de medicação!

Na fase terapêutica trabalhou-se a questão da "discussão" dos pais. Nesse instante precisou-se intercalar na terapia certos questionamentos do tipo diagnóstico, investigando-se a infância dos pais e a influência desse seu passado nas "discussões" que mantinham. Tudo isso era necessário para levar o paciente a descobrir em seu inconsciente que os pais, apesar de se desentenderem em "opiniões", se amavam como "pessoas". E uma descoberta positiva, no momento em que acontece, precisa ser "reforçada". Aqui, portanto, também entra o "reforço" do processo "circular". "Reforça-se", solicitando ao inconsciente outros "números" onde aconteceram cenas positivas, semelhantes àquela que surgiu como "decodificada", sendo, por sua vez, a cena decodificada a que surgiu em substituição à inicial do sofrimento.

No momento metodológico da *"avaliação",* no final do processo "circular" que visa testar se aconteceu a "decodificação" do trauma, levamos o paciente acima, mais uma vez, a ver-se nos seus dois anos de idade. "Que cena você vê?", perguntamos. E o paciente respondeu: "Estou passeando com papai e mamãe num parque... É domingo à tarde... Papai e mamãe se olham com ternura... Eu me sinto bem... sinto que se amam... Eu me sinto amado neles". A cena final, portanto, embora possa ser relacionada como oposta à primeira pelo terapeuta, não foi assim associada pelo paciente. Ele simplesmente "vê" agora "outra" cena.

Testamos a seguir a "cadeia" assentada sobre a frase-registro, solicitando: "Veja aqueles números que nós lhe pedimos no início". O paciente ficou em silêncio por algum tempo, depois falou: "Não consigo mais ver os números, só três deles: 07/3/9. A resposta do paciente, portanto, comprovava que a decodificação quebrara a "ramificação" que se abrira para os mais diversos "sintomas". Os números "07/3/9" estavam ligados entre si e a um outro enfoque do problema conjugal. Entretanto bastou "terapizarmos" o número "07" e o paciente não conseguiu mais ver o "3", nem o "9". A terapia do "07" quebrara os efeitos que se haviam lançado nos seus três anos e nos nove.

E) O fechamento do processo "circular"

Ao chegar a momentos como o acima descrito, considera-se a questão inicial *"fechada"* e pode-se começar pelo "círculo" seguinte.

O processo "circular" nem sempre é tão simples como aqui foi exemplificado. Num "círculo" podem estar entrelaçados outros "números" que são encontrados no "caminho" ou no "desvio da via preferencial" e precisam ser resolvidos, antes de retornar ao ponto de partida. O "fechamento", última etapa do processo "circular", portanto, prevê também o *encerramento* desses passos intermediários, os "desvios da via preferencial".

O momento metodológico do *"fechamento"* não é uma só técnica específica. Fecha-se o "círculo", quando se tem segurança de que o problema inicial não apenas foi resolvido, mas que houve uma substituição da frase-registro negativa e que aconteceu a decodificação. Além disso é preciso testar se a meta visada foi atingida. No caso descrito perguntou-se ao paciente: "Um menino que vê os pais passeando com o filho, como você vê, o que conclui sobre si mesmo?" O paciente respondeu: "Ele conclui que é amado... que pode pisar firme e tocar a vida para frente... que está seguro por dentro... de que é importante!" Perguntamos, novamente: "Diga numa única frase o que pensa de si mesmo um menino que conclui tudo isso?" Respondeu o paciente: "Eu sou gente". Compare-se agora a "frase-conclusiva" e a "frase-registro" com a anterior que dizia *"eu não sou"*. Mesmo que no "antes" e no "depois" não surja um "antônimo" direto das palavras, têm eles o sentido de "oposto" para o sentimento do paciente.

Não esqueçamos, entretanto, que o exemplo descrito é apenas de um único "círculo" em torno de também apenas "uma" frase-registro. Em quase todas as idades identifica-se, ao menos, uma frase-registro e realizam-se, tranquilamente, três a oito "círculos" numa sessão de terapia. *E a cada "círculo" renovado multiplica-se, geometricamente, a troca de "ramificações negativas" por "positivas". Isto nos dá uma ideia da quantidade incalculável de mudanças "psiconoossomáticas" que podem acontecer numa terapia que dure em média apenas dez a quinze sessões.*

Observa-se aqui mais uma grande vantagem da terapia quando realizada sobre o inconsciente em relação aos processos convencionais "conscientes". Nestes, os dados devem ser acumulados até permitirem, pela sua quantidade, a análise ou a interpretação. Naquela, *o próprio inconsciente, a partir de um só dado sintético, se encarrega de fluir pelas ramificações até os sintomas, gerando as mudanças desejadas.* É sempre surpreendente verificar o que se ganha com isso, em tempo, em quantidade de situações atingidas e em qualidade da reestruturação sadia do paciente.

Relataremos agora, através de um caso clínico, aspectos do *processo "circular" numa terapia*.

Trata-se de uma paciente. Queixa-se ela de falta de entusiasmo para qualquer coisa. Cumpre as "obrigações", mas realiza tudo como se fosse um robô. Há nela uma sensação de vazio, de inutilidade existencial. Isto lhe é profundamente angustiante, dando-lhe a sensação de que não deveria existir. Entre essas e várias outras queixas, a paciente diz não relacionar-se bem com o marido e que a única filha, em idade escolar, está apresentando problemas de aprendizagem. Aliás, a paciente, em seu desânimo geral, não teria procurado a terapia para si; mas em função da filha, embora não acreditando muito numa ajuda psicológica, ela resolveu fazer uma "forcinha" e veio buscar o tratamento.

Enquanto a paciente falava, na primeira consulta, num momento em que fez uma pausa, nós a interrompemos para fazer o "teste" inicial que nos diria se ela estava em condições ou não de prosseguir a terapia, ou seja, se já sabia abordar o seu inconsciente... Pedimos que fechasse os olhos para não se perturbar com o ambiente e que procurasse, na imaginação, transportar-se a um outro local, neutro e agradável, para que conseguisse a "concentração enfocada sobre o inconsciente". Agora, ainda na "imaginação", ela criaria uma figura como se fosse o seu outro eu, mas sabendo que este é o seu "inconsciente personificado" e pleno de sabedoria. Homem ou mulher, não importava, mas nós o chamaríamos de "sábio" (Veja a referência ao "sábio" em 2.1.2, fase-diagnóstica). Ela dialogaria com o "sábio" e tudo lhe perguntaria. Solicitamos que se visse passeando com o "sábio" ao lado e relatando a ele (ao inconsciente) o que tinha contado a nós... Ela deveria falar-lhe em silêncio e mais com o sentimento que com palavras, até que o "sábio" ou sua "autoimagem", escrevendo no chão ou mostrando com os dedos, lhe dissesse um número (retroalimentação do "computador" inconsciente). *Então ela me informaria esse número e, a partir desse momento, sairia da "imaginação" para entrar na "investigação real" de seu inconsciente* (Objetivação).

A paciente deu-nos o número "quinze". Nós insistimos em que confirmasse com o "sábio" se era realmente este o número, pois normalmente, por meio dessa técnica, aparece um número "sintetizador", um "registro de base" de idade muito mais baixa. Mas a paciente confirmou o número quinze e nós acatamos a resposta. Iniciou-se, nesse momento, o questionamento paciente-terapeuta sobre o inconsciente. Observemos o caso em termos da técnica "circular".

T: Olhe para uma moça de quinze anos... O que você vê?
Pc: Vejo-a com uma faixa preta na região genital... É como a censura numa revista.
T: Pergunte ao sábio o que ele quer dizer com o que está mostrando.
Pc: Ele me mostra a união com o meu namorado (atual marido), quando tivemos, pela primeira vez, relações sexuais...
T: Pergunte ao sábio qual a ligação da cena com a faixa preta.
Pc: Sou eu... É que não me sinto bem aí... não quero essas relações...
T: Não quer, mas tem... Por quê?
Pc: Não é o momento apropriado... Não é a hora, nem o lugar... Eu ainda não me sinto madura para o sexo... Nós ainda não estamos "compromissados" um com o outro...

T: Você não está respondendo ao que pedi... fala "racionalmente". A explicação pode estar certa, mas não é resposta do inconsciente... Você precisa "ouvir" o que fala seu inconsciente, representado na figura do "sábio"... Falei "ouvir", e não "impor" com o seu pensa-mento... Pergunte ao "sábio". Pergunte e escute, sem interferir...
Pc: Ele me diz que não me sinto amada... Mas eu sei que meu namorado me ama... Ele sempre me amou... Foi meu único namorado!
T: Muito bem... Agora você está "ouvindo" seu inconsciente... É assim mesmo... Você percebe dois tipos de resposta, uma "racional" (Eu sei que meu namorado me ama) e outra contrária, que parece nem ser sua e que é do registro inconsciente... Continue, pergunte ao sábio em que número ele se baseia para dizer que você não se sente amada?!
Pc: Número?
T: Sim... Não esqueça que você não precisa "entender", só "perguntar" e "ouvir"...
Pc: Ele falou "zero"... e tem outro "zero" na frente... é "zero, zero".

Comentário: Aqui o questionamento visava *"objetivar"* e canalizar a problemática da paciente para um núcleo centralizador, passando-o do nível "consciente" para o "inconsciente", representado por um "número". Segue agora o processo na busca da "cena" correspondente ao número, a qual — em função da forma como foi conduzido aqui o questionamento — estará necessariamente "emparelhada" com a problemática atual. O número "zero-zero", embora a paciente ainda não o saiba, representa o contexto da "concepção". Segue o questionamento entre paciente e terapeuta, já agora voltado para o "diagnóstico" e visando o processo "terapêutico".

T: Distancie-se bem... e entre profundamente dentro de si (contagem regressiva)... Veja-se agora no momento de sua concepção (00)...
Pc: O espermatozoide se aproxima do óvulo, mas este se afasta... parece fugir dele... É uma luta... ele tenta... o óvulo escapa... não deixa entrar. (A paciente fica ofegante, sente angústia.)
T: Agora veja seus pais... O que acontece com os dois nesse momento e que esteja relacionado com o que você viu?
Pc: Mamãe não quer saber do papai... ela o afasta... ela não quer engravidar... ele está magoado... isso está ruim para mim... muito ruim... (Paciente chora e está angustiada)... Eu estou sendo concebida à força... papai força... eu estou surgindo sem o querer deles...
T: E uma criança que surge sem o querer dos pais, o que conclui sobre si?
Pc: "Eu não sou amada"... "Não sou bem-vinda"... (frases-conclusivas).

T: Sim... O que você fala ainda é o que os outros pensam de você... Mas o que você pensa aí de você mesma, como criança que vem ao mundo e "não é amada", nem "bem-vinda"?
Pc: "Eu não tenho valor... sou inútil" (Frase-registro).

Comentário: a *frase-registro* não só sintetiza a problemática responsável pela maioria dos sintomas da paciente, mas oferece também dados concretos (objetivados) para a realização do processo terapêutico. A partir desse momento da terapia o terapeuta pode solicitar primeiro a "cadeia" ou a "ramificação" que se estruturou sobre a frase-registro e, em seguida, continuar com o questionamento. Entra-se, dessa forma, *na fase terapêutica*. Acompanhe o questionamento:

T: Veja os números (cadeia) que se assentaram sobre essa frase-registro.
Pc: 01/03/04/07/09/1/2/3/7/9/12/17/22.
T: Você falou que surgiu sem o querer dos pais... daí não se sente amada, não se sente bem-vinda, acha que não tem valor... olhe novamente para seus pais no momento da concepção... o que é mesmo que sua mãe está rejeitando? Peça que ele coloque a palavra certa!
Pc: Ele aponta: "gravidez".
T: Bem... Então você já constatou uma coisa: o problema não está ligado à sua pessoa, nem ao "desamor" entre seus pais que você vê projetado em você, mas na gravidez... Vamos ver por que a mãe tem problema com a gravidez... Número?... Veja um número da mãe.
Pc: Quatro.
T: Veja sua mãe com quatro anos na cena que o seu inconsciente quer mostrar.
Pc: A minha avó está grávida... a bisavó está xingando minha vó... diz que ela é "irresponsável", porque está grávida do "sexto" filho... é filho demais... Filho só serve para atrapalhar...
T: E o que conclui sua mãe para si dessa conversa?
Pc: Concluiu que atrapalha.
T: Como é mesmo a frase da mamãe?
Pc: "Gravidez atrapalha" (Frase conclusiva da mãe).
T: E como essa frase "gravidez atrapalha" se coloca aí no momento da sua concepção?! Como o inconsciente de sua mãe associa os fatos? Qual o pensamento inconsciente da mãe que faz agir da forma como você falou?
Pc: A mãe tem medo da gravidez. Ela pensa, "se eu ficar grávida, eu atrapalho"...
T: E se a "gravidez atrapalha"... o que acontece?!

Pc: Ela não será mais amada... ela perde o marido...
T: E ela se importa em perder o marido?
Pc: Sim.
T: Por quê?
Pc: Ela o ama.
T: Então você já teve aqui mais uma resposta: a de que não existe o desamor entre seus pais... Pelo contrário: sua mãe tem medo de perder seu pai porque o ama.

Comentário: A paciente suspira aliviada. Isto porque *entender que os pais se amam é essencial para que também se sinta amada...* Sempre "objetivando", a partir daqui, continuamos com a remoção completa do trauma e a mudança da frase-registro. Mas antes "testamos" e "reforçamos" a solução dada acima.

T: Vamos ver se é verdade o que nós concluímos. Imagine o filme da vida de sua mãe... nesse filme você vai cortar fora aquela experiência negativa dos quatro anos... Ou seja: você vai tirar fora um "condicionamento" para que possa ver *como é a sua mãe de verdade*, sem essa deformação. (Realidade em Potencial.)

Comentário: aqui terapizaram-se as condições que geraram o condicionamento da mãe. Depois pergunta-se:

T: Como fica sua mãe agora, aí na concepção?
Pc: Agora ela abraça papai... os dois estão felizes... eles se amam.
T: Estas cenas de amor aconteceram de verdade? Pergunte ao seu sábio.
Pc: Ele diz que "sim" com a cabeça, mas eu nunca vi cenas assim entre eles!
T: (Reforço). Você não se abriu para ver, porque estava magoada. Mas, sem você saber, o seu inconsciente confirma que essas cenas de amor aconteceram entre os dois. O ser humano não é sempre condicionado... Ele "tem" condicionamentos que funcionam diante de certos estímulos... mas eles não são constantes. Veja, portanto, mais seis cenas onde aconteceu esse amor de seus pais, "sem condicionamentos", igual ao que você está vendo na concepção. Diga os números, depois veja as cenas...

Comentário: Através da solicitação das "seis cenas" realizou-se o *"reforço"*. Deixou-se que a paciente vivenciasse intensamente as cenas positivas. Em seguida entrou-se com os *"testes"*.

T: Retorne à sua concepção... O que você vê?!

Pc: Meus pais, os dois sabem que eu vou surgir... e querem a gravidez.
T: Como é que você sabe? (teste e objetivação).
Pc: Eu vejo mamãe abraçando papai... Ela o ama...
T: E você, como se sente?
Pc: Se eles se amam, eu sou amada... eu venho do amor deles...
T: E como é mesmo a sua frase-registro? (teste).
Pc: Não lembro como era essa frase!
T: Não importa... Peça ao sábio que diga qual é a sua frase-registro...
Pc: "Eu sou importante" (nova frase-registro substituta).
T: Veja agora seis números e seis cenas onde você concretizou em sua vida o que vê agora: "Eu sou importante".

Comentário: Reforçamos essa frase-registro. A paciente dá os números e depois descreve as seis cenas onde se sente muito "importante e útil"... Essas cenas, evidentemente, estavam também em seu inconsciente, mas haviam sido abafadas pela emoção da frase-registro negativa. Segue o processo "circular", com mais um "teste".

T: Olhe agora para a cadeia de números que você me deu... O que você vê?
Pc: Eles sumiram... os números... não os vejo mais...

Comentário: A paciente está surpresa e esforça-se por encontrar os números antigos, mas não consegue, *o que prova que foram decodificados*. Após alguns minutos a paciente faz uma ressalva... Só vejo o número "15", mas bastante apagado...

T: Então é preciso trabalharmos mais o número "quinze"... retorne aos 15 anos ... o que você vê?

Comentário: O problema dos 15 anos, que não foi resolvido, encaminhou-se naturalmente para uma questão ligada a "valores intrínsecos" e estava associado a uma autopunição inconsciente.

O exemplo apresentado, portanto, ainda teve continuidade. Só após a resolução da problemática dos 15 anos, o "processo circular" foi considerado "fechado", permitindo tecnicamente a abertura para novo "círculo" de registros inconscientes da problemática da paciente.

Vejamos agora o caso de um paciente alcoólatra e que sofria também de artrite reumatoide deformante. Tinha apenas 27 anos, mas já necessitava de muletas, devido ao comprometimento do joelho direito. Tinha também problemas semelhantes no pulso esquerdo. O paciente seguiu a terapia normalmente e o assunto da doença surgiu no 5º mês de gestação. No relato destacaremos a fase "circular" ou seja: os momentos de objetivação, do diagnóstico, da terapia, as frases-conclusivas, as frases-registro, os testes periódicos, os reforços e os fechamentos.

T: Veja você no 5º mês de gestação (início do momento diagnóstico).
Pc: Estou quieto... assustado.
T: O que deixa você assim? O que acontece fora do útero?
Pc: Meu pai... ele está caído numa sarjeta, bêbado... vomitando! (Paciente faz expressão facial de repugnância e crispa as mãos). Minha mãe está acudindo... Ele deu um soco na barriga da mãe... E em mim (paciente se retorce, sentindo-se mal).
T: Distancie-se... Não há necessidade de "reviver" o problema... Olhe daqui, do "agora" para lá... você pode perceber toda a dimensão do que sentiu, sem ter que sofrer do jeito que sofreu... ótimo... Agora veja lá, como você reagiu no útero materno ao que viu?
Pc: Fiquei com muita raiva de meu pai.
T: Raiva é "efeito" — qual o seu pensamento, qual a sua reação naquele momento? (objetivação).
Pc: Eu dei um chute no meu pai — lá de dentro da barriga da mãe, eu dei um chute, assim (paciente imita) e dei um soco também (paciente refaz o gesto com a mão).
T: Que tipo de pensamento levou você a esses gestos? (objetivação).
Pc: Meu pai é mau. Ele não presta.
T: E o que pensa de si mesmo um menino que tem um pai que é mau e não presta?
Pc: Que ele também não vale nada, porque é homem como o pai (frase conclusiva).
T: Então, o que pensa este menino de si? "Eu..."
Pc: "Eu não mereço viver!" "Eu não presto" (FR).
T: E como o menino concretiza essa frase "eu não presto" e "não mereço viver"?
Pc: Lança veneno no corpo...
T: Veneno?! Onde?
Pc: É... no corpo todo... mas ficou mais veneno naqueles lugares que deram o chute e o soco no pai — (no joelho, no pulso).
T: Ok. Quais os números que assentavam sobre essa situação? (Investigação da cadeia).
Pc: 00/01/03/04/09/1/5/6/8/11/15/17/18/22/27.

Comentário: Encerra-se aqui a primeira etapa do momento de objetivação e de diagnose. Passa-se agora para o segundo momento diagnóstico, visando o resgate do pai — figura de identificação negativa no inconsciente do paciente.

T: Vamos ver por que seu pai bebe e por que deu um soco na barriga de sua mãe.
Pc: ... e em mim (acrescenta o paciente, indignado).
T: Certo. Vamos ver qual o número ligado a isso no passado de seu pai?
Pc: 01.
T: Veja, então, seu pai no primeiro mês de gestação, dentro do útero da mãe dele.
Pc: Meu pai está assustado... alguma coisa o empurra violentamente para baixo... ele fica sufocado... quase que sai e morre...
T: Veja o que está acontecendo com os seus avós.
Pc: Os dois discutem... o avô grita com a vovó... ele está com raiva... ele bate na barriga dela, xingando por ela estar grávida... ela se retorce, dobrando de dor e empurra a barriga para jogar fora o "filho dele"... ela passa a mão na barriga, de cima para baixo, com muito ódio!
T: O que sente e pensa o menino lá no útero, quando vê essa cena que você descreveu? (busca da frase-registro do pai).
Pc: Ele pensa: "Minha mãe me odeia... Ela não me quer, porque eu sou como papai... e papai também me bateu... eles não se amam... eles não me querem..."
T: Continue... o que uma criança que pensa tudo isso conclui sobre si mesma?
Pc: Que não vai ter forças para sobreviver... deve morrer...
T: Mas ele não morreu... por isso deixe seu inconsciente resumir a frase que mais expressou na vida de seu pai todo este sofrimento.
Pc: Ele pensa que não sabe enfrentar a vida (frase-conclusiva).
T: E quem não sabe enfrentar a vida, pensa o que de si?
Pc: "Eu sou fraco" (frase-registro do pai).
T: "Eu sou fraco" tem algo a ver com o vício da bebida de seu pai? Pergunte ao sábio.
Pc: Ele diz que "sim" com a cabeça.
T: Qual o número de seu pai ligado a isso?
Pc: 9.
T: Veja seu pai com nove anos, no dia da semana e na hora exata da cena que o sábio quer mostrar (objetivação).
Pc: Segunda, 5h30min da tarde. Papai foi buscar o vovô no bar porque a vovó pediu. O vovô levantou a garrafa para o filho e disse: "Vá embora!... eu vou ficar... bebida dá coragem... bebida me dá força..."
T: Por que o sábio mostra essa cena? O que ele quer dizer? Qual o momento que quer enfatizar? O momento cai exatamente às 5h30min. O que foi?
Pc: Vovô diz: "bebida dá coragem!"
T: Porque o sábio enfatiza essa frase?

Pc: Papai bebe para ter coragem.
T: Sim. E o que tem isso a ver com a cena da sarjeta?
Pc: Papai bebeu para ter coragem — ele se sentia fraco.
T: O que aconteceu para que ele se sentisse fraco nesse exato momento aí do seu 5º mês de gestação? Olhe para trás e busque a cena.
Pc: Papai foi despedido do emprego... Sentiu-se arrasado... Não teve coragem de falar porque a minha mãe estava grávida... Aí ele bebeu para ter coragem... Mas não deu certo...
T: Quem falou "mas não deu certo", você ou seu pai?
Pc: Papai... Ele bebeu para ter coragem... Mas bebeu demais... Não deu certo... Ele queria falar com a mãe... Não conseguiu... É bem diferente do que pensei! (comovido)... A bebida dele não é só farra ... Ele estava sofrendo!... Mas, então, por que bateu em nós?
T: Vamos perguntar isso ao seu sábio (outro ângulo do momento-diagnóstico). *Você já viu que a intenção de seu pai era outra do que no princípio você pensava*... mas "não deu certo" e seu pai bateu na mãe... Qual o número de seu pai ligado a esse gesto de "bater"?
Pc: 01.
T: Outra vez?
Pc: Sim.
T: Então vamos ver qual o enfoque que o sábio quer mostrar agora do primeiro mês de gestação de seu pai.
Pc: Vejo papai no útero... Quando a avó se dobra e o empurra para baixo... Ele se sente sufocado... Ele procura afastar a mãe dele... Abre espaço... Ele não consegue respirar...
T: O que tem isso a ver com o soco que o pai deu em vocês, quando você estava no 5º mês de gestação? Pergunte a seu sábio.
Pc: Ah! Agora vejo coisa diferente... Ele não deu um soco na mãe... Apenas a afastou para abrir espaço... A mãe gritava... *Ele viu na minha mãe a mãe dele*... Ele se sentiu sufocado, como no útero!... Ele a afastou para respirar... (O paciente gesticulava, abrindo os braços, imitando o pai, enquanto falava.)
T: Ah! Então foi isso? Então o pai não quis bater em vocês?
Pc: É... (paciente se comove)... Eu fui injusto no que pensei de meu pai... Ele não quis nos bater... Ele só quis "não morrer", quis respirar e afastou a mãe! Ele estava se "defendendo", porque achava que ia morrer!... Estava abrindo espaço ... Para "não morrer".

Comentário: O paciente, portanto, percebe que o pai, lá na sarjeta, estava inconscientemente revivendo a sua fase do 1º mês de gestação... Nesse momento passamos para mais um aspecto diferente do *diagnóstico*. Acompanhe:

T: Mas nós vimos, no princípio da terapia, que seu pai "desejava morrer" na fase do útero materno... Essa frase estava viva nele, não estava? Por que motivo agora se "defende" e abre espaço para "não" morrer?
Pc: Ele não quer morrer agora...
T: Por quê? As coisas não estão ruins para ele, como lá no útero materno, quando ele quis morrer? (Citação anterior do paciente.)
Pc: Não entendi a sua pergunta.
T: Sim, com que finalidade ele quis, nesta hora, continuar a viver, naquela hora lá em que afastou sua mãe e você para respirar?
Pc: Meu sábio diz alguma coisa muito difícil de acreditar... É que ele queria me conhecer... Que ele estava pensando em mim... Mas não pode ser verdade!
T: Confirme com o seu sábio... Foi ele quem falou isso para você, não eu.
Pc: O sábio acena que sim... Mas é tão difícil de acreditar!
T: Por quê? Só porque você alimentou durante anos o ódio contra seu pai e nunca lhe deu outra chance?! Nem deu oportunidade a você mesmo, preferindo destruir-se pela artrite?!
Pc: É verdade... (pensativo e comovido).
T: E veja mais uma coisa: quando um pai se defende da morte para conhecer um filho que vai nascer, ele o faz por quê?
Pc: Porque ele quer este filho!
T: E querer este filho quer dizer o quê?
Pc: Porque *ama* este filho... (paciente chora).
T: Então formule essa frase em relação a você e a repita para si mesmo: "Eu..."
Pc: "Eu sou amado por meu pai!"... "Eu sou amado"... (frase-conclusiva de substituição).
T: E um menino que se sente amado pensa o que de si? (busca da FR substitutiva a "eu não presto").
Pc: É de valor. É importante.
T: Então retorne ao 5º mês de gestação (teste e fechamento). Qual é mesmo a cena que você vê? Não procure lembrar o que viu antes... Só diga o que você vê agora...
Pc: Mamãe ajuda papai levando-o para casa. Ele está chorando... Eu quero ajudar meu pai... Ele olha para a barriga da mãe... Ele olha para mim e chora... Ele nos ama... Está sofrendo porque perdeu o emprego agora que mamãe está grávida... Ele chora porque nos ama...

Comentário: Observe como *o paciente agora consegue enxergar na mesma cena anterior uma nova realidade*. O paciente continua falando:

Pc: Eu quero falar com meu pai... Eu quero dizer que o amo... posso falar?!
T: Fale...
Pc: (comovido, como se estivesse diante do pai) Eu amo você, meu pai! Eu amo você! Como sempre precisei de você... como eu queria abraçar você! Agora eu posso amar você! Agora eu entendo você! Como isso é bom, papai! Eu vou me entender com você! Nós vamos ser amigos. Eu vou ajudar você (paciente chora muito).

Comentário: Aqui fizemos o *"reforço"* das várias situações trabalhadas, inclusive em relação a "ser fraco" e a "beber para ter coragem", registros que por "imitação" estavam presentes também no inconsciente do paciente. Continua a terapia:

T: Dê uma sentida aí no seu joelho e no pulso. Alguma coisa mudou?
Pc: (O paciente mexe o punho e o joelho) Algo se soltou... Não sinto dor!...
T: Então vamos "testar" para ver como está a sua "cadeia" de "números". Você deu uma relação de números que se assentaram sobre o 5º mês de gestação. Quais os números que ainda estão lá? e veja se alguns já sumiram.
Pc: Não vejo mais número algum.
T: O que significa isso? Pergunte ao sábio.
Pc: Ele diz que o problema não existe mais!
T: Que problema? Peça um símbolo ao sábio (teste).
Pc: Uma garrafa.
T: Peça que ele faça alguma coisa com a mesma.
Pc: Ele joga fora o que tem dentro.
T: E o que tem dentro?
Pc: Ele escreve "veneno".
T: O que quer dizer quando joga fora o veneno?
Pc: Ele disse que não circula mais.
T: Não circula mais?!
Pc: É... dentro de mim.
T: Então vamos retornar ao 5º mês de gestação (fechamento do processo "circular" em torno da questão iniciada e teste). Olhe para o seu 5º mês de gestação, sem preocupação de ver algo positivo ou negativo. Simplesmente olhe e diga: o que você vê?
Pc: Papai e mamãe estão deitados tranquilos. Papai passa a mão na barriga da mãe e diz: "Como está este menino? Será que ele vai parecer comigo ou com você?" Mamãe sorri... Eu estou bem...

A mudança radical da cena prova que houve "decodificação" dos problemas tratados. A quebra de cadeias (números) que já foi testada em nível de inconsciente, deverá concretizar-se agora na prática, paulatina-mente, com a eliminação do processo de artrite reumatoide e do alcoolismo do paciente. É evidente que as decodificações de outros problemas, em outras idades, reforçarão essa quebra... Continuamos com o reforço final:

T: Curta o útero materno diante dessa percepção dos seus pais no 5º mês... Afinal, essa cena é tão verdadeira quanto a anterior... Sinta-se lá, no líquido amniótico, nem quente, nem frio, com a ausência de sensação do peso da gravidade... Suba, desça na água, de forma descontraída, como um peixinho... Sinta o amor dos seus pais... deixe esse amor envolver profundamente a sua pessoa...

Encerra-se aqui o "círculo" em torno da questão do 5º mês de gestação e parte-se para novo "círculo".

Observe que toda questão-problema que se abre pela pesquisa diagnóstica é encerrada e resolvida na mesma sessão. Do exemplo relatado pode-se ver também em quanto este único "círculo" de terapia foi capaz de modificar a realidade psicofísica do paciente e mesmo a situação noológica, pela mudança do "ódio" pelo pai em "amor", ódio esse que, afinal, gerou aquilo que o sábio do paciente denominou de "veneno" a circular no corpo e o qual se expressava na forma física de "artrite reumatoide". Imagine-se agora a força de mudança geral que se aciona quando se trata de todas as idades como se tratou o 5º mês de gestação!

Observe-se ainda que no "círculo" em torno de cada questão-problema levantada pelo diagnóstico, repete-se, numa dimensão particular, o mesmo processo que se utiliza para atingir a "abrangência terapêutica" como-um-todo. Assim, como se "abre e fecha" a terapia geral especificando-se a fase inicial, intermediária e final com passos bem definidos, assim também, no processo "circular", trata-se questão por questão diagnosticada através de técnicas bem específicas. A "abrangência circular" é, portanto, uma segunda forma de se atingir o paciente em "todos" os seus problemas de base existentes no inconsciente.

2.3 - A ABRANGÊNCIA POR "PERÍODOS VITAIS"

O Método TIP, ao ser aplicado diretamente na busca de registros negativos de base do inconsciente, segue um planejamento que perpassa os diversos períodos da vida de uma pessoa, até abrangê-la integralmente. Nessa classificação destacam-se: o período da concepção, a gestação, o nascimento, a primeira infância, os antepassados, o nível noológico e idades restantes. Em todas essas fases realiza-se a terapia pelo processo "circular" e nas diversas idades correspondentes.

A abrangência dos "períodos vitais" pelo Método TIP é a terceira modalidade de atuação diante da preocupação de atingir o paciente em todos os seus problemas ou registros de base negativos do inconsciente. Quando se realiza a terapia do inconsciente buscando-se os "registros negativos de base", concretiza-se isso dentro de um planejamento próprio que perpassa períodos importantes da vida de uma pessoa, abrangendo-a, finalmente, em seu todo. A escolha de períodos distintos foi baseada na experiência clínica que, a partir da prática terapêutica, foi ensinando a forma mais adequada de se fazer essa divisão, especialmente em função da gravidade dos registros de base de cada época.

Resultou, dessa prática, a classificação de períodos "vitais", que acima mencionamos: concepção, gestação, nascimento, primeira infância, antepassados, nível noológico e idades restantes.

Na terapia perpassam-se através do processo diagnóstico-terapêutico todas as idades correspondentes, e aqueles aspectos que o próprio inconsciente do paciente evidencia como pontos de desequilíbrio. Sintetizam-se, então, os problemas, identificam-se as frases-registro e realiza-se a terapia de acordo com o processo "circular".

Os diversos "períodos vitais" mencionados, embora precisem ser todos pesquisados e "terapizados" até se esgotarem os registros negativos de base, não são, porém, abordados na ordem sequencial citada. Começa-se, de preferência, pela primeira infância até, no máximo, dez anos de idade. Fazendo-se a terapia desse período, o inconsciente do paciente, por inúmeras vezes, exige que se busque o "primeiro elo" na fase de gestação e até na concepção ou nos antepassados. Cabe ao terapeuta, então, "guiar" seu questionamento em adequação às particularidades de cada paciente. Enquanto este ainda não souber "objetivar", deve-se evitar a fase de gestação e da concepção, porque as vivências desse tempo são mais abstratas. Mas logo que o paciente tiver domínio da percepção e da autopesquisa de seu inconsciente, o psicólogo não só pode, mas deve levá-lo imediatamente à fase de gestação ou ao momento da concepção. Isto porque, *quanto mais depressa o paciente for conduzido próximo ao momento da concepção para iniciar toda a estruturação "psiconoossomática" e de acordo com a evolução cronológica de seu ser, ou seja, "progressivamente", tanto mais rápida e eficaz se tornará a terapia.* É evidente que assim seja, pois ao "terapizarem-se" idades mais avançadas, atingem-se apenas "elos de uma cadeia", e não o ponto de origem que desencadeou os mesmos.

A habilidade profissional do TIP-terapeuta está em questionar sobre cada período "vital" apenas o essencial e em função dos objetivos imediatos ou finais. Lembramos essa questão porque o paciente, por vezes, ensaia fugas, através de meandros diferentes do caminho mais direto, como já explicamos em relação ao processo "circular". Um terapeuta ainda inexperiente corre o risco de "deixar-se levar" em vez de assumir a liderança de "guia" nesse processo. Não poderá o TIP-terapeuta permitir que o paciente "racionalize" o que vê no inconsciente e que forneça como respostas dados "interpretados", que são "abstrações" e não oferecem condições para o trabalho objetivo da terapia. Assim, o paciente tende a dizer "estou bem...", "estou feliz"... "é para chamar a atenção" etc. O TIP-terapeuta que aceita estas respostas entrará no esquema do paciente, e não conseguirá chegar à meta, à frase-registro, nem à "decodificação". Diante de expressões como as acima citadas, precisa o terapeuta continuar questionando, por exemplo, assim: "Como você sabe que está bem?", "Qual o sinal concreto de que você está feliz?" "Por que você teve de chamar atenção exatamente agora?", ou "O que aconteceu como fato antes de você sentir essa necessidade?" Enfim, *as respostas precisam ser "concretizadas" para que sejam "operacionáveis".*

Já lembramos também, noutra oportunidade, que no processo normal de tratamento um TIP-terapeuta experiente consegue perpassar os períodos vitais, realizando a "decodificação" dos registros negativos de base, numa média de dez a quinze sessões de terapia. E, em relação a isso, importa muito pouco se a "problemática" do paciente é grande ou pequena, *pois os "registros negativos de base" são sempre poucos, qualquer que seja o problema hoje sofrido. A variedade e a grande quantidade de problemas reside na "sintomatologia", não nos "registros negativos da base".* Assim, um TIP-terapeuta, quando se excede sistematicamente no número de sessões que realiza, é porque ainda não sabe "objetivar" bem tais "registros de base" citados.

A terapia do Método TIP termina quando os "períodos vitais" estiverem perpassados, quando o inconsciente do paciente apresentar certos sinais comprobatórios que dizem não haver mais nenhum "registro de base negativo" a decodificar e a substituir e após as aplicações do TRI.

Entretanto, é preciso nunca esquecer que *decodificar registros negativos de base e substituí-los por registros positivos do inconsciente é apenas lançar no ser humano, desequilibrado desde a origem de seu ser na face da Terra, um novo patamar sadio, a partir do qual ele próprio deve lançar-se para frente no sentido de construir-se num processo contínuo de humanização e autotranscendência.*

Em outras palavras, *mesmo que o inconsciente possa ser totalmente reestruturado em seus alicerces enfraquecidos, o homem continua com a liberdade de fechar-se sobre si mesmo em atitudes "autocêntricas" (Frankl) e, então, acabará novamente adoecendo de alguma forma.* O "hábito" pode interferir negativamente sobre o novo equilíbrio e o *"vazio da doença"* pode levar o paciente a retomar atitudes doentias que o perturbavam no passado. Mas quando um paciente retorna à terapia queixando-se dos mesmos problemas que já foram tratados, deverá ser levado a examinar a questão no inconsciente e, por certo, verá que *esses problemas agora não vêm do "passado", mas resultam de uma "opção atual" — ainda que também não conscientizada.*

Nos capítulos que apresentaremos a seguir, abordaremos os diversos "períodos vitais", especificados através de aspectos técnicos, comentários e casos clínicos.

2.3.1 - O "período vital" do nascimento

A ADI nos comprova que o nascimento não é um momento de "trauma" — como algumas escolas psicológicas enfatizam. Mas ele será sofrimento por "efeito", quando a criança se sentiu ferida pelo desamor na fase do útero materno. Quando recebeu Amor, o parto, ao contrário, tem a colaboração da criança e, normalmente, essa é, então, a fase dos registros mais positivos do inconsciente, servindo inclusive de referencial para o processo de "decodificação" e da "cura".

No Método TIP considera-se sempre importante perpassar o nascimento e não porque aí se localizem mais problemas mas, ao contrário, porque o nascimento, em geral, é um registro altamente positivo do inconsciente. O nascimento, portanto, não é, por si só, um instante de "sofrimento" como afirmam algumas linhas da Psicologia. Ele será sofrimento quando a criança, pelo que experimentou de negativo durante a gestação, não quiser nascer, por medo do que a espera "lá fora". Em outras palavras, *o que a pesquisa do inconsciente verifica é que é raro acontecerem "dificuldades de parto" ou traumas de nascimento quando a criança, durante a gestação, registrou um clima de amor entre os pais e em relação à sua aceitação.*

Assim sendo, enquanto se realiza a terapia sobre a fase de gestação, já se pode saber, de antemão, se o nascimento daquele paciente aparecerá como tendo sido mais ou menos penoso. Normalmente, ao chegar o momento de nascer, a criança está psicologicamente madura para romper o cordão umbilical, para querer sair e começar a sua própria vida — da mesma forma que um adolescente equilibrado não deseja mais a dependência que queria como criança. — Ao aproximar-se do nascimento, a criança no útero materno entra no clima da espera dos seus pais e quer encontrá-los, quer sentir-se abraçada por eles, *quer ver seus pais e colaborar com o processo fisiológico do parto* — isso é o que comprova a Abordagem Direta do Inconsciente. O paciente que teve uma gestação equilibrada revive no consultório a hora do nascimento, observa a si mesmo saindo, não sente dor, não sente angústia.

Muitos pacientes, durante a ADI, imitam até os gestos do parto, o encaixar da cabeça, o movimento das mãos e pernas — o que representa um campo de observação interessante de estudos para obstetras. Além disso, quando a criança vivencia a alegre e emocionada recepção dos pais, sente também que a sua vinda age como renovadora do amor entre eles e *o nascimento é,* então, *geralmente, um dos momentos mais felizes de toda a vida da criança!* Tanto assim é que, *na terapia, utiliza-se o nascimento como referencial positivo para a decodificação de problemas do paciente que sofreu no útero materno.* De fato, conduzir o paciente a rever, sobre o seu inconsciente, o seu nascimento, é uma das técnicas muito frequentemente usadas para resolver sofrimentos inconscientes por motivo de desamor entre os pais ou de rejeição da fase da gestação. Durante o tratamento, quando se "terapiza" a fase da gestação, pode-se solicitar ao paciente que vivencie o contexto do "nascimento", que sinta todos os lances desse acontecimento, os quais raramente deixam de ser alegres e que, depois, diante da "atemporalidade" desse nível mental retorne, transporte a experiência retroativamente para o mês em que está sofrendo no útero materno (RP). Assim, o paciente consegue decodificar a dor, o sofrimento daquele mês de gestação em função da alegria dos pais no seu nascimento e em função da união que ele consegue estabelecer entre eles, enfim, diante da ternura desses momentos...

Veja o exemplo de um caso que foi resolvido levando-se a paciente a reviver o nascimento e transportando-se, depois, a experiência, para o mês do trauma.

A paciente, conduzida ao primeiro mês de gestação, fala: "Estou toda encolhida... Estou começando a cair, estou caindo num vazio distante... Não vou viver..."

A paciente parecia entrar em agonia no consultório e tivemos de usar a técnica do "distanciamento" para conseguir o isolamento emocional. Em seguida, perguntamos o motivo desse sofrimento. A paciente, lá no primeiro mês de gestação, vê agora a mãe levantando para o marido a hipótese de estar grávida e este respondendo de forma agressiva, dizendo que nem sequer iria admitir tal possibilidade, porque não era hora para isso... A criança, no útero, levou um susto e tentou "soltar-se" do que a "prendia" à mãe. A mãe teve ameaça de aborto. A "cadeia" que se assentou, vida afora, sobre os efeitos desse "susto", estava recheada de momentos de "angústia de morte", nos quais a paciente sentia-se desmaiar, suava frio e perdia o pulso. Ela sofrera essas crises toda a sua vida, sem nunca conseguir descobrir a causa delas. Além disso, tinha verdadeiro pavor de "alturas"; nessas, entrava em pânico, com a sensação de que "estava caindo" — exatamente como "sentiu" no primeiro mês de gestação.

Na fase terapêutica, levamo-la, então, ao momento do nascimento, no inconsciente. Ela viu o sorriso da mãe quando disseram: "nasceu". Viu que a mamãe, ao olhá-la, pensou: "Como é bonita!" Sentiu seu abraço. No dia seguinte, percebeu o pai chegando e abraçando a mãe, comovido. E viu-o contemplando-a com ternura, enquanto ela cochilava na cama.

Depois de deixar a paciente vivenciar com intensidade esses momentos positivos que ela, paulatinamente, descobria, pedimos que retornasse ao primeiro mês de gestação, levando para lá — em função da atemporalidade do inconsciente — essas vivências alegres que tinha tido no nascimento. Aliviada a dor do primeiro mês de gestação pelo processo de "positivação" voltamo-nos para a "decodificação" do motivo pelo qual o pai, no 1º mês de gestação, falara daquela forma negativa. Encontramos um MIAR — Mecanismo Inconsciente Automático de Repetição, que revelava um "condicionamento", portanto, um gesto irrefletido do pai, não correspondente ao sentimento verdadeiro. Orientamos agora a terapia para o "reforço", por meio de outras cenas positivas da fase do útero materno, onde a paciente focalizou um momento do segundo mês, quando o pai perguntou à esposa se a gravidez havia sido confirmada. A mãe acenou afirmativamente e o pai lhe deu um abraço, dizendo: "Tudo bem, que seja bem-vindo!" Estimulada, ainda, pelo "reforço", a paciente evidenciou, através da memória de seu próprio inconsciente, várias outras cenas positivas, vivenciadas também no primeiro mês de gestação, e que passaram a substituir o condicionamento negativo anterior. Eliminaram-se, assim, os sintomas da angústia de morte, os frequentes desmaios e suores frios e o medo de altura. Além disso, conteúdos de bem-estar ocuparam no inconsciente o lugar dos registros negativos do primeiro mês. *Tudo isso foi possível, porque, logo de início, conseguiu-se aquele referencial fortemente positivo, que permitia ao paciente posicionar-se de forma diferente e abrir-se para as novas percepções. E esse referencial foi o "nascimento".*

O exemplo esclarece, também, que uma primeira e forte vivência emocional negativa, em nível inconsciente, é capaz de bloquear as emoções positivas posteriores, diferentes e até contrárias. Na terapia é preciso redespertá-las, além de se trabalhar o registro do trauma em si. É que ocorre uma espécie de "fixação" sobre a primeira emoção negativa, que não permite ao paciente "ver" aquelas outras realidades positivas, também acontecidas e que continuam presentes na memória inconsciente, podendo ser reativadas (RP).

Reafirmamos, portanto, aqui, o que já dizíamos em *As chaves do inconsciente, que o nascimento, de forma alguma, é um processo apenas fisiológico. A criança interfere no nascimento, acelerando, retardando, dificultando ou facilitando sua saída.*

A criança interfere no processo de seu nascimento de várias formas. Se a gestação foi tranquila — como já dissemos — ela quer nascer e colabora com o processo fisiológico do parto. Se sentiu-se ameaçada, ela "sobe" no útero, enrosca-se no "cordão umbilical", "prende-se" com os ombros, ou toma posições que dificultam o nascimento. *Mas a ameaça não está no fato de ter de separar-se da mãe* — como muitas interpretações psicológicas sugerem. *A ameaça é o medo do "desamor"...* Se os pais não a desejaram em algum momento da fase da gestação, se houve desentendimentos conjugais ou se a criança assim entendeu, ela, então, tem medo de que os pais continuem a não se querer ou a não querê-la, e também não deseja encontrá-los pessoalmente fora do útero. Mas já que é forçada a nascer, decide, por vezes, agredir-se de alguma forma psicológica ou orgânica. A criança, então, transfere essa atitude para o mundo relacional ou para o seu corpo. Se, no seu entender, os pais não a queriam, o mundo não a quer e ela não quer o mundo. Se diante da visão dessa criança os pais não se amam, ela teme a agressividade das pessoas entre si, sente-se só e abandonada e também decide não amar... Mas, se os pais se amaram e a desejaram, o mundo lhe parece "receptivo". Será, então, uma criança tranquila, que dorme bem, de inteligência viva, e com poucas doenças físicas. Ela expressará, então, nos olhos, no sorriso e no comportamento, a alegria de viver.

Em relação à interferência da criança no processo do parto, veja o caso seguinte, onde nossa paciente tenta agir no sentido de que aconteça antes da hora. Veja como o paciente descreve a sua intervenção:

Pc: Estou no oitavo mês, mas eu sou muito grande para a barriga da mãe.
T: Veja lá! A natureza não se engana. Por que você se sente tão grande?
Pc: Eu quero nascer agora... no oitavo mês.
T: Qual o motivo?
Pc: Papai viaja muito... tenho medo de que não esteja aqui no nascimento...
T: Quem tem medo disso, você ou a mãe?
Pc: A mãe... ela quer que eu nasça agora, porque o papai está aqui.
T: E você, como está agindo aí no útero?
Pc: Eu estou me mexendo... estou mexendo na parede do útero, nos músculos... eu excito o útero para os músculos se contraírem...
T: Você está conseguindo o que quer?
Pc: Sim... mamãe está sentindo as contrações... avisa o pai... Eles estão indo para o hospital.
T: E você nasceu?
Pc: (Paciente reflete e diz) Não! Eu não nasci!...
T: O que houve então?

Pc: Lá no hospital... a mãe está contando ao papai que queria que eu nascesse antes, para que isso não acontecesse quando ele estivesse viajando... O pai responde: "Eu já havia decidido, não vou viajar mais até essa criança nascer".
T: E aí, o que você fez?
Pc: O médico falou: "Alarme falso!". Mamãe voltou para casa... Eu continuei bem quietinha para acalmar o útero e esperar o nono mês.
T: Por que você achou melhor esperar?
Pc: Eu senti que era melhor para mim esperar a hora certa... E dava mais tempo de papai ficar com a mamãe e comigo!

Vê-se, neste caso, por duas vezes, a interferência da criança sobre o nascimento: primeiro para "nascer antes da hora" e, depois, para "acalmar o útero" e nascer na hora certa.

Descreveremos, a seguir, uma sequência de verbalizações de uma paciente em gestação e a forma como esses fatos influíram sobre o seu nascimento. (Não incluiremos aqui a atuação terapêutica):

Primeiro mês de gestação:

T: Focalize o primeiro mês de gestação.
Pc: A mãe está enjoando.
T: O que provoca o enjôo?
Pc: Sou eu...
T: Por quê?
Pc: Mamãe está insegura com a gravidez...
T: Como você sabe? "Insegura" é interpretação... Veja os fatos...
Pc: Mamãe chora... pensa que não dará conta de cuidar de uma criança...
T: Como você provocou o enjôo?
Pc: Mexendo muito... Isto solta um líquido branco no estômago... aumenta a acidez...
T: Qual a finalidade do que você está provocando?
Pc: Quero que ela vomite...
T: Para quê?
Pc: Para que ela me jogue fora... eu quero sair...
T: E para que você quer sair?
Pc: Eu não quero viver... mas tenho medo de ficar... e medo de sair... "Não sei se fico ou se vou" (FC).

Quarto mês de gestação:

Pc: Mamãe chora... Papai está chegando bêbado em casa... Mamãe tem vontade de largar o pai, de fugir...

T: Qual a sua resposta à situação?
Pc: Eu enrolo o cordão no meu pescoço.
T: Como você consegue isso?
Pc: Eu dou um jeitinho com o corpo... eu movimento o cordão com a mente (telecinésia).
T: O que você pensa? Por que faz assim?
Pc: Não quero ser desses pais... não quero existir. Assim fazendo, eu sufoco... eu morro... está se formando um "escuro" no cordão, onde eu apertei... O sangue não passa... não passa ar... Eu vou morrer!

Quinto mês de gestação:

Pc: Sinto falta de ar... um aperto na garganta. (Paciente alarga a camisa junto do pescoço.) O cordão aperta...
T: O cordão aperta você?
Pc: Não... eu aperto o cordão...
T: Para quê?
Pc: Não quero existir... mamãe chora... papai não dá apoio... não liga para nós... Preciso ir embora... mas estou com medo... Ainda não tenho coragem de me soltar... também tenho vontade de viver.

Sétimo mês de gestação:

Pc: Mamãe está tomando muita água...
T: Por que isso incomoda você?
Pc: Ela está repondo água...
T: Repondo... onde?
Pc: Na bolsa... a bolsa está vazando.
T: Que bolsa?
Pc: Onde estou... eu estou rompendo a bolsa... eu quero ir embora... os pais brigam... não sou querido... não sou amado... não quero existir... Agora eu vou...

Oitavo mês de gestação:

Pc: Mamãe está aflita.
T: Por quê?
Pc: Eu provoquei o parto... Ela está correndo para o hospital... Mas não precisava dessa pressa... O parto está difícil...
T: Por que você diz "não precisava dessa pressa"?
Pc: Eu me posicionei de nádegas... estou dificultando a saída...
T: Para quê? Não foi você que acelerou o parto, no oitavo mês?

Pc: Sim... fui eu... eu quero nascer... para sair daqui... Mas eu tenho medo deles... de não morrer e de encontrá-los... eu não quero vê-los... isso me segura... Fico em dúvida, se saio ou não!

Observe que a mesma FC inicial "Não sei se fico ou se vou", que expressa uma "ambivalência existencial", está presente em diversos momentos da gestação e foi responsável pelo duplo comportamento do paciente, que acelerava e, ao mesmo tempo, retardava o parto, inclusive posicionando-se de nádegas... A partir do nascimento já se torna possível prever qual o comportamento mais marcante da personalidade desse paciente, em toda a sua vida. E, realmente, falta de "firmeza", "indecisão" e "ambivalência", o "sentir-se sempre puxado por dois lados opostos", o "ir de acordo com o vento" foi a marca predominante da queixa que o paciente trouxe ao consultório... Veja que o comportamento da criança em torno do nascimento, a forma como age em relação ao parto, pode evidenciar traços característicos da personalidade do paciente.

Observe, por exemplo, nesse outro caso que segue, como já era possível identificar-se a tendência à homossexualidade, apenas pela forma como o paciente relatava o seu nascimento. Ele está no nono mês de gestação; acompanhe:

Pc: Mamãe está sofrendo... o parto está muito demorado...
T: Por quê? O que o faz ser demorado?
Pc: Eu... estou me segurando com os ombros. A cabeça já saiu... mas eu seguro o corpo...
T: Por quê?
Pc: Tenho medo que vejam meu sexo...
T: Qual a ameaça desse medo?
Pc: Sou homem, eles querem mulher...
T: Quais os números ligados a isso?
Pc: 01/02/04/06/07/08/1/2/4/7/9/12/17/21/25.

Comentário: Ao objetivar as cenas correspondentes aos números citados na gestação, aparecia sempre um registro do paciente sentindo-se rejeitado como homem ou desejado como mulher. Apresentaremos apenas um dos números apontados, como exemplo.

T: Qual o mais significativo dos números que você citou?
Pc: 02.
T: Então veja-se no segundo mês de gestação.
Pc: Mamãe diz para o papai que está grávida.
T: Prossiga.

Pc: Ele diz: Desde que seja mulher eu aceito... Estou cansado de homem nesta casa!
T: O que você concluiu para si?
Pc: Eles não querem homem... mas eu sou homem.
T: Sim? Isso é o que pensam de você... Agora diga o que você mesmo conclui para si... Pc: Não posso ser homem. "Não posso ser o que sou" (FR).

Nesse caso a criança, embora antecipando o nascimento, na hora do parto dificulta-o, pelo medo de não ser aceita como homem... E a frase "não posso ser o que sou", ou conforme outro momento do útero, "preciso ser outra coisa que sou", ou, ainda, "não posso ser homem, devo ser mulher", organizou-se como "cadeia" de problemas que se lançaram sobre os mais diversos aspectos de sua vida psicológica. Entretanto, sobre o próprio nascimento é que foi possível ser feita a decodificação desse problema. No procedimento técnico trabalhou-se a "Realidade em Potencial", que, como sabemos, permite ver o que acontece, se alguns fatores são afastados e outros evidenciados. Levou-se o paciente, em terapia, ao momento do nascimento. Criou-se uma figura imaginária, como uma "enfermeira" que estaria trazendo uma linda menina para trocá-la pelo paciente. Dentro da técnica de RP, solicitou-se agora que o paciente observasse seus pais "que tanto queriam uma menina", para ver se aceitariam a troca... O paciente, após alguns segundos de silêncio, falou um "não" convicto. Insistimos na questão. Repetimos o que os pais haviam falado na fase de gestação do filho, "que já tinham muitos filhos-homens", que "mulher é mais fácil de criar", mas o paciente repetia o seu "não" com firmeza. Os pais "não aceitariam" a troca dele pela menina... Finalmente, fizemos o paciente "ver" (imaginar) a enfermeira realizando a troca à força, e o paciente "viu" então seus pais desesperados... Ao perguntarmos o motivo do desespero, ele respondeu comovido: "É porque eu sou o filho... Eles me querem... eles me amam!... Eles já mudaram de ideia... Aí, no nascimento, nem se lembram mais que queriam mulher!" Nesse momento da terapia, perguntamos qual era a "verdadeira realidade", aquela dos pais não o querendo como homem e decepcionados no nascimento, ou aquela levantada pela RP. O paciente não teve dúvidas em responder que a verdade apareceu através da segunda situação "imaginária". Questionamos, ainda, de que forma essa "situação", que não acontecera como fato, poderia ser a "verdade". O paciente esclareceu a questão, a partir de seu inconsciente, dizendo: Quando eu estava sendo gerado, eles apenas raciocinavam com a "cabeça", mas agora eles respondem do "coração", pois já me conhecem e me querem como eu sou... A frase-registro final, portanto, e que realizou grandes mudanças na maneira de sentir e agir do paciente, foi: "Eu sou homem". Essa frase eliminava de seu contexto a dúvida e a indefinição da frase-registro anterior: "Não posso ser o que sou!"

Concluindo o processo da RP, levamos o paciente a reviver, mais uma vez, o processo do parto. O paciente viveu um "segundo nascimento", onde não se segurava pelos ombros, nem dificultava a saída. O "teste" para ver se os "registros negativos" da fase do útero materno haviam mudado, foi positivo. Em outro teste, a seguir, pediu-se que o paciente visualizasse, mais uma vez, a cadeia de números que havia se assentado sobre esses registros. Os números anteriores, com exceção de dois, não "apareceram" mais na tabela inconsciente. E tratados especificamente os traumas dos dois "números" que restaram, deslancharam-se no paciente mudanças psicológicas e físicas. Passado algum tempo após o término da terapia, o paciente retornou para nos apresentar a namorada, e afirmou nunca mais ter sentido tendência para comportamentos homossexuais.

Caso clínico também interessante é o de uma jovem que sempre sentia uma espécie de "calafrio" diante de cada novo empreendimento, o que vinha acompanhado de uma sensação de ser "forçada" a enfrentá-lo. Este "ser forçada" criava nela reações defensivas, levando-a a bloquear a eficiência de seus atos mesmo diante de acontecimentos onde mais desejava sucesso. Acompanhe o questionamento:

Pc: (No terceiro mês de gestação) Mamãe está chorando... acha que não vai dar conta da gravidez e do filho.
T: O que você conclui?
Pc: Se ela não vai dar conta, eu não vou conseguir nascer (viva).
T: Qual a frase que sintetiza isso em sua vida?
Pc: "Eu não consigo!" (FR).
T: Veja a cadeia que se assentou sobre isso.
Pc: 03/04/07/09/0/1/2/4/5/7/9/12/13/15/18/21.
T: Pergunte ao sábio qual desses números é o mais significativo e que deveremos "terapizar" hoje.
Pc: Ele aponta para o zero.
T: Veja no nascimento (0).
Pc: Mamãe está sofrendo... o útero está "preguiçoso". O médico diz que não sabe o que fazer... A criança está muito baixa para cesariana... o útero parou... não se contrai mais...
T: O que está fazendo isso acontecer?
Pc: Sou eu... não colaboro... fico quietinha... acalmo o útero... não deixo o útero se contrair...
T: Por que você faz isso?
Pc: Tenho medo... não vou conseguir nascer!

T: Mas você nasceu... como foi?
Pc: O médico introduziu um ferro... Ele me machuca... Eu estou com raiva... Não me importo se ele amassar a minha cabeça... Mas eu não vou colaborar...
T: Para que tudo isso?!
Pc: Não quero ser forçada a nascer... Quero tempo para decidir... Quero tempo para pensar se vou "conseguir" viver lá fora!

Essa criança teve de nascer de fórceps. A forma como refletiu em sua vida o seu nascimento foi exatamente a hesitação por temer "não conseguir" e o medo de ser "forçada" em algum sentido. No dia a dia e em seus conflitos solicitava ajuda e conselhos, mas tendia a fazer o oposto, quando a orientação era mais impositiva. Por outro lado, bloqueava seus sucessos. Quando percebia que estava indo bem, o inconsciente infiltrava-se com um "não vou conseguir" e, imediatamente, um erro era cometido... Casos como esses se resolvem se a "criança dentro do adulto" tem a chance de *renascer* de forma diferente, após uma boa terapia da fase da gestação — conforme se faz pelo Método TIP.

Medite-se, neste final, sobre a preciosa ajuda que pode ser prestada a obstetras, às parturientes e aos seus nascituros, com a aplicação da ADI sobre o nascimento. Se esses especialistas acrescentassem o processo de Abordagem Direta do Inconsciente ao seu trabalho, poderiam não apenas "melhorar" os partos, diminuindo o tempo, o sofrimento e as complicações, como também prestar inestimáveis benefícios às crianças que nascem, trazendo ao mundo pessoas física e psicologicamente mais sadias. A Obstetrícia é uma área do conhecimento onde pensamos que mais depressa se acoplará o método da Abordagem Direta do Inconsciente, como processo complementar.

2.3.2 - O "período vital" da gestação

A "fase de gestação" é o segundo período mais importante da estruturação psicofísica, afetivo-emocional, relacional, intelectual e espiritual de um ser humano. Dois são os traumas mais frequentes, e de efeitos mais violentos dessa fase: a rejeição da criança e os desentendimentos conjugais de seus pais. Em função desses sofrimentos a criança tende a autoagredir-se lançando suas "programações negativas" no inconsciente. Essas se expressarão em sintomas de desequilíbrio, projetando-se sobre as áreas acima lembradas, estendendo-se pela vida afora e atravessando gerações...

Quando, pela ADI, se busca o "primeiro elo" de algum problema grave, este se encontra, quase sempre, no período da gestação. E quando se "objetiva" a questão, focalizando-se a cena, o momento preciso em "dia e hora", geralmente aparecem dois tipos de revelações traumáticas, a partir da memória inconsciente: desentendimento entre os pais desse paciente e/ou rejeição à criança.

Aliás, *a fase de gestação é a única em que pais — que possam ser considerados dentro do padrão de normalidade — são capazes de rejeitar um filho. Basta a criança nascer para que esses mesmos pais a queiram bem e se encantem com ela. E então a tendência deles, que antes a rejeitaram, é de agir no sentido contrário, ou seja, tendem agora a superprotegê-la, por compensação...*

É lamentável que os pais não se conscientizem dessa realidade para, em função dela, aceitarem, já na gravidez, o seu filho com alegria. Com isso, evitar-se-ia toda uma gama de problemas graves, pois não podemos esquecer que na fase do útero materno a criança lança no inconsciente toda a estrutura de seu ser psicológico, da capacidade mental, as bases afetivo-emocionais e a força para as defesas orgânicas, ou então também programa aí suas doenças e seus desequilíbrios. Creio que não há exagero em afirmarmos que *90% do sofrimento, tanto o psicofísico quanto o emocional, o mental, o de ausência de sentido, mais as consequências, tais como o uso de drogas, os suicídios, as violências e tantos outros males, além de uma quantidade incontável de doenças físicas, seriam poupados à humanidade se os pais aprendessem a vivenciar entre si um Amor-doação e se mantivessem abertos ao fruto do Amor, que é o filho!*

A importância da harmonia conjugal em termos de bem comum geralmente não é entendida em toda a sua seriedade. É preciso considerar que a criança não é apenas fisicamente formada pelos pais, nem mesmo só psicologicamente, mas até "existencialmente". *No filho não se tem como separar pai e mãe. Nele os dois estão "fundidos". A criança, embora livre e independente, pelo seu Eu ou pela dimensão humanística, sente-se como a própria amálgama dos pais em toda a sua estruturação psicossomática. O rompimento dessa amálgama, portanto, divide o filho no mais profundo de seu ser existencial.* E as consequências são imprevisíveis, lançando-se por várias gerações de descendência. Observe como a "criança" se expressa diante disso.

Dizia-nos certa paciente que evidenciou a desunião dos pais ao investigarmos o seu inconsciente: "Eu sou apenas uma metade, ora a metade da mãe e ora a do pai.... As duas metades de meus pais em mim não formam um ser unificado..." E a sua conclusão expressava-se pela seguinte frase-registro: "Eu sou desintegrada!...". De fato, o seu "ser pela metade" refletia-se em todos os atos, pensamentos e sentimentos de sua vida. *A desunião dos pais, portanto, não aparece na criança apenas como "carência" ou "perturbação afetiva", mas como desequilíbrio de outros aspectos de seu psiquismo, de seu organismo, de sua inteligência, de sua capacidade de amar e de se relacionar, de sua personalidade, na forma de bloqueios de aprendizagem e em tantas outras manifestações.*

A "criança dentro do adulto", quando focalizada em terapia no inconsciente, em uma cena dos pais em desarmonia, tanto na fase de gestação como depois, costuma utilizar uma expressão típica que diz: "Eu estou só". Essa solidão, porém, não pode ser entendida como se não tivesse "ninguém por perto". Pelo "questionamento" vê-se que, ao contrário, quando o paciente assim se expressa, muitas vezes, tem os pais fisicamente próximos... É que "solidão", no inconsciente, tem um significado muito mais forte do que "estar sem ninguém". Significa "estar só, ainda que no meio de muita gente"; significa "estar solto no espaço", "não estar unificado" como ser, uma espécie de "não existir completo", ou um "existir partido!". E se isso se reforça repetitivamente, não é difícil que deslanche no filho uma esquizofrenia. *Aliás, não recordamos um só caso de "esquizofrenia" que não tivesse também, por detrás, pais com dificuldades de entendimento entre si. O "estar só", gerado pela desunião dos pais, é uma sensação de "vazio", de incomunicabilidade, é angústia de "nada ser".* E a criança percebe quando os pais estão em desarmonia, mesmo que estejam apenas distanciados ou magoados em pensamento. Nessa hora, ela deseja desaparecer, não existir e age nesse sentido, criando "programações" que a prejudiquem no futuro como pessoa nos mais variados aspectos de seu ser. *Agrava-se essa situação de desunião dos pais se acontecer na gestação, porque é exatamente na fase do útero materno que a criança está em formação psicofísica.* Impressionante é, também, quando se vê o quanto um único registro de base se ramifica e se expressa, com o passar do tempo, em sintomas múltiplos. Acontece, então, uma espécie de ampliação, onde cada fator se multiplica, mais uma vez, através de novas "programações negativas" que comandam, de forma "condicionada", esse ser.

O exemplo de casos clínicos sempre ilustra, com mais facilidade, o que se quer dizer. Temos, nesse sentido, o caso de uma paciente — que nos permitiu trazer aqui seu relato. Era ela já de certa idade e apresentava uma grande variedade de queixas cuja causa básica, porém, se concentrava num único registro da fase de gestação... Fazemos essa afirmação porque, após a "decodificação" do mesmo, os "sintomas" queixados pela paciente desapareceram, inclusive os problemas físicos. Evidentemente, o tratamento foi completado, perpassando-se com o "questionamento" todos os "períodos vitais" através do processo "circular". Mas, logo que determinado "registro de base" foi "terapizado", as mudanças foram notórias.

A paciente citada entrou no consultório na primeira consulta, arrastando os pés, sendo apoiada pela filha. Logo depois de sentar-se defronte ao psicólogo, relatou um rosário de sofrimentos. Sentia cefaleia, tonturas, era hipertensa, tinha artrite, sofria de anorexia (falta de apetite), tinha manchas no corpo, problemas digestivos, cansaço físico e mental, memória enfraquecida. Sentia ansiedade, depressão, angústia, dificuldade de concentração e era hipoglicêmica. Mas o problema de que mais se queixava era a sua "dor nas pernas", pois disso sofria desde a infância tendo mesmo, às vezes, uma semiparalisia... e isso sem que os médicos conseguissem encontrar uma única causa física. De sua história passada soubemos que a paciente, até os três anos de idade, praticamente não andava...

Toda essa vasta sintomatologia concentrou-se em sua causa, em torno do quinto mês de gestação. A paciente percebeu aí o pai e a mãe que discutiam, não mais se querendo bem, e falando em separar-se. Na discussão, a mãe dizia que ia ter o filho e "largá-lo" para o pai e esse, por sua vez, respondia que o problema do filho não era dele... "Nem sei se é meu", dizia o marido para agredir a esposa.

Aqui, portanto, aparecem na fase da gestação as duas formas de rejeição básica: a dos pais entre si e deles para com a criança.

Continuemos a acompanhar o questionamento sobre o caso.

T: O que fez você no quinto mês, ao escutar tudo isso dos pais?
Pc: Eu joguei para longe as pernas.
T: Com que finalidade?
Pc: Para não andar.
T: Sim... e daí? Qual a relação?
Pc: Eu não tenho apoio... estou abandonada pelos dois...
T: Uma menina que se sente abandonada, o que conclui sobre si? Pc:
 Que não vai continuar a viver.
T: Como você vai conseguir isso?
Pc: Não andando... e ficando doente...
T: Especifique melhor estas frases. "Eu..."
Pc: "Não vou seguir em frente" (FC). "Eu sou doente" (FR).

A decisão de "não vou seguir em frente" somatizou-se nas pernas, e "eu sou doente", em hipocondria. A dificuldade de andar era o recurso do qual a paciente se servia para "obedecer" a seus condiciona-mentos ou à frase-conclusiva. Mesmo que fisicamente conseguisse chegar à idade mais avançada, ela — conforme simbolizava na lentidão dos passos — teria chegado até aí da forma como falou na consulta: "se arrastando e não vivendo".

Na fase-terapêutica do caso iniciamos procurando a cena oposta às suas frases. Perguntamos qual fora o momento e o motivo que a fizera andar aos 3 anos. A paciente viu-se naquela idade e identificou o momento em que os pais voltavam de um "retiro conjugal" de três dias. Entraram na casa alegres, abraçados, e procurando por ela, a filhinha. A paciente percebeu o "amor" entre os pais e deles para com ela, criando-se, assim, uma cena exatamente contrária à que deu origem à sua frase-conclusiva de "não seguir em frente". Naquele momento dos três anos, por um impulso de alegria ao ver os pais unidos, a paciente andou pela primeira vez, caminhando ao encontro deles, embora suas perninhas estivessem fracas.

Acontecimentos positivos como o dos três anos, infelizmente tendem a não ter a mesma força dos primeiros registros. Pela "atemporalidade" do inconsciente, no entanto, foi possível levar a paciente a vivenciar essa cena positiva transportando-se a mesma para o mês traumático da gestação e reforçando-se aí a vivência com outras cenas positivas.

Como já referido, o leitor entenderá, por certo, que a paciente aqui lembrada, apesar de seus múltiplos problemas, não precisou de maior número de sessões que outros pacientes. É que os sofrimentos por ela mencionados no início estavam "amarrados" no mesmo ponto — o acontecido no quinto mês de gestação, e concretizavam-se sob a forma da frase-registro, lançada no inconsciente. Após "desamarrar-se" terapeuticamente esse "núcleo de base", houve mudanças extraordinárias em toda a sintomatologia orgânica e comportamental da paciente, acabando, inclusive, o arrasta de pés e a dor nas pernas. (Evidentemente, fez-se também a terapia sobre as outras idades e os "períodos vitais".)

Em torno dos pés, como símbolo da falta de apoio dos pais e de não "seguir em frente na vida", outra paciente também entrelaçou agressões ao físico e ao psiquismo, a partir de sofrimentos na fase de gestação. Nasceu ela com as perninhas viradas para dentro, e já havia se submetido a várias cirurgias, quando nos procurou. O problema físico, portanto, estava resolvido, mas a FR continuava e a perturbava. Veja o questionamento quando, no desenrolar do processo, atingiu-se esse ponto.

T: Vá ao seu 3º mês de gestação.
Pc: Encolhi meu pé direito.
T: O que houve? Por que motivo?

Pc: Papai e mamãe discutem... Ele diz que não me quer agora.
T: E por que você agrediu seu pé direito?
Pc: O lado direito é do pai... eu não tenho o apoio do pai.

Ao chegar o 5º mês de gestação, o problema se repete de forma similar. Veja:

Pc: Encolhi meu pé esquerdo.
T: Por quê?
Pc: É mamãe... Ela está cansada, ela pensa que papai tem razão... não é hora de eu vir... eles não me amam... não me querem...
T: E o que significa encolher os dois pezinhos? Que pensamento faz a criança agir assim?
Pc: Estou em dúvida se devo seguir em frente (na vida). Eu me sinto incapaz...
T: Incapaz de quê?
Pc: ... de viver.
T: Por quê?
Pc: Não sei me fazer amar.
T: Incapaz de viver e de se fazer amar... qual a relação?
Pc: Quem não é amado, não vive!

A frase-registro que dizia "sou incapaz" estava alicerçada sobre as frases-conclusivas que diziam: "estou em dúvida se devo seguir em frente" e "eu sou incapaz de viver e de me fazer amar". Solicitamos então à paciente a cadeia que se assentara sobre isso.
A paciente apontou: 00/01/03/05/08/1/2/4/6/9/12/18/24/27/35.
Pedimos que nos dissesse qual o número mais significativo dessa cadeia e que pudéssemos trabalhar logo nessas primeiras sessões. A paciente nos deu o número "1".

Conduzida ao primeiro ano de vida, seguiu-se o seguinte questionamento:

Pc: Estão rindo de mim!...
T: Quem? De quê? O que você está fazendo?
Pc: Estou engatinhando...
T: E eles estão rindo, por quê?
Pc: Acham engraçadinho... Mas eu estou sofrendo... Eu não consigo engatinhar só para frente... "Eu vou para frente e para trás"...
T: Por que engatinha assim? Pergunte ao sábio.
Pc: Ele diz que eu estou triste... não sei se devo continuar crescendo...

eu me sinto "incapaz" de prosseguir... "não sei se vou em frente ou se fico"... "não sei se continuo a viver ou se morro"...
T: O que aconteceu aí, um pouco antes de você engatinhar, no seu primeiro ano de vida, que acionou esse registro?
Pc: Meus pais estão discutindo... falam de dificuldades financeiras... Eu me sinto culpada de ter nascido...

Observe aqui, no final, que a discussão dos pais em torno das dificuldades financeiras, embora agora nada tendo a ver com a paciente, despertou nela a memória inconsciente do que lhe acontecera no 3º e no 5º mês de gestação... Em termos de tratamento criou-se, em primeiro lugar, uma cena imaginária sugerindo um sequestrador que a tirasse dos pais no primeiro ano de vida, no momento em que se sentia culpada em relação ao problema financeiro. A paciente deveria ver no inconsciente, pela Realidade em Potencial, qual seria a reação dos pais. Assim, "sentiu" que, apesar das dificuldades financeiras, os pais a amavam muito e não a dispensariam. Reforçou-se isso, pedindo mais cenas de "amor dos pais entre si" e "deles para com ela". Refez-se também, com outras técnicas, o "triângulo do Amor" que se esfacelara no útero materno. Trabalhou-se a frase "quem não é amado, não vive!", focalizando-se o "Núcleo de Luz" da paciente (veja capítulo específico) visando fazer com que ela encontrasse para além dos pais outro referencial de Amor. Aí a paciente pôde se ver amada, independente de seus pais estarem unidos. E entendeu também a importância de "amar" sem muito "cobrar". Descobriu a paciente uma missão humana na atitude de irradiar o Amor que recebera do Núcleo de Luz. Ainda em relação ao problema enfocado, trabalhou-se com a paciente através das "cadeias" já identificadas, uma forma de agir diferente, positiva e contrária ao "sou incapaz". Isso valeu também como uma espécie de "treinamento" de "mudanças de atitudes" sobre o inconsciente. E, como já sabemos, mudanças se "automatizam" após serem "conscientemente" reformuladas no inconsciente.

Conforme se vê no trecho do caso relatado, na fase da gestação mais graves que os "registros psicológicos" são as consequentes auto-agressões ao "físico", uma vez que com a terapia realizada no adulto os registros psicológicos dessa fase podem ser sempre "decodificados", enquanto que no organismo, muitas vezes, ficam lesões irreparáveis.

Casos clínicos de pacientes com problemas, cuja causa está na fase do útero materno e que se expressaram em "somatizações", são quase constantes em consultório. Vejamos, a seguir, alguns casos graves de projeção desses problemas sobre o corpo.

Certa paciente, na primeira consulta, enfatizou seus problemas físicos. Através de exames clínicos havia-se constatado que tinha uma formação de testículos no lugar dos ovários. Submetida a uma cirurgia para retirá-los, confirmou-se, na ocasião, também a ausência do útero nessa paciente. A paciente, portanto, nunca menstruara e não podia ter filhos...

Fazendo-se a terapia pela ADI, a paciente, ao chegar ao 3º mês de gestação, nos fala que vê seus pais conversarem que, de forma alguma queriam uma filha-mulher. A paciente assustou-se e, imediatamente, viu-se programando "implodir" seus ovários e decidindo não permitir que o útero se formasse, além de substituir os ovários por testículos. E ela o conseguiu...

De forma semelhante, outra paciente, cujo pai era cego e muito desconfiado com a mulher, disse à mesma, quando ela comunicou-lhe que estava grávida: "Como vou saber se o filho é meu?". Inconscientemente, achava que um filho seu só poderia também ser cego como ele. Ao menos este era o "sinal" que seu inconsciente pedia. E a paciente, no útero, com medo de não vir a ser aceita pelo pai, criou em si a cegueira. Na terapia descreve ela detalhes do processo de destruição da própria visão.

Outra paciente, também magoada com os pais, decide "não viver" e, inspirada pela mãe que tinha dificuldades respiratórias, não permite a formação dos pulmões. Mais adiante, ainda no útero, diante de cenas positivas com os pais, arrependeu-se e conseguiu formar um só pulmão, do lado do coração. Mas, numa atitude defensiva, para que o coração não tomasse o espaço do único pulmão, deslocou-o para o outro lado... Os exames clínicos constataram esta realidade orgânica.

Noutro caso clínico, a paciente, ainda em gestação, vê-se tampando os ouvidos para não escutar a discussão dos pais, antes mesmo da formação física das mãos e dos ouvidos. Na revivência do trauma sobre o inconsciente, percebeu que "conseguira" diminuir a sua capacidade de ouvir. Na realidade, ela agiu interferindo sobre a formação normal da audição e hoje tem problemas auditivos... Na terapia desse caso puderam-se eliminar as causas psicológicas e "melhorar" a audição, mas não foi possível remover totalmente o problema físico, devido às lesões que se instalaram.

Os casos aqui sucintamente relatados, exemplificam o que se confirma renovadamente na prática clínica: que a fase *da gestação é o período de vida onde os "posicionamentos pessoais" diante dos fatos traumáticos atingem de forma mais violenta o psiquismo e o organismo.* Deve-se isso a dois fatores: o primeiro, é que o corpo físico está em formação e, por isso, pode ser prejudicado em pleno desenvolvimento por programações inconscientes; segundo, que a criança se autoagride com mais facilidade em todo o seu ser "psiconoossomático" que o adulto, por viver mais sua dimensão espiritual ou noológica e por não estar ainda muito apegada ao seu físico, não lhe dando muita importância e não medindo consequências futuras... Nessas autoagressões, que visam, em última análise, o "não viver" ou o "não existir", nem sempre a criança se "elimina" — embora as estatísticas biomédicas nos relatem um número assustador de embriões que não chegaram a nascer. Esses casos, evidentemente, não nos procuram em consultório. Mas, através do inconsciente de pacientes que buscam ajuda na terapia, *impressiona a sutileza dos pensamentos inconscientes que conduzem a formas específicas de autoagressão e sempre em função do mesmo problema essencial: o "desamor"*. Por vezes, a criança que "não quer viver" busca rapidamente modelos de problemas psíquicos, mentais ou físicos de antepassados, atualizando e reforçando os "registros" negativos que traz dentro de si. Outras vezes não "copia" a doença, mas tece conclusões inconscientes que partem da história dos antepassados, como podemos ver no capítulo correspondente. Com relação aos antepassados já mencionamos o Mecanismo Inconsciente Automático de Repetição, o MIAR, que se revela de forma especial na fase de gestação. De fato, *a mãe grávida tende a reviver as emoções que ela própria sentiu no útero materno e nas datas equivalentes.*

Um outro problema bastante comum, como resultante da fase de gestação, é *o bloqueio da aprendizagem*. Vejamos um exemplo:

O paciente é universitário e queixa-se de dificuldades de concentração nos estudos. Diz que não "consegue chegar à altura de seus colegas", e quando o consegue é com muito mais esforço que eles. Já estava se considerando "bobo" e pensava em abandonar os estudos, quando assistiu a uma palestra nossa, onde dizíamos que "não existe maior ou menor inteligência", mas que se trata apenas de maior ou menor "abertura" ou "bloqueio" da mesma.

Em terapia realizamos, como sempre, o processo integral. Ao perpassarmos os sete anos de idade do rapaz, o "questionamento" aconteceu da seguinte forma:

Pc: Estou na escola... Olho para a professora... Não consigo entender nada do que ela fala. Olho para os outros. Vejo que acompanham o assunto. Sinto uma aflição muito grande... Eu penso: por que só eu não estou entendendo nada?
T: Veja o número anterior, o primeiro elo ligado a essa questão.
Pc: 02.
T: Então "distancie-se"... Veja você no segundo mês de gestação.
Pc: Levei um susto (o paciente estremece).
T: O que aconteceu?
Pc: Meu pai está gritando com a mãe... deu um tapa no rosto dela...
T: O que você concluiu?

Pc: Eles não se amam... eu não entendo o que o pai fez... não consigo entender (paciente chora).
T: E um menino que não consegue entender seus pais, o que decide e o que faz?
Pc: Ele não quer entender... ele escurece a compreensão.
T: Mas o menino nem sempre ficou com a compreensão bloqueada; fez o curso básico, passou no vestibular. Qual a relação entre seu segundo mês de gestação e o momento da escola, aí dos seus sete anos? Qual o estímulo que acionou uma resposta semelhante?
Pc: ... É a voz da professora... Ela fala "chorosa"... como a mãe lá do 2º mês de gestação quando se queixa do pai...

  O mesmo paciente, em outros "números" da "cadeia", que se assentaram sobre o segundo mês de gestação, perdia totalmente a capa-cidade de "entendimento". Acontecia isso também diante de autoridades, chefes, superiores, quando um traço mínimo "emparelhava" fatos atuais com o seu pai naquele momento do passado. Manifestava-se esse "bloqueio", ainda, diante de mulheres que, de alguma forma, lhe traziam a lembrança inconsciente da mãe. Em muitos outros momentos aconteciam "emparelhamentos" a partir de detalhes mínimos do contexto do segundo mês, inclusive do ambiente físico onde acontecera aquela discussão, e o paciente sentia-se repentina e inexplicavelmente tolhido na compreensão dos fatos e ficava incapaz de raciocinar...
  Decodificado o segundo mês de gestação, mais os outros momentos da ramificação em cadeia e descoberto e reforçado em nível de inconsciente que os pais se amavam, mesmo que, por vezes, discutissem, as dificuldades de concentração e de aprendizagem deixaram de acontecer nesse paciente.
  A seguir, apresentamos trechos de um caso que gira em torno de um problema de "asma brônquica", cuja origem também se localiza na fase do útero materno. Vejamos como se expressa o problema em alguns elos da cadeia.
  A paciente se apresenta no consultório, queixando-se de problemas respiratórios e de asma que a incomodam desde a infância. Informa, por outro lado, que realizou testes alérgicos, os quais deram como resultado sensibilidade a perfumes. Além disso, é muito frequente ter crises respiratórias na hora do anoitecer.
  Tratando-se de paciente muito sensível, muito torturada com seus problemas respiratórios, excepcionalmente trabalhamos diretamente os registros ligados ao quadro. O primeiro elo estava no 2º mês de gestação e a cadeia apresentou-se sobre os números: 04/07/0/4/3/5/ 8/12/15/19/ 21/35/42.

A paciente se visualizou no 2º mês de gestação, quando sua mãe soube da gravidez e "assustou-se", sentindo "falta de ar". A paciente, por sua vez, se assustou com a mãe e "somatizou" a dispneia. No quarto mês de gestação, relata a paciente: "Mamãe está no banheiro olhando-se no espelho... sente a barriga grande... não gosta... coloca uma cinta... aperta muito... ela sente falta de ar... eu também... A mãe diz: Que droga! Tinha de ficar grávida logo agora... Eu me assusto... a falta de ar aumenta... eu encolho no útero... quero morrer... ponho minha cabeça num laço do cordão umbilical... quero apertar meu pescoço... o cordão dificulta minha respiração...".

No sétimo mês, a cadeia apresentava a seguinte cena: "Mamãe bate as pernas com raiva... Sente muito calor... abana-se... queixa-se de falta de ar... diz que papai é culpado da gravidez...". Perguntamos: "Como você reage a essa situação?" Responde a paciente: "Eu enrosco minha mão no cordão umbilical e puxo, aperto o cordão... sinto falta de ar... fico tonta... não quero nascer dessa mãe... nem desses pais que brigam... quero morrer...".

Buscamos, também, a cena do nascimento. Acompanhe o questionamento:

Pc: Estou "roxinha"... estou custando a nascer... o cordão me segura... eles me puxam... ficou tudo escuro... Eu nasci, mas não respiro... Eu me vejo de longe... eu já estou fora de mim... a criança está lá... roxinha, não respira... eles batem em mim... eu não sinto nada... estou indo embora...
T: E como voltou a viver?
Pc: ... Estou vendo mamãe rezando.
T: E daí?
Pc: Eu fiquei surpresa... Se mamãe reza, então ela me quer... Se ela me quer, eu vou voltar ao meu corpinho!... Eu vou viver! Fiz força... consegui respirar!... Eles dizem: "Graças a Deus! Ela respirou!"

A terapia prossegue. Demos ênfase aos fatos inconscientes de amor e carinho da mãe para com a paciente. Depois, levamo-la a "refazer" o seu 2º mês de gestação e também o sétimo, sem dificuldades respiratórias e sem que ela enrolasse em si o cordão umbilical. E demos à paciente também a oportunidade de "renascer", sem ficar "roxinha". Observe mais detalhes sobre alguns elos da cadeia.

T: Veja você com dois anos...
Pc: Lá fora está anoitecendo... Estou me sufocando com um travesseiro sobre o nariz.

T: Por quê?
Pc: Não quero sentir o perfume da mãe.
T: Por quê?
Pc: Ela pôs o perfume para encontrar com outro homem... ela vai trair o papai...
T: E o que aconteceu depois?
Pc: Mamãe viu que eu estava sufocando... eu tossi, depois amoleci o corpo... Ela assustou... Ela ficou em casa... pensou que era castigo de Deus (paciente sorri).

Na fase terapêutica dessa questão, buscamos o motivo inconsciente que fez a mãe querer sair para trair o pai. Havia aqui uma história de cinco gerações de infidelidade de mulheres, sendo que a primeira mulher dessa fila foi infiel por "livre decisão", enquanto as descendentes sentiam-se "impulsionadas" a sê-lo pelo processo do MIAR. A paciente pôde descobrir a atitude de imitação inconsciente da mãe e o estímulo semelhante que a levara a agir assim conseguindo, então, entender e perdoar a mãe porque, na realidade, mamãe não desejava trair o pai. Isso tornou-se mais claro quando reforçamos os momentos que comprovavam a fidelidade da mãe ao marido, mesmo em tempos de dificuldades do casal. Tudo isso era indispensável para a "cura" da paciente. O fato de a mãe deixar de sair de casa quando viu a filha se sufocando, também foi por nós reforçado no inconsciente para mostrar à paciente que a filha era mais importante para a mãe do que o "homem" com quem ia se encontrar. Finalmente, conduzimos a paciente a perceber que haveria outras formas de ela reagir, sem ser pela criação de doenças em si.

Concluindo: A fase de gestação, conforme nos é apresentada pelo inconsciente, deve nos conduzir a sérias reflexões. Pois, como vimos, são apenas esses nove meses que praticamente determinam a vida inteira de uma pessoa, e até mesmo as próximas gerações. Em última instância, tudo isso, saúde física, equilíbrio e bem-estar dependem da harmonia ou da desarmonia conjugal e da aceitação ou não daquele ser humano que está por vir... Ora, problemas conjugais são apenas uma questão de "relacionamento", portanto, contornáveis, desde que misturados a uma dose de boa vontade e, sem dúvida, também de espiritualidade... E criança é o símbolo da ternura e do encanto da vida! Ambos, o amor de um casal e a criança, são o que há de mais belo! Talvez seja por isso que a lei da natureza seja tão inclemente, castigando-nos de geração em geração, quando agredimos esses valores, que estão entre os mais preciosos bens que podemos possuir neste mundo.

2.3.3 - "O período vital" de concepção

O paciente, quando conduzido à concepção, vê a união conjugal que o gerou e pode também perceber os gametas que estão prestes a formar o seu zigoto. Vê ele, então, a forma como se encontram e identifica os problemas de maior gravidade que são trazidos do passado de pai e mãe. Como resposta reativa pode a criança então lançar a sua primeira frase-registro negativa, que costuma ser também a mais séria em termos de consequências psiconoossomáticas.

A nossa experiência, em palestras e debates, tem-nos demonstrado que o assunto referente à possibilidade de abordar o inconsciente do ser humano em sua fase anterior ao nascimento e, principalmente, antes dos 3 meses de gestação, gera muitas dúvidas e polêmica.

De fato a mielinização do sistema nervoso acontece apenas a partir do terceiro mês de gestação e, consequentemente, não se consegue admitir que haja algum tipo de percepção ou de atividade mental na criança antes desse período. Muito mais difícil de entender, portanto, é o fato de que a criança possa ter percepções mentais, discernir, fazer opções e agir sobre si, já no momento da concepção...

Sem dúvida, enquanto considerarmos a atividade mental como de função apenas cerebral, afirmações como as que se fazem pesquisa da ADI parecem absurdas, pois a Biologia e a Neuroquímica referem-se com precisão a determinadas estruturas e funções cerebrais dentro do contexto científico. *Mas não pode a ciência afirmar que toda a capacidade mental e a transcendentalidade humana estejam reduzidas às funções cerebrais. Não lhe cabe fazer tal tipo de generalização sobre a fenomenologia humana, pois essa ultrapassa a sua competência.*

Entretanto, *a ADI, estruturada como "pesquisa de campo", é uma investida científica que consegue identificar a existência dessas realidades mentais que transcendem o exclusivamente cerebral.*

A Abordagem Direta do Inconsciente, sendo "pesquisa", por vezes, surpreende com as respostas até o próprio pesquisador. Um desses momentos aconteceu conosco bem no início da estruturação da metodologia TIP, quando pedimos a um paciente que descrevesse a sua concepção, esperando que ele falasse sobre o zigoto. Mas o paciente começou a descrever o óvulo e o espermatozoide ainda separados, antes da formação do zigoto. E isso começou a se repetir, na medida em que fazíamos o questionamento "aberto" sobre a concepção. Está aí um cuidado que tivemos com a pesquisa para que ela não se tornasse tendenciosa... Se continuássemos a pedir ao paciente que visualizasse o "zigoto", então não teríamos informações sobre os "gametas". Mas focalizando a "concepção" deixávamos o campo livre para que o paciente escolhesse falar sobre o "zigoto" ou sobre os "gametas". E observamos, então, que a maioria dos pacientes continuava a focalizar os "gametas" antes de se unirem, reconhecendo o seu espermatozoide, diferenciando-o dos outros e identificando detalhes da carga genética dele e do óvulo.

Na prática clínica, ao conduzir-se o paciente ao momento da concepção logo depois de ele identificar os seus gametas, especialmente o seu espermatozoide — pois o óvulo é único — pede-se-lhe que os compare com "gametas-padrões". Note-se que o paciente não precisa entender de Medicina ou Biologia para comparar os seus gametas aos "padrões". Basta lançar essa "ordem" ao inconsciente do paciente e ele dará as correlações que importam.

Tecendo a comparação, o paciente diz, por exemplo: "O meu óvulo está querendo recuar... porque o meu espermatozoide está tonto... o pai está bêbado na hora de conceber-me"... "O meu óvulo está retraído... porque a mãe se sente forçada ao ato sexual"... O paciente pode ver o espermatozoide "tímido" ou "afoito" demais, claro ou escuro, maior ou menor que os outros, querendo "penetrar o óvulo" ou" fugindo" disso ... O paciente pode visualizar, por exemplo, "um óvulo grande demais e ameaçador" e compreender a causa como sendo a mãe que domina o pai. Pode o paciente vê-lo "sem vida, indiferente", porque a mãe bloqueou sua sensibilidade sexual, por problemas da infância. Pode o óvulo estar "encolhido" porque a mãe tem medo da gravidez ou do parto, ou porque não deseja ter mais filhos. Em outras cenas o espermatozoide apareceu "rodeando o óvulo, sem penetrá-lo", por medo da responsabilidade de mais um filho; ou, então, apresentava-se ele "mascarado", porque o pai estava sendo infiel e pensava noutra mulher ao possuir sua esposa; e surgiu também "negro, fúnebre", porque carregava um sentimento de culpa, de homicídio; já apareceu "apodrecido", porque faltava ao pai um mínimo de caráter e de dignidade... Outro paciente sentiu um "frio de morte", porque o seu espermatozoide quase foi atingido pela ducha que a mãe se aplicou após o ato sexual...

Traremos aqui o relato de trechos de casos clínicos focalizados sobre o momento da concepção para que o leitor entenda, com mais clareza, esse contexto, conforme os pacientes o expressam.

A paciente que focalizaremos é cega e encontrou na concepção o primeiro elo dessa sua limitação física. Acompanhe o "questionamento".

T: Veja você no momento da concepção.
Pc: Eles estão brigando...
T: Eles, quem?

Pc: O óvulo e o espermatozoide... estão agitados... no espermatozoide há violência.
T: Qual a sua reação diante disso? O que você pensa?
Pc: (Chorando com raiva). Eles não se amam... não quero ser desse corpo que se forma... Não quero ir para lá... Há uma força que me puxa... Ela me diz que pertenço a ele... Eu não posso escapar de ser dele... Mas eu estou fazendo força no sentido contrário... Sinto-me angustiada... Eu não quero existir neles!
T: Neles, quem?
Pc: Nesses pais... eles brigam... Eu estou solta... Sinto como se tivesse caindo no lugar errado... eu me seguro em cima... alguma coisa me puxa para baixo... as costas doem... parece que vou romper ao meio...

Comentário: A paciente queixara-se, na primeira consulta, de "dores nas costas" que a acordavam à noite. A dor era do tipo "câimbra", parecendo que uma dessas algias contraía a parte de cima das costas e outra, a parte inferior, dando-lhe a sensação de que ia se partir ao meio. Observe como essa queixa está ligada ao que a paciente percebe na concepção... Continuemos o questionamento.

T: Como você está reagindo aí na concepção em função do que percebe?
Pc: Estou fazendo força para não ver meus pais!
T: Como é mesmo o pensamento que a leva a isso?
Pc: ... Eu não quero ver (FC).
T: E o que você está fazendo para não ver?
Pc: Eu estou machucando meus olhos... não quero deixar acontecer a conexão...
T: Que conexão?
Pc: Do nervo ótico.
T: Fisicamente, quando esse problema se concretizou? Número?
Pc: 03.
T: Veja-se no terceiro mês de gestação.
Pc: Meus pais brigam, discutem, se agridem... (paciente chora)... eu não quero ver isso... não quero saber deles, eu aperto muito os olhos... empurro... agora não tem mais jeito...
T: O que você está dizendo?!
Pc: Agora... aqui no terceiro mês... Eu consegui empurrar o nervo ótico... ele encolheu... ficou mais curto do que deve... eu não vou enxergar esses pais! (paciente suspira aliviada).

No caso relatado, além de se poder acompanhar o processo da "programação da cegueira", a partir do momento da concepção, vê-se também uma "dimensão" diferente da paciente que acompanhava, distanciada, o encontro entre óvulo e espermatozoide. Observe, ainda, que esse relato, da forma como foi feito pela paciente, separando os gametas, é espontâneo, pois a terapeuta havia solicitado que ela visse genericamente a "concepção" e não os "gametas" em particular.

A concepção é a fase onde se registra o maior número de "causas" de problemas sofridos por pacientes. Veja o caso de uma paciente que já havia feito "histerectomia", devido a uma hemorragia persistente, e teve também câncer nos ovários, tendo que retirá-los. Relata ela que sua vida foi marcada por todo tipo de doenças. Além disso sofria continuamente de enxaqueca e angústia, nunca estando realmente bem.

O "registro de base" mais marcante em relação à sua sintomatologia aparece pelo número "00", que indica a concepção. Aqui a paciente não fala nos gametas. Ela se refere diretamente ao comportamento sexual de seus pais na concepção. Siga o questionamento.

T: O que você vê aí na concepção?
Pc: Mamãe não quer o papai... chantageia... maltrata-o...
T: O que a criança conclui?
Pc: Mulher é má...
T: E para você, o que conclui?
Pc: Sou como mamãe...
T: O que quer dizer isso?
Pc: Eu sou má... (FR).
T: E se você é má, o que acontece?
Pc: Mereço castigo... "não posso viver bem!" (FC).
T: O que quer dizer "não posso viver bem?" Veja uma cena "típica", onde a frase acima acontece. Número?
Pc: Cinco.
T: Veja-se com cinco anos.
Pc: Eu estou doente, com febre... dor de garganta... mas os remédios não curam... eu pioro... estou com septicemia...
T: O que é que o sábio quer mostrar aqui como "típico"?
Pc: Não tenho defesas... Meu corpo não se defende... Eu diminuí minhas defesas orgânicas...
T: Algo mais que você agrediu?
Pc: Os ovários.
T: Aí na concepção?
Pc: Sim.
T: Mas você ainda não os tem... Por que os escolheu?
Pc: Eu vou tê-los... ovários são o símbolo da mulher e do mal que está em mim... eu preciso destruí-los.
T: Como é que você vai fazer isso?

Pc: Eu debilito a formação celular dos mesmos...

Quando o trabalho terapêutico, como o descrito anteriormente, acontece numa clínica onde além de TIP-terapeutas que sejam psicólogos haja também médicos especializados pelo Método TIP, é o momento em que se pode convocar um médico para que continue o "questionamento" sobre a forma física, bioquímica, orgânica como a paciente "conseguiu" debilitar a formação celular e gerar o câncer. Aliás, a "pesquisa médica", se aqui fosse realizada sobre o inconsciente da pessoa, poderia trazer maiores esclarecimentos sobre o mal do câncer em si e orientar para uma terapia mais adequada e eficaz. Pois a simples extirpação dos ovários em casos de câncer, ainda que se removendo qualquer vestígio da doença, não resolve por completo a questão, uma vez que a "programação" inconsciente, orientada pela "frase-registro" e condicionada desde a concepção, ou no útero materno ou ainda na primeira infância, continua atuando no organismo.

Sempre que o paciente visualiza os gametas na concepção, encontra, de uma forma simbólica, o que aconteceu com os pais no contexto desse momento ou o que eles trazem geneticamente do passado. E isso é importante, porque se pode fazer a terapia do paciente através do problema que ele vê nos pais. E para ele é emocionalmente mais tolerável "visualizar" os seus problemas através de projeções sobre os gametas e sobre os pais, do que encarar diretamente o que aconteceu nos primeiros e mais marcantes momentos de sua própria existência.

Sigamos mais um trecho da descrição que um paciente faz dos gametas, para que entendamos melhor como aí se reflete um problema de rejeição entre os pais e para com a criança.

T: O que você vê na concepção?
Pc: Vejo o óvulo e o espermatozoide fecundando-o.
T: Alguma coisa lhe chama a atenção nesse processo?
Pc: O óvulo está inquieto... uma bolha de água se agitando... é como se algo apertasse essa bolha para esprêmê-la, para jogar fora o espermatozoide que vem entrando...
T: O que é esse "algo" que aperta a "bolha"?
Pc: É o óvulo...
T: Como assim? O que está acontecendo? Olhe para papai e mamãe.
Pc: Mamãe rejeita papai... não quer a relação ... não quer engravidar... (paciente chora e acrescenta). Ela não me quer...

No contexto da concepção, muitas vezes, podem surgir impressionantes simbologias para relatar momentos traumáticos. Vejamos um desses casos.

A paciente foi conduzida por nós ao momento da sua concepção. Em poucos segundos ficou ofegante, suou frio, tremeu, mas não conseguiu "visualizar" nada... Dizia apenas que se sentiu cair num vazio muito angustiante... apavorante... O seu bloqueio vinha, portanto, acompanhado de grande sofrimento. Realizamos, então, o "distanciamento" entre a paciente e a situação sofrida. Diminuíram tecnicamente as reações somáticas da mesma, mas isso ainda não foi o suficiente para que ela conseguisse "visualizar" a concepção. Resolvemos, então, começar o processo de forma simbólica, para só depois trabalhar com objetividade a questão.

Segue o relato da simbologia acionada pelo questionamento. Os leitores, por certo, a compreenderão sem minhas explicações. Relembremos apenas o que já falamos diversas vezes: que um dos problemas mais sérios para se desestruturar uma pessoa e seus descendentes é a criança sentir que não é desejada na concepção ou, então, perceber a desunião conjugal dos pais nesse primeiro instante do seu existir... É este o contexto da simbologia que, acionada pelo "questionamento", descreveremos a seguir.

Pc: Vejo duas metades de uma laranja... Uma mão muito pequenininha faz força para uni-las, mas não consegue... o suco sai das metades, se une e forma uma flor de laranjeira... Ela desabrocha, mas é esmagada pelas metades e cai ferida no chão... Ela quer levantar, mas não consegue... Ela está vermelha, sangrando... O que sangra é um coração.

T: Continue... deixe a cena fluir.

Pc: ... A flor tenta se refazer... Agora caem duas facas lá de cima, uma de cada metade da laranja e continuam a picar a flor.

T: Por quê? Por que atacam a flor?

Pc: As facas não visam a flor... elas estão dirigidas de uma metade para outra... mas elas caem no vazio e se enfiam na flor... a flor precisa morrer... não tem condições de existir assim, embora ela desejasse viver! (Paciente chora).

T: E como fica a flor no final?

Pc: Eu a vejo levantando e caindo... levantando e caindo... ela vai longe, sempre levantando e caindo...

T: E se você resumisse, numa só frase, como essa flor se sente, quando "levanta e cai"?

Pc: Eu diria: "Ela é uma morta-viva" (FR).

Imagine-se o sofrimento, no dia a dia, de uma pessoa que se considera uma "morta-viva". De uma certa forma ela explica como se sente ao dizer que "levanta e cai, levanta e cai". Os médicos classificavam-na como "maníaco-depressiva" — o que essa última frase leva a entender. Além disso a paciente sentia continuamente vontade de morrer, por conta da frase-registro inconsciente "Eu sou uma morta-viva"...

Vejamos um outro exemplo que nos revela o momento da concepção através da observação dos gametas e onde se encontra a causa primeira de determinados problemas orgânicos.

A nossa paciente traz à consulta, como queixa principal, problemas de ordem respiratória e frequentes crises de asma. Através de diversos exames médicos haviam-se descoberto certas "condições alérgicas" favoráveis à doença, mas a própria paciente percebeu que essas condições estavam também ligadas a determinados fatores emocionais. Por isso nos procurou na clínica.

Logo que a paciente foi colocada em relaxamento e em concentração enfocada sobre a concepção, conduzimos a terapia através de um questionamento no qual pedimos a identificação do óvulo e do espermatozoide:

T: Veja o momento da concepção... Você consegue perceber seu óvulo e seu espermatozoide?
Pc: Sim... O espermatozoide é como uma cobrinha custando a chegar perto do óvulo.
T: Custando a chegar?
Pc: É... O óvulo se encolhe, parece recuar... fugir... e o espermatozoide está desanimado.
T: Vamos ao momento do encontro conjugal em que você foi gerada. O que acontece com os seus pais?
Pc: Mamãe afasta papai... não quer se entregar a ele... Ela se sente mal... está criando uma crise de falta de ar.
T: Mamãe tem problemas respiratórios?
Pc: Não... Ela faz assim, ela cria a crise para afastar o papai... Ela não sente prazer sexual... Papai fica magoado... ameaça buscar outra mulher... Eles brigam... (Paciente começa a chorar)... Mamãe cede ao pai, mas só por obrigação... (Paciente chora convulsivamente, começando a ter respiração difícil do tipo asmático.)
T: O que está acontecendo?
Pc: ... Eu não queria ter nascido de uma obrigação, mas do "amor" dos dois.
T: E como você reage a essa decepção?
Pc: Eu sinto sufocação... sinto falta de ar (como a mamãe).

T: Foi aí que você programou essa asma?
Pc: Eu programei?!... Não sei.
T: Pergunte ao seu sábio.
Pc: Ele disse que sim.
T: Mas como você conseguiu? Você ainda não tem corpo nem pulmões?
Pc: Mas eu sinto como se os tivesse... sinto a dificuldade de respirar... Eu percebo na mamãe como é isso... Eu sinto pelo pulmão da mamãe... Estou muito angustiada... (Paciente continua chorando e respirando com "chiado", que não tinha no momento inicial da terapia.)

O trecho do caso acima mostra a paciente percebendo no óvulo e no espermatozoide os conteúdos afetivo-emocionais. A paciente julga o tipo de relacionamento dos pais e, por não se agradar dessa relação, parte para a autoagressão identificando-se com o problema físico da mãe. E o problema físico, a asma, tem para ela ligação com "relações sexuais". A paciente tem problemas conjugais e de desajustamento sexual com o marido. Descobriu que suas crises de asma estavam bem mais ligadas aos seus problemas de relacionamento conjugal que a fatores físicos ou externos.

O caso que segue também liga a concepção a problemas físicos. Trata-se de uma paciente que periodicamente ficava com o corpo cheio de nódulos... Pedimos que focalizasse as idades relacionadas com o problema. Números citados 00/04/1/3/8/14 e outros. Pedimos que buscasse, com a ajuda do sábio, o número mais importante e esse indicou 00, que corresponde à concepção. Levamos a paciente à concepção e iniciamos o questionamento.

T: Olhe para o óvulo e o espermatozoide.
Pc: Há álcool no espermatozoide... Ele se movimenta com lentidão... O óvulo está fugindo dele, está se esquivando.
T: Como você se sente?
Pc: Muito mal. Não quero ser concebida. Não quero que os dois se encontrem.
T: Como você reagiu? Você fez alguma coisa em função disso?
Pc: Está difícil de ver... Mas eu agi, eu agredi minha mãe...
T: Mas de que forma?
Pc: Minha cabeça está muito confusa... Não consigo perceber...
T: Isole-se da emoção. Olhe como adulto de agora para aquela criança que está lá. O que foi que ela fez?
Pc: Ela está provocando uma intoxicação...
T: Como se expressa essa intoxicação?

A ABRANGÊNCIA INTEGRAL DO HOMEM PELO MÉTODO TIP   147

Pc: Estou cheia de bexiguinhas no corpo (mais tarde nódulos).
T: Com que finalidade você provoca isso?
Pc: Eu quero morrer... (FC).
T: Veja o número onde se concretizou melhor essa frase.
Pc: Número cinco.
T: Veja você com cinco anos.
Pc: Estou toda "empolada"... o médico não sabe o que tenho... ele diz que parece alergia...
T: Qual a cena anterior que acionou esse registro? Veja dia da semana e hora...
Pc: 11 horas da noite, sábado.
T: O que acontece?
Pc: Papai chega bêbado... mamãe xinga, eu me sinto mal... "Eu sou desencontrada" (FR).

A palavra "desencontrada" também se expressava de várias maneiras na vida da paciente, pelo que investigamos em terapia. Ela estava associada à FC de intoxicar-se para morrer e às somatizações de nódulos no físico, além de manifestar-se, especialmente, através de um tipo de raciocínio desconexo da paciente. A ramificação da cadeia aqui, portanto, conjugara problemas físicos com psicoemocionais e mentais. As circunstâncias do momento do "desamor" na concepção orientaram a paciente para uma forma específica de se agredir. Um paciente nessas condições pode lançar em seu inconsciente um condicionamento negativo que o atinja apenas psicologicamente, mas isso é muito raro acontecer na concepção. Geralmente, a tônica recai sobre determinada área, mas, devido à interinfluência, aquele ser que surge é prejudicado em seu todo "psiconoossomático" — o que é muito grave quando acontece na concepção.

No caso clínico que apresentamos a seguir, a paciente, na concepção, agride sua capacidade mental e sabe dizer exatamente que área bloqueou e com que finalidade o fez... Acompanhe-se o questionamento paciente-terapeuta:

T: Localize em seu inconsciente o momento da concepção.
Pc: O meu óvulo está fugindo do espermatozoide e o espermatozoide quer entrar rápido.
T: Por que "rápido"?
Pc: Para pegar o óvulo.
T: Por que quer "pegar o óvulo"?
Pc: Porque o óvulo foge dele.
T: Localize seus pais... veja o que está acontecendo.
Pc: Mamãe não quer a relação... papai quer ter mais um filho.

T: E mamãe?
Pc: Ela também quer um filho... mas não quer o papai.
T: O que você conclui disso?
Pc: Não consigo entender a mamãe!
T: Você ou o papai, quem não consegue entender a mãe?
Pc: Papai...
T: E o que você conclui dessa situação?
Pc: Papai não me entende.
T: Por que não entende você?
Pc: Eu sou igual à mamãe... sou mulher.
T: Como você reagiu a essa situação?
Pc: Eu me confundi! Eu "misturei" meus pensamentos.
T: Resuma isso numa só frase que diga o que você pensa de você mesma... "Eu..." Pc: "Eu sou confusa"... (FR).

  Entenda-se que a paciente, a partir dessa frase-registro, "fez acontecer" a sua "confusão" de pensamentos, porque a condicionou. Mas essa "confusão" não se ateve apenas aos pensamentos. Era esse o seu comportamento no trabalho, no relacionamento afetivo, onde só "arrumava confusão" e mesmo em termos de saúde, onde sempre se prejudicava de alguma forma.

  A reformulação terapêutica no caso acima relatado teve a seguinte orientação:

  Buscou-se primeiro, pelo inconsciente da mãe, o "número" de seu passado que a fazia rejeitar as relações sexuais. Havia aí um trauma e uma frase-conclusiva dizendo "os homens são violentos". Separada essa frase da mãe, a paciente pôde ver uma "mãe diferente" ao lado do seu pai, que se unia a ele com amor (RP). Agora o pai "entendeu" a mãe e a paciente, que se identificara à mãe, já não tinha razões para manter o condicionamento da frase-registro "eu sou confusa". No mesmo instante da "nova percepção" inconsciente, portanto, gerou-se uma frase positiva que dizia "eu sou querida pelos meus pais". E, ao perguntarmos como a paciente pessoalmente se classificava ao se sentir querida, ela respondeu: "Eu sou normal" (Frase-registro positiva de substituição). Através do teste sobre a cadeia e sobre as ramificações verificou-se, imediatamente, uma grande "quebra". E com o reforço dos registros positivos enfatizaram-se as cenas que fizeram a substituição dos primeiros elos negativos registrados a nível inconsciente.

  Os resultados da terapia dessa paciente foram muito além do esperado no que diz respeito à mudança positiva de sua personalidade.

E isso se explica, principalmente, porque o registro negativo foi trabalhado junto à concepção.

Na terapia sobre a concepção, quando um paciente identifica problemas nos gametas, uma das técnicas é atuar primeiro sobre o "número do pai" que se projeta sobre o espermatozoide e depois sobre o "número da mãe" que se expressa no óvulo ou vice-versa. Localiza-se, assim, o primeiro problema dos pais a agir sobre a criança, ainda antes da formação do zigoto e que, de uma forma geral, se expressa através de cenas de "desamor" dos pais vivenciadas na infância. E uma das respostas mais frequentes ao "desamor" na concepção é o bloqueamento do Núcleo de Luz, em função de uma espécie de mágoa projetada em Deus — realidade que toda criança percebe dentro de si. O resultado dessa atitude de fechar-se ao Núcleo de Luz se expressa na forma de um problema de angústia existencial e de vacilação na fé — um dos sofrimentos mais graves que o ser humano pode ter. Conclui-se, a partir daí, sobre a importância de os casais se prepararem melhor antes de constituírem uma família. A ADI pode libertar os noivos de várias gerações de registros negativos, para que possam, desde o início de sua vida conjugal, ajustar-se melhor e vir a ter filhos mais sadios.

A "concepção" é a ponta mais extrema da "raiz" dos males individuais. Por melhor que sejam "terapizadas" outras idades, enquanto a "concepção" não for atingida, ainda ficam ativos muitos problemas de base do quadro global do paciente.

Daí porque o "período vital" da concepção precisa necessariamente ser perpassado, quando se visa a terapia integral do ser humano, através do inconsciente.

2.3.4 - O "período vital" dos antepassados

O registro de ancestrais em nossa memória inconsciente é completo e se transmite de geração em geração, por meio de uma espécie de "fluxo atuante", que chamamos de Mecanismo Inconsciente Automático de Repetição ou MIAR, o qual tende a se manifestar especificamente sob estímulos semelhantes. O MIAR, em nossa experiência é, principalmente, a projeção de sofrimentos dos antepassados, tanto sobre o físico, como sobre o psiquismo, quanto sobre o nível espiritual do descendente. E existe nesse contexto um sentido, uma função de reparação...

Nos capítulos anteriores demonstramos que a citação de "números", por parte do paciente, circunscreve a questão enfocada pelo questionamento a determinada faixa etária de sua vida. E, se esses números são antecedidos por um "0", referem-se à fase da gestação.

Acontece, porém, muitas vezes, que o paciente cita números diferentes, dizendo, por exemplo, "eu vejo um número torcido", "virado" ou "vejo quatro zeros" ou "o sábio desenhou 000 ponto 01" etc. Procurada a explicação, o paciente identifica antepassados de uma, duas, três, cinco, dez, quinze ou mais gerações passadas. O terapeuta, então, leva-o a determinar se o antepassado está ao lado da mãe ou do pai, a quantas gerações atrás dele ou dela se encontra, qual o fato histórico, qual a situação e quais as características desse antepassado que influem sobre o paciente. Este acaba por visualizar uma "cena", que precisa ser "objetivada" como todas as outras que se apresentam no inconsciente, até se entender exatamente qual o problema que atravessou as gerações até o paciente e como se expressa nele.

A somatização inconsciente dos antepassados, tanto a negativa como a positiva, tende a ser reforçada ou enfraquecida através das gerações. Quando reforçada é percebida nitidamente como uma espécie de "fluxo atuante" que vem daquele antepassado identificado e se expressa sobre o psiquismo, sobre o organismo, sobre a capacidade de amar, sobre a inteligência e sobre outras instâncias.

Já nos referimos na epígrafe deste capítulo a esse fluxo, com o nome de Mecanismo Inconsciente Automático de Repetição ou MIAR. O MIAR caracteriza-se por repetições do passado que acontecem, muitas vezes, até em datas ou períodos equivalentes.

O MIAR é formado de "condicionamentos". E a transferência de condicionamentos, através de gerações, é automática. Mas, no início desse condicionamento que o inconsciente localiza, houve sempre um "ato livre" ou um "acontecimento" não herdado. Por outro lado, *todo descendente que tem em si determinado MIAR, "tende" a repeti-lo mas é livre para não fazê-lo*. A tendência é uma espécie de "abertura" que a pessoa dá ou não ao MIAR. Quando este é problemático e há uma atitude firme de barrá-lo, pode então acontecer um efeito de "reparação" em direção ao passado e um corte para as próximas gerações. Ou seja: *se algo de mau vem dos antepassados e a pessoa trabalha em si a atitude contrária, vai ela, por meio desse "ato livre", criar um novo MIAR, e dessa vez "positivo", para as descendentes. E o efeito da mudança se reflete também sobre seus antepassados, que continuam a existir como pessoas, embora sem matéria.*

Em terapia acontece frequentemente que a pessoa descobre essa sua "missão" de redimir um antepassado, uma atitude, ou um problema que vem atravessando gerações. *A atitude de "redimir" está ligada a muito esforço pessoal e, sem dúvida, a um processo de espiritualização.*

Quando essa atitude aconteceu num antepassado, o paciente percebe essa pessoa envolvida em "luz", a qual vem atravessando as gerações. E identifica-se também com precisão quais os benefícios que ela transmite aos descendentes.

Para entender melhor um MIAR, vejamos um caso prático, onde se percebem problemas atravessando gerações.

O paciente, do qual falaremos, queixava-se de uma falta de identificação sexual, dizia tender para o homossexualismo, e tinha o hábito de masturbar-se. Sofria ele de forte angústia por causa de seus problemas.

Em relação ao que desejamos mostrar, veja o paciente no 3º mês de gestação e siga o questionamento.

Pc: Estou querendo me esconder na barriga da mãe... porque mamãe me aperta... não quer mostrar a gravidez... sente medo...
T: Medo?
Pc: É... É como se fosse condenada...
T: Condenada?!
Pc: Sim. É a sensação que tem...
T: Veja a que número da mãe está ligada essa sensação. Pergunte ao sábio.
Pc: É um oito, deitado, depois de muitos zeros.
T: Então a origem do problema é anterior à mãe... Olhe para uma fila atrás da mãe... Onde se localiza a pessoa que deu origem a essa sensação de "condenada"?
Pc: Oitava fila atrás da mãe... (Oitava geração)
T: O que você localiza lá?
Pc: Uma mulher... é viúva... vive só... é fechada, não fala com ninguém... é voltada sobre si... perdeu o marido durante a gravidez... está no nono mês de gestação... quer que o filho nasça logo para que vejam que é do marido... Tem medo que a matem, que suspeitem dela...
T: Matem?! Donde vem esse medo? De que fato?
Pc: Não vem dela... vem da mãe dela. (Nona geração)
T: Em que momento exato surgiu?
Pc: No 4º mês de gestação (dessa mulher)... A mãe dela (décima geração) se recusa sexualmente ao marido. Tem medo de ser recriminada por ter relações sexuais com o marido... não se entrega... sente muito medo... chora... afasta o marido...
T: Você está se deslocando ainda para mais longe... Para não perdermos tempo, localize o primeiro elo de toda essa questão.
Pc: 12ª geração atrás da mãe...
T: Quem é?

Pc: Uma menina... a mãe dela foi morta porque engravidou fora do casamento e de outro homem... eles a mataram depois que a menina nasceu.
T: O que a menina registrou como conclusão? (Frase-conclusiva).
Pc: "Quem tem relação sexual com homem e engravida, morre!..."
T: Quanto a si mesma, qual a frase-síntese?
Pc: Eu não vou ter relações com homem.
T: Por que você enfatizou "com homem?"
Pc: A mulher responde: "Quem tem relações com homem, engravida"... Ela prefere a autogratificação sexual... não faz correr risco de gravidez e morte.
T: Na sessão anterior você localizou problema semelhante relacionado com seu pai. O problema dele também está ligado a antepassados? Sim? Então veja qual a geração.
Pc: 16ª e 17ª gerações... São duas mulheres... mãe e filha...
T: Onde elas estão?
Pc: Vejo num país que se parece com a Inglaterra.
T: Você tem origem inglesa?
Pc: Não que eu saiba. (Na sessão seguinte o paciente respondeu afirmativamente a essa pergunta.)
T: O que aconteceu na 16ª e na 17ª geração com mãe e filha?
Pc: Elas foram mortas... tiveram relações extraconjugais.
T: Existe um sentimento básico (MIAR) que resume estas duas linhas de antepassados e que veio até você?
Pc: Existe...
T: Qual é?
Pc: Ódio pelos homens e masturbação... As mulheres... (na descendência a partir desses antepassados) se autogratificam... Preferem a masturbação à relação com os homens. Rejeitam os homens... se vingam com a masturbação... Mas não se dão conta disso... é um impulso forte, incontrolável...
T: Agora verifique de que forma isso se concretiza em você... O que vem de lá até você... Você é homem, como se exerce a influência destas mulheres do passado sobre você?... Pergunte ao sábio a que tipo de problema seu esses antepassados estão ligados... Diga o número correspondente, para que você não "racionalize"...
Pc: 04.
T: Veja você no 4º mês de gestação.
Pc: Mamãe rejeita sexualmente o papai e com ódio... Ela quer ter prazer sozinha.
T: E você, como reage?
Pc: Eu não sei o que devo ser...

T: Como? Em que sentido você não sabe?
Pc: Não quero ser homem... também não quero ser mulher.
T: Mas você é homem... por que não quer sê-lo?
Pc: Papai é homem... não é aceito como homem... é odiado pela mãe... Eu não quero ser homem como o papai... não quero ser odiado.
T: E o que conclui sobre si mesmo uma criança que se sente no conflito que você descreve?
Pc: É como se não existisse...
T: Resuma numa frase (FR) o que a criança diz de si mesma quando se encontra nas condições acima.
Pc: "Eu não sou gente"(FR).
T: Então diga-nos agora a cadeia que se assentou sobre essa frase.
Pc: 01/02/03/04/05/07/09/1/2/3/5/6/8/10/15/15/18/21/23
T: Quantos anos tem você? Pc: Vinte e quatro.
T: Quer dizer que até o ano passado você ainda teve problemas ligados a esses registros... Agora peça ao sábio para destacar entre os números acima aquele que representa, de forma mais típica, a FR "eu não sou gente" para entendermos melhor o seu significado.
Pc: Número seis... Estou na escola... A professora olha para o grupo e diz: meninas para a esquerda e meninos para a direita... todos se movimentam para o seu lugar... Eu fico parado... não sei se devo ir para a esquerda ou para a direita... não existe lugar para mim...

  A concretização da frase-registro que se apresenta neste e em outros elos da cadeia enumerada mostra que o paciente, além da falta de identificação sexual, sente-se "despersonalizado". Não se sente "existir". E quando age tem a sensação de que não participa dessa ação. Não se empenha nessa ação, apenas age com gestos, de forma apática, automática e indiferente.
  No processo terapêutico, um dos pontos altos foi a condução do paciente à sua concepção, onde o mesmo identificou o seu "Núcleo de Luz" (veja noutro capítulo). Este lhe dava identidade distinta dos antepassados e lhe serviu de novo referencial para a reconstrução da sua personalidade original. Após essa atuação no nível "noológico", fez-se a terapia utilizando-se a Realidade em Potencial (RP), para que o paciente conseguisse ver a mãe relacionando-se, "libertada dos antepassados", com o seu pai. Isto serviu ao paciente para "ver" os seus pais sem os condicionamentos do passado, unidos equilibradamente, em momentos de Amor, de afetividade e de conjugalidade sexual. Reconstruída, assim, a estrutura psicológica, reforçamos essa situação com várias outras cenas positivas e retiradas da memória do inconsciente. Diante do novo modelo conjugal dos pais, o paciente conseguiu refazer a própria identi-

ficação sexual. No final da sessão, o paciente substituiu a frase-registro "eu não sou gente" por "eu sou homem".

O "período vital" dos antepassados não pode ser dispensado de uma terapia integral e é sempre perpassado pelo Método TIP, quaisquer que sejam as queixas específicas do paciente. Através das terapias convencionais que apenas consideram o passado pessoal, ou o "aqui e agora", ou a visão prospectiva, muito pouco pode ser feito em relação a sofrimentos onde interferem registros inconscientes dos antepassados, cujas marcas influem de forma muito violenta sobre os descendentes. Isso também porque *existem duas dimensões a serem consideradas em relação aos ancestrais: o seu registro na memória inconsciente que existe como natural em todos nós, e a percepção do Eu-Pessoal desses ancestrais, que acontece como uma presença "viva", a qual se faz sentir, quer queiramos ou não.* Esse segundo aspecto é em geral abordado em religiões e seitas. Entretanto, de acordo com o que nos prova a ADI, *isso faz parte do "humano". A espiritualidade humana é uma realidade que independe de qualquer religião ou crença.* Estamos diante de uma realidade da dimensão humanística. Esta dimensão, que chamamos de Eu-Pessoal, surge antes da formação física do zigoto e é, portanto, espiritual, como veremos especificamente em outro capítulo. Não tem ela condições de "morrer", porque não é matéria, mas a instância sempre viva do homem, cuja interinfluência simplesmente acontece... *Não estamos muito acostumados à lógica desse aspecto da espiritualidade, porque só conhecemos as formas físicas de comunicação ou emanação de energia. Nossa mentalidade é tão fisicista a ponto de, mesmo acreditando que "a alma não morre", acharmos estar essa alma fora da comunicação humana. Ora, mesmo na comunicação humana normal, é a alma que se comunica e não o corpo. E a alma sempre nos fala muito mais que os gestos físicos. E se a alma não morre com a perda da matéria, por que deixaria de ser "vida em comunhão com os outros"?! Que poder teria a matéria sobre a alma para tirar-lhe essa capacidade intrínseca de comunicação própria do "ser vivo"? Não se justifica,* portanto, *afirmar que a percepção de nossos antepassados como seres vivos é prerrogativa apenas de determinadas seitas espiritualistas. Delas são os rituais, as teorias, as buscas de contato, mas o fenômeno de "vida ativa" dos antepassados em comunhão conosco é uma realidade que não depende disso.* Aliás, a crença na sobrevivência do ser humano sempre fez parte da fé espontânea dos homens, sendo essa a visão cristã e é universal a crença de que o "espiritual" não é limitado pelas leis da matéria. Na doutrina cristã pode-se entender essa questão através da "Comunhão dos Santos", da qual se deduz que os seres humanos, mesmo após perderem a matéria do corpo, "vivem" e estão espiritualmente em união uns com os outros e conosco. Veremos, em outro capítulo, que a concepção do homem começa no momento em que os pais se unem pelo ato conjugal, instante em que surge um Eu-Pessoal. Assim, entenderemos que aquilo que nos identifica como "Eu" é espiritual, existindo de forma independente da matéria do corpo, ainda que em função dela.

Pois bem... se é como falamos acima — e os dados obtidos pela pesquisa sobre o inconsciente confirmam renovadamente essa constatação — então, podemos sentir também em nós o estado em que se encontram os antepassados que estão "vivos", através do Eu-Pessoal. Se esses estiverem "bem", ou seja, em estado espiritual condizente com a "nova vida" que enfrentam, essa nossa "percepção deles" será leve, alegre. Mas, se deixaram a matéria de seu corpo mantendo-se ainda "prisioneiros" das atrações do mundo, nós sentiremos o seu peso... *E, para libertar o paciente dessa prisão precisa o TIP-terapeuta recorrer a um meio de ordem espiritual, que chamamos de "técnica do silêncio", porque as técnicas psicológicas não conseguem alcançar essa dimensão libertadora do espiritual* — embora também nessa área o psicológico tenha o seu lugar, dentro da perspectiva da integridade humana, que não se rompe com a morte física.

Quando um paciente sofre a "percepção" espiritual de ancestrais que "não morreram bem", ele sente isso em nível de "Eu-Pessoal" (ou alma). Mesmo que a pessoa não se "conscientize" dessa situação, ela tende a "somatizar", de dentro para fora, certos sofrimentos dos ancestrais. Essa sensação se identifica como sendo uma "invasão" que vem muito do profundo e com muito mais intensidade do que os aspectos "psicológicos". *O paciente sente-se como que dominado, obcecado, obscurecido e pode cair em pânico existencial...* Daí se deve entender o motivo pelo qual é tão difundida a crença na "reencarnação". Realmente, é isso que pode parecer, quando se vê o paciente em sofrimento, por vezes, parecendo estar com uma personalidade que não é a dele... Mas na terapia, pela pesquisa sobre o inconsciente, independente da "crença" do paciente, *ele próprio descobre que não está vivendo uma "reencarnação", pois o seu Eu-Pessoal é por ele percebido como distinto e único, desde a concepção, ao mesmo tempo que também o "Eu-Pessoal" de seu ancestral é identificado, vendo-se que continua a existir independentemente. Portanto, não houve uma reencarnação. O que houve — isso sim — é um ancestral que exerce sobre ele uma influência pelo simples fato de continuar a existir. E isso não é "intencional" da parte do ancestral*, mas acontece, muitas vezes, porque os seres humanos, como "alma" ou "Eu-P" não se desligam quando se separam da matéria do corpo, pelo fato de na hora da morte existir uma espécie de "fixação" naquilo que não se quer deixar. *Esta "fixação" do ancestral é ativa e atinge espontaneamente aquelas pessoas nas quais se "ligaram" antes de morrer.* É isso que entendemos a partir da pesquisa pela ADI, pela repetitividade e constância de respostas similares, dadas a partir dos mais diferentes casos clínicos.

Podemos entender melhor essa questão quando vemos que, no fundo, *tudo é uma continuidade do que se passa nesta vida.* Nas pessoas que se criaram num lar de Amor e de união, a estrutura psicoespiritual é forte e elas, mesmo sem querer, exercem influência sobre os outros seres humanos. A "Luz" dessas pessoas se irradia, ainda que não saibam disso. Pessoas assim são menos sujeitas a influências negativas, inclusive dos antepassados. Mas existem aquelas que se criaram em lares desajustados e a estrutura psicoespiritual das mesmas é muito fraca. Essas sofrem mais as perturbações provocadas pelos outros. Existem, ainda, aqueles que voluntariamente buscam a comunicação com pessoas que já abandonaram o mundo... Esses "deixam" entrar em si influências que fogem ao seu controle e acabam por desequilibrar-se também psiquicamente... De fato, conhecemos uma estatística de pesquisa realizada num hospital de doentes mentais, onde 75% dos pacientes internados pertenciam a tais seitas ou haviam lidado com "comunicações" com pessoas falecidas... *A ADI identifica pelo inconsciente a pessoa ancestral, situando-a no tempo e no espaço e trata do problema para benefício do paciente.* É uma "ação daqui para lá", o que é diferente de "chamar", de "deixar invadir" *o seu Eu-Pessoal por outros Eu-Pessoais integrados, ou não, na matéria do corpo.*

Tivemos a oportunidade de ouvir a gravação de um psiquiatra americano sobre uma pesquisa realizada com esquizofrênicos em mais de mil casos por ele tratados. Fora de qualquer conotação religiosa, esse psiquiatra afirma a influência "viva" dos ancestrais sobre esse tipo de doentes mentais... *A ADI também confirma a existência de uma relação estreita entre gravidade de problemas mentais e antepassados.* Simultaneamente, constatamos pela ADI a forte interligação entre doentes mentais e antepassados com problemas de "desamor", "maldição", "escolha do mal", "feitiçarias", "macumbas", "despachos", "rituais satânicos" e outros meios contrários ao Bem. Mas a recíproca é também verdadeira. A ADI nos ensinou que "pessoas de Luz" dos antepassados são uma força maior que o mal para os descendentes.

É preciso entender, porém, que *o ser humano não pode ser considerado vítima passiva e indefesa dos seus antepassados. Ele tem o seu Eu-Pessoal livre e a "Luz" própria que lhe permite discernir todas as coisas e reagir em relação às influências negativas.* Evidentemente é sempre mais forte aquela pessoa que mantém boa vivência religiosa. Principalmente *o psicólogo ou o TIP-terapeuta que atende, a cada instante, pessoas com problemas não apenas psicológicos, deve ali-*

cerçar-se sobre uma sólida estrutura espiritual e religiosa para não se contaminar ou deixar-se invadir por influências dos antepassados do paciente, ou mesmo por forças espirituais negativas que o acompanham, e para poder libertar o paciente dessas influências.

Na terapia é muito comum encontrar-se a influência dos antepassados em pessoas de "dupla personalidade" que tendem também a ser *"resistentes"* à terapia. Desejam elas fazer o tratamento para se livrarem dos incômodos, mas não estão dispostas, em geral, a enfrentar uma retomada mais profunda de mudanças de seu ser. *Sente-se, nessas pessoas, a necessidade de manter a duplicidade interna e externa, devido à suposição errônea de que assim estão se protegendo do sofrimento.* Tais pacientes dificilmente dão a si mesmos a chance de, ao menos sob Realidade em Potencial, experimentar no inconsciente a possibilidade de serem mais conscientes e autênticos. Evidentemente, tais pessoas não encontram a paz, pois o conflito da divisão interna é contínuo. *A influência dos antepassados, aqui, está no "duplo" ou na contradição do paciente que luta contra outro tipo de inspiração, sempre presente nele.* Entretanto, *mesmo com o "duplo", a pessoa não perde a liberdade nem a capacidade de discernir e de decidir por si.* Assim, na terapia, insiste-se com muita veemência e firmeza em que cabe ao paciente assumir as suas mudanças internas.

A influência dos antepassados no psiquismo, no físico, no nível mental e na personalidade do paciente aparece espontaneamente na terapia ou então é buscada pelo questionamento do TIP-terapeuta. Traremos, a seguir, mais alguns trechos de casos clínicos como ilustração dessa questão do MIAR, ou seja, de *registros condicionados dos antepassados em nós.*

Certa paciente, na primeira consulta, queixa-se de ter, frequentemente, "pânicos" antes de chegar ao fim de algo que começa. Quando o pânico toma conta do seu ser é como se ela deixasse de viver, caso não consiga atingir o objetivo visado. E, por mais que se esforce para minimizar a importância do que quer alcançar, o pânico, nestas horas, não a deixa... A terapeuta encontrou o primeiro elo desse problema no momento da concepção. Acompanhemos:

T: Veja como está seu óvulo e seu espermatozoide.
Pc: O espermatozoide não consegue chegar ao óvulo... o óvulo se esquiva para a esquerda... À esquerda há uma espécie de parede invisível na qual o espermatozoide bate, como se fosse um vidro, bate e volta, não consegue ultrapassar... (A respiração da paciente se torna ofegante. Ela entra em pânico, geme, parece querer desesperar-se e balbucia: se o espermatozoide não penetrar logo, eu não vou conseguir viver... O suor escorre da fronte da paciente.)

Antes de dar prosseguimento "distanciamos" a paciente dessa "somatização" e, para ajudá-la a superar o momento, mandamos que se posicionasse para além dessa hora crítica, quando o problema havia sido superado. A paciente acalmou-se e pudemos prosseguir:

T: Você disse: o óvulo se esquiva para o lado "esquerdo". Por que "lado esquerdo"?
Pc: É o lado da mãe.
T: Qual o número da mãe ligado ao fato de ela se esquivar?
Pc: 05.
T: Veja mamãe no 5º mês de gestação (1ª geração atrás da paciente).
Pc: Ela se agita angustiada... bate na parede do útero para sair... se sente sufocada...
T: O que está acontecendo lá fora?
Pc: Vovô e vovó discutem ... (2ª geração atrás da paciente). Vovó quer mais afeto do vovô... Ele se mostra duro e indiferente... Vovó quer comovê-lo, quer que toque no ventre, que sinta o filho... Vovô vira as costas e vai embora... Vovó chora muito... pensa que não quer mais filhos... acha que vovô não tem sentimentos...
T: Qual o número do vovô ligado a essa cena?
Pc: Sete.
T: Veja o vovô com sete anos.
Pc: Ele está vendo o pai dele (bisavô, 3ª geração atrás da paciente) traindo a mãe dele com outra mulher... Ele fica chocado, "em pânico", paralisado, não consegue se mover... Ele tenta falar, mas falta-lhe a voz... O pai dele se aproxima e ele pergunta: "Pai, você não ama mais a mamãe?" O pai responde: "Homem não ama, apenas diverte-se com mulher!"
T: Tudo indica que seu bisavô também já sofreu choque semelhante... Vamos encurtar a história. Quantas gerações atrás de você se deu o primeiro elo dessa questão?
Pc: 8 gerações (atrás da mãe).
T: Veja uma fila atrás da mãe até a 8ª geração. O que tem lá?
Pc: Um homem... a cena é de estupro... a menina é filha dele... tem 14 anos... A mãe da menina chega, bate nele com a vassoura... Ele responde que estava só se divertindo...
T: E depois?
Pc: A menina ficou grávida... É um filho... homem...
T: O que esse filho-homem registrou no momento em que foi concebido por estupro?
Pc: Mulher não é gente... É diversão... Eu sou homem... Não devo amar... Não posso amar uma mulher... "Não vou amar" (FC).

T: Veja onde se localizou a causa de seu avô não demonstrar afeto... seis gerações antes dele! E o que tem isso a ver com a parede invisível do lado esquerdo, na sua concepção? Ou não tem nada a ver?
Pc: É mamãe que barra papai na relação sexual... não quer deixar a concepção acontecer... Ela se sente objeto... Mas eu já estou esperando para surgir dela! (Paciente ameaça entrar novamente em pânico.)
T: Jogue-se para frente, para o futuro... Encontre o momento em que esse problema foi contornado... Afinal, o problema foi vencido, porque você foi concebida... Você está aqui bem vivinha, ao meu lado!

Comentário: Não é difícil entender a interligação entre os problemas apresentados pela paciente na consulta — o do "pânico" e o de "não chegar ao final de algo" com o que ela viveu na concepção, por influência dos antepassados... Em termos terapêuticos, atuou-se dentro do processo "circular" e depois realizou-se o "teste", que segue:

T: Veja agora, mais uma vez, o óvulo e o espermatozoide...
Pc: (Mais calma.) Estou vendo... Vejo o espermatozoide penetrando no óvulo... agora eu existo (paciente suspira aliviada).
T: Localize o que fez papai vencer a parede invisível.
Pc: Ele ama mamãe... ele foi paciente. Ele a abraçou com ternura e foi dizendo "eu te amo"... Essas palavras foram entrando na mamãe e ela cedeu ao papai...
T: (Reforço.) Veja mais seis cenas que comprovem à mamãe que o papai como "pessoa individual" não pensa como os antepassados dela e que ele pode amá-la, quer amá-la e a ama...

Em relação aos "registros inconscientes" dos antepassados existem, muitas vezes, "fatores em potencial" nos pais, avós e ancestrais que "eclodem" numa descendência como fatos que se acumularam. Esses acontecimentos podem ser apenas "atitudes", não precisando nem mesmo se constituir como "problemas" nos ancestrais... nesse sentido impressionou-nos o caso de uma mãe com uma filha "autista".

Na terapia dessa mãe apareceu sua decisão de "fechar-se para o mundo", não amando, não sentindo e posicionando-se de forma total-mente "egoísta", e isso em função de problemas que ela sofrera na infância com seus pais. A própria mãe, quando abordada no inconsciente, ou seja, a nossa paciente, foi capaz de "diagnosticar" que a filha se identificara a ela, e que concretizara esse "potencial", expressando o seu fechamento e isolamento pelo quadro que conhecemos em Psiquiatria como "autismo". Em relação aos antepassados considere-se, ainda, que o processo de MIAR diferencia-se da "escolha de modelos" entre aqueles. Mas a "escolha" pode tornar-se um MIAR quando, após livre opção, ainda que inconsciente, o dado é lançado no "computador" desse nível mental na forma de um registro que se torna automático e, a partir daí, passa a atravessar gerações. Além disso o MIAR vai modificando a forma de expressão concreta através das gerações.

    No caso que segue, temos uma "opção livre" que se transformou num MIAR que, por sua vez, se expressou na forma de "cleptomania" em nossa paciente, cinco gerações depois. Apresentaremos um trecho da terapia.

Pc: Estamos na hora do almoço... papai está brigando com a mamãe... diz que ela gasta demais...
T: E ela gasta? Pergunte ao sábio.
Pc: Ele diz que "sim".
T: E por que ela faz isso?
Pc: Ela não sabe que gasta...
T: Número da mãe ligado a essa questão.
Pc: Cinco.
T: Veja sua mãe com cinco anos.
Pc: Mamãe está triste... se sente só...
T: Tristeza é efeito... Veja o fato... o que aconteceu antes de ela tornar-se triste e só?
Pc: Vovó está magoada com o vovô... Ela mexe no bolso do vovô... está tirando todo o dinheiro.
T: Para quê?
Pc: Para que ele não gaste com outras mulheres...
T: E ele faz isso? Entre no inconsciente do seu avô e pergunte.
Pc: Não... O meu avô diz que não... Ele gosta da vovó.
T: Donde vem então a desconfiança de sua avó? Veja o número de gerações atrás da vovó onde tudo começou. Veja simbolicamente uma fila atrás dela e conte...
Pc: Três filas atrás da mamãe.
T: Então localize lá a terceira geração atrás dela. Quem está lá? Homem ou mulher?
Pc: É uma mulher... E ela está fazendo o mesmo que a vovó... Ela tira dinheiro debaixo do colchão, onde o marido dela o guarda...
T: E para quê?
Pc: Porque ele gasta o dinheiro com mulheres e bebidas... ela tira aos poucos o dinheiro, sem que ele note.
T: E o marido dela gasta realmente o dinheiro dessa forma?
Pc: Sim... Eu o vejo numa espécie de bar, rodeado por mulheres... e bebidas na mesa...

T: Vamos verificar a segunda geração atrás da mamãe... o que tem lá?
Pc: A mulher também está tirando dinheiro do bolso do marido... para que ele não gaste com mulheres...
T: E ele gastava? Pergunte ao sábio.
Pc: Não... o sábio diz que não...
T: Então o que ela fazia?
Pc: Sim! (surpresa). Ela apenas imitava a mãe dela... Ela pensava que o marido a traía...
T: E de lá para cá, veja se o problema da traição dos homens é real; seu avô traía a vovó? Seu pai traía a mamãe? Veja com o sábio.
Pc: Não... Eles não traíam... mas as mulheres "pensavam" que eles o faziam.
T: E você, qual a sua realidade diante dessa questão?
Pc: Eu também tiro dinheiro de meu marido... e coisas de outras pessoas...
T: Peça ao seu sábio a frase, o pensamento inconsciente que alimenta sua atitude.
Pc: Ele diz: *eu perco o marido e tiro as coisas... para repor a perda.*
T: Perco o marido? Como?
Pc: Quando ele trai...
T: E ele trai? Pergunte ao inconsciente dele.
Pc: Ele disse que nunca pensou em me trair!...

Comentário: Aqui se reforçou a questão com outros momentos que "provavam" a autenticidade do que a paciente "ouvira" do inconsciente do marido. Evidentemente "terapizaram-se" na paciente vários outros aspectos dentro do processo "circular". Mas no final da terapia, a quebra desse MIAR teve como resultado uma feliz reconciliação conjugal da paciente com seu marido, para alegria e benefício dos filhos, agora livres dessa cadeia de MIAR.

Esse caso exemplifica o que falamos: de que sempre existe alguém que "começa" livremente uma atitude problemática. A partir dela é que o "condicionamento" atravessa as gerações. Assim também é suficiente que alguém diga um "basta" com seu esforço pessoal para que consiga beneficiar as próximas gerações.

Os mais variados problemas podem originar-se nos antepassados. Vejamos também, a seguir, um caso de *"bissexualismo"* ligado aos ancestrais. Acompanhe o "questionamento" do paciente, que inicia a terapia no momento da concepção.

Pc: Meu óvulo está forte, luminoso... O espermatozoide está fraco, escuro e magro.

T: Qual o número do seu pai ligado a esse "fraco, escuro e magro"?
Pc: Vejo um número diferente. É 0,0,0 e um quatro virado.
T: Peça ao sábio que localize o que corresponde a esse número.
Pc: É atrás do pai... quatro gerações.
T: O que você vê lá, quatro gerações atrás de seu pai?
Pc: Um homem... está escondido... está com ódio... parece fugido... E é assassino...
T: Quem é que vê esse homem?
Pc: O filho dele.
T: O que ele conclui?
Pc: Homem é violento e covarde.
T: E para si, o que conclui?
Pc: Não quero ser homem.
T: E como faz ele para não ser homem?
Pc: Mata.
T: Mata o que ou quem?
Pc: *Não mata o pai dele... mas o outro lá... mata a si mesmo como se fosse o pai...*
T: Como fez para matar a si mesmo como se fosse o pai?
Pc: Deixa de ser homem.
T: Como assim?
Pc: Ele não quer ser homem... não pode ser mulher... "Ele não é nada" (FR).
T: E como chegou isso até você?
Pc: Também não quero ser homem... mas não sou mulher...
T: Então o que é você?!
Pc: *"Sou os dois pela metade"* (FR do paciente).

A frase-registro final leva o paciente a comportar-se como "bissexual", mas com profunda angústia de falta de identificação pessoal e ligação à sensação de morte, devido ao outro registro de "matar a si mesmo".

No caso descrito, a "cadeia" ou a "ramificação" de problemas que se abriu sobre essa "frase-registro" de base foi enorme e abrangeu tanto aspectos físicos, quanto relacionamentos psicológicos e outros. É fácil imaginar alguns "ramos" dessa cadeia. Havia distúrbios sexuais, não só de comportamento, mas glandulares. O "ser pela metade" refletia-se também em "fazer tudo sem terminar" e em bloqueios no sucesso profissional. A frase "eu mato a mim mesmo" expressou-se em várias doenças graves e tentativas de suicídio, uso de drogas e outros procedimentos de autodestruição do paciente. A frase "homem é violento e covarde" conduziu-o a esse tipo de comportamento no dia a dia, a atitudes de autopunição e de falta de respeito a si próprio... Entretanto, todas as frases-conclusivas concentravam-se naquela que o paciente apresentou na síntese final, ou seja "sou os dois pela metade". Para o processo terapêutico bastou, portanto, conhecer essa frase-registro e trabalhá-la adequadamente para que grande parte da cadeia que se assentara sobre o problema fosse resolvida.

Concluindo: O capítulo sobre os antepassados talvez seja o mais surpreendente e aquele destinado a ser um dos mais polêmicos dessa obra. Entretanto, é importante enfatizar que *tudo o que se refere aos antepassados e que aqui foi relatado surgiu diretamente da pesquisa sobre o inconsciente, ou seja, foi aprendido a partir da revelação do inconsciente dos pacientes tratados.*

2.3.5 - O "período vital" da infância

A criança, quando nasce, já traz em si — e bem elaborada — toda a estrutura básica de seu psiquismo e a programação orgânica. E na infância, a criança continua mentalmente mais comandada pelo "inconsciente" que pelo "consciente".

Vários estudiosos se dedicaram à observação de crianças em suas reações e comportamentos, embora só o fizessem a partir do nascimento. Renée Spitz, apesar de psicanalista, *observou o comportamento* de crianças no *primeiro ano de vida,* quando lhes faltava o amor ou a presença da mãe. Ouçamos algumas das conclusões de suas pesquisas.

Spitz, em seus trabalhos de observação direta, refere-se, em primeiro lugar, ao que chamou de "rejeição primária manifesta". Trata-se de crianças que foram rejeitadas ostensivamente pelas mães, desde que nasceram. E, conforme dados colhidos por ele em instituições especializadas, essas *raramente sobrevivem.* Por outro lado, quando não morrem, apresentam quadros de idiotia, de depressão, de dificuldades motoras, de progressiva deterioração, de marasmo. Spitz observou também, dentro de outro quadro estatístico, o que acontece quando as mães ficam com os filhos e até os amamentam, mas são ansiosas ao dar-lhes o seio. As crianças destas mães sofrem violentas cólicas intestinais após suas "refeições". Outro tipo de mães observado por Spitz são as instáveis, que oscilam entre o amor e a agressividade para com os filhos. Nestes pode-se observar um comportamento típico: o balanço do corpo. Algumas crianças estudadas por Spitz foram abandonadas em instituições. Tais crianças caminhavam gradativamente para a insônia, não queriam alimentar-se, não sugavam e perdiam a sensibilidade corporal. Finalmente, Spitz observou as mães que têm apenas uma hostilidade inconsciente... e seus filhos aparecem com eczemas, atraso na aprendizagem, reduzido desenvolvimento social. De maneira geral, as crianças que não têm o amor da mãe no primeiro ano de vida apresentam o que Spitz chamou de "depressão anaclítica", "retraimento choroso" e "rigidez facial". Apresentam olhos arregalados e inexpressivos, insônia, atraso no desenvolvimento e finalmente falecem. Se por acaso sobreviverem terão seqüelas irreversíveis, diz-nos Spitz.

É assustador o quadro que Spitz nos apresenta sobre *a criança vítima do desamor*. E, a partir dele, podemos fazer um paralelo em relação à criança que sofre desamor na fase de gestação. *Ainda que Spitz se refira apenas à criança rejeitada pela mãe após o nascimento, pode-se concluir que tais crianças foram também rejeitadas na fase da gestação.*

A contribuição dos estudos de Spitz é muito valiosa. Mas é também restrita, como toda observação científica de crianças que se faz apenas pelo estudo de expressões externas. De forma similar a observação de crianças pelo ultrasom não consegue registrar os movimentos internos de percepção, emoção e as programações de autoagressão, nem o armazenamento de condicionamentos negativos que virão a projetar-se no futuro sobre a psique e o organismo. Tudo isso não pode ser observado externamente. Entretanto, na pesquisa do inconsciente, são exata-mente os movimentos "internos" da criança que se revelam. E a ADI também nos oferece recursos para lidar positivamente com tais "movimentos".

A experiência clínica com a ADI nos diz que no *primeiro ano de vida da criança* a natureza emocional e afetiva das circunstâncias familiares costuma colaborar com muitos momentos de encanto dos pais por ela: quando a criança começa a sorrir... quando faz os primeiros gestos de comunicação... quando balbucia as primeiras palavras... quando tenta sentar... quando começa a engatinhar... quando dá os primeiros passinhos... *Aliás, a criança, depois que nasce, raramente deixa de ser desejada... E se os pais se lembrassem disso na época da gestação, procurariam, com mais boa vontade, entender-se bem, visando reduzir ao mínimo os registros de "desamor" do inconsciente de seus filhos e, consequentemente, os formariam mais sadios e equilibrados.*

O primeiro ano de vida, portanto, é recheado de oportunidades para se compensar o sofrimento da fase de gestação de uma criança. Entretanto, sabe-se também, pela prática clínica com a ADI, que a criança, depois de lançar um registro negativo muito forte dentro de si, costuma fechar-se para emoções positivas e compensatórias ou, então, analisa tudo inconscientemente pelo prisma do sofrimento que teve, a partir da frase-registro que então lançou. Sabe-se disso porque na fase terapêutica, através do questionamento, consegue-se reativar os registros "positivos" que ficaram bloqueados no inconsciente e levar o paciente a revivenciá-los. Verifica-se, no entanto, que por inúmeras vezes, em função da mágoa pelo sofrimento passado, o paciente reluta em reformular aquilo que o machucou, mesmo diante das evidências apresentadas pelo seu inconsciente, na terapia. Por outro lado, *os pais que não se amaram como deveriam ou que não desejaram a criança, são acometidos por sentimentos de culpa inconscientes e desequilibram a sua intuição natural na educação dessa criança.* Qualquer mãe sabe que o "chorar" da criança é uma forma de se comunicar e que não precisa sempre do atendimento ansioso e imediato da mãe. Mas *uma mãe que, por algum motivo, não desejou a criança, ainda que por pouco tempo, vê nesse choro um sofrimento — como se ouvisse agora as reclamações de seu filho na fase do útero materno!* — e acode a criança à menor inquietação da mesma. Gera-se, dessa forma, a "superproteção", que é uma espécie de abafamento da personalidade da criança e os problemas psicológicos consequentes não tardam a se manifestar. Por outro lado, *a criança percebe intuitivamente a preocupação da mãe e começa a testar os limites que a mesma lhe impõe. Ela precisa de limites, as "normas" são necessárias para a organização mental e afetivo-emocional da criança. Mas o "colo" agrada mais que o berço. E se a mãe não sabe equilibrar essa questão, não será a criança quem se imporá normas.* Entretanto, a terapia sobre o inconsciente nos comprova que a criança sente intuitivamente a necessidade de disciplina dos pais para com ela e, por vezes, até a cobra. Ela sabe que necessita de restrições para que possa desenvolver a si mesma e os seus relacionamentos de uma forma menos egocêntrica. *A criança, melhor que o adulto, sabe o que é sadio, sábio e humano, porque julga a partir do inconsciente, que não erra. E se for educada para o egoísmo, acaba por autopunir-se por isso, além de castigar a todos que a cercam, como uma espécie de transferência da falha dos pais.*

Muitos pais ficam inseguros quando na educação dos filhos incluem alguma punição. Entretanto, no inconsciente, quando abordado diretamente, poucas vezes aparecem como "traumas" os "castigos" que a criança levou para ser disciplinada. Mas quando aparecem, estão assentados sobre um fator diferente... Os exemplos esclarecem melhor. Vejamos essa situação numa paciente aos dois anos de idade.

Pc: (2 anos). Mamãe está batendo em mim.
T: Por quê?
Pc: Eu quebrei o vaso predileto dela...

Aqui estudamos primeiro o motivo pelo qual a paciente quebrou o "vaso predileto" da mãe, o que já foi uma atitude de agressão da sua parte. Mas, continuemos:

T: Você acha que foi injusto ter apanhado?
Pc: Não... eu merecia... eu precisava apanhar... foi "pirraça" minha...
T: Então por que o "apanhar" marcou seu inconsciente? Foi a primeira vez que você levou uma palmada?
Pc: Não... já levei palmadas muitas vezes.
T: Então, por que registrou?
Pc: É a maneira que ela me bateu.
T: Qual a maneira?
Pc: Bateu na minha cabeça.
T: O que significa "bater na cabeça?"
Pc: Que ela não me quer... ela quer me matar!
T: Qual o número anterior ligado a isso?
Pc: 02 (segundo mês de gestação)... Mamãe bate na barriga porque não me quer... atinge minha cabeça...

Observe-se o que dissemos acima, que o castigo aplicado somente se registrou negativamente porque acontecera um fato anterior, sobre o qual se assentou. No livro *As chaves do inconsciente* (Agir, 1997, 11ª Edição) relatamos um trecho que ilustra o quanto a criança necessita de normas. Vale a pena repeti-lo aqui:

Uma menina, de três anos, faz algo que não deveria ter feito. A mãe está com visitas e não quer castigá-la. Chama-a, então, de lado e diz: "Olha, a próxima vez que você fizer o que fez, eu vou castigá-la"... Passados alguns dias a menina chega de mansinho perto da mãe e diz: "Mamãe, sabe aquilo que você falou que vai me castigar se eu fizer de novo?" A mãe acenou afirmativamente. E a criança continuou: "Pois é, mamãe, eu fiz!"... A mãe, sem disposição para castigá-la, perguntou à própria criança: "Qual o castigo que você acha que merece?" E a criança, meditando por alguns segundos, respondeu: "... Ficar por uma semana sem poder ver o desenho animado na televisão!" A mãe aceitou o que a criança se impôs. E a criança, ela própria, controlou o seu "castigo", todos os dias, desligando a TV na hora do desenho animado...

De fato, *a criança suporta muito melhor um castigo pelo qual possa "reparar" o seu erro, do que* ficar com *"sentimento de culpa"*. O sentimento de culpa, ainda que inconsciente, conduz à autopunição contínua, vida afora, e muitas são as pessoas que, por esse motivo, não se permitem qualquer sucesso ou mesmo a cura de seus males. Entretanto, *os pais devem ter o cuidado de não transformar o castigo em gestos catárticos de raiva, de transferência de outros problemas ou de rejeição à criança.*

Outra questão que preocupa muito os pais são os desentendimentos entre crianças, as brigas, as agressões. É preciso dar atenção às causas subjacentes dessas "brigas", pois geralmente não estão ligadas às discussões em si. Veja-se um exemplo:

Pc: Bati no meu irmão e o machuquei...
T: Por que você fez isso? Por que essa cena aparece?
Pc: Meu irmão está falando muito... os amigos olham para ele admirados... escutam...
T: E daí? O que tem de ruim nisto?
Pc: É que ele é inteligente... ele fala... eu sou boba... não falo.
T: Por que você é boba e não fala? número?
Pc: 05.
T: Vá ao 5º mês de gestação. Pc: (Resumo). Meus pais estão brigando, nervosos... moram com os pais de meu pai... Os avós interferem muito na vida dos dois... tratam mal a mamãe... mamãe sofre muito, mas "fica quieta e calada"... porque não tem casa própria... Eu sou como a mamãe... sou mulher... devo sofrer "quieta e calada!"

O autocondicionamento pela frase "eu sofro quieta" (sem agir) e "calada" (não falar) passou a comandá-la em dois sentidos. Ela deveria "sofrer" e, quando não sofria naturalmente, inconscientemente provocava sofrimento... E ela devia "calar", motivo por que não se comunicava. Hoje, casada e com filhos, projetava no marido a transferência do pai, que fazia a mãe "calar". Sentia-se vítima desse "marido", que ela, por transferência do pai, enxergava como "dominador". E a dificuldade da "fala" era a justificativa externa para não se comunicar. De fato, a paciente confessava não saber se relacionar, nem mesmo com os parentes mais próximos e com amigas... Observe-se, portanto, que no caso acima houve um problema bem mais sério por detrás do "bater no irmão"...

Mas o trecho do caso relatado acabou por ilustrar mais um detalhe — que já comentamos oportunamente — ligado à atitude de "autismo" no comportamento da criança. Esse "autismo", também aqui não era tanto dela, mas estava mais localizado na mãe... Hoje esta, como adulta, controlava seu problema de "fala" e a ausência de comunicação. Mas a filha de nossa paciente identificou-se com o isolamento *interior* da mãe, desde o útero materno, conforme deu para ver na terapia. E na filha o problema eclodiu com mais violência. Na mãe o problema estava oculto; na criança apareceu... Esta é também uma das explicações do motivo pelo qual a "terapia através de outrem" pode curar crianças autistas, psicóticas ou mentalmente doentes. É preciso lembrar também que o inconsciente da criança e do adolescente continua mais ativo que o consciente. Assim, o desentendimento de seus pais não apenas a afeta quando assiste a discussões ou quando o desajuste acontece na frente dela, mas mesmo quando, tacitamente, eles estão afastados entre si. Pois, da mesma maneira como acontece na criança de útero materno, também a criança já nascida e até o adolescente "ouvem" os pensamentos dos pais tão nitidamente como se fossem falados.

Veja mais um exemplo clínico da influência dos desentendimentos dos pais sobre a saúde física dos filhos.

A paciente, entre várias "queixas", diz que encontra dificuldades em andar, porque sente muita dor nos pés e nas pernas. "É como se os pés fossem fracos demais para o meu corpo", explica a paciente. Veja-se, no trecho extraído desse caso clínico, exatamente como aconteceu essa questão:

Pc: (2 anos). Estou andando na rua "sozinha"...
T: "Sozinha", com dois anos de idade? Onde estão os pais?
Pc: Aqui... um está pegando minha mão esquerda, outro a mão direita...
T: Então por que você se sente só?
Pc: Eles estão emburrados um com o outro... não se comunicam... não falam entre si... só comigo.
T: O que significa para você esse "sozinha"? Peça ao sábio um símbolo...
Pc: Uma estátua num jardim.
T: Peça para o seu sábio fazer alguma coisa com a estátua, que nos ajude a entender a questão.
Pc: Ele tira o pedestal... a estátua cai... ela quebra e se esfacela...
T: O que é a estátua?
Pc: Sou eu... eu estou no espaço... sem pés...
T: O que significa "sem pés"?
Pc: Sem "sustentação".
T: O que quer dizer isso para você? Pergunte ao sábio. Número?

Comentário: A paciente relata agora uma cena da fase de sua gestação, onde os pais estão separados mentalmente. Assim aparece aqui, novamente, um dos símbolos mais repetidos por pacientes quando percebem o desentendimento de seus pais: é a solidão existencial, o vazio, o nada ser, o não saber viver... E a paciente somatizou sobre as pernas e os pés esse sofrimento, em função de sua frase-conclusiva que dizia "não posso seguir em frente" (na vida).

Na fase terapêutica, o inconsciente da paciente revelou toda uma história anterior de "silêncios" dos pais. Aos 12 anos, a paciente viu o pai trabalhando ao lado de sua mãe, ansioso por conversar com ela, enquanto ela não lhe respondia. O pai lançou, então, em si as seguintes frases-conclusivas: "Não sei me comunicar... não posso me abrir com os outros... preciso calar-me"! Entenda-se, portanto, o seu silêncio diante da esposa, mãe da paciente. A mãe da paciente, por sua vez, aos nove anos de idade, estava dando comida aos animais, junto com o pai; este não dizia uma única palavra e ela não ousava falar-lhe... Esses dois "números", o "doze" do pai e o "nove" da mãe esclareceram para a paciente em terapia que o problema do silêncio entre os pais não era "desamor", mas condicionamento do passado. Pela Realidade em Potencial foi possível encontrar cenas "contrárias" "onde os pais se comunicavam" e reforçar isso no inconsciente da paciente, em substituição às cenas do "silêncio" deles. Após a terapia completa, realizada pelo processo "circular", a nova frase-conclusiva da paciente formulou-se da seguinte forma: "quero viver plenamente", frase que para a paciente significava o contrário do "não conseguir andar" ou "não seguir em frente" na vida. Não deve ser difícil entender as transformações que aconteceram na paciente com essa nova frase. Imagine-se simbolicamente um cavalo preso a uma carroça pesada, sendo puxado para trás com o peso e, depois, solto no campo, vendo à sua frente algo que o atrai, como uma fonte de água fria. Assim, a paciente, com a terapia, não apenas resolveu as "dores das pernas", pelo alívio do "peso", mas descobriu um novo sentido, querendo "caminhar para frente" e realizar uma missão. Tornou-se alegre, rejuvenesceu e seus olhos passaram a ter um brilho especial de vitalidade.

Um dos "mecanismos de defesa" da criança no período da infância, principalmente no primeiro ano de vida, é a doença física e a provocação de acidentes... A criança adoece sem medir muito as consequências e percebe, com astúcia, que em torno das doenças dela os pais se unem quando não estão bem em seu relacionamento. Além de programar as suas doenças físicas, a criança também se expõe com facilidade a perigos, riscos de vida e morte quando não se sente amada, ou melhor, quando não se sentiu amada na fase do útero materno. O dramático na questão é, portanto, que o "não sentir se amado" geralmente é apenas um "emparelhamento" com uma vivência intrauterina. E o que é impressionante é que essa criança, quando se expõe ao perigo, sabe exatamente o que está fazendo — conforme se constata pela Abordagem Direta do Inconsciente. O exemplo explica melhor.

Veja, no caso que segue, como um paciente, após ter "retroalimentado" o seu inconsciente em sessão de terapia, percebe o número "um" ou o primeiro ano de vida, como resposta ao questionamento do terapeuta.

T: Veja um menino de um ano.
Pc: Caiu no rio... quase afogou...
T: Por que caiu?

Pc: Chegou muito perto do barranco.
T: E por que chegou perto?
Pc: Ele viu seu reflexo na água... o reflexo o atraiu...
T: Atraiu "para quê"?

Aqui o paciente bloqueia a resposta, pois percebe que ela lhe mostrará uma situação muito embaraçosa... Por isso contornamos o momento, pedindo a "cadeia", ou seja, os números correspondentes nos quais "aquilo que o paciente não quis ver" se concretizou em sua vida.

T: Veja qual a cadeia de números que se assentou sobre esse fato que você não consegue visualizar.
Pc: 02/05/09/1/5/3/8/6/13/11/14/17/21/27/32...

Identificada a cadeia, tentamos "aliviar" a dor, antes de abordar os registros negativos da mesma, fazendo conforme segue:

T: Veja agora cinco cenas "opostas" ao que você não conseguiu visualizar...
Pc: Mas eu não sei o que eu não visualizei...
T: Não importa... seu inconsciente sabe... peça a ele (ao seu sábio) cinco cenas "opostas"... mas veja primeiro os números correspondentes (objetivação).

O paciente passa agora a visualizar cinco números "e as cenas correspondentes", onde a tônica principal era a "luta pela vida", o "tocar para frente", citando momentos tais como "tomar vitamina", "correr para ficar forte"... O "oposto", portanto, ameniza o outro "oposto", aquele que o paciente não tinha coragem de "ver" e, aos poucos, o prepara para enfrentar a situação. Terminado o processo, perguntamos:

T: Agora retorne ao rio e veja o que aquele menino pensava ao sentir-se atraído pela água.
Pc: (Surpreso)... Ele está querendo cair...
T: Para quê?!
Pc: Para morrer...
T: E por que ele quer morrer? O que aconteceu "antes" para levá-lo a pensar assim? Focalize a cena anterior ligada à questão...
Pc: Mamãe está cansada... desanimada...
T: E o que significa para você "desanimada"?
Pc: Ela não me quer...
T: Pergunte ao seu sábio: é verdade que o fato de ela estar desanimada significa que ela não quer você?

Pc: O sábio diz que não.
T: Então veja o número ligado ao fato de você pensar que quando ela está "desanimada" ela não lhe quer e que você precisa morrer...
Pc: 02.
T: Perceba o menino no segundo mês de gestação.
Pc: A mãe está tirando água do poço...
T: Por que isso marcou você?
Pc: Mamãe está desanimada... quer cair no poço... morrer!

Observe-se que o menino, no primeiro ano de vida, reviveu inconscientemente uma cena de útero materno em que a mãe quis morrer, identificando-se com a sua mãe, naquele momento.

Comentário: O trecho do caso que escolhemos confirma o que a experiência clínica nos ensina, ou seja, que de maneira geral, doenças e acidentes em crianças têm sempre causas direta e imediatamente ligadas a fatores emocionais de rejeição, dirigidas à criança ou sentidos por ela devido à desunião entre seus pais. E se os acontecimentos da infância tiveram um "respaldo" anterior, ou seja, um histórico semelhante na fase do útero materno, esse estímulo, quando acionado, conduz a uma somatização diante de acontecimentos atuais, mesmo que insignificantes, e a criança pode, então, reagir de forma violenta sobre o físico, abrindo-se a doenças ou colocando-se em risco de vida com acidentes.

Acompanhemos mais um trecho de caso clínico que serve de exemplo do que afirmamos acima, ou seja, que a causa primeira de acidentes de crianças tende a residir em registros de desentendimento conjugal de seus pais.

T: Veja seu momento mais difícil aos 3 anos de idade.
Pc: (Paciente se assusta).
T: O que houve?
Pc: Eu caí.
T: Por que você caiu?
Pc: Eu pisei numa pedra molhada pela chuva... escorreguei...
T: Esse é o "porquê"... agora veja o "para que"... qual o objetivo... "para que " você caiu?
Pc: Para quê? Tem "para quê"?
T: Confirme aí no seu inconsciente. Teve um "para quê"?
Pc: Engraçado... teve, sim... mas não entendi... Afinal, eu escorreguei!
T: Você está se mantendo muito no nível racional... Desça um pouco (técnica)... Olhe o que aconteceu antes de você cair...

Pc: Meus pais estão discutindo... Eu estou machucando meus ouvidos para não escutar. (Paciente "programou" aqui problemas de deficiência auditiva.) Mas eles gritaram muito alto... Aí eu pisei na pedra e escorreguei... Eu me machuquei... tiveram que chamar o médico...
T: Você ainda não me deu o objetivo de sua queda... Veja a cena, somente a cena que representa bem o objetivo que você teve ao cair... Veja o dia da semana e a hora.
Pc: Tenho um ano de idade, são 15 horas de uma quarta-feira. Vejo os dois no hospital... eles estão juntos aí, um ao lado do outro, de mãos dadas... juntos de mim...
T: Então o que você queria com a queda?
Pc: Meus pais... juntinhos... preocupados comigo.
T: E é bom estarem preocupados com você?
Pc: Quando se preocupam comigo, eles não brigam... eles estão unidos.
T: *Então, mais uma vez, qual o objetivo de sua queda?*
Pc: *Acabar com a discussão deles e fazer com que se unam.*
T: Você teve uma aprendizagem anterior disso, não foi? Quando você aprendeu pela primeira vez que isso dá certo, número?
Pc: 07.
T: Veja você no 7º mês de gestação... o que acontece?
Pc: Meus pais estão discutindo muito... Eu me mexo, bato na barriga... Eles não param... Aí eu puxo o cordão (umbilical)... Boto a cabeça nele e aperto... Ficou tudo escuro...
T: E depois?
Pc: Acabou o escuro... eu ouço meus pais... estão falando sobre mim... estão juntinhos e preocupados... acham que eu morri, porque não me mexo... Mas eles estão unidos, bem juntos... Isto é bom... (paciente se comove). Agora (no 7º mês) quero continuar vivendo!

O trecho do caso apresentado mostra que a paciente aprendeu a colocar-se em perigo de vida com a finalidade inconsciente de unir os pais... *Esse recurso de adoecer para aproximar os pais — e não simplesmente para chamar a atenção sobre si — acontece diariamente na terapia e em quase cada caso em tratamento.*
Veja um outro trecho de caso semelhante ao anterior. A paciente se vê engatinhando, quando lhe pedimos o momento mais difícil do primeiro ano de vida. Siga-se o questionamento.

Pc: Eu estou engatinhando rápido para fora.
T: Por quê? Onde você vai?
Pc: Tem um poço... eu quero cair lá dentro.
T: O que houve?

Pc: É a conversa da mãe com a tia... ela diz que está arrependida de ter casado com papai... Deveria ter casado com outro namorado... Ela disse que vai deixar papai...
T: E o que você concluiu?
Pc: Eu estou solta... não sei como existir... "quero morrer" (FC).

Muitos outros problemas, como por exemplo a enurese, tendem a estar ligados ao desentendimento dos pais da criança.
Certo paciente queixava-se de depressão, angústia e uma incontrolável distração e alienação, muitas vezes, exatamente quando devia ser mais atento. Quando criança sofria de enurese noturna e diurna. Segue a parte diagnóstico-terapêutica ligada à questão:

Pc: (6 anos). Urinei na sala de aula... a professora não me deixou sair... e eu não consegui "segurar"... (paciente chora).
T: Pode dizer o número anterior a isso?
Pc: Três.
T: Veja um menino de 3 anos.
Pc: Meus pais discutem no quarto... eu ouço e faço xixi na cama.
T: Quando foi que você aprendeu a reagir assim, pela primeira vez? Número?
Pc: 03... 3 meses de gestação... Eu me encolho com força para espremer a água do corpo.
T: E com que finalidade?
Pc: Jogar fora a vida... com a água... morrer...
T: Por que você quer morrer?
Pc: Não posso viver com os pais separados... Eu escapo no meio deles... e caio no vazio... quando eles brigam... " eu deixo de existir" (FC).
T: E aí na escola... como se relaciona o xixi que você fez com seus 3 meses de gestação?
Pc: Eu estou tirando o meu afeto pela professora com a urina... não quero mais gostar dela... eu saio de mim... eu deixo de estar na sala de aula... eu não me percebo mais existindo... eu fico como se estivesse longe, no espaço...

Comentário: Veja-se que o descontrole urinário de uma criança de escola, algo tão comum, na realidade pode refletir um problema bem mais profundo e mais grave.

Encerrando agora o capítulo sobre o "período vital" da infância, queremos relatar aqui a sequência de uma sessão de 45 minutos para que o leitor consiga perceber melhor o *contexto integrativo da terapia pelo Método TIP*. (Foi permitida a publicação desse caso pelo paciente.)

O paciente, sobre o qual falaremos agora, foi-nos encaminhado com um diagnóstico de esquizofrenia, e também por problemas de desvios afetivo-sexuais... Estamos na segunda sessão de tratamento. Na primeira, o paciente se mostrara "resistente", mas conseguiu superar essa resistência, no final. Na segunda sessão, pedimos um número espontâneo do paciente em relaxamento. E ele nos deu o número "cinco". A sessão manteve-se toda em torno dessa idade, focalizando-se, porém, problemas diversos. No final, temos o fechamento positivo dos cinco anos de idade... Segue o questionamento do terapeuta e as respostas do paciente.

T: Veja um menino de cinco anos.
Pc: Ele corre atrás de seu gatinho para afugentá-lo... está apavorado...
T: Olhe para a cena que rodeia o menino... o que aconteceu aí para que ele estivesse apavorado? Por que afugenta o gatinho?!
Pc: Meu pai... ele está olhando pela janela...
T: E daí? O que tem de importante nisto?
Pc: Eu olho para ele... Eu gosto dele...
T: Continuo não entendendo... o que tem isso a ver com você, correndo atrás de seu gatinho para afugentá-lo?
Pc: O meu pai está com um revólver na mão... ele quer matar o meu gatinho...
T: E o que você pensou e sentiu em relação à questão?
Pc: Meu pai é mau...
T: Você não disse que olha para ele e que gosta dele?!
Pc: Eu gosto dele... mas isso me faz mal.
T: Por quê?
Pc: Porque sou como o pai...
T: O que quer dizer "eu sou como o pai"?
Pc: Quer dizer... *"Eu sou mau"* (FR).

Com a expressão "eu sou mau" o paciente, portanto, condicionou uma "frase-registro" (FR), e identificou um importante diagnóstico do que fizera de si mesmo. A frase-registro foi condicionada e o inspirava a comportamentos julgados "maus". Uma longa cadeia de números se assentava sobre esse seu autoconceito, incitando-o a agir de determinada forma, quando desejaria ter agido de maneira oposta, sem o conseguir... E isso foi sendo reforçado durante a vida. O paciente surpreendia-se fazendo "maldades", especialmente com animais e, consequentemente, sofria de muito sentimento de culpa e de autopunição.

Na fase terapêutica, procuramos trabalhar a frase-registro mencionada. Havia duas formas de agir em termos de tratamento. Uma delas era a de simplesmente isolar, no inconsciente, a pessoa do paciente de sua identificação com o pai. Isto fizemos de imediato. Mostramos, sobre o inconsciente, a diferença da "pessoa" individual e única do pai para a figura "masculina" em geral. Sempre questionando, levamos o paciente a verificar que sua identificação buscava a "figura masculina" e não, necessariamente, a "pessoa" do pai. Em outras palavras, conseguimos levar o paciente a descobrir que *poderia ser "masculino" como o pai, sem ser "igual à pessoa" do pai*... E isso era importante também, porque o processo da terapia evidenciou que o paciente, em sua ambivalência em relação a um pai que é mau, identificava-se exageradamente à mãe, manifestando tendências homossexuais. Em função da continuidade da terapia, portanto, não bastava "separar" o paciente da figura do pai como "pessoa" independente, mas era importante, ainda, *recuperar* a imagem do pai. O paciente deveria descobrir o outro lado de seu pai, sentir o seu apoio psíquico, conseguir vê-lo como "modelo de identificação sexual" e, se possível, perceber ainda um bom relacionamento conjugal entre seus pais para que assentasse seu psiquismo sobre o Amor. Assim, retornamos à cena dos 5 anos apontada pelo paciente. Siga o questionamento:

T: Entre no inconsciente (I) do pai e veja o motivo pelo qual quer matar o gatinho...
Pc: Papai diz que o gato incomoda... suja o chão...
T: Esse é o motivo "consciente" falado pelo pai, mas não justificaria "matar" o gatinho que você quer bem... Veja no I do pai o motivo mais verdadeiro desse seu gesto. Eu vou contar de cinco a zero... Entre no inconsciente profundo do pai.
Pc: Ele quer provar que é homem, é macho, não liga para sentimentos...
T: Qual o número ligado à necessidade de seu pai "provar" que é homem e macho? Continue a verificar no inconsciente do pai o número que lá aparece.
Pc: 04.
T: O número se refere ao 4º mês de gestação. Veja seu pai no 4º mês, na barriga de sua avó. O que acontece?
Pc: Vovó está acariciando a barriga e sonhando com uma "menina".
T: O que seu pai conclui sobre si diante disso?
Pc: Ele pensa: Eu não vou ser o que a mãe quer que eu seja... Eu não vou ser o que devo ser... Eu não vou ser amado como homem...
T: Continue falando. Você vai chegar à frase-síntese (FR), à frase que resume uma motivação básica de seu pai.

Pc: O meu pai pensa: a mãe não quer outro homem como o avô... o avô não presta!... Mas eu sou homem... Então eu não sou nada, se não sou mulher... eu não sou amado como sou... como homem eu não presto pra nada...

T: Peça ao seu sábio para dizer qual o pensamento que resume numa só frase todas estas expressões inconscientes do pai.

Pc: Eu não quero viver... eu não tenho sentido... *"eu sou vazio"* (FR).

T: Está aí a frase-registro de seu pai. Veja agora a cadeia de números do papai que se assentou sobre essa "frase-registro" que diz "eu sou vazio".

Pc: Vejo os números: 09/08/06/07/03/2/1/3/5/6... (outros).

T: Qual desses números é o mais significativo, o que fez papai reviver com mais força o pensamento "eu sou vazio"?

Pc: 09.

T: Veja seu pai no 9º mês de gestação.

Pc: É hora do seu nascimento... Ele não quer nascer... está parado... encolhido em cima... não desce para nascer...

T: O que o segura?

Pc: O pensamento... não quer viver... não sabe amar... é vazio... *seu nascimento não faz sentido*... quer morrer...

T: Mas acabou nascendo... não morreu... por quê?

Pc: Vovó sente que o vovô a ama... Ela se comove... pega a mão dele... Eles olham um para o outro...

T: E papai? como fica diante do que vê?

Pc: Ele agora se sente amado nos dois... ele desce... está fazendo movimentos para nascer...

T: Ele perdeu o medo de não ser menina?

Pc: Sim...

T: Então peça ao sábio que prove se isso é verdade.

Pc: Vovó diz para o vovô que tem medo de o filho nascer com problemas... Vovô diz: "Seja o que for, é nosso filho!"... Papai sente que vai ser aceito!...

T: A que horas seu pai nasceu?

Pc: Só sei o dia, foi em 2 de julho.

T: Você falou pelo "consciente". Não racionalize. Volte ao "inconsciente". Seu inconsciente sabe a hora, veja lá: há um relógio no momento do nascimento de seu pai.

Pc: É noite... são 22 horas e 32 minutos... agora está saindo a cabeça... o corpo... nasceu... são 22 horas e 35 minutos... quase 35 minutos...

T: Como papai é recebido?

Pc: Com alegria... a parteira o entrega para o avô... ele pensa: "Como pode... como pode se formar uma criança assim... ele é igual a mim... é homem!... sou eu no meu filho..." Ele mexe nos dedinhos de meu pai... Está comovido!...

T: Que frases seu pai vai lançar agora no computador do inconsciente?
Pc: Agora ele pensa: *Eu sou homem*... Eu sou amado... Eu sou importante... *Eu devo viver*...
T: "Eu devo viver" e para quê? Faça com que ele descubra aí, no inconsciente dele, qual o seu primeiro "sentido de vida" aí junto ao nascimento.
Pc: Veio algo à minha cabeça mas eu nunca pensei nisto... é estranho, mas o sábio diz que *ele deve viver para dar novo amor conjugal aos seus pais*... tem coisas que só ele pode fazer...
T: Diga quais os números citados por você como "cadeia negativa" que ainda ficaram para serem trabalhados. Vou repeti-los, preste atenção: 09/08/06/07/03/2/1/3/5/6... qual deles você vê agora?
Pc: 03 e 6... não vejo mais os outros.

Comentário: atente-se para o fato de que, ao quebrar a "cadeia" do pai, o paciente desfazia também registros negativos seus.
Trabalhamos, portanto, as cenas que ainda restavam da cadeia, ou seja, o 3º mês de gestação e os seis anos e seguimos, então, com a terapia pelo processo "circular" e depois reforçamos os registros positivos. Acompanhe:

T: Qual a "frase-registro-positiva" do papai que melhor substitui agora aquelas negativas citadas por você no início?
Pc: *Eu nasci para amar*!
T: Quais os números nos quais isso de fato aconteceu?! (Reforço e testagem.)
Pc: 0/02/3/4/7/9/10/14/16/17...
T: Destes números, quais os que melhor representam o "contrário" de todo o negativo visto?
Pc: 0/4/17.
T: Então veja seu pai no nascimento (0).
Pc: Ele ajudou a "nascer" (RP)... ajudou a vovó a sofrer menos... ele pensa: "*eu sou bom!*" (contrário de "eu sou mau").
T: Veja, então, seu pai com 5 anos.
Pc: Ele vê uma senhora velha com um grande pacote... ele leva o pacote para a casa dela... Ele sente alegria... Pensa que é bom!
T: Veja aí no seu pai esse conflito de pensamento entre "eu sou bom" e "eu sou mau"... Qual o verdadeiro pai? Pc: *O verdadeiro pai "é bom"*.

Comentário: continuamos a insistir na questão visando caminhar para o reforço do lado positivo do pai, *com o objetivo de modificar a imagem de identificação do paciente.* No final, o "teste" foi lançado um pouco como desafio. Veja-se:

T: Na entrevista inicial você afirmou que seu pai "não prestava", "bebia", batia nos filhos e que abandonou vocês e a mãe. Se ele é realmente um pai bom, como explicar isso?! Veja aí no inconsciente a resposta.
Pc: Tem o pai que é bom... esse é o verdadeiro... o pai mau é máscara... *ele se fez o que pensou dele...*
T: Você quer dizer que o "pai mau" é o pai "condicionado" e não o "legítimo"? Então há muitos momentos na vida do seu pai onde esse "legítimo" apareceu. Pois uma pessoa "condicionada" nunca o é "totalmente" ou em todos os momentos... Veja esses números...
Pc: 0/00/2/4/6/7/5/4...
T: Qual o número mais representativo do "eu legítimo" de seu pai?!
Pc: 00.
T: Veja então o seu pai na concepção (00).
Pc: Papai vê uma Luz... mas o espermatozoide do pai dele é escuro... Ele precisa escolher... Ele precisa fazer uma opção... Ele escolhe a Luz... Ele não quer ficar igual ao pai dele...
T: Como foi, então, que ele pensou tão fortemente mal de si mesmo e a ponto de — como você disse — se fazer "mau"?
Pc: Ele escolheu a Luz... mas o pai dele era diferente da Luz... era o exemplo... Ele não sabia lidar com isso... Ele era homem como o pai, mas a Luz era só dele e o inspirava diferente... não sei explicar... é confuso...
T: Vou tentar ajudá-lo. Você quer dizer que ele teve de escolher entre a inspiração da Luz e a influência do pai?
Pc: Sim, é isso... a inspiração da Luz é boa. Ela diz lá na concepção para ele: "Eu amo você!... Você é meu filho!"
T: Qual a importância disso? Por que você falou isso agora?
Pc: A Luz oferece outra realidade de pai para ele... Ele não precisa seguir o modelo do pai dele (bisavô do paciente)... *ele percebe que não precisa ser igual ao pai dele...*
T: Mas, na realidade, o seu pai foi igual ao avô, ou não foi?
Pc: Não... Aquele pai mau não é ele... é só imitação de coisas do avô...
T: Está bem clara essa questão para você?
Pc: Sim... Eu vejo meu pai diferente agora... É outro pai... *Eu nunca tinha visto meu pai como o vejo nesse instante...*
T: Isso aconteceu porque você lançou em seu inconsciente a imagem negativa do pai. Abrace agora esse outro pai, que você mesmo julgou como o "verdadeiro".

Pc: (O paciente cruza seus braços sobre o peito, abraçando o pai e dizendo em voz alta: "Papai, eu te amo muito... perdoe-me ter pensado tanto mal de você!").

Comentário: resolvido esse problema ligado à identificação do paciente com o pai, retornamos na terapia ao problema direto do paciente, falando:

T: Quando seu pai estava na concepção, você disse que seu pai percebeu que não precisava ser igual ao pai dele... e você, por que achou que deveria ser igual ao seu pai?
Pc: (Paciente ri!). É só imitação...
T: *O que é "imitação"?*
Pc: *O pai imitando o pai dele e eu imitando o meu pai...*
T: *Você imitando o seu pai ou parte do seu pai?*
Pc: *A parte "ruim" do meu pai... Eu não preciso disso... tem o lado bom... Agora eu sei como é meu pai, mesmo que ele faça as grosserias dele... Eu o amo... quanto sofrimento bobo...*
T: Por que bobo?
Pc: Porque... *se ele sentisse que eu o quero bem, ele seria diferente...*

Comentário: aqui se introduziu uma função autotranscendente para o paciente, o que era importantíssimo para que o mesmo deixasse de fixar-se sobre si, fugindo para comportamentos classificados como "esquisoides". Observe:

T: Seria? Experimente... Veja aí no inconsciente o que você pode fazer hoje...
Pc: Se eu me comunicar com ele agora, assim como o sinto, eu vou despertar nele aquele pai diferente... eu o vejo mudado... *eu posso mudar meu pai!...* Eu vejo, eu sinto... eu posso trazê-lo de volta para nossa casa... para mim e para minha mãe... Eu vejo que ainda nos ama... e tem saudades!
T: E mamãe vai recebê-lo?
Pc: Ela gosta dele... Ela... agora eu vejo... dentro dela, ela sempre acreditou no lado bom dele... Ela vai aceitar...
T: E você, como está se sentindo com essas descobertas?
Pc: Muito feliz... Sinto vida nova... sou outro... *sou homem... sou bom... tenho missão agora...* refazer nosso lar... eu vou conseguir... já vejo meu pai em casa...
T: Retorne agora aos seus quatro anos... não pense no que você viu no início... fale apenas o que você vê agora!

Pc: Papai, mamãe e eu estamos caminhando num bosque, num domingo à tarde... sinto amor entre meus pais... eles estão alegres, estão orgulhosos de mim... É muito bom...
T: Você lembrava dessa cena?
Pc: Não.
T: Ela é real ou imaginária? Pergunte ao sábio.
Pc: Ele diz que isso aconteceu.
T: A que horas? Quando?
Pc: Foi no mês de maio... saímos de casa às 16h30min... O momento que registrei foi às 17h20min.
T: O que aconteceu nesse exato momento para você concluir que papai e mamãe se amavam?
Pc: Papai pôs o braço no ombro da minha mãe e olhou para mim pensando: *se eu não tivesse essa mulher, também não teria um filho assim!*... Mamãe olha para ele e sorri... Ela sente um pensamento de amor por nós nos olhos do pai e também nos ama... Isto me faz muito bem... Isto dá vontade de viver...
T: Veja agora diante de você dois espelhos. À esquerda você vai se ver como entrou aqui, à direita, como está saindo.
Pc: *À esquerda estou franzino, meio afeminado... não aparece a região genital... está escuro aí... não estou com os pés no chão... meu rosto é deformado... pareço um monstro...*
T: *E à direita?*
Pc: Sou um homem forte... Estou sorrindo... Vejo meus órgãos genitais... Eles não são mais "pequenos"... Tenho barba... o rosto é bonito... Estou com um par de sapatos de meu pai... os pés estão no chão...
T: Qual dos dois espelhos mostra você de verdade?
Pc: O da direita... *"sou eu mesmo"*...
T: Então jogue fora o da esquerda. Quebre-o... Esse era seu "eu" condicionado, um boneco, algo que você criou por imitação... não é você...
Pc: O da esquerda sumiu... não vejo mais...
T: Muito bem... Então retorne ao seu estado normal.

Comentário: Através do relato acima pode o leitor ter uma ideia da quantidade de mudanças que podem ser realizadas numa *única sessão de terapia* pelo método TIP. O caso mostra também como os diversos "períodos vitais" espontaneamente se entrelaçam.

Concluindo: Observe-se que, se considerarmos os períodos vitais dos "antepassados" da "concepção", da fase da "gestação" e do "nascimento", *o período da "primeira infância" — onde normalmente se inicia o tratamento nas terapias convencionais — já é a "quinta" etapa da formação psicofísica de uma criança. É, portanto, a "última fase" de maior importância no desenvolvimento de uma pessoa quanto à estruturação da personalidade e da programação orgânica.* E nessa fase da infância as frases-registro de base são tanto mais graves, quanto menos distantes da gestação.

2.3.6 - O período vital da adolescência e da fase adulta

O "período vital" que se perpassa por último pelo Método TIP é o da adolescência até a fase adulta e atual do paciente, porque essa é a de menor importância em termos de registros do inconsciente, uma vez que as "marcas" aí deixadas geralmente são "elos de cadeia" e não "registros de base". Entretanto, o enfoque, quando feito a partir do inconsciente, evidencia um ângulo novo da questão.

As colocações sobre os "períodos vitais" anteriores já provaram que a gravidade de efeitos dos registros de base são tanto maiores quanto mais se aproximam da fase de gestação e da concepção. Assim, consequentemente, os problemas da adolescência dificilmente têm "registros de base" próprios de sua fase, mas o que aí se apresenta são as "cadeias" e as "ramificações" sobre os registros anteriores.

Diante da experiência com a Abordagem Direta do Inconsciente, a adolescência não é, portanto, considerada somente como uma espécie de fase "intermediária" ou de "transição", conforme se crê tradicionalmente, nem é ela necessariamente problemática. Ela é uma fase marcante da "maturação", porque somente na adolescência a criança liberta-se da ligação inconsciente e simbiótica com os pais para firmar agora sua personalidade distinta e própria. *Em termos de terapia, na adolescência já é possível realizar a abordagem do inconsciente e fazer dentro do adolescente o "distanciamento" entre "a criança interna" e a "pessoa adulta".* Na adolescência o filho sente-se mais forte, corajoso e menos vulnerável. Já sabe expressar o que antes guardava em silêncio e a sua *tendência é assumir atitudes defensivas.* Ao agredir os pais, o que é tão comum nessa fase, o filho, na realidade, tende a agredir situações que viveu anteriormente na infância e no útero materno. Por isso é que os pais têm tanta dificuldade em entender o adolescente e o próprio filho não entende porque tem os seus impulsos agressivos.

Quando numa família os filhos adolescentes forem julgados "problemas", é de grande ajuda para todos se os pais ou, ao menos, se a mãe se submeter à terapia pelo Método TIP. Pois é a mãe que mais está ligada ao inconsciente dos filhos. E a mãe, então, além de libertar-se dos seus próprios condicionamentos negativos, que transfere aos filhos, poderá fazer a terapia "indireta" de seu filho. E, além de tratá-lo, poderá passar a *entender* o conteúdo subliminar do que seu adolescente está dizendo ou expressando quando se rebela. *Os pais não devem simplesmente considerar que essa rebeldia é uma característica da adolescência "contra os pais", mas devem entender que revela um problema também "sofrido pelo filho"!*

Característica normal da adolescência é a ambivalência nas decisões, nas escolhas, nos afetos e em comportamentos. Isso é normal porque em nível racional e consciente o adolescente realmente se encontra na passagem da criança para a fase adulta. *É normal também que necessite agora "expressar suas opiniões" e não apenas "obedecer". É próprio dele que queira entender os motivos das "proibições" dos pais e que por isso necessite de um diálogo paciente por parte deles. Ele precisa contrapor-se aos argumentos dos pais e dar sua própria opinião para firmar-se, mas continua sendo importante para ele ouvir os pais!* O adolescente, no mundo "consciente", está em fase de *emancipação* como pessoa, de *crescimento* para a fase adulta, de *despedida* da infância. *A adolescência, portanto, tem suas características e exigências próprias, mas nunca deve ser confundida com idade-problema!*

Entretanto, se os adolescentes não são necessariamente "problemas", também não existem filhos perfeitos, como não existem pais ou casais perfeitos. O adágio "errar é humano" chama a atenção para essa realidade. Assim, dificilmente um adolescente expressará apenas "características" normais, mas essas serão acrescidas dos problemas que ele vivenviou na infância e na fase intrauterina, pois nenhum adolescente deixou de vivê-los. O que se pode fazer "hoje", em relação às exacerbações tão comuns da adolescência, *é levar os pais a treinarem-se na "escuta" do inconsciente dos filhos, a entenderem o que está por detrás,* às vezes vindo da infância, ou da fase do útero materno. Assim, os pais poderão corresponder de forma mais adequada ao que acontece.

Melhor do que remediar, porém, sempre foi prevenir. Comece-se "hoje" a dar mais importância ao "relacionamento conjugal", e tenha-se abertura para a gravidez que surge, ainda que de surpresa. Lembrem-se os pais que a criança, depois que nasce, sempre lhes arrebata os corações... por que não querê-los bem desde a fase do útero materno?! Querer bem à criança e querer bem um ao outro na vida conjugal não são só os segredos fundamentais para filhos sadios e felizes, mas para uma adolescência talvez agitada, mas encantadora!

A seguir, faremos o relato de uma adolescente com problema de *"ambivalência", mas focalizado pelo ângulo do inconsciente dela.*

Vê-se, pelo caso, que os registros anteriores exacerbaram essa característica que até certo ponto, nessa fase, é perfeitamente normal. Segue o questionamento:

T: Veja-se com 15 anos.
Pc: Estou arrumada para a minha festa... mas estou no meu quarto... as visitas chegam... minha mãe me chama... não quero ir...
T: Por quê? Você não queria a festa?
Pc: Eu queria a festa... mas minha cabeça está confusa... eu não mereço essa festa... Não consigo ir!... Minha mãe me força, me puxa... Eu não consigo (paciente chora).
T: Por quê? Qual o número?
Pc: Zero.
T: Um ou dois zeros?
Pc: Apenas um.
T: Veja-se no nascimento...
Pc: Está difícil... mamãe está sofrendo... eu que a faço sofrer... não quero nascer... ela faz força para eu sair... eu faço força para ficar... me seguro em cima. Mamãe não agüenta mais... eu continuo a me segurar... ela sofre muito... eu não cedo... não quero sair... *Eu sou culpada do sofrimento dela.*
T: Qual a relação do nascimento com "eu não mereço essa festa"? Pergunte ao seu sábio.
Pc: Preciso ser castigada... fiz minha mãe sofrer quando nasci.
T: Por que aparece isso "agora"? (15 anos)
Pc: É uma festa grande como a do meu "nascimento"...
T: E por que você não quis nascer? Qual o número em que você pensou em não nascer?
Pc: 06.
T: Então vamos ao sexto mês de sua gestação. O que acontece aí? Veja o dia da semana e a hora.
Pc: É meio-dia... papai e mamãe estão almoçando... Papai diz que quer que eu seja menino. Eu não vou poder nascer, porque então ele vai ver que sou menina...
T: O que vai acontecer se papai descobrir que você é menina?
Pc: Ele não vai me amar.
T: E isso aconteceu? Veja você depois do nascimento, quando papai viu você pela primeira vez...
Pc: Ele me abraça carinhosamente... (Paciente se comove).
T: Então, o "não amar" estava apenas na sua cabeça, não era do papai, não é?... Veja seis cenas dos primeiros cinco anos de vida que comprovem que seu pai a ama "como menina".

Pc: (Relatando e vivenciando seis cenas...).
T: Retornemos ao seu nascimento... o que acontece agora?
Pc: Eu estou nascendo rapidamente (Realidade Potencial).
T: E você está fazendo sua mãe sofrer?
Pc: Não... eu me soltei.
T: Então sua intenção era de fazer a mãe sofrer?
Pc: Não... eu estava com medo do meu pai...
T: E quem não teve intenção de fazer o outro sofrer, tem culpa?
Pc: Não...
T: Então volte aos seus quinze anos...
Pc: Me vejo na festa, feliz.
T: Seu pai, como olha para você?
Pc: Está muito orgulhoso...
T: Quem sabe ele preferiria ver em seu lugar um "rapaz" de 15 anos!... Olhe em seu inconsciente.
Pc: Nunca!... Ele está encantado na "filha"!...
T: E mamãe... Está lembrando que sofreu com você? Veja se ela teve algum pensamento nesse sentido... Pergunte-lhe.
Pc: Não, pelo contrário... Ela pensa que lhe dei muita alegria... Ela me fala... O pensamento dela me diz que ela, na festa, se remoça comigo!
T: Muito bem... Vamos ver como fica agora a cena dos 15 anos...
Pc: Estou feliz... Me acho bonita... Mais feminina, porque o pai me olhou com orgulho... como mulher!
T: Você acha que merece essa festa?
Pc: Sim! E por que não posso tê-la?

    O caso, como dissemos, mostra o passado da criança se manifestando na adolescência. Observe-se que a festa maior dos quinze anos tinha acionado na memória inconsciente da jovem o seu nascimento e, em consequência, o sentimento de culpa e a busca de autopunição.
    Em relação aos "períodos vitais", por não ser, no Método TIP, a adolescência uma fase tão importante, não precisa ser perpassada em todas as idades — exatamente porque nela se encontram poucos registros de base. Mas pode-se pedir ao paciente que fale de modo genérico os "números", após os dez ou doze anos, que precisam ser "terapizados". Foi dessa forma que essa paciente apontou os quinze anos. Mesmo assim, como vimos, os quinze anos da paciente poderiam ser trabalhados quando se perpassasse o "período vital da gestação" no sexto mês. Os problemas dos quinze anos não eram um registro de base negativo da paciente, mas um "elo da cadeia" que se assentou sobre os seis meses de gestação e sobre o nascimento.

Uma das preocupações maiores dos pais com os filhos adolescentes é a questão do namoro... Vejamos em torno dessa questão um caso de uma paciente que também acionou um registro do passado, gerando problemas de muita discussão e briga com os pais. A paciente, aliás, confessa que entende os pais e que lhes dá razão. Isto porque ela, dos 12 aos 18 anos, apenas teve namorados que eram alcoólatras, psicopatas, drogados, irresponsáveis. Segue o questionamento:

T: Você já alimentou o seu inconsciente com o relato que me fez... Qual o número mais próximo ligado ao que falou?
Pc: 14.
T: Visualize a cena dos seus 14 anos.
Pc: Estou brigando violentamente com meu pai... com muito ódio... ele me bate...eu grito, o ofendo... é horrível!
T: Por que essa briga?
Pc: Meu pai quer que eu não me encontre mais com o namorado... ele bebe... mas eu tenho direito de escolher...
T: Vamos ao nível inconsciente... Vamos ver o que prende, em nível inconsciente, você a esse namorado "que bebe". Faça essa pergunta ao seu sábio... mas como resposta peça antes um número.
Pc: Número 3.
T: Veja-se com três anos na cena correspondente.
Pc: Estou ajudando a mamãe nos trabalhos de casa.
T: Qual a importância disso?
Pc: Quero que papai me veja... que me dê atenção.
T: Por que você precisa de atenção nesse momento? Número anterior?
Pc: 02.
T: Qual a cena?
Pc: Mamãe percebe que está grávida... fala com o papai... Ele diz que não tem condições de cuidar de mais um filho... Ela deveria abortá-lo... Mamãe diz que ela vai cuidar de mim... não precisa ele ajudar... Ela fala com raiva!
T: E uma menina que ouve isso, o que pensa de si? "Eu...?"
Pc: Eu não tenho pai que cuide de mim... Eu não tenho pai.
T: Continue... a menina que não tem pai, o que é? O que decide sobre si?
Pc: "Eu sou só". (FR)
T: O que quer dizer isso? Veja uma cena onde você vive isso... número?
Pc: 12 anos.
T: Cena?
Pc: Estou namorando... ele é meio bobo, tem um problema neurológico... ele manca da perna... mas eu gosto dele...

T: Gosta dele? Examine isso com seu sábio.
Pc: Não... Meu sábio diz que eu não o quero... *eu preciso dele!*...
T: Precisa para quê?
Pc: *Para ficar só...*
T: Como? Você precisa dele para ficar só? Pergunte ao sábio.
Pc: Meu sábio diz: se eu namoro esse rapaz, não vai dar certo meu namoro... eu não vou casar... eu continuo só... é isso que quero... (Surpresa) É isso que eu quero?! Meu inconsciente diz isso mas eu não sabia!
T: E para que você precisa ficar só? Pergunte ao seu sábio.
Pc: Ele diz: *se eu ficar só, então meu pai precisa* continuar cuidando de mim!

  Veja-se, no quadro, que normalmente seria apenas classificado como de "rebeldia própria da adolescência", a séria fundamentação sobre a qual o problema da menina se assenta e *como o "inconsciente" é engenhoso para dar conta de seus interesses.* A atitude da paciente em namorar "homens impossíveis de se casarem" nada mais era do que cobrar do pai uma mudança da atitude em relação àquela que ele assumira lá nos 2 meses de gestação de sua filha! Mas isso manteve-se oculto, e só aflorou na adolescência devido às características próprias dessa fase.
  Também no caso acima, assim como no anterior, poder-se-ia atingir o problema da paciente trabalhando a questão na sua fase de gestação. Isto confirma, mais uma vez, que a adolescência é um "período vital" onde se apresentam muito mais as "ramificações" do que os próprios problemas de base. *Da mesma forma que, na adolescência, os problemas da fase adulta são apenas a expressão da estruturação anterior da personalidade. Mesmo os problemas de saúde física, na fase adulta, são com raras exceções os desequilíbrios psicoemocionais programados desde a fase da gestação que, lançando-se de dentro para fora, atingiram a última instância, que é o organismo.*
  Entretanto, mesmo que os "registros de base" essenciais ou os núcleos desses registros sejam lançados no inconsciente, na infância e na fase da gestação de uma pessoa, *acontecimentos posteriores influem no sentido de fazer ou não eclodirem ou somatizarem-se esses registros. Com isso queremos dizer que uma pessoa pode ter vários "registros negativos de base" ou "programações" inconscientes de doenças e desequilíbrios que nunca aparecerão, de fato, na sua vida. Por outro lado, registros insignificantes podem ser reforçados durante a vida, acabando por se concretizarem no psiquismo e no organismo*

de forma mais violenta. Assim, por vezes, um paciente adulto surge repentinamente com uma enfermidade cujo registro de base parecia manter-se "incubado", até aquele momento, quando foi acionado pelo paciente. O mesmo acontece em termos de desequilíbrios mentais ou psicológicos. *No adulto esse despertar repentino de registros negativos de base "adormecidos" no inconsciente frequentemente tem ligação com as instâncias do nível humanístico,* o qual também é perpassado como "período vital" específico em casos clínicos tratados pela ADI. Essas eclosões tardias podem ser acionadas por "atitudes" que a pessoa não aprova em si, ainda que inconscientemente, quando são contrárias a valores intrínsecos e, por isso, geram, automaticamente, reações de autopunição.

É esse o caso de uma paciente que foi atendida por um médico, que atendia os pacientes durante o processo de ADI (Dr. Carlos Misael Furtado). A paciente tornara-se de repente diabética. O seu histórico apresentava uma "farsa" que vinha encenando para a família há vários anos, em relação a estudos e cursos profissionais. Ela dizia estar frequentando um curso noutra cidade, contando mesmo que tinha se formado, o que não era verdade. O sentimento de culpa da paciente, devido sua mentira, era alimentado pela seguinte frase: "Minha vida precisa ser amarga... Não mereço que seja suave, doce..." Essa formulação psíquica encontrava o correspondente na autoproibição de alimentar-se com "doces"... Ora, para ser "obrigada" a não comer "doces", necessitava ela da "diabete"!... Houve outro detalhe nesta "somatização" que confirmava a personalidade "camufladora" da paciente, até mesmo em relação ao seu processo de autopunição: ela não lesou o órgão do pâncreas, apenas bloqueou os canais transmissores de "insulina". Com isso, a paciente deixava em aberto a possibilidade de fazer a "reversão" da doença. Ela mantinha o controle sobre a mesma... Todos esses comportamentos e o aparecimento da doença, já na fase adulta, tinham um histórico similar, que vinha da sua fase de gestação e apresentavam também um MIAR dos antepassados.

Encerrando: Estes capítulos, que consideram a abrangência humana pelos períodos vitais, conforme até aqui descritos e ilustrados com casos clínicos, não esgotam o tema. Durante a terapia existe o momento em que se focaliza, especificamente, a *"dimensão humanística" ou "noológica"* como parte integrante de todo o processo. Entretanto, por uma questão de ordem, deixamos para expor esse assunto quando abordarmos as "instâncias humanísticas" reveladas pelo inconsciente.

Em anexo ao capítulo segue um artigo nosso sobre "aborto na adolescência", conforme publicado nos *Anais do V Congresso Brasileiro de Adolescência de Belo Horizonte — (Maio-1993).*

O Aborto na Adolescência

1. A situação-problema

Um dos grandes problemas humano-sociais, que tem preocupado educadores, médicos, psicólogos e pais de família, é o crescente número de jovens, frequentemente ainda no início da adolescência, que inesperadamente engravidam e que, não tendo condições ou não estando dispostas a enfrentar a responsabilidade da criação de um filho, buscam a solução mais imediata, a da eliminação dessa criança pela prática do aborto. Entretanto, como sabemos, o aborto é proibido por nossas leis. Assim, a adolescente recorre à clandestinidade para conseguir seu objetivo, o que a expõe a grandes riscos de saúde e até de vida.

Essa é a situação de fato que tem preocupado profissionais de alguma forma ligados à área. E a proposta de solução tem sido frequentemente muito simplista e imediatista, baseada apenas na defesa da ideia de que é preciso legalizar o aborto para que a adolescente possa realizar essa intervenção sem correr riscos de saúde.

Ora, essa pretensa solução orienta-se apenas para os últimos "efeitos" de uma sequência de problemas sérios e, ainda de tal forma, que proporciona o aumento da "situação-problema" em si. Pois, é evidente que, se facilitarmos as condições do aborto, estaremos diminuindo as restrições às gravidezes irresponsáveis e, mesmo aprovando-as, tacitamente, da mesma forma como expressamos assim a concordância com a libertinagem e a devassidão sexual entre adolescentes. Finalmente, estaríamos ampliando o número de jovens que viriam a necessitar da intervenção do aborto...

É impressionante como somos, com tanta frequência, envolvidos sutilmente por sofismas, a ponto de não nos darmos conta de nossos contrassensos, distorções de raciocínio e inversão de valores.

Essa distorção se expressa, por exemplo, num dos chavões muito repetidos em defesa do aborto, que diz ter a mulher "direito sobre o seu corpo". Realmente o tem, mas é na hora em que decide se vai ou não realizar o ato sexual. *De momento que ela esteja grávida, a criança já não é o corpo da mãe, mas um novo ser, e com direitos mais fortes que os de sua mãe. Pois se a mãe pede "direito sobre o livre uso do corpo" essa criança clama, nesse instante, pelo "direito de ser e viver!"*

Por outro lado, quando se sugere proteger as adolescentes do risco de um aborto clandestino pela sua legalização *estamos, em outras palavras, querendo criar a oportunidade para que uma mãe possa "matar o seu próprio filho e em melhores condições legais e sanitárias".* Estamos criando condições mais apropriadas para uma homicida que quer realizar um assassinato! Estamos aprovando o seu gesto e ajudando-a a realizá-lo tornando-nos cúmplices. É como se, ao sabermos de um assalto ou sequestro por acontecer, em vez de tentar evitar o crime, déssemos aos malfeitores os instrumentos necessários para que pudessem concretizar sua pretensão e com mais eficiência e menos perigo para si próprios!

Em termos de lógica, portanto, estamos diante de um absurdo. Além disso, cabe perguntar: afinal, quem nos diz qual a vida mais preciosa, a da criança por nascer ou a da mãe adolescente? Qual o critério em que nos baseamos para condenar a criança à morte defendendo, em contraposição, os riscos de saúde da mãe que a quer matar? *Que tipo de justiça nos ensina que uma criança inocente e sem defesa deve pagar com a própria vida a conduta irresponsável de seus pais, que se uniram em momentos de busca de prazer, sem medir as consequências de seus atos?*

Sem dúvida, entendemos que as reflexões acima podem chocar quem se acostumou a colocar "panos quentes" sobre a questão, suavizando sentimentalmente a situação existencial dos adolescentes diante da questão de estarem sofrendo o problema da gravidez indesejada. Então, cuide-se com carinho e particularmente de cada adolescente nessa situação... Mas não queiramos corrigir um erro por outro pior, qual seja, oficializando a série de condutas desregradas que conduziram adolescentes ao impasse no qual se encontram, pois *estaríamos, evidentemente, estimulando outros jovens a imitarem o exemplo, enfraquecendo suas forças e motivando-os a ceder ao que "é mais fácil", ao que "mais agrada", mas que é contrário às suas necessidades fundamentais de plenificação e realização humana*... Se continuarmos a "animalizar" o homem, facilitando-lhe a liberação descontrolada de seus instintos e a irresponsabilidade diante de seus atos, a própria natureza se rebelará, pois ela se vinga impiedosamente das faltas que contra a sua ordem se cometem. Estaremos, então, fomentando o egocentrismo, o desrespeito pelo outro, o crescimento da violência, a anormalidade social... E a vida neste planeta se tornaria simplesmente insuportável.

2. O diagnóstico da situação-problema

Para que possamos descobrir as soluções mais adequadas à "situação-problema" acima mencionada, é necessário, em primeiro lugar, entender melhor o que realmente acontece em termos psicológicos com a adolescente que se encontra diante da iminência de praticar o aborto. De fato, o "aborto" se localiza, no mínimo, como a quarta etapa de sofrimentos, os quais poderíamos resumir assim: o desamor primordial, a relação sexual precoce, a surpresa da gravidez e a necessidade do aborto. Vejamos estas diversas fases:

2.1 - Apesar das aparências em contrário, os adolescentes são profundamente perturbados por relações sexuais prematuras e inconsequentes

A situação que hoje coloca a adolescente diante do conflito do aborto começou com uma fase de encontros sexuais dela com um ou mais companheiros...

Esses acontecimentos são facilitados pela "permissividade" de nossa época. Mas são eles também gerados pelo que chamamos de "cri-se do Amor"! Baseamo-nos aqui em dados coletados a partir da Abordagem Direta do Inconsciente ou ADI que é a pesquisa dos conteúdos puros desse nível mental realizada sem hipnose nem interpretação, mas pela busca "direta, consciente e questionada" dessas informações, através do próprio paciente. Essa pesquisa nos comprova que a criança tem consciência de si mesma, desde a concepção, e que já pode, então, atuar sobre o seu todo "psiconoossomático", beneficiando-se ou prejudicando-se. Realiza ela "programações" nesse sentido e lança em seu inconsciente "registros de base" os quais, uma vez condicionados, desabrocham, vida afora, em grande número e variedade de sintomas. *O referencial que a criança busca na concepção, na gestação e na infância para influenciar a estruturação no sentido positivo ou negativo de seu ser é o Amor dos pais entre si e para com ela.*

Acontece que, atualmente, a vida conjugal e as famílias também vivem uma fase de desestruturação. Consequentemente, aumenta a probabilidade de a criança encontrar o "desamor", tanto no momento crucial da concepção, como na continuidade da formação do seu ser. Tende, então, a agredir-se de maneiras diversas no psiquismo, na mente, na vida relacional, no próprio organismo, mas continua, dentro de si, com desejo profundo e existencial de encontrar-se no Amor.

Todos precisamos realizar-nos no Amor. Podemos dispensar o sexo, mas não o Amor. O psicanalista Renée Spitz provou que a criança não sobrevive ao primeiro ano de vida se não tiver Amor, descrevendo os sintomas físicos que conduzem à morte causada diretamente pelo "desamor". E na adolescência acontece o despertar da sexualidade que orienta esse desejo de amar para o sexo oposto. Assim, os adolescentes lançam-se com todos os seus sonhos e esperanças, próprios da idade, e com a força integral de seu ser, nesses encontros a dois, numa relação sexual precoce, imatura e inconsequente, mas *na busca de compensação daquele inimaginável sofrimento de frustração do Amor primordial.* Evidentemente, os jovens depois se decepcionam... E essa desilusão não atinge apenas aquela experiência amorosa, nem somente cria prevenção contra uma futura vida conjugal e familiar — desde aí já destinada a ser difícil — mas *esse segundo golpe de desamor toca existencialmente o adolescente e seu parceiro, apagando, paulatinamente, o seu vibrante vigor da juventude, o idealismo, a alegria, a esperança... e a esperança da humanidade que está nos jovens! O recurso é, agora, dopar-se com drogas para não sentir a existência...*

Há outras considerações psicológicas que poderíamos aqui fazer sobre a questão. O que mais importa, no entanto, é entender que *mesmo independente de qualquer argumento de ordem moral ou religiosa, as relações sexuais precoces e inconsequentes prejudicam profundamente o desenvolvimento sadio e integral do adolescente...* Aliás, é oportuno lembrar que em estatísticas realizadas na Alemanha e nos EUA, constata-se que, apesar do liberalismo sexual, e exatamente por isso, acontece hoje a maior incidência de casos de "frigidez" e "impotência sexual" de todos os tempos, sintomas esses apresentados em jovens de pouca idade... *A permissividade sexual, portanto, não possibilitou aos jovens nem sequer o conhecimento ou a experiência do autêntico prazer sexual.*

2.2 - A gravidez inesperada e indesejada da adolescente é um susto existencial, um corte em seus planos de vida, um medo consciente da reação dos outros e um pânico inconsciente diante da percepção do mistério de trazer uma nova vida humana dentro de si

Sabemos que a gravidez na fase da adolescência é profundamente perturbadora. Ainda que a jovem e seu companheiro tenham o apoio dos pais e a compreensão dos amigos, muitas lágrimas são derramadas em torno da questão, noites de sono são perdidas pelo companheiro, enquanto a jovem grávida ainda sofre, quase sempre, uma atitude de rejeição velada ou aberta por parte de quem ela se acreditava eternamente amada... Além desse sofrimento interior, a situação de gravidez exige mudança de vida, confidência aos pais, cuja reação não se pode prever, e provoca tantos outros problemas e preocupações que todos conhecemos.

Queremos, no entanto, enfatizar apenas *um aspecto novo* que se evidencia a partir do inconsciente pesquisado. *É que todo casal de adolescentes que se encontra diante de uma gravidez indesejada passa a sofrer o grande conflito entre deixar ou não a criança nascer...* Se dizemos "todo" adolescente, não negamos que haja exceções que confirmem a regra. Mas o que se evidencia inequivocamente pela pesquisa do inconsciente é que "não matar" representa um valor intrínseco-universal "inscrito nos corações dos homens" e não um valor "relativo", externamente imposto ou ensinado. Além disso, *é inerente ao ser humano sentir-se comovido pela capacidade de gerar uma vida e diante da possibilidade de vir a ser pai ou mãe! O adolescente ainda não teve tempo de endurecer o seu coração para tornar-se insensível a esse fato! Luta ele, dentro de si, com os dois sentimentos mais extremos do existir humano, e numa alternância contínua: sentimento de "doação" ou do "amor" que quer a "vida", e o "egocentrismo", ou o "ódio" capaz de "destruí-la" ...*

O desgaste dessa situação emocional é incalculável. Disse-me um paciente que passara por essa situação quando adolescente: "Eu me sentia ao mesmo tempo pai e criança, um anjo e um monstro. Pensava em assumir o casamento com aquela menina, mas eu não tinha condições financeiras e a conhecia tão pouco! Eu queria ao menos esperar para ver o rosto de meu filho, mas sabia que então já não teria coragem de matá-lo, e o que faria com ele?! Não consegui encontrar solução e acabei por não mais encontrar a mim mesmo! Interrompi meus estudos, prática de esportes, o seguimento normal de minha vida! Quase enlouqueci e até hoje tremo quando penso nesta criança que ajudei a abortar, pois sinto-a viva, olhando-me! Faria tudo para não ter essa história em minha vida passada!"

2.3 - O aborto não é só agressão violenta a um organismo sadio e ao psiquismo, nem é o encerramento de uma série de problemas que vinham se acumulando. Ao contrário, o aborto é o começo de outros grandes sofrimentos, que são levados até o fim da vida e que atravessarão gerações

Um dos maiores sofrimentos que assolam quem praticou o aborto ou quem o estimulou é o que conhecemos por *"sentimento de culpa"*. *Brota esse sentimento, inevitavelmente, do mais íntimo do ser, ainda que existam justificativas aparentes e racionais para o erro cometido.* A experiência clínica com a ADI nos comprova que o "sentimento de culpa", originário dos valores pré-reflexivos quando desrespeitados, é automático e expressa-se na forma de autopunição, ainda que as causas nunca sejam "conscientizadas". Temos, então, os desequilíbrios psicológicos, as depressões e angústias inexplicáveis, o desejo de morte, o bloqueio mental, a agressão diversificada ao organismo através da diminuição imunológica, ou por meio da criação de disfunções, especial-mente em torno dos órgãos genitais ou vitais etc. *O paciente com "sentimento de culpa" tende a não se permitir sucesso, alegria e nem mesmo a cura de seus males.* E tais manifestações tornam-se ainda mais fortes conforme se associam simbolicamente à causa desse sentimento. Assim, depois de adultos, *pessoas com "registros" de culpa de aborto,* ainda que de forma totalmente inconsciente, tendem a não se permitir gerar os próprios filhos, e muitas mulheres abortam, então, naturalmente e sem querer, não conseguindo levar as gestações até o final. Outros casais, nessas condições, superprotegem neuroticamente os filhos que conseguiram ter. Então, qualquer doença ou acidente é causa de pânico dos pais, que têm um medo inconsciente de ser castigados. *Fixações, fobias, depressão, escrúpulos, tudo isso encontra, inúmeras vezes, um "primeiro elo" num sentimento de culpa e, muitas vezes, em relação a um aborto praticado e registrado no inconsciente...*

Recordemos também a força e a realidade da tendência de se repetirem, através das gerações, certos traços, problemas, atitudes, maneiras de pensar, de agir e de julgar os fatos. *O "sentimento de culpa" é um desses fatores que atravessam gerações, repetindo-se também mediante mecanismos similares de autopunição.* Em relação à prática do aborto, o que se observa é o seguinte: se uma mãe, por exemplo, no terceiro mês de gravidez pensou em abortar esse filho ou tentou fazê-lo, se a gravidez for de menina e essa um dia ficar grávida, também tenderá a sentir, em torno do terceiro mês de gravidez, um impulso forte de provocar o aborto. Essa criança, por sua vez, se for mulher, quando engravidar, em torno do terceiro mês, também tenderá a pensar em abortar o seu filho; e assim sucessivamente... Se o filho com tais experiências na gestação for homem, poderá ter sentimentos semelhantes no dia em que estiver para ser pai e aconselhar a esposa grávida a abortar seu filho, sem "conscientizar-se" por que motivo o faz... Mesmo que possa acontecer um corte nesse mecanismo, ou uma decodificação desse registro de ação inconsciente, é de considerar, porém, a seriedade do ato de abortar diante dessa tendência de repetição dos fatos, através das gerações.

3 - Propostas de soluções para a situação-problema descrita

As reflexões sobre o "diagnóstico" da situação problema deixam claro que a legalização do aborto não apresenta solução alguma para a questão, apenas piorando-a sob todos os aspectos. A resolução está, em primeiro lugar, numa mudança de posicionamento em relação a esses fatos. Assim, perguntamos: *em vez de lutar pela legalização da "morte" de inocentes, ainda no útero materno, por que não se batalha, ao contrário, para que as novas vidas humanas encontrem um sólido ninho de Amor conjugal e um ambiente de receptividade ao serem geradas? Não insistimos tanto em nossos dias pela preservação da vida animal e da vegetação, em movimentos ecológicos? Será a vida humana menos preciosa? Merece a vida da criança a ser gerada ou em gestação menor respeito e consideração?*

Mudando-se o enfoque da "defesa da morte pelo aborto" para a "defesa da vida", novas reflexões podem ser feitas, na busca de so-

luções para a situação-problema apresentada. Acompanhemos as considerações.

3.1 - Lembremos inicialmente que a *adolescência e a juventude não representam apenas a fase do despertar da sexualidade, mas também a época da atração por grandes ideais. E o ideal onde se situa a capacidade de amar, é mais forte no jovem que a necessidade da pura satisfação sexual.* Tanto assim é que o jovem tende a "dopar-se" quando não consegue dar vazão ao ideal, quando fica reduzido apenas a experiências menos nobres. Isso o inquieta, porque ele busca naturalmente o "heroísmo" e é capaz de grandes feitos, quando tocado por convicções profundas. É, portanto, junto aos jovens e aos próprios adolescentes que pode ser começado um trabalho em ampla escala de renovação, inclusive em relação à permissividade sexual. Acreditemos no potencial da adolescência, que tem sido abafado pela mentalidade "hedonista" de nossa época. O jovem é aberto por natureza e não escravizado, como o adulto, à acomodação ou a hábitos antigos, e isso, simplesmente, porque não os possui. *No jovem adolescente a terra está à espera de boas sementes...*

3.2 - Fortifique-se a estrutura de base "psiconoológica" do adolescente pela orientação familiar

Já vimos que a criança estrutura todo o seu ser "psiconoossomático" sobre os pilares da qualidade de vida conjugal de seus pais. *As dificuldades da adolescência são apenas a eclosão, a época em que essa "criança" exterioriza o que "condicionou" dentro de si, na infância e na fase de gestação.* Um adolescente com boa estrutura psicológica alicerçada sobre o Amor conjugal de seus pais e devidamente orientado está em condições de desenvolver um vir a ser psicofísico e noológico sadio e equilibrado, rejeitando, então, espontaneamente as relações sexuais irresponsáveis. Em consequência, bem mais raramente encontrar-se-á ele diante de uma gravidez indesejada ou frente à situação de pensar no aborto. Entretanto, se vier a acontecer, tudo indica que ele estará pronto a enfrentar com responsabilidade as consequências de seus atos, assumindo a vida do ser que gerou.

Daí a importância de auxiliar os casais na vivência conjugal e familiar mais harmoniosa. Na realidade, problemas conjugais são de "relacionamento" e podem ser contornados. A pesquisa pela ADI oferece a oportunidade de determinar com precisão, as causas psicológicas que são transferidas para esse contexto conjugal e familiar, permitindo também a remoção dos problemas. A ADI mostra, ainda, pelo inconsciente, a importância das atitudes do "esforço" e do "querer" para que se tenha um bom relacionamento familiar. E aqui é imprescindível que o casal se transcenda, buscando a sua inspiração na Fonte de todo Amor.

3.3 - Ensine-se aos jovens o conceito, a vivência e o significado do "humanístico" e do verdadeiro Amor...

Nas escolas e faculdades alimentamos o "intelecto" dos alunos. Esmeramo-nos em dar-lhes "conhecimentos científicos" sobre a natureza externa ao homem e, no máximo, sobre aspectos de seu psicofísico. Ensinamos o que o homem "tem", como "age", como "funciona", mas não temos coragem de lhes dizer, com a mesma firmeza, o que o homem "é" e o que realmente o realiza como "ser"... *Fala-se de sexo e do amor afetivo, mas silencia-se sobre o Amor "efetivo" e sobre a realidade transcendente do homem. E quando se levantam tais assuntos, são eles conduzidos, em geral, de forma "subjetiva", ou baseados apenas em normas morais e crenças, sem a força da verdade dos argumentos incontestáveis que estão na base desses temas.* Em que deve o jovem basear sua maneira de pensar e de agir sobre a essência do "humano", se em sua formação lhe são negados esses conhecimentos?

3.4 - Comuniquem-se aos jovens as últimas descobertas reveladas pela pesquisa do inconsciente sobre a realidade da criança na fase de gestação, sobre a natureza dos conflitos da adolescência e sobre os segredos de uma harmoniosa vida conjugal

Quando um casal de adolescentes busca abortar uma criança em gestação, em geral está preocupado apenas com a sua situação particular, não se lembrando da "pessoa" da criança. A atenção dos dois, quando pensam no aborto, focaliza somente o "problema imediato", esquecendo-se de que estão decidindo sobre a vida ou a morte de um ser humano. *Se isso acontece, é também porque pela metodologia científica ainda não se conseguiu definir com precisão o momento exato em que a criança se torna pessoa ou quando toma consciência de si como "ser", ou ainda, qual o grau de percepção que tem dos fatos externos quando se encontra no útero materno...*

Hoje, a pesquisa sobre o inconsciente fornece todas estas informações. Ensine-se, portanto, aos adolescentes e jovens os dados obtidos com essa pesquisa, especialmente que a criança é um ser vivo e inteligente desde a concepção, que ela, desde esse momento, pelo poder da "intuição", observa sem limitação de tempo, espaço e matéria, tudo que se passa fora dela, sentindo e reagindo... Esclareça-se que essa criança distingue, na concepção, uma realidade diferente dos gametas e do zigoto... De fato, ela "vê" uma "Luz" cuja presença se faz sentir como Amor e acolhimento. Esse núcleo de Luz não é percebido como sendo dos pais, mas vindo diretamente de uma "Luz" maior, distante, do "Infinito". O paciente, ao perceber e descrever essa "Luz" em terapia, sente que é dela, e não do zigoto, e que recebe o caráter de "pessoa única e irrepetível". E essa pessoa, a partir da percepção em seu inconsciente, observa também que a Luz aparece em qualquer criança, mesmo que se trate de "filho" de estupro, fisicamente defeituoso ou deficiente... *Identifica o paciente, quando levado à concepção, que existe uma espécie de "marca" dessa Luz em seus gametas, tudo lhe provando que ele não está surgindo por "acaso"... Finalmente, o paciente, se tiver "filhos abortados", pode sentir que, ao matar-lhes o corpo, não consegue destruir-lhes o ser imaterial.*

Concluindo: em relação à "situação-problema" que focaliza o aborto existem, portanto, soluções diferentes que não a "matança desses inocentes"... E existem muitos jovens e adultos, também em nossos dias, que acreditam na força do Amor e do bem. Arregacemos, portanto, as mangas, engrossando as fileiras dos que lutam pela reumanização do homem. *Estamos no momento certo da história para gerar mudanças. Os homens estão cansados da autoilusão gerada por falsas propostas de felicidade. A juventude e a humanidade anseiam pelo retorno aos valores estáveis e transcendentes. Por isso, acreditamos na importância da gota d'água de nossa contribuição, pois ela deverá se unir a outras e acabar por formar rios e cascatas de alto potencial transformador.*

3 O HOMEM EM SEU SIGNIFICADO ATRAVÉS DA HISTÓRIA E A PARTIR DO INCONSCIENTE

> *No cerne da evolução do conhecimento situa-se o ser humano... Seu significado é conceituado, em função da "razão", pela Filosofia; é centralizado no Amor pelo humanismo cristão e é reduzido à dimensão psicofísica pela ciência. Há, então, a reação da reumanização com a fenomenologia, o existencialismo, a logoterapia e a análise existencial... E com o "intuicionismo" acontece a "apreensão imediata e total dos fatos", o encontro com os valores e a transcendência. Mas a ciência permanece fisicista e reducionista. E um abismo intransponível distancia os dois saberes, acabando por dicotomizar o próprio homem. Apenas no inconsciente os conhecimentos podem se integrar e se complementar.*

Se buscarmos historicamente o início do conhecimento, encontraremos a Filosofia, que centraliza seus estudos sobre o homem. O homem, por sua vez, volta-se para o conhecimento de si, para a transcendência e, simultaneamente, para o mundo exterior, físico e material, conseguindo conciliar esses saberes em harmonia. De fato, antes da era científica entendia-se o ser humano de forma integral, mesmo que não bem integralizado em seus níveis. Desde vários séculos a.C., compreendia-se a existência de certa hierarquia interna no homem, onde a área que hoje é abarcada pela metodologia científica, ou seja, o psicofísico, se mantinha subordinada a um outro nível, o da alma, da mente, ou do espírito. E o homem, mesmo o da ciência, acreditava num Ser Supremo.

Mas, com o surgir da metodologia científica, enveredou-se por outros caminhos, apesar de Descartes ter indicado a "intuição" como referencial para sua ciência da matéria. O paradigma científico concentrou-se apenas sobre o físico do homem, seguindo, portanto, uma linha "reducionista", que criou uma separação irreversível entre esse "psicofísico" e a "dimensão humanística" no homem. A partir desse momento, as pesquisas científicas e os estudos humanísticos passaram a trilhar caminhos separados e divergentes, nunca mais conseguindo encontrar-se. No que diz respeito à ciência, sem dúvida, foi grande o sucesso das descobertas. Entretanto, os homens têm-se mostrado imaturos na forma de enfrentar grandiosidades. Daí gerou-se uma "mentalidade cientificista" que no entusiasmo diante dos prodígios da ciência extrapolou, ela própria, para afirmações "anticientíficas", porque passou a pronunciar-se sobre questões que ultrapassavam a competência de seu restrito paradigma. Um desses pronunciamentos é a negação pura e simples da existência de realidades que não podem ser abarcadas pela metodologia da ciência, tais como o "humano", o "espiritual", o "divino". Paradoxalmente, porém, e por compensação natural, aconteceu uma espécie de "endeusamento" do cientificismo, gerando-se com ele a "crença" de que a ciência é a única detentora de toda a verdade e que somente sua palavra revela "certeza".

Ao quebrar-se, dessa forma, *a unidade do conhecimento,* geraram-se efeitos bem mais desastrosos, porque *se partiu o próprio homem, dividiu-se a sua integralidade, quebrou-se a harmonia interna de seu ser.* A "essência" humana foi entregue a respostas "relativistas" e um profundo abismo intransponível abriu-se entre as duas realidades, a psicofísica e a "humanística" do humano ser.

Realmente, o homem em sua interioridade profunda é espiritual e religioso — conforme comprova exaustivamente a pesquisa pela Abordagem Direta do Inconsciente. Mas a educação e o ensino oficial focalizam apenas o conhecimento físico e material. Assim, o homem já desde jovem e estudante torna-se dicotomizado, expressando-se por comportamentos que podemos classificar de "esquizoides", tais como a atitude de buscar "secretamente" o vir a ser "humano-espiritual", mas tendo de mostrar-se, ao mesmo tempo, indiferente a essa realidade para ser respeitado como de "seriedade científica".

*Tais incoerências têm as suas consequências indesejáveis. Assim, quando atualmente olhamos com orgulho para o vertiginoso "progresso" cientí*f*ico, deparamo-nos simultaneamente com a vergonha de um "retrocesso" humanístico!*

De fato, a humanidade moderna, apesar de enriquecida em conhecimentos, continua arcaica em relação à harmonia e à integração de seu ser e existir. É ela hoje castigada pelos mesmos sentimentos desumanos da idade da pedra, pelo ódio, pela violência, a inveja, a cobiça... *E o homem ainda não sabe amar, apesar de entender que no Amor está todo o segredo de sua sobrevivência sadia e equilibrada de ser. E nenhum medicamento, nenhuma cirurgia, nenhuma psicoterapia resolverá os problemas humanos se o alicerce da busca de cura não se assentar sobre o verdadeiro Amor!*

A metodologia científica, portanto, se bem que possa orgulhar-se de grandes façanhas a favor do homem, deve, por outro lado, aceitar humildemente o seu fracasso no processo de "humanização" em si, e isso, especialmente, por faltar-lhe o referencial oferecido a partir da interioridade mais profunda do homem, aquele que se expressa pela "intuição". Por esse motivo a ciência tem ajudado também a aperfeiçoar os instrumentos destinados à destruição, à violência, à injustiça e ao mal — especialmente através dos "progressos" da comunicação!

Entretanto, depois da exacerbação de um "cientificismo" radical, surge hoje a reação, tanto no campo da Filosofia como no das ciências, buscando-se retomar o tema da "totalidade", ao invés da "fragmentação", da "vivência" e do "fenômeno existencial", mais que dos "conceitos" ou da "teorização", da "dinâmica", mais que das verificações do "estático", preferindo-se a "interiorização" à "análise interpretativa" de fatores externados e a "intuição" ao "intelectualismo". Sem dúvida, *existe na atualidade a preocupação generalizada de se resgatar, com urgência, o "humano" do homem — ainda que essa sede, infelizmente, também tenha dado origem a filosofias panteístas, internamente contraditórias, que aparentemente se propõem a devolver ao homem a sua integração interior pelo controle mental, mas na realidade o submetem a outras mentes e o destinam a uma fusão despersonalizada no cosmos, quando não o escravizam a uma sucessão de processos de reencarnação.*

É interessante notar também que a nova mentalidade que tenta recuperar o "humano no homem", surpreendentemente, não foi só iniciada por movimentos humanísticos, mas esboçou-se em suas bases sobre a própria ciência através das descobertas da nova Física, que com suas leis sobre a relatividade do tempo, do espaço e da matéria e com a teoria quântica abalou os fundamentos das teorias newtonianas. Assim, *os estudos antropofilosóficos, especialmente pelo novo enfoque da "intuição", do "fenomenológico" e do "existencial", permitem traçar paralelos com essa evolução científica da Física, que foge de constatações estritamente materiais e estáticas, através de suas teorias dinâmicas e do reconhecimento do universo como organismo "vivo", que só pode ser entendido numa perspectiva globalizante e integralizadora.*

Também o conceito do que é "ser homem" foi mudando através dos tempos. Nos próximos capítulos apresentaremos, portanto, *o ser humano em sua definição através da história, ou através de três grandes conceituações:* a primeira, formulada pela Filosofia, seguida pela visão cristã que entende o homem como ser pessoal e integrado, contendo em si a natureza física, mas ultrapassando-o e projetando-o para o divino; a segunda expressando-se pelo entendimento científico, onde o homem é comparado apenas a uma máquina perfeita, na qual o "humano" desaparece; e a terceira, representada pelo enfoque fenomenológico ou da "intuição", que identifica a intencionalidade, a qual possibilita uma compreensão imediata, ampla, integralizada e que permite recuperar também a autêntica conceituação cristã do homem, menos "conceitual" e mais "interiorizada" ou "vivencial".

A seguir, portanto, nos deteremos nessas três formas básicas de entender o ser humano. Mas essa evolução histórica também nos conduzirá a um impasse. Pois, por um lado, veremos a metodologia científica estruturando-se sobre um paradigma que se define como "objetivo" e "exato", embora partindo e concluindo a partir de "elementos", partículas ínfimas e de um número mínimo de variáveis. Por outro lado, teremos a linha antropofilosófica que concebe o homem integralmente, mas cujos dados são considerados "subjetivos" pela ciência... A ciência "comprova" suas afirmações, mas em seu paradigma não há como encaixar o "humano". Entretanto, o homem "sabe" que não se reduz apenas ao enquadramento científico... Como conciliar esses dois extremos de saber?!

As ciências humanísticas se debatem sobre esse "abismo" e não conseguem transpô-lo. A Psicologia chegou mesmo a renunciar ao seu objeto em função do desejo de ser ciência... Portanto, *é oportuno, necessário e urgente o aparecimento de um processo que concilie em harmonia esses dois saberes citados para que o ser humano possa retomar o seu lugar de ponto culminante entre os seres criados, recuperar sua dignidade de pessoa integral e vivenciar plenamente a missão primordial de seu existir, que é a plenificação humana, concretizada no Amor autêntico.*

Nos próximos capítulos, acreditamos poder dar uma resposta neste sentido e desenvolveremos, dentro de enfoques específicos e tecendo correlação com os dados obtidos pela pesquisa, o tema da conceituação do ser humano através da história relacionando-o com o novo significado que passa a ter a partir da perspectiva do inconsciente.

3.1 - O HUMANISMO DA ANTIGUIDADE E A PESQUISA DO INCONSCIENTE

A Filosofia, desde os tempos mais remotos, conceitua o homem como ser "racional", cuja natureza humana é formada internamente por duas realidades distintas, o corpo e a alma. A alma coordena o todo humano, inclusive em harmonia com as leis da natureza externa e orienta o homem teleologicamente para um fim. Esse "fim" ultrapassa os limites naturais e atinge o divino. Pelos dados obtidos com a pesquisa do inconsciente, o homem também é entendido em sua totalidade e como um ser que se transcende coordenado pelo Eu-Pessoal (alma), mas sendo o corpo nela integrado. E quando isso acontece no inconsciente, então, a ciência e o humanismo se unem e se complementam.

Se focalizarmos em nossos estudos os primeiros passos dados na formulação do conhecimento, encontraremos a Filosofia e constataremos uma espontânea consideração de todos os níveis internos do homem, hierarquizados de forma que seu comando integral seja realizado pelo nível "humanístico" ou "noológico".

Na gênese do conhecimento, portanto, esboça-se uma filosofia humanística que conceitua o homem, primeiramente, como um "microcosmos", harmonizado com as leis da natureza, porém sobrepujando-a pela sua "alma", ou pela sua "razão". A alma, que representa sua "essência", movimenta-o em direção à transcendência, a qual culmina na "divindade". *O homem, assim, é um ser "racional" que contém em si toda a realidade externa, mas a ultrapassa e encaminha-se vivencialmente para um Ser Supremo.*

Essa visão antropológica que realiza a conjugação harmoniosa entre o conhecimento das leis da natureza e o saber filosófico e cuja coordenação é exercida pelo nível noológico do ser humano, expressa-se pelo que se convencionou chamar de "humanismo". Explicamos melhor:

O "humanismo", que vai se concretizando paulatinamente dentro da Filosofia, refere-se a um conjunto de princípios e doutrinas que dizem respeito à origem, natureza e destinação do homem. Volta-se ele para o homem no significado máximo de si mesmo, e neste sentido se adapta de um modo particular e peculiar às mais diversas ideologias. Com Descartes, Kant e Hegel coloca-se o homem como centro da perspectiva de valores, evidenciando-se assim um humanismo mais "subjetivo". A fenomenologia e o existencialismo, movimentos atuais da Filosofia, enfatizam aspectos novos do conceito de "humanismo", como veremos mais adiante. Conjugando os diversos conceitos, pode-se dizer que atualmente *o "humanismo" focaliza o ser humano em seu significado de valores, concebe-o orientado para um fim autotranscendente, considerando nele uma "essência imutável", que se expressa de maneira diferenciada na medida em que o homem se realiza na "existência".*

O "humanismo filosófico" da Antiguidade, antes da era cristã e mesmo durante ela, até o surgimento da metodologia científica, portanto, concebia o ser humano, basicamente, da seguinte forma: *o homem é composto de corpo e alma. A alma coordena o todo humano e relaciona-o harmoniosamente à natureza externa. A alma orienta o ser humano pelo vir a ser, em direção a um "fim". Esse "fim" transcende o homem e culmina com a "divindade".*

A conceituação de "humanismo" aqui sintetizada atravessou os séculos, foi grandemente enriquecida pelo "humanismo cristão" — conforme veremos no próximo capítulo — e manteve-se até a era científica, quando foi gradativamente abalada pelo "reducionismo". Ainda que alguns "humanismos" menos coerentes com a natureza intrínseca do ser humano surgissem esporadicamente no decorrer dos séculos, o bom senso sempre reconduziu ao "humanismo" acima conceituado.

É semelhante também a compreensão do ser humano que emerge da profundidade do inconsciente, quando abordado pela sua pesquisa direta. *E desse modo, confirma-se pela experiência clínica, resultante dos dados coletados por meio de uma pesquisa de campo sobre a mente inconsciente, a realidade humanística do ser humano.* Por outro lado, pela ADI podem agrupar-se no inconsciente os variados "conceitos filosóficos", embora na forma de fatos concretos e dispostos em complementaridade, rejeitando-se desse quadro "pensamentos" que não coadunam com o todo das verdades universais registradas na mais profunda "interioridade" humana.

Para melhor entender o que afirmamos, resumiremos, a seguir, esses "conceitos filosóficos" da Antiguidade em aspectos que dizem respeito ao que queremos enfatizar e em paralelo ao que é constatado pela abordagem pesquisada do inconsciente. Assim tornar-se-á possível, ainda, um melhor entendimento dos princípios que regem o processo da ADI, onde a estrutura teórica apenas acontece na medida em que os dados coletados do inconsciente vão sendo confirmados pela repetitividade.

Na origem do conhecimento temos os chamados "naturalistas" que caracterizaram o V século a.C. Tinham os "naturalistas" por objetivo direto voltar-se para a compreensão da natureza, da cosmologia, da física, do direito, da arte e da política. Os objetivos orientavam-se, então, para a descoberta de um "princípio unitário de todas as coisas" entre o homem e o universo. Na realidade, o ser humano era para eles um "microcosmos", o ser que encerra em si todas as coisas. E o homem, dessa forma, integrava-se naturalmente às leis da natureza. Assim, com os "naturalistas", embora se expressem por objetivos mais orientados diretamente à natureza que ao homem, deixa-se entrever, no entanto, que com eles já se esboça, desde aquela época, uma espécie de "humanismo" primário, através da interligação espontânea que aí se faz entre natureza e ser humano.

A filosofia grega, a seguir, focaliza o homem em relação a si mesmo, dividindo-o em instâncias distintas de "corpo e alma". Essa concepção, quando apresentada por Platão, é dualista, com ênfase na alma ou na ideia, enquanto que na perspectiva de Aristóteles, embora com especificação de "almas" diferentes para o nível vegetativo, animal e racional, é integrativa. De uma forma geral, os pensadores identificam na alma a "essência" do homem, nela enfatizando, ora a *psyché*, ora a "vontade", o "intelecto", a "razão", a "virtude" e a "intuição". Essa alma é, então, considerada a parte "estável e verdadeira", o nível mais nobre do homem, enquanto que no "corpo" situa-se o mundo sensível das sensações e percepções, a matéria perecível, a realidade instável e mutável.

Assim, embora se tenha aqui o dualismo "corpo-alma" percebe-se, no entanto, uma hierarquia nessa dupla. A alma é entendida como a expressão por excelência do ser humano, tendo a função de controle sobre o seu todo e sobre o mundo externo. Esse "humanismo inicial" coloca, por vezes, "o homem como medida de todas as coisas". Nessa primeira fase do humanismo salienta-se também o "vir a ser" do homem, ou seja, um estado de movimento contínuo de autotransformação. E esse movimento tem um sentido, uma meta de chegada. É o que nos expressa até hoje a Filosofia, quando nos diz que o "ser humano orienta-se teleologicamente para um fim".

Por outro lado, no que concerne a esse "fim" para o qual o homem se encaminha, o "humanismo" da época focaliza a "transcendência", ou o "divino". E a divindade é considerada uma instância independente do homem. *Nesse ponto, Platão corrige Protágoras, dizendo que Deus é a medida, em grau supremo, de todas as coisas, e não o homem...*

Na Filosofia da antiguidade, ou mais especificamente, no que concerne a uma visão mais "humanística" do homem, destaca-se em seguida o grande filósofo chamado Sócrates. Sócrates realizava com os seus discípulos o que chamou de "maiêutica", ou de "parto do espírito", com o objetivo de extrair de seu interior a sabedoria. Sócrates afirmava que as informações assim obtidas não eram absolutamente subjetivas, mas que representavam a certeza objetiva da própria razão, que possibilita a concretização do "conhece-te a ti mesmo", a consciência e até mesmo uma organização racional da própria vida. Afirmava que a "maiêutica", como introspecção que conduz ao mais profundo do ser humano, pelo processo dialógico, arrancava dos discípulos verdades universais e de grande saber. Sócrates definia o processo "dialógico" como sendo "perguntas e respostas entre pessoas associadas em torno de um interesse comum de pesquisa".

O que Sócrates realizou pode ser relacionado ao processo da Abordagem Direta do Inconsciente, pois de forma similar ao questionamento socrático o questionamento da ADI, focalizado sobre o inconsciente, "arranca" do mesmo verdades pessoais e universais de grande "sabedoria"!

Por outro lado, Sócrates acreditava que com sua maiêutica descobriria a verdade objetiva, porque na mente profunda do outro encontra-se a "razão imanente e constitutiva do espírito humano" (1). Também aqui pode ser feito um paralelo com os dados da pesquisa do inconsciente. Pois no processo ADI, para que a pessoa consiga o distanciamento e o diálogo interno sincero, é preciso que se posicione numa atitude semelhante à que Sócrates chamou de "ignorância", ou seja, de "escuta verdadeira", sem preconceitos, pois é comum o próprio paciente "ouvir" do inconsciente afirmações contrárias ao raciocínio consciente ou à forma de pensar costumeira. Aliás, o inconsciente não "argumenta", mas "mostra", faz "vivenciar" toda uma situação, onde se ultrapassa, em muito, o raciocínio apenas lógico e da razão consciente. Na realidade, apenas uma mínima parte do que foi percebido no inconsciente pode ser verbalizado, pois a "apreensão imediata", própria da "intuição" do inconsciente, é muitas vezes mais ampla em extensão e profundidade que conteúdos passíveis de conceituação.

Mas há também uma diferença da ADI para o método da "maiêutica" de Sócrates. Pois Sócrates, no final de seu processo, rendeu-se à "racionalidade", ao tentar devolver o rico conteúdo vivencial do inconsciente à formulação do raciocínio "consciente", o que deformava aquele saber mais puro que fora adquirido com o que chamou de "parto do espírito". Assim, em seu método, logo depois de coletadas as informações "extraídas" da mente dos seus discípulos, Sócrates submetia esses conteúdos à "indução", ou seja, a um processo mental que fazia remontar do "particular ao universal", da "opinião à ciência", da "experiência ao conceito" o que, por sua vez, era precisado pela "definição". E somente então Sócrates considerava o processo de "conhecer a si mesmo" e a "todas as coisas", como concluído. Esse era para o filósofo o caminho completo para descobrir a "essência da realidade".

O que Sócrates fez nessa caminhada de ida e retorno ao interior do homem para a coleta de conhecimentos pode ser metaforicamente comparado ao *iceberg*, embora de uma forma diferente da usada por Freud. É como se um pesquisador fosse até a zona fria dos polos com o intuito de estudar os blocos de gelo aí formados pela natureza e trouxesse de lá, para o laboratório, alguma amostra, visando submetê-la a análise. Os pedaços de gelo coletados muito pouco expressariam da realidade colossal e impressionante dos *icebergs* vistos "in loco"... Da mesma forma, qualquer "conceituação" em torno do que Sócrates encontrava no interior de seus discípulos permanece muito aquém em relação ao que a realidade inconsciente percebe. Pois os ricos conteúdos descobertos pela "maiêutica", a partir da reflexão "consciente" serão totalmente modificados pela "racionalização", como explicaria Sigmund

Freud mais tarde. E assim, paradoxalmente, a "essência da realidade" encontrada por Sócrates no interior ou no profundo da mente dos discípulos, quando submetida à elaboração do "conceito" e da "definição", visando uma formulação mais "objetiva", tornou-se "subjetiva"...

Sócrates esclarece ainda que as conclusões do que foi extraído pelo "parto do espírito" podem ser de caráter "particular" ou "universal". Mas Sócrates fez essa distinção pelo processo "racional" ou "consciente", o que — como já dissemos — subjetiviza suas conclusões. Quando se age no sentido contrário, levando-se a "razão" ao "inconsciente", consegue-se que deste conteúdo "pesquisado" nada de essencial se perca. E é aí mesmo, no inconsciente, que se torna possível distinguir com precisão o que é "particular" daquilo que é "universal". *Quando, pela ADI, atua-se sobre o nível físico e psicológico, sobre vivências únicas do passado e também quando se buscam soluções pessoais, ou decodificações do registro negativo, está-se tratando de questões "particulares". Mas quando o paciente aprofunda as questões e entranha o nível noológico descobre, então, valores intrínsecos, transcendentes e realidades universais sobre o homem.*

A ADI pode ser melhor entendida quando focalizada também em relação à filosofia de *Platão*. Platão, como discípulo de Sócrates, utilizava-se também da "reflexão pessoal" realizada pela "introspecção da maiêutica". Para Platão, assim como para Sócrates, o processo de extrair da própria mente dos discípulos o conhecimento ou as informações mais profundas "era o instrumento mais preciso, válido e objetivo de obtenção da verdade ou de dados reais". E Platão dá a esse método uma outra perspectiva, pois afirma que os conhecimentos e a sabedoria assim obtidos não resultam da fixação mental criada por assimilação do sensível e da experiência — como dizia Sócrates — mas que existem "*a priori*", por serem inatos ao homem.

Os resultados da pesquisa do inconsciente comprovam, em relação aos aspectos acima abordados, que tanto é válida a visão de Sócrates quanto a de Platão, ou seja, na "interiorização" sobre o inconsciente, pelo processo de abordagem direta, consegue-se reavivar todo o conhecimento adquirido pelo "sensível" ou pela "experiência", conforme diz Sócrates. E esse conhecimento é sempre incomparavelmente mais vasto que o saber consciente. Pode-se, por outro lado, a partir do inconsciente, confirmar Platão, em relação à sua afirmativa sobre os conhecimentos "inatos", principalmente quanto àqueles relacionados aos valores e à transcendência, que são universais e comuns a todos os homens. E encontram-se também, no inconsciente, conhecimentos que são inatos porque transmitidos pelas gerações anteriores, o que corresponderia aos arquétipos de Jung. Assim, repetindo, no inconsciente atingido pela abordagem direta ou pela introspecção, confirmam-se ambos os tipos de afirmações, tanto as de Sócrates, como as de Platão e com possibilidade de se fazer uma distinção exata entre eles.

Recordemos aqui que a ADI serve-se do "questionamento" não apenas para coletar os dados, mas para elaborá-los pela decodificação de registros, para realizar a reformulação ou para motivar mudanças de atitudes no futuro. Essa elaboração é muito mais "vivencial" que intelectual... Por isso podemos dizer que, *se Sócrates e Platão tivessem se mantido orientados para a "interiorização" ou para o "inconsciente" até o final do processo da maiêutica sem devolver a questão à "razão", teriam, então, sem dúvida, chegado bem mais próximo de seu objetivo "de resolver os problemas da vida".*

O grande filósofo *Aristóteles,* diferente de Sócrates e Platão, é "racional" e não busca o saber pela "interiorização". Mas vários aspectos do pensamento desse grande filósofo esclarecem fatos que também são confirmados pela pesquisa do inconsciente.

Assim, Aristóteles faz uma distinção entre conhecimento "intelectual" e "sensível". Esclarece que esse último pode transformar-se num fato psíquico, que será verdadeiro em relação ao objeto "sentido", tornando-se falso pelo "raciocínio" desenvolvido sobre o fato. O conhecimento "intelectual", ao contrário, é o pensamento de objetividade universal. Essa observação de Aristóteles pode adaptar-se a uma das grandes diferenças entre "consciente" ou pensamento "racional" e "inconsciente", de acordo com a ADI. Na prática terapêutica, o paciente entrevistado relata o "conhecimento intelectual", ou os "fatos" que aconteceram, os sintomas, a lógica sequencial. *No momento em que esse paciente é conduzido ao nível inconsciente, não só relatará, mas vivenciará o "conhecimento sensível", sempre diferente sob vários aspectos do que antes foi relatado. E essa vivência é objetiva com relação ao que foi "sentido".* E o que foi "sentido" tem fatos e ângulos novos, imensamente mais amplos e profundos do que aquilo que foi "raciocinado" no relato consciente. Só que essa vivência inconsciente, ou o conhecimento sensível não se torna "falso" pelo "conhecimento intelectual", desde que esse último, o raciocínio intelectual, seja projetado sobre a *"capacidade de conhecer"* que se encontra no *"inconsciente".* Em outras palavras: o conhecimento sensível não corresponde aos fatos históricos e por vezes parece contradizê-los. Entretanto, o paciente encontra nesse conhecimento sensível que acontece no inconsciente dele elementos que possibilitam saber a verdadeira realidade, enquanto que o intelecto surge sempre "racionalizado" — como diria Freud — ou seja, elaborado de forma interpretativa, portanto deformando os fatos puros. O "sensível" fornecerá então ao "intelecto" dados precisos, coerentes e integralizantes. Queremos dizer com isso que *a inteligência "racional", quando focalizada no inconsciente, é enriquecida através do sensível, acontecendo aí, então, uma compreensão mais perfeita e que pode finalmente ser assimilada pelo nível "consciente" ou "racional".*

Para que se entenda essa objetividade possível do "conhecimento sensível" é preciso distinguir nele duas formas de sensação. Primeiro, a que percebe o que foi "sentido". Segundo, a que verifica a verdade subjacente desse "sentir", podendo essa, mesmo, ser contrária ao "sentido". Em nível inconsciente, quando a condução se faz pelo "questionamento", é possível que a própria pessoa ou o paciente faça nitidamente essa distinção.

Aristóteles, assim como seus predecessores, conjuga diversas áreas do saber integralizando o homem. Interliga a teoria do conhecimento com os conceitos que se referem à alma ou ao psiquismo, mais as virtudes éticas e morais e o sentido teleológico... *Essa associação que o pensamento de Aristóteles diz efetuar-se, quando feita em termos racionais e teóricos, torna-se automática em nível inconsciente, porque nessa dimensão a compreensão do homem e de todas as coisas é sempre integralizada e aí o todo é também maior e sempre diferente da soma das partes.*

Aristóteles, defendendo o pensamento de que todo o conhecimento é adquirido pela experiência, diz que o homem, ao nascer, é uma "tábula rasa", só depois começando a adquirir conhecimentos. A pesquisa do inconsciente comprova, ao contrário, que o homem tem também conhecimentos "inatos", conforme dizia Platão, e que tem o conhecimento a nível inconsciente, desde o momento da concepção. *E mais: o momento da concepção é exatamente aquele em que o saber é o mais completo e mais perfeito. O homem não é, portanto, uma "tábula rasa" no nascimento.* E quando a criança começa a perceber as heranças que estão formando o seu zigoto, toda a carga genética que recebe, pode então fazer opções, gerar bloqueios e deturpar a percepção pura. Assim, após o nascimento, a criança adquire conhecimentos de forma menos perfeita.

Um aspecto da filosofia de Aristóteles que se confirma pela ADI é o que diz respeito à distinção que o mesmo faz entre *alma racional, sensível e vegetativa, dizendo que a "racional" coordena e cumpre as funções das outras duas.* Na pesquisa do inconsciente recorre-se, desde o início, à técnica do "distanciamento" entre o "eu-livre" e o "eu-condicionado", situado no inconsciente. O "eu livre" ou o Eu-Pessoal poderia corresponder aqui ao que Aristóteles chama de alma "racional" porque é coordenador geral do ser humano, em sua realidade total ou "psiconoossomática". Assim, através da ADI pode-se também diferenciar a alma sensível da vegetativa, em termos didáticos, mas na realidade o todo humano é sempre integrado.

Se mantivermos a "diferenciação didática" podemos dizer que a "alma racional" representa o "ser", enquanto que a "alma sensível" ou "vegetativa" focaliza o "ter". Ou, de acordo com Aristóteles, a alma racional tem como função distinta a capacidade de "pensar", porém, quando representada pelo "Eu-Pessoal", faz muito mais que pensar. É essa a dimensão do "ser" que é capaz de distanciar-se das outras dimensões e avaliar, julgar, agir, programar e reformular. A sua ação sobre a dimensão vegetativa e sensitiva ou sobre a realidade psicofísica, tanto pode acontecer no presente como em visão retrospectiva e até mesmo prospectiva. De fato o "Eu-Pessoal", como veremos mais adiante, não só é capaz de modificar pensamentos, atitudes, posicionamentos, mas também realidades psicofísicas, espirituais e registros ou códigos.

Pela pesquisa do inconsciente, confirma-se Aristóteles em sua conceituação da "alma racional" como coordenadora do todo humano. Isso, colocado em termos da experiência de atuação sobre o inconsciente, quer dizer que todo o segredo da saúde "psiconoossomática" depende essencialmente dessa hierarquia ou da firme coordenação do nível noológico ou do Eu-Pessoal sobre o psicofísico. Pois esse nível sempre visa a realização plena, o bem último, enquanto que o psicofísico despreocupa-se da meta final e busca o bem imediato. Dessa forma, *o primeiro desequilíbrio psicofísico é antes de tudo um desequilíbrio na coordenação interna do indivíduo. Se há doenças orgânicas ou problemas psicológicos e noológicos é porque o comando do ser está se exercendo automaticamente pela programação psicofísica e não pela coordenação do Eu-Pessoal livre.*

O outro aspecto que permite traçar um paralelo entre ADI e Filosofia da Antiguidade situa-se na compreensão que Aristóteles tem do *binômio corpo e alma como uma "unidade substancial"*. A alma para ele não é só espiritual e as funções que exerce manifestam-se também em grau sensitivo. Na abordagem do inconsciente confirma-se essa interligação, acrescentando-se daí que os sofrimentos do corpo podem atingir a alma, os desequilíbrios psicofísicos podem perturbar o núcleo noológico e, inclusive, a capacidade da livre coordenação do Eu-P. Mas a "alma racional", ou melhor, o "Eu-Pessoal" não pode ser totalmente bloqueado ou atingido fatalmente na sua capacidade do "discernir", ou seja: mesmo que a alma não controle os sentimentos que a envolvem, mesmo que ceda aos seus impulsos, ela não perde, porém, a capacidade de "saber". Já vimos oportunamente que o Eu-Pessoal, quando cede a algo que o seu julgamento considera condenável, automaticamente gera a autopunição ou registra esse sentimento de autopunição no computa-dor do inconsciente. Lembremos, ainda, que o referencial para esse autojulgamento não é "subjetivo" ou "relativo", mas ligado aos "valores pré-reflexivos", como nos diz Frankl. E um desequilíbrio de autopunição, uma vez lançado no "computador" do inconsciente, atua automaticamente sobre o psicofísico, sobre a própria capacidade racional ou a inteligência, sobre o nível de pessoalidade e sobre o "Núcleo de Luz", que é o aspecto transcendental presente no homem.

O que acima referimos está em consonância com as instâncias ou expressões dos três tipos de alma lembrados por Aristóteles. *Para Aristóteles, na alma sensível ou animal está o "apetite".* No inconsciente, também o "conhecimento sensível" tem registros de "apetite" — se quisermos usar a expressão de Aristóteles. Mas isso é perfeitamente distinguível do que foi decidido pela "vontade livre". Ainda, em paralelo a Aristóteles, mostra a ADI que no processo terapêutico o paciente precisa, por inúmeras vezes, realizar no inconsciente substituições de "apetites" pelo que lhe indica a "vontade", ou seja trocar "bens aparentes" pelo "bem maior", para que possa realmente fazer reverter registros auto ou hetero-agressivos e eliminar processos de somatização.

E assim, entramos com *Aristóteles* na importância da *virtude*. Pois o inconsciente também nos revela que, sem virtudes éticas ou morais controladas pelo "Eu-Pessoal" em função da realização plena do homem, o indivíduo acaba por criar desequilíbrios psicológicos, projeções sobre o físico e autodestruição, caindo, por vezes, no vazio existencial, um dos sofrimentos mais insuportáveis. Portanto, *também pela pesquisa do inconsciente pode-se afirmar com Aristóteles que a "felicidade está relacionada com a virtude".*

Aristóteles, contestando Platão, afirma que a virtude é um hábito racional e não inato, mas adquirido mediante exercícios. Pela pes-quisa do inconsciente verifica-se, mais uma vez, a autenticidade de ambas as afirmações: a virtude, como "saber" é "inata", podendo ser pesquisada nesse nível mental. Às vezes permanece "inconsciente", sendo formulada de forma diferente e até contrária através de conceitos "conscientes" da mesma pessoa. Conclui-se daí que o "puro conhecimento intelectual" não é o suficiente para a prática da virtude. Assim, concordando agora com Aristóteles, *verificamos também pelo inconsciente a necessidade da formulação de novos "hábitos".* No processo terapêutico sobre o inconsciente, muitas vezes, o paciente já conseguiu remover e decodificar todos os registros negativos daquele, mas pode manter os antigos hábitos em atividade — da mesma forma que uma árvore arrancada pela raiz conserva verdes as suas folhas por algum tempo. Mas para que o paciente consiga formular novos hábitos é necessário que tenha um forte "querer" ou um "querer que quer" essas mudanças. O "querer que quer", por sua vez, supõe um "para que querer" — como diz Viktor Frankl. Tudo isso são exercícios aos quais o paciente deve ser submetido antes que consiga realizar no inconsciente o processo de terapia. É preciso, de certa forma, vencer os desejos voltados para os "apetites" e permitir o controle da "vontade" sobre as atividades "psiconoossomáticas" de seu ser. *E a pesquisa do inconsciente comprova, portanto, que a virtude não é só um ato racional, mas que necessita do exercício "vivencial". Isso confirma Aristóteles quando diz que a virtude é um "hábito" racional — mas acrescenta que esse hábito precisa acontecer na interioridade profunda do inconsciente para que seja "vivenciado" e não apenas "raciocinado".*

Pela pesquisa do inconsciente verifica-se, ainda, que a "vontade" para conseguir governar o psicofísico precisa estar direcionada para a realização plena e autotranscendente do homem. A realidade psicofísica não deve, porém, ser desprezada, conforme queria Platão, porque nesse caso teríamos a neurótica "repressão" de Freud. Pela experiência com o inconsciente podemos dizer que os exercícios do controle psicofísico pela "vontade" formam uma nova cadeia positiva de registros e pensamentos que também se automatizam, porém nunca coíbem o discernimento e a liberdade. Isso é verdade também em relação aos maus hábitos que geram o vício.

Na experiência com a pesquisa do inconsciente verifica-se, além disso, que na dificuldade de eliminar os "hábitos" indesejáveis está envolvida a questão do "vazio". O "vazio", muitas vezes, se instala quando o paciente deseja mudar seus registros. O "apetite" em torno do hábito prejudicial atrai, tem geralmente uma conotação forte de "prazer", enquanto que a vontade racional parece não exercer esse atrativo. Na realidade, a vontade tem um atrativo mais forte e de satisfação mais plena, mas não "de imediato". *Assim, o vazio não preenchido pode transformar-se em novo problema para o paciente. Pode gerar uma fantasia em torno do que já foi eliminado na terapia. Nesse caso o paciente tende a reforçar conscientemente a atração obsessiva pelo pensamento e pela lembrança dos conteúdos inconscientes que já não existem.* Na terapia desses casos *é necessário buscar com o paciente, no inconsciente, a nível do humanístico, alguma motivação* que também possa estar carregada de emoção, afetividade ou sensação, para que ele consiga realizar, na prática, a substituição do pensamento negativo e o preenchimento do "vazio", conforme, muitas vezes, já decidiu em nível racional, sem conseguir a concretização. *É a busca de um novo "sentido"*, como nos diria Frankl.

Aristóteles especifica que a alma é "espiritual". No inconsciente encontramos o nível noológico, uma dimensão de espiritualidade natural que corresponde à ausência de limitação de espaço, tempo e matéria. Mas temos também uma dimensão sobrenatural que corresponde à presença aí do núcleo de Luz. *No nível "noológico" temos o Eu-Pessoal de dimensão natural. Mas neste "natural" insere-se o núcleo de Luz, que dá ao Eu-Pessoal o caráter sobrenatural.* Esse Eu-Pessoal mais o núcleo de Luz formam uma unidade que informa e anima o psicofísico no zigoto e que permite a concretização do ser humano, já trazendo em si o caráter de eternidade e, portanto, de sobrevivência à morte ou à matéria corporal. Assim, repetindo, a "alma" tem duas dimensões de espiritualidade: a "natural" ou "humanística", resultante do "princípio vital humano" e transmitida pelos pais, e a "sobrenatural", que é percebida como N. Luz pelos pacientes e como vinda de uma Luz maior, distante, do Infinito, de Deus. *O N. Luz, portanto, está no homem, mas não surge do homem.*

Pela experiência com a pesquisa do inconsciente confirma-se de certa forma Aristóteles quando diz que *"a alma só existe enquanto informa o corpo". Isso porque o Eu-Pessoal surge em função de um corpo, embora pré-exista à concretização do zigoto e subsista após a perda do corpo físico.* A "corporeidade" supõe a "vida" ou *anima*, enquanto que a "matéria do corpo" corresponde ao cadáver. "Corpo", portanto, não é apenas físico. E a dimensão "não física" do corpo já está presente no Eu-P antes da concretização do zigoto e permanece junto ao Eu-P quando a matéria se desfaz.(Aprofundaremos estas questões em capítulo próprio.)

Aristóteles faz uma interessante colocação em termos de "associação de ideias". Diz que essas podem ocorrer simultaneamente, assemelhar-se em relação ao passado, ou contrastar em relação às ideias atuais. Também no inconsciente essas colocações de Aristóteles se confirmam através do que chamamos de "cadeias" ou "ramificações". Os registros de base lançados no inconsciente não apenas se associam, mas se estruturam ampliando-se, multiplicando-se, reforçando-se e enriquecendo-se durante a vida, expressando-se em nível consciente ou racional e de forma tão ampla e diversificada que a origem se torna irreconhecível pelo "conhecimento intelectual", pelo "consciente" ou pelos "sintomas". Além disso, o registro de base de cadeia é geralmente uma situação-problema que entrelaça questões de ordem física, psicológica e espiritual. Esse entrelaçamento acontece em relação ao passado individual, mas também se repete através de gerações. No Método TIP reconhecemos nesse sentido a força do Mecanismo Inconsciente Automático de Repetição ou (MIAR), que consegue bloquear bastante a maleabilidade e a liberdade, tendendo a levar a comportamentos repetitivos, muitas vezes contrários a qualquer lógica ou compreensão. Esse mecanismo explica também os gestos neuróticos, as ideias obsessivas e os impulsos incontrolados e inexplicáveis. Assim, reconhecem-se também no processo inconsciente os três tipos de "associação de ideias" elaborados por Aristóteles.

Concluindo: Acompanhando o raciocínio acima desenvolvido, vimos que pela pesquisa dos conteúdos puros do inconsciente confirmam-se muitos dos raciocínios filosóficos, mas também se chega a conclusões diferentes. Assim, por exemplo, sabemos que Aristóteles é considerado oficialmente o marco inicial da Psicologia. E, realmente, esse filósofo deu a essa ciência as maiores contribuições, as quais, até hoje, são válidas. Entretanto, o seu tratado, se bem que abasteça o "intelecto", conduzindo à compreensão da estrutura humana e do seu "psiquismo", não se dirige à "psyché" em si, apenas a explora externa e racionalmente. Com Sócrates acontece o contrário. A "maiêutica" torna possível realizar o que ele propõe, ou o "conhece-te a ti mesmo". Sócrates se detém pouco nas teorias e nos conceitos, na análise ou na interpretação, mas enfatiza o "parto do espírito", a "interiorização", a "investigação" direta do que realmente se constitui como "psique", e em seu conteúdo puro... *Aristóteles tece raciocínios "sobre" a psique. Sócrates "enfrenta" a psique e o intelecto direta e vivencialmente, através da "interiorização". Assim, Sócrates, com mais justiça do que Aristóteles, deve-ria ser apontado como o "Pai da Psicologia", pois ele oferece uma fundamentação e um procedimento para que o homem não apenas "saiba algo sobre si", mas para que "conheça a si mesmo". E nesse sentido Sócrates é coerente com a sua proposta e com os objetivos primordiais da Psicologia.*

Vimos, portanto, *que através da ADI é possível realizar um encontro no inconsciente com os filósofos da Antiguidade e tecer correlações.* As colocações de Aristóteles são, em sua maior parte, confirmadas sobre esse nível mental. E a "pesquisa" do inconsciente, concretizada pelo "questionamento", assemelha-se ao "parto do espírito", realizado por Sócrates em seus discípulos. No inconsciente desfazem-se também divergências seculares, como algumas existentes entre Platão e Sócrates. De fato, Sócrates dizia extrair o conhecimento do que o homem adquirira por "experiência", e Platão afirmava ser o conhecimento "inato". A pesquisa do inconsciente comprova que ambos tinham razão, pois o inconsciente retém e registra em sua memória pantomnésica tanto os conteúdos apreendidos quanto os inatos do saber.

Neste capítulo confirma-se também o que nos propusemos a esclarecer inicialmente, ou seja, a *conciliação entre Filosofia e ciência.* Vimos que a compreensão do ser humano pelos filósofos da antiguidade é "humanística", dentro daquele conceito que já definimos. Mas sua "conceituação" é totalmente estranha à linguagem das proposições científicas. O "conceito" filosófico é considerado "impreciso" pelo paradigma da ciência. Por sua vez, as "certezas científicas" são entendidas como extremamente restritas e elementaristas pela Filosofia, que tem por objeto abarcar o fenômeno totalizante. Entretanto, *quando se pesquisa diretamente o inconsciente, verifica-se que acontece aí uma integração entre o "conceito antropofilosófico" e a "definição científica", podendo-se partir do elemento para a generalização, sem correr os riscos de uma aproximação inexata. Assim, na realidade do inconsciente, torna-se possível integrar esses dois ramos do saber, ou seja a ciência com a Filosofia, ou a conceituação fisicista com a humanística do homem, resolvendo-se, então, um problema secular de dicotomia do conhecimento e de divisão da interioridade humana.*

3.2 - O HUMANISMO CRISTÃO A PARTIR DO INCONSCIENTE

O "humanismo cristão" desloca a essência humana da razão para o Amor ou da "cabeça" para o "coração". Assim o indivíduo torna-se pessoa e evidencia-se, então, a dignidade de todos os homens e do homem todo. A conceituação do ser humano é integralizada e transcendente. Na pesquisa do inconsciente confirmam-se os princípios desse "humanismo cristão", porque o Amor e o desamor se constituem como a síntese causal da estrutura sadia ou doente de uma pessoa.

Já apresentamos, no capítulo anterior, uma síntese sobre os conceitos de "humanismo", elaborados através dos tempos. Talvez pudéssemos dizer ainda, numa conceituação mais completa: *"Humanismo é o estudo que se refere ao ser humano, em sua perspectiva de integralização consigo mesmo e com o meio, sendo-lhe atribuído o seu significado de essencialidade, de ser único, livre e eterno. Esse homem, por sua vez, relaciona-se aos valores, ao amor e à responsabilidade e é engajado no vir a ser da existência, orientando-se finalmente para a transcendência, que culmina com a divindade".*

Ora, se assim conceituarmos o "humanismo" — e parece-nos que fomos fiéis ao que encontramos através de variados conceitos que nos foram legados a partir da Antiguidade até nossa era — então o humanismo cristão oferece a resposta que mais se ajusta a todos esses aspectos. Surpreende-nos, portanto, o fato de dificilmente se encontrar referências sobre a visão cristã em livros que têm como objeto o ser humano, principal-mente os da história da Psicologia. Sem dúvida, estamos aqui, mais uma vez, diante daquele imperdoável "preconceito cientificista", que foge da evidência de certos fatos e fenômenos, porque não consegue enquadrá-los dentro dos estreitos limites de seu paradigma.

Vários raciocínios alimentam tais preconceitos. Em primeiro lugar, na mentalidade impregnada de cientificismo que vivemos despreza-se, *a priori*, qualquer tema que sugira espiritualidade, com receio de que possa abalar a "seriedade" da ciência. E isso porque nos condicionamos a considerar que "sério", "exato" e "certo" é apenas o que a metodologia científica "comprova". *Ora, os estudos científicos são "instrumentos" para entender a realidade. Assim, se existem fenômenos que a ciência não abarcou ou não consegue abarcar, a limitação é da ciência e não da realidade!* E a "realidade" nos é demonstrada pelo próprio senso comum que atravessa os tempos, desde os primórdios, apresentando-nos sempre um ser humano como aquele que acima tentamos conceituar. A dimensão humana, que transcende o psicofísico e que o coordena, portanto, é uma realidade, assim como o fato de o ser humano estar sempre em busca de uma espiritualidade e de um Ser Supremo, que costumamos chamar de Deus. E, nesse vir a ser, a dimensão espiritual não caminha isoladamente, mas através do "todo" do ser humano, integrando-se, inclusive com o "psiquismo", o qual, como última instância, se expressa pelo físico. E assim se concretiza o homem na existência...

Outro preconceito é considerar os ensinamentos cristãos como sendo apenas "religião" e, portanto, voltados somente para uma "crença" que se dedica à prática de culto ou devoção, o que nada teria a ver com o estudo objetivo das ciências... Ignora-se aqui que Cristo não apresentou-se apenas como "Filho de Deus", mas como *"Homem Verdadeiro", aquele, portanto, que nos ensinaria a maneira de sermos "humanos", o que por sua vez quer dizer que sua mensagem responderia a todas as necessidades mais fundamentais do homem, tanto de sua transcendência quanto de seu psiquismo, de sua vida relacional, de sua vivência em comunidade e de sua saúde física.*

Um terceiro preconceito em voga é a ideia de que qualquer assunto de alguma forma relacionado com "espiritualidade" não pode estar unido num mesmo contexto com a ciência. Harmonizar ciência e espiritualidade parece-nos, então, algo utópico e tendemos a aceitar pacificamente que assim seja. Entretanto, *não nos damos conta de que uma falta de conciliação entre duas verdades, a espiritual e a científica, supõe que ao menos uma delas seja falsa. A verdade, embora formada de ângulos diferentes deve ser o encontro coerente entre todas as verdades parciais. Espiritualidade e ciência não podem se constituir como verdades opostas, e isso principalmente quando focalizarmos o ser humano, dentro do qual as duas realidades precisam unificar-se para que ele não se desestruture.* É preciso que entendamos a seriedade dessa realidade. É preciso compreender que espiritualidade e ciência são aspectos diferentes de uma mesma realidade existencial do homem e da verdade. De fato, pessoas de ciência que se fecham para a espiritualidade, da mesma forma que pessoas religiosas fechadas à ciência, enquadram-se naquela mesma categoria que costumamos designar de "fanatismo". *Não só o religioso, mas também um cientista pode ser "fanático" quando não está aberto à escuta sobre outras realidades.*

O que nos comprova que assim é são os dados obtidos com a pesquisa direta do inconsciente. No inconsciente não se consegue separar em departamentos estanques a ciência e a espiritualidade como no raciocínio consciente, e isso simplesmente porque um flui naturalmente dentro do outro, apresentando-se finalmente um só saber unificado e coerente. Sem dúvida, pode-se realizar racionalmente ou didaticamente a classificação e a distinção dos dois saberes, mas na realidade eles estão profundamente interligados e integrados.

No inconsciente atingido pela pesquisa e a prática clínica os conteúdos revelados confirmam, a cada passo, o "humanismo cristão". *A ADI comprova, portanto, que o "humanismo cristão" é uma orientação que realmente corresponde à natureza intrínseca do ser humano em relação aos mais variados aspectos de seu ser.*

Aliás, a autenticidade do humanismo cristão testa-se em relação ao que o ser humano mais necessita e busca existencialmente. E isso tem se demonstrado também na forma como essa orientação entranhou espontaneamente a mentalidade geral nas diversas áreas de trabalho e na organização de sociedades. Assim — conforme nos relatou um professor de Direito — os fundamentos cristãos evidenciam-se sutilmente a partir da leitura dos textos de códigos civis e penais do mundo inteiro. Os princípios dos direitos do homem, da criança ou daqueles que dizem respeito ao entendimento entre os povos estão alicerçados no "humanismo cristão". *Apregoa-se por meio desse humanismo a justiça, a verdade, o respeito, a caridade, a igualdade, a dignidade, a cooperação, a integração e a misericórdia. Orienta-se com firmeza para a estabilidade da "célula mater" da sociedade, a família, visando garantir a paz e a harmonia do núcleo que se irradiará sobre a comunidade. Prescrevem-se normas de bem comum que ensinem o homem a vencer seu egocentrismo, a colaborar com os outros e com o seu meio. Moldam-se no "humanismo cristão" a Pedagogia, a Psicologia, a teoria das Relações Humanas...*

Na verdade, todos nós, por estarmos um tanto decepcionados com a "prática religiosa dos cristãos" não observamos o quanto os princípios do "humanismo cristão", por corresponderem aos anseios mais profundos do homem, estão presentes em todos os ambientes, até mesmo onde nem sequer se cogita em religião. Apenas nos apercebemos disto quando surgem em nossos jornais ou noticiários o relato de povos que não tiveram acesso ao cristianismo e que agem com selvageria e crueldade, "premiando", inclusive, aqueles que perseguem e matam, ou decepando as mãos de supostos ladrões, ou ainda, desrespeitando qualquer ética ou direito ou dignidade pessoal, como acontecia também nos países da cor-tina de ferro, onde o homem era apenas um "meio" para os "fins" do governo.

O "humanismo cristão", portanto, em conformidade com o que foi dito acima, *tem por objetivo atingir o homem como ser integral, em sua "essência" e "existência". E, ao orientá-lo para a "transcendência" e para as "coisas de Deus", oferece-lhe, ao mesmo tempo, as respostas necessárias para a "vivência" no mundo material e físico com saúde, alegria, paz, justiça e bem-estar.* O "humanístico" expressa-se, por vezes, de forma mais atraente através de outras filosofias. Entretanto, o *"panteísmo"*, que geralmente *as caracteriza, dilui o referencial culminante, que é Deus-Pessoa, o que, por sua vez, diversifica e relativiza essas orientações filosóficas, jogando-as em contradição entre si mesmas e em relação à natureza integralizada e coerente do homem.* Sem dúvida, inserem-se nas citadas filosofias também pensamentos e ensinamentos "cristãos", mesmo que não apareçam com esse nome, mas exatamente porque esses correspondem aos anseios mais profundos e universais do ser humano. *Nenhuma filosofia, nenhuma orientação religiosa ou política, nem mesmo as "ciências humanísticas" conseguem sobreviver por muito tempo ou, então, sustentar uma população sadia e alegre ou de "normalidade social" se suas bases não se assentarem sobre os princípios que nos foram legados pelo "humanismo cristão", pois esses são os próprios fundamentos da essencialidade humana e de suas necessidades. E por isso são imutáveis, porque também o homem não muda a sua essência, por mais que modifiquem os costumes. Daí, quando se pretende ajudar adequadamente o ser humano, encaminhando-o à expressão máxima de seu ser, é preciso abordá-lo, simultaneamente e em coerência, sob todos os ângulos, focalizando-se também a transcendência* e permitindo-se que toda pessoa descubra em si sua tendência de busca do divino — o que, como já falamos, acontece espontaneamente quando se aborda o inconsciente.

Para que possamos esclarecer melhor o que queremos dizer com esse "humanismo cristão" que se confirma na abordagem direta do inconsciente, vejamos, a seguir, alguns enfoques específicos sobre a questão.

Historicamente, logo após o individualismo filosófico, é o "humanismo cristão" que pela primeira vez nos revela o conceito de *"pessoa"*. Antes do *cristianismo* tínhamos indivíduos e não pessoas. *A "pessoa" é única, irrepetível e digna por si mesma.* Em função do conceito de pessoa é que o outro, seja quem for, tem o direito de ser respeitado e aceito assim como é. *"Pessoa" ressalta a igualdade de essência entre os seres humanos. Assim, após o advento do cristianismo, não só os homens, mas também as mulheres e crianças, não só os senhores, mas também os escravos, todos, doentes e pecadores, pobres e ricos, cultos e analfabetos igualam-se em dignidade.*

No "humanismo cristão" valoriza-se o ser humano *integralmente*. Não só "todos" os homens, mas o *"homem todo"*, corpo, mente e espírito são dignos de respeito. Ao contrário do que popularmente se pensa, o cristianismo valoriza a tal ponto o corpo físico e suas funções que considera-o "templo do Espírito Santo". Não há "partes" menos nobres no ser humano, desde que harmonizadas e orientadas para o mesmo "fim autotranscendente", em direção ao qual o ser humano se dirige teleologicamente em sua vida terrena.

O eixo central do "humanismo cristão" gira em torno do *Amor*. O homem se origina do Amor (2) e *esse Amor é "efetivo"*, não apenas "afetivo". *Como "efetivo", esse Amor nos revela que somos sempre amados e não porque mereçamos ser amados, ou porque sejamos bons e amáveis, mas, ao contrário, para que nos tornemos bons,* para que consigamos desenvolver plenamente o nosso ser e para que nos aproximemos, o máximo possível, do que poderíamos e deveríamos ser, além de deslancharmos assim a nossa *capacidade de amar.* O amor "efetivo" é "ativo". Age, transforma, constrói, irradia. *É aquele Amor que não só quer bem "ao outro", mas "o" bem do outro...*

E esse Amor é também incondicional. Isso quer dizer que não pode ser diminuído pelas fraquezas humanas. Ele atua sobre o ser humano, independente do que o homem "é", do que "faz" do que "sente" do que "quer". Isto porque a Fonte originária do Amor é imutável.

O Amor, a partir de sua Fonte, não pode, portanto, depender da forma como respondemos. Aliás, é apenas em nossas respostas que estão as oscilações do Amor. *E é de nossa resposta que dependem os efeitos do Amor sobre a nossa saúde, equilíbrio e nossa vida relacional. O amor cura, o desamor adoece. Assim o Amor, cuja fonte e origem é sobrenatural, ou o desamor, originário do homem, ambos expressam-se sobre o psiquismo, sobre o corpo, sobre o relacionamento familiar, profissional e social, com efeitos positivos ou negativos.*

Saber amar é uma exigência fundamental do psiquismo sadio. Mas apenas consegue amar quem sabe que é amado. Nenhum amor humano nos dá a garantia de sermos sempre amados ou de sermos realmente amados. Os seres humanos falham na forma como vivenciam seu amor. *Mas se existe a certeza de que somos amados incondicionalmen-te, conforme a explicação dada acima, ou seja, por Deus-Amor, podemos a cada instante renovar a nossa capacidade de amar e, consequentemente, curar os males da "alma", do psiquismo e do corpo.*

Bastariam esses dois *alicerces, o da mensagem de "pessoa" e do "Amor"*, experienciados em toda a amplitude e profundidade de seu significado, para que vivêssemos no mundo o mais autêntico "humanismo" entre os homens e os povos. *E esses ensinamentos sobre "Amor" e "pessoa" são revelações cristãs. As técnicas psicológicas ou sociológicas apenas buscam recursos para fazê-los acontecer, para os recuperar ou reativar em seus pacientes ou em suas comunidades.*

Ligado aos conceitos de "Pessoa" e "Amor", o psiquismo revela a necessidade de um atendimento adequado à questão *"pai-mãe-filho"*. A experiência com a Abordagem Direta do Inconsciente ou com o Método TIP nos mostra que se encontram "registros negativos" relacionados a esse triângulo "pai-mãe-filho" em todos os casos clínicos tratados e, dentro do mesmo caso, em quase todas as sessões. Tenta-se, então, recuperar a desarmonia desse triângulo, mas nem sempre isso é possível com recursos apenas psicológicos. *A mensagem cristã oferece a possibilidade de "cura" dessa questão, quando revela, ao lado de Deus-Amor, um Deus-Pai.* É ele um pai zeloso, infalível na assistência, na providência, na proteção, na intimidade. O paciente, inúmeras vezes, sente-se culpado como "filho", o que o impede de usufruir a alegria e a segurança de sentir-se amado. *Então o próprio Cristo, como "irmão", redime essa culpa.* Finalmente existe também uma mãe de intercessão e de ternura, que acolhe a todos como "filhos" profundamente amados.

Observe-se que as colocações acima lembradas, embora de essência religiosa, inserem-se profundamente no psiquismo e são encontradas na "pesquisa" do inconsciente pelo próprio paciente, não dependendo isso das condições de fé ou crenças dessa pessoa. *Mesmo que o paciente não acredite em Deus ou em Deus-Pai, não deixará de perceber no inconsciente uma "Luz" que lhe irradia essas "sensações", podendo usufruí-las beneficamente* . Pela pesquisa do inconsciente "noológico" e das instâncias humanísticas, o paciente "verifica" esses fatos, e mesmo que eles contradigam suas crenças não consegue negar que sejam autênticas as percepções que tem dessa realidade!... Assim, *ainda que não caiba aqui discutir o aspecto religioso de todas essas revelações cristãs, não podemos, no entanto, negar a realidade concreta dos efeitos benéficos sobre o psiquismo e o organismo daqueles que, inconscientemente, tiveram essa experiência.*

Vários outros aspectos originais dos ensinamentos cristãos são importantes para o "psiquismo sadio" e enquadram-se neste "humanismo". Assim, por exemplo, no cristianismo, *o sofrimento inevitável tem valor e sentido.* Considerem-se os efeitos psicologicamente positivos dessa mensagem nos dias atuais, em que a ênfase é dada à "remoção do sofrimento" para o "bem-estar material e físico", para a "beleza" a qualquer preço, para a "saúde" como bem supremo... Isso, de per si, não precisa ser negativo, mas entenda-se o desespero no qual cai uma pessoa formada dentro dessa mentalidade quando, por algum motivo, precisa aceitar que não há mais possibilidade de "remoção" do mal que a acometeu. Se o sofrimento ou a velhice não têm "sentido", só resta acabar com a vida... Daí, não há dúvida, que teríamos hoje uma taxa bem menor de casos de suicídios se vivêssemos mais o *sentido cristão do sofrimento*. E outro problema se evidencia aqui: a *fobia da morte*. O que faria o homem sem a crença ou a esperança numa *sobrevida* à destruição da matéria de seu corpo? Qual o argumento psicológico capaz de remover esse pavor? Como auxiliar a pacientes terminais, sem a colocação dessa mensagem cristã? Há mensagens diferentes sobre a forma da sobrevida, de acordo com outras filosofias ou seitas. *Mas o ensinamento cristão de que o homem passará a viver em outra realidade não terrena como "ser integral" e terá, então, continuidade de aperfeiçoamento de seu próprio ser, de acordo com o conceito de pessoa única, irrepetível e eterna, corresponde ao natural anseio "psicológico" de todo ser humano*. Ninguém deseja ver-se no futuro "diluído" no cosmos ou saber que "deixará" de ser a "pessoa que é" para "reencarnar-se" noutro ser. Assim, independente de qualquer crença, *a mensagem cristã da sobrevida é a que mais está adequada à natureza intrínseca do ser humano, onde a ideia de "deixar de ser eu mesmo" é sempre antinatural, nunca aceitável, nem mesmo que isso seja previsto acontecer somente depois da morte! E Cristo prova-nos a realidade da sobrevida, ressuscitando ele próprio e aparecendo aos seus discípulos, e a mais de quinhentas pessoas que disso deram testemunho.*

    Existe outra situação existencial capaz de projetar o ser humano num processo incontrolável de autodestruição: *o sentimento de culpa*. Pelo inconsciente, quando diretamente abordado, sabe-se que a pessoa sempre se autopune diante da culpa, ainda que não tenha consciência do fato. As técnicas psicológicas, em tais casos, só conseguem remover sentimentos por culpa enganosa, nunca aquela verdadeira culpa, que tem como referencial os valores intrínseco-universais, inerentes ao homem. A mensagem cristã responde com o "Sacramento de Reconciliação", que é "garantia" do perdão de Deus, porque ensinada e autorizada pelo próprio Cristo, "Filho de Deus", aos seus apóstolos... Também aqui não estamos apenas diante de uma questão de religiosidade ou crença... Acreditando ou não, de qualquer forma *os efeitos de ordem prática dessa "Reconciliação com Deus" sobre a recuperação da saúde são constatados em terapia sobre o nível inconsciente e podem ser medidos estatisticamente.*

Mensagem cristã de suma importância para o psiquismo é a revelação que Cristo faz de si mesmo, como *"Caminho, Verdade e Vida"*...(3) O homem está constantemente em busca da Verdade. Verdade sobre a natureza, sobre si mesmo, sobre a transcendência. E verdade que concilie tudo em coerência. É a sede dessa Verdade que impulsiona os homens a querer o entendimento de todas as coisas. E é devido ao anseio pela Verdade, na qual todas as outras verdades parciais se entrelaçam, que o homem nunca se satisfaz com o "relativismo". Por outro lado, *a sede de Verdade é maior no que se relaciona aos segredos existenciais ou ao mundo "interior" do homem. O homem quer saber donde veio, o que é e para onde vai. E, se ele insiste no entendimento científico do mundo externo é, ainda, em função de si mesmo, da essência de sua "Vida", porque inconscientemente o cientista acredita ser esse um caminho que, mais tarde ou mais cedo, conduzirá àquela Verdade interior procurada... Ora, se existe estímulo, há uma resposta. Se a Verdade é uma necessidade tão fundamental para a inteligência e o coração do homem, ela é existente e pode ser encontrada. Cristo nos dá essa resposta e indica o "Caminho" para a atingirmos.* Quando Cristo diz "Eu sou o Caminho, a Verdade e a Vida" acalma essas inquietações. Nesse "Eu" resume Ele tudo que "é", tudo que "ensinou", que "testemunhou" e os "recursos" ou "caminhos" que aqui deixou. Em termos "religiosos "entende-se com essa citação que Cristo se posiciona como Aquele cuja revelação é a Verdade, e através do qual se chega a Deus-Pai e à Vida eterna. Sob o enfoque natural, poderíamos dizer que com a identificação de Cristo como "Caminho, Verdade e Vida", *Ele coloca a Sua Verdade como referencial para todas as outras verdades parciais e limitadas.*

Esse é o único "referencial Absoluto" que possuímos. E nós precisamos "humanamente" desse referencial para a nossa segurança e equilíbrio. Tudo se passa, então, como se os diversos conhecimentos fossem peças isoladas. Montam-se pequenos conjuntos do "quadro" isoladamente, acrescentam-se nos mesmos mais algumas peças e, aos poucos, conseguem-se os encaixes. Gradativamente as diversas verdades se unem numa só Verdade, que quando completada, é representada pelo quadro do "quebra-cabeças", onde "cada peça tem o seu lugar certo e único". É isso que se verifica em terapia com a ADI, na medida em que o "inconsciente espiritual" do paciente entranha as expressões do seu "vivido". As contradições, a falsidade e a mentira, então, não se sustentam mais. A partir daí só resta enfrentar a verdade ou bloquear sua percepção, criando a "resistência". Isso tudo se esclarece diante da *"sabedoria"* inconsciente.

Consideremos ainda, em relação à colocação acima, o seguinte: "sabendo" Cristo que estamos em busca da Verdade e da Vida, não esquece a nossa simultânea necessidade do processo de "vir a ser" ou do "vir a saber". Por isso não nos entrega o "prato feito". Indica os "caminhos" e confirma que uma resposta segura e objetiva nos aguarda no final, *mas deixa-nos "livres" para que a busquemos pela nossa maneira própria de ser e dentro de nosso ritmo pessoal. Isso é, mais uma vez, uma atitude altamente psicopedagógica do "humanismo cristão".*

Como já lembramos, outras teorias existem no mundo que incluem os ensinamentos cristãos aos seus pensamentos, pois só assim conseguem adeptos. *Mas conduzem a outro líder que não seja Cristo e, imediatamente, a coerência da mensagem se quebra. Só em Cristo o humano e o divino realmente se integram harmoniosamente.* Para que possamos acreditar nisso, vejamos que Cristo e apenas Cristo realmente *testemunhou tudo que ensinou. Era importante que nos provasse, em primeiro lugar, a sua natureza humana para dar força às suas mensagens divinas e nos incentivar à imitação. Portanto, sabendo isso, Cristo teve o cuidado de testemunhar sua humanidade.* O "Cristo-homem" nasceu como um menino. Ele cresceu e se fortificou. Foi um adolescente que teve suas atitudes de emancipação dos pais. Como adulto, cercou-se de amigos e entre esses teve os prediletos em Pedro, em Tiago e em João. Como ser humano experimentou sentimentos de dor, alegria, indignação. Chorou a morte de Lázaro e sobre Jerusalém. Irritou-se com os vendilhões do templo que ofenderam seu Pai. Sofreu com a sede e a fome. Sentiu a terrível angústia da morte no Jardim das Oliveiras. Decepcionou-se com a traição de Judas e Pedro. Vivenciou o desprezo, o ridículo e o abandono. Em meio a dores atrozes e à agonia, experimentou a morte física. E como Cristo-Deus, Ele ressuscitou.

Era importante também que Cristo se revelasse como "psicoterapeuta" e conhecedor da moderna técnica psicológica. E Cristo o fez naquele episódio da piscina de Betsaida, onde um homem aguardava há anos que o colocassem na água para que se curasse. Cristo lhe pergunta: "Queres ser curado?" (4) A resposta parece óbvia ao leigo, mas não ao psicólogo conhecedor da existência frequente dos "ganhos secundários", e muitos menos a Cristo que, além dos "ganhos secundários" sondava o eu-profundo ou a "alma". Cristo não cura os "ganhos secundários". Não "superprotege". Não "apoia" nem "reforça" aquilo que impede a pessoa de reagir por si mesma. Ele não "cura" sem a autêntica "participação ativa" do "querer" do paciente... *E hoje, a pesquisa do inconsciente também nos prova que a "cura" não pode acontecer se não houver por parte do paciente uma profunda "mudança de ser" interior!*

A harmonia entre o natural e o sobrenatural em Cristo mostra-se também quando ele, como terapeuta, não dispensa a natureza. Sempre que possível utiliza-se dela para dizer ao homem que não deve invocá-lo como "milagreiro", enquanto há algo que pode fazer por meio dos recursos naturais. Em nossos dias essa mensagem torna-se importante, porque muitas são as pessoas de fé que pedem a Deus a cura de seus males, mas não se empenham com esforço próprio para conseguir os meios. *A mensagem cristã valoriza os acontecimentos naturais. Não menospreza os recursos bons que o homem descobre com a sua ajuda. E não agrada a esse Cristo a nossa preguiça, nossa acomodação, a nossa vergonha e nosso orgulho, em não querermos nos expor aos especialistas humanos. Deus não faz por nós a parte que podemos fazer, pois estaria contradizendo e minimizando as próprias coisas que criou e as descobertas que permite acontecerem.* A "oração" não deve ser "substituição de nosso esforço", mas o enriquecimento do mesmo para a melhor escolha dos recursos naturais que buscamos. Se alguma substituição deverá acontecer, ele a fará espontaneamente.

Assim sendo, o próprio Cristo queria testemunhar a importância da utilização dos recursos naturais e da matéria. E foi o que fez, ao pedir "água" para transformá-la em "vinho". Utiliza-se Cristo do "barro" e da "saliva" para curar o cego e do toque da mão para libertar alguém da surdez... Essa valorização da natureza, portanto, é mais uma confirmação do aspecto "humanístico" da mensagem cristã e é de máxima importância não só para um psiquismo sadio, como para uma religiosidade autêntica.

Como terapeuta, Cristo ensina-nos também que não basta curar "sintomas". Ao soerguer o paralítico, diz em primeiro lugar: "Teus pecados estão perdoados" (5). Só depois lhe reabilita o físico, mandando que ande e que tome o seu leito. Quer Cristo mostrar com isso que a cura acontece quando se atinge a "causa primeira", ou não teremos a cura, mas apenas recursos paliativos. No caso apresentado, se Cristo não curasse a alma, não atingiria beneficamente o corpo. E quantas vezes tentamos inutilmente curar os males atingindo apenas o psicofísico! *"Cura" não é só da doença nem mesmo só da enfermidade. Só fazemos justiça ao termo "cura" quando não nos prendemos apenas à remoção dos males específicos. Cura real acontece apenas quando também se "promove o homem" a um ser sadio e equilibrado. E ela só é possível quando o processo terapêutico se volta para o homem integral "psiconoossomático". Tudo isso só acontece quando o tratamento é feito como o "terapeuta" Cristo nos ensinou, de "dentro para fora", a partir do "interior" do homem, a partir da "alma", que passa pelo "psiquismo", atingindo finalmente o "corpo".*

Em sua atitude terapêutica, Cristo insiste na *"interiorização"*. Diz o Evangelho: "E tu quando jejuares e orares... entra em teu quarto, reza em silêncio"! (6)

O processo de "interiorização" é sinônimo de autenticidade. Ele só acontece quando a pessoa assume a si mesma, pronta a enfrentar-se, a enxergar-se profundamente e a realizar mudanças. Está ligado também a convicções profundas, a nível de coração e de "ser", não apenas de intelecto...

A "interiorização" que Cristo propõe não é semelhante à autoanálise, onde a pessoa se mantém presa ao autocentrismo, tendo de sujeitar-se a sessões e mais sessões de psicoterapia, julgando-se vítima do passado ou das circunstâncias. A isso chamamos de "introspecção". A *"interiorização" é realizada por um processo onde a busca ultrapassa os limites da verificação do que "os outros fizeram comigo", para deter-se numa espécie de exame de consciência sobre "o que eu fiz comigo mesmo" e em "relação aos outros" e "para com Deus". Percebidas essas condições eu transformo minhas atitudes e meu ser, pois submeto-me a uma nova experiência que ultrapassa o nível físico e invade o nível espiritual.* Esse tipo de "interiorização", portanto, leva o homem a autotranscender-se e a vivenciar um clima de contemplação especial e de caminhada em direção ao Infinito. E quem assim se orienta, retorna modificado. Haverá, então, transformações em seu interior que jamais conseguirão ser esquecidas e há mudanças em seu psicofísico. *Portanto, não é apenas o psiquismo que assim se transforma, e sim o homem todo!*

Em termos de Cristo como "psicoterapeuta", devemos lembrar sua atitude ao nos oferecer "assessoria". Sabendo de nossas dificuldades em "acertar", ainda que tenhamos boa vontade, ele, tal qual o faz todo psicólogo, está disponível para orientar-nos na caminhada da cura, da melhora, do crescimento, da autorrealização. Mas a assessoria de Cristo, embora toque exatamente naqueles pontos que são psicologicamente os mais importantes, é dada a partir do nível espiritual e em função desse nível. Assim, manifesta-se a assessoria de Cristo através dos *Sacramentos, recurso sobrenatural que age através de símbolos naturais e atinge o todo-humano, inclusive o psicofísico.* Pelo processo do Método TIP o paciente revela espontaneamente a vivência concreta dos fatos inconscientes relacionados a momentos em que percebe os efeitos dos Sacramentos. Isso acontece geralmente como surpresa para o paciente. E essas vivências aparecem desde a fase da gestação e podem estar presentes em qualquer idade, enquanto o paciente as perpassa em terapia sobre o inconsciente.

Concluindo: O leitor que acompanhou atentamente os aspectos que destacamos da mensagem cristã perceberá, sem dificuldade, que neles se evidencia fortemente o "humanismo", de acordo com o que no início conceituamos. De fato, o que chamamos aqui de "humanismo cristão" localiza a essência do homem, em suas características de "ser" e na experiência do Amor... Observe-se, ainda, que o *"humanismo cristão", embora parecendo falar apenas ao nível espiritual do homem, oferece, no entanto, toda a fundamentação básica sobre a qual se estrutura a Psicologia.* Ensina-nos esse "humanismo" que qualquer linha de terapia psicológica, por mais diversificadas que sejam as orientações, deve atender primeiro às necessidades desse eixo humanístico, se quiser realmente ajudar com eficácia ao homem "psiconoossomaticamente" sofrido.

3.3 - A CIÊNCIA E A DESUMANIZAÇÃO

> *Descartes divide o saber em "método da matéria" (res extensa) e estudo da mente pela "intuição" (res cogitans). Essa última deve servir de referencial ao estudo da matéria. Mas os estudiosos esqueceram a "intuição" e o processo referencial. Assim, a realidade transcendente é reduzida aos limites da matéria e o "humano" ao psicofísico... Separa-se, então, o estudo científico do humanístico e os dois nunca mais se encontram numa linha unificada de saber.*

A história do desenvolvimento do saber mostra-nos que desde os primórdios do conhecimento até a era científica filósofos e cientistas caminhavam, lado a lado, ajustando-se e harmonizando-se em uma orientação "humanística". Os cientistas, em suas pesquisas, voltavam-se para o sentido último de todas as coisas, valorizavam a ética, acreditavam num Ser Supremo e, de forma genérica, não viam a necessidade de conflito entre fé e ciência. Pelo contrário, apesar de algumas exceções à regra, as descobertas levavam, em última análise, a uma confirmação de sua fé.

A era científica anuncia-se nos séculos XVI e XVII da Renascença. É esse um período da história que se caracteriza pelas grandes mudanças, como as transformações de ordem econômica, de expansão geográfica e quando acontece paulatinamente a desintegração feudal.

Nessa época, o ser humano, sempre curioso e sedento de aumentar o seu conhecimento, empenhado numa busca obsessiva de saber e de desvendar os segredos e mistérios, foi bastante gratificado. De fato, conhecer é uma necessidade intrínseca do homem e significa exercer controle sobre o mundo, dominar os fatos, ser senhor dos acontecimentos, construir a segurança e tentar, com isso, eliminar os medos e os conflitos dentro de si mesmo. A História, portanto, apresenta-nos vários cientistas que se destacaram em relação à evolução do conhecimento, porque lançaram alicerces revolucionários, sobre os quais as outras descobertas se assentaram.

Um desses cientistas é Copérnico, que substitui a concepção geocêntrica pela heliocêntrica. Para surpresa da humanidade da época, deve-se admitir que já não é mais o sol que gira em redor da terra, mas essa ao redor do sol. Por outro lado, Galileu Galilei confirma em suas observações astronômicas as leis de Copérnico. Fundando a ciência experimental na Itália, descobre o isocronismo das oscilações do pêndulo, inventa a balança hidrostática, constrói a luneta para estudo dos astros. Francis Bacon, na Inglaterra, descreve o método empírico. E assim o tradicional processo "dedutivo" que conclui do "geral para o particular" passa a ser substituído pelo "indutivo", que parte do "particular" para a "generalização". Consta o seu método da realização de experiências de laboratório. A conclusão geral, assim adquirida, por sua vez, deveria ser novamente submetida à experimentação. A experiência baseava-se na fragmentação e na identificação de "causa e efeito"... e Bacon celebriza-se, dessa forma, como o "pai da experimentação científica". Isaac Newton, também nascido na Inglaterra (1642), descobre a lei da gravidade. Utiliza-se da matemática para elaborar as leis do movimento dos corpos. Redige definições, proposições; apresenta provas, tudo relacionado à descrição da natureza física e material. Em seu livro *Principia*, combina o método racional-dedutivo de Descartes com o empírico-indutivo de Bacon... Pouco depois, Galileu, Bacon e Newton são reconhecidos como responsáveis pela "Revolução Científica" que, a partir daí, se estabelece através de uma metodologia específica.

A ciência se amplia rapidamente. Em pouco tempo entende-se cientificamente o movimento dos planetas, o fluxo das marés e outras tantas questões relacionadas com a lei da gravidade. Pelas descobertas de Newton, os físicos compreendem o movimento contínuo dos fluidos, as vibrações dos corpos elásticos, a energia, as moléculas. Desenvolve-se a Biologia, a imunologia e descobrem-se as leis da hereditariedade. Com a elaboração do microscópio chega-se à célula como unidade dos seres vivos. Parte-se para a Genética: Identifica-se o DNA e o RNA mensageiro. A embriologia se desenvolve em amplitude e profundidade. As cirurgias, as microcirurgias, os transplantes de órgãos, o computador, a informática, a economia e, sob os mais diversos ângulos, a ciência e a tecnologia progridem incessantemente.

Esse modelo fisicista de ciência, o "paradigma cartesiano-newtoniano", como o denomina Fridjof Capra, ou o modelo "reducionista da realidade", como entende a maioria dos estudiosos da questão, chega ao seu auge no séc. XIX. O método científico é um sucesso que se amplia, ramifica e aprofunda constantemente, conduzindo à euforia e à crença de que ele não só possibilita o entendimento de toda realidade, mas que até mesmo se confunde com ela.

Os primeiros passos em direção a essa violenta Revolução Científica foram dados por Renée Descartes (1596) que era simultaneamente matemático e filósofo e foi considerado o fundador da "filosofia moderna", ao mesmo tempo que "pai da filosofia científica". Descartes, como filósofo, encontra-se dentro da concepção "racional" do homem e do saber. Em função de seu conhecimento filosófico e de seu espírito científico, Descartes divide toda a "realidade" nestas duas partes bem distintas: a "res cogitans", voltada aos aspectos filosóficos e da mente e a "res extensa", orientada para o mundo da matéria, da física e da matemática.

Essa divisão em "res extensa" e "res cogitans" ficou conhecida como "dualismo de Descartes". Isto porque com essas colocações acontece um rompimento, uma separação na área do conhecimento, uma bifurcação, que foi o marco a partir do qual houve dois tipos de desenvolvimento do saber totalmente independentes, os quais, no decorrer da história, nunca mais se encontraram.

O fato acima refletiu-se sobre a humanidade com muito mais força do que pensamos. O homem moderno, impregnado pela mentalidade cientificista, a qual se impõe como critério absoluto e exclusivo de verdade, vive em si mesmo esse conflito entre os dois mundos da realidade do saber. Temos assim, por um lado, o conhecimento científico, cujo paradigma é reduzido a limites segmentários e rígidos, fora dos quais não se admitem fenômenos respeitáveis, e por outro lado, o conhecimento sobre a realidade interna do ser humano que clama, sem cessar, pela inserção numa perspectiva mais abrangente, integralizada e transcendente, mas que não encontra respaldo na metodologia científica. E, *na falta de "comprovações" do que é intimamente experimentado, essa vivência, embora óbvia e incontestável, torna-se duvidosa. Na atualidade, por conseguinte, já não é tanto o nível do "saber" que está partido, mas o homem é que se sente dividido em si mesmo, em seu nível de "ser"*. E é esse um quadro que muito se encontra em nossos consultórios médicos e de Psicologia. *Por detrás dos "sintomas" apresentados, esconde-se uma "crise existencial" do homem moderno, que também aumenta na medida em que o saber científico se amplia em sua visão exclusivista de considerar apenas "exato" e "confiável" o que é manipulável e o que por meio desse processo pode ser "comprovado"*.

Não era essa a intenção de Descartes. Não pretendia ele "dividir o homem" quando dividiu a realidade para fins de estudo...

Acompanhemos mais de perto essa questão. Descartes propõe para o estudo da matéria um processo "analítico-dedutivo", através do qual se deveria decompor os problemas complexos em suas partes constituintes, para depois tornar a dispô-las numa ordem lógica. Descartes afirma que todos os fenômenos naturais podem ser decompostos. Tudo é deduzível em partes elementares. Descartes estava também convencido de que todas as propriedades dos objetos físicos poderiam ser sujeitas à dedução e, sem margem de erro, mediante a aplicação das relações numéricas, das figuras geométricas e das correlações algébricas. E é nesse sentido que postulava suas verdades científicas como sendo absolutas, posicionando o seu método como o único meio válido de entender o universo. Mas em relação às coisas da mente e do espírito, *Descartes reconhecia o primado do pensamento e do conhecimento intelectual. Esclarecia, ainda, que a essência do entendimento humano reside na "intuição", que é a "apreensão imediata de essências elementares e das relações simples e evidentes". A "intuição" serve de fundamento a todo saber. É critério da verdade, clareza e distinção. A "intuição" serve de instrumento para a capacidade humana de distinguir o "certo" do "errado" — mesmo em relação às verdades científicas.*

Vemos, portanto, que Descartes, ao considerar o seu método das "coisas da matéria" como a única forma de entender o mundo, esclareceu, ao mesmo tempo, a supremacia do conhecimento "intuitivo", ou da capacidade "mental" e do "espírito" e assim mantém o elo que o liga aos filósofos precedentes, os quais acreditavam no homem racional, teleologicamente orientado para a transcendência e para o divino. Sobre isso se expressa explicitamente Descartes quando fala em relação à divisão que fez, em duas partes, de toda a realidade: "Deus é o ponto de referência de ambos, a fonte de ordem natural exata e a luz da razão que habilita a mente humana a reconhecer essa ordem da ciência" (7). Descartes assim declara uma "dependência" das análises científicas ou da "res extensa" para com as coisas do espírito ou da "res cogitans". De forma alguma pretendia ele desencadear uma metodologia científica como essa que hoje conhecemos, que se desenvolveu numa linha independente da realidade mental ou da "intuição", chegando mesmo a contradizê-la...

Podemos dizer, portanto, que *a metodologia científica, conforme desenvolvida por Descartes, quando hoje se expressa por uma mentalidade cientificista de "critério único de verdade", estruturou-se sobre um "mal-entendido" em relação à sua origem e natureza.*

O "mal-entendido" se explica em parte porque Descartes, apesar de enfatizar a "intuição" como referencial de verdade na avaliação do processo científico, não sistematizou um plano para a mesma, dificultando-se, portanto, a sua utilização metódica. Além disso, Descartes estendeu o seu "método da matéria" para o corpo humano, dizendo que "não há nada no conceito de corpo que pertence à mente e nada na ideia da mente que pertença ao corpo" (8). Com isso Descartes indicava, pela primeira vez, a possibilidade de se aplicar o seu método da matéria ao corpo e, por extensão, aos seres vivos. Esses dois fatos citados colaboraram para que o mundo de cientistas, posterior a Descartes, esquecesse por completo a "res cogitans" ou a "intuição", e se utilizasse para as suas investigações apenas dos recursos da matemática e depois da física, próprios para o estudo da "res extensa" ou da matéria. Sem dúvida, uma consideração relevante para entender as contradições hodiernas geradas pelo saber científico em relação a outros saberes, é o fato de que o *"referencial de validade" para a metodologia científica proposto por Descartes foi abandonado, sendo que hoje a ciência é avaliada em relação aos seus próprios critérios experimentais*, ou seja, está fechada sobre si mesma, sem referencial externo — o que, por si só, já se constitui como uma falha de conduta científica...

    A partir deste passo inicial mal dado em relação à "totalidade" do saber acentuou gradativamente e sempre mais na metodologia científica a separação entre a compreensão da "natureza", que se refere ao mundo físico e material e o entendimento de toda a "realidade", dos fenômenos mais amplos e globais. E semelhante distanciamento agrava-se com a diferença de métodos de estudo utilizados por cada uma dessas facções, sendo que a ciência ao entender a "natureza" utiliza-se da "indução", partindo do particular para o geral, enquanto que a Filosofia, que focaliza a "realidade", utiliza-se do método da "dedução", que parte do geral para o particular. Além disso, o "particular" do método científico focaliza elementos, fragmentos mínimos, com a exclusão do maior número possível de variáveis. Dessa forma, *a "generalização" da ciência expressa sempre conclusões imperfeitas, necessitando de "correções" e "aproximações" e, mesmo assim, nunca atinge uma "globalidade" ou uma "apreensão imediata e total", como era previsto conseguir se a "intuição" continuasse como referencial da metodologia científica*, de acordo com a proposta de Descartes.

    A consequência do que foi dito acima é que os dois grandes saberes da humanidade, o "científico" e o "filosófico" — não se entendem e até se combatem, em vez de buscarem complementar-se. O rigor da aplicabilidade experimental levou a considerar a metodologia científica como a ciência da "objetividade", da "exatidão" e do "certo". Para a visão científica, portanto, o estudo pela "intuição" passa a ser classificado como "subjetivo", "relativo" ou de "opinião". A recíproca é também verdadeira. Para a Filosofia "humanística" a verdade científica é "subjetiva", "reducionista", "limitada", "parcial", e tudo isso porque apenas em relação ao mínimo consegue ser "exata". De fato, os critérios para a objetividade científica são, entre outros, a elementaridade, a linearidade, a fragmentação, a medição, a quantificação, a manipulação, a repetitividade, a relação de causa e efeito. É essa uma linguagem estranha à Filosofia, pois detém-se a ciência sobre "partes" e perde a qualidade, a visão conjunta ou de totalidade. Por outro lado, a "objetividade", desde Aristóteles, é entendida na Filosofia de forma diferente da científica, sendo conceituada como "um elemento comum a toda uma deter-minada realidade", ou então, conforme a colocação de Kant, é ela "algo que é válido para todos os sujeitos pensantes". Assim, até mesmo o termo "objetividade" é diferente, conforme conceituado pela ciência ou pela Filosofia. Além disso, olhando pelo enfoque do desenvolvimento das diversas ciências, percebe-se que, em razão da ausência de uma concepção mais globalizante, também a linguagem para entendimento mútuo torna-se difícil. *É única a terminologia para cada especialidade científica e um especialista não entende o outro...* Essa diferença de linguagem dificulta também os trabalhos interdisciplinares dos cientistas. Com isso, *a ciência, quanto mais se aprofunda, mais se especializa e, quanto mais se especializa, mais distancia a sua conexão com as outras ciências. Daí, temos conhecimentos isolados, perdendo-se a unidade no conhecer, o que, por sua vez, conduz ao "relativismo" e não à "objetividade".*

Vemos, portanto, por esse prisma que *realmente existe muita "subjetividade" na decantada "objetividade" do método científico. E essa dificuldade só seria vencida se fosse adotado um referencial comum a todos os tipos particulares de estudo. Esse referencial é exatamente a "intuição" de Descartes, a mesma "intuição" evidenciada recentemente por Bergson como a forma de se ter um conhecimento amplo, imediato e sem contradição.*

Mas o cientificismo defende-se e resiste contra o reconhecimento da validade de outros saberes, embora hoje exista a tendência de mudar lentamente essa mentalidade. Entretanto, no início do desenvolvimento desse método da ciência, houve pronunciamentos de cientistas que negavam radicalmente a existência de fenômenos que não pudessem ser enquadrados neste paradigma... Essa atitude denunciava, entre outros comportamentos nada científicos, uma espécie de comodismo, pois o esquema do método da ciência por si só é aético, liberto da conceituação de valores ou de possíveis censuras morais, não exigindo o compromisso pessoal e empenhativo!... Alguns cientistas do princípio da evolução do conhecimento eram pseudocientistas, estando preocupados apenas com o "progresso", a conquista do saber por si só, maravilhando-se e deixando-se levar somente pelo fascínio do poder e do controle do universo, sem nenhuma consideração pelo "humano", evidentemente por ser essa área bem mais complexa e comprometedora.

Na evolução do saber, portanto, a "res cogitans" e a "intuição" foram definitivamente varridas e esquecidas pelos estudos científicos.

Por outro lado, o método da ciência permitia um entendimento cada vez mais perfeito dos elementos da composição da matéria. E pelo progresso técnico dos meios de comunicação transferia-se ao público o sucesso crescente dessa metodologia, impregnando a mentalidade de informações que configuravam essa ciência como instrumento abalizado e infalível do conhecimento e de soluções para toda a realidade. *E até hoje, muitos cientistas e leigos continuam a crer que da ciência surgirão todas as respostas necessárias ao homem. Daí se supõe que "se hoje algo não puder ser respondido por esse meio, amanhã, por certo, o será"...*

Preocupando-se com essa questão, Stanislaw Grof, em seu livro *Para além do cérebro,* comentou: "Os triunfos tecnológicos são tão notáveis que poucos têm questionado a autoridade absoluta da ciência na determinação da estratégia básica da vida" (9). E Karl Popper lança um alerta dizendo: "A ciência não é um sistema de declarações certas e bem estabelecidas; nem é ela um sistema que avança para um estado final. Nossa ciência é conhecimento (*episteme*), mas não pode nunca pretender haver atingido a verdade, nem mesmo um substituto para ela" (10).

A preocupação e o alerta desses cientistas mencionados e de tantos outros tem sua razão de ser. Não se dispensam facilmente instâncias que são inerentes ao homem, que representam a sua essência, os seus valores e a sua transcendência. *A unilateralidade na busca do saber científico significou um grande abalo na realidade existencial do homem e de suas convicções.* Desde Copérnico, o heliocentrismo não só deslocou a terra do centro, mas o próprio homem começou a se sentir desviado da figura central deste mundo. Entende-se, ainda, que as ciências exatas, por meio de suas crescentes descobertas, contaram para a aceitação pacífica da sua autoridade também com a perplexidade do homem, que estagnou por algum tempo o raciocínio em relação a si mesmo e a seus valores. *Deixou-se o ser humano absorver por uma mentalidade em que passou a ser praticamente ignorado como "pessoa", em sua dignidade e integralidade...*

O homem sentiu-se abalado também em sua fé, pois no desenvolvimento da nova ciência grandes incógnitas da natureza, antes atribuídas à ação direta de Deus-Criador ou a Deus-Providência, pareciam ser totalmente esclarecidas de forma natural. *Em resposta e, paradoxalmente, sem o conscientizar, o homem acabou por compensar esse Deus esquecido, fazendo do próprio "cientificismo" uma espécie de "religião", algo de "indiscutível", a "medida de todas as coisas".*

Passou-se a atribuir à ciência um valor artificial e a colocá-la como representante fantasiosa e substitutiva da verdade divina ou da verdade que nos é possível perceber pela "intuição" proposta por Descartes e que fora desprezada.

Mas uma falsa substituição de valores humanos não se sustenta por longo tempo; gera acontecimentos que delatam essa ausência de autenticidade. No caso, vemos hoje a *própria humanidade concluindo, diante das evidências, que o método científico em nada contribuiu para aperfeiçoar o homem em relação ao seu processo de humanização.* Continuam o egoísmo, a inveja, a injustiça, as violências, as agressões. O entendimento mútuo permanece bloqueado, os povos renovam planos e ação de guerras entre si... E, *se pudéssemos colocar numa balança os prós e contras do avanço da ciência em relação ao vir a ser humanístico e autotranscendente do homem, talvez verificássemos que os "vazios" deixados pela ciência prejudicam mais a humanidade do que as grandes descobertas a beneficiam. Pois os benefícios atingem o "ter" do homem, enquanto que os "vazios" aniquilam o homem como "ser". E por não evoluir o homem em termos de "ser", também o "sentido humanitário" não se desenvolve, nem os benefícios do "ter" conseguem conduzir à justiça...*

A humanidade se ressente quando não lhe são atendidas as exigências essenciais, aquilo que Aristóteles chamou de "princípio superior" ou que Viktor Frankl denomina de "nível noológico", descrito por ele como a "instância por excelência" do ser humano e que tem a característica de ser "intrínseca" e "pré-reflexiva". De fato — como diz ainda Frankl — *o homem não é só "impulsionado" por instintos, mas também "atraído" por valores.* Alguma coisa clama de dentro do homem e o inquieta, quando ele quer bastar-se com uma ciência que dele não exige esforço de "ser" ou de "crescimento humano"!

Verificamos pois que *a unilateralidade da ciência acarreta também um "malefício" ao homem, em relação ao conhecimento e ao domínio que ele deve ter sobre si mesmo a nível de "ser", pois o aliena da preocupação de seu vir a ser como pessoa única e irrepetível e quanto à sua finalidade última.*

O que dissemos é válido, ainda, porque a unilateralidade científica representa também um fechamento, uma delimitação exclusiva sobre as instâncias inferiores do homem. Se o "princípio superior" exerce as funções dos "inferiores", como diz Aristóteles, também é verdade que os "inferiores" por si sós não conseguem atingir o "superior". Daí, retornando a Descartes, podemos dizer que *pela "res cogitans" pode-se abarcar, através da "intuição", a "res extensa". Mas o caminho inverso ou do método da "res extensa" abarcando a "res cogitans", é impossível.*

É, portanto, uma ilusão pensar que todas as coisas, todos os mistérios da realidade serão desvendados um dia pelos recursos científicos reducionistas e fisicistas. *Através do atual esquema da metodologia científica se conseguirá, sem dúvida, sempre maior especialização e se penetrará, por meio de segmentos sempre menores, a maiores profundidades da natureza, mas apenas dentro do âmbito restrito do seu paradigma, ampliando-se sempre mais a distância que separa esses enfoques isolados da realidade total e integralizada do fenômeno humanístico.*

3.4 - LIMITES DA CIÊNCIA NO PARECER DE CIENTISTAS

A "Nova Física" abala a pretensa objetividade clássica da metodologia científica... E os próprios cientistas criticam a concepção mecânico-fisicista, que exclui a "qualidade" e os fenômenos integrativos e globalizantes de toda a realidade... O "absolutismo" científico é substituído pelo "princípio da incerteza" de Heisenberg... E Kuhn afirma que um fato novo, em termos de constatação de sua realidade, não pode ser dependente da confirmação científica...

A metodologia científica atinge seu apogeu em nossa época, impregnando com o "cientificismo" a área acadêmica e a mentalidade geral. *Há muito tempo deixou esse paradigma de ser considerado um processo exclusivo de estudo da física e da matéria, para tornar-se um referencial absolutista em relação a todas as questões que a realidade apresenta ou a humanidade sofre.*

Entretanto, essa gratuita extrapolação do "método da matéria" para conclusões que dizem respeito a fenômenos diferentes dessa realidade tornou-se também tema de avaliação crítica de estudiosos dos mais diversos campos do saber. E é curioso verificar que a manifestação dos maiores expoentes críticos surge da própria Física, exatamente a disciplina que se destacou como mãe da metodologia científica.

Realmente, as descobertas do que tem acontecido na "nova física" abalaram conceitos da ciência, ou melhor da física newtoniana.

O processo inovador começou com a investigação dos fenômenos elétricos e magnéticos. Faraday e Maxwell identificaram um novo tipo de energia que chamaram "campo de força". Verificaram que esses campos têm uma realidade distinta, que pode ser estudada sem nenhuma referência a campos materiais. Essa teoria, a "eletrodinâmica", é, portanto, um primeiro passo a ultrapassar a restrita física newtoniana.

Einstein, em 1905, também publicou suas teorias revolucionárias em relação à ciência. Acreditou na harmonia da natureza e preocupou-se em descobrir um fundamento unificado para a física. Em função disso construiu uma estrutura entre eletrodinâmica e mecânica que fosse comum a ambas. Essa unificação foi por ele ampliada mais tarde para a teoria geral da relatividade.

Einstein, unindo-se a um outro grupo de físicos internacionais, entre os quais estão Plank, Bohr, Werner, Heisenberg e Wolfgang Pauli, — os dois últimos portadores do Prêmio Nobel — dedicou-se com eles aos estudos do átomo. Na medida em que os estudos se desenvolviam, percebeu essa equipe que os átomos respondiam, na experimentação de forma estranha e inesperada. *As características perturbadoras dos experimentos realizados por esses cientistas aconteciam em relação ao mundo subatômico, no que diz respeito às suas partículas, os elétrons, os prótons e os nêutrons, que não se apresentavam aos cientistas como objetos sólidos, conforme os descrevia a física clássica. Na situação experimental elas figuravam tanto como partículas, quanto como ondas, simultaneamente.* O mesmo repetia-se em relação à luz, onde havia, num mesmo momento, a observação de partículas e de ondas eletromagnéticas. Ora, *de acordo com o paradigma científico clássico era totalmente impossível que uma partícula ocupasse, ao mesmo tempo, outro espaço como onda, dilatando-se num amplo campo espacial.* Essa situação, portanto, era absolutamente incompreensível aos cientistas, até entenderem que o *paradoxal não estava na "realidade" estudada, mas no "paradigma" utilizado*. Era, portanto, a *conceituação científica de "partícula" e "onda" que não servia aos seus experimentos*. Pois, conforme concluíram, um elétron não é uma partícula, nem onda, mas pode apresentar aspectos de partícula ou de onda, conforme as circunstâncias experimentais.

Em relação a essa situação que confundiu os cientistas, expressou-se *Heisenberg* dizendo: "Todas as minhas tentativas para adaptar os fundamentos teóricos da física a esse conhecimento newtoniano fracassaram completamente. Era como se o chão tivesse sido retirado debaixo de meus pés e não houvesse em qualquer lugar uma base sólida sobre a qual pudesse construir algo" (11). Os outros físicos, colegas de Heisenberg, também expressaram sua perplexidade diante do fenômeno, dizendo: "Sempre que víamos termos clássicos como partícula, onda, posição e velocidade para descrever fenômenos atômicos, descobríamos existirem pares de conceitos em aspectos que estavam inter-relacionados e não podiam ser definidos simultaneamente de um modo preciso. Quanto mais enfatizávamos um aspecto em nossa descrição, mais o outro se tornava incerto" (12). Os cientistas, portanto, acabaram por concluir que toda a "redução precisa" entre esses dois pares de conceitos tornava-se "imprecisa" ou "incerta" nesses seus experimentos.

A partir dessas descobertas, portanto, estrutura-se a nova física que contesta princípios da física newtoniana, sendo a objetividade científica da "exatidão" substituída pelo *"princípio da incerteza"* de Heisenberg. Diz esse princípio: *"Os eventos atômicos não ocorrem com certeza em lugares e tempos definidos, nem de maneiras definidas"* (13).

O "princípio da incerteza" inspira-se nos fenômenos que deram origem à "teoria quântica", referindo-se principalmente ao fato de que as partículas atômicas não são "coisas", mas "interconexões", que não é possível decompor o mundo da matéria em unidades independentes e que *a realidade só pode ser entendida numa concepção de inter-relacionamentos, a partir do todo e de forma unificada.*

É Heisenberg quem procura definir a razão dessa nova física, explicando que ela se torna necessária porque *"o mundo apresenta-se como um complicado tecido de eventos, no qual conexões de diferentes espécies se alternam, se sobrepõem ou se combinam e, desse modo, determinam a contextura do todo* (14). Por outro lado, a teoria da relatividade de Einstein muda nossos conceitos de tempo, espaço e matéria, obrigando a ciência a modificar toda a concepção para um enfoque da *quadridimensionalidade em substituição à tridimensionalidade tradicional.* As partículas de energia devem ser entendidas, dinamicamente, como formações no espaço-tempo. A dinâmica tem um aspecto "espacial" que faz com que as partículas se apresentem como massa e outro aspecto "temporal", ligado à energia das mesmas partículas. Assim conclui o físico Capra: *"O ser da matéria e sua atividade não podem ser separados. São aspectos diferentes da mesma realidade espaço-tempo"* (15).

Ao lado desses cientistas que estruturam uma "nova física" não poderíamos deixar de lembrar o chamado "cientista da cadeira de rodas", Stephen Hawking, cognominado sucessor de Galileu, de Newton e até de Einstein. *Hawking* também critica severamente a radicalidade do método científico, especialmente da física clássica, dizendo textualmente: *"Qualquer teoria física é sempre provisória, no sentido de que não passa de uma hipótese: não pode ser comprovada jamais. Não importa quantas vezes os resultados de experiências concordem com uma teoria, não se pode ter certeza de que, da próxima vez, o resultado não vá contradizê-la. Por outro lado, pode-se rejeitar qualquer teoria ao se descobrir uma única observação que contrarie suas previsões"* (16). E Hawking reforça suas ideias com o filósofo Karl Popper pela seguinte citação: "Uma boa teoria é caracterizada pelo fato de ser capaz de fazer um número de previsões que possam, em princípio, ser rejeitadas ou frustradas pela observação. Cada vez que novos experimentos comprovam as previsões, a teoria se mantém e nosso nível de confiança nela aumenta. Mas se uma nova observação a contradisser, é necessário que seja abandonada ou modificada..." E Hawking conclui, num tom jocoso: "Pelo menos se supõe que isso aconteça, embora sempre se possa questionar a competência de quem realizou as observações". (17).

Enquanto alguns cientistas apontam as limitações da metodologia científica a partir de experimentos e descobertas, outros a criticam analiticamente. Entre esses últimos está *Thomas Kuhn*, o qual é analista e historiador das ciências. Esclarece Kuhn que o método científico é um paradigma e que *paradigmas são esquemas organizados por regras rígidas, que definem o campo limitado de questões a serem estudadas, determinam os métodos de abordagem que podem ser aceitos e estabelecem critérios e padrões de solução.* Em função de um paradigma todos os fundamentos da ciência daquela área específica são definidos. Preveem-se as variáveis que podem interferir e isola-se o maior número delas. Destacado o "segmento menor possível" a ser estudado, prevê-se ainda hipoteticamente os resultados que "podem ser admitidos". Restringido assim o paradigma a uma parte mínima deste mesmo segmento, deve-se ainda isolar apenas "alguns eventos" para estudo. A análise, desta forma, é limitada, e nela se deve, finalmente, considerar a inevitável interferência pessoal do observador e pesquisador sobre as conclusões da experiência e sobre a direcionalidade de seus objetivos pessoais. Tudo o que foi lembrado interfere no desenrolar da experiência. Além disso, colhidas dessa maneira as escassas conclusões, são elas, pela "indução", generalizadas para outras situações semelhantes, sob as mesmas condições e da mesma natureza. Mas essa "generalização" é tanto maior em falhas quanto menor tiver sido o segmento estudado...

E aqui cabe uma reflexão: *se essa imprecisão é característica do método científico no âmbito que ela abarca em relação aos seus paradigmas específicos, como não será imensamente mais inexato qualquer pronunciamento científico generalizado a áreas que não são abrangidas por seus paradigmas?! Qual o critério ou a validade de se concluir, por exemplo, a partir dos parcos elementos desse paradigma para o ser humano integral, com toda a sua complexa e inter-relacionada realidade física, psicológica e social, humanística e transcendental?*

Sobre essa questão, podemos citar mais uma vez o físico Fritjof Capra, quando diz: *"Uma ciência que é interessada somente na quantidade e baseada apenas na medição, é inerentemente incapaz de lidar com a experiência, a qualidade, os valores. Ela será, portanto, inadequada para compreender a natureza da consciência, uma vez que essa consciência é um aspecto central do nosso mundo interior e assim, antes de mais nada, uma experiência"* (18).

Capra, portanto, enfatiza a incapacidade do método científico em lidar com a experiência, a qualidade, os valores e a consciência. E isso se torna fácil de compreender quando atentamos para o fato de que essas características humanas acontecem dentro de uma perspectiva globalizante, integralizada e transcendente, enquanto que *o avanço do método científico realiza-se em função de elementos da matéria e através da fragmentação, buscando-se segmentos sempre menores, o que torna mais distantes os espaços de aproximação do todo e maiores as imperfeições em relação a uma concepção totalizante.*

Entretanto, *é possível atingir a compreensão mais totalizante. Mas ela só acontece quando se utiliza a "intuição".* Há, então, um processo contínuo de apreensão imediata dos fatos e sob múltiplas facetas. *Pelo paradigma científico, ao contrário, não se pode entender o homem dentro de sua abrangência total. O método científico, por vezes, consegue deslizar o seu saber suave e harmoniosamente de uma para outra constatação experimental. Mas ele nos apresenta simultaneamente aspectos desligados de outros contextos. Há na ciência, sem dúvida, grandes descobertas, ao lado das quais, porém, se interpõem abismos intransponíveis...*

Daí porque o analista Kuhn nos ensina que o paradigma deve ser visto como um "mapa" útil, uma aproximação conveniente ou um modelo, não podendo confundir-se o mapa com o território, que é a realidade. Fala ele textualmente, em seu livro *The Structure of Scientific Revolution*, para reforçar esse seu raciocínio: *"A natureza de qualquer paradigma é relativa, não importa quão avançado e articulado seja. É preciso que isto seja claramente reconhecido e não deve ser confundido pelos cientistas como se um paradigma fosse a verdade sobre a realidade"* (19). Noutra oportunidade nos fala o historiador que o referencial para o estudo de qualquer questão é sempre a existência ou não de um paradigma que possa enquadrá-lo. Isso quer dizer que, *se uma nova teoria ou novas descobertas acontecem, são elas rejeitadas pelo paradigma existente, caso não se encaixem exatamente dentro dele. Disso deduz-se também que não é a validade do fato novo que se considera, mas a existência do paradigma que precisa ser seguido.* Os eventos novos só têm alguma chance quando o "ciclo" da evolução das ciências entra em crise e quando, então, fortes revoluções científicas se apresentam. *Um fato novo, portanto, em termos de constatação de sua realidade não pode ser dependente da confirmação científica.*

O analista de ciências acima citado complementa suas reflexões sobre a questão alertando que *não se pode confundir o progresso cumulativo, restringido a um só esquema do paradigma, com o progresso cumulativo da realidade toda, pois essa o paradigma não atinge...* Diz ainda que, *quando acontece o fracasso de um paradigma, quando a crise se instala, os cientistas não o declaram logo inválido,* mas o mantêm em vigor ao lado do novo paradigma concorrente. Mesmo que percebam que há falta de congruência entre o antigo e o novo paradigma, não rejeitam o paradigma antigo, porque acreditam numa futura articulação entre ambos. Na crise de transição há um período de justaposição entre os dois paradigmas, caracterizado por desentendimentos de comunicação e linguagem, pois ambos operam sobre postulados, hipóteses, definições e conceitos diversos. Tal entendimento é dificultado também pelo fato de o cientista firmar-se em aceitar o paradigma como "certo", sem nenhum interesse de testar a sua validade. Por isso, *a mudança de um paradigma é difícil de acontecer. Isso faz com que frequentemente convivamos por longo de tempo com afirmações científicas já superadas...* Assim ficamos muitas vezes amarrados no desenvolvimento do saber sobre questões radicalizadas ou superadas, sem perceber que a "corda já vem se partindo", até que sejamos surpreendidos pela ruptura total.

Kuhn continua sua análise crítica dizendo que mudanças, quando acontecem no meio científico, não são gradativas. Após muita resistência, acontecem abruptamente.

Em relação à ciência como fator de progresso, o historiador lembra ainda que a metodologia científica, diante das limitações evidenciadas, não pode ser taxada como um conhecimento que representou apenas "progresso" sob qualquer ângulo ou ponto de vista em relação ao "passado". Nesse sentido Thomas Kuhn comenta: *"... os tratados (...) tendem a descrever a História da Ciência como um desenvolvimento linear com gradual acúmulo de conhecimentos sobre o universo, que culminou no presente estado de coisas (...) Mas a História da Ciência está longe da linearidade e apesar dos seus sucessos tecnológicos, as disciplinas científicas não nos aproximam necessariamente de uma descrição mais apurada da realidade (...). A História da Ciência não é, de forma alguma, um processo de acumulação de dados e uma formulação cada vez mais apurada de teorias. Pelo contrário, a História mostra claramente uma natureza cíclica, com estágios e características dinâmicas e específicas"* (20).

Ao lado do historiador Kuhn e do físico Fritjof Capra, muitos outros estudiosos e cientistas pronunciam-se quanto aos "limites" da ciência e sob enfoques diferentes.

É válido também considerar o que *Laing* diz sobre essas questões. Lembra-nos ele que "com o método científico perderam-se a visão, o som, o gosto, o tato e o olfato, e foram-se também a sensibilidade estética, a ética, os valores, a qualidade, a alma, a consciência, o espírito" (21). E acrescenta Laing que a experiência vivencial desaparece com essa metodologia, enquanto que a "medição" e a "quantificação" tornaram-se uma obsessão dos cientistas. Laing, portanto, reconduz a reflexão para os "vazios" da ciência.

De fato, nunca é demais repetir que ao lado das maravilhosas descobertas e da fantástica tecnologia moderna, há na ciência convencional lacunas sem explicação e que incomodam como buracos numa espaçosa estrada de asfalto. *Quanto mais ampla e bem construída a "estrada da ciência" maiores os abalos com os buracos que inesperadamente se intercalam na corrida em direção ao objetivo. Quanto maiores e mais profundos os conhecimentos segmentários, maiores os abismos dos contrastes que impedem alcançarmos as verdades universais que se complementam para abranger a realidade total.*

3.5 - A ANÁLISE DO HOMEM PELO INCONSCIENTE "RACIONALIZADO" E "INFERIDO"

Dois estudiosos assumem a direção "vertical" para o "profundo" do homem, buscando o que chamaram de "inconsciente". Freud abre o caminho, mas limita-se a expressões fisiológicas da problemática e da libido do homem, negando o que o caracteriza como essencial... Jung identifica a "intuição", a parte saudável, criativa e transcencente do homem... Assim, Jung é "humanista", mas seu belo trabalho não conseguiu atingir a expressão máxima devido à "inferência" ou devido ao método por ele utilizado, que só permite o conhecimento dos conteúdos inconscientes na forma "indireta" ou "interpretativa".

Numa caminhada paralela à evolução científica, surgem entre os estudiosos da problemática humana dois grandes personagens que passam a orientar suas pesquisas e teorias — como dissemos acima — no sentido "vertical", para o que se designou, por vezes, de "profundo humano" ou o que se denominou especificamente de "inconsciente". São esses pioneiros Sigmund Freud e Carl Gustav Jung. Vejamos um pouco sobre os dois personagens:

A) Sigmund Freud e o Inconsciente

Na história do psiquismo e dos desequilíbrios humanos, Sigmund Freud destaca-se como figura pioneira, pelo fato de ter orientado os seus estudos para o nível mais profundo da realidade mental, ou seja, para o "inconsciente".

De fato, Sigmund Freud é considerado por alguns até mesmo o "descobridor" desse nível mental. Por esse motivo, também a ênfase de significado dada por Freud ao inconsciente como sendo a área mental "profunda" daquilo que é "oculto", do "passado", das "causas determinantes" ou da "sexualidade" é o que prevalece até hoje no conceito geral sobre o inconsciente, tanto no ambiente de especialistas como no de leigos.

Na verdade, porém, Freud não é o descobridor do inconsciente, pois desde Sócrates esse nível mental foi evidenciado repetidamente, embora não por essa denominação e com significado diferente. Mas Freud, sem dúvida, foi o primeiro a *estruturar e a sistematizar uma teoria e,* finalmente, *uma terapia específica em torno do inconsciente,* fazendo surgir o que chamou de "Psicanálise".

Em função dos aspectos que desejamos enfatizar da Psicanálise, torna-se importante relembrar aqui alguns dos primeiros passos dados por Freud em direção à sistematização de sua teoria sobre o nível inconsciente.

Começaremos pela fase que foi denominada de Pré-Psicanálise. Ela se inicia, mais ou menos em 1885, com Freud participando, em Paris, de um curso dado por Charcot, um grande neurologista, professor de Anatomia e Patologia da Faculdade de Medicina dessa cidade. Charcot apresentava, nessa ocasião, os resultados dos seus estudos sobre "histeria". Utilizando-se de drogas e da sugestão hipnótica, conduzia o paciente a reviver suas crises histéricas. Depois, ainda através da hipnose, exercia um controle da situação do surto provocado, obtendo a manifestação de um conjunto de sintomas histéricos bem definidos e regulares. Charcot repetia o processo várias vezes até reduzir os sintomas e eliminar as manifestações histéricas.

Através de suas experiências, Charcot tentava provar que o problema da histeria não era assunto a ser tratado pela Psiquiatria, mas sim pela Neurologia. Dessa forma explica-se porque Freud, como neurologista, se mostrasse interessado pelo assunto...

E Freud aderiu a Charcot. Escreveu um artigo sobre o processo dessa hipnose, intitulando-o *Handwoerterbuch der Gesammten Medizin* (1888). Com o tempo, Freud, porém, percebeu que a hipnose e a sugestão, embora conseguissem de certa forma eliminar os sintomas, não permitiam a investigação das causas dos mesmos. E seu espírito de pesquisador inquieto não se conformou. Freud faz mais uma tentativa na área com Joseph Breuer. Pelo método de Breuer, o paciente é levado, sob efeito hipnótico, ou seja, por uma espécie de "regressão", à pré-história psíquica de sua doença, com a finalidade da localização dos fatos traumáticos que a originaram. Dos casos tratados por Breuer tornou-se famosa a paciente "Anna O", na qual os sintomas desapareciam sempre que o acontecimento traumático era reproduzido sob hipnose. Repetindo sistematicamente esse recurso, Breuer conseguiu eliminar todos os sintomas da paciente após dois anos de tratamento. Breuer chamou o seu método de "catártico", pois o paciente, ao ser submetido pela hipnose ao passado onde se encontravam os fatos traumáticos, realizava aí uma "descarga do afeto" ou uma "ab-reação" dessa experiência traumática.

Freud segue Breuer mas, ao invés de ficar passivo a ouvir as narrações traumáticas do paciente que produziram a "ab-reação", empregava a "sugestão" para debilitar esses fatos. Eliminar as ideias patogênicas através da "sugestão hipnótica" é o conteúdo de um artigo de Freud em 1889, reforçado, agora, pela influência de Bernheim, a cujas impressionantes demonstrações hipnóticas Freud assistira.

Sobre esse seu período de experiência com a hipnose, escreve Freud: "Conduzimos a atenção do paciente diretamente para a cena traumática na qual o sintoma surgira e nos esforçamos por descobrir o conflito mental envolvido naquela cena e por libertar a emoção nela reprimida. Ao longo desse trabalho descobrimos o processo mental, característico das neuroses, que chamei de "regressão". As associações do paciente retrocediam, a partir da cena que tentávamos elucidar, até às experiências mais antigas e compeliam à análise, que intencionava corrigir o presente, ocupando-se do passado. Essa regressão nos foi conduzindo cada vez mais para trás: a princípio parecia levar nos regularmente até a puberdade; em seguida (...) o trabalho analítico revela-nos ainda mais para trás, até os anos da infância que até então permaneciam inacessíveis a qualquer exploração. Essa direção regressiva tornou-se uma característica importante da análise. Era como se a Psicanálise não pudesse explicar nenhum aspecto do presente sem se referir a algo do passado. Além disso, toda experiência patogênica implicava numa experiência prévia que, embora não patogênica em si, havia, não obstante, dotado essa última de sua qualidade patogênica" (22).

Freud, portanto, admitia que o processo de hipnose e regressão eram capazes de conduzir aos traumas causadores da histeria, localizados no inconsciente. O paciente, ao reviver o seu trauma de origem sob hipnose, precisava ser imediatamente libertado, o que era feito pela catarse, com o auxílio da sugestão hipnótica. *Mas essa libertação bloqueava e impedia a oportunidade de pesquisa mais profunda das condições do trauma causal. Além disso, nem todos os pacientes conseguiam ser submetidos à hipnose. Esses dois fatores* fizeram *com que Freud, já convencido da importância do inconsciente para a saúde e o equilíbrio pessoal, se posicionasse, no entanto, contra a hipnose e procurasse outro processo para atingir o inconsciente.*

Freud coloca como um dos motivos de sua decisão contra a hipnose a sua experiência frustrante com a paciente "Dora", cuja cena que ocasionava a irrupção da doença no momento atual Freud conhecia. Freud encontrou dificuldades em submeter a paciente à análise da regressão hipnótica, conseguindo apenas dados pobres e incompletos. Em compensação, encontrou informações válidas e que possibilitaram a compreensão e a solução de conflitos atuais da paciente, através dos "sonhos" da mesma.

E assim Freud passa a interessar-se pelos sonhos, recurso por ele considerado ideal para a compreensão do inconsciente. Antes de Freud, desde a mais remota antiguidade, já se dava importância aos sonhos. Encontramos na Bíblia, no Antigo Testamento, vários relatos que incluem a análise dos sonhos, embora mais no sentido de revelações proféticas. *Mas Freud vê nos sonhos desejos reprimidos inconscientes, forças escondidas de conotação sexual.* Em relação a esses estudos, Freud inicialmente diferencia dois tipos de sonhos: o da criança e o do adulto. A criança, segundo Freud, tem apenas a barreira externa a impedir sua expressão, enquanto que os adultos têm também as internas. Mas tanto na criança como no adulto, *o sonho é a maneira de vivenciar desejos que vêm carregados de sexualidade.* São eles normalmente censurados pelo "superego", mas esse se atenua durante o sonho. Ainda assim, *o sonho apresenta-se de forma confusa, necessitando de análise posterior para melhor entendimento. A interpretação analítica, portanto, deve fornecer a "clarificação" das percepções oníricas.*

Freud distingue no sonho o "conteúdo manifesto", que é o enredo, a história conforme se desenvolveu e o "conteúdo latente", que se refere a deformações no sonho, sendo exatamente isso o que interessa à análise.

Para facilitar a análise, Freud lança mão de outra técnica básica da Psicanálise: a "associação livre". Aqui o paciente é convidado a expressar, sem discriminação, todos os seus pensamentos e da forma como lhe chegam à consciência. *O objetivo é fazer com que uma ideia busque espontaneamente outra relacionada, o que é diferente da formulação de um raciocínio lógico e sequencial de um pensamento voltado conscientemente a um objetivo.* Na medida em que acontece essa "associação" no discurso consciente do paciente, evidenciam-se certos bloqueios, falhas de memória, lapsos etc. Freud percebeu nessas manifestações uma "defesa", uma "resistência", que chamou de "recalcamento". Esse "recalcamento" ou repressão que lhe parecia obstáculo no procedimento hipnótico, tornou-se tão importante para Freud, que acabaria por transformar-se em um dos pilares de sua teoria psicanalítica.

Neste ponto de seu trabalho, Freud manifesta-se declaradamente contra a hipnose.

Escreve Freud: "A teoria da *repressão* é a pedra angular sobre a qual repousa toda a estrutura da Psicanálise... É um fenômeno que se pode observar quantas vezes se desejar na análise de um neurótico, sem recorrer à hipnose. Em tais casos encontra-se uma resistência que se opõe ao trabalho da análise e o paciente, a fim de justificá-la, alega falha de memória. *O uso da hipnose ocultava essa resistência; por conseguinte, a história da Psicanálise... só começa com a técnica que dispensa a hipnose"* (23).

E Freud estrutura sua Teoria Psicanalítica.

Lança oficialmente seu trabalho inicial através do *Projeto para uma Psicologia Científica*, escrito em 1895. *Preocupa-se ele, neste trabalho, em falar numa linguagem neurológica e utiliza-se de um modelo da Física*. Propõe o funcionamento psíquico segundo uma abordagem quantitativa, "uma espécie de economia de forças nervosas que busca o equilíbrio ou a homeostase". O funcionamento do "aparelho psíquico" dá-se a partir de partículas materiais, que são os "neurônios" e que tendem a descarregar sua quantidade (Q).

Mas é importante lembrar aqui que esse *"aparelho psíquico", no entanto, não possui realidade ontológica, nem os neurônios ou as partículas materiais descritas correspondem à fisiologia das células nervosas.* Conforme confirma Garcia Roza "... os neurônios, aos quais ele (Freud) se refere como constituindo a base material do aparelho psíquico, não correspondem às descobertas da histologia do século XIX. *O* Projeto *não é, portanto, uma tentativa de explicação do funcionamento do aparelho psíquico em bases anatômicas, mas ao contrário, implica uma renúncia à anatomia e propõe a formulação de uma metapsicologia"* (24).

Confirma-se, assim, que o *Projeto,* onde Freud se preocupa em ser científico e relata os passos que embasam a teoria psicanalítica *"não é um trabalho descritivo baseado em observações e experimentos, mas um trabalho teórico de natureza fundamentalmente hipotética"* (25).

Outra questão importante a observar é que a *formulação da Teoria Psicanalítica, na realidade, é estruturada sobre duas teorias diferentes*. Veja-se: bem no início de sua formulação psicanalítica, Freud posiciona o inconsciente em relação ao consciente e ao pré-consciente, numa hierarquia interfuncional. É a sua teoria "tópica". Diante dela o sistema de percepção da consciência se situa na periferia do aparelho psíquico. A consciência recebe assim as informações do mundo exterior. O inconsciente, ao contrário, é formado por representações latentes. Alguns conteúdos inconscientes podem adquirir força e atingir a consciência. Outros, porém, nunca serão conscientes, porque censurados, ou conforme diz o próprio Freud: "... a ideia inconsciente é excluída da consciência por forças vivas que se opõem à sua recepção..." (26).

Freud esclarece, por esse aspecto de sua teoria, que o material reprimido pela consciência é inconsciente. Mas tal "recalque" não é o único conteúdo do inconsciente. Aliás, todo "ato psíquico" é primeiramente inconsciente. Aflorando à consciência, ou melhor, ao "pré-consciente", é então avaliado sob o critério se pode ou não ser aceito. Se a censura aceita o conteúdo, passa ele a pertencer ao sistema "pré-consciente". Se a censura o rejeita, ele torna-se um conteúdo "reprimido", pertencente ao "inconsciente"...

Mais adiante, Freud reformula essa teoria. Afirma que não basta a tomada de consciência das ideias para que o conteúdo possa ser classificado de pré-consciente ou inconsciente. O sistema "consciente-inconsciente" obedece agora a uma nova divisão: o ego, o id e o superego. O id é o inconsciente recalcado. O ego é formado de processos conscientes e pré-conscientes. O superego é a censura que pode recalcar ideias não aceitáveis, as quais, então, retornam ao inconsciente.

A partir das colocações acima, principalmente as que nos esclarecem sobre o fato de que o processo psicanalítico não é baseado em dados científicos — como genericamente se supõe — mas em estruturas de formulação hipotética, outras observações podem ser feitas, mas evidentemente sem minimizar o arguto espírito de observação de Freud, especialmente em relação às suas descobertas em torno da funcionalidade inconsciente. Entretanto *o seu processo,* embora seja uma formulação integrada e muito imaginosa, *raramente condiz com a realidade e com os conteúdos do inconsciente tal como se apresentam a uma pesquisa direta.* Assim, segundo a teoria psicanalítica, *toda conduta humana resulta do impulso e de desejos inconscientes de conotação sexual. Tais desejos, para Freud, não são apenas os "únicos motivadores",* mas são *"determinantes". O homem é reduzido aos seus impulsos e "nada mais é" do que impulsos...* Lembramos, no entanto, *que essas afirmações não são feitas a partir da experiência clinica com o "inconsciente" e sim a partir de conteúdos "conscientemente" revelados.* E então — segundo afirma o próprio Freud — *tais conteúdos são "racionalizados",* ou seja, deturpados pela pessoa que se submete ao processo. Precisam, portanto, ser *"interpretados".* Mas *para que uma análise e uma interpretação possam acontecer de maneira uniforme, Freud precisou criar uma "teoria de personalidade" que servisse de referencial.* Essa, portanto, é externa ao paciente, ou seja, ela indica um "enquadramento generalizante" que "é atribuído" aos conteúdos revelados por ele. Vê-se, dessa forma, que a Psicanálise não conduz o processo de acordo com o que é "experienciado" individualmente pelo paciente em sua realidade inconsciente pessoal e única, a qual é sempre diferente de qualquer teoria pré-formulada. Daí por que *não se confir-*

mam a maioria das afirmações teóricas de Freud quando o inconsciente é diretamente pesquisado, processo onde se pode evitar tecnicamente a "racionalização" e onde, portanto, se dispensa a "interpretação" e a "análise" de acordo com teorias ou referenciais externos.

Todos nós conhecemos a Psicanálise e sabemos que através dela, por meio de sessões frequentes e intermináveis, se conduz o paciente, paulatinamente, a um encadeamento sequencial, de que cada sessão aprofunda os passos anteriormente dados e em que se conduz o processo em direção a uma meta preestabelecida. Nesse sentido obedece-se a regras de funcionamento "comum" dos inconscientes, generalização essa que desconsidera os significados pessoais de cada "inconsciente". E é também dentro dessa generalização que se coloca o "complexo de Édipo", cuja denominação foi inspirada na mitologia grega e que precisa necessariamente ser encontrado em cada paciente, dentro da teoria psicanalítica. Entretanto, conforme diz Jung, *no inconsciente não existem "mitos" ou "teorias", mas "fatos"*. E esses fatos que se revelam à pesquisa direta do inconsciente, raramente evidenciam um caso de complexo de Édipo, e quando o fazem explicam também um contexto de causa excepcional. Devemos lembrar que Freud caminhava para suas conclusões genéricas a partir de seus casos doentios e não admitia existirem inconscientes diferentes e mais próximos ao padrão sadio... Daí se entende porque alguns autores *comparam o inconsciente de Freud a uma espécie de órgão de traumas* e dinamismo semelhante às funções de outros órgãos, *cuja ação fisiológica seria independente das particularidades da vida de cada um*. Outra crítica que se faz a Freud é que este, *apesar de observador profundo dos fatos psíquicos e neurológicos, extrapolava com facilidade para áreas que não eram de sua especialização, perdendo aí a objetividade de suas afirmações, por desconhecer conteúdos desses campos de saber. Assim, teria projetado sua formulação em direção à conceituação antropológica e filosófica, áreas que pouco conhecia, contradizendo, então, fundamentos dessas ciências* — de acordo com o que afirmam estudiosos dessas especialidades. *Freud também situa o homem conceitualmente sobre as forças instintivas ou da libido.* As dimensões mais elevadas do homem que secularmente o caracterizam como ser, no campo antropológico e filosófico, são por Freud entendidas como meras "formações reativas" ou "sublimações", sendo ainda que o "livre-arbítrio" deixa de existir...

No que diz respeito *à ajuda efetiva a pessoas em sofrimento psíquico, a Psicanálise,* como todos sabemos, *não tem conseguido corresponder de forma satisfatória.* O processo estende-se para vários anos de terapia e no *final* — como dizem críticos alemães — *o paciente encontra-se ainda diante do "ahá" de descobertas, praticamente sem mudanças para melhor ou soluções para o seu mal-estar psiquíco ou psicossomático.* Por outro lado, na prática clínica, muitas vezes, a *Psicanálise leva o paciente a ocupar-se tão intensivamente de si mesmo,* concentrando o pensamento de tal forma sobre conteúdos propostos, *que ele consegue desligar-se da vida real e por isso se sente aliviado, enquanto orientado pelo processo psicanalítico.* Daí por que o tipo de paciente que busca a Psicanálise, frequentemente é aquele que precisa de dependência e não tem pressa em acabar o processo. Sem dúvida, é uma gratificação ao ego o demorado pensar em si e ter quem o escute horas a fio. Também o estímulo à "transferência" entre paciente e terapeuta, que é básico na Psicanálise, encontra crítica severa em estudiosos, especialmente entre os existencialistas, tais como Boss e Binswanger...

Um questionamento interessante em termos da Psicanálise é levantado por Tereza Erthal em seu livro *Terapia vivencial*. Diz essa professora: "... o censor dentro do indivíduo (...) sabe de tudo, inclusive daquilo que o inconsciente sabe e que não pode permitir que o indivíduo saiba. Carecendo de compreensão, é dada a ele a faculdade de sinalizar e interpretar dados... Não seria ele um 'inconsciente - consciente'? Se a compreensão é a consciência daquilo que é compreendido, e se pode ser reprimido somente aquilo que se compreende, logo existe consciência do reprimido" (27).

De fato, como sabemos hoje pela pesquisa direta, o inconsciente não é "oculto", apenas geralmente não conscientizado, mas, mesmo assim, controlado pela dimensão humanística portanto, como disse T. Erthal, existe "consciência do reprimido", ainda que possamos *"negar" a "conscientização" do fato...*

Diante da preocupação humanística, Freud sempre teve ardorosos críticos. Um desses estudiosos, que se preocupa com a influência despersonalizante e desumanizante da Psicanálise, é Joseph Nuttin. Refere-se ele especialmente ao "fator determinante" dos conteúdos inconscientes da teoria de Freud. Fala Nuttin sobre as experiências de pós-hipnose do tempo de Freud, que acabavam por provar a autodeterminação humana, apesar dos "condicionamentos". Diz Nuttin que esses condicionamentos realmente existem, mas não têm a força de expressão que Freud lhes dá. Comenta *Nuttin: "O fato de o ser humano enganar-se quanto à origem de suas motivações realmente tem sido comprovado na Psicologia. Mas isso não impede que ele possa desenvolver, diante do valor espiritual de sua personalidade, raciocínios contrários a elas e decidir, não por repressão, mas por si próprio, a partir do desejo de autorrealização, de coerência ou até por motivos de fé, que não aceitará e não seguirá aquelas motivações. É nesse sentido que o ser humano é e continua sendo livre* (28).

Explica também Nuttin que quanto maior o desequilíbrio psíquico e noológico do indivíduo, mais ele tende a executar os conteúdos inconscientes de forma automática. *Mas, se as pessoas têm certo equilíbrio psicológico e assentam sua conduta sobre o nível humanístico, tenderão a reagir a essas forças impulsivas como "pessoas livres" que fizeram opções diferentes.* Com esse seu comentário, Nuttin argumenta contrariamente à ideia da libido ou da energia sexual, que Freud aponta como a única força construtiva da conduta. Pois, *de acordo com Freud, as tendências inferiores e instintivas "motivam" a conduta e o ser humano é "enganado", quando pensa que fez opções livres.*

De fato, se o homem fosse apenas "condicionado" sem liberdade para "decidir" e "criar", como poderia Freud, que também é ser humano, analisar de fora o inconsciente e "criar" seu recurso, a Psicanálise, para "modificar" estas qualidades?

Erthal, em seu livro *Terapia vivencial*, remete-se também à questão acima, dizendo que com Freud a visão do homem é limitada e o fluxo da energia se concentra no domínio do inconsciente. O homem é impulsionado, não tem escolha própria, não pode optar, decidir, criar, agir espontaneamente. É apenas determinado pelo inconsciente, área onde estão todas as causas que motivam o ser e o agir. Assim sendo, ele só pode escolher "não ser livre" e "não assumir a responsabilidade de seus atos"...

O comentário de Erthal nos mostra também o quanto a palavra "inconsciente" é genericamente identificada dentro da restrita conceituação que Freud lhe dá. *A crítica de Erthal é válida exatamente para o tipo de inconsciente que Freud conceitua... Mas não é esse o verdadeiro inconsciente dos seres humanos. Quando o inconsciente é pesquisado diretamente, o homem encontra aí a "dimensão humanística", a liberdade, e identifica que é "responsável", inclusive pelos próprios condicionamentos.*

Com referência à ADI, há outra diferença essencial em relação a Freud, pois *a ADI pesquisa objetivamente os fatos, e renovadamente, e com cada caso clínico e em cada situação específica, enquanto que Freud formulou "teorias" e adaptou os inconscientes a essas suas "generalizações" teóricas.*

B) Carl Gustav Jung e o esforço de humanização do Inconsciente

Jung (1875-1961) foi inicialmente discípulo de Freud e manteve com ele, por três anos, grande convivência pessoal e profissional, mas depois separou-se dele por divergências de pensamento.

Jung, que estrutura sua "Psicologia Analítica" também sobre o inconsciente, apresenta porém uma concepção antropológica muito mais ampla que Freud. Esforça-se para levar o ser humano a encontrar a realização de suas potencialidades, visando torná-lo mais autenticamente humano. O processo de "individuação" de Jung é a busca da autenticidade pessoal e do caminho do próprio desenvolvimento. Além disso, para Jung, o comportamento humano não é apenas condicionado pela sua história passada, mas orientado por aspirações, por alvos a atingir no futuro. *Jung não vê o homem apenas comandado pelos instintos, mas com processos novos, criadores e, inclusive, espirituais.* A Psicologia Analítica de Jung, além disso, classifica-se não só como retrospectiva, mas também como prospectiva.

No processo clínico, ao atender o paciente, Jung prefere vê-lo à luz do que nele é *saudável, diferenciado, e não como Freud, que a todos generaliza dentro de um único quadro referencial, o das pessoas por ele tratadas e que se encontravam em "desequilíbrio"*.

Jung se pronuncia dizendo que o inconsciente "é muito mais do que um armazém de experiências pessoais passadas, resultantes da repressão ou do esquecimento" (29). Segundo Jung, de fato, *o inconsciente é a área dos condicionamentos que impulsionam o homem, mas nem por isso o ser humano merece ser reduzido ao nível da motivação primária e exclusiva da energia sexual.*

O inconsciente, antes de tudo é, para Jung, um "campo ilimitado de exploração, com fronteiras situadas para muito além da capacidade do indivíduo" (30). E nesse sentido, os dados obtidos pelas pesquisas do inconsciente confirmam Jung.

A Psicologia Analítica de Jung não pode ser entendida com justiça pelo enfoque de aspectos isolados. *A diferença de Jung para Freud é toda uma postura, todo um objetivo, uma orientação genérica que em Jung se volta para o "humanístico".* Freud estava por demais fixado na ideia de construir uma teoria dogmática, alicerçada sobre a sexualidade, conforme se vê no que falou a Jung em Viena: "Meu caro Jung, prometa-me nunca abandonar a teoria sexual. Devemos fazer disto um dogma, um baluarte inabalável..." (31). Concordamos com Jung, que considera essa atitude de Freud radical. Ela invalida em muito o valor da pesquisa e demonstra um preconceito que enfraquece as suas afirmações. *Jung, ao contrário de Freud, queria realmente a pesquisa, a realização de descobertas e estava aberto às mudanças.* De forma alguma aceitava que se colocasse esse conhecimento em termos de "dogma", por não se estar lidando com um ponto indiscutível da fé. Ressentia-se ele com Freud, pelo seu fechamento sobre suas opiniões. Não aceitava a preocupação de Freud com relação à "salvaguarda contra a desintegração de sua obra" (32), considerando que isso prejudicava a seriedade das conclusões.

Em sua Psicologia Analítica, Jung tem uma preocupação bem mais orientada para a ajuda ao homem sofrido do que para técnicas de análise contínua ou a formulação de teorias. E o que é de importância primordial: a teoria de Jung, quando elaborada, baseia-se apenas em fatos observados a partir de sua prática clínica, não em elaborações teóricas.

Uma das razões que separaram Jung de Freud foi a teoria sobre a sexualidade. *Jung contesta que a sexualidade seja a única pulsão psíquica. Contra-argumenta que vários impulsos se resumem no conceito dessa energia. A sexualidade ocupa apenas "um" lugar, o seu lugar devido, no meio deles.* Diz Jung: "*O senso comum volta sempre ao fato de que a sexualidade é apenas um dos instintos biológicos, uma das funções psicofisiológicas*" (33). Dentro da mesma linha de raciocínio, Jung refere-se ao *Complexo de Édipo*. Critica Freud porque este "se ateve estritamente à sua interpretação literal e não pôde apreender o significado espiritual do incesto como símbolo" (34).

Nas famosas conferências por Jung realizadas em Tavistock, em 1935, foi ele assistido por "partidários" de Freud que o desafiaram violentamente. Um desses freudianos insistia para que Jung desse a sua aceitação ao Complexo de Édipo e a outros aspectos da estruturação do aparelho psíquico proclamado por Freud. E Jung respondeu: "*... Meus métodos não encontram no inconsciente teorias, mas os fatos, que eu descobri através desses métodos... descubro somente fatos psicológicos, não teorias... Creio que os senhores confundem teorias com fatos, ficando talvez desapontados que a experiência não revele um complexo de castração... esse complexo é uma ideia mitológica, não uma descobrir um motivo mitológico, mas sim um motivo pessoal... que não aparece em forma de teoria... mas pulsante de vida humana... Pode-se (sem dúvida) construir teorias a partir dos fatos... e no final haverá tantas teorias quantas forem as cabeças pensantes...*" (35).

Jung, em sua Psicologia Analítica, demonstra perceber intuitivamente a potencialidade incomensurável do inconsciente e entende que a "análise", assim como a sua "inferência", não o revelam em toda a sua extensão. Expressa isso em palavras, quando diz que *lamenta só ser possível chegar ao inconsciente pelo caminho do "consciente", pois, através desse meio, "certos ângulos e fronteiras do inconsciente nunca poderão ser atingidos". Considerava ele que os processos inconscientes eram dotados de uma natureza inatingível.Tanto Jung quanto Freud estavam convictos de que os processos inconscientes apenas se revelavam pelos seus produtos e seus efeitos. Devido a essa convicção, continuaram eles a trabalhar o inconsciente, sempre pelas suas expressões indiretas, não conseguindo* ficar livres do processo de "racionalização" ou da defor-

mação dos conteúdos que acontece sempre, quando de qualquer forma se estuda o "inconsciente" a partir de ex-pressões "conscientes".

Apesar dessa dificuldade gerada pela abordagem "inferida" ou da "dedução de raciocínios" sobre o inconsciente, Jung dá importância central a esse nível mental. Entende-o como uma película que encobre uma área imensa da mente, cujo domínio e extensão se mostram vastíssimos, mas que ignoramos. Afirma ele, com segurança, que *a "consciência" tem como característica a "estreiteza", conseguindo apreender sempre um mínimo de dados simultaneamente, enquanto que o "inconsciente" vai muito além...*

Talvez a diferença fundamental de compreensão do inconsciente entre Jung e Freud partisse da forma como um e outro o descobriram. A motivação que levou Jung a perceber o inconsciente não foi um caso de "recalcamento" como para Freud. Na realidade, ele descobriu o inconsciente de maneira acidental aos 15 anos, numa brincadeira infantil. Observou, na época, uma menina entrando em transe e nele expressando postura totalmente diferente da normal. Nesse transe, a menina deixou de lado o seu dialeto e passou a falar um alemão clássico e literário que conscientemente não conhecia. *Jung concluiu, então, que a mente era capaz de expressar um mundo totalmente diverso do consciente e que esse mundo tinha vida própria. O "inconsciente", portanto, não era para Jung o "consciente reprimido", mas uma "área independente do consciente"* — apesar de que Jung aceitava a existência da repressão como um dos seus componentes. Essa colocação de Jung também se confirma na pesquisa do inconsciente.

Jung teve uma compreensão muito mais profunda da importância do inconsciente no "todo" do ser humano. Posicionou-o como "centralizado", como ponto de partida de formulações que fazem parte da natureza *normal* do ser humano, e não só da problemática psíquica. De certa forma, inverte Jung as posições entre "consciente" e "inconsciente". O inconsciente — como já dissemos — é visto por Jung como "elemento inicial", do qual brota a condição "consciente". O inconsciente, portanto, não é mais a resultante de "conteúdos conscientes reprimidos", como para Freud. Jung afirma que: *"ignorar o fato de termos um inconsciente ou pensar que seu conteúdo pode ser colocado de lado sem perigo é descartar uma parte de nossa natureza, que pode ser de suprema importância para a compreensão da psicologia humana, assim como para o tratamento de doenças"* (36).

Jung entende que o consciente está em comunicação com o mundo exterior (fatos psíquicos) e o inconsciente com os processos desenrolados no interior (endopsíquicos). Designa ele funções específicas para o consciente e que estão ligadas ao meio ambiente; a "sensação" com a qual eu percebo a existência de algo; o "pensamento" que me dá o conceito da coisa; o "sentimento" que leva à valorização. E *Jung destaca a "intuição" como assessora do consciente, esclarecendo que ela se registra a nível do inconsciente.*

A *"intuição", segundo Jung, é um guia fora do tempo, bem mais preciso que o pensamento e a sensação consciente, ainda que sem explicação racional. A "intuição" é uma espécie de sabedoria que nos orienta em situações imprevistas e nos sugere ideias originais, que traz à memória fatos dos quais não nos poderíamos lembrar, que nos conduz a sonhos criativos, explicativos e premonitores, que nos permite comunicações telepáticas, que age, às vezes, de forma totalmente autômata. Por outro lado, essa "intuição" inconsciente não fixa detalhes, mas globaliza, percebe a totalidade de uma situação e simultaneamente, sem perder a profundidade...* Jung aqui descreve a "intuição" conforme se revela à pesquisa do inconsciente.

Ainda, no inconsciente, Jung descreve o "ignorado" ou o "lado sombrio" desse nível mental. Diz Jung que aí acontece um toque de subjetividade às nossas funções racionais ou conscientes. *Nunca somos totalmente objetivos, exatamente porque o inconsciente enxerga no consciente componentes subjetivos. As "emoções" e os "fatos" irrompem do inconsciente para o consciente e nos levam a ter reações que podem surpreender a nós mesmos. Em casos extremos, tais como na esquizofrenia, acontece a "invasão" repentina e o inesperado desequilíbrio da pessoa. É como se a vida independente do inconsciente tomasse posse da vida consciente por algum tempo, manifestando uma outra personalidade.*

Jung observa que o inconsciente tem a capacidade de sensibilizar os outros, contagiando-os, mesmo sem palavras ou gestos externos.

Jung faz uma distinção entre dois *tipos de inconsciente: o pessoal e o coletivo.* Quanto ao inconsciente "pessoal", diz Jung que ele resulta da experiência individual. É ele detectável pela técnica de "associação de palavras". A técnica sugere uma palavra-estímulo que toca em um tópico inconsciente e evidencia um complexo. "Complexo" é um grupo de ideias que gera os sintomas percebidos, sendo resultante da "repressão". Toda vez que esse complexo surge como resposta à palavra-estímulo, surpreende pelo seu conteúdo como se manifestasse uma personalidade distinta e independente. Ao tornar-se consciente, a carga do complexo é aliviada e reflete-se beneficamente sobre os sintomas.

Ao lado do inconsciente "pessoal" ou "individual", Jung coloca o "ego". *O ego representa o centro da personalidade e é um referencial do "consciente".* É responsável por sentimentos de identidade e continuidade. *Representa a "pessoa" propriamente dita.*

A principal inovação de Jung é o "inconsciente coletivo"... Esse inconsciente resulta das observações sobre conteúdos, pensamentos e ideias que nunca haviam estado na consciência e que, portanto, não tinham sido reprimidos. *Nesse inconsciente "coletivo" Jung identifica "heranças arcaicas" e "vestígios mnêmicos"*.

O inconsciente "coletivo" é, portanto, herdado e formado por "arquétipos" ou "protótipos" que são as formas originais ou preexistentes do inconsciente. *O inconsciente coletivo tem caráter universal. Corresponde à característica de um conteúdo que é idêntico em todos os homens, sendo de natureza suprapessoal.* O "inconsciente coletivo" contém heranças culturais e experiências coletivas acessíveis a um mesmo grupo racional e não a outro. Mas, em princípio, o conteúdo do "inconsciente coletivo" é de tipos arcaicos ou primordiais, existentes desde os tempos remotos e transmitidos de homem para homem por hereditariedade.

Para Jung, o conteúdo do inconsciente coletivo é inato. Mas apesar disto *é pessoalmente vivenciado* através dos talentos, valores, crenças e principalmente daquilo que Jung chamou de "qualidade humana".

PARALELOS ENTRE A OBRA DE FREUD E DE JUNG

Comparando o trabalho de Jung com Freud, podemos dizer que Jung reconheceu os valores da Psicanálise, mas corrigiu seus extremos e ampliou as suas fronteiras. Jung percebeu a capacidade do inconsciente em abrir-se para a visão atual e prospectiva, além de revelar o passado. E no passado descobriu ele o inconsciente "coletivo", que vai bem mais longe do que aquilo que Freud identificou no inconsciente. Jung parte da observação de "fatos" inconscientes e considera a normalidade, enquanto que Freud estudou o inconsciente doente e em relação à sua teoria, que é um raciocínio, muitas vezes, independente do inconsciente. Além disso, Freud extrapola do paciente para conceitos gerais de desequilíbrio do inconsciente humano e Jung, ao contrário, percebe que no inconsciente é possível reforçar um ego sadio.

Jung, tanto quanto Freud, valorizavam os "sonhos" como revelação do inconsciente. Mas Jung expressa seu pesar pelo fato de *não ser possível atingir o inconsciente de forma direta, o que seria o ideal.* Supôs Jung que a prática de concentrar-se num quadro mental poderia gerar um fluxo que revelasse o inconsciente.

Freud, em sua teoria, expressa a preocupação principal na "sistematização de uma doutrina", enquanto que Jung coloca em primeiro lugar a observação livre da expressão inconsciente dos pacientes, mesmo que contrárias aos seus conceitos pré-formulados.

De uma forma genérica: *a orientação terapêutica de Freud é negativa pela determinação do passado. A de Jung é prospectiva. Freud reduz o homem aos seus impulsos ou à libido. Jung motiva o homem para a criatividade, para a busca de um sentido e o desenvolvimento da potencialidade. O inconsciente de Jung, por outro lado, é assessor do processo de "individuação" e nesse sentido orienta o homem para a busca de um propósito de vida, impulsionando-o finalmente para a autorrealização, a autotranscendência e o encontro com Deus.*

Freud foi genial em seu *insight*, ao tentar buscar a realidade psicológica do homem no que chamou de inconsciente. Foi genial ainda nas observações clínicas de fatos inconscientes, que se expressam simbolicamente e em somatizações, ou quando percebeu a sua manifestação na forma de "mecanismos de defesa". Foi corajoso quando chamou a atenção do mundo para a sexualidade reprimida da época e quando se expressa sobre a realidade da psicosexualidade infantil. Freud foi "intuitivo" quando teve a compreensão dos fatos mentais, quando comparou a mente a um *iceberg*, do qual apenas uma terça parte aparece sobre a superfície das águas... Mas Freud não foi tão feliz quando construiu sua Psicanálise. *Baseado em formulações hipotéticas, embora até fascinantes na linha "intelectual", acabou por afastar-se com ela do verdadeiro inconsciente que queria explicar, colocando um referencial externo, estranho aos "fatos" inconscientes e de uma forma generalizante, sem maiores considerações para com as diferenças individuais e únicas de cada ser humano.*

Outro aspecto que nos chama a atenção é certa incoerência em relação à lógica filosófica que Freud expressa quando, *depois de afirmar que dois terços da mente são formados pelo inconsciente, quis constranger metodicamente essa "massa maior" do inconsciente a caber na "menor" do consciente...* Isso se refletiu como dificuldade na sua prática clínica. E assim Freud, embora tenha aberto caminho ao descobrir o que é e qual a importância do inconsciente como cerne do psiquismo, elaborou um método para encontrar e trabalhar terapeuticamente esse inconsciente, que — como todos sabemos — não foi dos melhores... pois a Psicanálise "explica" e faz "entender" mais que "curar" e num processo muito moroso, laborioso, sofrido e aprisionante para o paciente. Observe-se ainda que Freud contradisse estudos da Antropologia, da Filosofia e da Teologia, especialmente quando fez pronunciamentos contrários e de negação a princípios que atravessaram os séculos em concórdia com o senso comum e que continuam sendo reafirmados nos tempos atuais pelas correntes filosóficas da fenomenologia, do existencialismo e por orientações religiosas.

Jung começa a caminhada com Freud, mas ao vê-lo desviar-se para regiões secundárias do humano, radicalizando-se nessas posições, deixou-o para continuar o seguimento da "via principal", onde podia encontrar-se com as realidades que a "intuição" revela a partir do inconsciente de todos os seres humanos e onde encontraria a parte saudável, criativa e transcendente do homem. Dessa forma, os efeitos finais entre o trabalho de Freud e de Jung foram opostos. *A Psicanálise "desumaniza", enquanto que a Psicologia Analítica conduz pelo vir a ser ao processo de "humanização".*

Jung, com a Psicologia Analítica, portanto, pode ser visto como um *"humanista" que orienta para os conteúdos — não só os "profundos", mas também os "interiorizados" do homem.* Jung, com o seu método, inicia uma sistematização do que filósofos, especialmente Descartes, Husserl e Bergson entenderam por "intuição". E se Jung não pôde sair-se melhor — como ele mesmo lamentou — *a limitação estava naquilo que ele próprio expressou, ou seja, no fato de que a abordagem do inconsciente tivesse de ser feita de forma "indireta", através da "inferência".*

Concluindo: A ideia de buscar entender o ser humano pelo interior de seu ser foi a grande "intuição" de Freud. Mas o esquema neurofisiológico, no qual tentou enquadrar o "inconsciente", limitou-o por todos os lados, obrigando-o a tecer desgastantes reflexões hipotéticas sobre o que observara desse fantástico nível mental do ser humano, para tentar explicar o que jamais poderá ser entendido apenas dentro do restrito paradigma da ciência fisicista. O que Freud fez pode ser enquadrado no que já nos disse Kuhn, o historiador das ciências. *Pois Freud reduziu suas percepções e descobertas a um esquema de estudo, ao invés de exigir que esse esquema se ampliasse para abarcar outros fenômenos. De fato, não se pode deformar realidades humanísticas somente porque um método de ciências criado e elaborado pelo próprio homem como "instrumento de estudo" não consegue abarcar e esclarecê-las. Jung, nesse sentido, foi mais corajoso. Jung colocou as afirmações sobre os fatos observados acima dos esquemas reducionistas da ciência fisicista.* Tem ele sido considerado "menos científico", mas seus pronunciamentos são mais autênticos, mais verdadeiros, mais de acordo com os fenômenos humanos, como realmente acontecem... Assim, Jung superou a "restrição" que Freud se impôs e ampliou com isso, imensamente, a compreensão do inconsciente. Ao finalizarmos o capítulo, queremos chamar a atenção do leitor para as citações de Jung que destacamos em itálico. Correspondem elas a afirmações que são confirmadas pela pesquisa direta do inconsciente. Impressiona realmente como Jung, apesar de utilizar-se de um método "consciente" e "racional", conseguisse "intuir" tantas realidades do verdadeiro inconsciente humano.

3.6 - A GUINADA DA REUMANIZAÇÃO E AS INFORMAÇÕES DO INCONSCIENTE

O pensamento filosófico reage ao "reducionismo" científico. A "fenomenologia" resgata a "intuição" e a "totalidade", dinamizando o "humano" pelo enfoque da "intencionalidade"... Com o "existencialismo", que desloca o eixo da "essência" para a "existência", a "vivência" é preferida às "ideias concebidas"... A "análise existencial" recupera filosoficamente a "psique" e a integralidade humana... Surge hoje, portanto, um novo "espírito da época", que tende a superar o 'fisicismo" e a retomar o "humanismo"... mas de forma mais "vivencial" que "teórica". E pela pesquisa do inconsciente coletam-se informações que confirmam essa tendência, evidenciando, a partir da interioridade do ser humano, verdades humanísticas universais.

Ensina-nos a história dos homens e dos acontecimentos que aos extremos sempre seguem reações de extremos opostos. Assim, após o cientificismo em apogeu e com o "reducionismo", que vitimou especialmente a realidade totalizante do homem, acontece agora uma reação que dá origem a diversas correntes filosóficas, as quais reumanizam o homem e têm reflexo sobre a Psicologia.

Ao acompanhar, a seguir, a exposição sucinta que faremos de pensadores e de linhas da filosofia atual, poder-se-à observar que se busca, por esse meio, devolver ao homem o lugar que lhe é devido como "ser" e "pessoa", com liberdade, intencionalidade, responsabilidade, dignidade e orientado para a transcendência. Enfatiza-se a "integralidade", recupera-se a importância dos "valores", do "amor" e do "sentido". O enfoque humanista atual se aproxima dos conceitos emitidos sobre o homem, desde a mais remota antiguidade. Entretanto, sem dúvida, o humanismo da atualidade é mais amplo e mais completo, pois não considera apenas o homem "racional", mas o "fenomenológico", nem o focaliza apenas pela "essência", mas o integra mais na "existência", acrescentando ainda ao seu saber os conhecimentos sobre a natureza psicofísica, ensinada pela metodologia científica.

Dentro dessa conceituação, também a "psique" é retomada e encaixa-se entre o nível noológico e o físico do homem. O homem já não é dividido em "corpo" e "alma" mas constitui-se de "corpo, mente e espírito". Na Psicologia também surgem as linhas "humanísticas". O paciente deve ser abordado em seus problemas numa visão pessoal e mais integralizada de seu ser. Na nova orientação "humanística" da Psicologia tudo se encontra, de certa forma, sobre um patamar comum, aquele que devolve ao homem sua psique e suas qualidades específicas de ser humano, libertando-o das malhas do reducionismo psicológico e fisiológico, do comportamentalismo, do mecanicismo científico e mesmo de um abstrato e subjetivo misticismo.

Faremos, a seguir, ligeiros paralelos entre o que os pensadores atuais expressam e como a essência desses pensamentos, de alguma forma, se confirma na prática clínica da Abordagem Direta do Inconsciente. Começaremos com a fenomenologia.

A *fenomenologia* é uma corrente filosófica que se propõe ir às essências dos fenômenos para captar o ideal, numa visão imediata, pela "intuição essencial". Já não segue pressupostos, mas assimila os fenômenos pela captação do aspecto situacional e existencial. A fenomenologia aprofunda simultaneamente o conhecimento da intencionalidade, da consciência e a "estrutura do mundo vivido", a partir do "aqui e agora". É ela o estudo descritivo dos *fenômenos, tais como se apresentam à experiência*. A fenomenologia, portanto, retoma a "intuição", a mesma sugerida por Descartes, mas vai além dele em termos humanísticos, porque supera o dualismo cartesiano *pela apreensão do "todo existencial" do ser humano e pela "intencionalidade" que dinamiza a antiga orientação estática.*

De forma similar à fenomenologia *encontra-se no inconsciente, pela sua pesquisa direta, num mesmo momento, a "situação e a existência", o interior e o exterior, fatos do presente, do passado e do futuro. Tudo é apreendido de uma só vez...* Diante deste vasto campo "fenomenológico" do inconsciente, pode-se diferenciar agora, sobre esse próprio nível mental, aspectos ou enfoques particularizados, sem perda da visão de conjunto. *No inconsciente, campo da "intuição"*, identificam-se tanto realidades pessoais — subjetivas, quanto universais — objetivas, acontecendo isto simultaneamente e percebendo-se, entretanto, a distinção entre os dois enfoques. Aliás, a distinção dentro dessa variedade de percepções depende apenas da proposta externa feita pelo terapeuta ou do autopropósito feito pela pessoa que se submete ao processo. De qualquer forma, *no inconsciente, quando abordado diretamente, haverá sempre a percepção integralizada, da qual fazem parte os princípios da fenomenologia, especialmente a "intencionalidade". Em tudo haverá, como na fenomenologia, uma "apreensão imediata" de difícil verbalização, porque muito ampla e muito profunda e inserida num contexto humanístico, onde "evidência e verdade coincidem".* A ADI, portanto, ao possibilitar a verificação de fatos e acontecimentos pesquisados diretamente no inconsciente, insere-os numa perspectiva "fenomenológica" e dentro das características da "intuição". Essa "intuição" não é "subjetiva", mas "objetivada" pela condução "científi-

ca" da "pesquisa" ou do "questionamento". Assim, *a fenomenologia e a pesquisa do inconsciente se encontram em coerência e unidade, no mais profundo do homem...*

Brentano destaca-se na linha do que acima descrevemos, quando expressa sua reação ao reducionismo psicológico e distingue então os fenômenos mentais dos físicos. Ao descrever sua "psicologia do ato" divide as questões psíquicas em "cruciais" e "sistemáticas". As questões "cruciais" são essenciais e orientam-se para os "temas", enquanto que as "sistemáticas" voltam-se para os "elementos" e são improdutivas em relação aos "temas". E em nível de inconsciente, quando é abordado diretamente, percebem-se contextos semelhantes ao que Brentano chama de "fenômenos mentais", tais como sentimentos de amor, ódio e o sofrimento. Apresenta-se aí também a "intencionalidade" que se torna necessária na ADI como motivação básica para a "reformulação" terapêutica. *Carl Stumpf*, o discípulo de Brentano também enfatiza que as funções mentais devem ser estudadas em relação aos "fenômenos" e não ser decididas *a priori* pelos "elementos", como o propõe Wundt. Da mesma forma no inconsciente, embora seja necessário distinguir os "elementos", a consideração do "tema" é fundamental.

Husserl é o representante mais significativo da escola fenomenológica. Critica a psicologia científica em vigor, afirmando que não se pode querer admitir como válida exclusivamente uma psicologia positiva, objetiva e experimental, porque *o homem é mais do que o produto de influências físicas, fisiológicas ou sociológicas. A preocupação de Husserl é impor à psicologia científica os seus limites, ressaltando que a psicologia objetiva e experimental não resolve a exigência antropológica.* Esta não pode ser ignorada, pois ficam sempre, lado a lado, a exigência da interioridade racional com a da objetividade. Insiste Husserl que o psicólogo não pode perder de vista a "intuição das essências," que é inseparável dos fenômenos ou fatos. Apregoa a necessidade de interligar as duas realidades. Postula uma interação fundamental entre o sujeito (o "eu puro") e o objeto (as essências) do conhecimento.

Para *Husserl*, diferentemente de Piaget, que vê na fenomenologia apenas a superação do "reducionismo", o *objetivo da fenomenologia não é tanto "transcender" o domínio das experiências, mas o de revelar ou desvendar o seu "sentido"*. E, ao insistir Husserl sobre o problema do sentido, opõe-se ele não somente ao naturalismo psicológico, que tende a encerrar o comportamento humano num feixe de causas e de efeitos exprimíveis em terceira pessoa, mas também ao idealismo, na medida em que esse reduz o homem a um conjunto conceitual organizado.

Vale ainda lembrar as distinções que Husserl faz em torno do conhecimento. Divide-o em "categorial" e "objetivo". A percepção categorial é imediata, espontânea, própria da vida do cotidiano, pré-reflexiva, não realizando a separação entre objeto e consciência, acontecendo como captação, por "intuição". *E a intuição é a "percepção própria e natural do homem".* O conhecimento objetivo acontece quando se estabelece uma distância em relação ao objeto, com a finalidade de analisar as características, os elementos, as funções. *O conhecimento objetivo é, portanto, a percepção das ciências naturais.*

A ênfase de Husserl recai sobre o "dado imediato", a coisa que se coloca diante da consciência, pois neste fenômeno é que estão contidas as essências universais e necessárias. A fenomenologia, ao querer descrever o mundo das essências, prescinde dos elementos referentes ao sujeito psicológico, à existência individual e à subjetividade empírica. O filósofo Husserl, diante do "cientificismo", tenta recuperar a "metafísica" e a "intencionalidade filosófica". Diz que a fenomenologia tem uma missão junto à Psicologia: a de purificá-la em relação às características empíricas e levá-la ao plano da generalidade essencial. Insiste em substituírem-se as discussões diferenciais entre "objetividade" e "subjetividade" pelos debates sobre o "vivido" e o "existencial".

De certa forma, *o inconsciente, quando atingido pela ADI, concretiza o que Husserl propõe.* O inconsciente apresenta um amplo quadro do "vivido" e ainda permite nele a identificação e o discernimento entre a percepção "objetiva" e a "categorial". Note-se, mais uma vez, que o "vivido" e o "existencial" no inconsciente não se referem necessariamente ao passado. *No inconsciente tudo é "atemporal", ou tudo é "presente". O "inconsciente" não representa uma "época mental", mas uma "percepção e apreensão diferente", a percepção "intuitiva".* O inconsciente, quando abordado diretamente pela metodologia específica, portanto, também "purifica" a Psicologia em relação às características empíricas, levando-a ao plano da generalidade essencial — como quer Husserl — e assim possibilita a confirmação prática dessas afirmações teórico-filosóficas.

Foulquié, que se coloca ao lado de Husserl, também com ele concorda no sentido de que a *fenomenologia não é como a Psicologia, ou seja, uma simples descrição dos dados imediatos da consciência. Assim também os conteúdos revelados pelo inconsciente não são "descrições" semelhantes aos que costumam expressar-se pelo "consciente" na Psicologia.*

O fenomenólogo *Max Scheler,* da mesma forma que Husserl também não se limita ao domínio da intuição intelectual ou lógica, mas estende o seu campo a outras áreas, englobando o sensível. Scheler refere-se a questões do homem como unidade de "ser" e de "atos". Na pessoa, diferencia a "alma" do "psiquismo". A *"pessoa" identifica-se com a substância da alma e não com o psiquismo. A pessoa identifica-se ao espírito, e o espírito é tudo que possui ato, intencionalidade, significação.* Scheler critica a psicologia mecanicista, a psicanálise e a psicologia individual, porque essas não concebem uma visão integralizada do homem. Como os outros fenomenólogos, reflete sobre a "intencionalidade" e a "intuição". Além disso, opõe-se Scheler radicalmente ao conceito comparativo entre homem e animal. Uma de suas mais belas dissertações é a que faz sobre *o amor, que é característico e exclusivo da "pessoa". Relaciona amor com valor. E amor tem para ele também sentido espiritual e eterno.*

Comenta Scheler: *"...O homem é algo mais que um simples fenômeno natural. É uma pessoa, e na medida em que é pessoa é teomórfico... A experiência religiosa culmina no amor. E o amor é mais que um sentimento, não tendo por conseguinte um valor por objeto, e sim, sempre uma pessoa. Deus é a Pessoa das pessoas e a fonte do Amor"* (37). Scheler escreve ainda sobre a *simpatia e o amor*. A simpatia é a comunicação ou a identidade de sentimentos entre as pessoas sem que a pessoa perca sua própria identidade. No amor, a simpatia perde seu caráter passivo e se torna intencional. *O Amor é o sentimento mais elevado da intencionalidade emocional.*

Fazendo um paralelo da ADI em relação a Scheler, podemos dizer que *no inconsciente os "valores" se evidenciam como intrínsecos*. Se o "pensar" do paciente é contrário à orientação "intrínseca" ou pré-reflexiva dos valores, isso expressa-se nele em conflitos inconscientes o que, por sua vez, gera autopunição e se projeta tanto sobre o físico quanto sobre o psiquismo. *Assim, os valores "pré-reflexivos" e inerentes ao homem, que se identificam no inconsciente, não são apenas verbalizados em terapia, mas reconhecidos pelos seus efeitos.* E não esqueçamos que essas descobertas são sempre feitas pelo próprio paciente, não pelo terapeuta. *No inconsciente, o Amor não é apenas o mais elevado sentimento, mas o mais importante referencial, de caráter transcendental e de necessidade vital.* "Amar e ser amado" resume no inconsciente a essência da vida e reflete-se sobre o estado de saúde ou de equilíbrio psicoespiritual.

Hartmann é outro fenomenólogo que se preocupa em reagir a favor da "humanização", procurando construir uma visão que enfatize a questão ontológica. Em termos da psique, interessa-nos a comparação que Hartmann faz entre a filosofia sistemática e a fenomenologia. Diz Hartmann que a *fenomenologia consegue descrever e analisar fenômenos, reconhecendo a realidade como um conjunto de problemas e cuidando de não deixar de lado nenhum aspecto dessa mesma realidade multiforme.* Ele se opõe à "filosofia sistemática" ligada ao racional, que conceitua apenas "aspectos"...

Ao lado de Hartmann a *Gestaltstheorie* ressalta que o *"todo é maior e diferente da soma das partes"*. Ambos, Hartmann e a teoria da Gestalt, portanto, contestam o "elementarismo" e o simples "associacionismo", defendendo a concepção "totalizante" do homem. *Ao focalizar-se o inconsciente, verifica-se como uma constante o fato de a percepção global ser diferente e muitas vezes mais ampla e profunda que a soma das percepções parciais.* É também em função de um contexto mais amplo que se torna possível a reformulação dos "registros negativos", resultantes de percepções parciais.

Husserl, Scheler e Hartmann são os maiores representantes da fenomenologia, embora divergissem entre si profundamente. *A corrente, como um todo, está, de certa forma, associada ao "intuicionismo", à concepção global que enfatiza a intencionalidade e à transcendência, que se opõe ao elementarismo e à lei de causa e efeito.*

O existencialismo surge da fenomenologia. Se comparado à filosofia clássica podemos dizer que o existencialismo desloca o eixo de seu enfoque da "essência" para a "existência", do nível intelectual ou racional para a "vivência", sendo que a "metafísica" é substituída pela "fenomenologia". A descrição dos "sentimentos vividos" é preferida à definição de "ideias concebidas". Ao invés de leis universais, a concepção existencial se preocupa com situações particulares e concretas. *O existencialismo se detém na "pessoa enquanto se faz na existência".*

No inconsciente, poderíamos chamar de "ideias concebidas" aquelas que levam o próprio paciente a formar seus registros negativos, traumáticos, bloqueadores. Isso porque não são os fatos em si que geram traumas; mas é em torno dos fatos que se originam os "sentimentos vividos". Entretanto, também ainda não é o "vivido" em si que gera os traumas. O trauma resulta de um "pensamento" formulado em função do "vivido" e do "sentido", que depois dá origem às "frases-registros". Assim são os "sentimentos vividos" que deslancham as "frases registro", e que formam a síntese da problemática humana e as "ideias concebidas" não conseguem interpretá-las com objetividade.

Uma crítica feita ao existencialismo afirma que ele se mostra um pouco confuso em relação ao tema da "objetividade-subjetividade". Nele a existência é "subjetiva", mas com uma compreensão "concreta" e "objetiva". Segundo nos analisa também criticamente Alceu Amoroso Lima, no existencialismo acontece a primazia do particular sobre o geral, da ação sobre o pensamento, do temperamento sobre a razão, do indefinido sobre o definido. Todo o homem sofre uma orientação de seu "ter" e "ser" em direção ao "existir"... Apesar dessas e outras críticas, o existencialismo muito contribuiu para a "reumanização" através de certos filósofos que representam essa corrente.

Kierkegaard (1913) é considerado o fundador do existencialismo. Distingue ele o "ético" do "estético". *Reage contra a razão objetiva e contra a técnica, na medida em que escravizem a existência.* Entretanto, apesar dessa sua visão mais humanística valoriza por demais a interiorização em si mesma e atribui existência autêntica somente à vida religiosa, acabando por conceituar um fechamento sobre si, o que caracteriza sua filosofia como pessimista, apesar de suas convicções cristãs.

No inconsciente o "abrir-se", o "sair de si" e o "transcender-se" é essencial ao processo de "cura", o qual, por sua vez, se insere no processo do "vir a ser" ou de "humanização". Aqui, portanto, a linha da unidade e coerência dos fatos inconscientes rejeita o fechamento sobre si da filosofia de Kierkegaard.

Como se viu no exposto, *pela ADI é possível detectar imperfeições em raciocínios filosóficos, porque sobre o inconsciente o "engano não se sustenta, mas todos os conhecimentos devem encontrar-se em coerência"* ... Quando, por exemplo, Nietzsche afirma que a "verdade" é subjetiva, variando de acordo com crenças individuais, a pesquisa sobre o inconsciente não concorda e responde que nesse nível mental distingue-se a verdade objetiva de uma "crença". O inconsciente, como disse Jung, "pensa e age" de forma independente do "consciente". Por isso, numa pesquisa tecnicamente conduzida pela ADI, *a pessoa descobre em seu inconsciente verdades universais e objetivas, ainda que não concorde com elas pelo pensamento consciente ou pela "crença".* É comum, em processos terapêuticos, o paciente revelar o "pensamento verdadeiro" do inconsciente e depois discutir consigo mesmo dizendo que "não concorda" com o que "ouviu dentro de si". Pela pesquisa sobre o inconsciente desfazem-se, portanto, afirmações como as de Nietzsche e Kierkegaard. *A existência da verdade objetiva se comprova no inconsciente, essa verdade na qual todas as outras verdades parciais se encaixam, e que é verificada pelo próprio paciente, mesmo que contrarie suas crenças ou maneiras pessoais de pensar.*

Há outros pensamentos filosóficos com os quais uma pesquisa do inconsciente não concorda. Assim acontece em relação a *Sartre,* quando conduz a sua filosofia para a "não existência de Deus", ou quando conclui que a vida humana é absurda... *Pela experiência terapêutica sobre o inconsciente, pessoas que pensam como Sartre, geralmente caem em quadros depressivos. A autopesquisa a que são conduzidos os pacientes pela abordagem direta faz com que em determinado momento eles descubram o que chamam de "Núcleo de Luz", o qual identificam como presença de Deus que traça, para cada homem em particular, o "sentido" de seu existir.*

O pensamento do existencialista Tillich é de grande interesse em relação ao enfoque humanístico. Diz ele que *"existir é estar em constante processo, indo sempre adiante, caminhando para o futuro que se abre diante de nós, com possibilidades imprevisíveis e incontroláveis, diferentes da exata previsão científica. É por isso que precisamos ter coragem de ser"* (38). Critica com isso a tentativa sempre frustrada de se querer enquadrar o homem dentro de uma ciência objetiva. Tillich também faz restrições à ciência objetiva quando utilizada em relação ao homem. *Enfatiza o "ser" acima do "ter".*

A questão que Tillich levanta sobre o "existir" como "processo constante" que nos coloca diante de "possibilidades imprevisíveis e incontroláveis" encontra confirmações no inconsciente, o qual como área atemporal da mente permite que isso aconteça com a ajuda da visão prospectiva, a identificação de tendências futuras e a possibilidade de modificação dessas tendências pela "mudança de atitudes" da pessoa que se submete ao processo.

Para *Heidegger* (1889) o homem, enquanto no mundo, está sempre na "possibilidade" para criar-se, escolher-se, conquistar-se, perder-se. Enfatiza Heidegger o *da sein* ou o "estar aí". O homem é "lançado" no mundo para realizar as potencialidades de existência. E o homem se transcende. Transcende a si mesmo, o mundo e as ações, tendo a liberdade e a possibilidade de mudar todas as coisas. Nesse sentido é a "existência" que daria sentido à "essência" — e não o inverso, conforme a conceituação da filosofia clássica. Heidegger utiliza-se da palavra *Befindlichkeit* para explicar que antes *de elaborar racionalmente o que percebo, tenho uma captação vivencial global, intuitiva da vida. Para entendê-la, preciso criar uma distância em relação à minha experiência.*

Heidegger, apesar de ver no homem uma capacidade de se transcender e de mudar as coisas, coloca o *da sein*, ou o *"estar aí no mundo" como um "ser-para-a-morte", o que gera a "angústia existencial"*... *O inconsciente não confirma essa colocação, pois nele percebe-se claramente a vida espiritual que transcende o físico e a própria morte através do Eu-Pessoal e do núcleo de Luz.* Assim sendo, o homem se encontra num "ser-para-a-vida" e não para a morte. Identifica-se aí o "sentido", que é o antídoto para a "angústia existencial", tão enfatizada por Heidegger.

Martin Buber, contemporâneo de Heidegger, afirma que o homem apresenta duas atitudes básicas no seu existir ou ser-no-mundo. Ele diferencia o "Eu-tu" e o "Eu-isso". Na atitude "Eu-tu", o ser humano existe numa totalidade, numa completa integração no mundo, enquanto que no "Eu-isso" há um distanciamento, uma separação entre ambos. A característica do "Eu-tu" é básica, primordial, anterior ao eu como ser consciente. *O "Eu-tu" está ligado a um vínculo natural, à integração originária no amor. E esse amor liberta os homens do emaranhado das diversidades e faz com que, deixando de ser coisas entre coisas, se tornem seres humanos semelhantes. A relação "Eu-tu" engloba oferta e risco. Ela é limitada, ocorre no instante atual, é plenamente presente.* Buber, com sua obra, da qual lembramos a relação "Eu-tu", apresenta uma filosofia elaborada sobre a vivência da relação interpessoal. Diferente da maioria dos filósofos existencialistas, o seu pensamento se move no âmbito da experiência intersubjetiva. *Buber, portanto, não só transcende a objetividade do cientificismo, mas seu método fixa-se para além, para um ato vital, que abrange o outro e integralmente.* Assim o relacionamento "Eu-tu" é entendido sob o ponto de vista transcendente e evidenciando um aspecto que é característico e exclusivo do nível humanístico do homem... *No inconsciente toda a estrutura básica do psiquismo monta-se sobre a relação interpessoal "Eu-tu" e muito raramente sobre a relação "Eu-isso". Mas a relação Eu-tu acontece a nível noológico ou do Eu-Pessoal, não só do psiquismo.*

O Personalismo é a corrente filosófica representada por *Emmanuel Mounier*. Merece ele ser lembrado nesse capítulo sobre a "guinada para a reumanização", porque em sua doutrina ético-filosófica insiste no *valor absoluto de "pessoa"* e nos seus laços de solidariedade com outras pessoas. Opõe-se ao "coletivismo", que tende a ver nos homens apenas uma unidade numérica. E critica o "individualismo", que enfraquece os laços de solidariedade entre as pessoas. *A ênfase recai sobre a "dignidade humana". Mounier, ao lado da insistência sobre o tema pessoa, enfatiza a importância do amor e a solidariedade para com as outras pessoas.* Textualmente: "Quase poderia dizer que só existo na medida em que existo para os outros. Em última instância *"ser é amar"* (39). Diz ainda Mounier que a Psicologia tem explorado algumas regiões infernais e suas profundidades. Tem estado menos atenta ao que poderia chamar-se de seus abismos superiores, aqueles onde se movem a exaltação e a vida mística (ibidem). No inconsciente os "abismos superiores" lembram o "inconsciente espiritual", onde se situa o nível noológico e o núcleo de Luz. Aliás, tudo que Mounier diz sobre "ser pessoa" expressa-se como de suma importância no inconsciente. A pesquisa desse nível mental por vezes revela pacientes que bloquearam a sua "pessoalidade". Terapizar a questão, *levando o paciente a descobrir que ele é "pessoa única e irrepetível" é um processo "vital" para o paciente no Método TIP.*

Bochensky, um filósofo espiritualista, reage contra o cientificismo por destruir o homem na sua dignidade de ser único e irrepetível. Apregoa que a ação do homem supõe a liberdade. *Enfatiza a existência da pessoa como livre e criadora, sempre dotada de recursos imprevisíveis. É categórico na afirmação de que o homem não pode ser reduzido a um "sistema"...* Mais uma vez confirmam-se essas colocações acima através da ADI, especialmente quando se trabalha em terapia o nível noológico, onde a liberdade humana se comprova através da existência da "pessoalidade".

A "análise existencial" é decorrência do "existencialismo" e orienta-se para a Psicologia. Detém-se ela nas situações mais comuns ou fundamentais em que o homem se encontra. Segundo nos diz A.A. Lima, *"a análise existencial é a análise das reações que se acentuam em torno do homem, embora o ultrapassem. É um testemunho, um depoimento pessoal, uma experiência de vida...*(40). Daí a crítica do mesmo autor à analise existencial, classificando-a como subjetiva e dizendo que não forma um sistema objetivo e impessoal, uma descrição do universo ou uma estrutura mental. Mesmo assim, os representantes da "análise existencial" são pessoas cujo pensamento em muito contribuiu para a retomada humanística da Psicologia.

Binswanger é psiquiatra e trabalhou como médico residente na Clínica Psiquiátrica para Enfermidades Nervosas em Zürich. *Foi ele quem, pela primeira vez, utilizou o termo "análise existencial"* no sentido lato, como aplicação prática na terapia aos conceitos da fenomenologia de Heidegger. Expressa-se através da análise das experiências, das vivências presentes, do "ser-no-mundo" (*da sein*). Compreendendo o paciente pela "existência", trata-o também através deste "ser-no-mundo" e não em função da "síndrome" ou de problemas do passado. Chamou seu método de *"Daseinspsychologie".*

Em seu livro *Über die Phenomenologie* (1973), Binswanger diferencia o conhecimento científico do fenomenológico. Diz ele que *o saber científico é próprio das ciências da natureza, começando pela percepção objetiva das coisas e dos processos, prosseguindo com uma elaboração de conceitos de seus elementos e funções, chegando finalmente à teoria. No conhecimento fenomenológico, que é próprio das ciências do homem, começa-se, ao contrário, com a percepção "categorial", que capta por intuição a essência das coisas e dos processos, sem elaborar teorias...*

A percepção "categorial", que capta por intuição a essência das coisas sem necessidade de elaborar teorias, é exatamente o processo que acontece quando se realiza a Abordagem Direta do Inconsciente.

Mas continuemos com Binswanger. Diz esse grande estudioso que a Psicologia não pode, como a fenomenologia, alcançar o conhecimento puro, mas deve encontrar os próprios fundamentos para a sua investigação científica.

Na clínica, pela análise existencial, Binswanger se opõe ao Método de Freud. Em contraposição propõe o seu "método de investigação" que não se prende ao passado, mas quer saber do paciente como é o seu "ser-no-mundo". Através dessa sua metodologia é preciso investigar, em primeiro lugar, a "história vital" do paciente, em função do "ser-no-mundo". Em segundo lugar, essa "investigação" não deve apenas analisar "onde, quando e em que ponto" o paciente "fracassou" na realização da plenitude de sua humanidade, nem conduzi-lo de volta ao mundo subterrâneo do passado, mas colocar seus pés na terra firme, dando-lhe a possibilidade de explorar as estruturas espaciais e temporais do mundo concreto e atual... *Nesse sentido, e certamente com muito maior potencial, o inconsciente serve para que se façam as "explorações das estruturas espaciais e temporais" em torno do paciente.* Isso porque o inconsciente permite que se realize esse processo diante de cada situação-problema, inclusive a do passado, possibilitando então a decodificação e a reformulação — e não apenas se limitando "a investigar" à situação presente, como acontece no "consciente"...

O terceiro aspecto dessa análise existencial enfatiza *a importância de o terapeuta situar-se sempre no mesmo plano de seus pacientes,* o plano da "existência comum" e isso sem que o paciente seja degradado ao nível de objeto, mas constituindo-se como sujeito. Também *a "transferência" freudiana é substituída por Binswanger pela "comunicação existencial".* Tem-se dessa forma o "encontro" em presença genuína de "ser com o outros" e de "ser-no-mundo com os outros", o que é diferente de um relacionamento na base "sujeito-objeto". *Na terapia sobre o inconsciente o respeito e a valorização da "pessoa" do paciente torna-se mais marcante. Isso porque o terapeuta não apenas coloca o paciente em igualdade de pessoa, mas, na medida em que se processa o "questionamento", permite a esse paciente a descoberta de que "ele é melhor terapeuta de si mesmo que o terapeuta externo".* E para que o paciente possa confirmar essa realidade costuma-se devolver a ele, no final da terapia, as suas "queixas iniciais". Não se faz isso apenas como "teste de cura", mas também para que o paciente descubra e conscientize o quanto hoje é capaz de resolver sozinho aquelas questões que apresentou como "situações-problema" no início da terapia. *Essa atitude do processo da ADI, portanto, respeita ao máximo a "pessoa" do paciente, porque o conduz à autodeterminação, à responsabilidade por si e à não dependência do terapeuta.*

A quarta colocação que se evidencia da metodologia de Binswanger refere-se ao "sonho". Não é esse um acontecimento a ser relacionado com uma teoria de ordem sexual, mas a ser visto como uma forma específica de existir. O sonho revela aspectos da totalidade do homem e a terapia sobre o mesmo deve visar a libertação das possibilidades existenciais... Em relação aos sonhos na pesquisa do inconsciente, embora levando a concordar com Biswanger em que eles revelam aspectos da totalidade humana e não só a sexualidade, o processo da ADI dispensa a sua análise, porque tem acesso direto aos conteúdos que no sonho se revelam apenas "indireta" e "simbolicamente". Além disso, *em conformidade com Binswanger, no inconsciente o paciente nunca é analisado de acordo com conceitos técnicos ou teorias, tais como o "princípio do prazer" ou o "princípio da realidade", mas sempre como "homem-todo" e único em seu consciente e inconsciente, em corpo e alma, em sua estrutura integral de homem na "existência". E no que diz respeito a sempre se abordar o homem todo e em sua realidade, ao invés de analisá-lo de acordo com princípios, pela abordagem do inconsciente não só concorda com isso, mas sobre essa conduta se estrutura todo o seu processo.*

Um quinto aspecto básico da análise existencial de Binswanger refere-se aos pacientes neuróticos e psicóticos. Diz o filósofo que *é preciso trabalhá-los no sentido de que acreditem em suas possibilidades de poderem vir a utilizar com liberdade as suas potencialidades existenciais...* Mais uma vez, a experiência com a abordagem do inconsciente leva a concordar e atua de modo semelhante ao pensamento de Binswanger.

Segundo Binswanger, *as enfermidades mentais são entendidas como tendo surgido, em suas causas primeiras, da falta de amor.* O não se sentir amado bloqueia o paciente, restringe suas possibilidades, não permitindo que realize plenamente suas potencialidades... A ADI também considera que o paciente psicótico ou neurótico é uma pessoa originariamente sadia, e que ele não "é" doente, mas que "tem" uma doença, e que esta parte "doente" origina-se de um sentimento de "desamor". A parte sadia do inconsciente pode ser reativada, desde que o paciente de fato queira se curar, pois o Eu-Pessoal sadio e livre continua a existir, mesmo na pessoa psicótica.

Entende-se que os psiquiatras da *"análise existencial" reajam contra Freud e a Psicanálise, a qual "fixa" o paciente sobre o passado, alienando-o do presente, posicionando sua vida atual como vitimada pelo que passou, fomentando ainda o egocentrismo e a dependência ao psicanalista pela transferência... Por outro lado, porém, a partir dos estudos de dados coletados do inconsciente não se pode negar que as vivências do passado influem sobre a personalidade e bloqueiam o deslanchar do "existir" na atualidade. Ambas as considerações, portanto, são necessárias, as do passado que atuam no hoje e a mudança de atitude, o esforço para reagir e se posicionar de forma diferente diante dos fatos... E isso é possível concretizar através do inconsciente diretamente abordado*, como já vimos exaustivamente nos primeiros capítulos. Mas é preciso entender que, apesar dessa relação de semelhança entre a ADI e a "análise existencial", a qual se centraliza sobre o "aqui e agora", *qualquer opção realizada "livremente" no inconsciente tem a força de mudar "de imediato" os condicionamentos e gerar registros positivos — o que não acontece numa "mudança de atitudes conscientes"*. É como se estivéssemos diante da água corrente de um rio. No inconsciente conseguimos chegar à nascente e canalizar a água de forma que nos beneficie. No "consciente" agimos como se tivéssemos trabalhando sobre a corrente das águas. Conseguimos barrá-las por algum tempo, mas não impedimos que continuem a brotar na fonte e que sua força, vez ou outra, derrube a barragem. Sem dúvida, podemos também construir uma barragem com técnicas especiais que dificultem a possibilidade de um rompimento ou vazamento. Mas a água será represada e se espalhará, criando outros tipos de "problemas".

A proposta de Binswanger é profundamente humanística, pois se volta à integralidade do homem. Na prática clínica, porém, trabalhar simultaneamente "consciente e inconsciente" exige técnicas especiais, que não fazem parte da estrutura da análise existencial. Assim, *o paciente dependerá também aqui mais da capacidade "pessoal" do terapeuta que de sua formação "profissional". Isso gera insegurança em relação ao método*. Aliás, essa tem sido a crítica mais frequente e talvez a única crítica fundamentada contra a análise existencial. Referem-se essas críticas à "ausência de orientações técnicas que uniformizem o tratamento", independente da formação pessoal do terapeuta. E é esse fator que torna a análise existencial vulnerável porque a faz "subjetiva" em relação à "objetividade" científica — conforme julgamentos que se ouvem de especialistas da área.

Conciliar "consciente e inconsciente" é a especialidade da ADI, mas conduzindo o "consciente ao inconsciente" e não vice-versa, como acontece no procedimento psicanalítico. E no inconsciente, como já sabemos, o ser humano é sempre visto em seu todo "psiconoossomático", inclusive em relação ao momento atual e "existencial". *A proposta de atendimento integralizado ao paciente, conforme o quer Binswanger, através da abordagem do inconsciente realmente acontece e não poderia ser evitada devido à própria estrutura do método.*

Medard Boss é outro filósofo e psiquiatra existencialista que reage ao "reducionismo". Reconhece ele, como Binswanger, *a importância do amor na existência humana. Critica a ciência psicológica por não ter se dedicado ao estudo dessa realidade e por ter reduzido o amor apenas a aspectos sexuais, além de enfatizar a patologia como normalidade. Considera que só é possível entender o relacionamento interpessoal quando se parte da consideração do amor na sua totalidade.* Argumenta que é justamente por estarmos muito envolvidos no nosso *existir* que o "raciocínio" tem dificuldades em entender o quanto o Amor é importante para o homem.

Boss é considerado o representante mais significativo da análise existencial. Através dessa análise procura ele "o homem tal como se revela imediatamente" e conclui que ele existe apenas em sua relação com os objetos e com seus semelhantes. Mas para existir desse modo possui um conhecimento fundamental de que é algo e que "pode ser alguém".

Em termos de psicoterapia, Boss reprova a atitude biológico-mecanicista dos psicoterapeutas. Afirma que *antes da técnica está a "existência humana" e que só a partir dela é que podem ser tratados tanto os fenômenos corporais quanto os psíquicos.* Acha válido e necessário que o terapeuta conheça as teorias científicas. Mas insiste em que não se pode querer explicar através delas todo o universo do comportamento. Critica a Psicanálise por reduzir o processo de comunicação a uma só forma, que é a transferência. E como Binswanger, Boss também evidencia que a comunicação deve ser original e uma transmissão própria do existir de ambos, tanto do paciente como do terapeuta. Enfatiza que o homem é essencialmente um "ser-com". Esclarece que se o terapeuta reconhece essa característica de encontro original entre terapeuta e paciente permitirá, então, o surgimento de um relacionamento criativo, mesmo que, a princípio, se mantenha apenas na atitude de observação.

Em termos de nosso enfoque, o da reumanização da Psicologia, é importante salientar em Medard Boss a distinção que faz entre Amor e sexualidade, dizendo que a base do autêntico relacionamento interpessoal é o "Amor". E é isso que também se comprova a partir da pesquisa direta do inconsciente, conforme pode ver-se no tema que desenvolvemos em capítulo próprio. Durante o processo terapêutico enfatiza-se, então, o Amor em sua correlação com a afetividade, com o seu "transbordamento no físico" pelo ato conjugal.

Gabriel Marcel é artista e um filósofo assistemático. Afirma que é preciso "ultrapassar o psicologismo, que se limita a definir e a concretizar atitudes, sem tomar em consideração a finalidade e a intencionalidade concreta do homem" (41). Critica também o empirismo em relação à Psicologia, quando diz: "O uso do empirismo se realiza unicamente pelo desconhecimento de tudo o que uma autêntica experiência implica de investigação ou mesmo de iniciativa criadora" (42). E acrescenta que o defeito essencial do empirismo consiste em desconhecer o mistério que está no coração da experiência.

Marcel define o processo de humanização do homem em relação ao que o transcende. Diz que *o homem só toma consciência de seu lugar no mundo na medida em que se relaciona à transcendência. Ele somente conhece a condição humana ao pensar em si mesmo como criatura.*

Gabriel Marcel, unificando a Filosofia e a Psicologia expressa-se como existencialista da "esperança". Vê uma íntima ligação entre esperança e uma ordem transcendente. A esperança é para Marcel a transmutação dos obstáculos da existência para o mundo do transcendente. *Marcel distingue duas áreas fundamentais: do "ter" e do "ser". O plano do "ter" é o da objetividade, da problemática, da técnica, da alienação, da angústia, do desespero.* E afirma Marcel que *nesse plano do "ter", quanto mais o homem possui, mais é possuído. O plano do "ser" é o da subjetividade, da intimidade, das experiências pessoais, daquelas em que o homem encontra a si mesmo, onde vive sua existência e realiza suas potencialidades...*

Marcel entende a "tecnologia" como o grande perigo do homem. Considera-a como "filha da razão científica", que não concede ao homem o domínio sobre as coisas. *Na medida em que facilita a ação, a técnica escraviza o homem e o empobrece espiritualmente, conduzindo-o em direção a um ser autômato.*

Marcel, assim como Buber, enfatiza que no recolhimento não encontramos só a nós, mas os outros. *O ser é uma comunhão interpessoal.* Toda a conceituação de Gabriel Marcel, especialmente na diferença entre "ter" e "ser", se confirma no inconsciente.

Merleau Ponty, assim como os outros existencialistas, também se opõe ao "cientificismo" na Psicologia, que se expressa pelo "elementarismo" e pelo "condicionamento". Introduz o uso das noções de "forma" e de "estrutura" no comportamento. *Esclarece que o conhecimento não é uma combinação de elementos simples,* da mesma forma como o comportamento não é redutível a uma soma de reflexos condicionados. *Desde a simples percepção da tarefa, encontramo-nos na interseção de dois universos. Nesses universos a ciência, inteiramente fora de mim, encontra, em oposição, a consciência. Assim, nem mesmo o organismo recebe apenas passivamente os estímulos exteriores...* Na percepção pela ADI, com seu enfoque sempre integral e inter-relacionado, concorda-se plenamente com essas afirmações...

Karl Jaspers também pertence ao existencialismo e dá-nos pensamentos interessantes referindo-se ao conceito de "vida". Diz-nos Jaspers: *"A vida não pode ser concebida adequadamente em termos de substância viva, de corpo vivo. É, antes de tudo, um todo constituído por um mundo interior e um mundo exterior, cada qual de forma peculiar. Para criar vida, seria necessário fazer surgir um universo completo, compreendendo um mundo interior e um mundo exterior"* (43). Falando sobre a natureza humana, escreve Jaspers: "Nada há que se compare à natureza do homem... O homem se confunde com todas as coisas, a alma é tudo (...) o homem não é anjo, nem besta (...), mas participa de ambas essas naturezas. Como centro da criação, ele é distinto" (44). Sobre o homem no mundo argumenta Jaspers: "... Cada uma das definições (do homem) leva em conta uma característica, mas o essencial não está presente: o homem não pode ser concebido como um ser imutável (...) A essência do homem é mutação: *o homem não pode permanecer como é.* Seu ser social está em evolução constante. *Contrariamente aos animais, ele não é um ser que é dado a si mesmo.* O homem nasce em condições novas. Embora preso às linhas prescritas, cada novo movimento corresponde também a um novo começo" (45). Em relação ao homem-transcendente, argumenta Jaspers: "Para transcender-se não basta ao homem a sensação ou o gozo de imagens mitológicas, nem o sonho, nem o uso de palavra sublimes (...) *Só na ação sobre si mesmo e sobre o mundo, em suas relações é que adquire consciência de ser ele próprio. É que ele domina a vida e a ultrapassa".*

Em seu livro *Iniciação filosófica,* Jaspers trata do problema da existência ou não de Deus. Critica ele os estudos sobre o tema dizendo que esse assunto é normalmente tratado a partir de dois princípios contraditórios: as doutrinas que querem provar que Deus existe e as que refutam estas provas. Neste último caso, da refutação das provas da existência de Deus, quer-se concluir que Deus não existe. Essa conclusão para Jaspers é falsa, porque tampouco pode-se provar a existência de Deus como a sua inexistência. Parece-lhe que a verdade se resume no seguinte: "As chamadas provas da existência de Deus não são originariamente demonstrações, são a via de uma autocertificação pelo pensamento. *As provas que durante milênios foram pensadas e repetidas com variações têm, de fato, sentido diferente das demonstrações científicas. São comprovações, pelo pensamento, da experiência da ascensão do homem até Deus..."* (46). E conclui: *"Deus existe para mim na medida em que me assumo a mim próprio livremente. Não existe como objeto de saber, mas como revelação na existência"* (47).

Na abordagem do inconsciente, conforme descrevemos em capítulo próprio, quando se conduz a pessoa pela interiorização até o nível espiritual, torna-se então possível uma "experiência" que proporciona a quem a vivencia a certeza da presença de Deus dentro de si e de todo homem. Essa presença é percebida, não por "crença" ou por "sentimentos", mas pela identificação de um "Núcleo de Luz" que entranha o Eu-Pessoal e como algo que "atrai", mas que não força, sendo o Eu-Pessoal chamado a responder livremente... *A experiência pela ADI, portanto, confirma na prática o pensamento filosófico de Jaspers, quando diz que Deus não existe como objeto de saber, mas como revelação na existência, ou — como diríamos nós — pela revelação espontânea do "inconsciente espiritual".*

Rollo May é um grande psicanalista estadunidense, que estudou em Viena com Adler e hoje lidera a corrente contemporânea da Psicologia americana, ao lado de Rogers, Binswanger, Tillich e Maslow.

Em um dos seus enfoques, *Rollo May volta-se para a experiência do "vazio" do homem moderno, fenômeno observado tanto em nível individual quanto social.* Esclarece que esse "vazio" é um efeito da sensação de incapacidade para uma atitude eficaz em relação à própria vida ou ao mundo em que a pessoa vive. Mas psicologicamente não deve ser entendido como se as pessoas realmente fossem desprovidas dessa possibilidade... Um dos belos trabalhos de Rollo May é seu livro *Love and Will* onde fala, como diz o título, na relação entre Amor e Vontade. Quanto ao seu trabalho em "clínica", Rollo May assim como Binswanger, condena a concepção do paciente analisado como um conjunto de categorias diagnósticas. Assume, na clínica, a atitude de abordagem dos seres humanos, não por meio de um conjunto de técnicas, mas de pessoa a pessoa e com uma preocupação de compreender a estrutura do ser humano em sua experiência no mundo. Intitula seu trabalho clínico de "Psicologia Existencial".

No inconsciente, o "vazio" é um dos responsáveis pelo desejo de manutenção de doenças ou por atitudes de resistência. E o Amor, alicerçado na vontade, é a forma de se levar o paciente a mudar suas atitudes no processo terapêutico do Método TIP.

Carl Rogers, também psiquiatra, aposta na capacidade do ser humano de resolver os seus problemas e estimula a responsabilidade. Observa que a terapia torna-se mais difícil quando se afirma que o paciente é governado por condições que fogem ao seu controle, e cada vez mais fácil na medida em que se leva esse paciente a descobrir por si mesmo que pode organizar suas percepções, que a mudança é possível. Essa conduta terapêutica baseia-se na *convicção de que a pessoa possui uma tendência inerente para resolver todos os seus problemas e desenvolver suas capacidades.* É a tendência natural para a plena autorrealização, embora a vida, as distorções da experiência, não permitam que isso sempre aconteça. Para que o paciente consiga desenvolver seu potencial, *Rogers enfatiza a "terapia centralizada sobre o paciente" e não sobre os problemas. Terapeuticamente orienta-se para a atitude não diretiva.* Rogers critica as teorias que dizem ser o indivíduo formado a partir do seu passado. Em contraposição, focaliza a terapia para o "aqui e agora". Dá ele extrema importância à pessoa do paciente. A pessoa é única, capaz de mudanças, tem livre arbítrio, escolha e responsabilidade. Com Rogers a pessoa-paciente deixa de ser objeto no sentido do "fazer-se com ele" e se torna "sujeito" na medida em que as mudanças ocorrem nele, por atitudes do seu próprio eu.

Como se pode constatar, Rogers, assim como Rollo May, também amplia a teoria que liberta a Psicologia do cientificismo e do reducionismo. Colabora nesse sentido quando desloca o ser humano da posição de "objeto" para "sujeito", quando retoma os conceitos cristãos do homem como "pessoa" e quando assume a postura de "não diretividade", que transfere a responsabilidade diretamente para o paciente. Diz Rogers: "Você tem dentro de si o poder para mudar a sua vida. Depende de você fazer isso. Não sou eu, o terapeuta, e nem o ambiente. É você!" (48).

Comparando a colocação rogeriana com o método TIP, já houve quem dissesse que pelo inconsciente é que se concretiza a autêntica "centralização sobre a pessoa", mais do que em qualquer outra linha de Psicologia. Com isso quer-se dizer que além de "não diretivo" como processo, o Método TIP tem um referencial que o próprio inconsciente impõe e que se estrutura sobre os valores inerentes e a orientação teleológica para um fim autotranscendente, que culmina com o divino. A atitude de "não diretividade", que torna ao paciente possível fugir dessa orientação, não é construtiva nem é realmente centrada sobre a "pessoa". É como se tivéssemos um barco no meio do mar, com recifes de um lado e o porto de outro. *Podemos ser livres para escolher entre os recifes e o porto como meta de chegada, mas é preciso que tenhamos a certeza sobre que lado fica um ou outro...* Por vezes um paciente que se submete ao Método TIP, aquele que é do tipo resistente prefere os "recifes". *Entretanto, o terapeuta conscientiza-o da escolha que está fazendo e das consequências...* pois assim deixa-se o paciente com a chance de um dia querer reformular sua má escolha. Isso porque, pela experiência com a ADI, sabe-se que o ser humano, enquanto não se orientar de acordo com o processo de "humanização", apenas deslocará os seus problemas e continuará a desestruturar-se como "ser". *No processo do Método TIP o paciente encontra no próprio inconsciente a "diretividade" pessoal e universal do humano, mas na medida em que o terapeuta "não direciona", embora o leve a encontrar e a assumir a única resposta possível dada pelo seu inconsciente.*

Viktor Emanuel Frankl, sem dúvida, é um dos mais brilhantes personagens da atualidade. É ele o criador da Logoterapia e da Logoteoria. Nascido em Viena em 1905, aos 16 anos já trocava correspondência com Freud e aos 18 publicou seu primeiro artigo recomendado por ele. Neuropsiquiatra e filósofo, conviveu também com o behaviorismo e a orientação gestáltica. Ao trabalhar com Adler teve sua carreira interrompida pela perseguição nazista. Foi levado aos campos de concentração. Durante o longo sofrimento nesse ambiente subumano, onde perdeu sua mulher e seus parentes, Frankl questionava a existência com a seguinte pergunta: "Será certa a teoria de que o homem não é mais que um produto dos fatores ambientais condicionantes de natureza biológica, psicológica ou sociológica?!" Depois, observando as pessoas no campo de concentração viu alguns que, apesar do sofrimento, ajudavam aos outros. E, diante deles concluiu que, embora poucos em número, eram o suficiente para provar ao ser humano que tudo pode ser-lhe arrancado, menos uma coisa: *a livre-escolha da atitude pessoal a ser assumida diante dos acontecimentos. Essa livre-escolha, para que seja positiva, precisa ter um "sentido" em função do qual é feita.*

Foi a partir de conceitos semelhantes que Viktor Frankl substituiu a clássica pergunta terapêutica do "por quê?" pelo "para quê?", qual o "sentido", qual o "propósito" ou o "significado"?

A Logoteoria se define, portanto, pela busca do significado da existência humana, que se projeta para a autotranscendência.

Vale a pena resumir aqui alguns dos pensamentos básicos de Frankl, especialmente a partir do escrito-resumo de seu trabalho intitulado *Conceitos Fundamentais de Logoterapia* (49),porque *todas as asserções de Frankl de alguma forma se confirmam e se comprovam como verdadeiras no inconsciente.*

No trabalho mencionado, Frankl refuta Freud, comentando: *o homem, sem dúvida, é "impulsionado" por instintos. Mas também é "atraído" por valores. Daí resulta que as neuroses não são tanto geradas por frustrações sexuais, mas pelo "vazio existencial" e são, em sua maioria, "noogênicas" (espirituais).*

Frankl também contesta Freud em relação ao conceito da "busca do prazer" como meta básica do homem. *Esclarece que o prazer é "efeito". E sendo "efeito", não pode ser encontrado quando procurado diretamente; entretanto, quanto mais assim buscado, mais esse prazer escapa...*

No que diz respeito à busca da felicidade diz Frankl: *"Não é exato que o homem sempre vá atrás da felicidade em si: o que o homem busca, na realidade, é uma razão, um sentido para ser feliz.* Assim, enquanto a psicoterapia tradicional procura restaurar a capacidade da pessoa de trabalhar e gozar a vida, a Logoterapia inclui essas coisas, mas vai além, fazendo com que o paciente reconquiste sua capacidade de sofrer, se for necessário encontrando sentido nesse sofrimento. Acrescenta Frankl que *se a vida é significativa embora envolva sofrimento, também o sofrimento tem sentido.*

Noutro enfoque Frankl se refere à questão do "querer". Diz que *não é correto afirmar que o homem "pode quando quer", mas que o homem "pode quando sabe o motivo por que quer"...*

Frankl critica os autores que sustentam a teoria pela qual sentidos e valores não são mais que mecanismos de defesa, formações reativas ou sublimações. Esclarece que *o homem encontra no sentido ou nos valores as razões do querer viver. E normalmente o homem não estaria disposto a viver ou a morrer por "formações reativas", mas o faria, com prazer, por seus ideais e valores !*

Frankl contesta Sartre quando este diz que o homem "inventa a si mesmo", concebendo sua própria essência. Contra-argumenta que, na realidade, *o sentido de nossa existência não é inventado por nós, mas "detectado" ou "descoberto".*

Em relação ao *"conflito",* identificado tradicionalmente como sintoma de neurose, Frankl esclarece que *uma certa dose de conflito é normal e sadia.* Em casos de conflito, da mesma forma, como no caso do sofrimento, a *missão do terapeuta é a de pilotar o paciente através dessas crises em direção ao crescimento, ao desenvolvimento e à transcendência. A busca de sentido e valores, embora necessária e positiva, pode ser causa de tensão interior e não de paz e equilíbrio. Frankl ilustra esse pensamento com Nietzsche, quando diz: "Quem tem por que viver, suporta quase todo o como viver".* Exemplifica a questão com os prisioneiros dos campos de concentração, lembrando que aqueles, os quais tinham ainda uma missão a cumprir, apresentavam maiores possibilidades de sobrevivência. Esclarece Frankl que *o homem, na realidade, não se preocupa tanto em reduzir suas tensões, mas, ao contrário, às vezes as cria e precisa delas para cumprir sua missão.* Um estado tensional muito mais prejudicial é aquele que se cria pelo "ódio", ou seja, paradoxalmente, pela falta de uma tensão construtiva.

Esclarecendo sobre o *"sentido",* diz Frankl que difere de pessoa para pessoa, de um dia para o outro, de uma hora para outra. Por isso, *o que importa não é o sentido geral da vida, mas o sentido específico de vida de uma pessoa em dado momento.* Não deve ser procurado um sentido abstrato de vida. Cada um precisa executar uma tarefa concreta que está a exigir cumprimento. Nisso a pessoa não pode ser substituída... A tarefa de cada um é singular, assim como a oportunidade de realizá-la.

Outro pensamento em torno do *sentido* que Frankl desenvolve é o de que cada situação particular da vida representa um desafio, um problema a ser resolvido pela pessoa em questão. Assim pode-se, a rigor, inverter a questão do sentido da vida e dizer que, em última análise, a pessoa não deveria perguntar "qual o sentido de sua vida", mas antes reconhecer que é "ela que está sendo indagada". *Em suma, cada pessoa é questionada pela vida. E à vida ela responde sendo "responsável"...*

A *"responsabilidade" é para Frankl a essência propriamente dita da existência humana.* E na terapia deve buscar-se criar no paciente uma consciência plena de sua própria responsabilidade. É preciso deixar que ele opte "pelo que" ou "perante que" se julga responsável.

Ao declarar que o ser humano é responsável, Frankl correlaciona a isso a necessidade de realização do sentido potencial da vida. Enfatiza que essa realização encontra-se no mundo e não dentro da psique. Segue a esse pensamento uma crítica à "autorrealização", que Frankl vê como um fechamento sobre si mesmo. Contrapõe ele que o *verdadeiro alvo da existência humana é, por essência, a "autotranscendência" e não a "autorrealização".* Como no caso do "prazer", também a autorrealização não pode ser alvo de busca direta. Ela é "efeito", consequência... *Quanto mais a pessoa buscar a autorrealização diretamente, menos a encontrará. Somente na medida em que se dedicar ao cumprimento do sentido autotranscendente, ela realizará a si própria.*

Ainda em torno da questão, Frankl comenta a "análise existencial", no sentido logoterapêutico, lembrando que *em lugar do "automatismo" de um "aparato psíquico", veja-se no homem a "autonomia" de uma existência espiritual.* E, da mesma maneira como atribuímos à Psicanálise a virtude da "objetividade" e à psicologia individual a "audácia", *a análise existencial responde com a virtude da "responsabilidade".*

Em relação ao tema "amor e sexo", diz Frankl que na Logoterapia o amor não é interpretado como mero epifenômeno de impulsos. O amor é um fenômeno tão primário como o sexo. Normalmente o sexo é uma modalidade de expressão do amor. *O amor não é entendido como mero efeito colateral do sexo, mas o sexo é entendido como meio de expressar a experiência daquela união chamada de amor...*

Frankl tem uma mensagem também para o envelhecimento. Argumenta que quem enfrenta ativamente os problemas da vida é como o homem que, dia após dia, destaca uma folha de seu calendário e a guarda cuidadosamente com alguns apontamentos do dia que passou. É com orgulho que pensa nos dias que viveu em plenitude. Que lhe importa estar ficando velho? Que motivos terá para invejar os mais jovens? Pelas possibilidades que estão à sua frente, pelo futuro que os espera? *Em vez de "possibilidades", o mais idoso possui "realidades", tanto do trabalho feito, como do amor vivido ou doado e também do sofrimento passado...*

Frankl enfatiza a *liberdade do homem em mudar a qualquer instante da vida*. A existência humana é imprevisível e sempre capaz de transcender a todos os condicionamentos. *O homem é um ser que constantemente transcende a si mesmo.*

No que diz respeito à metodologia científica e à liberdade, Frankl adverte que *há um perigo na teoria do "nada-mais-que", aplicada à pessoa humana.* O ser humano, nessa colocação, é apenas o resultado de condicionamentos biológicos, psicológicos, sociológicos, produto da hereditariedade e do meio ambiente. Esse fatalismo nega a liberdade humana. *O ser humano, sem dúvida, é finito, inclusive em sua liberdade. Não tem uma liberdade ampla, capaz de impedir os condicionamentos, mas tem liberdade para tomar uma posição frente aos condicionantes.* Mesmo no caso dos neuróticos e psicóticos, ainda fica um resíduo de liberdade. "Na verdade, o mais íntimo cerne da personalidade de um paciente *não* é tocado pela psicose", diz Viktor Frankl, acrescentando que, "mesmo ao perder sua utilidade, o homem ainda conserva sua dignidade".

Em seus muitos livros, Frankl aprofunda vários temas específicos em termos de "Logoteoria". Uma importante observação refere-se à "dimensionalidade" do homem. *Frankl considera no homem três dimensões hierarquicamente estruturadas: a corporal ou física, a mental ou psíquica e a espiritual ou noológica. A dimensão noológica é a dimensão por excelência do homem e abarca as inferiores. O homem define-se como unidade antropológica, apesar da pluralidade. Essa unidade é tridimensional.*

Frankl expressa seus pensamentos através da Logoteoria e os aplica na prática pela Logoterapia. São seus métodos básicos: *a modulação de atitudes, a derreflexão, a intenção paradoxal, o autodistanciamento, a autotranscendência e a sugestão* (50). Todas essas condutas não servem apenas para o processo terapêutico, mas para o dia a dia, na convivência humana.

Finalmente Frankl faz ainda uma crítica à interpretação psicológica da religião. Diz textualmente: *"No momento em que interpretamos a religião como mero produto da psicodinâmica e de forças motivadoras inconscientes, não acertamos o essencial e perdemos de vista o fenômeno autêntico.* Essa concepção errônea faz com que a psicologia da religião possa acabar virando psicologia como religião, onde a psicologia é, por vezes, cultuada e transformada numa explicação para tudo..." (51).

Os enfoques de Frankl, como dissemos, por serem profundamen-te coerentes com o processo humanístico, confirmam-se e comprovam-se na realidade inconsciente, quando buscados pelo "questionamento", ou pela pesquisa desse nível mental.

Vejamos como são percebidas algumas dessas colocações filosóficas de Frankl no inconsciente, através da sua pesquisa direta e da prática clínica do Método TIP.

Vimos que Frankl admite que o homem é impulsionado por instintos, mas acrescenta que também é *atraído por valores*... Isso evidencia-se claramente no inconsciente, naquele momento em que o paciente identifica o seu "Núcleo de Luz". *A Luz o atrai, mas não o força*. Ela é um *convite* de Amor, de autotranscendência e de sentido.

Frankl, ao falar sobre as "neuroses", diz que são causadas essencialmente pelo "vazio existencial". Na abordagem terapêutica do inconsciente, se o paciente encontra-se nesse "vazio", nem sequer consegue abordar o seu inconsciente para tratar dos outros problemas, porque lhe falta um "para que" se curar. Daí, muitas vezes, *é preciso trabalhar o "sentido" antes de se atuar terapeuticamente sobre o inconsciente*.

Na logoteoria o *"sofrimento"* também tem significado. Pela ADI, conforme já exemplificamos oportunamente, é possível descobrir os valores e os efeitos positivos da vida de uma pessoa, a partir do sofrimento. *O inconsciente revela* detalhes em termos de fatos, local, horário, *onde o paciente sentiu valorizado o sofrimento*, evidenciando ângulos que antes nunca haviam sido percebidos em nível "consciente".

A logoteoria enfatiza a liberdade do homem em mudar qualquer instante da vida e em transcender todos os condicionamentos. Mas isso é difícil concretizar tecnicamente nas terapias sobre o "consciente", além de ser quase impossível saber quais as causas mais profundas desses condicionamentos e daí como vencê-los. De fato, quando o condicionamento é apenas atingido em seus efeitos, pelo esforço consciente torna-se quase impossível eliminá-lo. Gasta-se, então, muito tempo de sessões de terapia e mesmo assim o condicionamento reaparece frequentemente de surpresa, escapando ao controle. *Ao contrário, no inconsciente, o condicionamento pode ser reformulado pela dimensão "livre" do Eu-Pessoal*. Exige-se também aí uma "mudança profunda de atitudes". Entretanto, no inconsciente essa mudança precisa acontecer uma só vez, porque nesse mesmo instante o condicionamento é "decodificado" e "substituído", não se manifestando mais a nível "consciente". *Entenda-se disso que qualquer aspecto da logoterapia, quando aplicado ao "inconsciente", onde é reformulado pela dimensão livre do homem, é incomparavelmente mais rápido e eficaz em seus resultados*.

Viktor Frankl considera o homem como uma unidade antropológica de três dimensões: *a física, a mental ou psíquica e a espiritual ou noológica*. As instâncias noológicas revelam-se espontaneamente numa pesquisa do inconsciente, identificando-se então os diversos núcleos, ou seja, o da "Pessoalidade", o da "Inteligência", o do "Amor", o "Existencial" e o da "Luz", o que confirma as três dimensões citadas por Frankl.

Em relação aos "métodos" elaborados pela logoterapia, podem-se traçar paralelos com a ADI. Vejamos:

A *"modulação de atitudes"* é na Logoterapia o "posicionamento" que o paciente assume diante dos fatos. A Logoterapia quer dizer que não são os acontecimentos em si que traumatizam, mas as "atitudes" que se tomam em relação aos mesmos. *Na pesquisa do inconsciente são as "frases-registro" que representam a síntese da problemática do paciente. E as frases-registro expressam exatamente o "posicionamento" que o paciente "assumiu" e lançou no computador desse "inconsciente".* A diferença da Logoterapia para a ADI é que aquela se utiliza da "mudança de atitudes" no "consciente" e no "presente", ou numa visão prospectiva. *Mas a "mudança de atitudes" sobre o inconsciente também não se prende apenas ao passado. Aliás, pela ADI, só se busca no "passado" o que ainda está "vivo" no "presente".* Assim uma "mudança de atitudes" no inconsciente, além de agir sobre o presente e o futuro como na Logoterapia, atinge também os condicionamentos do passado... O método do *"autodistanciamento do sintoma"* na Logoterapia é a técnica de separar a pessoa sadia dos problemas que a afligem. Pela ADI, o processo inicial, logo depois que o paciente aprende a "interiorizar-se" e a "perceber" o inconsciente, *é separar "dentro dele" o Eu-Pessoal livre e sadio da parte condicionada. Separa-se assim o que o paciente "é" daquilo que ele "tem" ou condicionou;* o Eu-Pessoal é a pessoalidade original que vai sendo deformada pela "falsa pessoalidade" dos condicionamentos para, então, tornar-se "personalidade". *O "distanciamento"* é que torna possível a terapia de um sobre outro aspecto da pessoa. É essa uma das técnicas do "tripé" inicial do método TIP. Com a "intenção paradoxal" a Logoterapia visa levar o paciente a "desejar o que se teme", partindo do princípio de que os opostos "medo" e "desejo" inibem-se reciprocamente. *No inconsciente, o "oposto" ou a "atitude paradoxal" em si é uma das técnicas frequentemente repetidas sobre o inconsciente,* embora num sentido um pouco distinto. Às vezes, durante o processo terapêutico, o paciente fica repentinamente bloqueado, não conseguindo perceber a cena proposta. Pede-se, então, que busque a cena exatamente oposta àquela que não consegue ver e, a partir dessa, pelo "contrário", consegue-se encontrar o que se queria no princípio. Dentro do mesmo raciocínio coloca-se também a "situação mais inadmissível", que se solicita ao paciente quando se encontra em estado de bloqueio. A atitude "paradoxal" é utilizada ainda em várias outras circunstâncias terapêuticas. *A atitude "paradoxal" do método TIP não é exatamente a mesma coisa que a intenção paradoxal da Logoterapia, mas baseia-se na mesma fundamentação de que os opostos se anulam reciprocamente. Pelo método da "derre*flexão*",* a Logoterapia leva o paciente a concentrar-se sobre outros conteúdos, em vez de fixar-se sobre o que o está incomodando. *O processo é normalmente utilizado no inconsciente pela "concentração enfocada", mas especialmente quando o sofrimento bloqueia o paciente na percepção dos conteúdos traumáticos. Assemelha-se à derreflexão a técnica da "positivação" quando antecede a busca de traumas no inconsciente. A "retroalimentação" do inconsciente com a reativação de registros positivos enfraquece os negativos, permitindo que esses sejam paulatinamente abordados. A autotranscendência,* como oposto do "autocentrismo", segundo a Logoterapia, é necessária para impedir processos obsessivos de observação ou de concentração sobre si mesmo e também para que se evite gerar disfunções no organismo, provocadas por somatização da "hiperintenção". A "autotranscendência", para Frankl, deve substituir a "autorrealização"; pois a "autorrealização" também alimenta o autocentrismo. A *"autotranscendência", pelo contrário, tem a autorrealização como "efeito".* A reeducação em nível "consciente" para a autotranscendência não é fácil, é lenta e repleta de reincidências. *No inconsciente é possível gerar uma "experiência" pelo processo que chamamos de Realidade em Potencial. Assim, diante de uma situação "vivenciada", onde o paciente prejudicou-se por estar voltado só para si, pede-se que reformule a cena dentro de uma atitude oposta, do tipo "autotranscendente". O paciente experimentará vivamente a diferença.* Conseguirá sentir em nível inconsciente a diferença entre sua atitude autocêntrica e a atitude autotranscendente. E essa experiência, porque lançada ao inconsciente, codifica-se e condiciona-se gerando a mudança de comportamentos no momento atual. Assim, em apenas uma hora de sessão sobre o "inconsciente" pode-se conseguir maior efeito de mudanças do que em meses, ou talvez em anos de terapias que focalizam as questões apenas pelo "consciente". Assim, também as grandiosas formulações da logoteoria, quando se apresentam no inconsciente são bem mais rapidamente incorporadas do que pelos métodos "conscientes" da Logoterapia.

Concluindo: O presente capítulo, que nos fez atravessar e contactar o pensamento antropofilosófico da atualidade em paralelo às informações que nos são oferecidas com a pesquisa do inconsciente, mostrou-nos que *todas as reflexões baseadas no que o ser humano tem de essencial são confirmadas no nível inconsciente do paciente que se submete a esse processo.* E como o processo se baseia no "questionamento" e não na interpretação ou em teorias que conduzam a determinadas respostas e, ainda, porque o "campo de pesquisa" é o inconsciente de todo e qualquer ser humano, podemos dizer, por extensão, que *os pensamentos* filosóficos *que são confirmados pelos dados coletados do inconsciente confirmação, que por sua vez, é válida pela repetitividade, refletem a realidade intrínseca do ser humano*. Temos também assim, com a ADI, através do método científico da "pesquisa de campo", a constatação da existência de uma realidade não física ou imaterial no homem, a "instância humanística" ou "noológica". *Devolve-se, por este meio, ao ser humano — antes cientificamente "reduzido" através de um instrumento por ela própria oferecido — a certeza da realidade da espiritualidade humana. Devolve-se ao homem, pela prática clínica e não só em teoria, seu lugar de "pessoa", sua dignidade, sua responsabilidade, a liberdade, a intencionalidade, os valores, o sentido, a capacidade de amar e a transcendência...* Além disso, pelo inconsciente rejeita-se de seu contexto — que permite unificar verdades autênticas — aquelas orientações filosóficas que não se enquadram neste todo. *E assim, tem-se a partir do inconsciente um critério seguro de avaliação de autenticidade do saber, tanto da área filosófica como da científica, uma vez que esses dois campos do conhecimento no inconsciente se entrelaçam em complementaridade e coerência.*

Outro aspecto a ser enfatizado nesta conclusão é que *os temas desenvolvidos pelos filósofos da atualidade*, que procuram sempre ser fiéis ao princípio básico de sua especialidade, qual seja o do saber orientado para a finalidade "última" do homem, *retomam sua importância "científica" no momento em que pela pesquisa do inconsciente se comprova a influência do "humanístico" ou do "racional" sobre o "psicofísico", ou sobre a saúde física e mental do homem*.

Por último, queremos enfatizar que a atual guinada de reumamanização filosófica, a qual corajosamente se opõe ao reducionismo, mostra também um atendimento à busca angustiante da humanidade, cada vez mais sofrida, apesar do incessante progresso científico. *E o nosso inconsciente, ao confirmar princípios dessa "guinada" e permitir um passo além, por unificar sobre si tais princípios e integrá-los vivencialmente dentro do próprio homem, posiciona-se como um recurso dentro do espírito da época, que oferece uma resposta concreta de atendimento integral às necessidades mais fundamentais do ser humano.*

3.7 - A BUSCA INDIRETA DO INCONSCIENTE EM TERAPIAS ALTERNATIVAS

O toque "humanizante" que Jung deu ao inconsciente, ao lado da fenomenologia e do existencialismo, exerceu sua influência também sobre a Psicologia, que hoje focaliza, de

> *preferência, o homem "integral" e "vivencial", revelado pelo "inconsciente" e buscado pela "intuição", ao invés daquele psiquismo analisado e interpretado racional e estaticamente, ou de acordo com teorias e categorias preestabelecidas.*

Jung, ao "humanizar" com sua Psicologia Analítica os primeiros passos dados por Freud em direção ao inconsciente e formular uma concepção mais totalizante do ser humano, onde se considera a influência dos ancestrais, onde se projeta o paciente não apenas para o passado, mas para o momento presente, onde o homem é considerado sob o ponto de vista humanístico e transcendental, exerceu forte influência sobre os estudiosos do psiquismo e sobre a mentalidade da Psicologia. Assim, sob a inspiração de Jung e da filosofia fenomenológico-existencialista, têm surgido as mais variadas linhas psicoterapêuticas ou processos diferentes de tratamento, que orientam a preocupação básica para o ser humano sob o prisma "vivencial" mais do que sob o "teórico", e numa perspectiva de "integralidade pessoal" de preferência aos enfoques isolados dos "problemas" ou sintomas, buscando essa realidade através de processos que, de alguma forma, se apoiam no inconsciente e na "intuição".

Vejamos, portanto, alguns desses *processos alternativos.*

Um dos métodos mais antigos de se buscar o inconsciente, e que atualmente está sendo reintensificado, é o da *hipnose e seus derivados.*

Pode-se dizer, de uma forma genérica, que a *hipnose* é um recurso de alteração da consciência, onde essa fica diminuída para que o inconsciente possa aflorar sem censura e sem gerar o processo de "racionalização", identificado por Freud.

Pela hipnose pode acontecer a reeducação motora e funcional, além de tornar-se possível exercer influência sobre pensamentos. O hipnotizado, assim controlado, torna-se dependente do hipnotizador, que aproveita a situação para fazer sobre ele as sugestões que deseja. A hipnose pode ser exercida em diversos graus de profundidade, desde a sugestão mais superficial até o estado cataléptico.

Em relação ao método, é interessante distinguir a auto-hipnose, que tem a vantagem de não gerar dependência do hipnotizado. Um processo bastante divulgado nessa linha é o do Treinamento Autógeno de Schultz, onde através de exercícios específicos a pessoa aprende a controlar funções psíquicas e orgânicas.

Outros estudos que se tornaram famosos foram os experimentos de "pós-hipnose". A pessoa hipnotizada recebia uma sugestão para realizar determinado ato após a hipnose, em certo dia e hora. Observou-se que o paciente realmente obedecia a essas sugestões e tendia-se então a concluir e a provar com isso que o ser humano é absolutamente "condicionável". Mas essa tese foi refutada quando se descobriu, em determinado momento de certa experiência, que a pessoa conserva a capacidade de conduzir-se de forma diferente à sugestão recebida. O hipnotizado acata a sugestão e inconscientemente a segue, mas apenas se essa não lhe desafiar os princípios ou a lógica. A sugestão ou a hipnose exercem influência, mas não são capazes de anular o "discernimento" e a "vontade livre". A pessoa consegue perfeitamente se opor a ordens hipnóticas, conforme se comprovou com os experimentos de Bernheim, da Escola de Nancy, França. Em termos de ADI, diríamos que o Eu-Pessoal (vontade livre) consegue exercer controle sobre os "condiciona-mentos" (sugestão hipnótica) e até modificá-los.

Sob o ponto de vista "humanístico", a utilização da "hipnose" tem vários aspectos a considerar. Antes de mais nada, o processo busca o acesso ao inconsciente por um meio que evite a "racionalização" (Freud), a qual acontece sempre que esse nível mental é conduzido ao "consciente". *Assim, na hipnose oblitera-se a consciência para que os conteúdos inconscientes aflorem sem a "racionalização" e, portanto, com toda a sua força emocional.* Acontece, então, uma "catarse" da problemática que se visou atingir. Há uma descarga emocional do que foi sentido pelo paciente, mas o acontecimento em si não é esclarecido em sua origem: *a "terapia" restringe-se a essa catarse e à "sugestão positiva" que se "acopla" sobre os conteúdos negativos...* A hipnose, portanto, pode chegar ao momento emocional do primeiro sofrimento, mas não à causa dele. E não é um processo de cura, pois nela não existe a participação da dimensão livre da pessoa, uma vez que se atua de "fora para dentro" e diretamente sobre os "condicionamentos", sem removê-los. Com a sugestão positiva pode acontecer um "alívio", mas esse é frágil e com o tempo tende a desfazer-se. Além disso, a sugestão é sempre dada pela forma de pensar e sentir do hipnotizador, o que pode não estar nada de acordo com as convicções do hipnotizado. Nesses casos a hipnose pode, no máximo, "anestesiar" um sofrimento por algum tempo, mas logo a seguir passa a gerar-se um novo conflito entre a sugestão recebida e o inconsciente condicionado ou em relação à vontade livre. Mesmo a auto-sugestão não tem a força da "convicção" e, por isso, não é permanente.

Um exemplo do que dissemos genericamente em relação à sugestão é o caso de uma criança de dois anos de idade que sofria de asma. O hipnotizador falou que "mataria" a doença e imitou com a boca e com gestos um "tiro" de revólver. A criança se assustou com o "bum" e realmente começou a normalizar a respiração. Tempos depois entendeu que a asma não podia ser "morta" dessa forma... e as crises de asma retornaram.

A *"regressão" é outra aplicação da hipnose e também um processo bastante em voga em nossos dias.* Nesses casos a hipnose ou as drogas são usadas para levar o paciente a reviver regressivamente as suas diversas idades, com a finalidade de expressar emocionalmente através da catarse e em cada etapa, de forma direta ou simbólica, os seus diversos sofrimentos, recebendo, depois, como resposta de tratamento a "sugestão" positiva.

O processo de hipnose ou a sugestão têm a sua validade de ajuda ao ser humano em momentos de emergência, principalmente quando se trata de dor física ou descontrole nervoso. Auxilia também em relação às crianças, em casos de excesso de agitação, insônia, medos. E a "regressão", se elaborada como hipnose sistematizada para gerar "catarses" sucessivas, também consegue aliviar sofrimentos, principalmente quando se acrescenta a ela a sugestão. Mas é preciso estar atento sobre outras características não positivas do processo, já acima mencionadas. Deve-se lembrar, inclusive, que o hipnotizador, na "regressão", não só transmite o que quer dizer, mas todo o seu conteúdo inconsciente, o qual tem também registros indesejáveis, pois não existe pessoa sem registros negativos no inconsciente. Assim, *o hipnotizado alimenta subliminarmente o seu inconsciente com os conteúdos inconscientes do hipnotizador.*

Conclui-se, portanto, que o processo hipnótico não pode ser considerado humanístico, pois a transmissão de conteúdos acontece de forma independente da vontade e da colaboração livre do hipnotizado. Entretanto, reconhecemos que a hipnose *é um esforço para fugir da análise racional e visa a encontrar o ser humano em nível mais vivencial e de interiorização.*

As formas de atingir o inconsciente sem a participação do "consciente" são hoje, genericamente, enquadradas na *Parapsicologia*. Esse é um estudo que tem sido bastante desenvolvido, especialmente na Duke University em North Carolina (EUA), sob a direção do Dr. Raine. Os fenômenos aí estudados são chamados de *"extrassensoriais"* porque transcendem os cinco sentidos físicos. Classificam-se em "psi-gama" quando se referem à interação entre a mente e os sentidos, e são denominados "psi-kappa" quando a mente age sobre a matéria ou objetos fora do organismo.

Nos fenômenos "psi-gama" estão englobados principalmente os seguintes acontecimentos: a "pantomnésia", que é a capacidade de tudo guardar na memória inconsciente; a "hiperestesia", que é a exaltação especial de um ou mais dos sentidos orgânicos; a "telepatia", que é a intercomunicação de conteúdos mentais entre duas pessoas; a "clarividência", que se expressa pela capacidade de enxergar sem o uso dos olhos; a "precognição", a "simulcognição" e a "retrocognição", que são as capacidades do inconsciente de conhecer, respectivamente, o futuro, o presente e o passado, sem nenhuma interferência de narrativa, leitura ou presença aos acontecimentos; a "radiestesia", utilizada para descobrir veios de água ou metais através da mente inconsciente; a "auto" ou "heteroscopia", que se refere ao poder de ver dentro de si ou dos outros os órgãos, os sentimentos, os sofrimentos; a "telemetria" que é a descrição de uma pessoa, de seus problemas ou de sua localização a partir de um objeto que lhe pertença; a "xenoglossia" e a "psicografia", que são próprias das pessoas que falam em línguas estrangeiras sem as terem estudado ou que escrevem a partir de textos sugeridos pelo inconsciente; e a "osmogênese", que é a percepção de odores.

Os outros fenômenos, chamados de "psi-kappa" referem-se aos acontecimentos em que a mente inconsciente não age sobre o próprio organismo, mas sobre a matéria externa. Entre esses classificam-se a "telecinésia", que é o movimento de objetos sem o contato físico ou de instrumentos; a "pirogênese" ou a "fotogênese", que é a criação de focos de fogo e luz; a "telergia", que designa a ação de parar movimentos à distância, como carros e relógios; a "levitação", que é o levantamento de partes do corpo ou de todo ele, no espaço; a "bilocação", que se refere à capacidade de uma só pessoa estar em dois lugares ao mesmo tempo.

A atuação parapsicológica é geralmente exercida através de pessoas com capacidades específicas: o "parapsicólogo" e o "sensitivo". Como "parapsicólogo" designa-se, quase sempre, o estudioso dessas questões e que também se sente, ele próprio, "dotado" de capacidades "extrassensoriais". Age com "força mental", utiliza-se da hipnose e da regressão, costuma realizar palestras, fazer demonstrações. O "sensitivo" é a pessoa que tem facilidade de perceber intuitivamente o que se passa no inconsciente do outro e tem percepções de fatos ou acontecimentos, sem que consiga explicar como os tem.

O inconsciente "paranormal" é uma exacerbação da aptidão do inconsciente "normal". Os fenômenos "paranormais" geralmente escapam à compreensão lógica, tanto das pessoas que se submetem a "profissionais" dessa área, como dos próprios "paranormais" ou "sensitivos".

Os processos "paranormais", quando utilizados para ajudar pessoas sofridas, também deixam de enquadrar-se como "humanísticos" pelos mesmos motivos já apontados em relação à hipnose. Não há participação consciente e livre das pessoas atingidas. Entretanto, os fenômenos paranormais, sem dúvida, nos revelam o inconsciente, ainda que seja o "extraordinário", não o "normal", conforme nos dá a conhecer a ADI. A paranormalidade utilizada como processo terapêutico é também uma tentativa de ultrapassar a análise puramente racional do homem, para encontrá-lo interiormente.

Ao lado do "paranormal" e do "sensitivo", podemos destacar aqui o *"intuitivo"*. O "intuitivo" é aquele que aprendeu a penetrar a sua própria "interioridade profunda" e a das outras pessoas. Ele não se restringe à qualidade de "saber", "sentir" e "perceber". *O "intuitivo" atinge a sabedoria e se caracteriza pelo conhecimento integralizado dos fatos, pelo discernimento entre bem e mal, pelo seu sábio falar e pelo bom senso...* O método TIP, pelo fato de "terapizar" os inconscientes e por encaminhar a pessoa ao processo de "humanização", possibilita o despertar da capacidade "intuitiva".

Além dessas linhas tradicionalmente ligadas à Parapsicologia, outros métodos foram elaborados dentro das características mencionadas. Lembremos, em primeiro lugar, a *"Análise Transacional"* de Berne. É ela uma terapia inovadora que conduz o paciente a assumir a sua responsabilidade diante do futuro, independentemente do que aconteceu no passado. Tem como objetivo a modificação das pessoas, o autocontrole e a autodireção, a descoberta da realidade psíquica e a liberdade de escolha. A ênfase do método recai sobre a simplicidade de linguagem, utilizando-se ela da dramatização em lugar do relaxamento ou da auto-hipnose. A Análise Transacional faz o paciente *reviver emocional-mente esses três aspectos: do pai, da criança e do adulto*, e sempre de acordo com experiências marcantes do passado. A seguir, detém-se a estudar as projeções dessas três realidades na vida presente e no seu relacionamento.

Embora a Análise Transacional não focalize diretamente o inconsciente, faz com que este se manifeste pela dramatização. Enquadramos a análise transacional como terapia típica entre as tendências atuais da Psicologia, especialmente porque possibilita a "vivência" como técnica que equilibra a pura análise teórica.

Outro ramo terapêutico que se classifica dentro do que descrevemos é a "Psicologia Transpessoal" de Abraham Maslow. Maslow pronuncia-se contra Freud no que diz respeito à concepção doentia do homem. Sua terapia dedica-se à "parte saudável" do psiquismo e a sua teoria se concentra sobre o ângulo experiencial do ser humano. Nesse sentido Maslow considera o organismo integral, os sentimentos, os desejos, a esperança e leva em conta as influências ambientais.

A teoria de Maslow interessa-se pela potencialidade, ou seja, pelo crescimento pessoal, pela autorrealização e a transcendência. Defende a ideia básica de que a Psicologia das observações objetivas, conforme as apresenta o behaviorismo, deveria enriquecer-se com a introspecção. Além disso, Maslow valoriza as experiências místicas, enfatizando que as mesmas não podem ser consideradas patológicas, mas supranormais. Acredita ele que os seres humanos contêm em si uma hierarquia inata de valores e que são movidos por necessidades superiores para buscá-los incessantemente. Sua teoria valoriza a liberdade pessoal e a capacidade do indivíduo para prever e controlar a própria vida. As pessoas são por ele concebidas como organismos unificados e não como simples soma de elementos.

Stanislaw Grof, em seu livro *Para além do cérebro*, escreve sobre as experiências transpessoais e nelas torna manifesto o enfoque do inconsciente. Diz o autor, nesse sentido: "Embora estas experiências ocorram no processo de profunda autoexploração individual, é impossível interpretá-las apenas como fenômenos psíquicos, no sentido convencional... Frequentemente patenteiam uma presença direta, sem intervenção dos órgãos sensoriais... As experiências transpessoais podem incluir experimentos conscientes dos seres humanos e membros de outras espécies — elementos da natureza inorgânica, campos microscópicos astronômicos não acessíveis aos sentidos, sem auxílio algum da história ou pré-história... (51).

Essas experiências que Grof nos relata, em geral acontecem quando a pessoa é submetida a determinadas drogas e expressa-se através de desenhos projetivos. É, portanto, *uma abordagem "artificial" ou "indireta" do inconsciente, sujeita à interpretação do experimentador e, por isso, nem sempre fiel nas conclusões.Os fatos que o experimentador observa e descreve são vivências inconscientes, mas a interpretação é relativa e subjetiva, devido ao caráter próprio de qualquer processo interpretativo*. Os resultados colhidos por esse tipo de experiência assemelham-se, em alguns aspectos, às formulações da teoria de Jung. Entretanto, as características da Psicologia Transpessoal enquadram-se na tendência atual da Psicologia, mais "vivencial" que "analítica" e mais "interiorizada" que "racional" e, ainda, pelo enfoque da autorrealização e da transcendência.

Outro processo terapêutico contado entre as alternativas de psicoterapia atual é a "Psicossíntese". Foi ela criada pelo psiquiatra italiano Roberto Assagioli (1976). Focalizam-se nela os elementos positivos, criativos e alegres da natureza humana, acentuando-se a importância da "vontade" no processo de cura. Também orienta-se essa terapia para o homem integrado à existência e para o inconsciente. A Psicossíntese, portanto, também se classifica entre as tendências atuais da Psicologia.

Projeta-se também em nossos dias uma psicoterapia chamada de "Vidas Passadas". Verifica-se aqui que existem no homem repetições de vivências dos seus antepassados e interpreta-se isto como "reencarnação". Essas "repetições" são verificadas também pela ADI, mas como "Mecanismo Inconsciente Automático de Repetição" (MIAR). Isto porque o inconsciente pesquisado revela dois aspectos que não confirmam a "reencarnação": primeiro, porque os antepassados continuam existindo, independentemente, como seres próprios, embora sem o corpo físico e são identificados pelo paciente em seu estado atual; segundo, porque o paciente é capaz de identificar as razões pelas quais certos "condicionamentos" dos antepassados aconteceram e porque motivo ou com que finalidade foram por ele "copiados" ou "imitados".

Uma linha que se destaca na Psicologia de nossos tempos é a *"Análise Existencial",* inspirada na filosofia fenomenológica-existencialista. Apresenta-se sob diversas denominações. Sua constante é o "homem que se faz na existência". Orienta-se essa terapia, portanto, para o "presente", dispensando o "passado" e, em consequência, o "inconsciente", dentro da conceituação que Freud propõe. Tem essa análise preocupação "transcendental", sendo o homem focalizado "integralmente" e "vivencialmente" como "pessoa", valorizando-se a "apreensão imediata" e a "intuição". *A Análise Existencial, embora seja uma terapia de orientação "consciente", por valorizar a "intuição", a "intencionalidade" e a "transcendência", é fortemente "humanística".*

Algumas terapias alternativas servem-se de processos de *"relaxamento"* como recurso auxiliar de seu trabalho diagnóstico-terapêutico.

Em relação à importância dos *exercícios de relaxamento* para conduzir a pessoa ao seu inconsciente, diz Fritjof Capra: "Se o organismo está inteiramente relaxado, a pessoa consegue estabelecer contato com o próprio inconsciente, a fim de obter informações importantes sobre seus problemas ou aspectos psicológicos de sua enfermidade. A comunicação da pessoa com o seu próprio inconsciente ocorre através de uma linguagem altamente pessoal, visual e simbólica"... (52). De fato, *o relaxamento faz encontrar o inconsciente, mas ele por si só não realiza mudanças ou processos de cura.*

A *"dramatização"* é também uma forma de conciliar as tendências atuais da Psicologia. Nesse sentido temos as terapias psicodinâmicas originárias de Moreno, que se utilizam da dramatização como instrumento fundamental da terapia. Visa-se atingir assim, "vivencialmente", conteúdos que aflorem do inconsciente para alcançar a expressão da pessoa e a espontaneidade. A "catarse" é o mecanismo básico de cura no processo. Entretanto, a "catarse" — como já afirmou Freud — "esvazia" a emoção, mas não remove a causa.

Outra psicoterapia que hoje se evidencia com sucesso é a chamada "Psicolinguística" ou *"programação neurolinguística".* Seu processo explora a criação da "figuração mental", que se explica como formas de programação e reprogramação do inconsciente, através do esforço "consciente" de mudar a visualização de imagens negativas. Pela ADI essa "figuração", que substitui as imagens negativas pode, de certa forma, ser entendida se comparada ao que se faz no aparelho de visiotron, que é um processo auxiliar de aprendizagem da percepção do inconsciente. *A Psicolinguística é, portanto, um processo que tenta atingir o inconsciente, mas o faz por meio de uma superposição de imagens e a nível de "consciente". Entretanto, não se pode esperar que por meio desse recurso se obtenha "curas" do inconsciente, mas sem dúvida ele conduz a "atitudes positivas" do "querer mudar", o que é fundamental como passo inicial de qualquer psicoterapia.*

Grande repercussão teve também o trabalho intitulado "Inteligência Emocional" de Daniel Goleman, em relação à sua interferência sobre a capacidade de aprendizagem. A ADI reconhece esta "inteligência emocional" como característica que dá origem às "frases-registro", descritas nesta obra (Cap. 22 - Processo circular). Há, porém, um outro nível de inteligência, mais profundo, o nível das verdades universais e pessoais, que pode ser buscado para a "decodificação" das distorções da inteligência emocional e para a substituição das "frases-registro" negativas.

Além da Psicologia, também a *Medicina* tende hoje ao enfoque mais psicossomático e integralizante do ser humano.

Se, por um lado, a Medicina clássica apenas hoje começa a descobrir lentamente a importância real do psicossomático, a *homeopatia* desde sempre integra em sua orientação terapêutica não só o psiquismo, mas o princípio vital e o centro energético da vida, que só pode ser entendido com vistas aos conteúdos inconscientes. *A homeopatia, portanto, critica a Medicina clássica e organicista pela técnica básica de combate externo às doenças.*

Dr. José Schembri, que exerce há mais de 40 anos a homeopatia, sendo autor de dois livros sobre pesquisas terapêuticas e detentor de dois relevantes prêmios por seus trabalhos, escreve, especialmente para esta nossa obra, o trecho que segue:

"A melhor tendência da Medicina é a prevenção das manifestações patológicas e o mais importante é quando feita por terapia adequada, capaz de *estimular a participação dos próprios recuperadores naturais do organismo".*

"A homeopatia vitalista, com base na 'Lei dos Semelhantes', criada no séc. XVIII por Samuel Hahnemann, médico e sábio alemão, ao utilizar medicamentos dinamizados, energéticos, promove exatamente essa função na intimidade da Energia Vital (espécie de eletricidade biológica), liberando-a da presença de ondas anômalas ou desarmônicas em suas origens, oriundas principalmente do psiquismo humano doentio. Impede, assim, que estas anomalias energéticas se estendam em direção à patologia somática e, o que é mais importante, constitui-se como um dos mais preciosos recursos da natureza, destinando-se a contribuir, holisticamente, para que todos os fenômemos da vida se mantenham em harmonia. Eis porque a ação terapêutica da homeopatia, ao liberar o organismo das vibrações energéticas anômalas e poluidoras, deixa fluir, livremente, as diferentes modalidades de energias naturais e equilibradas, restituindo a saúde física e psíquica e constituindo-se como a verdadeira terapia psicossomática.

Os mecanismos, os fenômenos e os conhecimentos gerais da homeopatia podem ser estudados através da Física Atômica, particular-mente na eletrônica, e de tal forma que hoje já podemos interpretar melhor os ensinamentos de Hahnemann, tomando como base essa ciência exata" (53).

Concluindo: A síntese acima apresentada reforça o pensamento que estamos tentando transmitir de que a tendência atual das terapias, tanto psicológicas como médicas, é de caminhar para um enfoque mais integralizante, vivencial e humanístico, alicerçado direta ou indiretamente sobre a intuição e o inconsciente, tendência essa que, de certa forma, é reforçada pelas descobertas da nova física e pela filosofia moderna.

De fato, uma nova mentalidade vem se formando, especialmente desde Jung, e através das mais diversas expressões psicoterapêuticas chamadas de "alternativas". *Entende-se hoje que o inconsciente, muito mais que se constituir como sede dos impulsos e da libido, expressa a integralidade do homem. A "análise e interpretação" está cedendo lugar às "experiências vivenciais", que enriquecem a compreensão do próprio paciente sobre seu interior, o que é mais importante do que a compreensão dele pelo psicólogo. Com o "inconsciente" e a "vivência" abre-se um imenso campo de percepções e emoções não descritíveis em linguagem verbal. A tendência atual é deixar que, em lugar dos "raciocínios sequenciais e lacunosos", interpretados externamente, apareçam os acontecimentos percebidos em nível inconsciente, com respostas de ampla variedade, profundidade e integração de fatos.*

Assim, nessa mudança gradativa que vem acontecendo, onde o homem "estático", "racional" e "analisado" é substituído por aquele que "se entende no todo e vivencialmente", o enfoque desloca-se do "intelecto" para a busca da "experiência", encontrada pela "interiorização", que visa a percepção das revelações puras do inconsciente.

Entenda-se, portanto, a intenção de demonstrar que o *inconsciente já se distanciou bastante da dimensão restrita que Freud lhe atribuiu, não podendo mais ser entendido como um nível apenas oculto e essencialmente de problemas reprimidos ou não resolvidos ou da libido sexual, mas deve ser visto hoje como um núcleo catalisador do homem, que aí pode ser compreendido e atingido em todas as suas dimensões.*

3.8 - O "INTUICIONISMO" E O INCONSCIENTE DIRETAMENTE PESQUISADOS

"Intuição" é a apreensão imediata e total dos fenômenos, que acontece a nível inconsciente. Diante da intuição, a evidência e a verdade coincidem e, pela "intuição", Filosofia e Ciência poderão encontrar-se em sintonia e complementaridade de saber... A ADI, como método científico de pesquisa do inconsciente concretiza, na prática, a conceituação abstrata da "intuição".

A "intuição" é a apreensão dos fatos pela "interiorização", ou seja, a "intuição" é uma capacidade mental que se caracteriza pela apreensão imediata dos fatos, e que pode acontecer espontaneamente ou a partir de exercícios do enfoque mental concentrado sobre conteúdos específicos do inconsciente. As informações assim obtidas são de caráter globalizante, ainda que, ao mesmo tempo, de impressionante pormenorização, podendo ser tanto subjetivas quanto objetivas. A "intuição" é diferente do conhecimento linear, sequencial e fragmentado da metodologia científica e é também diferente do raciocínio conceitual e mesmo de uma análise indireta do inconsciente, embora com possibilidades de abarcar esses saberes. *Portanto, a "intuição" é uma compreensão instantânea, integral, ampla e profunda de fatos e acontecimentos, que não são limitados pelo tempo, pelo espaço e pela matéria, e que acontecem a nível inconsciente.*

A "intuição" tem sido considerada, muitas vezes, "subjetiva", "relativa" ou "não confiável". Na realidade, porém, essas conotações não são exatas no que se refere à "intuição" em si, mas dizem respeito apenas à forma como se fazia comumente uso dela.

A autêntica intuição, como capacidade de conhecimento, tem sido estudada e conceituada pela Filosofia. O termo "intuição" foi lembrado pela primeira vez por Plotino, que emprega a palavra para designar o conhecimento imediato e total, embora atribuindo essa qualidade apenas ao Intelecto Divino. Logo a seguir, Sto. Tomás também atribui a intuição a Deus, no sentido de "apreensão imediata e total". Esclarece que o homem compõe e divide e que seu conhecimento acontece mediante atos sucessivos de afirmação e negação, enquanto que a intuição divina é imediata e versa sobre todas as coisas, simultânea e presente-mente. Durante a Idade Média utilizava-se o termo para designar uma forma privilegiada de conhecer. E *Descartes enfatiza a intuição falando de sua capacidade em se estender tanto às coisas quanto ao conhecimento das interconexões e à experiên-*

cia do intelecto. Kant distingue a intuição "sensível" da "intelectual". Hartmann e Scheler referem-se à intuição quando afirmam que a apreensão da realidade pode dar-se também por atos emotivos. Husserl usa uma expressão própria para lembrar a "intuição essencial" com a palavra alemã *Wesenschau*. Diz Husserl que *quando um objeto se apresenta à intuição, a evidência e a verdade coincidem*. Esclarece quanto a esta sua afirmação que *em nosso relacionamento com o mundo não partimos de pressupostos, mas de evidências imediatas ou da "intuição". Afirma que se capta primeiramente o aspecto situacional ou existencial*. Stuart Mill, referindo-se à intuição, explica que as verdades chegam ao nosso conhecimento de duas maneiras: diretamente e por si mesmas, reveladas, neste caso, pela consciência ou intuição, ou através da mediação de outras verdades, quando fornecidas pelo processo da interferência.

Entre os filósofos mais eminentes no que diz respeito à intuição está Henrique Bergson *(1859-1941). Em sua tese de doutorado intitulada "Ensaios sobre os Dados Imediatos da Consciência", Bergson elabora a psicologia introspectiva e contrapõe o mundo estático e abstrato da natureza científica ao mundo dinâmico e concreto do espírito, através da "intuição".* Contestando conceitos convencionais da Filosofia, *afirma que o verdadeiro conhecimento não está na razão e no intelecto, mas na apreensão imediata ou na "intuição" que se evidencia pela experiência interior e pela análise de nós mesmos*.

Para Bergson, portanto, *há dois caminhos de conhecimento: o "conceito", que deforma a realidade, e a "intuição", que atinge a interioridade profunda das coisas*. O conceito é o conhecimento intelectual e abstrato próprio da ciência e da matemática e é apenas uma maneira de dominar a realidade com finalidades práticas e econômicas. *A intuição permite ter uma visão, ao mesmo tempo, simples e global, sem necessidade da mediação do discurso. Ela se adianta à análise racional, alcançando maior amplitude*.

Bergson considera que no conhecimento intuitivo não está a subjetividade deformante ou enganosa. Ao contrário, essa se encontra no conhecimento pelos conceitos, pois por meio deles perde-se a visão total e fragmenta-se a realidade fluente. *A "intuição", e só ela, consegue chegar à interioridade profunda das coisas para conhecer a realidade completa e no que ela tem de único*. E ela é também intelectual, ou mais especifica-mente "superintelectual", pois nos manifesta a realidade, tanto de forma simples como de maneira absoluta. Para Bergson, *a "intuição" é o único meio de eliminarmos opiniões contrastantes*. Diz ele que as contradições existentes entre doutrinas científicas, filosóficas e religiosas são exata-mente devidas aos conceitos. Neste sentido, esclarece: "A ciência e a filosofia, cultivadas até agora, são como pontes entre cujos pilares escapa a corrente viva da realidade; pela intuição, ao invés, mergulha-se dentro das águas do rio da vida... apanhando dessarte a realidade fluente mediante a experiência imediata... *As teorias filosóficas e científicas, os dogmas religiosos são unicamente símbolos obscuros, sombras muito imperfeitas da verdade objetiva... somente a intuição é o tipo do conhecimento concreto e absoluto, isto é, metafísico"* (54).

Segundo L. Franca, a filosofia de Bergson, com a sua tese sobre a "intuição", liquida definitivamente com o materialismo e o atomismo psicológico, com as teorias associacionistas e os paralelismos psicofísicos, com o determinismo universal, o evolucionismo mecanicista e o cientificismo com suas pretensões pueris, que tudo querem explicar pela ciência experimental..." (55).

Bergson é considerado um dos personagens mais atraentes do pensamento contemporâneo devido à suas concepções, "pela originalidade de suas ideias, o esplendor cintilante e o calor de espiritualidade elevada" (56). Mas é também criticado pelo extremismo na ênfase dada à "intuição", ou à experiência de interiorização, dizendo-se que ele minimiza o "racional". Na realidade, porém, essa crítica apenas recai sobre Bergson porque lhe faltavam elementos explicativos e metodológicos que hoje já obtemos com o processo da pesquisa direta do inconsciente.

Ao lado dos filósofos, é importante lembrar que a intuição também não pode ser excluída da área da metodologia científica. Claude Bernard, por exemplo, nos lembra que *"com a lógica (matemática) se demonstra, mas somente com a intuição inventa-se".* Esclarece que *a intuição antecipa a interpretação dos fenômenos da natureza. A "razão" apenas deduz, e a partir da intuição.*

A ciência, sem conseguir prescindir da intuição, criou para ela uma palavra diferente: é o *insight*. Admite-se o *insight* nas pesquisas, na ciência médica e na Psicologia. Até a Psicologia Comportamental não pode dispensar a explicação pela "intuição" ou pelo *insight* diante de improvisações na aprendizagem, que não se explicam pelo convencional da repetividade. Esse *insight* define-se como a "relação que é imediatamente aparente; a compreensão súbita de uma situação; a visão profunda; a compreensão do problema, que não implica necessariamente no emprego de ideias".

Insight, portanto, tem o mesmo sentido essencial da palavra "intuição". É a compreensão imediata dos fatos, que dispensa a "razão" ou se antecipa à mesma, assim como se antecipa na formulação de hipóteses, antes da experimentação científica.

Concluindo: A descrição que fizemos da "intuição", segundo Bergson, e sobre o *insight,* corresponde à realidade encontrada no "inconsciente humanístico" ou "espiritual" pelo processo da ADI. A diferença está no fato de que Bergson nos apresenta a "intuição" sob o prisma filosófico, enquanto que a ADI é uma metodologia que confirma no inconsciente o pensamento de Bergson no que se refere à intuição, na medida em que se realiza a pesquisa sobre o inconsciente ou o processo diagnóstico-terapêutico pelo Método TIP. E, assim, *por meio da aplicação da pesquisa do inconsciente torna-se possível realizar hoje, na prática, o que Descartes nos propunha em teoria, ou seja, colocar a "res-cogitans" ou a "intuição" como referencial de autenticidade para a "metodologia científica"; pois é a "intuição" que se concretiza através do inconsciente diretamente pesquisado. Assim, podemos dizer que a ADI sistematiza e torna operacional a "intuição" filosófica.* Em outras palavras, *através da "intuição", agora já concretizada numa metodologia de atuação no inconsciente, Ciência, Filosofia, Antropologia e Teologia se conciliam em harmonia.*

4 AS INSTÂNCIAS HUMANÍSTICAS REVELADAS PELO INCONSCIENTE

Durante a aplicação terapêutica da ADI — Abordagem Direta do Inconsciente, há momentos em que o paciente se depara com uma área profunda de sabedoria, onde se identificam instâncias "noológicas" ou não físicas, que podem ser concretizadas, objetivadas e testadas em sua autenticidade. Pode-se, ainda, reformular essas instâncias se o paciente quiser mudar as "atitudes" assumidas no passado. E então liberta-se o "presente" e conscientiza-se sobre a responsabilidade que temos em relação aos nossos sofrimentos... Desta forma, o Método TIP, mais do que uma corrente nova de terapia, é um processo de reestruturação humanística, porque aproxima a pessoa de seu Eu-Pessoal, originariamente sadio e perfeito.

Em capítulos anteriores, mostramos que o homem, pelo método TIP — Terapia de Integração Pessoal, é abrangido integralmente em termos da visão terapêutica, da técnica que "fecha o círculo" em torno de cada questão levantada e ainda através da perpassagem por todos os "períodos vitais" de um ser humano. *Mas o máximo dessa "integralização do todo" é encontrado quando se atinge no ser humano a "interioridade" profunda, onde se tange a essência humana, mais as características noológicas ou espirituais que diferenciam o homem de qualquer outro ser vivo e que o definem por excelência.* Essa "interioridade" ultrapassa o inconsciente psicológico ou psicofísico e encontra no mais íntimo do ser humano a presença do transcendente. Pode-se, então, testar aí, no inconsciente do ser humano, todos os "conceitos" aprendidos anteriormente sobre o significado e os valores do homem e discernir, no mesmo nível mental, o certo do enganoso. Além disso, aspectos inéditos da espiritualidade humana são aí revelados. E o mais extraordinário é que *nesse nível nada se contradiz em relação ao próprio paciente pesquisado e nem mesmo quanto ao ser humano em geral, se enfocado sob o prisma universal.*

O inconsciente revela então *o que é a "vida"* e como ligá-la ao ser humano. Diz o inconsciente *em que momento se instala no homem a sua "dimensão vital de pessoa"* e responde, portanto, aos cientistas com dados que eles há muito procuram e não encontram e nem encontrariam pelo processo dos seus paradigmas convencionais. *E a ADI, por ser um processo científico de "pesquisa de campo" e para ser fiel às exigências de uma autêntica pesquisa, não pode fechar-se para os dados que o inconsciente realmente revela, ainda que essas informações obtidas nem sempre sejam enquadráveis nos estreitos paradigmas do conhecimento científico.* Pois é essa a finalidade essencial de uma pesquisa: descobrir o que se apresenta à investigação, sem preconceitos ou pré-formulações. Quanto mais aberta a pesquisa, mais autênticos os dados coletados. Não se poderia, numa "pesquisa exploratória", restringir a verificação somente ao que se deseja ver, pois nesse caso estar-se-ia invalidando o trabalho. *Enfatizamos que é por isso, para que a pesquisa não seja tendenciosa em sua aplicação técnica, que a ADI não pode deixar de perceber e revelar todos os fatos, mesmo que espirituais, quando esses se expressam espontaneamente pelo inconsciente.*

O "questionamento" é o segredo básico de uma abordagem inconsciente perfeita, devido aos dados que assim são paulatinamente revelados, primeiro de forma esparsa e a seguir de maneira a conjugar os fatos em coerência. E é só depois de se ter coletado os dados levantados pelo questionamento que se elabora a "teorização", a qual, aos poucos, se estrutura em torno da ADI. Observa-se, portanto, que na ADI a "teoria" é consequente e posterior ao trabalho de pesquisa de campo e não anterior, como frequentemente se vê em outros trabalhos. A "teoria" é ainda aberta constantemente a reformulações, se necessário. Pois evita-se na ADI a "conceituação" ou a formulação taxativa de raciocínios para que toda a teoria possa surgir renovadamente do campo de pesquisa e dos dados assim reiteradamente coletados.

Foi, portanto, a partir do "questionamento" ou da própria pesquisa, que se estruturou gradativamente a Abordagem Direta do Inconsciente, que na prática clínica se concretizou através do Método TIP. E foi nessa ordem também que se passou a incluir aspectos que extrapolam o físico, pois desde o início, quando apenas se investigava o psicofísico, começaram a evidenciar-se espontaneamente outras realidades que transcendiam essa dimensão. *Descobriu-se então, aos poucos, que para ser possível "curar" a natureza orgânica ou psiquicamente doente era preciso mais que um tratamento psicossomático, era necessário "humanizar" o homem, possibilitar-lhe a reconsideração dos "valores", a espiritualização e levá-lo a descobrir um referencial "não relativo". Esse referencial o próprio paciente encontra dentro de si, no mais profundo de seu ser, na área do núcleo "intuitivo", onde as verdades, tanto as científicas, quanto as antropológicas, as noológicas e mesmo as religiosas já não se contradizem.*

De fato, o processo ADI entranhou-se gradativamente na descoberta dos fenômenos não físicos do inconsciente, na medida em que intencionalmente se buscava tratar apenas do "psiquismo" ou no máximo de problemas "psicossomáticos". *As instâncias do "nível noológico", a identificação da "presença do divino" no homem através do núcleo de Luz e o tipo de "vida que acontece após a morte", tudo isso foi-nos sendo ensinado pelos pacientes, na medida em que surgia como revelação espontânea durante as terapias. Percebeu-se, por outro lado, que o fundamental para a remoção de problemas psicofísicos não era a análise ou a interpretação que conduzisse à compreensão dos traumas ou sintomas, mas a resposta terapêutica que enfatizava a "mudança" de "posicionamentos" ou de "atitudes",* reformulação essa que deveria acontecer no inconsciente, no mesmo momento e sob as mesmas condições do passado. *Vimos que era a dimensão livre da pessoa de hoje, repensando e reoptando sobre condições do passado, que libertavam o presente, e não apenas o "entendimento" dos "porquês" dos sintomas sofridos pelo paciente. Concluiu-se que um paciente para que se "curasse" precisava, sem dúvida, saber o "porquê" de seus sofrimentos, mas não para se posicionar como vítima e sim para responsabilizar-se de certa forma e assim assumir as mudanças.*

O inconsciente — como veremos nos próximos capítulos — permite também que se descubra o sentido da vida e do sofrimento. Pela percepção de realidades inconscientes torna-se possível fazer com que a reformulação de "atitudes sobre o passado" seja recondicionada e se expresse automaticamente no "presente". Mas para que isso aconteça é necessário um "querer que quer" mudar aspectos "menos humanísticos", abrindo mão dos "ganhos secundários", aos quais o paciente está habituado, sem entender que tais "atitudes indesejáveis" ao seu pleno desabrochar humano lhe estão bloqueando o psiquismo, a mente, a inteligência, a capacidade de amar, de se relacionar e, até mesmo, interferem em relação a sucessos ou fracassos profissionais e financeiros...

A "humanização", que acontece paralelamente ao processo da ADI, se deve muito à técnica do questionamento, pois essa possibilita a autodescoberta do paciente. Pelo questionamento consegue-se aguardar o momento oportuno, no qual o paciente se sente pronto para revelar o que percebe. Assim, há respeito pela sua individualidade do paciente em seus problemas e soluções, partindo sempre dele as respostas, e não do terapeuta. E aqui importa repetir que o paciente não é enquadrado em teorias, filosofias ou crenças, mas focalizado como "pessoa" e unicamente para o contexto das verdades que partem de seu próprio inconsciente... Esse aspecto, por sua vez, evidencia mais um enfoque "humanizante" do método TIP, pois o paciente precisa *autodeterminar-se,* tanto no sentido de encontrar os dados diagnósticos, quanto no que diz respeito às soluções e às mudanças. Assim, o paciente apenas "muda" quando profundamente "convicto", não correndo nunca o risco de enganar-se com sugestões externas. São esses os momentos nos quais ele conclui por si próprio em relação a princípios éticos e na linha da espiritualidade.

Outra colocação importante em relação ao tema das instâncias humanísticas é o enfoque que se procura dar ao questionamento sobre o inconsciente, *no sentido de despertar sempre para um "vir a ser" e para um crescimento da pessoa na linha do desabrochar das potencialidades e da plenitude humana.* A pessoa que se submete ao tratamento é convidada, ainda, a substituir suas atitudes egocêntricas e a vivenciar a alegria da "doação" e da "autotranscendência".

Há também nessa "interiorização profunda" no inconsciente determinado momento em que o paciente *identifica a sua origem de ser*, verificando, então, para grande surpresa sua, não ser apenas resultante de um óvulo e de um espermatozoide unidos por acaso — como descreve a Biologia. Identificará, então, sua dimensão humanística, antes mesmo de se incorporar ao zigoto e perceberá também a existência de uma *luminosidade especial dentro de si,* que o inunda de força, amor e harmonia.

A inteligência é outra instância identificada no "nível humanístico", percebendo-se então sua verdadeira natureza, da qual os testes de QI são apenas a constatação de fatos acontecidos, ou seja, a verificação do que determinada pessoa "fez" com sua inteligência.

Sobre o nível humanístico ou noológico identifica-se, ainda, o *"núcleo da capacidade de amar"* e o *"núcleo existencial"*.

Tudo isso, entre outros aspectos não mencionados, faz com que se afirme que a *ADI, quando aplicada a pessoas, mais do que uma nova forma de realizar a terapia psicossomática é um processo de "humanização do ser humano"*.

Nos capítulos que seguem, portanto, falaremos sobre cada uma dessas "instâncias noológicas" ou "humanísticas". Veremos, então, que *através de um processo científico — no caso a pesquisa de campo — é possível identificar, concretizar e objetivar realidades noológicas ou espirituais presentes e expressadas pelo inconsciente de todo e qualquer ser humano.*

4.1 - O ENIGMA CIENTÍFICO DA VIDA

A Biologia constata a existência da "vida" e sua variedade... A Engenharia Genética a manipula... A Medicina cuida de a preservar ou aperfeiçoar. Mas a ciência não a cria do nada, não conhece sua essência ou sua origem, nem sabe o que com ela acontece quando deixa o organismo... E no homem não sabe a ciência quando a vida se identifica ou não com a "consciência pessoal de si". Pois a ciência não conhece o aspecto "humanístico" da Vida, nem quando ela começa ou quando termina.

Há uma palavra intrinsecamente ligada ao ser humano e ao seu processo de desenvolvimento em direção à plenitude e à "humanização". Essa palavra é *VIDA*. Mesmo assim a ligação da palavra vida com o processo de "humanização" não é espontânea. A mentalidade cientificista na qual estamos mergulhados nos conduz a relacionar a vida imediatamente com processos biofisiológicos, com saúde psicofísica e mesmo com bem-estar material. O "reducionismo" humano, até quando contestado racionalmente, encontra-se, no entanto, infiltrado de tal maneira em nossa mentalidade que apenas prestamos atenção à vida em sua "funcionalidade". Dizemos que nossa "vida vai bem" se o nosso organismo "funciona" regularmente, se os nossos relacionamentos e sentimentos estão tranquilos, se estamos bem em termos financeiros e profissionais, se nossa família está sem problemas. Olhamos para a vida da mesma forma como olhamos para a água nos canos ou nas torneiras. Não nos preocupamos com sua origem. Desde que flua e nos abasteça ou que esteja limpa, ela atende nosso interesse e não nos causa outras preocupações...

Mas a vida, em sua essência e origem, especialmente a "vida humana", é assunto bem mais sério do que pensamos, a ponto de se constituir como *enigma insolúvel para a ciência*.

De fato, a Biologia constata a existência e a variedade da vida, conceitua-a pela individualidade, formas de apresentação, de evolução ou de destruição. A Engenharia Genética concentra-se sobre os primeiros sinais dessa "vida", em gens e cromossomas. A Medicina está preocupada em preservá-la, aperfeiçoá-la e prolongar a sua ação ativa. Os cientistas realizam experimentos, fazem novas descobertas, concretizam verdadeiras façanhas de progresso em relação aos cuidados e ao controle da mesma. Mas *a natureza intrínseca dessa vida continua sendo um mistério...* Não se consegue desvendar o dinamismo de seu conteúdo essencial. Não se sabe criá-la de algo que não "viva". Não se consegue nem mesmo chegar a um acordo sobre quando essa vida se torna "consciente" no homem, a partir de que momento o ser humano sabe que existe, ou seja, quando e como se inicia a vida humana, quando realmente termina, intelectual, espiritual e psiquicamente a vida do ser humano, se ela é ou não diferente da biológica, se ela se desprende de outra vida, ainda se surge paralelamente à biológica ou em outro momento qualquer. Donde virá essa vida, que entranha todo o ser, que "anima" o corpo físico, do qual, em sua ausência, só resta o cadáver?! O que faz essa vida conter em si uma organização perfeita, DNA e RNA, cujas "mensagens" são diferenciadas e especializadas sem erro de cálculo?! Como consegue a vida concretizar um mecanismo tão fantástico, qual o segredo da reprodução, crescimento, compensação, evolução, defesa e capacidade integrativa num todo harmonioso?! Como conduz a vida a "reflexos condicionados" e como permite as atitudes "livres" do homem?! Como consegue a vida tanta precisão nas engrenagens que se desencadeiam no campo físico, tanto quanto no psicológico e mental?!

O "escape" da vida é também um mistério para os cientistas. Observa-se, sem dúvida, quando ela se esvai, quando o organismo começa a perdê-la. Consegue-se, até mesmo, retê-la por mais tempo... Mas em toda natureza "viva" há um momento em que a vida a deixa... E novas questões se colocam: a vida "morreu"?! Ou a morte é apenas do organismo que a reteve?! Qual seria a metamorfose da vida fora do organismo?! Essa vida sem o organismo seria vida?! Como se expressa-ria? Que função teria?! Estaria a vida deslocada sem o organismo, numa espécie de fase intermediária, esperando apenas por outro organismo?! E no ser humano, quando exatamente a sua vida individual o abandona?! O homem consciente está na vida, ou no "organismo", ou no "cérebro"?! O homem deixará de "existir" e de "perceber" quando a vida encerra a circulação em seu organismo físico?! Seria talvez a "consciência vital" limitada pela mente?! Ou existirá depois, fora do organismo, para continuar uma existência na própria vida em si?!

É esse "mistério" que desafia o orgulho e a vaidade do saber humano e dos cientistas. E esse mistério certamente existe para levar o homem a render-se às evidências de sua limitação natural e para projetá-lo à transcendência. E é esse fato ainda que cria o clima universal de profundo respeito pela VIDA...

Sabemos que a humanidade, desde os mais remotos tempos do conhecimento, sempre se preocupou com a vida, especialmente com a vida humana, e percebeu desde cedo a existência de uma relação estreita entre sua "transmissão" e o ato sexual. Entretanto, o que ocorria no ventre da mulher ou da fêmea após a introdução do esperma permaneceu durante séculos sem esclarecimentos.

Naqueles primórdios do saber, imaginava-se o útero da mulher como uma ânfora que recebia do marido o ser humano já completo. Imaginava-se o esperma semelhante a uma "semente" lançada, dessa forma, em solo fértil para ser gerada e desenvolvida. Na Idade Média, o embrião era visto como figura indefinida. E pelo simples fato de pouco assemelhar-se com o homem, era ele compreendido como um "monstrengo", ainda sem vida humana. Aceitava-se a vida presente no feto apenas quando esse passava a "parecer-se" com o homem.

Com a era científica, a Biologia reconhece que o ser humano encontra-se integralmente, embora em potencial, na primeira célula humana, formada pelos gametas masculino e feminino. Os cientistas, portanto, percebem a "vida" no zigoto, mas perguntam-se — e sempre sem resposta — se aí o ser humano já pode ter "consciência" de sua vida.

A ciência prosseguiu desvendando aceleradamente os elementos que participam do processo inicial da vida: a composição do óvulo e do espermatozoide, cadeias cromossômicas, o código genético, *tudo é ex-plicado e passa ao domínio e ao controle do homem... menos o processo vital em si. E nesse campo da essência vital não há sequer indícios de conhecimento, mas vazios radicais, sem perspectivas, pois os fenômenos que transcendem a matéria exigem paradigmas diferentes para serem entendidos.*

Impulsionados pelo mistério da VIDA e preocupados com as manipulações inconsequentes e irresponsáveis, tanto em laboratórios como em consultórios e em outros ambientes, estudiosos do mundo inteiro, de profissões e crenças diferentes, têm-se reunido para considerar tais questões sob o ponto de vista *ético*. E surgiram, assim, *os Institutos de Bioética,* tais como o Kennedy Institute (EUA), o Instituto de Bioética de Catalunha, na Espanha, o Mostricht Institute, na Holanda, ou o Institute de Louvain, na Bélgica. Tais institutos reúnem professores de Medicina, biólogos, especialistas em Engenharia Genética, sociólogos, psicólogos, filósofos e teólogos, cristãos e muçulmanos. Estudam estes especialistas a questão do transplante de órgãos, córneas, rins, coração, pulmão, veias e da massa cefálica, mas tudo sob o aspecto da "vida" e da "ética". Em relação à Biologia molecular, concentram-se eles sobre a manipulação dos gens de células somáticas e germinativas, pois desde 1983 já se haviam identificado mais de três mil tipos de doenças congênitas ou de má-formação da criança ainda em gestação, o que conduzia, frequentemente a decisões a favor do aborto. Da mesma forma, a "carta genética" do sangue do feto permite prever doenças futuras do bebê em gestação e podia, por vezes, também levar a sugerir a eliminação do feto. Em função disso surgiam questões tais como: *seria lícito abortar uma vida apenas porque a criança pode nascer defeituosa?*

E nós acrescentaremos aqui outras reflexões, perguntando: qual a relação que se faz entre vida do "ser" e um defeito no "ter"? Se ampliássemos esse conceito também para o psicológico, concluiríamos facilmente que não existem seres humanos "sem defeitos" — e deveríamos todos ser abortados! Pois qual seria o critério para se dizer que um defeito físico ou cerebral é mais ou menos grave que um psicológico ou de caráter? Então, qual a seleção a ser feita entre fetos que deveriam ou não ser abortados? Com que direito é o homem quem decide qual a criança que tem ou não direito de continuar com "vida"? O ser em gestação, se perguntado, teria aceito que outros houvessem decidido por ele se hoje deveria estar existindo? Qual o "sentido" da vida, apenas a perfeição física ou mental?

Outra questão que diz respeito aos estudos dos Institutos de Bioética são a gravidez surgida de *estupro* ou as indesejadas.

Aqui lembramos as nossas reflexões que de forma similar já fizemos no tema "O Aborto na Adolescência": a "mãe tem direito sobre seu corpo", dizem aqueles que defendem o direito de abortar seus filhos. Mas a criança em gestação é apenas o seu corpo? Não tem ela vida própria? Não estariam os defensores da ideia confundindo "o direito sobre o corpo que permite abortar", com o direito de "dar" ou "negar" seu corpo ao ato sexual que gerou a criança? E mesmo aí, o casal, ao "doar-se" verdadeiramente por amor, renuncia espontaneamente ao direito sobre seu corpo, ficando este "aberto" ao fruto! *E a criança de estupro, será ela menos "humana" só porque foi gerada fora das condições convencionais e na ausência de amor?*

Os professores dos Institutos mencionados estudam, também sob o enfoque ético, as intervenções cirúrgicas intrauterinas. Detêm-se eles sobre os estudos da "insuficiência imunológica", que se utiliza da matéria fetal ainda viva do ser humano em seus experimentos. Preocupam-se os professores com a "fertilização in vitro", inclusive porque ao selecionarem-se embriões fertilizados em provetas, alguns deles são eliminados. A Austrália, por exemplo, divulgou, em 1980, que *de cada quinze fertilizações, quatorze, julgadas de "menor qualidade", eram descartadas...*

Podemos, nesse momento, questionar mais uma vez sobre o que pode ser considerado "menor qualidade" de um embrião! Por outro lado, na "vida" que circula nesses embriões recém-formados — conforme mostra a pesquisa pela ADI — já existe a "pessoa única". *Que tipo de "pessoa" se estaria, então, "descartando"?* E diante da tendência de o homem interferir sempre mais na seleção de embriões de "boa" ou "má" qualidade, *que tipo de seres humanos terá a sorte de poder existir no futuro?* E será "sorte" existir assim? Que tipo de humanidade teremos, se a seleção de homens for realizada exclusivamente a partir de critérios que se baseiam na estrutura de uma metodologia científica fisicista?

Os estudiosos dos Institutos de Bioética preocupam-se com a *"eutanásia"*. Sabe-se que em alguns países da Europa é comum aplicar uma dose extra de morfina em pacientes terminais que sofrem. Essa atitude, como se colocaria em termos de respeito à vida que o paciente ainda conserva, e que certamente deseja ainda manter? Sim, porque pela ADI sabe-se hoje que o ser humano não só atua sobre o "nascimento", mas inclusive sobre o momento da morte. Da mesma forma que no "parto", existe, também na morte, a interferência do Eu-Pessoal. *A pessoa, até certo limite, pode interferir adiando ou acelerando sua morte. Justificar-se-ia a "eutanásia" em termos de "alívio ao sofrimento do paciente"? Ou será o alívio para os que "precisam cuidar" desse paciente?* Uma vez que não se sabe exatamente quando a vida consciente deixa o organismo ou o cérebro, como saber *qual seria o sofrimento maior do paciente, o das dores físicas ou o da dor de ver o seu término nesse mundo antecipado pela impaciência dos outros? Quem sabe do valor que o "último tempo" tem para um paciente terminal?* E em termos espirituais, não poderia o paciente, em razão da eutanásia, encerrar com indignação e até com ódio uma vida terrena que poderia fechar-se com amor? E se a vida não "morre" mas apenas se desloca, haveria diferença entre um "final" de ódio ou um final de aceitação e "amor" de um paciente?

Por faltar à ciência a informação essencial sobre a "vida", os estudiosos dos Institutos de Bioética encontram dificuldades insuperáveis na redação de normas éticas, tão necessárias e urgentes, pois visam impedir desastrosas consequências futuras que podem advir dessas manipulações descontroladas sobre o início, o desenvolvimento, o fluir e o final da vida.

Outra dificuldade existente nos Institutos de Bioética é a ausência de linguagem comum entre os cientistas. Toda especialidade tem sua terminologia própria e um especialista não entende o outro.

De fato: um biólogo pesquisa individualidades e em relação a elas define a vida. Os filósofos julgam a vida de acordo com a racionalidade, portanto querem uma resposta da embriologia, a qual lhes diga o momento exato em que o córtex cerebral está capacitado para exercer funções racionais. Os sociólogos e psicólogos tendem a dizer que a vida do ser humano se define pela capacidade de se relacionar com outros seres humanos, ou de se comunicar. Na visão teológica a vida se inicia com a concepção, ou no momento em que o espermatozoide, que é um ser vivo, e o óvulo, que também já é um ser vivo, se unem para formar a vida humana. Nesse instante, segundo eles, Deus participa da criação do novo ser, infundindo-lhe a alma espiritual e imortal. A partir deste momento a vida humana tem seus próprios direitos e deve ser protegida.

A dificuldade de entendimento mútuo dos estudiosos de diversas profissões entre si é uma das características geradas pela metodologia científica, devido ao "reducionismo" e à "especialização". Quanto mais a ciência progride, mais se tende a elementos menores e a especializações, tornando-se cada vez mais difícil chegar ao consenso ou a entendimentos comuns entre diferentes disciplinas. Assim, *há muita dificuldade quanto a encontrarem-se orientações éticas que possam atingir a todos os ramos do saber, não só — como vimos — porque se desconhece a essência da vida e de seu valor intrínseco, mas porque o próprio esquema científico atual, pela sua natureza, afasta e torna impossível uma compreensão integrativa e de totalidade.*

Enfim: *como seres humanos orientados por valores intrínsecos, temos por objetivo universal propagar a dignidade por excelência da pessoa humana e portanto o respeito ao seu ser, à sua vida, em qualquer circunstância. Mas se não sabemos quando a vida do homem inicia, quando e como se torna consciente, quando termina e tantas outras respostas de base, como se pode definir uma ética sobre a vida?* Além disso, como contornar o problema da "linguagem especializada" de cada área do saber científico, que bloqueia e impede o necessário entendimento entre os estudiosos e a complementaridade entre os conhecimentos? Entretanto *é possível que esse impasse seja contornado a partir do próprio inconsciente humano.* Vejamos isso no próximo capítulo.

4.2 - O INCONSCIENTE RESPONDE SOBRE A VIDA HUMANA

Respostas sobre a origem, o significado da vida e da morte são encontradas quando se questionam as dimensões mais profundas do inconsciente humano. Podem esses dados, então, complementar os "vazios" científicos e possibilitar um entendimento comum de estudo e linguagem entre os cientistas e os especialistas da ADI.

Dissemos no capítulo anterior que o ser humano, desde sempre, percebeu uma correlação estreita entre ato sexual e vida. E esse tem sido o enfoque da Biologia quando iniciou e aprofundou seus estudos, os quais hoje se concentram mais em torno da Engenharia Genética. E é também a partir dessa visão biológica que se desenvolveram os outros conhecimentos que hoje orientam as pesquisas sobre o tema "vida".

Tudo isso é bom, sinal de progresso e é fantástico pela ajuda que pode prestar ao ser humano. Por outro lado, porém, *a euforia em torno dessas descobertas científicas tende a conduzir a uma mentalidade que quer "reduzir" a esse pobre enfoque biológico toda a vasta realidade que a vida abrange. Apresenta-se assim o cientificismo que confunde a manipulação dos fenômenos com sua essência e finalidade.* E essa situação, por sua vez, vai sendo aos poucos ampliada para os outros campos das ciências humanísticas. E tem ela sido reforçada porque a metodologia científica não oferece alternativa fora de seu esquema fisicista. *Entretanto, a alternativa apresenta-se pela pesquisa do próprio inconsciente humano, pois o campo investigado é a interioridade mais profunda do homem, onde se localiza o saber mais completo.* Dessa maneira, o estudo científico tange o espiritual do homem e colhe respostas desse nível. Temos assim a pesquisa científica, aplicada com toda a objetividade necessária, mas coletando dados da área noológica. *Então, o processo científico, complementado pela ADI, vai até a área espiritual, abre as comportas e deixa jorrar seu conteúdo para dentro do aparato do paradigma científico.* E, sendo assim, de acordo com as exigências de uma pesquisa científica idônea, o conteúdo espiritual precisa ser concretizado para caber no enquadramento que o coleta. Mas também o processo científico, ao coletar os dados, não pode querer prejulgar ou pré-selecionar os conteúdos que com a sua pesquisa foram obtidos. *Somente dessa forma, com uma adaptação de ambos os lados, da espiritualidade à ciência e da ciência à realidade espiritual, é que se pode construir verdadeiramente, através de uma linguagem e método unificados, uma "ponte entre ciência e transcendência".*

Ao concretizar-se a pesquisa direta do inconsciente procura-se agir da forma como aqui descrevemos. Quer-se, por meio dela, ampliar a visão, abrindo as margens limitadoras do "reducionismo" científico. Mas quer-se também utilizar os recursos científicos para retirar da espiritualidade qualquer "subjetividade". *Quer a ADI operacionalizar o conteúdo inconsciente para que se possa ter simultaneamente, e numa linha de coerência, a certeza científica e a compreensão espiritual do homem.*

As descrições ilustradas com casos clínicos, que expusemos até o presente momento nesta obra, representam um esforço teórico e prático para demonstrar o que acima dissemos. E acreditamos que agora possamos levar a entender o que mostraremos nos próximos capítulos, ou seja, os resultados do que conseguimos descobrir, com a mesma técnica de pesquisa do inconsciente, sobre as realidades espirituais do homem. Esse "campo espiritual" que encontraremos pode ser "natural", quando então o chamamos de "nível noológico" ou "humanístico" e pode ser "sobrenatural", quando nele se entranha o que vem de fora do homem, do Divino ou do Infinito.

Veremos, a seguir, que no inconsciente *tanto a espiritualidade "natural" como a "sobrenatural" são percebidas pelo paciente com a mesma espontaneidade que os registros psicofísicos*. E também os bloqueios que se apresentam nessas áreas fazem-se de forma similar. Consequentemente, *também na fase terapêutica essas realidades imateriais formulam-se com a mesma objetividade que em relação aos problemas psicossomáticos*. Na realidade, tudo acontece de forma semelhante entre o inconsciente psicológico e o espiritual. *O inconsciente psicológico "esconde" registros que se expressam através de comportamentos e reações conscientes, sem que o paciente saiba dos mesmos. Da mesma forma o "inconsciente espiritual" mantém em si, de forma "velada", registros de ordem sobrenatural que são experimentados vivencialmente em nossa vida religiosa e de fé*. Através da ADI pode-se reativar esses "registros espirituais" assim como se reativam os registros psicofísicos e com a mesma "precisão" de dia e hora. Foi a partir dessa constatação que se tornou possível a afirmação de que as pessoas têm doenças e desequilíbrios, os quais não apenas surgiram de traumas psicológicos, mas também de experiências na área espiritual.

Todos esses fatos acontecem com os pacientes que se submetem à ADI. E apresentam-se esses fatos numa linha de continuidade natural entre o inconsciente psicofísico e o espiritual. *As pessoas começam por perceber aí, em determinado momento da terapia, sua dimensão humanística distinta da realidade psicológica ou física. Essa dimensão chamamos nós, então, de Eu-Pessoal ou pessoalidade.* Identificam os pacientes também em nível "humanístico" — e não apenas em nível cerebral — a *inteligência",* que é ilimitada em seu potencial. Descobrem eles nesse nível *o amor em sua Fonte* e então entendem as suas diversas formas de expressão. Os pacientes encontram nesse nível noológico o registro valorativo ou moral de toda a sua vida, o chamado "núcleo existencial" e finalmente verificam aí, ainda, a existência de um *Núcleo de Luz,* passando a conhecer e a vivenciar o seu significado. Enfim, o paciente descobre em nível do inconsciente espiritual o que é a sua vida, como e quando começou o seu Eu-Pessoal, qual o *sentido de seu existir,* o que significa perder a vida que circula no corpo e *o que lhe acontecerá depois da morte...* E suas descobertas responderão, então, aos questionamentos que não encontram explicação na ciência, conforme esclarecemos no capítulo anterior. Assim, *através do processo da ADI, humanistas e cientistas poderão se entender sobre a interioridade profunda do homem ou sobre o inconsciente, pois este oferece a mesma experiência a todos, que pode ser expressada, por isso, numa só e mesma linguagem...*

Vejamos, a seguir, cada uma dessas mencionadas instâncias do nível humanístico, de acordo com o que revela o inconsciente.

4.3 - A PESSOALIDADE

A ADI vem comprovando-nos que na realidade, a concepção acontece em três momentos distintos: o primeiro é o do encontro conjugal dos pais, quando se forma a dimensão humanística ou o "Eu-Pessoal" do filho, o qual a partir daí já sabe de si, assiste, e pode interferir na formação do segundo momento, que é o da união dos gametas ou da concretização do zigoto... E há, ainda, outro fenômeno que acontece simultaneamente à formação do Eu-Pessoal: é uma espécie de Luz transcendente que o invade e que nele se instala, como presença permanente.

Quando falamos em capítulo anterior sobre a concepção, vimos que o paciente tem capacidade de perceber o óvulo e o espermatozoide que o formam antes de estes dois gametas se encontrarem. A observação do relato espontâneo dos pacientes conduziu-nos a aprofundar a pesquisa pela ADI sobre a "instância" que estaria observando esses gametas e a qual acabamos por chamar de Eu-Pessoal (Eu-P).

Através do questionamento sobre o inconsciente buscávamos, portanto, saber: como pode o paciente "ver" o seu óvulo e o seu espermatozoide antes de os mesmos se unirem?! Como consegue descrever o tipo de reação que teve e como lhe foi possível agredir os "conteúdos" percebidos em seus gametas quando sentiu desamor? *Onde está e em que consiste essa dimensão, a partir da qual o paciente se sente "existir", mesmo quando o zigoto ainda não se formou?*

Essas e outras perguntas, mais as respectivas respostas obtidas pela pesquisa do inconsciente, reproduziremos neste capítulo através da divisão em itens, para facilitar a compreensão. Atente-se também para as informações novas fornecidas pelo inconsciente pesquisado dos pacientes, em especial no que se refere à questão da "vida humana"...

A) A concepção de um ser humano é deslanchada a partir do momento em que acontece a união dos pais e quando passa a existir a dimensão humanística, que se forma antes da concretização do zigoto ou da fecundação e que observa essa formação

De fato, o inconsciente pesquisado nos ensina que a vida humana não começa com a formação biológica do zigoto. A concepção tem três momentos, sendo que dois deles acontecem antes da fecundação. Mas vejamos agora apenas a dimensão do Eu-Pessoal, a instância que observa a formação psicofísica de seu próprio ser, instância que surge completa, inclusive com o corpo espiritual, embora sem a matéria do corpo, antes da união física dos gametas.

A afirmação acima, sem dúvida, deve causar certa estranheza devido à nossa mentalidade fisicista. Ou então é ela interpretada como uma visão "espiritualista" de pouca validade científica. Daí por que preferimos clarear essas questões através de casos concretos e de acordo com o que acontece com todos os pacientes, sem exceção.

Observe na prática como um paciente descreveu o que percebeu no momento da concepção. Acompanhe o questionamento dialogado.

T: Veja a sua concepção.
Pc: Estou vendo o óvulo e o espermatozoide aqui de cima...
T: Aqui de cima?
Pc: É. Estou olhando de fora... observando como estão os dois... O meu espermatozoide anda mais depressa...
T: O que é que está olhando?!
Pc: Sou eu!
T: Não entendo... Você não está no óvulo e no espermatozoide?
Pc: Estou... mas estou aqui fora também.
T: São dois "eus"?
Pc: Não... Estão unidos... Eu vejo dois formando um só... Mas essa parte que olha é como se apreciasse a mim mesmo.
T: Estão separados e unidos ao mesmo tempo?
Pc: Eles se unem... É como se eu entrasse dentro de mim... É isso: sou eu entrando em mim... no que é meu.
T: Sou eu entrando em mim?! no que é meu?
Pc: É... Você pergunta e eu vou entendendo... Cada vez eu vejo um pouco mais claro, quando você pergunta... Quando eu digo "sou eu entrando em mim" é que uma parte sou eu mesmo, a outra é que me complementa.
T: O que "é" e o que "complementa"?
Pc: Eu sou... isso é... eu sou a parte que olha... E lá está a parte que me forma... O óvulo e o espermatozoide...os dois se complementam, eles "integram" o meu eu... Há uma fusão aí mais adiante... Mesmo assim o meu "eu" se distingue...

No caso seguinte, mudamos a forma de questionar. Acompanhe-se esse outro trecho sobre o mesmo enfoque.

T: Descreva você surgindo no início da gestação.
Pc: Há uma bolinha rodando e chegando perto de mim.
T: O que quer dizer "perto de mim"?
Pc: Perto do que "sou"...
T: Qual a diferença entre a "bolinha" e aquilo que você "é"?
Pc: A bolinha veio de união física dos pais. Saiu do organismo deles. O que sou não é físico... e veio antes...
T: Não é físico?! Veio antes?!
Pc: Sim... essa outra parte "existe por si só".
T: O que quer dizer "existe por si só"?
Pc: Não depende do zigoto para existir.
T: Então por que se funde ao zigoto?
Pc: Para fazer-me ser humano completo...

Houve outro paciente que ao se expressar deu-nos uma espécie de "conceito de vida" na concepção. Veja:

Pc: Isso aqui, a parte que observa é a essência que dá "vida humana" ao zigoto.
T: Descreva melhor... O que você vê concretamente?
Pc: Essa parte minha, aqui de cima, já estava esperando a formação do zigoto. Essa parte já sabia que eu sou pessoa e que sou mulher, antes dos gametas se unirem.
T: Continue descrevendo o que você vai enxergando...
Pc: Estou vendo como se fosse "eu" duas vezes... Uma pessoa "transparente" se sobrepõe e se funde a uma pessoa física... Não, ela não se sobrepõe, ela entranha à outra, ela "circula"... Ela é a vida... É essa parte que aciona a vida física, ela impulsiona o sangue, as células, ela faz o corpo viver...
T: Mas o corpo humano por si só não tem vida? Os animais têm vida!
Pc: Essa vida não é só biológica... A vida humana tem algo especial... O meu "eu transparente" aciona o movimento da vida. E o meu "eu transparente" não é biológico...
T: Qual a diferença entre a vida humana e a biológica? não entendi bem...
Pc: Oh, o que vejo é isso: existe a vida biológica... mas "eu", a minha vida de "ser" pode interferir nela. O meu "eu" é como se fosse o "chefe" da vida biológica... Eu posso "deixar acontecer", mas também posso mudar a minha vida biológica...

Uma quarta paciente, a quem nos dirigimos focalizando-a sobre a concepção, também nos orienta sobre a essência da vida humana:

Pc: Eu trouxe muitos problemas para dentro de mim.
T: Quem?
Pc: Eu... Aquela parte de mim que vem do papai e da mamãe, de lá veio muita coisa, desde o vovô, a vovó... Veio de mais longe.
T: Explique melhor: existem "partes" do seu Eu?! Qual a parte do seu "eu" de problemas e onde eles não existem?
Pc: O "eu" que já "estava" antes, que ficou olhando para o que vem do papai e da mamãe, é diferente. Essa parte é sadia e forte... Ela é pura, clara, saudável... Ela vem como força da vida.
T: Ela está completa ou falta algo?
Pc: Como assim?!
T: Seu inconsciente sabe o que estou perguntando.
Pc: O óvulo e o espermatozoide se unem e multiplicam, crescem automaticamente... É a vida física... O meu "eu que olha" já está completo, mas sou eu que preciso desenvolvê-lo de uma forma diferente... Entende? É como uma semente também... A diferença é que o corpo cresce independente de mim. O "eu" que olha, não... Ele pode ficar parado... Tudo depende de mim. Ele é espiritual e está fora do tempo. É diferente... É uma "vida" diferente... Uma vida que não vai acabar... A vida física faz parte dela, mas é uma expressão diferente de vida...

Acompanhe mais um exemplo desse questionamento que esclarece a existência da pessoalidade do ser humano antes do zigoto:

T: O que é que "viu" o óvulo e o espermatozoide?
Pc: São os meus olhos que viram...
T: Que olhos? Você está na concepção e ainda não tem olhos...
Pc: Não são os olhos físicos... Eu enxergo sem olhos...
T: Então distancie-se mais do óvulo e do espermatozoide, de tudo aquilo que trabalhamos e concentre-se somente sobre essa outra parte que você chamou de "olhos não físicos"... O que pode falar sobre isso?
Pc: É uma parte que sou eu mesma... Quero dizer que nesta parte "eu sou mais eu" do que naquela do óvulo e do espermatozoide.
T: Você consegue defini-la de alguma maneira? Ela tem forma?
Pc: Não... Ela não tem forma... Ela é todas as minhas formas ao mesmo tempo... Ela não é material. Parece-me que ela é aquilo que se costuma chamar de "alma"... Mas não tenho certeza... Só sei que é diferente... Ela me diz quem sou eu... Que tenho valor por mim mesma... Não sou apenas produto de meus pais...

T: Hum! Estou meio confusa... Quer me explicar melhor? Você quer dizer que você "é" duas partes diferentes?
Pc: Não... Não é isso... eu não sou "partes"... Não é assim separada em partes que me vejo... É difícil de explicar... Isso que olha está junto da outra parte, mas não ocupa espaço... Naquele óvulo e no espermatozoide eu sou mais aquilo que vem dos pais... Aqui sou eu mesma... Só eu...

E assim os pacientes vão descrevendo, cada um à sua maneira, *mas de forma similar na essência,* a existência de uma dimensão distinta da psicofísica, que está sempre presente antes da formação do zigoto e que chamamos simplesmente de "Eu-Pessoal" ou "Eu-P".

É essa dimensão descrita que caracteriza a vida humana por excelência. Como disse o paciente do caso acima, é essa uma "vida que não acaba". Vê-se, portanto, que *no ser humano circulam duas dimensões da mesma vida; aquela ligada a uma "consciência de si mesmo", de seu existir como ser independente do psicofísico, anterior ao instante da fecundação dos gametas e que aciona o mecanismo biológico ou a formação do zigoto, a qual, por sua vez, é a segunda dimensão da mesma vida. Trata-se de uma só vida pessoal, mas dentro dela há expressões diferentes. No homem, porém, a "vida da dimensão humanística" é o que o define como pessoa e é por meio dela que ele se diferencia dos outros organismos viventes. É essa "vida humanística" que caracteriza o ser humano por excelência...* E nessa dimensão está presente também a energia da vida biológica, mesmo que ela "ainda" não tenha matéria para animar, como antes da formação do zigoto, ou que não tenha "mais" matéria, como na morte. A "vida humana", portanto, que se manifesta existente na concepção, mas antes da formação do zigoto, precisa da matéria corporal para se "comunicar fisicamente", mas não para "existir"... *Mas a "vida humana", ao surgir na concepção, já supõe o zigoto, aparece apenas em função dele. Assim, na realidade, quando se dá uma "concepção", ela se inicia com a união conjugal dos pais e não com a formação do zigoto que, como se sabe, pode levar até 3 dias para se constituir. E o ser humano, portanto, desde antes da formação do zigoto, já tem consciência de si e já pode atuar sobre si...*

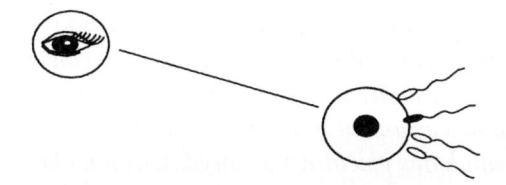

Fig. 1: *Atuação do Eu-Pessoal*
O Eu-P, que surge no momento da concepção, observa e age sobre os gametas que se unem para a formação do zigoto.

Essa instância que assim existe antes do zigoto, como já falamos — e que chamamos de "Eu-Pessoal" ou "Eu-P" e também, simplesmente, de "pessoalidade", diferencia-se da *"personalidade",* porque essa última já é a elaboração "deformada" (máscara) que se estrutura a partir do "Eu-Pessoal" original e sempre sadio.

Na prática clínica, o que chama nossa atenção em relação ao nível da "pessoalidade" é que existe uma linha básica de coerência e unidade, apesar da riqueza de variedade nessas descrições, quando feitas pelos pacientes. Examinando os exemplos que apresentamos, conclui-se que no essencial não há contradição. E assim é sempre, nos pacientes de pouca cultura e humildes ou profissionais competentes e cultos, religiosos ou ateus, racionais, de mentalidade científica ou leigos, artistas ou místicos, não importa. Desde que sinceros e autênticos a ponto de assumirem seu inconsciente, os pacientes terão sempre a experiência da percepção de sua dimensão "mental", de sua "pessoalidade" ou "Eu-Pessoal", presente na "concepção" e antes da formação do zigoto.

Poder-se-ia questionar se a afirmação de que "todo o ser humano tem uma dimensão humanística, que percebe a si próprio e seus gametas antes de eles se unirem para a formação do zigoto", se expressaria da mesma forma pelo inconsciente de seres humanos em regiões de cultura, crença e hábitos diferentes. Preferimos inverter a questão dessa dúvida: que os céticos provem a existência de grupos humanos, os quais não conseguiriam distinguir suas instâncias humanísticas, quando correta-mente pesquisados pela ADI. Somos nós que duvidamos que tais pessoas possam ser encontradas, uma vez que as instâncias humanísticas revelam a essência do humano.

Assim, *em princípio não pode existir ser humano não integrado pelas dimensões humanísticas.* E se existisse, a Abordagem Direta do Inconsciente poderia detectá-lo, pois nada pode ser ocultado à sabedoria inconsciente.

B) O Eu-Pessoal, que surge no contexto da concepção e antes da união física dos gametas, evidencia um ser humano que é totalmente diferente do conceito reducionista da metodologia científica. O Eu-P identifica aí os gametas e atua sobre si, inclusive sobre seu código genético

O que até aqui foi dito já deixa claro que o homem é mais do que um robô e que não inicia a vida apenas biologicamente, nem desenvolve sua personalidade apenas por condicionamentos, influências ambientais ou em adaptação a estruturas preestabelecidas. Pois *ao se pesquisar o inconsciente esboça-se com clareza a dimensão livre e independente do homem, que observa a si mesmo, realiza discernimentos, faz as suas escolhas e é capaz de reagir, modificando realidades psicológicas, orgânicas e inclu-*

sive podendo atingir seus gens, antes da união dos gametas. Já nessa hora a criança tem consciência de si, percebe nos gametas toda a carga genética que formará o seu ser e também identifica o que vem dos seus antepassados. Além disso, essa dimensão que se expressa pelo "Eu-Pessoal" na concepção observa, através de sinais nos gametas, o estado psicoafetivo em que se encontram os pais no momento de sua união pelo ato conjugal. Pensamentos, sentimentos e condicionamentos que os pais vêm trazendo ou que existem nos pais nesse instante, mesmo que não "conscientizados", são percebidos pela criança, interessando-lhe principalmente o contexto do Amor, ou seja, o relacionamento dos dois e a forma como se encontra a sua "abertura" ou o seu "fechamento" para com a gravidez.

Vemos, portanto, que o "Eu-P" ou a instância da "pessoalidade" está sempre aberta a essa autoconstrução, que acabará por formar a "personalidade". Já então, com a "personalidade", o ser humano modificou o seu "eu original", através de condicionamentos por ele próprio realizados. Aconteceram aí as escolhas que não são sempre as melhores em termos de "programação" inconsciente. Entretanto, a pessoa, ainda que tantas vezes confusa em seus sentimentos, nunca perde a capacidade de "discernir", e por isso pode a cada instante retomar sua liberdade mais plena e corrigir suas programações negativas, reestruturando seu Eu-P, mesmo que nem sempre possa refazer os efeitos das mesmas, por já se terem expressado fisicamente, lesando o organismo.

O Eu-P que surge na concepção, no momento da união conjugal dos pais é sempre plenamente sadio, livre e sábio, entendendo a correlação entre os diversos aspectos da realidade humana. Assim, o Eu-Pessoal que observa a formação psicofísica do ser, por algum motivo sente-se no direito tácito de encontrar um amor autêntico entre seus pais e sua aceitação plena como filho. Entende ele que o Amor dos pais deve expressar-se também nesse encontro conjugal físico, que é o transbordamento desse Amor. Ressente-se, portanto, a criança se percebe que o ato sexual que a gera é apenas a busca do prazer, pois ela o vê como complementaridade do amor-doação. *E a criança, quando no útero, cobra na agressão à estrutura sadia ou perfeita de seu próprio "ser" o fato de ter ou não surgido como explosão física de uma união profunda, sempre aberta ao "fruto" do Amor, ou à gravidez...*

A seguir mostraremos um episódio de especial manifestação do Eu-Pessoal em uma paciente. Fala-nos a mesma:

"Durante a última sessão, quando trabalhamos a dimensão pessoal, eu a senti crescer e tomar conta do meu corpo, de dentro para fora, dando-me uma sensação de leveza e de inexplicável alegria. E quando saí do consultório, o processo de expansão continuou e tornou-se maior que o corpo. Senti como se fosse minha alma se alargando e ela não cabia mais no meu corpo. Tive a impressão que meu corpo levitava e se desfazia para ser apenas alma... A sensação não era somente de leveza, de levitação e sim de céu... É incrível, mas pareceu-me que tive uma experiência de céu — apesar de que nunca estive lá — acrescentou a paciente em tom jocoso, e continuou: foi a experiência mais feliz de minha vida! Fiquei um pouco triste quando voltei a ser o que sou! Mas valeu a pena ter vivenciado isso! Jamais esquecerei estes momentos. Eles sempre me darão força para continuar a viver e a lutar, porque sei agora que existe algo em mim que transcende o meu corpo e que é uma espécie de vida que não pode morrer, porque não depende do corpo..."

Os diversos enfoques sobre o que acabamos de descrever lembram-nos Viktor Frankl, quando afirmou, em uma de suas conferências, que "o ser humano é o único ser capaz de se distanciar de si e olhar sobre si!..." De fato, é isso que acontece através do que chamamos de "Eu-Pessoal". E a ADI nos comprova ainda que *a partir dessa nova "dimensão humanística" não só "olhamos", mas "agimos" sobre nós, programando toda a nossa futura realidade integral ou "psiconoossomática".*

Para melhor entendimento dessa capacidade do Eu-Pessoal em atuar sobre si, relataremos um trecho de um caso clínico, conforme segue:

T: Por que você disse "aquela parte lá está difícil de se unir a mim"... Quer explicar melhor?

Pc: É... São duas coisas, mas formam uma só... Eu sou aquele que olha... Sou alguma coisa que pensa e que decide... O óvulo e o espermatozoide não pensam, são formados... Eles recebem tudo o que os forma passivamente... Essa parte aqui que sou eu pode até mudar essa formação deles... Essa é a diferença...

T: Por que você disse: eu posso mudar essa formação?

Pc: Porque eu a mudei...

T: O que mudou e por quê? Olhe bem para o seu zigoto e veja o que você fez...

Pc: (Após algum silêncio.) Vejo meus pais pelo "ovo", que é meu começo de vida... eles não se entendem bem... eles só querem ter filhos... eles querem ter filhos para não precisarem mais pensar um no outro... e para se realizarem pelos filhos... A relação conjugal deles não é amor, é só procriação... Eu me encolhi, me prejudiquei...

T: O que você prejudicou e com que objetivo?

Pc: Eu pensei: se eu ficar sempre doente, os dois vão ter que cuidar juntos de mim. Não vão fazer isso separados, como querem... Os dois precisam se unir para cuidar de mim... Eu quero que se unam! Eu ficarei doente... Não posso ser sadia... "Eu sou doente"...

O rosário de doenças e problemas de ordem psicofísica trazido pela paciente à consulta confirmaram a sua "FR" que dizia "Eu sou doente". Assim se comprova mais uma vez que o Eu-Pessoal tem capa-cidade de "pensar", de "decidir" e de "agir" sobre o óvulo e o espermatozoide, ou seja, sobre o que chamamos de "dimensão psicofísica". Por outro lado, *o caso enfatiza a importância que é para a criança em formação a união dos pais. Ela é mais essencial a esse novo ser que a própria vida ou a sua sobrevivência sadia.*

Observe-se num questionamento de outro paciente como as suas respostas também reforçam a conclusão de que existe no ser que surge a capacidade de ação do Eu-Pessoal sobre o zigoto:

Pc: Esse meu "eu" consegue reagir, tem força para se opor às coisas que vêm a mim dos pais e dos antepassados... Eu consigo barrar algo de ruim que vejo para não fazer parte do meu "eu"... o meu "eu" escolheu... Eu não deixei aquela coisa ruim entrar em mim!

Da mesma forma como a paciente aqui, a partir da liberdade do Eu-P, "barrou" um problema que vinha a ela através dos gametas, outros acatam e reforçam o mesmo e alguns até deformam ou tornam anormais os seus gens ou cromossomos.

C) **Quando pelo processo da ADI se insiste com o questionamento no contexto da concepção, os pacientes vão aprofundando e especificando melhor certos detalhes de diferenciação entre sua realidade psicofísica e o Eu-Pessoal**

Sobre o assunto responde um paciente, médico de profissão:
"O meu eu já é completo... Nele não acontece uma multiplicação de células, um crescimento... Ele pode desenvolver-se... mas nesse Eu não acontece, como no corpo, a divisão, a multiplicação e a especialização celular... o processo não é gradativo, sistemático... as mudanças são de uma só vez... pequenas ou grandes... e podem retroceder..."

No momento da percepção do Eu-Pessoal é bastante comum a sua comparação com o corpo físico. Escute-se este paciente:
"Há uma parte, a da alma, que se distingue de outra parte... Ela é, ao mesmo tempo, adulta e criança. Nela estão todas as minhas formas de corpo, mas ela não é o meu corpo... ela é espiritual... não pode ser descrita como o desenvolvimento do corpo... não tem etapas definidas... Ela não cresce... mas ela pode se enriquecer, se ampliar de alguma maneira... o tempo não influi muito nisso... minha decisão influi mais"...

A paciente, aqui, alude ao "corpo espiritual" presente no Eu-P e à "atemporalidade" da dimensão de sua pessoalidade.

Mais outro paciente tece comparações com o físico. Acompanhe-se: "O meu Eu não é físico como o zigoto... Ele não tem forma

definida... Ele é espiritual... não se enquadra nas leis da matéria... Ele se expressa pelo cérebro... mas não é limitado por ele... nem pelo tempo..."
Ou, então, diz outro paciente:
"Essa parte de mim não tem lugar certo... Ela está em mim, no meu corpo... mas, às vezes ela é maior, outras vezes menor... Ela pode se distanciar... pode ir longe do meu corpo sem deixar o corpo... Essa parte de mim não tem idade... e tem, ao mesmo tempo, todas as minhas idades..."

Esses pacientes acima, portanto, se referem à ausência de limitação de tempo e espaço do Eu-Pessoal e a outras características que o diferenciam do físico e da matéria.

D) No Eu-P está a instância da liberdade e da autodeterminação. Desde a concepção o ser humano escolhe entre dois referenciais essenciais

Se o Eu-P, como vimos, tem a capacidade de autodistanciar-se do psicofísico, de olhar sobre si, avaliar e analisar os conteúdos que formam os gametas e o zigoto, escolher para si, agir sobre o seu todo psicossomático, reformular o passado e planejar o futuro, então *é através do Eu-Pessoal que se reconhece a liberdade humana*. De fato, o Eu-P, junto à concepção, percebe dois referenciais diante dos quais deve fazer escolhas para estruturar a sua "personalidade". O primeiro está nos gametas, onde o Eu-P consegue distinguir com nitidez todos os conteúdos que vêm a ele dos antepassados. Nesse referencial há aspectos positivos e negativos. Os gametas são, portanto, um referencial "imperfeito". O outro referencial é uma espécie de "luz" que o ser humano percebe "presente" em sua "pessoalidade", embora distinta dela. Essa luz, que chamamos "Núcleo de Luz", é um referencial de "perfeição", como veremos logo adiante.

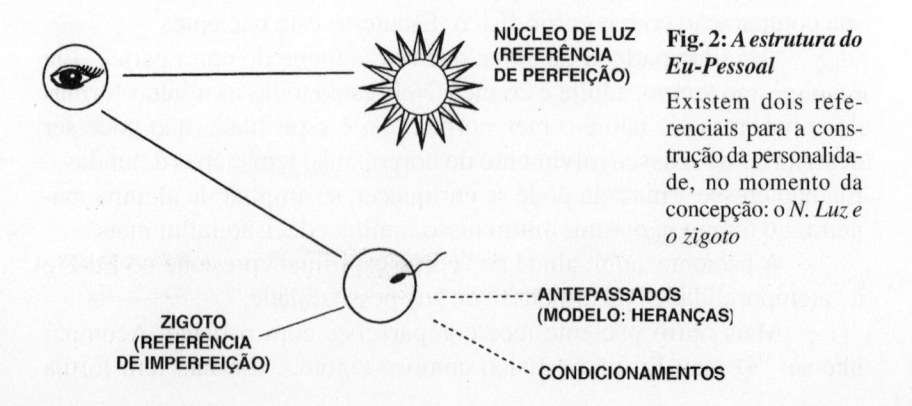

Fig. 2: *A estrutura do Eu-Pessoal*

Existem dois referenciais para a construção da personalidade, no momento da concepção: o *N. Luz* e o *zigoto*

Diante dos dois referenciais mencionados pode nos parecer óbvio que o ser humano, ao surgir na concepção, opte mais pelo que se encontra no núcleo de Luz, que é o referencial da perfeição. Entretanto, acontece o paradoxal. Por um mistério, um motivo sem explicação (a não ser do "pecado original") o homem, através do seu Eu-P, não escolhe para si todo *o Bem* do núcleo de Luz, nem se esforça para adequar a ele o que lhe vem dos gametas. *Ele seleciona e mescla em si o bom do núcleo de Luz com o que lhe "agrada" no conteúdo dos gametas e que nem sempre é bom...* Assim, nos gametas, ele percebe desamor, doenças de gerações, desequilíbrios, bloqueios de inteligência, desentendimentos e outros males. E ele escolhe muitas dessas imperfeições "livremente", integrando-as ativamente em seu ser... Quais os critérios? Geralmente a motivação para melhores ou piores escolhas vem ao paciente a partir do estado de amor ou desamor dos pais naquele momento primor-dial de sua vida. *Ele se "contagia" com o que pensa observar em seus pais, no momento da união em que o geram. Se fica magoado, tende a fazer opções negativas e a bloquear em maior ou menor proporção o núcleo de Luz. Se percebe Amor, ele se abre mais para a Luz e faz escolhas mais positivas.*

Essa atitude de *opção livre* que acontece com toda pessoa no momento da concepção continua vida afora. Mas há uma diferença nas respostas. *As opções feitas* nesse início ou nos primeiros meses de gestação *em relação ao que vem dos gametas, por serem "codificadas" e "condicionadas" no psicofísico ou em nível noológico, com o tempo já se tornam mais difíceis de ser modificadas. Em compensação, as escolhas negativas feitas em relação ao núcleo de Luz podem ser sempre e totalmente reformuladas, como veremos no capítulo próprio.*

Todas essas escolhas são absolutamente pessoais e únicas e não existem duas pessoas que façam as mesmas opções. Evidencia-se aqui, portanto, através do Eu-Pessoal, um dos mais importantes sinais de diferenciação entre os seres humanos.

Veja a seguir, através dos casos clínicos que seguem, a identificação da "liberdade" e do "livre-arbítrio". Acompanhe o questionamento:

T: Seu corpo é igual ou diferente dos outros?
Pc: O corpo é diferente... mas a diferença dele é "automática", não depende de mim...
T: Seu *Eu-Pessoal* nada pode fazer em relação ao seu corpo?
Pc: Ele pode atuar... Ele tem *liberdade* de interferir... e tem força... capacidade... mas só faz isso se eu "decidir"... Entende? *Não é o corpo que é livre... É o meu "eu" que tem liberdade...*

Quanto à "liberdade", veja outro diálogo paciente-terapeuta:

Pc: Essa parte que olha é *livre*... e é independente... Ela se utiliza do cérebro, mas não está presa a ele... só precisa do cérebro para se comunicar e dar ordens... mas existe sem ele... não morre com o corpo... sobrevive a ele...
T: Como você sabe disso? Você ainda não morreu!
Pc: Eu posso me distanciar e quase sair do corpo... Eu fazia isso, mas não sabia o que acontecia... Agora, aqui mesmo, na terapia, eu estou me olhando de cima... Estou me vendo lá do teto... Eu sinto que na morte é isso que acontece... porque se eu me largasse totalmente aqui na cama, eu morreria...
T: Você já teve alguma vez uma experiência de morte aparente?
Pc: Não sei...
T: Pergunte ao sábio e peça um número.
Pc: 03.
T: 3º mês de gestação... O que foi que aconteceu?
Pc: Mamãe está perdendo sangue... estou indo embora... meu corpo está se soltando... sensação ruim, angustiante... Eu estou cá fora olhando para a mamãe na cama, mas estou ligada, presa por um fio... um fio de vida que resta no corpinho, naquele feto... é o que me segura... Eu vejo tudo... também o feto... estou quase me soltando...
T: Mas você hoje está viva... o que foi que mudou as coisas?
Pc: (Após algum tempo de reflexão.) Mamãe não queria a gravidez... e eu "decidi" ir embora... provoquei hemorragia na mamãe.
T: Vou repetir a pergunta: o que foi que segurou você?
Pc: Papai... papai me queria muito... pôs mamãe na cama, falou com ela para aceitar-me... Ela entendeu... Ela queria o carinho do papai! Agora me aceita... Eu voltei... Eu voltei por causa de papai...
T: Foi seu "feto" que "puxou" você?
Pc: Não... *Fui eu que "decidi" voltar*. Essa parte aqui que você chama de Eu-Pessoal que *decidiu*... O feto já estava muito fraco... mas eu voltei e busquei forças no corpo da mamãe... me alimentei... voltei à vida... Eu *quis* viver!

Considere que essa ação do Eu-Pessoal não é total, não modifica toda a realidade herdada, mas pode atuar sobre aspectos específicos e mais comumente o faz no sentido de prejudicar física, psicológica ou mentalmente o seu ser.

A *liberdade máxima do ser humano é exercida no contexto da concepção e antes da união dos gametas,* porque ela pode sofrer um enfraquecimento pela pressão dos condicionamentos e das influências da carga hereditária. Pois, embora *a liberdade nunca possa ser totalmente eliminada,* é também verdade que o acúmulo forte de modelos negativos pode repentinamente eclodir numa criança e com tanta força que a mesma não se sinta capaz de reagir — conforme já especificamos no capítulo referente aos antepassados.

A liberdade, na forma como é identificada no inconsciente, deixa bem claro que nós não somos marcados pelos fatos que vivemos, em si, nem pelas circunstâncias — a não ser excepcionalmente — mas pela atitude que assumimos diante destas situações, a partir do Eu-P.

Mostraremos essa liberdade de opção do Eu-Pessoal comparando dois pacientes que diante de problemas similares percebidos no óvulo e no espermatozoide tiveram, porém, reações diferentes. Ambos viram a mãe negando-se sexualmente ao marido e o mesmo agindo com violência, como resposta, forçando a "relação sexual". E ambos concluíram que não deveriam existir e reagiram anulando sua pessoalidade. Diante da mesma situação-problema cada paciente deu porém uma resposta única na forma como fez essa "anulação" de sua "pessoa".

A primeira paciente na consulta inicial fez a seguinte queixa: dizia que só percebia o seu existir através daquilo que fazia, não parecendo existir como "pessoa". E ao ser conduzida a ver o seu "núcleo da pessoalidade" viu-o como "uma esfera vazia por dentro". Ao insistirmos na descrição, disse-nos ela: "Há uma luz ao redor de mim, por fora... é o reflexo do que sei fazer, do que faço... O que faço é bom, é luz... mas eu não vejo a mim mesma... É como se não existisse como pessoa".

Na vida do dia a dia, como podemos imaginar, essa paciente era superativa e agitada. Relatou: "Não posso parar de agir, porque, quando paro, tenho a sensação que deixei de viver... preciso provar, a toda hora, que vivo e sinto uma contínua angústia de morte... Às vezes me toco e até me belisco para ter certeza de que existo"!

Ao mesmo tempo essa paciente, que era casada, repetia por identificação com a mãe a atitude que esta assumiu na concepção, rejeitando sexualmente o marido. Acontecia na paciente algo que lhe dava uma sensação de repulsa e pânico toda vez que o marido se aproximava, embora ele fosse diferente de seu pai, tentando conduzir sua esposa com paciência e carinho no ato conjugal.

O trabalho terapêutico que se fez com a paciente foi no sentido de desligá-la do referencial de seus pais, a cujo modelo estava identificada, e aflorar de seu inconsciente o outro referencial, o núcleo de Luz — podendo ela assim refazer o núcleo da pessoalidade. "Terapizaram-

-se" também todos os "registros de base negativos" da paciente pelo processo "circular"... Mas é interessante observarmos, neste caso, como a "pessoa" pode "deixar de existir sem morrer", decidindo por anular-se na "pessoalidade".

O outro paciente citado teve a mesma vivência traumática inicial. Também no seu caso a mãe se negava sexualmente ao pai e este se aproximava com violência. E da mesma forma que a outra paciente ele achou que não deveria existir, anulando em si sua "pessoalidade". Mas, enquanto a paciente acima, embora anulando-se, colocasse a "Luz" ao seu redor, a qual se expressou vida afora no seu "fazer", esse paciente, que também teve a frase-registro "eu não quero existir", deixou-se levar pelo *ódio*. O pai do paciente estava bêbado na hora da concepção e a criança encontrou nele um modelo para perpetuar em si esse estado do pai, levado pelo espírito de autoagressão. O núcleo de "pessoalidade" deste paciente estava "preto" por dentro e também por fora. O preto visualizado movimentava-se de forma semelhante ao "espermatozoide" do pai que bebia. O paciente tornou-se também alcoólatra e era violento, quando bêbado. Quando questionado, em terapia, percebeu que a violência era produzida pelo mesmo sentimento que o fizera dar mental-mente "chutes" dentro do próprio útero materno em seu pai e em sua mãe porque não o queriam.

Vê-se nesses dois casos como as escolhas livres conduziram a comportamentos diferentes vida afora. Enquanto no primeiro caso — em função do referencial da Luz descoberto dentro de si — a paciente conseguiu encontrar suas qualidades únicas e compensar o "vazio" do núcleo da pessoalidade, esse outro paciente, em seu ódio, bloqueou-se para o deslanchar de seus referenciais positivos. Seu coração estava fechado, "amarrado" e todas as instâncias mentais, com exceção da inteligência, estavam prejudicadas na hora da terapia. Assim, ao lado do sofrimento de anulação odiosa (preto) de si como pessoa, ele não se permitia outras chances na vida e optou por atitudes contra si mesmo e a sociedade.

Atente-se mais uma vez para as semelhanças e as diferenças entre os dois casos citados, em termos de "livre-escolha".

Nos dois pacientes em questão, ambos sofreram problemas similares na concepção. Mas as respostas, os "posicionamentos", a "atitude livremente assumida" pelo "Eu-Pessoal" diante desses fatos diferenciaram essencialmente os dois pacientes. Assim, a paciente-mulher, ao não querer existir, anulou-se como pessoa (núcleo de pessoalidade vazio) gerando em si a angústia existencial do sofrimento de "não encontrar a si mesma", vida afora. Mas em compensação, ao perceber uma "Luz" que lhe parecia "oferecer socorro" — segundo as palavras da própria paciente — voltou-se para si mesma e percebeu um calor aconchegante que lhe deu conforto existencial. Por isso, não fechou seu coração para o mundo, conseguindo realizar "atos impregnados dessa Luz", pela própria força da dor de seu sofrimento. Não conseguindo ela "ser" alguém como pessoa, colocou amor e luz no seu "fazer" e isso a tornou uma pessoa de certa forma realizada, agradável, útil e produtiva em relação ao bem comum. (É sadio esse "mecanismo de compensação", que em vez de "cobrar" afeto, "passa por cima" e se "doa" aos outros.)

O paciente-homem, porém, optou pela raiva contra a mãe por rejeitar sexualmente seu pai e identificou-se à violência deste, mais ao vício da bebida. Escolheu a resposta agressiva. Questionamos o paciente, perguntando se nunca vira o seu núcleo de Luz. Pedimos as "cenas" correspondentes e ele identificou várias, não só na concepção, mas também na gestação e na infância. Entretanto, sempre fechou-se a essa Luz, nunca quis considerá-la... Magoado, preferiu cercar a "pessoalidade" também com um aro de escuridão..., a mágoa continuou no processo terapêutico e o paciente manifestando "resistência", não pôde ser tratado...

Os dois pacientes, portanto, usaram de forma diversa a sua liberdade de escolha e tiveram, em consequência, vida diferente. Observe-se que a paciente-mulher, ao manter o seu núcleo de pessoalidade vazio, deixou uma abertura para a esperança. O paciente-homem "tingiu-o de preto", símbolo da morte e do ódio. Anulou também as outras expressões de seu Eu-Pessoal, os sentimentos para consigo mesmo e para com os outros. Em todas as decisões de sua vida agiu sempre com frieza racional, atendendo apenas aos seus interesses e ao egocentrismo e portanto também não recebia Amor, apenas ódio. Falava com agressividade, dizia não acreditar em Deus, mas somente no "inferno porque já vivo nele", apesar de ter conquistado razoável posição profissional e social. Sofria de angústias profundas e nesses momentos buscava alívio no álcool, sob efeito do qual costumava agir com violência descontrolada. O ódio e a agressividade do paciente em foco, por outro lado, jogados ao mundo por transferência, fizeram dele uma pessoa amarga e pré-psicótica, enquanto a paciente que cercou sua pessoa com um aro de luz teve suas dificuldades psicológicas, mas deixou florescer suas aptidões pessoais, conseguindo realizar belos trabalhos e sentindo-se querida pelos que a cercavam... *Assim, portanto, é que se geram os chamados "destinos": pelas "livres" opções que fazemos em toda a vida e principalmente pelas escolhas entre Bem ou mal, entre Amor ou ódio que realizamos na fase do útero materno e na primeira infância, condicionando-as para que se ramifiquem no decorrer da vida... Mais ainda: assim geram-se também doenças físicas, sendo muitas delas incuráveis. O mal físico nada mais é que a "resposta externa", o transbordamento para o corpo das "escolhas livres", posteriormente "condicionadas".*

E assim geram-se, ainda, doenças mentais e cerebrais pelo bloqueio livre da inteligência que quer barrar o entendimento daquilo que um dia magoou a percepção inconsciente.

Veja também neste capítulo sobre a "liberdade de opção", o caso de outra paciente que se queixava de muita solidão. Encontramos o primeiro elo do problema no 4º mês de gestação, onde ela percebe-se chorando... Buscamos a causa do choro e a paciente vê uma segunda cabeça dentro do útero e a identifica como sendo do irmão gêmeo, mas que está morto. Sente medo. Vê a escuridão da morte. Sente-se só, abandonada, chora e se desespera. A paciente repetiu em consultório essa vivência que teve no útero materno (embora de forma "distanciada" e, portanto, menos sofrida).

Para tirá-la dessa revivência, enfocamos os meses anteriores sob o aspecto positivo. A paciente se viu no primeiro mês de gestação e relata a alegria de perceber que tem perto de si um irmão gêmeo. Os dois se comunicam mentalmente e "brincam". À pergunta de como podem "brincar", responde-me que mentalmente mexem a água, "ondulando" o líquido amniótico (telecinésia). Chegando ao 2º mês, a paciente relata a aproximação dela e do irmão da "membrana" que os separa para ficarem mais próximos. Há muita alegria nessa comunicação. Conduzida ao 3º mês de gestação, a paciente se entristece e fala: "Meu irmão está pálido... ele vai embora... quero aproveitar os últimos momentos de contato físico com ele... Ele vai morrer".

Acompanhe a continuidade do questionamento:

T: Por que seu irmão vai embora?
Pc: Há um corredor frio... um vapor gelado... vem dos antepassados... é uma fila atrás do pai... um antepassado dele está no escuro... ele atingiu meu irmão com uma maldição.
T: Algum problema psicológico desse antepassado?
Pc: Não... é uma questão entre bem e mal...

Comentário: Trabalhamos o problema sempre dentro da técnica do "questionamento" e no sentido de libertar a paciente da angústia de morte que a assaltava. Segue-se o diálogo:

T: Por que só você conseguiu vencer a interferência desse ancestral. Por que seu irmão não o conseguiu?
Pc: Porque eu me liguei mais a uma Luz que vi na concepção... Meu irmão viu logo a "maldição" desse antepassado e se deixou influenciar... ele se apavorou... Isso tomou conta dele... Ele ficou enfraquecido por ter-se ligado mais a ele que à sua Luz.

AS INSTÂNCIAS HUMANÍSTICAS REVELADAS PELO INCONSCIENTE 321

Vemos aqui mais uma vez como duas pessoas, agora gêmeas, diante de idêntica situação, ainda no útero materno, fizeram opções diferentes. E *as consequências dessas opções livres foram decisivas, pois significaram a "sobrevivência" para a menina e a "morte" física para o menino.*
Continuamos a ver no questionamento desse caso a diferença de "posicionamentos" das duas crianças gêmeas:

T: Volte ao 3º mês de gestação... perceba mais detalhes sobre a morte do seu irmão... Reative seu registro inconsciente que gravou a comunicação com ele...
Pc: Meu irmão está no escuro... está cansado... ele pensa em viver, mas não aguenta... a influência do ancestral é forte... e os pais não se amam, brigam muito... ele não suporta... se sente sufocado...
T: Por que você suportou?
Pc: Eu fui para frente, evoluindo... Ele involuiu... até fisicamente...
T: Quem ou o que ensinou você a agir diferente?
Pc: Eu respondi mais positivamente... eu me apeguei à Luz... Isso me deu forças... *Eu* fiz *esta opção...*
T: E por que ele se destruiu? Foi ele mesmo que fez isso? Por que ele não fez a mesma opção que você?
Pc: Ele viu o mal que vinha dos antepassados e se encolheu com medo... Ele barrou a Luz dele. Então enfraqueceu... Foi enfraquecendo no 3º mês de gestação...
T: Como foram os últimos momentos de comunicação entre vocês?
Pc: Ele está se despedindo... Ele se comunica comigo... diz que ainda vamos nos encontrar...
T: Como é essa comunicação?
Pc: Só de nível de alma...
T: Onde está o inconsciente de vocês?
Pc: O inconsciente só começa a se formar agora com os neurônios... só agora no 3º mês acontecem os registros físicos do inconsciente... Antes é só comunicação de almas... daquilo que você chama de Eu-Pessoal.
T: Continuemos. Você não foi prejudicada com a morte de seu irmão gêmeo? Mamãe não teve hemorragia? Vá até o mês onde você pode constatar isso...
Pc: Estou no 4º mês de gestação... meu irmão está indo embora... Mamãe está tendo hemorragia...
T: Sim, e daí?
Pc: Meu irmão fala que não vai atrapalhar a minha vida... o corpo dele vai ficar... Ele vai "secar"... Nós somos como uma parte viva e uma parte seca de uma flor... Ele é como a casca... a casca seca... Eu sou a parte viva... eu devo ficar... ele vai me ajudar a viver...

Comentário: O trecho acima, como vimos, continua a esclarecer que as opções são pessoais e únicas. Veja na continuidade do caso a ação do paciente sobre o seu físico para destruir-se:

T: Como seu irmão fez o corpo "secar" e a hemorragia da mãe estancar?
Pc: Ele me diz que agiu sobre os "gânglios linfáticos"...
T: Com que finalidade ele fez isso?
Pc: Para perder a água e para que acabasse a hemorragia da mãe e eu pudesse sobreviver. (Aqui poder-se-ia aprofundar mais o processo orgânico pela ADI-médica.)

Finalmente, na hora de trabalharmos o "parto" e o "nascimento", confirmamos, mais uma vez, os relatos anteriores.
Veja o questionamento:

T: Vá até o nascimento...
Pc: Há um problema.
T: Problema?
Pc: O médico está tirando a "casca" do meu irmão. ... Ele não entende... Está espantado... Esqueceu de mim lá dentro da mãe... Estou ficando cansada... Nasci cansada... com deficiência respiratória.

Observação: A paciente, na entrevista inicial para a terapia, apontou como problema principal a dificuldade respiratória, frequentes crises de asma e bronquite. Os primeiros elos do registro inconsciente estavam ligados aos problemas dessa vivência sua no útero materno com o irmão, na hora do nascimento. Aliás, a causa de a paciente reagir com deficiência respiratória já se assentava sobre elos anteriores.

Vejamos mais um caso de "liberdade de opção" entre duas meninas gêmeas e, desta vez, univitelinas.
A paciente sente um repentino mal-estar quando conduzida ao 3º mês de gestação. Observe o "questionamento":

T: Investigue no seu inconsciente a causa desse mal-estar.
Pc: Minha irmã foi embora...
T: Foi embora?!
Pc: Ela não quis ficar... está revoltada com o que vê lá fora do útero... ela morreu...
T: E você? Como está reagindo a isso?
Pc: Estou apertada para o lado... resolvi ficar... uma força me estende a mão... Eu me segurei nesta mão... Ela (minha irmã) não fez isso... Ah! estou ruim... não consigo continuar a terapia...

A paciente abriu os olhos e saiu da concentração enfocada sobre o inconsciente porque não estava suportando o sofrimento... Somente após várias sessões subsequentes retornamos ao problema, dessa vez focalizando a cena com o "incidente" da morte da irmã:

T: Veja como foi que você sobreviveu à sua irmã... mamãe teve hemorragia?
Pc: Sim... até o fim da gravidez perdeu um filete de sangue... mas não me prejudicou...
T: Como foi que a hemorragia estancou?
Pc: Minha irmã saiu com o primeiro sangue forte... Mas por que eu tive a ajuda de "uma mão" e ela não? (interrompeu chorando...)
T: Ela não teve?... Olhe bem... Examine melhor a questão!
Pc: Teve, sim... Ela "não quis" se segurar.
T: Por quê? Veja o registro que ficou em seu inconsciente.
Pc: Ela achou que a vida seria de muito sofrimento... Não quis enfrentar o sofrimento... Foi *decisão livre* dela...
T: E você? Por que ficou e não foi embora com ela? Você viu o mesmo problema, não viu?
Pc: Sim... Eu continuo apertada no canto da esquerda, apavorada... Sinto medo... mas eu vejo uma Luz distante... e um fio que conduz esta Luz até junto de mim... o fio traz a força...
T: A força?
Pc: É... para que eu não vá embora... Algo me diz que existe um plano para mim. Eu devo ficar...
T: Que plano?
Pc: Não sei bem... mas vejo que a vida vai mostrá-lo aos poucos... eu estou com vendas nos olhos... mas estou deixando me conduzir... é importante que eu *"queira"* enxergar!
T: Volte ao momento em que sua irmã foi embora... Consegue enfrentar agora esse fato?
Pc: Sim... já não me sinto culpada... já posso sair do canto esquerdo... Ela realmente *não quis* ficar... Foi ela que *decidiu*... Ela teve a mesma oportunidade que eu... Mas ela me ajudou a ficar... ela quis que eu ficasse... a placenta abriu, ela saiu... depois minha irmã fechou a placenta para mim... e parou a hemorragia... (telecinésia)... Ela fez isso de bom em sua vida... me ajudou a viver... isso deu paz à sua alma...

Esse segundo caso comprova, portanto, o que falamos, que mesmo em gêmeos univitelinos as "escolhas" dos referenciais são diversificadas, ou seja, que cada ser é sempre "livre" e "único", desde a concepção e desde momentos anteriores à formação do zigoto. *Ainda que as circunstâncias da vida, as influências ambientais e principalmente as heranças e os gens sejam profundamente semelhantes para gêmeos e, mais ainda, para gêmeos univitelinos, as "decisões", as "opções" e as "escolhas livres" que ambos fazem a partir de seu Eu-P são sempre diferentes e únicas.*

E) A resistência na livre-escolha do Bem, embora racionalmente inadmissível é, em certa dose, comum a todos os seres humanos

De certa forma, todos somos "resistentes" à cura e à mudança... E isso pelo simples fato de que um dia fizemos a "escolha" daquilo que hoje nos prejudica. Além disso, são vários os tipos de "resistência" e suas causas. Mas para o momento, diante do tema que estamos abordando, interessa apenas *a "resistência" que chamamos de "humanística", o que significa que não nos referimos às "dificuldades" que o paciente encontra em perceber seu inconsciente, mas à "atitude" ou à falta de "querer" as mudanças.* Na realidade esses pacientes "resistentes" encontram-se, ao menos pela segunda vez na vida, diante da oportunidade de dizer um "sim" ao Bem maior e com esclarecimentos que não tiveram, da primeira vez, no útero materno ou na infância... Mas persistem em continuar a fechar-se para a sugestão da Luz e, consequentemente, para a "cura" plena.

Esse tipo de paciente costuma defender-se dizendo "não conseguir" perceber o seu inconsciente. Mas, conforme vimos nos primeiros capítulos do livro, toda pessoa que se submete ao Método TIP é treinada a visualizar o seu inconsciente "conscientemente". Assim, elas normalmente não encontram dificuldades em "perceber" os conteúdos inconscientes na terapia, após essa fase preparatória. Para algumas é preciso que o terapeuta aumente o tempo desse período inicial ou que use outras técnicas específicas e então a melhora da "percepção inconsciente" acontecerá gradativa e harmoniosamente... *Quando a resistência é "humanística" o paciente percebe com facilidade seu inconsciente, mas apenas em questões em que não se sente ameaçado. Ele seleciona o que "quer" e o que "não quer" perceber. Esse "não querer" é exercido pelo paciente e ele não "conscientiza" o que não quer ver, exatamente porque não deseja "realizar a mudança" que a conscientização exigiria em função do bom senso.*

É assim que deve ser entendida a "resistência humanística". Ela não é uma questão de "não conseguir" realizar o que o terapeuta pede. Esse tipo de resistência seria contornável. *A resistência "humanística" denuncia um conflito entre dois tipos de "querer" e portanto está liga-*

da à "pessoalidade" e não ao "psiquismo". Nesses casos também não é apenas o "inconsciente que não quer". De fato — como já dissemos — a resistência pode não estar conscientizada, mas surge porque o paciente não deseja percebê-la, uma vez que então teria de assumir a mudança correspondente, teria de "largar algo que quer manter" (ganhos secundários).

A mesma resistência pode acontecer em relação ao desejo da "cura". É claro que o paciente quando questionado dirá que "quer" curar-se. Todavia, *ele não realiza sobre o inconsciente as mudanças de atitudes necessárias à cura, portanto se contradiz.*

Além disso, não nos esqueçamos que foi através da própria dimensão humanística ou do Eu-Pessoal que o paciente, no passado, "optou" pelas programações dos mal-estares psicofísicos dos quais hoje sofre. E se ele os escolheu, teve um motivo para fazê-lo. Esse "motivo" antigo pode continuar presente como programação ativa não só no organismo e no psiquismo do paciente, como em sua "vontade", por ganhos secundários. *É preciso que o "Eu-Pessoal" do paciente reformule hoje o "motivo" pelo qual "quis" adoecer no passado.*

Entenda-se, *ainda, que querer "tratar" ou querer "ficar livre dos sintomas" que incomodam é diferente de "querer ficar sadio". Para "querer" ficar sadio, o paciente deve ter um "querer que quer" assumir a mudança total, seja ela qual for.*

Num "querer que quer" realmente a saúde é preciso que exista um objetivo importante a ser cumprido, um objetivo que motive a pessoa a querer ter "saúde" para melhor agir. É preciso que exista um "para que", como diz Frankl, e um "para que" que desloque a motivação autocêntrica para a "autotranscendente". E tal motivação do "para que" não é psicológica, mas "noológica", é da "pessoalidade" e exige um processo de "humanização". Se o paciente não tem uma motivação para "depois de curado", a própria "doença" torna-se um "motivo em si" e o paciente bloqueará também a percepção dos motivos que o adoeceram.

Vejamos um caso clínico:

Uma paciente, com diabete desde a infância, procurou-nos no consultório. Tinha ela um namorado e isso deveria ser um "motivo" bastante forte para se acreditar que ela quisesse curar-se. Entretanto, nessa paciente o "querer" ficar boa ainda não era suficientemente forte para superar o "não querer abrir mão dos ganhos secundários", utilizados em todo o seu passado com a doença e transformados em "hábito". A substituição inconsciente por outras atitudes e a consequente reestruturação de uma "pessoalidade" sadia, a qual estava bem mais enferma que o próprio corpo, foi a parte mais penosa dessa terapia.

Nessa paciente, um "não querer curar-se" estava também ligado ao próprio namorado, que a aceitava como "doente" e a inundava de cuidados especiais por esse motivo. Entende-se que o "querer curar-se" da paciente não se "impunha" na terapia.

A resistência, no caso anterior, só podia ser quebrada após um verdadeiro treinamento inconsciente de "atitudes autotranscendentes" em substituição às "autocêntricas". Assim a paciente encontrou "forças para forçar" a sua cura e gerar as substituições negativas no inconsciente, especialmente quando a terapeuta conseguiu levá-la a compreender que seu namorado, para continuar a amá-la, não poderia ficar apenas na "doação", mas precisava também "receber"...

Como a resistência "humanística" acontece no nível do "querer", ela dificilmente pode ser contornada com técnicas externamente aplicadas. *Entra aqui a força da "liberdade" humana. Pessoas realmente resistentes no "querer" e/ou a "mudanças" tornam impossível a continuidade da terapia. É preciso suspendê-la. É essa atitude uma "técnica" extrema para ajudar esses pacientes. Pois suspendendo-se a "ajuda externa", o paciente se vê forçado a enfrentar a si mesmo e a refletir, apenas consigo, sobre os argumentos que o terapeuta tece antes de suspendê-lo e sobre as "defesas" que armou para si.* Assim, qualquer elaboração de "defesa", mas que não corresponda à verdade de seu inconsciente, vai enfraquecendo com o tempo quando o paciente a repete apenas diante de si... *Um dos sinais característicos do "resistente humanístico" é o de "não entender" que é resistente...* Já falamos que se o paciente "entendesse" já teria quebrado a resistência! E é isso que acontece frequentemente com os pacientes "suspensos", longe da terapia. Chega o momento em que se "cansam" da autodefesa e então, de repente, "entendem" sua "resistência" e retornam à terapia, assumindo agora o processo com rapidez e ótimos resultados.

É importante compreender que grande parte dos pacientes que denominamos de "resistentes humanísticos" ou do "querer" e que se caracterizam aos olhos do terapeuta como manipuladores, expressando também comportamentos típicos de "pirraça", geralmente foram gratificados em relação a essas atitudes desde criança. Criou-se neles um hábito inconsciente de sempre agir através de uma espécie de "duplo", até mesmo quando buscam a terapia e quando precisam desesperadamente dessa ajuda. Tais artifícios menos sinceros são porém rapidamente desarmados diante da técnica "circular" do Método TIP, que precisa "fechar" ou "testar" cada questão levantada. No paciente "resistente humanístico" os dados não se confirmam mas se contradizem. E isso pode ser levado à percepção do inconsciente, quando inteligentemente conduzido pelo "questionamento", e se o paciente colaborar querendo desfazer a armadilha que ele próprio um dia armou para si.

Entenderemos melhor essa questão através de um exemplo:

Determinada paciente, ao procurar-nos, na primeira sessão de terapia foi logo solicitando que "apressássemos", o mais rápido possível, o seu tratamento porque deveria assumir um emprego fora da comunidade religiosa em que se encontrava e seu estado psicológico não lhe permitia que o fizesse...

A partir da experiência clínica, percebemos imediatamente que por detrás dessa "pressa" escondia-se uma "resistência do querer", *pois a pressa não estava ligada ao processo da terapia em si, mas ao querer ficar livre dela, ou seja, queria a paciente poder dizer a si mesma que já fizera terapia.* Mesmo assim, fizemos o tratamento normal, porque a paciente tinha facilidade de percepção inconsciente. Mas como era de esperar, embora solicitasse "pressa", paradoxalmente arrastava o processo, tornando-o muito penoso e lento, dando, portanto, o sinal de sua resistência. Técnicas de aceleração ou de indagação inconsciente do motivo dessa morosidade contraditória em nada modificavam o processo. Assim, em determinado momento, decidimos suspender temporariamente a terapia... A paciente, em estado "consciente", indignou-se e falou chorosa: "Mas eu preciso *terminar* a terapia, porque preciso trabalhar naquele emprego fora de casa, urgentemente! A minha comunidade exige isso de mim!" Aqui a paciente confirmou a sua resistência à terapia, pois queria mais "terminar" do que "realizá-la". Além disso deu-nos uma indicação do motivo dessa resistência; já de pé para sair, mandamos que fechasse os olhos e que pelo inconsciente nos dissesse se havia um motivo para "não querer" trabalhar fora de casa e qual seria esse motivo. E para que não "racionalizasse", pedimos um "número" ligado à resposta de nossa pergunta, caso ela fosse pertinente. A paciente deu-nos o número "sete". Conduzida aos sete anos, evidenciou ela uma cena onde sua mãe saía para trabalhar enquanto ela ficava em casa com os afazeres domésticos. A continuidade do questionamento sobre a cena trouxe ainda uma frase-registro de idade anterior, onde a paciente fixara "se eu não trabalho na casa sou inútil!". Entenda-se, portanto, que em seu inconsciente essa frase-registro continuava ativa. E no inconsciente, portanto, a paciente *não podia trabalhar fora de casa porque então seria inútil!...* Explica-se, assim, que os problemas queixados na terapia por essa paciente, embora a fizessem sofrer conscientemente, garantiam-lhe, em nível de inconsciente, que não trabalharia fora de casa, "para que não se tornasse pessoa inútil".

Em casos de "resistência humanística", portanto, existe um "querer que não quer" e por isso nada se pode fazer para mudar a atitude interna do paciente. Mas se o mesmo colaborar, ao menos até o ponto de permitir a descoberta do "motivo de seu não querer", a terapia pode ser continuada. *O difícil na questão é o paciente "resistente humanístico" querer "admitir" seu "não querer" e, portanto, colaborar para a descoberta do motivo que fundamenta essa atitude para que se possa removê-la.*

Existe um tipo de paciente cuja resistência não bloqueia totalmente a sequência da terapia. Ele intercala "resistências" a um trabalho normal do tratamento. Vai o paciente se curando de uma série de registros negativos psicológicos e psicossomáticos, mas não permite a mudança de "atitudes" ligadas ao eixo "humanístico", ou seja, ele realiza mudanças no "porquê" do seus problemas, mas não assume o "para quê". *Ele corrige desequilíbrios no seu "ter", mas não no seu "ser".* Constatam-se nele "melhoras", mas não aquele brilho no olhar, que caracteriza mudanças "internas". Ele mantém seu egocentrismo. E por isso a melhora é ilusória, pois não querendo "posicionar-se" de maneira mais autotranscendente diante dos fatos atuais, pode resolver razoavelmente problemas do passado, mas criará outros tantos no presente. *Isso não é "cura" no Método TIP, ainda que impressionantes aspectos parciais de mudanças psicológicas ou físicas possam ser observados e comprovados em tais pacientes.*

Os terapeutas especializados no Método TIP precisam estar muito atentos a esse tipo de resistência, *que também é muito comum em esquizofrênicos ou em outros pacientes gravemente desequilibrados.* São eles, em sua maioria, "sensitivos" e em nível inconsciente muito perceptivos, observando o que o terapeuta quer e intenciona. *Realizam uma terapia superficial e fogem ardilosamente por aqueles pontos da sua segunda personalidade, onde se instalam como doentes e incapazes. Quanto mais grave a doença mental, mais forte e mais desejada foi ela no dia em que o inconsciente a planejou. Se o doente continua "doente" é porque o motivo ainda lhe é válido.* É compreensível, portanto, que fuja de enfrentar os processos que o conscientizaram dos "golpes que deu em si mesmo!"

O "vazio" da cura é muitas vezes outro forte motivo de "resistência humanística".

Certa paciente, ao procurar-me, relatou seu sofrimento, iniciando-o da seguinte maneira: "Há seis anos eu não passei uma só semana sem que tivesse que ir ao menos em algum tipo de médico!". E a resposta que lhe dei foi a seguinte: "Aqui você pode curar-se em até 30 dias... mas o que você vai fazer uma vez por semana em lugar de ir ao médico se estiver curada?!" A paciente foi surpreendida com a pergunta, mas acabou rindo de si mesma. Percebeu que em função da ida semanal ao médico, havia planejado toda a vida, ou seja, em função da consulta médica comprava suas roupas, seus sapatos, arrumava os cabelos etc.

Essa paciente apresentava, portanto, uma "resistência humanística" em potencial. Mas como entendeu a nossa colocação, fizemos com ela um programa de "para que", ou seja, estudamos um novo "sentido de vida". Só depois disso ela estava em condições de enfrentar o "porquê" de seus problemas e a cura dos registros psiconoossomáticos de seu passado.

Outra paciente era paralítica e deslocava-se numa cadeira de rodas. Apesar do seu sofrimento com uma doença que piorava gradativamente, apresentou resistência de "não querer curar-se". A causa inconsciente desse "não querer" era que seus pais estavam separados, mas uniam-se em torno dela, e apenas *"porque ela era doente"*, pois não se encontravam em função dos outros filhos. *O "ganho secundário" de manter os pais unidos, portanto, era o motivo da resistência.*

A "resistência humanística" às vezes é resolvida com exercícios que transformam atitudes "autocêntricas" em "autotranscendentes". Nesse sentido o inconsciente oferece uma oportunidade única pela sua característica de atemporalidade. *O paciente, através da técnica da Realidade em Potencial (RP) pode experimentar "vivamente" como seriam os fatos se sua atitude fosse outra, ou seja, se ao invés de ser egocêntrico ou de assumir atitudes de "cobrança", realizasse gestos de doação. Se o paciente assume essa nova postura, ele a condiciona e a projeta também ao nível "consciente" e atual.*

Como exemplo, vejamos o caso de uma menina de três anos de idade numa cena onde a mãe dava banho, cantando, ao seu irmão. A menina sentiu ciúmes e reagiu, fazendo "pirraça", chorando, quebrando um prato etc. A atitude fixou-se como registro inconsciente e expressava-se na sua vida até o momento atual e de forma semelhante. Ela, a paciente, sempre se sentia rejeitada e cobrava de todos os que a cercavam atenção especial, por meio de atitudes similares às da infância.

Solicitamos a essa paciente que se visse duas vezes naquela cena dos três anos com o irmão: à esquerda, fazendo "pirraça", e à direita assumindo uma atitude autotranscendente, na qual em vez de cobrar atenção procurasse entender a mãe e ajudá-la. A paciente, olhando para a "esquerda", viu que sua "pirraça" fizera a mãe parar de cantar e darlhe uma boa palmada. Ela conseguira uma atenção, mas era negativa. Quando pedimos que visse o lado "direito" (RP), onde ela mudaria de atitude, ela "viu-se" buscando uma toalha para a mãe e depois alcançando-lhe também a fralda. Interiormente tentou "sentir o quanto é bom ver a mãe alegre" e ficou alegre também... *Aprendeu aí a apreciar a felicidade dos outros, em vez de invejá-los...* Além disso, nessa cena de

RP, viu que a mãe a elogiava — em vez de lhe bater — e sentiu que ela a amava tanto quanto ao irmão...

Pelo fator de multiplicação dos "registros de base" que se abrem para "sintomas" positivos e negativos, os resultados da "esquerda" e da "direita" do caso relatado foram ao extremo diferentes. À "esquerda", a paciente percebeu o quanto sofria sempre e que até mesmo criava doenças para ter a atenção da mãe. Viu também que hoje projetava em suas colegas, chefes e amigas aquela "mãe". Era a "coitadinha" que sempre se sentia injustiçada! À "direita", outra pessoa surgiu, alegre, descontraída, disponível e amada pelas pessoas que a cercavam. E isso foi por ela concretizado na prática. *Aqui tivemos, portanto, não apenas a "cura do problema", mas a "mudança humanizante" que projetou a paciente em direção a um sentido de vida também sadio, porque alicerçado na atitude autotranscendente que sente alegria em se "doar".*

É evidente que a liberação psicológica do inconsciente de "registros de base" e de "condicionamentos" dá à pessoa requisitos propícios para a mudança de atitudes diante da vida. *Mas muitas são aquelas pessoas que apesar de serem libertadas terapeuticamente dos bloqueios condicionados, continuam "não querendo" se aperfeiçoar como "pessoa".* E então a verdadeira "cura" não se processa. Levar o paciente a vivenciar a atitude oposta ao egocentrismo nas cenas inconscientes em que se traumatizou é uma forma de fazê-lo sentir o "gosto pela doação" e de facilitar-lhe um querer sadio e humanizante.

Em função dessa "liberdade" que pode dosar os efeitos positivos, nem sempre se consegue atingir na prática terapêutica o estado ideal. Mas é preciso buscar esta meta com persistência, não se contentando em apenas "melhorar" psicossomaticamente o paciente. Porque *pelo Método TIP é sempre "potencialmente" possível não apenas resolver problemas, mas orientar o homem para o seu vir a ser, o desabrochar de suas potencialidades e encaminhá-lo em direção à plenitude humana, que se concretiza no amor-doação — única forma de o homem se sentir feliz... Mas isso se torna impossível se na "dimensão inconsciente" não existir um decidido e livre querer...*

F) A "pessoalidade" é a instância que caracteriza a "unicidade" de cada ser humano, antes da formação do zigoto, durante a vida e após a morte

A possibilidade de se fazerem "opções livres", que principia na fase da concepção e conduz à construção paulatina, não só da "personalidade" mas de todo o ser "psiconoossomático", garante-nos a "unicidade" de cada ser humano. Já vimos também que cada conjugação de óvulo e espermatozoide é identificada, pelo paciente, como "única", ou seja, o paciente distingue os seus gametas, especialmente o seu espermatozoide, observando-o a partir de seu Eu-P e acompanhando a forma como realiza a fecundação do óvulo. Por outro lado, sabendo nós que o Eu-P se caracteriza como não limitado pelo tempo, espaço e matéria, não tem ele, por sua própria natureza, condições de morrer. *O Eu-P transcende a morte, continuando a existir...* Temos aqui, portanto, três situações que comprovam a "unicidade" de cada ser humano.

Ao constatar que o Eu-P transcende a morte a ADI confirma cientificamente o que prega uma grande variedade de crenças religiosas, mesmo anteriores e paralelas ao Cristianismo. E pela ADI verifica-se, ainda, que *esse Eu-P,* o qual continua a existir — por não ter como morrer, em virtude de sua natureza — *continua também sendo "único" após a vida terrena.* Em outras palavras, *a simples perda da matéria do corpo não afeta o Eu-P em sua essência.* Além disso, *o homem, durante a vida, transfere para o Eu-Pessoal de seu "ser" toda a realidade vivencial de seu "existir" no mundo.* E é exatamente assim que a pessoa submetida à ADI percebe e identifica um ser que já não mais está impregnando a matéria do corpo. Ele continua a existir em nível imaterial ou em nível do Eu-P e é possível fazer o levantamento histórico de sua vida. Esta questão tornaremos a examinar no capítulo sobre o "núcleo existencial" ou sobre a "vida e morte no inconsciente". Por enquanto importa entender que *o ser humano, em função do seu Eu-P e do núcleo de Luz que o integra, é "único", desde o primeiro momento da concepção, mesmo antes da concretização do zigoto e a partir daí, após a morte, por toda a eternidade, porque integra, nesse novo estado de vida, o seu "existir" no mundo, que também é único.*

Acompanhe um trecho da pesquisa do inconsciente de um caso que esclarece como o paciente vê a sua "unicidade" no contexto da concepção. Observe-se que o paciente vê também o "núcleo de Luz", instância sobre a qual falaremos mais adiante.

Pc: Estou sendo criado... nesse momento... para esse meu corpo... Eu não existia anteriormente... só num projeto longínquo...
T: Fale melhor sobre esse momento em que você surge...
Pc: Meus pais se unem... em Amor e sexo.
T: Como você vê a você surgindo aí?
Pc: Vejo que sou eu, mas não fisicamente... No entanto eu já sei que sou homem... A parte espiritual deles se une... se funde... e libera algo que sou eu... Mas... é interessante o que vejo! *Eles só formam uma parte de mim... Existe uma Luz muito forte que invade isso que se destacou dos meus pais... Esta Luz não vem dos pais... Vem de fora...*

do Infinito... Ela é que me diz que "eu sou eu!"
T: Como pode você surgir antes dos gametas? Você não surgiu do espermatozoide que "por acaso" se unirá ao óvulo de sua mãe?
Pc: Não... *eu vejo o "meu" espermatozoide. Eu sei o que vem nele para mim...* O meu Eu já sabe qual o espermatozoide que vai se unir ao óvulo.
T: Já "sabe" ou "determina"?
Pc: Não... ele apenas "sabe".
T: Donde vem, então, a determinação que faz você "identificar" os seus gametas diferenciando-os de outros?
Pc: É daquela outra parte, daquela *Luz* que vem de fora... *Ela é que já "escolheu" estes gametas...*
T: Você quer dizer que esta Luz "escolheu o espermatozoide", não é isso? Pois o óvulo você só tem um... Estou certa? Pergunte ao seu sábio.
Pc: *Não, não está certa... esse óvulo também é escolhido...* Sabe! o que vejo é que eu só poderia ter surgido da união destes dois... Parece que é uma realidade que sempre existiu... Eu, a minha pessoa, só poderia ter surgido desses dois gametas... senão não seria eu... O meu Eu-Pessoal passou a existir para estes gametas, somente para eles... *No meu Eu que surge da união dos meus pais já está definido um ser único, em todos os seus aspectos.*
T: Então você não tem liberdade de "fazer-se a si mesmo"?!
Pc: (Paciente "pesquisa" e responde.) Tenho... o meu Eu é sadio e perfeito no "original". Depois eu vou modificando-o do meu jeito... Aí é que deforma!
T: Mas se o seu Eu se forma antes do zigoto, quando os pais se unem, uma vez que eles se unem mais vezes, não ficariam, então, sobrando "Eus"?
Pc: Como? Não entendi!
T: Você não deve querer entender... Pesquise apenas... Seu inconsciente entendeu a minha pergunta.
Pc: Posso perguntar ao meu sábio?
T: Pode e deve... Responda qualquer coisa que ele disser, mesmo sem saber o que perguntei...
Pc: *Ele diz que não é em todas as relações sexuais que surge um Eu-P.* Não é a relação sexual que determina quando deve surgir um Eu. O comando da criação de um novo ser humano não vem dos pais. Vem de fora... Vem do Infinito... Vem daquela Luz imensa... Há um plano lá fora para a formação de cada ser humano, que concilia tudo com perfeição: o tipo de espermatozoide com o óvulo certo, o *Eu-Pessoal único e o núcleo de Luz exclusivo...*

T: Não estaria você aqui invertendo a ordem dos fatos biológicos?
Pc: Não estou falando do que penso... estou "vendo" que é assim... Também os filhos não são apenas fruto dos pais... Os pais também são "escolhidos" para cada tipo de ser humano que deve vir ao mundo... Eu também estou surpreso com o que vejo... nunca pensei que fosse assim.
T: Peça ao seu sábio um sinal de que é autêntico o que você vê...
Pc: Ele pega um laço que vem do Infinito e amarra um óvulo e um espermatozoide... Ele os retira de um globo, do universo... uma Luz pousa sobre essa união... Agora virou uma criança... E essa Luz se irradia também sobre os pais... É muito bonito o que vejo (paciente se comove).

Assim como esse paciente, muitos outros descobrem no inconsciente e de maneira espontânea a "unicidade" de seu ser. Alguns mencionam certo "sinal" que percebem no óvulo, no espermatozoide e no Eu-Pessoal. *Quando o TIP-terapeuta lhes pede o significado, dizem que é uma "marca", explicando que os dois gametas e a sua dimensão de pessoalidade pertencem um ao outro, desde sempre.* Aliás, por vezes o paciente revela que vê seu nome escrito nessas três instâncias, ao invés de ver os sinais identificadores...

Vejamos um trecho de caso clínico que nos revela esses "sinais" ou "marcas":

T: Olhe para seu óvulo e seu espermatozoide... você percebe algo que lhe chama a atenção?
Pc: Vejo um "xis"... É uma "marca"... não é de agora... é do início de mim...
T: Início?! Explique melhor...
Pc: Vem de muito longe... Essa "marca" vem de antes dos meus pais... atravessa gerações... não tem fim... ultrapassa a existência da humanidade...
T: Esforce-se mais um pouco... o que você vê lá para além da humanidade?!
Pc: É uma Luz que me ofusca como o sol... Tem algo lá, mas não consigo identificar o que é.
T: Peça ao seu "sábio" que lhe dê um símbolo sobre o que se encontra lá no final.
Pc: Ele me mostrou um arquiteto ao lado de uma prancha... Ele está fazendo um projeto... sinto muito Amor nesse planejamento... tudo é visto em detalhes... *eu estou nesse projeto!*...
T: O que quer dizer isso? Então você já existia antes?!
Pc: Não... eu não existia... eu não existia como gente... Está muito difícil de entender.

T: Difícil?
Pc: Sim... "eu existia, sem existir"... É isso que "ouço"... Não sei o que quer dizer.. Não sei como entender...
T: Fale esta frase ao seu sábio. Peça ajuda a ele... Peça explicações.
Pc: Ele diz que eu existia no plano deste arquiteto... do Arquiteto da humanidade e do mundo...
T: Continue...
Pc: (A paciente hesita e se comove. Depois responde)... A marca é um sinal de que vim do plano de Deus.
T: Certo... Mas o que quer dizer "eu vim", ou melhor, o que é esse "eu"? E como você sabe que o plano é de Deus? Objetive, concretize!
Pc: *A "marca" está no óvulo e no espermatozoide... o que entendi é que eles foram "marcados", escolhidos para formarem meu "eu".*
T: Espere... você não está invertendo as coisas? Eu sempre entendi que o filho é resultado da união casual de um óvulo e de um espermatozoide... Agora você me diz o contrário: os gametas de seus pais foram planejados em função de você? Me esclareça... olhe bem e diga somente o que percebe aí... não racionalize...
Pc: Eu também penso como você... Mas eu percebo coisas diferentes... Estou confusa...
T: Não se deixe confundir. Quem sabe as coisas é seu "inconsciente", não sou eu nem é o seu "consciente". Seja bem fiel ao que você vê. Observe apenas e fale, sem censura... Onde está a origem de seu ser?
Pc: Vem de meus pais... isso é, vem daquele Arquiteto... Não, de meus pais... Puxa, estou muito confusa!
T: Calma... Você não pode entrar com a lógica ou com seus conhecimentos no inconsciente. Se você fizer isso não matará esta charada... Coloque-se numa atitude de pesquisadora... cabeça vazia...
Pc: (Após um bom tempo de silêncio): Já sei... o Arquiteto escolheu os pais que poderiam me fornecer aquele óvulo e espermatozoide para formar o *ser único* que sou eu... para formar aquele projeto sobre mim que sempre existiu...
T: Você diz que é "única" e agora diz que "sempre existiu"?
Pc: Aconteceram as duas coisas... Vejo um raio de luz que vem de muito longe... É do Infinito. Ele se projeta em forma de sol dentro de mim, traçando aquela marca... e da marca sai outro raio, traçando a mesma marca no óvulo e no espermatozoide... é como um raio laser... e a marca parece falar... Eu ouço: "Chegou a hora deste encontro... chegou a hora de você existir!... (paciente se comove) Estou vivendo algo de muito grandioso... Não consigo falar o que sinto... Eu percebo muita Luz, muito Amor... Isso é "tudo", sabe?... É tudo... tudo... (paciente chora de emoção).

T: "Tudo"? O que quer dizer "tudo"?
Pc: O "tudo" como o oposto do "nada". A minha existência contra o não existir... a alegria é tão forte que me dói por dentro (paciente chora comovida mais uma vez).
T: Como pode "doer" a "alegria"?
Pc: Está se formando uma pressão interna... o meu interior quer se expandir, quer crescer, quer inundar o meu corpo...
T: E isso "dói"?
Pc: Dói porque eu fechei a passagem para o corpo.
T: Passagem?
Pc: Sim... junto ao coração... eu amarrei meu coração... tive medo de sofrer... eu o protegi por fora... mas dentro dele está esta força de expansão...
T: Força de expansão?
Pc: É uma imensidade... é uma capacidade enorme de doação que quer romper as cordas... isso dói...
T: E por que você não deixa romper as cordas? Responda com um número..
Pc: 00.
T: Você está apontando a concepção onde você já se encontra... Há alguma coisa aí que não está bem? Pc: Mamãe está com medo... ela não me quer...

Comentário: Aqui "terapizamos" o problema psicológico ligado à questão do medo da mãe e outras questões. Depois reforçamos o momento da concepção dizendo:

T: Viva a alegria de sua concepção... Sinta os detalhes... e tão forte que arrebentem as cordas que amarram seu coração...
Pc: As cordas arrebentaram... meu coração inflou... antes parecia murcho... agora bate com vida... (Paciente chora novamente de alegria e agradecendo a Deus por esse momento.)

Para nós, o que interessa principalmente neste caso é a forma como a paciente nos relatou os "sinais" nos gametas e em seu núcleo de Luz, comprovando, mais uma vez, a "unicidade" do ser humano.

Ilustraremos a questão com mais um caso clínico. Trata-se de uma bióloga que se dizia muito "racional" e temia, no início, não conseguir realizar a terapia. Entretanto, após algum esforço para vencer as resistências, deu-nos o depoimento precioso que segue e que entrelaça, de uma forma especial, o psicofísico dos gametas com o núcleo de Luz e também a ciência com a espiritualidade, reforçando, mais uma vez, o caráter de "unicidade" do ser humano.

Note-se que deixamos aqui o paciente relatar exaustivamente suas observações. O trecho, portanto, assim como o relato do caso anterior não deve ser enquadrado como propriamente de "terapia", mas de "pesquisa" ou de ADI. É importante lembrar que o "questionamento" é que aciona as respostas do inconsciente, ou seja, o paciente só vai descobrindo as respostas na medida em que o "questionamento" focaliza as questões.

Acompanhe, portanto, o questionamento e as respostas dessa paciente formada em Biologia:

T: Você viu seu óvulo e seu espermatozoide em relação aos seus antepassados... Agora observe para ver se há alguma relação entre estes gametas e o núcleo de Luz...
Pc: Estou vendo o mapa do mundo.
T: Onde? Qual a relação?
Pc: É algo que se coloca entre o núcleo de Luz e os gametas... Significa uma relação.
T: Relação?
Pc: Quer dizer: amplitude... universalidade... o sinal comum... também não entendo bem...
T: Peça ao sábio uma explicação melhor, o relato dos fatos...
Pc: O mapa é um dos sinais que vale para os dois (gametas e núcleo de Luz)... há uma marquinha... amarela, luminosa... uma cruzinha de marcação... mas ela é também a cruz de Cristo... Um dos braços é mais curto, outro mais longo...
T: Está ficando difícil de entender... explique melhor.
Pc: ... É que existe uma cruz no núcleo de Luz, outra no óvulo e outra no espermatozoide... A mesma cruz.
T: E o que significa?
Pc: *Estão marcados os três com o mesmo sinal.*
T: Marcados? Os três? O óvulo também?! Você só tem um óvulo... Por que ele precisa de sinal?
Pc: Neste momento só existe este óvulo... mas existem muitos óvulos...
T: Existem?
Pc: ... A explicação está no mapa... existem muitos óvulos no universo... Esse foi escolhido entre todos os óvulos do globo terrestre... agora se fez a ligação do que vi: o meu óvulo é único... os dois, estes dois, o meu óvulo e o meu espermatozoide estavam aguardando o momento para se unirem e me formar... *o meu "eu" só poderia ser formado por estes dois gametas.*
T: Pelo que penso eles devem vir dos seus pais. Mas você me diz que estavam aguardando para formar você. Não entendo...

Pc: ... *É neles que está tudo que eu preciso ser*... mas há um plano anterior dizendo como eu seria... os gametas... *o "conteúdo" dos gametas aguardava*... Está difícil... Entendo em parte... Não entendo tudo...

T: Continue assim, bem fiel ao que está brotando de você... não analise, não interprete... solte como está surgindo... depois a gente une as peças soltas...

Pc: *O que vejo é que o meu óvulo e o meu espermatozoide são únicos*... Há uma Luz e um sinal que se liga a meu óvulo e meu espermatozoide para me formar... *"eu" é que estava no plano e essas marcas são o conteúdo do plano para mim*... Parece que está ficando mais claro.

T: O que faz você pensar que o "plano" foi para seu ser e exclusivamente para você?

Pc: *É o conteúdo que vem para mim no óvulo e no espermatozoide... e o sinal igual ao da Luz... é o que sou... o conjunto diz o que sou... não há outro ser igual*...

T: Concretize os conteúdos que os sinais interligam.

Pc: Sentimentos e desejos amplos de eternidade, escolha de valores específicos, infinito, atração do meu ser para unir-se a essa Luz... eu me sinto inclinada a viver nesse mundo, mas em função do que vai além... é como se houvesse um arco... eu vejo o arco... vem do Infinito, passa no mundo e retorna ao Infinito... Os meus pais também estão nesse plano e contribuem para isso... a Luz deles também me indica o mesmo caminho... *mas a minha luz é mais ampla e mais clara... é bem distinta da luz dos meus pais*...

T: Você falou muito bem, mas comentando, interpretando os fatos. Quero os fatos puros. Vamos retornar ao inconsciente e fornecer dados mais objetivos... Pelo que você diz, você não é função dos pais, mas eles existem em função de você... como você explica isso?!

Pc: Não sei... Mas vejo que venho de muito além dos pais, de muito antes...

T: Você se refere a uma existência anterior?

Pc: *Não: eu sou um ser único... eu sou integralmente única... eu nunca posso me tornar inferior ao que fui criada...*

T: Não entendi... por que "inferior"?

Pc: *O que vejo aqui é que se eu fosse de uma existência anterior não seria planejada como ser individual e único*... não resultaria do Amor... Não poderia ver a Luz sendo só minha... não veria estes sinais... haveria sinais de outros seres em mim... eu não seria livre... não poderia ser responsabilizada... eu estaria vivendo por outro e outro por mim...

T: Você fala realmente pelo que percebe ou está racionalizando, está falando de algo que está ligado à sua fé?

Pc: Não... eu nem sei como fica minha fé nisso... Olha... O que vejo é lá muito longe, um espaço de grande Luz... dessa Luz se desprende como que uma partícula e se aloja na minha alma... *é como se fosse um pedaço da eternidade... um pedaço, mas é pleno... pleno para meu ser pessoal e único.* Eu vejo que esta partícula se unifica à minha alma e ao meu corpo pelos gametas... quer se fundir e seguir em retorno para aquela Luz ampla e plena do Infinito... Eu vejo além... no futuro... depois dessa passagem minha pelo mundo. Meu Eu vai se plenificar noutro espaço, o espaço espiritual que se direciona para esta Luz... *A Luz para mim é Deus... aqui, com o que vejo, a passagem "única" pela Terra* fica bem esclarecida... não tem outro jeito de ver... a partícula não pode se deslocar deste trajeto único que vem do Infinito. Ela retorna a ele... A partícula forma aquele arco do qual falei... A partícula envolve esse óvulo e esse espermatozoide e toma forma humana, se ajusta ao mundo e depois vai se desprender da Terra com a mesma forma humana, subindo em direção ao Infinito... É assim que vejo... não foi assim que aprendi... nunca me ensinaram coisa parecida... mas eu vejo... Posso não entender, mas é assim que vejo...

T: Há, então, realmente uma inversão da ordem natural que estamos acostumados a conhecer?... Uma inversão da ordem "biológica"? *Você como "bióloga" o que diz?*

Pc: Parece haver inversão, mas não há... Vejo nitidamente a luz de meus pais... eles também estão nesse plano sobre mim... A luz deles se liga ao meu plano... *Mas há uma certa independência entre a minha pessoa e a pessoa de meus pais.* Isso só pode ser entendido dentro de um "plano global" onde não existe "antes e depois"... é como se tudo acontecesse de uma só vez... como se não houvesse passado nem futuro, só presente... os pais estão neste plano... Eu não poderia ter surgido de outro óvulo ou espermatozoide.

T: Que conclusão você tira de tudo isso que aí vê?

Pc: *Que o meu ser não se formou por acaso... e que não sou assim como sou por coincidência..* Isso contradiz meus estudos de Biologia... porque *aqui eu vejo que na minha essência eu não poderia ser diferente do que sou....* não poderia ter outra composição básica, entende? Isso é bem diferente que nos animais... Isso me perturba... Isso destrói toda a minha aprendizagem científica...

T: Destrói?! Pergunte a seu sábio...

Pc: Na verdade apresenta novo enfoque... porque a ciência não parte da origem, mas de fatos já constatados... Ela parte do óvulo e do espermatozoide já existentes... *Ela não se pergunta sobre a origem da vida...* apenas sobre a formação biológica do ser... A teoria do "acaso" é biológica... e sob esse aspecto não há contradição: o homem é como o animal... É fantástico!

T: O quê?
Pc: O que vim a descobrir aqui... um outro mundo de conhecimentos... esse outro saber que a ciência não alcança... é fantástico!... Diante disso, como o nosso conhecimento científico fica pequeno... é uma gota no oceano. (Paciente se comove)...

O relato mostra bem que os pacientes, quando realmente "pesquisam" seu inconsciente — não se deixam confundir, mesmo que as descobertas que façam nesse nível mental sejam contrárias ao que pensavam.
Muitos outros trechos semelhantes a esses poderíamos reproduzir aqui. O que importa dizer é que as diversas pesquisas que giram em torno da "dimensão humanística" ou do "Eu-Pessoal", embora diversificadas, não se contradizem, mas pelo contrário sempre se confirmam no essencial e de alguma forma atestam também a unicidade de cada ser humano.

É importante também ressaltar aqui que, por mais variados que sejam os questionamentos e por mais diferentes as "crenças" de quem se submete à ADI, nunca houve paciente que conseguisse confirmar que existiu, de alguma maneira, no mundo ou no cosmos antes da concepção. Ele se vê vindo "direto" de uma "Luz imensa", identificada pelos pacientes como "Deus" ou "Infinito" e com a finalidade de formar um "único" ser humano e para a "eternidade". De fato, como vimos, *o Eu-Pessoal tem começo, mas não tem fim...*

A *"unicidade", que talvez possa até parecer insignificante em termos da terapia convencional, torna-se essencial na ADI, especial-mente quando acontecem "concepções" de circunstâncias indesejáveis ou traumáticas.* Entenda-se isso através do caso clínico onde a nossa paciente havia nascido de uma violência sexual num navio, nunca sabendo quem tinha sido seu pai... Os "sinais" nos gametas e no núcleo de Luz que ela viu tornaram-se a grande força para mudanças radicais em sua personalidade. Entendeu a paciente que, embora o "Senhor da vida", como ela o denominou — por certo não quisesse aquele tipo de relação sexual, da qual ela se originou, mesmo assim *garantiu-lhe o óvulo e o espermatozoide únicos e especialmente o seu Núcleo de Luz exclusivo. Sentiu-se, então, a paciente, originária dessa Luz e dos gametas assinalados e não daquela situação negativa dos pais.* E isso foi para ela uma forma de reencontrar a sua alegria de viver e a saúde "psiconoossomática".

G) Através do Eu-Pessoal diferencia-se o "psiquismo" do "caráter". O "psiquismo" é algo que "tenho" e o "caráter" é algo que "sou"... Nosso desequilíbrio não se situa tanto no psiquismo em si, mas no conflito entre "psiquismo" e "caráter"...

A mentalidade cientificista e o psicologismo reduziram o ser humano ao seu psicofísico, sendo que no psiquismo englobou-se "tudo que no homem não é totalmente físico". Manteve-se uma atitude de reserva para com o explicitamente humanístico ou o espiritual e, por falta de enquadramento, esse paradigma fisicista é considerado como irreal, não existente, ou um mecanismo de sublimação... Essa postura do "psicologismo" lembra muito bem o comportamento do avestruz que esconde a cabeça na areia, "pensando" que a realidade do seu corpo todo desaparece porque apenas ele não consegue vê-la...

A pesquisa do inconsciente, por tudo que já demonstramos até o presente momento neste trabalho, comprovou inequivocamente a existência de uma outra dimensão que é mais ampla, coordenadora do psicofísico e que chamamos de Eu-Pessoal. E agora veremos que *através do Eu-Pessoal distingue-se no homem a "dimensão psíquica" do que chamamos de "caráter".*

O "psiquismo", "psique" ou "anima" é a "vida" que circula no organismo, fazendo um traço de união, em primeiro lugar entre o físico e a realidade afetivo-emocional, ou seja, do organismo com as sensações e os sentimentos, os condicionamentos, os reflexos e todas aquelas características que são definidas como "psíquicas" em tratados de Psi-cologia. Mas o "psiquismo" liga-se também no nível mais alto do homem, à sua realidade humanística ou ao Eu-Pessoal e à transcendência. O "psiquismo" é como um fluido da "vida natural" que impregna todas as áreas do ser humano com aquilo que foi armazenando durante a existência. No "psiquismo" estão ainda todas aquelas características que, embora não sendo "físicas", também não são "humanísticas" porque não são livres.

Feitas essas ligeiras reflexões já se torna possível distinguir "psiquismo" de "caráter". *No "psiquismo" somos de certa forma "comandados" pelo nosso "passado", pelos antepassados, pelo que armazenamos em nosso inconsciente, pelos condicionamentos que registramos... O "caráter" corresponde aos pensamentos e às atitudes que são orientados pelo Eu-P e portanto são livres e têm como referencial valores... O "psiquismo" é algo que "tenho"... O "caráter" mostra algo que "sou".* Entenda-se agora que *o nosso desequilíbrio psicológico não está diretamente naquilo que age sobre nós como "psiquismo" isolado e independente de nossa vontade, mas no conflito que se gera a todo momento entre o "psiquismo" e o "caráter".*

O "psicologismo" confunde essas realidades. Costuma tratar como problemas psicológicos os "desequilíbrios" de uma pessoa denotadamente egocêntrica, que orienta seu querer apenas para seus interesses, que é desonesta, falsa, invejosa, amarga, agressiva, que busca o prazer e o poder a todo custo, que desrespeita o direito dos outros, que não sabe sair de si e por isso se "encolhe" existencialmente.... Ora, *essa pessoa tem um problema "humanístico" ou de "caráter", e não "psicológico".* Sem dúvida, o psiquismo pode estar influindo sobre tais problemas. Mas o *psiquismo não é capaz de bloquear o discernimento entre o bem e mal, nem pode obrigar a praticar o mal. Ele pode, no máximo, dificultar que eu "consiga na prática fazer o bem que quero" ou que eu não consiga realizar meus atos da forma como sei que deveria ser...* Portanto, algo em mim "sabe" sempre a diferença entre o que meu "psiquismo" e até mesmo o "inconsciente" me impulsionam a fazer, aquilo que seria certo que eu fizesse para atingir a meta de minha "autorrealização", a qual, por sua vez, culmina com a "autotranscendência"... *Esse algo que "sabe" é o Eu-P (integrado pelo núcleo de Luz) e que agora vemos sob o prisma de valores ou do "caráter".*

O conflito entre esses dois caminhos a seguir é uma constante na vida de qualquer pessoa, pois desde que surgiu o que chamamos de "pecado original", o ser humano nunca mais deixou de ter problemas psicológicos que dificultassem o seu pleno desabrochar de ser. Por outro lado, porém, o "comando" humano é exercido pelo Eu-P que conhece todas as coisas em sua essência universal. *E nessa luta o homem deve humanizar-se.*

Diferençar "psiquismo" de "caráter" é fundamental quando se realiza uma terapia com um paciente. Pois *os problemas de "caráter" são geradores de autopunição, o que por sua vez agride o psiquismo e o organismo na forma de desequilíbrios e doenças.* Assim, o psicólogo que ignora os problemas de "caráter" e os trata como se fossem de "psiquismo", geralmente amenizando-os, apenas leva o paciente à autoilusão, ao engano sobre si mesmo, o que pode gerar problemas ainda mais graves, uma vez que o inconsciente não se deixa iludir, não aceita mentiras e toma como referencial os valores universais. *A correta atitude profissional deixa o paciente conscientizar tais enganos existenciais para estudar depois os meios de reformulá-los e, então, sim, corrigindo os traços psicológicos que "ajudaram" a enganar... De fato, o "psiquismo" influi, mas não é o "responsável" por nossos erros. A responsabilidade está no caráter, no Eu-Pessoal, que é livre.*

Na prática clínica acontece frequentemente que pessoas sofridas sob o ponto de vista psicológico pedem ajuda para não caírem em atitudes de "caráter" pelas quais se condenariam. Isso é muito comum no que se relaciona a problemas de ordem sexual ou de infidelidade conjugal ou vocacional. *A pessoa sente o conflito acima mencionado entre uma tendência dentro de si, uma inclinação contrária àquilo que "quer" fazer.* Foi esse o caso, por exemplo, do rapaz que sentia forte tendência para o homossexualismo, mas como dizia, por "questão de princípios", nunca experimentou esse tipo de união sexual. *Nessa pessoa a "pessoalidade" ou o "caráter" estavam sadios. O paciente soube manter a tendência homossexual apenas em nível de psiquismo.* E nesse nível foi fácil tratar da questão pelo Método TIP. Esse fato reforça o que dissemos: que *não somos obrigados a cometer atos pelos quais nos condenaríamos só porque "temos" problemas psicológicos...* Em outras palavras, a pessoa que sente atração pelo homossexualismo não precisa praticá-lo, mas pode "terapizar" a questão... Da mesma forma o marido que sente atração por outra mulher não precisa ser infiel, mas pode pedir "ajuda" da terapia psicológica. Também o religioso que sente em si uma atração forte para a vida conjugal ou sexual não tem por que logo pensar que "errou" de vocação, nem mesmo que seu problema é apenas "tentação". Na maioria desses casos o tratamento psicológico sobre o inconsciente resolve problemas afetivos vindos da infância, da fase do útero materno, e com isso o conflito se elimina. Em todos esses e outros casos, o importante é diferençar os problemas "psicológicos" dos de "caráter".

A diferença entre "psiquismo" e "caráter" expressa-se também pela "resistência humanística" da qual já falamos. Aqui ela acontece quando o paciente quer o benefício de libertar-se de sofrimentos, mas sem assumir a "mudança de atitudes" em questões que dizem respeito ao "caráter". Tais pacientes podem até "visualizar" o inconsciente com facilidade, mas negam-se a ver aquilo que os obriga a mudar sua maneira de pensar e agir. Esses pacientes querem ser "vítimas" de problemas psicológicos que "sofreram" e não estão dispostos por isso a ver uma verdade diferente em nível do que "pensam" e fazem ou em nível de "caráter" que o inconsciente quer mostrar. Assim, por exemplo, um paciente viu com rapidez a "injustiça que sofrera" com o pai que lhe bateu fortemente quando ele tinha cinco anos. Em seguida, quando solicitamos a cena anterior que fizera papai ficar tão zangado, ele respondeu "meu sábio não quer falar sobre isso". Ora, nesse momento, o paciente já traiu a sua consciência de culpa e mostrou também que não quer enfrentá-la. Um outro paciente bloqueou-se na hora em que deveria decodificar uma atitude de aparente desamor da mãe. Ele percebeu que se enganou sobre o que registrara sobre ela, mas disse que não "conseguiu" realizar a mudança na sua ma-maneira de pensar sobre a mãe. Solicitando-se ao sábio o motivo desse "não con-seguir", viu-se o paciente numa cena simbólica, deitado no chão, batendo os pés e gritando com "pirraça". Ora, a "pirraça" ou a *"teimosia" pode ter conteúdos psicológicos, mas é essencialmente uma atitude de "caráter". É, portanto, uma questão que acontece em nível do Eu-Pessoal, não de psiquismo, precisando ser resolvida, primeiro na linha do "querer" do paciente e somente depois por meio de técnicas de decodificação.* Vem ela geralmente acompanhada de orgulho, cinismo, mentira, falsidade e cobrança, que são atitudes de "caráter".

O "caráter" — e não o "psiquismo" — é o que se evidencia também em pacientes que se escondem numa segunda personalidade. Pacientes com a história de antepassados onde houve crimes, feitiçarias, escravidão, injustiças, infidelidades, crueldades etc. podem parecer, às vezes, o tipo "sensitivo" que realiza com rapidez a "visualização" e aparentemente cura os "traumas" do passado, mas que não atinge a visão prospectiva da "humanização". É comum esses pacientes terem filhos autistas, esquizofrênicos ou deficientes mentais. *Esses males não surgem repentinamente, mas são quase sempre acumulativos e atravessam gerações, estando, porém, vivamente presentes nos pais.* É muito frequente encontrar-se aí um tipo de mal de "caráter" que foi reforçado de geração em geração, exatamente na área onde se localiza o Eu-Pessoal, responsável pelas "opções" que não foram direcionadas para o Bem maior. Tais pessoas tendem a ser "amorais" ou têm uma sensibilidade reduzida para distinguir o bem do mal, abafam os valores intrínsecos que gritam dentro deles. Mas também eles expressam essa anomalia externamente. Aparecem elas, por vezes, através de psicoses e atitudes criminosas executadas com muita frieza, sem arrependimento. Nessas pessoas, se "pesquisado" o núcleo de Luz, ele certamente se mostrará "escuro"...

Entretanto, nem mesmo diante das circunstâncias descritas a pessoa é totalmente vítima... *a Luz pode estar "escura", mas está aí... Todo membro de uma nova geração tem novamente a oportunidade de dizer um "basta" e reestruturar-se, "redimindo" a si mesmo e os antepassados, visando beneficiar as próximas gerações...*

Uma das distorções bem claras entre "psiquismo" e "caráter" é o referencial básico que a pessoa segue. *Uma pessoa de caráter negativo toma como referencial de seu agir as normas externas, as proibições, as ameaças, a censura. A pessoa de "caráter" tem como referencial o seu interior, os valores intrínsecos. Enquanto a primeira muda de acordo com suas conveniências, quando não se sente observada, a pessoa de "caráter" comporta-se sempre dentro dos mesmos princípios, seja onde estiver, em nada importando se é ou não observada. Esta última, portanto, segue os ditames de seu Eu-Pessoal, em quanto a primeira se submete aos seus impulsos e desejos imediatos que se expressam pelo psiquismo.* Assim, enquanto o segundo se "humaniza", o primeiro se "animaliza" e consequentemente não consegue escapar ao processo automático de autopunição, que se reflete sobre o psiquismo e o organismo.

É bom entender também que *todas as pessoas, sem exceção, têm problemas psicológicos de "registros de base negativos" e sempre é possível, em princípio, libertar-se deles pela Abordagem Direta do Inconsciente. Mas, em termos de caráter, os diversos pacientes atingirão níveis diferentes de "humanização", dependendo do quanto desejam realmente "humanizar-se".* Em outras palavras, *a terapia dá às pessoas condições para melhorarem seu "caráter", mas a "modelagem" do mesmo só pode ser realizada pela própria pessoa, a partir do seu Eu-Pessoal...* No entanto, se *a pessoa não realiza a reformulação de seu "caráter", toda a terapia "psicológica" concretizada sobre seu inconsciente não atinge a profundidade que poderia alcançar.* Mantém-se sempre um desequilíbrio de ganho secundário por debaixo do pano, que continuará a se refletir em problemas "psiconoossomáticos" externamente verificáveis.

H) O Eu-P tem como referencial constante a "sabedoria" e um conteúdo de "fé" inconsciente, o que é atingido pela "intuição". E essa vivência é tanto mais "pura" quanto mais se aproxima do momento primeiro da concepção

Durante o processo terapêutico, ao focalizar-se no inconsciente a concepção, o paciente não apenas consegue perceber que tem consciência plena de seu existir e de si mesmo, como também identifica de que tipo é esse conhecimento. *Ao contrário do que acontece com o nível "racional", onde o desenvolvimento mental é gradativo, acompanhando o crescimento cronológico, o conhecimento do "inconsciente" é completo junto à concepção e é imediato, acontecendo numa perspectiva ampla e profunda,* não só em nível de intelecto, mas de compreensão envolvente, global e universal, incluindo o abstrato, a espiritualidade, a religiosidade, os pensamentos, as sensações, as emoções, e ainda a realidade dos pais e antepassados... *Tal conhecimento, que foi classificado pelos filósofos de "intuitivo", atinge a "sabedoria".*

E a sabedoria é diferente do conhecimento racional. Na sabedoria, o conhecimento vem aliado à prudência, à sensatez, à temperança, à moderação, à compreensão, ao bom senso. A sabedoria é ainda "temperada" pelo verdadeiro Amor. Isso lhe acrescenta capacidade de renúncia, doação, perdão, alegria, serenidade, humanização e fé...

A "intuição" que conduz à "sabedoria" tem sido muito confundida e por isso desacreditada. Fala-se popularmente em intuição quando uma pessoa tem a capacidade de "perceber" os conteúdos do inconsciente do outro. Essa é a intuição própria dos "sensitivos" naturais ou "paranormais" e dos que se chamam de "médiuns". A sensitividade é a capacidade de percepção "psicológica", ou da maneira de ser e até de tendências prospectivas da vida do outro. *Mas a "sensitividade" não é a verdadeira "intuição", pois não atinge a sabedoria.* Conhece, mas não em termos valorativos. Apenas detecta. *O "sensitivo" é diferente do "intuitivo".* O "sensitivo" — ao menos quando não "terapizado" — projeta em suas percepções a sua própria realidade inconsciente, mesclando os seus conteúdos ao que "visualiza" e mantendo-se subjetivamente em nível pessoal.

Pela experiência com a ADI, sabe-se que o próprio paciente, através de seu Eu-P, tem acesso a si mesmo, tanto ao nível da "sensitividade" como da "intuição". Num primeiro enfoque, o da sensitividade, o Eu-P visualiza os registros de "escolhas" do passado, realizadas sob o impacto emocional, os traumas que se assentaram sobre opções malfeitas e os condicionamentos e os sofrimentos daí resultantes. *Num segundo momento, o da "intuição", o Eu-P busca os dados mais profundos,* que também estão registrados no inconsciente, *mas que se assentam* não somente sobre a experiência vivenciada, mas também *sobre registros universais relacionados ao homem em sua essência e sentido, sobre valores intrínsecos, sobre o conhecimento inato* da diferenciação entre bem e mal, sobre a espiritualidade e a religiosidade, enfim, sobre a Sabedoria Infinita.

Essa "sabedoria plena" está presente no núcleo de Luz, uma das instâncias do nível humanístico que logo adiante apresentaremos em mais detalhes. Por enquanto, importa saber distinguir com clareza a sabedoria da dimensão apenas humana daquela que é Infinita. *O homem, através do seu Eu-P, tem acesso à Sabedoria Infinita, mas não "é" esta Sabedoria.* A Sabedoria presente no núcleo de Luz é um referencial sempre disponível para o Eu-P, mas não é o único referencial — pois então não teríamos liberdade de escolha. O outro referencial para estruturarmos nossa "personalidade", como já vimos, é toda a carga, também a genética, que vem a nós dos antepassados, através dos gametas com conteúdos positivos e negativos, a partir da qual nos moldamos também às sugestões lançadas pelo ambiente externo.

Na vida do ser humano, se o focalizarmos em seu desenvolvimento cronológico, podemos dizer que é a *criança, na medida em que se encontra mais próxima à concepção, que tem "sabedoria" maior. Realmente, o Eu-P junto à concepção é sadio e "vazio" de conteúdos.* Está todo ainda por ser estruturado. Tem à sua frente os dois referenciais mencionados. Visualiza-os, portanto, num estado "puro". Logo que inicia suas "escolhas", se, por exemplo, não gostou do relacionamento conjugal dos pais e por isso resolveu autoagredir-se, tenderá também a criar uma espécie de bloqueio junto ao núcleo de Luz, e a percepção de agora em diante será menos "pura", porque já existe um "condicionamento" interferindo... Assim também é junto à concepção que a criança vive o momento de maior "liberdade". *O peso de uma escolha bem ou malfeita é muito maior em seus resultados, se acontecer junto à concepção ou na fase de útero materno, do que se realizar na infância ou na adolescência.* Aliás, a ADI comprova que a criança na concepção e na fase do útero materno é muito pouco apegada ainda à sua realidade física. *Toda a preocupação da criança centraliza-se sobre a dimensão humanística, principalmente sobre o Amor e sobre Deus-Amor. A criança em gestação quer ser amada e dar Amor.* E é em função do desamor que a criança não vacila em agredir-se com programações que a atingirão futuramente no físico. *Todo o sentido de vida da criança está naquilo que transcende o físico e a matéria.* Daí porque a criança de útero materno é espontânea em sua fé religiosa. A criança de útero materno conhece Deus, tem fé em Deus e cita, em terapia, momentos de encontro com Deus através do seu núcleo de Luz. Relata como "um dos momentos mais felizes" os acontecimentos religiosos, tais como "mamãe Comungou e se sente inundada por Luz e alegria nesse instante"... Não há na fé da criança a interferência do "racional" e do "intelecto", que tanto atrapalham a compreensão intuitiva das coisas de Deus. A criança entende tais assuntos, mesmo que seus pais não tenham vida religiosa. *Daí porque afirmamos que a fé em Deus é inata.* Certa paciente, em terapia, disse-nos espontaneamente no terceiro mês de gestação, enquanto chorava a discussão de seus pais: "Por que eles não olham para Deus?! Então eles veriam como eu vejo aqui, que não precisam preocupar-se tanto com o problema financeiro e não ficariam em dúvida se eu devo nascer ou não! Não são eles que decidiram que eu deveria vir agora! Por que meus pais não enxergam o que eu vejo aqui?... Eu vim da Luz, eu sou da Luz e há uma proteção que não me deixará morrer por causa de dificuldades financeiras!..." Veja-se, portanto, como a criança de útero materno é "sábia" em tantas coisas que o adulto esquece! Tudo isso nos faz entender a lógica de Cristo quando nos diz que precisamos tornar-nos como crianças para entrar no Reino dos céus...

Importa também lembrar aqui que os "condicionamentos" por nós lançados em nosso inconsciente atingem de forma diferente o "psiquismo" e a "dimensão humanística". No psiquismo, após o condicionamento acontece o automatismo, conforme nos fala também a Psicologia Comportamental: aos mesmos estímulos correspondem respostas semelhantes. E isso, quando reforçado, se amplia e se ramifica para sintomas diferentes. Mas o Eu-P que se sente atingido também por esses condicionamentos conserva o "discernimento" e "sabe" diferenciar o que é "condicionamento". O Eu-P, em sua sabedoria inata, sabe distinguir principalmente o certo do errado, o bem do mal, ainda que não se "decida" a favor do bem. Por meio dessas considerações *consegue-se entender que o "sentimento de culpa" é um processo "interno" entre o Eu-P em relação à sabedoria e as "escolhas" inconscientes, e não "ex-terno", em função do que os "outros" falam e ensinam... O que queremos dizer é que o "ensinado" pode ser assimilado, mas apenas convence se realmente estiver de acordo com verdades universais, mesmo que possamos tentar iludir-nos do contrário.*

Outro aspecto a considerar em termos de "sabedoria" é que a partir do Eu-P, *por maiores que sejam os "condicionamentos" em nível psicológico, existem sempre condições, ao menos em potencial, para reagir e reverter o processo. O Eu-P não só tem "liberdade", capacidade de "discernimento", "sabedoria", mas tem também "força" e "poder" para modificar aquilo que impede a plena "humanização".* Pode — como vimos no que já foi relatado de casos clínicos — reformular, recodificar e, portanto, mudar condicionamentos "psicológicos". Está aí a grande diferença entre o "psiquismo animal" e o humano. *O animal, quando "condicionado", não tem em si uma instância superior para modificar seus condicionamentos. Ele "é" condicionado. O ser humano, através do Eu-P, é senhor dos condicionamentos que "tem" e pode modificá-los.* E para mudar seus condicionamentos o Eu-P se inspira na "sabedoria" inerente ao ser humano, ainda que pouco "conscientizada" porque abafada pelo processo "racional". Grandes dificuldades humanas acontecem porque *a Psicologia convencional, em geral, não considera a diferença entre psiquismo e a dimensão livre do homem. Para todo ato não aceitável tende-se a buscar uma justificativa psicológica, o que leva o paciente a não assumir a responsabilidade por seus atos e a buscar de psicólogo em psicólogo uma solução para aquilo que só ele pode solucionar. Portanto, o que mais importa saber é que, em princípio, a "sabedoria" inconsciente é acessível, pode ser buscada e "conscientizada".*

A seguir veremos alguns trechos de terapia que nos mostram, na prática, como acontece a percepção da "sabedoria" no inconsciente.

Diz o primeiro desses pacientes:

"O conhecimento da criança e o do adulto é diferente... a criança sabe... mas não intelectualmente... e é por dentro de si que ela compreende as coisas... A criança da concepção sabe tudo..."

Diz outra paciente, uma professora de Filosofia, quando conduzida à concepção:

"Meu eu está aqui, mas ele sabe o que se passa em qualquer lugar... Ele sabe as verdades mais que o adulto... Ele não reflete, não desenvolve raciocínio lógico... Ele apreende o todo, o conjunto... e nele encerra os detalhes..."

A paciente acima, portanto, interliga a "verdade" com a "intuição".

A um outro paciente, que nos falava de forma similar, perguntamos: "Se o Eu-Pessoal desde o princípio sabe tudo, por que a criança precisa estudar e aprender, por que o adulto não conhece certas coisas que o Eu-Pessoal sabe?"

E ele nos respondeu:

"... Há uma espécie de processo bloqueador que dificulta essa percepção quando a criança cresce... Mas no contexto da concepção ela sabe das coisas como elas são e como devem ser. Ela entende a ordem da natureza, da criação e do homem..."

As ideias acima são confirmadas com outro paciente que fala em terapia:

"A criança, quando no mundo, começa a seguir o exemplo dos adultos, não ouve mais o que está dentro de si... Os adultos erram... o que está dentro da criança no momento da concepção é certo... mas a criança vai se fechando para as respostas interiores, na medida em que cresce..."

Há um detalhe interessante sobre a mesma questão da "sabedoria". É de um paciente, profissional da área de Ciências Exatas. Diz ele:

"... A criança conhece as coisas mais numa visão de totalidade... Ela entende a vida, o amor... ela sabe o que os outros pensam e sentem... Ela sabe como funciona o organismo... ela conhece a ciência... Ela vê a ciência em harmonia com as coisas de Deus..."

Acompanhe ainda o que uma paciente, médica de profissão, nos relata sobre o mesmo assunto quando questionada em terapia. Vejamos um trecho do diálogo:

T: Há duas conceituações opostas no que você me apresenta: uma é o seu entendimento como adulto intelectual e informado do assunto, a outra é a que você percebe aí na concepção... Qual delas é a mais autêntica?
Pc: Lá na concepção... o que vejo aí me perturba, é contrário ao que eu penso... mas é lá que está a minha percepção autêntica da questão, mesmo que eu não queira concordar muito.
T: Você renuncia tão facilmente ao que sempre aprendeu? Por que você julga que o entendimento do que você vê na concepção é mais verdadeiro?
Pc: Porque aí na concepção há uma percepção "totalizante"... a gente vê o todo e a visão, que é contrária à maneira de pensar, se encaixa nesse todo... Eu sei que é aquilo que está certo... Isso que vejo aí na concepção é "vivo", é "real", não é apenas "teórico"...

Observe-se que a paciente tem "certeza" do que percebe, mesmo que contrário à sua opinião. Ela percebe no inconsciente, através da "intuição", pois teve aqui uma apreensão imediata, global e direta dos fenômenos, própria do que chamamos de "sabedoria".

I) O Eu-P é orientado por valores universais e encaminha para um sentido de vida que é transcendente

Os leitores que acompanharam pacientemente os pensamentos de filósofos da reumanização, que apresentamos em capítulo anterior, devem ter observado o quanto os mesmos se referem a "valores", enfatizando aqueles que não são dependentes de épocas ou de costumes, mas que são "imanentes" e de "caráter universal". Sobre isso falamos-nos especialmente fenomenólogos e existencialistas que entranharam a Psicologia, entre eles Scheler, Binswanger, Jaspers, Rollo May, Carl Rogers, Caruso, Frankl e outros, que de alguma forma expressam em suas teorias opiniões semelhantes ao que, pela pesquisa do inconsciente, se confirma com os dados obtidos: de que *o homem sente-se atraído por esses valores e está à busca contínua dos mesmos*. Esses valores são autotranscendentes, dando ao homem um sentido existencial ou um "para que" viver, como diz Viktor Frankl.

A mentalidade fisicista e hedonista de nossos dias considera os "valores" como criação artificial para permitir um melhor controle social. Ou então classifica os mesmos entre temas puramente morais ou religiosos, relativos e subjetivos, sem mostrar maior interesse em relacioná-los com os estudos que se voltam para a saúde "psicossomática" do homem.

Através da pesquisa do inconsciente chegou-se à conclusão de que o conteúdo dos valores universais é inato, como já disse Platão, e que é uma característica própria da dimensão humanística. *O conteúdo desses valores aparece espontaneamente na prática clínica, especialmente quando se questiona sobre a primeira causa de muitos males do paciente, dos quais uma parte pode estar relacionada à autopunição por "sentimentos de culpa" e por desrespeito a esses valores.* Isso porque, por mais diferente que seja hoje a convicção consciente e racional do paciente, ele conscientiza no inconsciente quais são as verdades universais. Descobre também durante a terapia quando não levou em consideração o que lhe dizia o "conhecimento intuitivo" do Eu-Pessoal sobre as verdadeiras causas de seus sintomas psicológicos e psicossomáticos. Mas o mesmo paciente, quando descobre isso em terapia, reconhece que tais sintomas são resultantes de "atitudes" ou "mudanças" que não queria assumir...

Para reforçar o que afirmamos sobre a tendência atual de se retomarem os valores intrínseco-universais e de enfatizá-los, reproduziremos aqui, sucintamente, pensamentos de alguns dos filósofos anteriormente apresentados e como eles se expressam especificamente com relação ao assunto "valores".

Observe-se por exemplo alguns trechos do que escreve *Scheler* sobre o assunto: "Os valores têm uma essência que independe do sujeito e de suas oscilações psíquicas (...). Apesar da diversidade das manifestações conservam eles uma identidade fundamental (...). A ética e a religião são uma espécie de apriorismo "irracional" que aconteceu por uma apreensão imediata através do sentido suprassensível ou suprarracional (...) A intuição de valores é independente da consciência que deles possuímos (...). Os valores são objetivos, intencionais, claros, absolutos, imutáveis (...). Os valores não estão presos aos fatos que mudam e passam (...), são eternos e imutáveis, apesar das mudanças da vida e da História (...). Relativo é nosso conhecimento de valores (...). Pode haver variações no modo de julgar os valores, na moralidade positiva e nos costumes, mas os valores essenciais ficam sempre o que são... (57).

Noutra oportunidade Scheler tece comparações entre "valores" e "fenômenos" e diz que *os valores são as essências, existindo anteriormente à experiência que deles temos*. Refere-se Scheler a uma hierarquia de valores, mas não considera os inferiores incompatíveis com os superiores, desde que não impeçam os últimos. Diz que não é mau querer o agradável, o sensível, o útil, mas apenas é mau querer essas coisas por si mesmas, como se fossem valores supremos.

Scheler enfatiza os "valores" e os estuda demoradamente, classificando-os no saber "metafísico". Diz, então: o saber "metafísico" tem por objetivo os "problemas-limites", os quais as ciências não tem competência de resolver e que dizem respeito aos supremos princípios da vida e mesmo às questões entre homem e Deus (58).

Viktor Frankl, filósofo e psiquiatra, é outra autoridade que não podemos deixar de lembrar em relação ao tema "valores". Refere-se ele à questão falando na existência intrínseca de um padrão de valores universais, quando diz : "Existe um conceito ontológico pré-reflexivo, uma experiência não adulterada que se verifica no homem simples da rua e na forma como vivencia seus valores..." (59). Continua dizendo Frankl que *tais valores não são "inventados", pois então não teriam força de sustentar-se, mas são "descobertos" pelo homem dentro de si.*

Os valores intrínseco-universais aparecem espontaneamente durante a terapia do inconsciente, mesmo que a aprendizagem tenha sido diferente ou que — como já dissemos — as próprias convicções racionais sejam outras. E o fato de existir um núcleo de valores univer-

sais no nível humanístico faz acontecer automaticamente uma censura interna. Pode isso ser exemplificado pelo caso que segue:

Uma senhora jovem queixava-se de ser frequente e repentinamente assaltada por terríveis "angústias" e "pânico". Fizemos a terapia normal, através dos "períodos vitais". Quando a paciente foi conduzida ao quarto mês de gestação, travou-se um "diálogo" que por vezes foi interrompido com relatos "conscientes" da paciente. Acompanhe-se:

Pc: Estou no útero da mamãe.... quarto mês... Vovó está grávida também... mas ela não quer a gravidez... ela está fazendo algo... ela está enfiando alguma coisa em si para matar a criança... Nossa! Que coisa ruim! Parece que isso está acontecendo comigo! Que horror! Não quero ver! Por favor, me ajude!...

T: O que você está vendo?

Pc: Ai!... Estou vendo a criança sendo toda furada pela agulha de tricô!... Ai, Ai!... que dor! Parece que sinto em mim a dor dela!... Era uma menina... E vovó queria que mamãe fizesse o mesmo comigo (Paciente chora convulsivamente)... Não agüento! Por favor, me ajude!... Tire-me dessa situação... Estou toda encolhida de pavor!... (A paciente tremia com todo o corpo.)

T: (Interferimos para tirá-la do pânico.) Desligue-se, distancie o seu Eu-Pessoal, rápido... Isole... Veja que você está viva! Saia do quarto mês, veja seu nascimento... Correu tudo bem, não foi? Você vive! Sinta isso!...

Pc: Sim! Agora estou melhor!... Mas que horror! que coisa monstruosa e violenta... E eu vi tudo que aconteceu com a menina no útero da vovó!... Ela sofreu, coitada. Como sofreu! Como ficou machucada e magoada... Não sofreu só no corpo, mas no sentimento e na alma... pela falta de amor... coitadinha! (Paciente chora comovida e diz): Eu não sabia que era assim!...

T: Explique-me uma coisa: tudo que você relatou estava ativo no seu inconsciente. Você não sentia nada semelhante quando fez o aborto de três filhos seus?

Pc: (Após alguns momentos de reflexão, fala a paciente): Meu Deus! O que eu fiz! Meu Deus, me perdoe... Meus filhos, perdoem-me!... Estou sentindo "o pânico" agora!... Meus filhos estão vivos, mas perderam o corpo... Que horror! O que eu fiz! Nunca pensei que fosse assim! Perdoem-me meus filhos! Eu não sabia que vocês já viviam!...

Comentário: Na terapia sobre o inconsciente tivemos que acrescentar neste caso um processo especial que chamamos de "técnica do silêncio", pois a técnica psicológica aqui não resolve a questão. Quando a paciente acalmou, nós a "distanciamos" e tornamos a perguntar, agora em nível consciente:

T: Você realmente nada sentia quando provocava seus abortos? Você não percebia nenhum sinal de seu inconsciente?
Pc: (Refletindo) Sim... agora eu estou percebendo. Eu tinha pesadelos e via crianças chorando e sofrendo... Mas eu não queria tomar conhecimento... Eu procurava outras explicações. Eu pensava que era medo de hospital, dos doentes que gemem... Mas agora eu percebi que o pânico que me assalta é exatamente o mesmo que eu senti lá no útero materno quando a vovó fez o aborto... Eu sentia, sim, mas eu abafava o que vinha de dentro de mim... Agora também entendo porque mamãe tinha horror da morte... e a vovó! Elas tinham medo de algum castigo... Elas também sabiam que faziam mal.
T: Por que você diz isso agora?
Pc: Eu vejo dentro delas... Agora eu vejo, antes eu não sabia... Eu consigo ver profundamente na alma delas... Elas sofreram depressão pelo que fizeram em toda a sua vida... mas elas nunca quiseram se dar conta de que era por isso!

O relato acima exemplifica bem o conflito do Eu-P em relação aos valores intrínsecos. *"Não matar" está ligado ao "direito de viver" e é um forte valor humanístico universal.* Ou, se usarmos a expressão de Frankl, diríamos que "não matar" é um dos "valores pré-reflexivos" não aprendidos, que o homem "encontra" dentro de si. *Por maiores que sejam as justificativas — como nas guerras ou no chamado "aborto terapêutico" — matar outro* ser humano é sempre algo que em nível humanístico não consegue ser justificado. *E o nosso Eu-Pessoal, que já vimos ser "sábio", jamais deixar-se-á convencer de que possa existir qualquer motivo justo para "matar", especialmente uma criança no útero materno.* Por isso, em todas as vezes que aparece no inconsciente o fato de uma mãe matando seu filho em gestação, aparece também a "autopunição". Costuma a paciente ter fobias ou angústias inexplicáveis e dificilmente se permite ser feliz, atraindo sobre si acontecimentos negativos, doenças ou outros males para, de alguma forma inconsciente, penitenciar-se pelo que fez.

Os casos citados mostram também que o desrespeito a valores do tipo intrínseco podem ser "negados" por elaborações do raciocínio ou da "racionalização", mas não podem ser simplesmente "apagados" do registro inconsciente e de onde se expressam vivamente sobre o psiquismo e o organismo.

Exemplos disso que foi dito não faltam. Veremos ligeiramente parte de alguns.

Um paciente quando conduzido aos três meses de gestação, ao ver os pais em desarmonia, não quis viver e provocou na parte interna do útero, "com o seu pé", uma hemorragia. A mãe sente dor, perde sangue, passa mal e enfraquece, quase morrendo. O marido, em função disso, dá-lhe apoio e a harmonia conjugal se restabelece. O menino no útero vê os pais unidos e "sente culpa" pelo que fez à mãe. Como resposta se autopune, programando o atrofiamento muscular da "perna que provocou a hemorragia". Note-se que a criança nem mesmo tinha a perna desenvolvida no 3º mês de gestação, mas ela a projetou mentalmente contra o útero (mecanismo de telecinésia) — segundo a explicação que nos deu ela própria, a partir do seu inconsciente.

Vemos também frequentemente o "sentimento de culpa" em crianças de pouca idade em relação a brincadeiras sexuais. Quando sentem a aproximação da mãe ou de outra pessoa adulta, elas se "escondem". Se interrogadas sobre o motivo pelo qual se esconderam, esclarecem que estão "fazendo algo errado". Continuando-se a investigação sobre o inconsciente delas, muitas vezes não se encontra histórico de censura ou repressão anterior. Era esse o caso de uma paciente que viveu a referida situação na infância. Dizia ela, na sua compreensão infantil: "Há alguma coisa dentro de mim que me faz entender que estes gestos sexuais não são para crianças"!... E nessa paciente o conflito de sentimento de culpa reapareceu na vida conjugal, embora ela conscientemente não recordasse os fatos da infância. A paciente queixou que sempre sentia como se não tivesse o "direito" de vivenciar o prazer sexual. Por isso bloqueava-se e rejeitava sexualmente o marido. A causa foi identificada pela própria paciente como sendo de "sentimento de culpa" e "autopunição" devido ao mencionado passado.

Quanto ao valor "honestidade", tivemos o caso do menino de quatro anos que descobriu uma moeda no paletó do pai e comprou balas. Fez sua terapia com quarenta anos e encontra naquela cena o primeiro elo de uma cadeia de bloqueios e de autopunição, principalmente ligados a dificuldades profissionais e financeiras.

A "justiça" é outro valor intrínseco. Um menino, de nove anos, por sempre ter sido ridicularizado como "fraco" quis provar sua "força" aos companheiros e agrediu um outro menino pobre e menor, com defeito numa perna. Esse, vencido e caído na lama, chorava e o vencedor, nosso paciente, por autopunição inconsciente, a partir daí não conseguia passar em vários concursos públicos que enfrentou. Questionado sobre o inconsciente recebeu do sábio a resposta "eu não mereço vencer", frase que relaciona os fatos relatados.

Os problemas de "caráter" ou de desrespeito a valores que criam sentimento de culpa são por exemplo: ódio, orgulho, vingança, obsessão do poder, inveja, mentira, apego material, egocentrismo, falsidade, cobiça, injustiça, manipulação de pessoas, infidelidade, uso desregrado do sexo, busca direta do prazer, egoísmo, manipulação interesseira de pessoas, dureza e frieza de coração, ausência de perdão, ausência de atitudes autotranscendentes, ausência de respeito ou de amor!

Em capítulo posterior falaremos no núcleo existencial. É ele uma espécie de "exame da vida" pela descoberta de "pontos escuros", que nada mais são do que momentos vivenciais em que agimos, ou pensamos que agimos de forma contrária ao que nos dizem os valores intrínsecos e que se registram no inconsciente como "sentimentos de culpa" e "processos de autopunição".

A constatação de que temos valores inatos, a compreensão de que o desrespeito aos mesmos nos conduz a atitudes de autopunição, leva mais uma vez a reforçar a conclusão de que não é possível "curar" um paciente sem cuidar dos aspectos humanísticos de seu ser. Isso também porque tais problemas noológicos — de acordo com nossa experiência clínica — são mais angustiantes que os psicológicos e os físicos. Ou, dizendo isso de outra forma: a probabilidade de "cura" dos problemas psicológicos e físicos depois de recuperado o Eu-P sadio é muito maior.

O caso que segue serve de exemplo de como o paciente identifica "valores" no inconsciente. Um paciente que inconscientemente se punia, não se permitindo "sucesso" em seus empreendimentos, identificou a "injustiça" que fizera a outros como causa desse problema.

Na terapia, em determinado momento, conduzimos o paciente ao seu nível humanístico. Então perguntamos se ele identificava aí alguma realidade, algum "conteúdo", qualquer coisa que lhe chamasse a atenção. Seguem-se o questionamento e as respostas:

Pc: Não vejo nada de importante...
T: Nada de importante?
Pc: Apenas uma Luz lá no fundo... Tem lá uma figura que parece Moisés com as tábuas da lei na mão...
T: "Tábuas da lei"?
Pc: Elas me transmitem umas palavras... "Sabedoria"... "Justiça"... "Paz... "Deus"...
T: Por que essas palavras? Que significado têm para você?
Pc: Não sei, mas sinto que a "sabedoria", aquela que vejo, é bem superior à inteligência humana... é um saber que conhece tudo o que é "justo", o que é amor... e tudo isso é "paz"... mas eu estou inquieto...
T: Paz? E você se inquietou?!

Pc: O que me inquieta é a "tábua da lei"... (Após algum silêncio o paciente continua.) É porque eu sou injusto... eu tenho sido injusto... eu tenho usado minha inteligência para me sobrepor aos outros... estou sempre inquieto e angustiado... para sentir paz eu preciso seguir esta lei...
T: Lei?
Pc: Não são leis escritas... não são frases feitas... não são normas impostas... elas saem do interior de mim e são confirmadas naquela tábua... isso quer me dizer alguma coisa...
T: Dizer alguma coisa?
Pc: Que existe "injustiça" em mim... que não posso escapar da justiça. *É do meu coração que a justiça se volta contra mim... Não é de fora!*
T: Contra você?
Pc: Eu vejo como que raios partindo de meu coração, indo até a tábua e voltando como flechas contra meu próprio coração... as flechas doem... elas me fazem sentir remorso... remorso e angústia... eu mesmo me castigo... o meu corpo está doendo... isso me adoece... (Paciente emociona-se e chora.)

  Foi a partir de seu núcleo de Luz que o paciente sentiu a censura do seu proceder, censura que foi projetada no físico (o meu corpo dói). É também no mesmo núcleo de Luz que encontrou a solução. Acompanhe-se:

T: Qual a solução que seu inconsciente propõe para o caso?
Pc: A solução está na Luz... Eu vejo lá uma cor diferente... Existe um brilho com mais calor... Existe outra palavra... É "misericórdia"... perdão... Amor... sinto-me amado... mas isso aumenta meu remorso... (Paciente emociona-se novamente.)
T: Você tem acesso a esse ângulo do núcleo de Luz?
Pc: Há uma camada escura... uma espécie de passagem negra... um rompimento entre nós... eu preciso refazer o rompimento... clarear a passagem...
T: Você sabe como pode fazer isso?
Pc: Sim, eu sei... mas há muito eu havia esquecido... preciso mudar minha maneira de ser... preciso me modificar por "dentro" e de "dentro para fora"... Engraçado!... Há tantos anos que eu não acredito nisso!... Estou confuso com o que vejo... estou perplexo... preciso conversar com alguém... pedir perdão a Deus... eu preciso procurar um sacerdote...
T: Certo... você conversará com alguém sobre isso que o confunde... E veja agora, apenas, dentro da Realidade em Potencial o que acontecerá se você fizer isso para o que você se sente convidado a fazer.
Pc: Isso vai me trazer paz...

T: Como você sabe que vai ter paz?
Pc: Há uma pomba... ela pousa em mim... Eu me vejo alegre por dentro... com serenidade...

Poderíamos perguntar como é possível existir entre os homens tanto desrespeito aos valores intrínseco-universais se esses provocam sentimento de culpa e autopunição. E, aparentemente, quando observamos a humanidade em seus males e erros, essa realidade parece nem sempre se confirmar...
Evidentemente existem pessoas com maior ou menor delicadeza de sensibilidade em relação à questão. Além disso, *a maioria das pessoas não conscientiza a relação existente entre desrespeito aos valores intrínsecos e a autopunição.* Assim, por exemplo, pessoas que enriquecem desonestamente e se utilizam de sua riqueza para usufruírem os prazeres da vida têm frequentemente crises violentas de depressão e de angústia existencial, mesmo que abafem esse estado por meio do uso de medicamentos, bebidas alcoólicas ou drogas. A autopunição pode acontecer, como no caso de uma paciente que se vestia sempre de forma pouco discreta e cuja vida era bastante irregular e livre. Procurou-nos a mesma para a terapia com "câncer nas mamas" e no tratamento encontrou como causa de sua doença a autopunição pela vida que levava. Algumas pessoas buscam obsessivamente o "poder", muitas vezes pisando em outros, e quando chegam à cúpula desejada caem eles próprios na solidão e no vazio de amigos e companheiros sinceros, ou então, sofrem do medo de ser desalojados do posto, têm crises de "pânico" e podem cair em "paranoia". O ódio, o malquerer e a mágoa geram fobias, medo da morte e descontrolam todo o organismo psicofísico. Mais graves e às vezes fatais são as doenças resultantes de espíritos invejosos, orgulhosos ou vingativos. Mas *apenas o inconsciente pode traçar a relação precisa e sem margem de erro entre essas "causas" e seus "efeitos". Isso explica porque dificilmente nos apercebemos dessa realidade de autopunição ligada aos valores intrínseco-universais, em estado normal, consciente.*
Na mentalidade moderna e científica, especialmente no campo da Psicologia, essa afirmação sobre "valores intrínsecos" é polêmica e pouco aceita. A prática clínica sobre o inconsciente, porém, comprova a argumentação antropológica de que *todo homem quer o Bom e o Bem.* Ainda que o homem se engane buscando o bem aparente por caminhos falsos e tortuosos, ele deseja, intuitivamente, ser sempre mais humano, de acordo com sua dignidade. *"Valor" é o que é bom em sua essência.* Portanto, o homem busca sempre valores. Aliás, segundo Frankl, o homem é "atraído" por valores. O homem deseja mais: um núcleo de valores que ultrapasse o tempo, a matéria, o espaço, a aprendizagem e

os condicionamentos. Valores que ultrapassem suas limitações psicofísicas. Valores autotranscendentes e espirituais.
   Em todas as áreas do conhecimento encontramos a conceituação de valores. Mesmo nas "ciências" aparecem os valores como "normas éticas". Mas o próprio juízo de valores transcende as limitações científicas. *Não se podem definir valores em termos segmentários, lineares, objetivos, experimentais. Os valores integram a existência, o global, o "vivido", o que é "pessoal".* A Filosofia considera a finalidade, o sentido teleológico do valor. E a Teologia define os valores, não tanto em seus aspectos naturais, mas nos sobrenaturais, em relação ao valor último, nível onde se situa a dignidade do ser humano e que, sem dúvida, o eleva para muito além do lugar que ocupa na ética natural. É na busca de valores transcendentes que o homem encontra a paz interior, paz que por sua vez permite a integração de seu ser e promove a saúde "psiconoossomática", a experiência de uma felicidade profunda, interna e verdadeira. *A vivência dos valores coloca o homem em harmonia com a natureza integral de seu ser. Mas o homem responde livremente através de atitudes conscientes e inconscientes, com afirmação ou recusa entre aquilo que o humaniza e o que o escraviza. Experimenta o homem, no entanto, a maior das sensações de vitória quando vence a si mesmo, quando realiza progressos de crescimento no processo de humanização plena e autotranscendente.*
   Entre os valores intrínsecos, humanísticos, universais ou ético-morais que são aceitos de forma tácita, sem pedir justificativas, podemos mencionar: o *"respeito"* como atitude fundamental do homem para com o próximo e para consigo mesmo; a *"fidelidade"* que supera impressões sucessivas e variáveis, para traçar uma linha de unidade interior de constância; a *"liberdade"* que nos diferencia dos outros seres vivos pela capacidade de "discernimento" e "decisão" a cada passo, a favor ou não daquilo que nos harmoniza e humaniza; a *"responsabilidade"* que nos leva a "responder" de forma adequada às circunstâncias da vida; a *"autenticidade"* ou a "veracidade" que traça a linha de coerência ou incoerência entre o nosso "ser" e o "existir" no mundo. Valores éticos ou morais são também a *justiça, a ordem, a dignidade, a sobriedade, a igualdade, a fraternidade, a solidariedade, a comiseração, a sinceridade, a cooperação, a cordialidade, a magnanimidade, o esforço, a generosidade, a paciência, a humildade, a perseverança.* Certos valores como o *Amor, a compreensão e o perdão* estão na base dos outros valores, encaminhando o homem para o seu sentido existencial mais pleno e orientando-o na direção do eterno, do Infinito e do Absoluto (60).

4.4 - A INTELIGÊNCIA

A inteligência não é uma capacidade apenas "cerebral", "emocional", mas também "noológica"... Daí é ela potencialmente infinita, não se limitando às medições quantitativas de "QI"... Expressa-se ela pelo "intelecto", pela "sensibilidade" e pela "intuição" ou pela "sabedoria"... Sua capacidade máxima é atingida no nível inconsciente, através da "intuição", e não pela atividade racional "consciente"... A coordenação da inteligência é realizada pelo Eu-P, sempre sadio e capaz em sua essência, o que torna possível em princípio a recuperação das perturbações mentais e dos bloqueios da inteligência...

A Psicologia convencional possui instrumentos para medir quantitativamente o coeficiente da inteligência. A partir desse recurso costumamos acreditar facilmente que as pessoas "têm" maior ou menor grau de inteligência, conforme se expressarem nos testes especificamente elaborados para esse fim.

Os testes, sem dúvida, "medem" alguma coisa, aspectos específicos mais ou menos desenvolvidos da inteligência, ou seja, o que a pessoa adquiriu de aprendizagem ou de assimilação intelectual. *A inteligência, porém, não é "acessório" do homem, não é algo que ele "possui", mas do que "é"; portanto, não pode ser resumida "quantitativamente". De fato, a pesquisa do inconsciente nos comprova que a inteligência não é um fato psicológico, nem apenas cerebral. Ela tem sua expressão no inconsciente, através da "intuição" e como característica do nível "humanístico" ou "noológico". É ela uma instância do que define o homem por excelência, ou seja, é de sua "essência". E o que constitui a "essência" humana é ilimitado. A inteligência, portanto, é "infinita" e continua sendo infinita em potencial para os que a bloquearam, podendo ser recuperada quando se externa diminuída em "quantidade" ou em relação a determinadas áreas.* E ainda que o cérebro esteja lesado, a pessoa não perde sua capacidade intuitiva de pensar, podendo ainda ser recuperada pelo processo da ADI e ampliada ou ativada em maior ou menor grau.

Veja, por partes, algumas considerações sobre a inteligência, conforme esta se expressa pela pesquisa direta do inconsciente ou pelo Método TIP, em clínica.

A) Pela pesquisa do inconsciente prova-se que o homem é infinitamente inteligente e que a inteligência aparentemente "perdida" ou "perturbada", em princípio, é recuperável

Quando a inteligência de alguém parece diminuída, foi a própria pessoa que limitou essa capacidade. E ela faz isso, por vezes, já na concepção, através das escolhas do seu Eu-P, criando condicionamentos que bloqueiam esse potencial. Gera-se, assim, uma percepção enganosa dos fatos, uma "inteligência emocional", conforme a denomina Goldman e que a ADI se denominou de "frases-registro". Mas não nos esqueçamos que estes condicionamentos pertencem ao "ter" da pessoa, não ao "ser". A qualquer momento podemos reverter essa "inteligência emocional" que geramos em nós — como provam os casos clínicos tratados pelo Método TIP. E isso porque os *condicionamentos, os da inteligência "emocional" ou "enganosa" não são capazes de impedir o "discernimento", ou que se vivam momentos onde eles não consigam exercer o seu comando.* Como o "hábito", assim os "condicionamentos" tendem a provocar ações e reações sob estímulos semelhantes, inclusive na inteligência. Mas o ser humano não é escravo passivo desses condicionamentos. Ele os observa "de fora", através de seu Eu-P "inteligente" ou através da "inteligência noológica ou intuitiva", conforme acabamos de ver no capítulo anterior.

Há casos, como em psicóticos ou nos deficientes mentais, onde a inteligência não pode ser atingida diretamente pela terapia do Método TIP, porque foi inteiramente "bloqueada" pelo Eu-P do paciente num momento de infeliz escolha. Isso acontece frequentemente na concepção ou na fase do útero materno e até antes da formação do zigoto, quando o código genético pode ser atingido. "Terapiza-se" então a inteligência através do Eu-P da mãe ou de outra pessoa a ela afetivamente ligada. Nesse sentido o Método TIP colheu experiências positivas com crianças mongoloides, alcançando mudanças radicais do QI, levando, por vezes, pacientes a um grau de inteligência até superior ao nível de normalidade.

De qualquer forma, em todos os pacientes tratados pelo Método TIP investiga-se sistematicamente o estado da inteligência e sempre existe aí algum bloqueio a ser trabalhado. São áreas específicas de limitação, presentes até mesmo em pessoas consideradas extremamente "inteligentes".

Vejamos alguns exemplos de trechos de terapia. Siga-se o questionamento:

T: Você diz que tem dificuldade de "aprender". Mas você tem curso universitário e tem conseguido atuar bem em sua área. Quando é que você aciona esta dificuldade? Em que momentos específicos? Veja um número que exemplifique o que pedi.
Pc: Quatorze.

T: Vá aos 14 anos.
Pc: Estou na escola... Não entendo nada do que o professor fala... Eu não consegui passar, tive de repetir a disciplina.
T: Ao repetir, você conseguiu passar?
Pc: Sim, não achei difícil.
T: Por que antes achou difícil e dessa vez não?
Pc: Eu repeti, né!
T: Você está falando pelo nível racional... Pergunte ao seu inconsciente: que diferença houve, o que fez você não passar na primeira vez e passar com facilidade ao repetir a disciplina?
Pc: O sábio me aponta o professor...
T: Por quê? Para dizer o quê? Peça a ele melhor explicação.
Pc: Ele pôs uma mulher ao lado do professor. O professor diz que ela é "burra" — que não vai aprender.
T: Quem é a mulher?
Pc: (Paciente surpresa) Sou eu! Mas o professor nunca falou assim comigo!
T: Veja o número anterior ligado a essa sua questão.
Pc: 05.
T: Distancie-se e veja-se no quinto mês de gestação.
Pc: Estou encolhida num canto do útero.
T: O que acontece lá fora? Olhe para papai e mamãe.
Pc: Meus pais estão brigando... papai diz que mamãe fez tudo errado... que ela não aprende... que é burra!
T: E você, o que conclui para você?
Pc: Eu sou mulher... sou como mamãe... sou burra...
T: Peça ao seu sábio agora que relacione essa cena do quinto mês de gestação com o "não passar" dos quatorze anos.
Pc: O bigode do professor... ele é parecido com o que papai usava quando xingou mamãe, lá no quinto mês! (Paciente ri.) Eu nem sabia que ele usava bigode!...

Identificada a correlação que fora feita no inconsciente da paciente, tornou-se fácil agora fazer a decodificação da causa primeira do bloqueio de aprendizagem e consequentemente de toda uma ramificação de "limites" da "inteligência" que sobre o fato se assentavam.

A inteligência em seus limites é por vezes melhor percebida através de símbolos. Uma paciente de meia-idade queixava-se que sua mente parecia não funcionar. Não conseguia se concentrar, prestar atenção e sentia sono quando queria pensar. Seu cargo de diretora de escola estava ameaçado por esse seu estado de saúde.

Acompanhe o questionamento em torno do caso:

T: Peça ao sábio um símbolo desse estado de sonolência mental do qual você se queixa.
Pc: Vejo um sol pela metade ao entardecer.
T: O que quer dizer isso, sábio?
Pc: Minha inteligência... está pela metade... caminho para o repouso da noite.
T: Quando foi que planejou isso, número?
Pc: Três.
T: Veja-se com três anos de idade.
Pc: Papai está com outra mulher... meus irmãos foram com ele... Papai quer que eu decida se vou ficar com ele ou com a mamãe... Eu não quero deixar meu pai e nem meus irmãos... Eu não sei decidir... Eu penso, penso, penso... estou cansada de pensar... aí eu durmo... Eu acordo e devo pensar, decidir... aí eu durmo, porque não sei decidir... Eu durmo muito... Papai diz que eu durmo demais... mas eu fico cansada de pensar para decidir... eu durmo muito...
T: Qual o pensamento que leva você a dormir?
Pc: Se eu durmo, não preciso decidir... Eu não quero decidir!
T: É uma criança que dorme para não decidir o que pensa de si? Pc: "Sou meio anestesiada"... "Sou sonolenta" (FR).

A frase-registro "sou sonolenta" foi condicionada pela paciente e era reforçada automaticamente sempre que se visse diante de conflitos ou diante de situações onde deveria tomar decisões. A frase-registro acabou por ser projetada em reações físicas, criando o que pelos médicos foi chamado de "arteriosclerose precoce".

Dificilmente um paciente deixa de encontrar algum bloqueio de inteligência quando se submete à terapia. O lado positivo da questão, no entanto, é que o mesmo Eu-P que realizou o bloqueio está disponível para decodificar esta perturbação. Assim, um dos argumentos técnicos para quem acaba de identificar o diagnóstico sobre seu bloqueio de inteligência é dizer ao paciente: *"Veja o quanto você é inteligente para que soubesse exatamente qual o aspecto particular de sua inteligência que você precisava bloquear para conseguir o objetivo de limitar a mesma!"* E então, em termos terapêuticos, basta ao paciente fazer a "reversão" e com a mesma capacidade de inteligência com que realizou o bloqueio!

B) A inteligência expressada pelo inconsciente permite um conhecimento muito mais abrangente, mais profundo e mais completo que a intelectualidade consciente ou racional

A pesquisa pela ADI sobre o núcleo da inteligência evidencia toda a riqueza de propriedades dessa instância. Distingue-se aí na "área da inteligência" aquela que é puramente "intelectual", "racional", "emocional" e daquela que vem da "sabedoria" ou da "intuição". Diferenciam-se, assim, os conhecimentos que são específicos do "consciente", daqueles do "inconsciente". O conhecimento intelectual procede da atitude racional do homem. Nesse sentido a "razão" foi tradicionalmente conceituada como aquela propriedade exclusiva do ser humano que lhe serve de guia para vencer e se libertar dos apetites que tem em comum com os animais, submetendo-os ao seu controle, na justa medida. Por outro lado, essa "razão" é conceituada como uma capacidade de conhecimento que distingue o falso do verdadeiro, os preconceitos, os mitos, as aparências, que consegue correlacionar os fatos. Estabelece a razão "critérios universais" do saber e para a conduta humana.

Teoricamente, portanto, a "razão" é distinguida como o "clímax" do "humanístico" no homem e por aquela faculdade que o define, por excelência. Entretanto, o homem apresenta também como capacidade exclusiva essa outra instância citada que os filósofos chamam de "intuição". E, na verdade, é essa intuição que tem as funções atribuídas à "razão".

Em todo o nosso trabalho temos sempre procurado evitar as reflexões intelectuais sobre as mais variadas questões, pois em relação a essa conduta concordamos com Jung, quando diz que teorias existem tantas quantas forem as cabeças que as desenvolvem. As nossas afirmações baseiam-se sempre e imediatamente nos fatos concretos da experiência clínica. E é a partir dessa experiência, resultante da pesquisa pura do inconsciente, que *podemos reafirmar o que dissemos, ou seja, na realidade não é a razão ou o intelecto que nos proporcionam as capacidades de conhecimento mais completo, e sim a intuição.*

Vejamos o que se observa através de nossa pesquisa do inconsciente.

B1 — *A inteligência "racional" distingue-se na prática clínica como uma elaboração de pensamentos teóricos distanciados do envolvimento afetivo-emocional e pela fria atitude conceitual, analítica ou interpretativa, que pode acontecer também sem qualquer critério valorativo ou comprometimento pessoal.*

Quando, pelas circunstâncias terapêuticas, o paciente precisa falar de si mesmo, dos seus conflitos e problemas, se ele o fizer pela expressão "racional" nunca conseguirá apresentar os fatos como realmente são ou aconteceram, mas sempre diante de enfoques subjetivos, processo que Freud denominou acertadamente de "racionalização". De fato, isso acontece não só no que "aflora" do inconsciente, mas em todas as explanações "conscientes". Até mesmo nas pesquisas científicas acontece a interferência da "opinião" do pesquisador, segundo já nos falou Kuhn, o cientista especializado em História das Ciências. *Através da inteligência "racional" a pessoa preocupa-se com a sequência dada ao pensamento e pode chegar a conclusões até diferentes das suas atitudes e convicções mais profundas. Pela inteligência racional ou teórica pode a pessoa elaborar sofismas ou tecer raciocínios lógicos e sequenciais sem que sejam necessariamente verdadeiros.*

B2 — *A inteligência "intuitiva" permite atingir também o conhecimento "racional", mas diante de um referencial global que testa a coerência entre todos os fatores.* Diríamos que o conhecimento "racional", "conceitual" ou "teórico" segue em linha reta, numa sequência, concluindo na medida em que acumula dados. Traça-se uma linha de coerência entre os fatos que podem, porém, estar em contradição com outras "teorias", as quais poderiam ser consideradas igualmente válidas e verdadeiras. *A "intuição", ao contrário, se expressa de uma forma global e integralizada. A "intuição" não é linear, mas circular. Ela "circula" simultânea e harmonicamente entre todos os tipos de "verdades parciais" autênticas e lhes traça a unificação numa só e única Verdade universal que é também valorativa, impregnada pelo Amor e que por tudo isso se conceitua como "sabedoria".*

Sobre a "intuição" já desenvolvemos anteriormente um capítulo especial. *A intuição, que permite a "apreensão imediata" e total dos fatos, não é só um tipo de inteligência, mas uma "forma processual inteligente" para atingir a "sabedoria".* Com isso queremos dizer que não se consegue alcançar a "sabedoria" por meio de conceitos, teorias, análises, interpretações. *A "intuição" é vertical, centralizadora do "essencial". Ela é totalizante, integralizadora e consequentemente também "selecionadora", pois despreza os dados falsos de seu contexto global.* Daí por que Bergson afirmou que *"pela intuição ciência, religião e filosofia já não se contradizem!"*

B3 — *A inteligência puramente racional é consciente. A sabedoria e a intuição são características inconscientes. O "inconsciente" tem capacidade de abranger o "consciente". Mas o consciente nunca consegue abarcar o inconsciente.* Daí porque não é lógica a atitude teórico-terapêutica de se tentar aflorar conteúdos "inconscientes" ao "consciente" para entendê-los, analisá-los ou interpretá-los (como o faz a Psicanálise). Em contraposição, quando o "consciente" é conduzido ao "inconsciente", torna-se possível a compreensão total e ilimitada de ambos os níveis mentais. E o "inconsciente" tece, então, até mesmo raciocínios intelectuais e bem mais precisos que o "consciente", sem deformação ou sem "racionalização"...

B4 — *Todo o processo mental, que é a soma do "consciente" mais o "inconsciente", está sob a coordenação da instância do Eu-P, que caracteriza o homem por excelência. Assim, não é a "razão" ou a faculdade "intelectual" do homem que o coordena, mas sim a dimensão livre do homem que integra a "razão" com a "intuição", realizando este processo a partir do "inconsciente", não do "consciente".*

B5 — *O Eu-P, quando coordena "consciente" e "inconsciente", "razão" e "intuição", o faz em função de um referencial formado pelas necessidades do vir a ser humano, que o projeta em direção à sua plenificação, a qual, por sua vez, só acontece na medida em que o homem se autotranscende e se orienta para o divino.*

B6 — *Na realidade, o ser humano não consegue realizar raciocínios, nem mesmo formulações teóricas sem que o inconsciente ou a intuição teça correlações, amplie e aprofunde esses pensamentos. Daí, a "criatividade" é uma capacidade do inconsciente ou da inteligência "intuitiva".*

Lembremos que o raciocínio, se permanecer em nível "consciente", pode enganar-se, elaborar "sofismas", teorias múltiplas e contraditórias — o que não acontece no campo "inconsciente", onde não há compressões avulsas, fora do contexto global e onde, portanto, o falso não se enquadra. *Para que se consigam conhecimentos sábios, inter-relacionados, dentro de contextos amplos, globais e universais é preciso, portanto, que o referencial seja buscado na área "inconsciente" e não no nível "consciente" e "racional".* Aliás, o "racional" para testar sua autenticidade deveria sempre ser avaliado pelos critérios do inconsciente ou da "intuição", como já propunha Descartes. Pois, na realidade, *o que acontece em nosso nível mental é que a cada informação consciente acrescentam-se vastos campos de conhecimento inconsciente. Os campos inconscientes gerados em torno da informação consciente se entrelaçam e geram áreas diferentes, amplas e diversificadas. O "inconsciente" corrige e complementa ricamente o "racional consciente".*

Veja a figura seguinte, onde tentamos ilustrar essa "complementaridade" que a "inteligência inconsciente" ou a "intuição" oferecem ao consciente ou às formulações racionais.

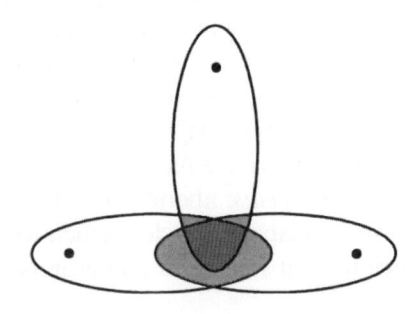

Fig. 3: *Complementaridade do consciente pelo inconsciente*

● - Informações "conscientes"

○ - Campos de complementaridade "inconsciente"

◐ - Centralização — núcleo de informações absolutamente *novas*.

Na figura apresentada temos três informações conscientes ou "racionais" isoladas e lançadas no inconsciente. Essas por sua vez geram três campos amplos do inconsciente onde se aprofundam essas questões. No passo seguinte, esses campos se encontram, se entrelaçam no inconsciente e geram-se então "sínteses" representadas pelos campos centralizados na figura. Finalmente, no núcleo central aparece uma área de conhecimentos absolutamente novos que só é detectável em nível de "inconsciente". *Assim a criatividade e os "fatos novos" acontecem no inconsciente.*

Já lembramos oportunamente que existem também as "intuições" pessoais, subjetivas e enganosas. É preciso saber discernir as mesmas das objetivas. A ADI, como método, se detém nessa diferenciação. Através de técnicas próprias seguem-se determinados passos que, por sua vez, conduzem ao "núcleo central" das questões e a partir dele se verificam as "irradiações" sobre o contexto global. Isso acontece, como já dissemos, porque a ADI se serve do "processo circular" e não do "linear", próprio do "racional". *Verifica-se, então, também se existem "coerências versus incoerências", pois, como dissemos, no inconsciente qualquer relação que se estabelece é sempre interligada e enquadrada a outros fatores, formando um todo harmonioso. Também no processo terapêutico sobre o inconsciente as verdades parciais se entrelaçam com a Verdade Absoluta e expulsam conceitos e teorias falsas desse contexto.* Qualquer mentira ou inverdade é sempre desmascarada no inconsciente quando metodicamente e diretamente abordado, pois em relação a esse referencial o erro não encontra encaixe, fica isolado, expressando-se pela falta de lógica e pela contradição.

B7 — *O inconsciente, através da "intuição", fornece respostas mais "objetivas" que o "consciente" ou a "razão"...*

É comum pensar que o trabalho em nível inconsciente seja mais "subjetivo" e "abstrato" que o relato ou o "raciocínio" consciente. Muitos são os pacientes que se desculpam no início da terapia pelo Método TIP de suas dificuldades na percepção do inconsciente, por se considerarem muito "lógicos", "racionais" e "objetivos". Na verdade, os dados *fornecidos pelo inconsciente, quando direta e metodicamente pesquisados, são absolutamente objetivos e precisos,* libertos de todo o invólucro deformante que cerca naturalmente elaborações do raciocínio "consciente", ou quando se tecem conceitos, ou se analisa e interpreta qualquer tema teoricamente.

C) O TIP-terapeuta, ao conduzir o paciente ao inconsciente, o faz ensinando-lhe a forma de evitar a "racionalização" e a objetivar adequadamente os conteúdos, através da "intuição"

Relembremos que no processo de treinamento para a percepção do inconsciente ensina-se ao paciente como evitar a "racionalização". E, para tanto, é necessário que o paciente abstenha-se da elaboração de raciocínios e que aprenda a buscar os dados importantes ao processo diagnóstico-terapêutico pela atitude da "pesquisa" pura, sem tentar, nem mesmo, "entender" o que fornece como informação. O terapeuta é quem substitui esse aspecto da inteligência que o paciente deixa de utilizar. Através de raciocínios especialmente focalizados sobre o inconsciente e diante dos objetivos visados, o terapeuta formula "questionamentos". O inconsciente do paciente consegue, então, processar os dados de forma precisa... E o paciente conserva-se "consciente" durante o processo... *Manter-se "consciente" é diferente duma atitude intelectual que raciocina. O paciente "observa conscientemente" o que o seu "inconsciente pesquisa". Nessa postura ele consegue buscar o inconsciente através da "intuição". E a "intuição vê os fatos inconscientes sob prismas diferentes da "razão"... Ainda que os fatos percebidos sejam também recordados conscientemente, o enfoque, através da "intuição" e sobre a "memória inconsciente", é totalmente outro.*

O paciente, portanto, precisa disciplinar uma conduta mental para realizar a terapia do Método TIP. Essa disciplina acontece a partir da dimensão do Eu-P — e não do "consciente" — como poderia parecer. *O paciente deve aprender a distanciar o seu Eu-P da dupla "consciente-inconsciente" para conseguir desvencilhar-se das emoções que foram responsáveis pelos registros negativos do inconsciente.* O Eu-P, assim distanciado, reformula o contexto que gerou os registros negativos no passado e inverte o processo, ou seja, ordena que o "consciente" assuma o comando sobre o inconsciente. Vê-se, portanto, que *a "inteli-*

gência" está muito interligada à função da "pessoalidade", o que faz sentido, uma vez que ambas são instâncias humanísticas e não apenas "cerebrais".

Através do Método TIP não é a "atuação externa" do terapeuta, mas a inteligência e o Eu-P "livre" da própria pessoa que assumem o comando das mudanças terapêuticas, agindo tanto sobre o "consciente" quanto sobre o "inconsciente". E para que mudanças do sofrimento aconteçam e para que sejam duradouras, o processo de TIP-terapia, trabalha com a inteligência "intuitiva" ou "sábia" do próprio paciente, reestruturando até mesmo a dimensão humanística do Eu-P, que originariamente é sempre sadia e perfeita.

D) Cada paciente distingue áreas bem específicas de sua inteligência que algum dia bloqueou em si. Estando em terapia aponta, ele próprio, esses bloqueios e reformula-os depois, acabando por libertar-se daquele aspecto limitador de sua capacidade mental

Em relação a bloqueios da inteligência, os pacientes sabem identificar exatamente qual a característica que perturbou, quando, como e por que aconteceu. Assim alguém bloqueia a "associação de ideias" porque não quer "entender" o motivo pelo qual os pais vão se separar. Outro bloqueia a capacidade de "discernimento" porque não quer continuar a julgar qual dos pais tem razão nas constantes discussões que ouve. Alguém bloqueia a "lógica" relacionada à Matemática porque ele é o quinto filho, quando os pais só queriam quatro. Outro tem dificuldades de memória com números porque lá na infância viu o papai "contando o dinheiro" e achando que estava difícil criar mais um filho etc.

Dizíamos que os testes de QI não medem a inteligência em si, pois ela é imensurável, uma vez que infinita. *Mas os QIs aplicados ao paciente antes e depois da terapia feita pelo Método TIP, sem dúvida, apresentam coeficientes mais altos. E isso, evidentemente, acontece sem que algo seja acrescentado à inteligência em si do paciente.* O que aconteceu com a terapia foi apenas a liberação de um potencial já existente na mesma.

A compreensão desses fatos torna-se mais simples quando enfocados através de trechos de casos clínicos. Entende-se, então, não apenas como o paciente realiza a agressão a aspectos determinados da inteligência, mas também como estes bloqueios estão estreitamente interligados a fatores psicológicos. E vê-se ainda que o desbloqueio da inteligência, embora de nível humanístico, é realizado dentro das mesmas técnicas gerais do Método TIP. Acompanhe-se, por exemplo, o seguinte caso:

O paciente é um religioso e procura o psicólogo queixando-se especificamente de um problema que chamou de "burrice". Embora não se considere pouco inteligente em aprendizagens intelectuais, basta estar diante de duas situações conflituosas, entre as quais precisa decidir-se, para que fique confuso e perca a lógica do raciocínio. Diz o paciente: "Minha inteligência não é capaz de abarcar simultaneamente o entendimento de duas situações que estejam em contradição. Eu troco os dados, eu perco os raciocínios, eu desisto de pensar e preciso pedir aos outros que raciocinem comigo. Na medida em que os amigos colocam para mim item por item, como se eu fosse uma criança de primário, aí de repente eu consigo entender. Mas custa... E isso é humilhante!", conclui o paciente com expressão sofrida, continuando a relatar que essa dúvida e incapacidade de selecionar os conteúdos para tomar decisões estava se refletindo de forma marcante sobre a sua "vocação". Até hoje ele não sabia se a sua escolha havia acontecido por decisão dele próprio ou se ele vinha inconscientemente respondendo a uma promessa que sua mãe fizera de que ele seria "padre", caso sobrevivesse a uma doença grave, da infância. Assim, ao lado da "burrice", ele estava também angustiado pela "dúvida vocacional".

A terapia seguiu o curso normal. Trabalhou-se terapeuticamente a fase do útero materno e chegou-se à concepção. Neste instante o paciente vê que mamãe rejeita o papai sexualmente. O paciente, homem como o pai, sente-se também rejeitado. A sua "frase-conclusiva" diz: "Eu não sou bem-vindo como sou" (Sou homem). A partir dessa frase toda uma cadeia de problemas aparece na terapia do inconsciente: falta de identificação masculina, a projeção da não aceitação de si mesmo para o relacionamento com outras pessoas e, consequentemente, a criação, por ele próprio, de situações de rejeição, inclusive na hora da "ordenação sacerdotal", que foi realmente adiada. Houve também problemas de desejo inconsciente de morte, devido a uma frase-conclusiva que veremos depois. Sua vida tem o relato de vários acidentes, inconscientemente provocados, desde a infância. Em determinado momento da terapia aparece o primeiro ano de vida, no instante em que o paciente está à morte e a mãe faz a citada promessa. Acompanhe:

T: Você está à morte... por quê?
Pc: Desidratação...
T: Não estou perguntando o diagnóstico. Quero saber por que essa doença tomou conta de você... Você colaborou com ela ou não? Pergunte ao sábio...
Pc: Sim... o sábio diz que colaborei.
T: Veja os números mais importantes relacionados à questão.
Pc: 00, 03 e 09.
T: Veja-se na concepção (00).

O paciente retoma aqui a questão da rejeição sexual da mãe ao pai no momento da concepção e acrescenta outra frase-conclusiva. Ele diz: "Eu preciso morrer"... (porque eu não sou bem-vindo como homem). No terceiro mês de gestação (03) ele reforça seu desejo de morte, porque mamãe está angustiada com a gravidez e ele machuca internamente o útero" (telecinésia) para que sangre. Mas mamãe "faz repouso" para evitar o aborto; o paciente sente-se amado, reagindo positivamente. Na hora do nascimento (09) o paciente dificulta o parto, "segura-se em cima com os ombros", "não desce", torna o parto longo, difícil, põe em risco também a vida da mãe... Seu desejo inconsciente se expressa assim: "Preciso morrer, não posso nascer para a vida!" Acaba reagindo porque vê o quanto a mãe quer que ele nasça e que nasça bem...

Mas ele não nasceu muito bem, por influência do registro negativo já condicionado antes do nascimento. O paciente continua por muito tempo entre a vida e a morte. Buscado o motivo inconsciente, ele fala: "Não estou fazendo força para viver... Tenho medo de viver... Não sou bem-vindo.... Não quero viver!"

É então que o paciente vê em nível de percepção inconsciente a mãe fazendo a "promessa" de que se ele se curar se tornará padre. Acompanhemos o questionamento:

T: Você está ouvindo a promessa da mãe?
Pc: Sim... ela está na igreja, diante de Nossa Senhora... Está falando para Nossa Senhora que eu serei *padre* se sobreviver.
T: E como aquele menino reagiu em termos de saúde, após a promessa da mãe?
Pc: Ele fez força para ficar bom... segura a água no corpo (da desidratação).
T: Para quê? Ele não quer morrer?! O fato de ele perceber que a mãe deseja a sobrevivência dele só para que ele seja padre não é um bom motivo para fazer o contrário, para decidir de uma vez que vai morrer?
Pc: Mas a promessa da mãe deu ao menino um sentido para querer viver!
T: Por quê? Viver só para satisfazer o desejo da mãe?
Pc: Não... não é pela mãe... o menino sente alegria com a ideia de vir a ser padre... Ele sente que a vida dele é importante!
T: Vamos testar isso melhor. Se a mãe do menino não tivesse feito a promessa, mas alguém sem importância afetiva mostrasse para ele a possibilidade de ele vir a ser padre, como ele reagiria? (Realidade Potencial.)
Pc: Como se ele tivesse feito uma descoberta.
T: Descoberta?
Pc: É... do sentido da vida dele.

T: Sim... responda mais um pouco... E se fosse o contrário, se a mãe do menino não quisesse que ele fosse padre, mas que casasse, que lhe desse netos, como esse menino reagiria quanto à sua doença aí no primeiro ano de vida?
Pc: Ele não faria força para viver... ele não seguraria a água...
T: Por quê?
Pc: Ele não vê sentido nesse tipo de vida.
T: Então, por que foi mesmo que o paciente decidiu ser padre?
Pc: *Porque esse era o sentido de sua vida!*
T: *Portanto, você não apenas escolheu "livremente" que queria ser padre, como sobreviveu graças a essa escolha, você percebeu?*
Pc: (Meditativo e comovido.) Puxa! Que alívio! E há tantos anos que eu sofria com essa dúvida que não tinha razão de ser! Nem os tratamentos que fiz... e foram tantos... ajudaram-me a resolver essa questão tão fundamental para mim!...

Durante o processo de terapia, em função dos problemas apresentados pelo paciente, não foi necessário trabalhar diretamente a inteligência. Bastou "terapizar" o problema acima, a "rejeição da mãe ao pai" na concepção e o problema do motivo pelo qual reagiu contra seu desejo de morrer, no primeiro ano de vida, para que se resolvesse o tipo de "burrice" por ele lamentado, mais a "dúvida vocacional", mais tantos outros problemas que não foram citados e talvez nem conscientizados pelo paciente.

O caso mostra, portanto, o quanto os bloqueios da inteligência estão interligados a fatores psicológicos. E também se entende aqui que no inconsciente, devido à interação dos fatores com o tratamento de um problema básico, muitos outros se resolvem.

Normalmente, o paciente que é levado a tratar de problemas da "inteligência" localiza simbolicamente "claros e escuros" existentes nessa área. Os "escuros" correspondem a bloqueios cuja causa reside em problemas psicoemocionais ou psicoespirituais ou, ainda, no registro que dentro do inconsciente os pacientes trazem de seus antepassados. Logo que localizadas essas "manchas escuras" pede-se ao paciente os "números" correspondentes que revelam fatos vivenciais relacionados aos fatores que acima mencionamos. Assim concretizam-se os conteúdos "noológicos" pelo Método TIP. Entende-se, portanto, o que já afirmamos oportunamente, que *para "terapizar" problemas abstratos, como a inteligência, que se localizam no nível "humanístico", atua-se com a mesma objetividade, ou seja, por meio dos mesmos recursos técnicos utilizados para tratar dos problemas psicológicos.*

As questões levantadas por nós em torno da "inteligência" nos levam a considerar aqui os "bloqueios de aprendizagem" de crianças em idade escolar. Através do Método TIP, que também pode ser aplicado à mãe, em vez de à criança, pode-se resolver a grande maioria dessas dificuldades e com muita rapidez, como os exemplos aqui relatados, pois na realidade *a dificuldade não está na aprendizagem em si, mas nas circunstâncias que levaram aos bloqueios da compreensão. Pois a inteligência, por ser instância noológica e não apenas cerebral,* como já dissemos, *não pode ser destruída, apenas bloqueada e,* portanto, *é em princípio recuperável.*

E) Os "pacientes psiquiátricos" são diferentes dos outros pacientes apenas pela intensidade com que se agridem e pela área que escolhem para essa agressão...

No tratamento psiquiátrico muitos pacientes, quando apresentam diminuição ou perturbação da consciência, da mente, do raciocínio ou da inteligência, são, de acordo com os sintomas, rapidamente classificados, ora como deficientes, ora como psicóticos ou outras denominações específicas que os colocam "dentro de um grupo típico"... Pelo inconsciente e a partir dos resultados de sua "pesquisa" constata-se que a causa de problemas dos "pacientes psiquiátricos", apesar de única para cada paciente, é genericamente ligada à mesma causa básica de outros pacientes, ou seja, ao "desamor". *A diferença está apenas na intensidade do fenômeno de "desamor" sofrido e na violência da resposta dada pelo paciente, a partir de seu Eu-P.* De fato, se o paciente nesse momento agride o organismo ou alguns aspectos do psiquismo, torna-se menos grave a expressão externa desses condicionamentos lançados no inconsciente. Mas se o paciente, nesse instante crucial do desamor, geralmente na concepção, decide agredir a "capacidade de entendimento" para "não compreender que não é amado", ou se quer "perder a lógica e a coerência do raciocínio" (esquizofrênico) para não ter de "concluir" que os pais não se querem e não o querem, se ele opta por buscar um referencial de modelo dos antepassados do tipo debiloide, para "não tomar consciência dos fatos" e assim não sofrer, então esse paciente será "deficiente mental" ou "mongoloide", pois não lhe é difícil produzir uma anomalia cromossômica, uma trissomia para conseguir o objetivo de "anular a capacidade mental" em si. *O Eu-P desses pacientes é tão inteligente que sabe melhor que qualquer cientista qual a forma de atuação mental, genética ou neuroquímica que precisa deslanchar em si para conseguir o objetivo da perda da capacidade intelectual, que possa ajudá-lo a não sofrer...*

Entretanto, também esse tipo de paciente, quando bloqueia o acesso à sua inteligência lógica continua, porém, a conservar um Eu-P sadio, que torna possível a reversão. Fizemos a terapia indireta de uma criança com microcefalia, localizada na região do córtex cerebral. Através dessa criança mais uma vez foi possível constatar que o "pensamento" e a "vontade livre" não estão localizados no cérebro, mas apenas precisam do cérebro para sua expressão externa. Essa criança permitiu que pelo inconsciente dela se obtivessem respostas de mudanças e melhoras inéditas que já vêm admirando os médicos que com ela lidam pelos comportamentos observados e que "não deveria ter", em função de sua falha cerebral. Na realidade, pelo Método TIP, aconteceu o contrário: pela abordagem indireta do inconsciente atrayés da mãe, *"nunca uma criança desenvolveu raciocínios tão fantásticos como essa, que pelos conceitos convencionais seria incapaz de pensar"*...

Em relação à *inteligência* lembramos, finalmente, que *por ser ela uma instância do nível noológico pode estar em desarmonia com o psiquismo*. Assim, uma pessoa pode ser considerada muito inteligente e, no entanto, ser emocionalmente imatura ou desequilibrada. Por outro lado, podem as emoções perturbar a inteligência.

Concluindo: A descrição sucinta que fizemos sobre a "inteligência", suas instâncias, seus bloqueios e a capacidade de recuperação, deixa, mais uma vez, bem claro que *para curar um paciente em desequilíbrio "psicológico" é preciso abranger inclusive os aspectos diferenciados da "inteligência". E tratar da "inteligência" é possível pelo Método TIP.*

4.5 - O NÚCLEO DE LUZ

O paciente submetido à ADI, em determinado momento identifica o seu "Núcleo de Luz". Descobre que essa Luz não vem dos pais, mas de longe, do Infinito. Percebe que a Luz sobre ele irradia Amor, paz e vida. Essa Luz nele presente traça o encontro contínuo entre o humano e o divino...

A pesquisa do inconsciente, devido à vasta abrangência desse nível mental, conduz através de passos rápidos a contínuas e surpreendentes descobertas que complementam e aprofundam aspectos anteriormente identificados. Foi dessa forma que por meio da investigação toda elaborada dentro da metodologia científica da "pesquisa de campo" coletaram-se dados que, pouco a pouco, ultrapassaram os limites do psicofísico, entranhando, naturalmente, a realidade transcendente.

A *"concepção"* é um desses momentos citados em que os pacientes evidenciam, espontaneamente, experiências ou percepções inconscientes que transcendem os conceitos da matéria.

Já falamos também sobre o encontro do paciente com o seu Eu-P na concepção. Terminada esta etapa da terapia, solicita-se agora que o paciente, a partir do seu Eu-Pessoal olhe, não mais para "baixo", onde via os gametas, mas para "cima". Pede-se ao paciente que relate qualquer coisa que assim perceba. E o paciente, muitas vezes um pouco resistente no início, acaba, porém, por falar na percepção de uma "luminosidade" ou numa "Luz" ou ainda numa espécie de "energia". *Percebe, em seguida, que essa Luz é uma presença no seu Eu-Pessoal, mas que se distingue dele. É como se estivesse aí para "atrair", mas deixando livre para decidir...* O paciente é conduzido para fazer a descrição de tudo que sente vindo dessa Luz, e sempre se impressiona e fica tocado emocionalmente pelo que vivencia nesse momento.

Por outro lado, o paciente quando visualiza o início de seu existir na concepção percebe que o Eu-P e o seu "Núcleo de Luz" surgem simultaneamente. Contudo, a origem de ambos é diferente. O paciente vê que o seu Eu-Pessoal, o qual se apresenta no momento exato em que os pais se unem, é formado pela "dimensão humanística" desses pais, ou seja, pelo Eu-Pessoal deles e pelo seu Amor. A natureza desse Eu-Pessoal dos pais não é material nem física e é identificada também, pelos pacientes, como o "princípio vital humanístico" dos pais. Ao mesmo tempo surge nesse Eu-Pessoal uma Luz, mas essa não é originária dos pais; é descrita pelos pacientes como "vinda de fora", "de outra Luz maior", do "Infinito". *O paciente entende assim inequivocamente que seu Eu-Pessoal, aquele que o caracteriza como "pessoa única e irrepetível", tem origem dupla: uma natural, embora imaterial, que vem da dimensão humanística dos pais, onde também já existe o N. Luz destes e outra transcendente ou sobrenatural, que não vem dos pais, mas do Infinito, e que é exclusivamente dele.*

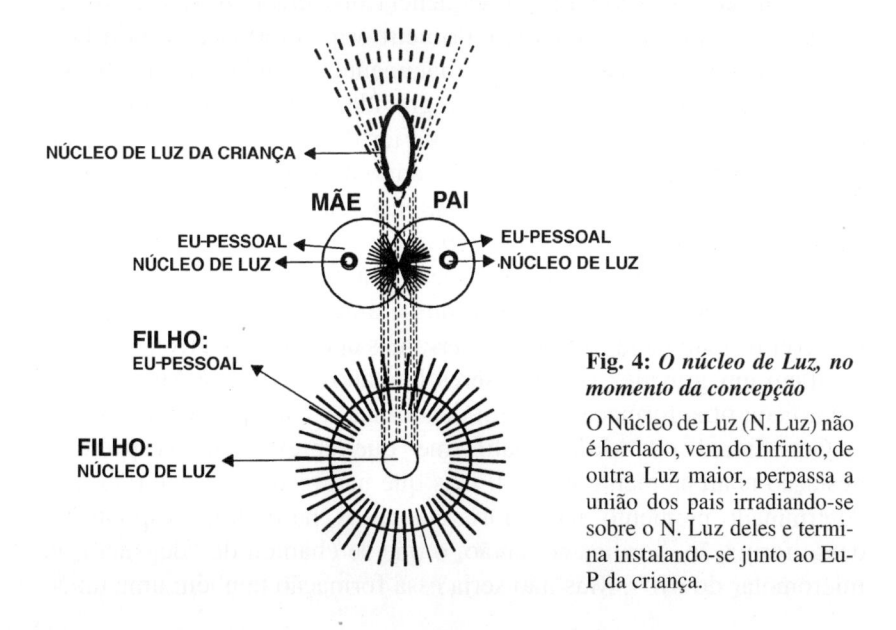

Fig. 4: *O núcleo de Luz, no momento da concepção*

O Núcleo de Luz (N. Luz) não é herdado, vem do Infinito, de outra Luz maior, perpassa a união dos pais irradiando-se sobre o N. Luz deles e termina instalando-se junto ao Eu-P da criança.

Qualquer que seja a crença ou a cultura do paciente, esses dados que acima descrevemos se verificam sempre e sem exceção nem mesmo para confirmar a regra. E assim precisa ser porque se está percebendo algo da essência humanística e não de características adquiridas. Nos dados coletados, as informações repetem-se de forma semelhante e não-contraditória. Os pacientes percebem que se originam de uma "grande Luz", cuja qualidade mais marcante é um imenso "Amor envolvente", e conseguem vivenciar intensamente esse Amor. Sentem que a essência de seu ser é uma espécie de fagulha deste Amor, que se solta daquela Luz do Infinito e, como uma espécie de "estrela cadente" ou "jato luminoso", instala-se em seu Eu-Pessoal, integrando-se, para sempre, ao mesmo.

Explicam os pacientes que a "dimensão luminosa" de seu ser já existia genericamente naquela Luz do Infinito, mas que somente agora se concretiza junto ao Eu-P, integrando o todo humano. Explicam, ainda, que essa dimensão de seu ser continuará a existir junto ao Eu-Pessoal, ainda que o "zigoto" ou o "físico" — logo mais incorporado — se destrua e morra. E quando interrogados sobre o motivo dessa metamorfose de seu ser, que estava no Amor e agora se expressa na fragilidade de um ser humano, respondem simplesmente: *a missão primeira do homem é amar.*

Todas essas verificações podem parecer um tanto incríveis às pessoas de nosso tempo, viciadas pela mentalidade fisicista. Entretanto, a experiência está aberta aos incrédulos, bastando que se submetam sinceramente ao processo de Abordagem Direta do Inconsciente. A experiência será altamente gratificante e inesquecível.

Observe-se, portanto, a sequência dos *diversos momentos da "concepção" de um ser humano.* Primeiro vem a formação do Eu-Pessoal, pela união dos pais, que é imediatamente invadida pelo "núcleo de Luz", caso se gere dessa união uma gravidez. Ou seja: uma gravidez, para acontecer, supõe a formação anterior do Eu-P, invadido simultaneamente pelo núcleo de Luz. Ainda, em outras palavras: *o Eu-P mais o seu núcleo de Luz se formam antes, mas "em função" de uma união posterior do óvulo e do espermatozoide.*

Biologicamente existem aspectos ainda não pesquisados por nós, porque não dizem respeito à nossa área. Assim, por exemplo, é possível formarem-se "zigotos" ocasionais apenas biológicos, que não resultem em gravidez ou em "seres humanos". Aliás, a Medicina já identificou uma formação que foi denominada "Neoplasia Trofoblástica Gestacional" ou "Mola Hidatiforme" que representa uma espécie de gestação aparentemente normal, mas que não resulta no embrião. Em determinado momento, na maioria dos casos, há o aborto espontâneo dessa formação. Verifica-se, então, o que se chamou de "degeneração micromolar do ovo". Mas não seria essa formação também uma união apenas "biológica", sem o Eu-Pessoal e, por ser assim, estaria fadada a não se desenvolver como "ser humano"? De qualquer modo, a partir da pesquisa do inconsciente, dois dados são certos: *não se formam "Eu-Pessoais" com "Núcleos de Luz" que não sejam destinados a determinado zigoto. Por outro lado, é impossível surgir um ser humano sem o seu Eu-P integrado pelo N. Luz.*

Vimos, então, que *desde a concepção todo ser humano tem o seu Eu-Pessoal integrado pelo seu "Núcleo de Luz".*

A criança que surge no momento da concepção "conhece" o Núcleo de Luz, sabe o que ele significa e portanto tem fé. Mesmo que venha a bloquear a sua Luz, saberá o que fez e sofrerá os efeitos do que fez. Por outro lado, *uma pessoa adulta sem fé, sem crença e sem religião é comprovadamente alguém que está desequilibrado na estrutura essencial de seu ser. É uma pessoa que "se nega" ao Núcleo de Luz, não alguém que não o tenha em si.* E esse desequilíbrio acaba por se refletir sobre o psiquismo, sobre o físico, sobre a vida afetiva, relacional, tendendo a criar depressão, angústia existencial e sintomas orgânicos, por vezes muito graves. Aliás, existe frequentemente uma estreita correlação entre ausência de fé e doenças incuráveis, ao menos na época em que essas doenças foram programadas. E em casos de doenças graves correlacionadas com ausência de fé uma ciência fisicista pouco pode fazer. Ainda que se descubram medicamentos e processos maravilhosos de cura física, jamais se atingirá por esse meio o núcleo originário do mal, mas apenas os sintomas. E não se curando o foco central, o mal que é tratado não é erradicado e tende a expressar-se por meio de outros males paralelos.

É preciso enfatizar aqui o que já foi dito quando falamos em "pessoalidade": que o *Eu-P, integrado pelo seu N. Luz, destina-se sempre à união de determinado óvulo com um espermatozoide específico, não à união de quaisquer outros gametas. O óvulo e o espermatozoide são únicos, não só em relação àquele pai ou àquela mãe, mas em relação ao universo dos gametas. E, se a concretização desse zigoto for frustrada de alguma forma, pela natureza deficiente ou pelo aborto, mesmo assim o Eu-P, destinado à este zigoto continua a existir e, devido ao seu Núcleo de Luz, nunca mais deixará de existir* e podendo ser identificado pelo paciente que se submete à ADI, a nível inconsciente, inclusive quanto ao sexo que teria, após a fertilização.

Outro aspecto a ser enfatizado é que a descoberta do Núcleo de Luz — conforme nos ensina a terapia dos pacientes — expressa-se como vivência pessoal profundamente envolvente, inesquecível e de efeitos em extremo significativos para a cura e para a reestruturação do ser humano sadio, equilibrado e feliz. Identifica o homem, nesse momento, um novo sentido e aprende a relativizar muitas coisas que antes lhe causavam sofrimento e descontrole emocional. Isso também porque *o paciente, quando se encontra no momento inicial da formação de seu próprio ser, instante no qual é integrado pelo N. Luz experimenta aí, pela primeira vez em sua vida, um período em que é apenas um ser imaterial.* Pois, embora esteja surgindo em função do seu psicofísico e embora identifique logo seus gametas, ainda não se uniu a eles. *Experimenta também nesse momento a mais plena liberdade de toda a sua vida, pois ainda não está bloqueado pelos condicionamentos, nem limitado ao seu físico. Vivencia ele ainda a alegria da espiritualidade e da atemporalidade, da presença nítida do Amor pleno, pois está diante da "Luz", na qual identifica o Divino.* Finalmente, *percebe aí a eternidade de seu ser que a partir dessa Luz lhe é transmitida...* O paciente aprende, nesse momento, que na morte também vai encontrar-se numa situação semelhante: "inteiro como ser", apenas sem o físico, ou melhor, sem a matéria do físico. *E a criança faz opções "responsáveis" no momento da concepção. Mas as suas opções não são resultantes de raciocínios,* elaborações teóricas de pensamentos — como aprenderá a fazer, na medida em que suas funções neuroniais e racionais se desenvolverem — *mas realizadas pela "intuição"* que, como explicamos no capítulo anterior, é uma das expressões da "inteligência" e está totalmente ativa na concepção, na fase de gestação e na primeira infância.

No capítulo sobre a pessoalidade vimos que a criança em gestação, ao optar por registros negativos, não mede consequências em relação ao físico. Isso acontece porque não é apegada à matéria. Ela "é" espiritual e sabe que se não assumir a sua matéria corporal, não "nascendo" para o mundo, continuará, no entanto, a existir como ser espiritual. Nesse momento, pode ela decidir entre "viver" ou "morrer". Se focalizarmos isso agora em relação ao N. Luz, podemos dizer que *nesse momento ela sofre uma "tentação" de não querer "assumir a vivência no mundo", que lhe parece frequentemente difícil e hostil. Se ela assim pensar vai "escurecer" a irradiação da Luz — embora não consiga afastar a Luz.*

Exemplifiquemos uma dessas situações vivenciadas pela criança na concepção para que se entenda como isso acontece na prática.

Uma paciente — hoje religiosa — quando em terapia se encontrava no contexto da concepção (período de 72 horas), vê que sua mãe está bêbada e caída no chão. Em seu desespero busca o N. Luz e vê diante de si uma cruz. "Ouve", então, uma voz interior que lhe sugere para se "destruir", pois sua vida será apenas "sofrimento". Desvia assim os olhos dessa cruz e começa a soltar-se no útero materno para ser eliminada. Mas nesse mesmo instante sente-se tocada por uma espécie de "onda de Amor". Levantando o "olhar", percebe a Luz que a invade e que vai ao seu encontro sustentando-a com uma "mão" para que não caia. Ouve simultaneamente uma voz que lhe diz: "Eu te amo... Eu quero que vivas!" Era agora o momento em que ela, pelo seu Eu-P, deveria decidir entre as duas "propostas" que havia recebido. Decidiu-se pela Luz e então, ao olhar novamente, já não viu mais apenas a "cruz", mas o "crucifixo", ou seja, a figura de Cristo de braços abertos diante da cruz e entendeu que Ele "aparava" a dor... A cruz ficava atrás dele, ou seja, o sofrimento era "amenizado" ao passar por Ele.

O relato é um exemplo do que acontece na vida de todas as pessoas. *Em todo paciente é possível identificar momentos em que houve a interferência da Luz.* E ele consegue mesmo concretizar tais momentos, como no exemplo acima, através da "visualização" de um sinal, que no caso foi uma "mão" que sustentava a paciente para não ir embora. Recordemos aqui o que foi dito, ou seja, que essas experiências registram-se no "inconsciente espiritual" e mantêm-se ocultas ao "consciente", da mesma forma que o "inconsciente psicológico" não é normalmente conscientizado. E os "efeitos das experiências espirituais" também são vivenciados, orientando inconscientemente para atitudes, da mesma forma como acontece com o inconsciente psicológico.

Vejamos agora um pouco sobre os dados coletados na pesquisa do inconsciente, no que se refere ao núcleo de Luz.

De acordo com o levantamento que fizemos, o paciente descreve o que chamamos genericamente de núcleo de Luz, como: "energia pura", "irradiação", "cometa", "nuvem brilhante", "fogo que não queima", "sol", "luz branca", "estrela", "energia superior", "luz ofuscante", "brilho", "energia espiritual", "força espiritual", "fluido de luz", "chuva de luz"...

Quando se solicita ao paciente que expresse o que essa "Luz" transmite, ou o que significa, ele assim explica:

É uma "força vital", "vida plena", "calor aconchegante", "alegria profunda", "perfeição", "harmonia plena", "bondade perfeita", "misericórdia", "o bem e o bom", "o bom e o belo", "ternura", "acolhimento", "plenitude de Amor", "aconchego do Amor", "amor inebriante", "calor amorizante", "unificação no Amor", "alegria", "exultação", "paz", "harmonia"...

Quando se indaga da finalidade deste Núcleo de Luz, têm-se respostas semelhantes às amostras que aqui descrevemos:

"... é uma espécie de energia que se faz presente dentro de mim"... "É uma Luz que exerce forte presença dentro de mim"... "É algo luminoso que exerce influência sobre a totalidade do meu ser"... "A Luz sugere-me integração"... "A Luz me cerca num envolvimento total"... "O foco de Luz dá-me sensação de paz e harmonia"... "Esta Luz é essencialmente de meu ser!"... "Sem esta Luz não existo"... "Esta Luz me atrai com Amor, mas não me força"...

Ou então, diz o paciente:

"A Luz existe para formar a minha vida espiritual"... "A energia se instala em meu ser e me atrai"..."É uma Luz de silêncio e me chama discretamente pelo Amor"... "O foco luminoso está presente em minha alma"... "A Luz veio para dar vida ao meu ser"..."A luminosidade entrou em mim, dela me vem a sabedoria"... "A Luz que me invadiu me transmite amor e paz"... "Esta Luz é a vida da sobrevida"... "A Luz que vejo garante a eternidade de meu ser"...

Dizem ainda os pacientes, quanto à "atuação" do Núcleo de Luz dentro deles:

"... a Luz me oferece saúde... vontade de vencer... poder... vida nova"... "Eu sinto um calor aconchegante... amor... ternura... e muitos dons vindos dessa Luz"... "Nesta Luz eu me uno a todos os seres humanos... nela há valores humanos que traçam esta união... nela há o que é bom em si mesmo"... "Na Luz existe algo que transcende o homem... paz... harmonia... amor... vida plena"... "Na Luz está todo o sentido da existência... do viver... do ser humano"...

Falam outros pacientes:

"... a Luz me transmite paz, amor, bondade, segurança, perfeição, muita alegria"... "O foco de Luz irradia a perfeição humana e o amor maior"... "A Luz me indica um caminho que é a missão da minha existência"... "Vejo uma estrada iluminada que devo seguir para ser feliz"... "Tudo que é bom, sadio e perfeito está nesse foco de Luz"... "A Luz é a fonte da vida plena"... "a Luz é tudo, resume tudo, toda a existência!"... "A minha Luz garante que eu seja especial e único por toda eternidade!"...

Quando se interrogam os pacientes em relação à origem deste Núcleo de Luz, eles respondem:

"É algo que vem de fora, não dos meus pais, mas se instala no meu ser"... "A minha Luz está no meu Eu-P, não é do zigoto..." "é uma energia que vem de muito longe, de uma Luz maior"... "A minha Luz vem de uma energia superior, para além do humano..."

Uma grande percentagem de pacientes identifica nesse Núcleo de Luz a presença de Deus. Veja-se:

"... a Luz é a presença de Deus em mim"... "... Uma partícula da Divindade dentro de meu ser"..."Um triângulo da Santíssima Trindade em minha alma"..."O olhar de amor de Cristo sobre mim"..."O rosto de Deus-Amor em meu ser"..."A presença do Infinito dentro do finito"... Dizem outros: "Vejo na Luz Cristo-Pessoa, como estava aqui conosco"... "Vejo Cristo-Menino, frágil, com os braços abertos, pedindo minha colaboração"... "Vejo algo que só pode ser Deus, porque me ama como nunca fui amado!"...

Outras respostas são mais longas e pessoais, refletindo conflitos em relação ao que o núcleo de Luz lhes sugere. Vejamos:

"... A Luz tem uma força de atração sobre mim... e eu sinto que ela atrai para o bem... mas ela não me força... ela me inspira... eu posso decidir"... "Há valores naquela Luz... valores que não são bem iguais aos valores que eu escolhi... E eu sinto que os valores da Luz me chamam, me convidam, mas me deixam livre... E eu não quero ver que valores são estes!"... "Eu sinto que se eu aderisse a esta Luz, por inteiro ela me invadiria, ela me transformaria para o bem... mas eu não sei se quero isso... eu tenho um certo receio!"... "Aquela Luz tem algo que inquieta... Eu vejo que é só coisa boa... é uma ajuda... é um sentido para mim... mas algo me faz hesitar..."

Algumas vezes os conflitos sobre o significado são um verdadeiro "monólogo-dialogado". Diz o paciente:

"Aquela Luz significa a liberdade... A liberdade?! Pois eu pensava que ela estava tirando a minha liberdade... Não, mas ela é a liberdade!... Não consigo entender... Sinto medo de perdê-la, se me deixar envolver pela Luz... que confusão... como vou entender isso?!..."

Na primeira fase da elaboração da pesquisa pela Abordagem Direta do Inconsciente pensava-se que o Eu-P e o Núcleo de Luz fossem a mesma coisa. Só com o aprofundamento da pesquisa descobrimos que o núcleo de Luz se distinguia do Eu-P. É uma "presença" contínua, mas não se confunde. Hoje, *a repetitividade das respostas dos pacientes nos leva a constatar que o Eu-P é o aspecto natural da espiritualidade humana e o núcleo de Luz é a presença do divino no Eu-Pessoal.* Descobri isso na medida em que se evidenciou também que o *Eu-P se "posiciona" face ao núcleo de Luz podendo até escurecê-lo, não permitindo que a luminosidade atue em seu ser, mas nunca conseguindo afastar esta Luz.* E isso pode nos fazer entender uma citação de Sto. Agostinho, quando diz: "Tu nos criaste para Ti e nosso coração vive inquieto, enquanto não repousa em Ti". De fato, a presença do núcleo de Luz inquieta, embora o Eu-P seja livre de se abrir ou de se fechar para esta Luz. Quando o ser humano se fecha ou quando restringe a ação da Luz sobre ele, isso se evidencia através de sinais que o próprio paciente percebe. São manchas escuras, raios escuros nas pontas, embaçamentos da Luz. Ouvem-se, então, depoimentos que podem ser contraditórios, como o daquele comerciante que falou, em terapia: "Vejo a minha Luz, mas ela está toda escura!"

Através de técnicas de "concretização do abstrato" que se faz pela ADI torna-se possível, por outro lado, que se operacionalize objetivamente a terapia em torno dessas questões. Pode-se solicitar ao paciente, por exemplo, que veja os "números" relacionados à "mancha escura" que está sobre a Luz. E para "terapizar" utiliza-se, então, o mesmo processo comum à terapia pelo Método TIP.

É importante saber também que o N. Luz não é apenas percebido na concepção, mas em momentos muito diferentes da vida. *O núcleo de Luz, presente no Eu-Pessoal, garante a oportunidade viva e constante de se poder fazer novas opções e escolhas melhores, durante toda a vida.* Assim, os condicionamentos presentes no "computador" do inconsciente, registrados para agirem sob estímulos semelhantes e que distorceram o processo de humanização e da espiritualidade, podem ser modificados, graças à liberdade e à sabedoria presentes na dimensão humanística e através do Eu-P integrado pelo núcleo de Luz.

Em função do núcleo de Luz, como vimos, torna-se possível detectar num paciente problemas de ordem espiritual ou moral-religiosa. A Luz apresenta-se, então, embaçada, escurecida, bloqueada, distante, pequena, sem força... Quando o paciente não quer a interferência do N. Luz em sua vida, quando se nega a ter fé, isso se expressa de uma forma simbólica sobre o núcleo de Luz e esse "abstrato" pode e deve ser "concretizado". Identificam-se, assim, os "números" ligados ao "escuro" e pode-se, então, tratar dos problemas que conduzem aos bloqueios do que é "espiritual" naquele paciente. Identificam-se também as "seqüelas", os registros psicológicos e as projeções orgânicas que resultaram dessa "negação da fé". Isso é importante revelar aqui, pois, ao contrário do que pensava Freud ou que afirma o cientificismo em geral, *a ausência de fé é objetivamente detectável, e através de um processo científico, apresentando-se externamente como "desequilíbrio psíquico" e "doenças físicas".*

O Núcleo de Luz está no nível do que chamamos de "inconsciente espiritual", o qual é mais profundo que o psicológico. Não se costuma dar muito crédito às experiências humanas de nível espiritual, onde o núcleo de Luz, de alguma forma, nos revela e nos transmite algo de sobrenatural. Mas pela ADI, *quando aprendemos a "escutar" o nosso "inconsciente psicológico", aprendemos também a "ouvir" o "inconsciente espiritual".* A necessidade desse treinamento é compreensível porque estamos muito habituados a "falar", em termos espiritual religiosos, e muito pouco a "ouvir". A partir do nível do inconsciente espiritual, a "fala" que a nós se dirige é diferente da "fala verbal". Entende-se a mesma num todo, com clareza, mas sem necessariamente se ouvirem frases ou palavras. Essa fala acontece em nível de "interiorização" e de "intuição", não de intelecto. É uma fala vivencial e tem poder de transformar a quem a ouve.

Pelo processo da ADI, portanto, o paciente aprende primeiro a "ouvir", no inconsciente, os seus registros psicológicos. A partir daí pode também "ouvir" o inconsciente de outras pessoas, conforme prova a terapia indireta. Pouco a pouco consegue identificar com precisão seus problemas físicos. E, finalmente, *aprende a "escuta interior" de sua instância espiritual, o nível mais profundo de seu ser.*

A "fala" que nos é dirigida constantemente pelo núcleo de Luz pode ser ouvida por qualquer ser humano, não apenas por homens especiais ou mais santos. Pois o N. Luz está em todos, pobres, ricos, intelectuais, analfabetos, mendigos, deficientes, psicóticos, ladrões, assassinos, ateus, religiosos, crianças, adultos, vivos e mortos... Esse N. Luz pode ser, no máximo, "bloqueado" em muitas de suas expressões e pelo Eu-P dessas pessoas, mas não pode ser atingido em si. *Nem a morte, portanto, pode afastar o N. Luz de uma pessoa, porque também o Eu-P não morre e o N. Luz faz parte integrante dele.* E é através do N. Luz da mãe que se torna possível atingir o N. Luz de crianças deficientes. *A via de comunicação através do N. Luz é sempre acessível e o veículo principal para atingi-lo é o Amor...* Que as mães de deficientes experimentem esse recurso para terem a surpresa das mudanças a que assistirão em seus filhos!

O N. Luz é extremamente importante no processo terapêutico. Ele oferece respostas suplementares para sofrimentos "noológicos", preenchendo lacunas, vazios e compensando o que no nível de psiquismo não se têm condições de fazer, mas que é imprescindível tratar para que se obtenha a "cura psiconoossomática".

Casos clínicos não faltam para exemplificar essas questões. Certo paciente, por exemplo, perdeu o pai na infância e em toda a sua vida sofreu com essa carência afetiva, mas não a ponto de isso expressar-se diretamente como problema na terapia. Entretanto, ao ser ele conduzido ao N. Luz, não viu apenas uma Luz, mas essa se apresentava em formato de um triângulo, sendo que dentro dele, no centro de uma irradiação, estava um rosto muito amigo que o paciente identificou como sendo de "Deus-Pai". Simultaneamente o paciente, que sofria de um "vazio doloroso" em seu coração, percebeu a substituição desse vazio por um aconchego, sentindo então um amor terno e ao mesmo tempo forte. Disse-nos ele emocionado: "Eu sempre procurei em vão o meu pai em tantos homens e fui encontrá-lo dentro de mim, em Deus-Pai"!

Atente-se aqui para o fato de que é muito diferente se aprendemos teórica ou doutrinariamente que existe um "Deus-Pai" ou se fazemos dentro de nós mesmos essa descoberta, assim como de outras realidades espirituais e religiosas. Nesse caso a força de convicção é absoluta, não deixando a mínima margem de dúvidas. Além disso, mesmo antes de "conscientizarmos" muitas dessas descobertas internas do "espiritual", elas já atuam. Certa vez perguntamos: "Se apenas hoje você sente essa compensação, se você antes nunca a identificou, de que lhe vale isso agora? E o paciente, silenciando por alguns minutos para pesquisar seu inconsciente, respondeu depois: "De certa forma eu sempre senti essa compensação de Deus-Pai, apenas não a conscientizei porque faltava a explicação lógica... Era mais uma sensação de consolo que o saber-se consolado... Olha! *É como se durante o sono alguém pusesse remédio numa ferida, cuja dor eu sentisse... Eu sentiria o alívio da dor, mas sem saber que alguém fez em mim um curativo..."*!

Impressiona-nos também a frequente "cura de corações duros" que o N. Luz é capaz de fazer! É comum termos pacientes que têm um coração "de pedra", "amarrado", "ferido", não sabendo amar. Colocam-se, por vezes, essas pessoas mesmo diante dos seus familiares como bons cumpridores dos deveres, como maridos ou esposas fiéis, mas há sempre uma parede de gelo que não permite a comunicação profunda entre os dois corações. O amor de um não consegue somar-se ao amor do outro nesses casais, porque no outro o amor está encapsulado. Quando um destes pacientes consegue abrir-se para o N. Luz passa a sentir de lá a irradiação do Amor, como se sobre ele jorrasse uma "fonte", não de água, mas de "calor aconchegante" que derretesse a "carcaça" de seu coração. Aprende, então, a amar e a ser amado. E nós sabemos que no "saber amar" e "sentir-se amado", reside a essência da felicidade e do "sentido existencial"! E não há nada mais árido, mais duro e mais "sem sentido" que a vida sem Amor.

Num mundo sofrido como o nosso, é importante também relatar aqui um dos "dons" muito mencionados pelo paciente em relação ao núcleo de Luz: a "alegria". Em termos dessa "alegria", vejamos um exemplo:

Uma paciente nossa, muito sofrida desde a infância, presenciou aos 2 anos de idade o seu pai esfaqueando a sua mãe. O pai foi preso, a mãe foi para o hospital e morreu. A menina ficou órfã de ambos, com a presença de ódio e de pavor inconsciente do pai em seu coração. Via-se no inconsciente cercada por uma "muralha de aço". Nada a comovia para o amor e para a alegria. Seu autoconceito era o de ter o "dom desprezível" de levar a tristeza para qualquer ambiente. "Eu contagio até meus netos com tristeza e melancolia", disse ela literalmente.

A paciente, ao encontrar o seu N. Luz, foi convidada a procurar lá, simbolicamente, "pacotes de presentes", dentro dos quais deveriam estar os outros "dons" seus. E para surpresa da paciente — e também da terapeuta — ao "abrir" ela o primeiro pacote de "dons", viu escrito numa "faixa": "Alegria". Sim, ela identificou como característica sua exata-mente o oposto ao que pensava de si mesma. A percepção — como é próprio do inconsciente — foi também "efetiva". A partir desse momento a paciente conseguiu viver intensamente a "alegria" que antes nunca conhecera.

Toda criança, desde a concepção no útero materno e na primeira infância, encontra o seu N. Luz de maneira espontânea. Ela reconhece nele a presença do divino e ressente-se quando os pais não têm fé. *A* criança "conhece" o núcleo de Luz, desde a concepção, como presença de apoio e muito Amor. Na fase da gestação esse núcleo apresenta-se, muitas vezes, como "socorro" que evita a morte da criança. A criança do útero materno sente desamor ou as desavenças entre os pais, ou vê que a mãe não quer aceitar a gravidez. Tenta ela, nesses casos, autoabortar-se. Na terapia se expressa então, podendo dizer, por exemplo, que está com medo de "cair". O terapeuta, nesse instante pergunta "qual a ameaça" e o paciente descobre que é ele mesmo que deseja "sair", que "não deseja viver"... Mas viveu! E é isso que se questiona a seguir: "Como foi que você sobreviveu?" "O que fez você desistir de morrer? E com muita frequência o paciente percebe, nesse momento, uma "Luz" que o aconchega e lhe fala: "Eu te amo", "Eu te quero", "quero que vivas" etc. Outras vezes, conforme já relatamos, o paciente vê na Luz "mãos suaves" que o abraçam e o acolhem com muito Amor, transmitindo-lhe ternura, dando-lhe forças para querer sobreviver. De qualquer forma essa Luz, pelas descrições, é novamente o mesmo núcleo de Luz do qual estamos falando.

Outro exemplo nessa linha é o caso de uma paciente que em terapia encontra-se no terceiro mês de gestação e começa a sofrer e a descrever uma angústia de "sufocação" com o cordão umbilical no pescoço. Sente que vai morrer e, no consultório, sua frio. Dissemos, então: "Passe mais para frente e veja o que aconteceu que não deixou você morrer". E a paciente respondeu: "Tem uma Luz aí na minha frente... ela me envolve como uma nuvem. Ela me fala, ela me diz que me ama. Ela me transmite força, vida, vontade de viver... Eu decidi viver... tirei o cordão umbilical do meu pescoço!"

Todos sabemos que *temos algo semelhante ao N. Luz dentro de nós. É um fato incontestável e universal. É uma realidade independente de religião. É um fenômeno humano...* A ciência, em função de seu paradigma limitado, não atinge essa realidade. Mas, *se em nome da ciência quisermos negar a existência desses fenômenos "humano-universais" e, no caso, "transcendentais", não estamos sendo "científicos", mas "preconceituosos".*

Os fenômenos do N. Luz, chamamos nós de espirituais ou "místicos", especialmente para que não sejam confundidos com a espiritualidade natural ou paranormal. A "espiritualidade natural" se resume pela instância noológica do homem. A paranormalidade acontece no inconsciente noológico e psicofísico. Mas a percepção do núcleo de Luz é um fenômeno místico. E, de acordo com a percepção dos pacientes, conforme já especificamos, o N. Luz "está" no homem, mas não se origina do homem, "ultrapassa" o homem, vem de "força superior". Assim, *o fato "místico" é o que vai "para além" do inconsciente psicológico ou paranormal e se encontra com o sobrenatural,* conforme nos confirmam centenas de depoimentos de "inconscientes".

Muitas vezes apresenta-se aos "olhos inconscientes" do paciente uma vivência espiritual que ele experimentou no passado, mas que nunca havia conscientizado, pois ela apenas havia ficado registrada como um momento altamente positivo. Vejamos um caso que ilustra essa questão.

Solicitamos a um paciente o melhor momento dos dez primeiros anos de vida. O paciente indica os sete anos de idade, dia da Primeira Comunhão. Perguntamos: "O melhor momento" se deve à festa? à roupa nova? à atenção? Responda com o horário certo do momento que marcou você... O paciente fala: "São dez horas e quarenta e três minutos". Perguntamos, mais uma vez: "O que aconteceu exatamente nesse momento?" E o paciente responde: "Estou recebendo a Comunhão". Insistimos: "Por que esse é o momento mais feliz?". O paciente silencia... Pedimos que aprofundasse mais para nos dar a resposta... Agora relata o paciente: "É uma Luz muito forte entrando em mim! Esta Luz me ama, me envolve em muito carinho, como se fosse um abraço dos mais gostosos de meus pais... Mas é mais do que isso!" E se comove ao evocar a cena, dizendo: "Nunca vivi tanto Amor em minha vida!"

Esse paciente, quando buscou a terapia, há muitos anos não praticava nenhuma religião. Surpreendeu-se, ele próprio, com essa "redescoberta" dentro de si, de um fenômeno espiritual. Com o paciente, portanto, aconteceu o que explicamos, ou seja, *assim como o inconsciente psicológico emite seus efeitos para o comportamento ou na forma de somatizações sem que seja conscientizado, da mesma forma o "inconsciente espiritual" emite irradiações e sensações de bem-estar, paz e alegria diante de momentos espirituais que a pessoa experimenta sem conscientizar a causa, só a descobrindo quando aborda seu inconsciente.*

4.5.1 - "O núcleo de luz falsa"

Como esclarecemos desde o início do livro, tudo que sabemos e aqui relatamos foi aprendido com os pacientes. Realmente o paciente, pelo fato de ser "questionado" pelo terapeuta, surpreende renovadamente com respostas inesperadas, que servem de indicação para novas pesquisas. Foi dessa forma que um dia, durante a terapia, revelou-se esse algo que chamamos de "luz falsa".

O fato aconteceu quando pedimos a um paciente que olhasse, a partir de seu Eu-P, "para cima" e que nos dissesse o que via. O paciente respondeu, que enxergava duas luzes... Acompanhemos o questionamento:

T: Você vê "duas" luzes? Que luzes são essas?
Pc: Uma é grande... a outra é pequena... mas a pequena brilha mais.
T: Pergunte ao sábio o que significa "duas" luzes?
Pc: Ele diz que uma é legítima... a outra fui eu que criei.
T: Qual delas você criou?
Pc: A pequena, que brilha mais.
T: Peça ao sábio uma prova de que esta não é legítima...
Pc: Ele diz que eu olhe por detrás delas.
T: Então olhe...
Pc: Atrás da "legítima" eu vejo uma luminosidade sem fim... Ela está "ligada" ao Infinito.
T: E a outra?
Pc: A outra só tem luz na frente... atrás é escuro. Ela está "disfarçadamente" ligada a uma tomada... Ela é ilusória... não tem fonte de origem na Luz... vem do escuro...
T: Pergunte ao seu sábio: pode uma luz vir do escuro?
Pc: Não.
T: Então por que você criou esta segunda luz?
Pc: Porque eu quero fazer o Bem...
T: Não entendi... a luz legítima não conduz você ao Bem?
Pc: Ela conduz... Mas ela não me satisfaz em algo que quero.
T: O que você quer?
Pc: O sábio bate palmas... quero ser elogiada... Quero brilhar... brilhar mais.
T: Peça um número que mostre uma cena correspondente.
Pc: Estou fazendo uma palestra para casais... Foi muito boa — eles me elogiam muito.
T: Por que esta cena? Pergunte ao sábio, peça que interligue os fatos...
Pc: Eu fiz o bem... mas eu estava mais preocupada em ser elogiada do que em ajudar os casais!

Comentário: Esta descoberta final angustiou a paciente. Ela nunca havia se conscientizado de que agia mais por "autopromoção" do que por "doação" em seus trabalhos apostólicos... No final de todo o processo terapêutico a "luz falsa" havia sumido...

A partir dessa primeira experiência, continuamos a "pesquisar" a luz falsa em nossos pacientes. Toda vez que ela se apresentava tratava-se de pacientes os quais, sem dúvida, desejavam o bem e não o mal, mas que manipulavam o bem para adaptá-lo ao seu agrado pessoal. O paciente de "luz falsa", portanto, difere daqueles que "escurecem" a sua Luz. Ele se "autoengana"... A "luz falsa" muito comumente aparece em pessoas que se dedicam a determinadas seitas religiosas, onde não encontram o verdadeiro Bem e a Verdade. Enquanto isso, os pacientes que escurecem ou bloqueiam a Luz são geralmente agnósticos, fisicistas, pessoas sem fé ou pessoas que optam conscientemente pelo mal.

4.5.2 - A integração do Inconsciente com a realidade noológica, os antepassados e o N. Luz é espontânea

Existe uma espontânea integração do inconsciente, não só com a natureza psicofísica, mas com os registros da memória dos antepassados, com a experiência do momento da concepção, com as instâncias noológicas, com o N. Luz e com outras realidades da totalidade humana.

Em nossos cursos e conferências são muito frequentes perguntas sobre a forma como se abordam na terapia assuntos relacionados aos antepassados, à concepção e às instâncias do nível espiritual, especialmente do núcleo de Luz... Há uma preocupação com esses temas que são considerados "menos concretos". Pensa-se que na terapia se realiza uma espécie de condução para respostas já pré-estabelecidas, como se faz em algumas terapias que incluem esses assuntos em seus esquemas.

Já explicamos, em diversos momentos deste nosso livro, especialmente através de casos clínicos, que o "questionamento" impede a "condução" do paciente a ideias pré-formuladas. Entretanto, para que melhor se entenda essa questão, escolhemos trechos de um mesmo caso clínico (fornecido pela *TIP-terapeuta Maria Clara Jost de Moraes),* para exemplificar esse fluir espontâneo que acontece entre as diversas áreas mencionadas e a partir de colocações que vêm do próprio paciente. O terapeuta, sem dúvida, deve servir de "guia", visando a "objetivação" e o enfoque que garante a ordem sistemática do processo, mas que sob hipótese alguma sugere o conteúdo das respostas. Segue o caso:

O paciente em questão se classifica de "homossexual". E, embora racionalmente convicto de que deve "aceitar-se" como tal, na realidade não se sente bem e não "consegue" assumir sua condição. Explica-se ao paciente — como é próprio do processo — que o "inconsciente" acabará por responder a todas as dúvidas que ele tiver. E inicia-se a terapia do caso perpassando-se os "períodos vitais".

A TIP-terapeuta guia o paciente através do "fluxo" normal da terapia até a síntese, ou à raiz das questões levantadas, onde se situam várias "frases-conclusivas" e "frases-registros", nitidamente relacionadas com o problema. Nessas situações o paciente conclui "Eu sou ruim", "eu não mereço ser feliz", "eu não sou homem".

A TIP-terapeuta pede agora ao paciente que localize a causa principal dessa problemática, que espontaneamente conduz aos antepassados. Acompanhe:

T: O que você vê?
Pc: O meu pai e uma fila atrás dele...
T: Quantas pessoas?
Pc: Nove.
T: O que significa o que você vê?
Pc: Que a causa do problema está nove gerações atrás do pai...
T: O que você identifica lá?
Pc: Um homem... está em pé... olhando...
T: Para o que ele olha?
Pc: Para o filho... excepcional.
T: Como você sabe que é excepcional?
Pc: Tem traços de mongoloide.
T: E o que você percebe de importante na cena?
Pc: Ele queria ter um filho normal. Não gosta dessa criança. Ele a despreza.
T: E o que o pai conclui sobre si nesse momento?
Pc: Que ele não cumpriu o papel de homem. Ele é imperfeito... Não serve para a reprodução... Não é homem.
T: E como isso chega até você? Cena? Número?

Comentário: Aqui a terapeuta pede ao paciente que trace uma relação entre o problema do antepassado e uma cena típica da vida atual do paciente. Este descreve um comportamento homossexual. Continua o questionamento agora sobre o próprio paciente, em relação à cena que foi correlacionada pelo seu "inconsciente" com o antepassado.

T: O que você conclui dessa cena que você acabou de relatar?
Pc: Eu não posso gerar filhos perfeitos. Não posso ter vida sexual plena. Não posso ter sexo.
T: Como você resume essas conclusões para você?
Pc: "Não posso gerar perfeição" (Frase-conclusiva)... *"Eu sou homem que não é homem"* (Frase-registro).

Comentário: Feito o diagnóstico da causa-primeira do homossexualismo e sua correlação com o paciente, começa agora a fase terapêutica sobre a questão. Entre várias técnicas possíveis, a terapeuta escolhe modificar a imagem do antepassado registrada no inconsciente do paciente, porque é sabido que se mudando os registros inconscientes dos antepassados, mudam-se registros no descendente.
Acompanhemos:

T: Localize (em sua memória inconsciente) três cenas onde aquele antepassado pensou de si o contrário de que é imperfeito, de que não serve para a reprodução, de que não é homem... 1ª cena...

Pc: O filho excepcional está doente. O pai (antepassado) está com medo que ele morra... O filho percebe o amor do pai... abriu os olhos... resolveu viver.
T: E o que esse pai conclui sobre si nesse momento?
Pc: ... que ele salvou a vida do filho. Ele amou o filho... Foi um ato de amor...
T: E quem ama é o quê?
Pc: É bom... Ele pensou "Eu sou bom" (frase-registro contrária).
T: 2ª cena...
Pc: O pai está com a criança no colo. Está dando carinho para ele... está protegendo e amando...
T: O que esse pai pensa sobre si?
Pc: "Eu sou merecedor" (FR-contrária).
T: 3ª cena.
Pc: A criança morreu... o pai chorou, está sentindo falta...
T: E o que concluiu sobre isso?
Pc: Esta criança me ensinou a amar... Eu sou capaz de amar...
T: E um homem que é capaz de amar é o quê?
Pc: É homem... é de valor... homem bom... homem de verdade...
T: Então o que esse antepassado pensa sobre si?
Pc: "Eu sou homem verdadeiro" (FR do contrário).

Comentário: A terapeuta pergunta agora como o paciente vê dentro de si aquele antepassado que lhe servia de modelo. O paciente responde: "Claro, abrindo os olhos, com o coração aliviado..." A terapeuta questiona sobre o significado de "coração aliviado" e ouve como resposta: "pode amar e receber amor"...

Vimos, portanto, nesse caso, como a memória inconsciente reproduz com naturalidade fatos e detalhes relacionados aos antepassados e sem que o terapeuta necessite auxiliá-lo. No caso, logo que realizada no inconsciente do paciente a decodificação do registro de seu antepassado e tendo surgido a FR "Eu sou homem verdadeiro" também o paciente foi atingido com mudanças, sentindo que fora libertado de "amarras", que estava mais solto, leve e sentindo-se repentinamente capaz de amar. A terapia foi reforçada aqui pela "técnica do silêncio", que visa libertar o paciente, não só "psicologicamente", mas "espiritualmente" daquele antepassado. Continuou-se agora o processo normal de terapia sobre o paciente, trabalhando-se os diversos meses de gestação. No final o paciente já havia decodificado outros aspectos relacionados ao "homossexualismo" e tinha concluído sobre si com frases-registros positivas, tais como: "estou em paz" (harmonia interna), "eu sou a pessoa certa" (a pessoa como deve ser) e "eu sou equilibrado".

Vejamos agora como o mesmo paciente faz "fluir" a terapia em torno dos momentos de sua concepção. Acompanhe:

T: Veja o momento mais importante da sua concepção.
Pc: O óvulo é redondo.
T: Coloque na tela, do lado direito, um óvulo-padrão... qual a diferença para o seu?
Pc: O meu é maior que o óvulo padrão.
T: Agora vamos ver o espermatozoide. Descobriu?
Pc: Hum!
T: Como é que você sabe que é o seu?
Pc: Porque ele vibra mais... ele está mais escuro... ele anda mais que os outros...
T: Você vê mais alguma coisa?
Pc: Ele passa na frente dos outros, balança mais a cauda...
T: Então retornemos ao óvulo. Vamos ver qual o número do passado da mãe que pode estar atrapalhando o óvulo (para ele ser diferente do padrão) aí no momento da concepção. Veja o número, dia da semana e hora.
Pc: Cinco, quinta-feira, duas horas.
T: O que acontece nesse momento, quando mamãe tinha cinco anos de idade?
Pc: Mamãe está brincando com um menino... está brincando de carrinho... A mãe dela a pega e diz que ela não devia brincar com os meninos, não podia brincar com os homens.
T: Qual foi a palavra que a mãe falou para essa menina?
Pc: Vergonha.
T: Disso aí, o que foi que essa criancinha de cinco anos concluiu?
Pc: Ela concluiu que... que é errado menina brincar com menino.
T: Quem brinca com menino é o quê?
Pc: É sem-vergonha... é o que ela estava pensando...
T: Vamos pedir um número para o sábio e ver como é que foi que isso se manifestou lá no futuro da mãe?
Pc: 17... Ela está namorando.
T: E o que está acontecendo aí que tem algo a ver lá com o problema dos cinco anos?
Pc: Ela está conversando com ele... com uma emoção forte... e... os dois estão se desejando, mas ela não está aceitando isso.
T: Por que o sábio mostrou isso aí? O que está acontecendo com ela aí aos dezessete anos que o inconsciente está ligando ao problema dos cinco?
Pc: ... que o que ela estava pensando era pecado, que ela queria muito, mas era errado.

T: Então retornemos à concepção... Como esses dois acontecimentos dos cinco e dos 17 anos interferiram na concepção e sobre o óvulo "diferente" do padrão que você viu?
Pc: A mãe acha que é errado ter relações sexuais.
T: E a criança o que concluiu para si?
Pc: "Eu sou fruto do pecado" (Frase conclusiva da mãe do paciente).

A terapeuta volta-se agora para fazer a terapia do problema da mãe que está influindo sobre o óvulo que formou o paciente. Acompanhe:

T: Esse problema que mamãe expressava no momento de sua concepção começou com ela ou antes dela?
Pc: Está mais para trás...
T: Quantas pessoas você vê atrás da mãe?
Pc: Quatro.
T: Então vamos ver a última pessoa da fila...

Observe-se que mais uma vez é o próprio paciente que conduz a terapia para os antepassados... e dessa vez anterior à mãe. Prossigamos:

T: O que você vê lá atrás, homem ou mulher?
Pc: Mulher.... tem um cara agredindo, chamando-a de "sem-vergonha".
T: E por quê?
Pc: Ela olhou para outro homem... o marido viu...

Observamos, portanto, que a palavra "sem-vergonha" fora pronunciada pela primeira vez em relação a uma ancestral, quatro gerações atrás da mãe do paciente. A partir daí essa frase já estava condicionada (MIAR — Mecanismo Inconsciente Automático de Repetição). E por estar condicionada, de certa forma levava inconscientemente as próximas gerações a fazerem com que fatos semelhantes se repetissem... Havia também outros fatores interligados à questão e que firmam o MIAR, pois a mulher que "traiu" o fez inconscientemente por vingança contra o pai que nela bateu com violência quando ela tinha cinco anos. E observe-se também a tendência inconsciente de repetição dos "números" em torno do problema básico, ou seja, aos cinco anos a paciente ouvira que era "sem-vergonha" e foi também nessa idade que a ancestral resolvera vingar-se do pai... Esses mecanismos de repetição, sob vários ângulos, são fenômenos que se observam continuamente nas terapias.

Depois de tratado o problema ligado ao óvulo e à mãe, a terapeuta leva o paciente a focalizar o seu espermatozoide. E o paciente vai, aos poucos, apontando um problema de ordem espiritual ligado ao mesmo, sem que ele próprio se aperceba do tipo de diagnóstico que faz.
Acompanhe:

T: Olhe agora para seu espermatozoide.
Pc: Tem uma sombra nele.
T: Pergunte ao seu sábio o que deveremos fazer.
Pc: Precisa anular isso... afastar.
T: Como?
Pc: ...
T: OK! Eu vou fazer uma técnica, chamada "técnica do silêncio" e você observa a sombra e me diz o que está acontecendo...
Pc: Ela fica mais fraca, transparente, mas torna a ficar mais forte e escura... ela vai e volta...
T: Eu vou continuar com o meu silêncio e você continua falando o que vê...
Pc: A sombra está começando a sumir... pronto... ela se afastou.
T: Qual o sinal de mudança que observa em você? Pergunte ao sábio o que mudou. Se a sombra realmente foi afastada, algo deve ter mudado em você...
Pc: Eu sinto o alívio de uma pressão no peito... algo se soltou dentro de mim... Eu me libertei de uma espécie de perseguição... Uma sombra negra, escura... Agora eu não a vejo mais... Eu me libertei de um medo... Nossa! É muito forte o que sinto! É um alívio muito grande!

Comentário: O trecho acima mais uma vez atesta que é o paciente quem fornece os conteúdos do inconsciente e que esses nem sempre podem ser enquadrados apenas no nível psicológico. Quando são do nível psíquico são claramente definidos e podem ser descritos em detalhes. Quando ultrapassam o nível psicofísico apresentam-se normalmente sob os tons de "claro" e "escuro". Em casos assim o processo psicológico, sem a "técnica do silêncio", não resolve a questão. Entretanto, embora o terapeuta conheça essa diferença a partir da experiência clínica, o paciente não precisa conscientizar essa realidade para ser libertado de um sofrimento que entranha o espiritual — conforme demonstramos com o trecho descrito.

A próxima sequência da terapia do caso foi levar o paciente à descoberta da dimensão do Eu-Pessoal, ou seja, daquela dimensão que tudo observou, que percebeu os gametas e os problemas presentes nos gametas. Acompanhe:

T: Quando você olhou para seus gametas antes de se formar o zigoto, o que é mesmo que estava olhando?
Pc: É o meu Eu que olhava...
T: Qual a diferença para o Eu que se formava lá nos gametas? Quem decide as coisas? Quem muda e transforma aquilo que estamos trabalhando na terapia?
Pc: É o que está se formando.
T: O que se forma não é o mesmo que estava se formando errado antes?
Pc: É.
T: Ele estava se formando errado porque queria?
Pc: Não.
T: Quem, ou o que estava decidindo para ele se formar errado? Quem selecionava coisas lá dos antepassados, puxando para si?
Pc: O Eu que olha.
T: Observe mais as diferenças entre essas formas do seu eu... São dois "eus"?
Pc: Não... Esse Eu aqui de cima que olha, vai se unir com o outro... Mas esse que olha é mais puro... é livre... O Eu que está sendo formado, ele recebe as influências dos meus pais, dos antepassados... nem tudo é bom... Esse Eu aqui de cima escolhe... ele puxa algumas coisas para si do que se forma e afasta outras... ele pode interferir...
T: Se você fosse dar um nome para esse Eu que é mais puro, que comanda, como você o chamaria?
Pc: Eu-interior... ego... alma... alma foi a primeira palavra que me veio à cabeça...

Depois que o paciente percebeu sua dimensão de Eu-Pessoal, a terapeuta levou-o a buscar sua realidade transcendente, e da seguinte forma:

T: Vou fazer outra pergunta: quando você estava descrevendo o óvulo e o espermatozoide, você se via olhando "para baixo", né? Então agora olhe para cima. O que você vê?
Pc: Tudo branco.
T: Que branco é esse?
Pc: Uma luz.
T: Uma luz? De onde que vem essa luz?
Pc: ...
T: Veja de onde a luz está vindo.
Pc: ... a resposta parece ilógica.
T: Ilógica?
Pc: O Amor de Deus. Será que é racional?
T: De onde vem essa luz?

Pc: De cima.
T: O que ela faz aí?
Pc: Está lá. Está presente.
T: O que ela transmite?
Pc: Paz... Amor... Proteção... Especialmente para a criança. A luz a acompanha... na formação... parece que está lá desde quando se formou... veio para acompanhá-la.
T: Essa luz é confiável?
Pc: Sim.
T: Você falou que a luz estava aí na hora da sua formação... Ela pode ter cometido algum engano em colocar aí um "menino"?
Pc: Não... Ela me forma como homem... *Fui eu que criei a confusão...*

E aqui a terapeuta, perguntando o número do "momento" em que o paciente "criou a confusão", descobre mais um problema a ser tratado psicologicamente em relação à sua tendência à homossexualidade. Em seguida retorna ao enfoque da "luz":

T: Veja o que essa luz está transmitindo... Veja como que "pacotes de presentes", qualidades e dons exclusivamente para você. O que tem nesses pacotes?
Pc: Dinamismo... certeza... inteligência... ponderação... carinho... consciência... virtude... segurança... vontade... firmeza... alegria... positividade... amor... valor... consideração...

O paciente relata cada um dos "conteúdos dos pacotes" lentamente, fazendo pausas entre os diversos "dons" citados. Percebe-se aí nitidamente que ele "pesquisa" e vai fazendo "descobertas", entranhando assim, de forma única e espontânea, o "inconsciente espiritual".

T: Isso. Agora olhe para o lado esquerdo, como estava essa luz antes?
Pc: Apagada. Tinha uma sombra.
T: Quem apagou essa luz?
Pc: Eu.
T: Por quê? O que vinha da luz que você não queria ver?
Pc: Verdade... O Eu-verdadeiro... ele me diz que sou homem...
T: Agora você pode escolher de novo.
Pc: Quero olhar para a Luz. A Luz já estava lá desde o começo...

Comentário: O paciente continua a fazer a "pesquisa" sobre seu ser, a partir do N. Luz, reforçando a convicção sobre o fato de que seu

Eu-verdadeiro é masculino. Na medida em que faz as "descobertas" identifica-se e cura-se... No final da sessão, realiza-se o "teste". Vejamos:

T: Olhe para você num espelho mental e observe a sua diferença agora na saída desta sessão em comparação ao espelho que reflete como você estava na hora de entrar aqui.
Pc: Vejo-me brilhante... Cheio de luz... o rosto, não consigo explicar... mais feliz... resplandecente.
T: Qual a parte do corpo que dá para ver?
Pc: O corpo todo... até o pé... de frente.

Comentário: Observemos o detalhe de o paciente falar que se via "de corpo inteiro". Isso apareceu também no Teste de Registros Inconscientes — TRI-final, no espelho, enquanto que antes o paciente nem sequer se via projetado, mas apenas havia desenhado a moldura desse espelho. A imagem de identificação masculina que era o pai tornou-se totalmente outra depois da terapia. O paciente relatou estar mais forte, mais animado para o trabalho, sentindo-se bem na presença dos outros, não se deixando influenciar pelo que julgava hoje serem "más" companhias. Finalmente, relatou ele que perdera a atração por pessoas do mesmo sexo e estava sentindo-se atraído por mulheres. Testou-se, ele próprio, nesse particular, indo aos locais de encontros de homossexuais que antes frequentava, mas o ambiente já não lhe despertava o mínimo interesse.

Retornando ao objetivo inicial da apresentação desse caso, acreditamos que foi possível ao leitor *entender não apenas que o entrelaçamento entre realidades psicofísicas e não físicas ou espirituais acontece espontaneamente, como também que quando assim acontece, expressam todas elas a necessidade de serem atendidas sob o ponto de vista terapêutico para que se possa promover de fato a "cura" do paciente...*

Concluindo: Encerrando o capítulo sobre o N. Luz, queremos mais uma vez enfatizar sua grande importância no contexto de uma terapia integral. O N. Luz, além de ser percebido no inconsciente por todo e qualquer paciente em terapia, além de servir de referencial de Amor quando todo o amor humano fracassa é, principalmente, o único meio de comunicação que resta ao ser humano quando as funções cerebrais, por algum motivo, já não mais existirem ou quando a inteligência foi bloqueada. Neste particular destacou-se de maneira comovente o caso de uma criança com microcefalia, cuja mãe fez sobre ela a terapia indireta. "Ouvimos", então, a partir do inconsciente da mãe, que a criança "pensava", "sentia" e "amava" e que com o olhar se comunicava com as pessoas. Através da mãe "ouvimos" também que ela agredira seu cérebro porque julgava que "deixaria de pensar", pois era isso que "queria" atingir. Mas para surpresa dela verificou, ela própria, que continuava a "pensar" e a "existir como pessoa" a partir de sua "Luz". A paciente, quando agrediu o cérebro, havia se "fechado" para a Luz e esta ficara escurecida. Mas estava escura apenas aos seus olhos, porque ela a bloqueava. A paciente se fechara para a Luz, mas essa Luz continuava existindo e podia, portanto, ser reativada — o que foi feito em terapia.

Vimos assim *que o Núcleo de Luz, embora de origem "sobrenatural" encontra-se como que incrustado no Eu-P, ou no nível noológico do ser humano. Por esse prisma é, portanto, "natural" ao homem, não algo "externo" ou "estranho" a ele. Daí, não é "dependência" buscar a Deus, como às vezes quer, se entender na Psicologia, comparando esse ato à dependência do filho aos pais. Buscar o referencial do N. Luz dentro de si significa a realização plena e transcendente do ser humano.* E o N. Luz orienta para o sentido existencial e o faz de forma que esse sentido seja coerente com as aptidões mais profundas e escondidas de cada pessoa, sintonizando simultaneamente a sua harmonia integral.

Desfaça-se qualquer dúvida a respeito do N. Luz presente em cada pessoa. O que os pacientes aí revelam repetitivamente não pode ser atribuído à intervenção pessoal, profissional ou técnica do terapeuta, porque esse N. Luz é sempre novo e surpreendente. Também não pode isso ser atribuído ao psiquismo ou mesmo a "alucinações" do paciente, porque o terapeuta nisso não se engana, uma vez que conhece o inconsciente de seu paciente, e ainda porque ele próprio já se submeteu à terapia integral e, portanto, vivenciou a experiência do encontro com o N. Luz. E tudo isso também não pode ser entendido como fato esporádico, ou excepcional, porque "todos" os pacientes revelam o N. Luz, havendo uma similaridade dentro da grande diversidade do que é relevado por eles. Por isso, repetimos: *a falta de explicação científica para o N. Luz não é sinônimo de inexistência do fato, mas apenas representa o limite da competência e do alcance da ciência nesse particular.*

Insistimos ainda, nesse final, que o terapeuta procede em relação à terapia com o núcleo de Luz da mesma forma como age em relação a problemas psicológicos e com a mesma operação "técnica". Embora atuando sobre um "campo" não enquadrado em estudos científicos, os recursos utilizados são os mesmos. Isso significa que *a espiritualidade humana pode ser constatada, estudada e solucionada por meio de recursos científicos, ainda que seus "conteúdos" transcendam o nível "natural".*

4.6 - O AMOR E SUAS EXPRESSÕES INCONSCIENTES

O Amor é a necessidade primordial do ser humano. É ele "efetivo", construtivo, de dimensão infinita e indicador do "sentido existencial". A "afetividade" é a comunicação desse Amor, através do relacionamento e sob influência do psiquismo. É a área onde acontecem os desentendimentos e os desajustamentos conjugais. O ato conjugal é o transbordamento do Amor e do afeto no físico. Representa a união mais completa de duas pessoas, concretizada no físico. A qualidade do ato expressa a qualidade de Amor que o casal vive...

A "capacidade de amar" é uma instância do nível "noológico" e não do "psicológico", onde aparece apenas por efeito. O "sentir-se amado", é o primeiro referencial buscado pela criança quando surge na concepção. Em função do que aí ela vê, responde ajudando ou prejudicando toda a sua existência. Ao prejudicar-se, muitas vezes, não só atinge o organismo, o psiquismo, a inteligência, mas também a capacidade de amar, simbolizada pelo "coração". E o símbolo não é apenas abstrato, mas tende a concretizar-se em males físicos, especialmente em problemas cardíacos.

Veja, a seguir, exemplo de um processo indireto do "pai cardíaco", realizado através da terapia da filha, onde se percebe como o coração do pai da paciente, aos poucos, foi fisicamente agredido, porque o paciente não se sentia "com direito de ser amado" e, por isso, de viver. Vejamos a paciente no 3º mês de gestação.

Pc: (3 meses de gestação)... Estou encolhida num canto escuro.
T: O que acontece lá fora?
Pc: Não consigo ver.
T: Peça ao seu sábio um símbolo.
Pc: Uma faca e uma mesa grande.
T: Peça ao sábio que faça alguma coisa com esses símbolos.
Pc: Ele pega a faca e corta um pedaço da mesa.
T: Pergunte por que fez isso.
Pc: Ele diz: a mesa é grande demais para ser cortada... Ele continua: o sábio agora corta uma mesa pequena...
T: Para quê?
Pc: Ele diz: seria mais justo cortar a mesa pequena.
T: Quem é a mesa pequena?
Pc: É meu pai... o tio morreu... o pai pensa: ele não devia ter morrido... Era muito importante (mesa grande). Se ele (o pai da paciente) tivesse morrido, seria mais justo... O coração do papai dói... dor de infarto...

T: Qual é o primeiro número de seu pai ligado a esse pensamento pelo qual agrediu seu coração?
Pc: 05.
T: Veja seu pai no quinto mês de gestação.
Pc: Ele é gêmeo... A mãe espera apenas por um filho... Ele pensa: Mamãe não ama os dois... Ela só espera por um... Ele vê a mãe sobrecarregada... Ele pensa: Meu irmão é maior e mais forte... se alguém deve ceder lugar sou eu... ele dará menos trabalho... É mais sadio...
T: E o que ele faz?
Pc: Ele agride o coração... tenta provocar uma hemorragia do lado esquerdo.
T: Conseguiu?
Pc: Aí não... mais tarde teve isquemia... Aí ele só programou... condicionou... programou um derramezinho de sangue...
T: Procure outro número da cadeia de autoagressão ao coração do seu pai.
Pc: 2.
T: Veja seu pai com dois anos.
Pc: A vovó está doente. Todos rezam. Ele gosta da vovó. Ele sente que todos a amam. Ela é importante para todos... Ele é pequeno... não tem tanta importância... Ele queria morrer no lugar da vovó...
T: O que esse pensamento fez? Como se concretizou em seu pai?
Pc: Papai deixou morrer uma parte do coração... uma parte não vai funcionar.
T: Não vai funcionar?
Pc: Isso não vai acontecer aí nos dois anos... mas vai acontecendo... A parte esquerda do coração vai parar de funcionar... Aí nos dois anos ele só sente dor... Ele só reforçou a programação.
T: Busque outros números relacionados com isso, depois dos dois anos de seu pai.
Pc: Sete.
T: Veja seu pai aos sete anos.
Pc: Ele teve um acidente... pensou que ia morrer... levou um susto... lembrou dos dois anos, quando havia pedido para morrer em lugar da avó... achou que Deus havia atrasado o seu pedido... Machucou mais um pouco o lado esquerdo do coração...
T: Por que o lado esquerdo?
Pc: O lado da vovó (feminino) e o lado da mãe (sobrecarga).
T: Já existe algo de físico no coração de seu pai aí nos sete anos de idade dele?
Pc: Vejo uma cor um pouco diferente, uma parte mais cinza, à esquerda, mais para cima... nessa parte a circulação está mais difícil... aí o coração não bate muito bem... tem alguma coisa que bloqueia a circulação.

No caso relatado omitimos outros aspectos afetivo-emocionais ligados à autoagressão ao coração do paciente. Queríamos apenas demonstrar a "somatização" de sentimentos relacionados ao Amor, que tende sempre a acontecer. Nesse caso o pai da paciente já havia tido infarto do coração, quando ela procurou a terapia.

Se os problemas de projeção sobre o físico são sempre observáveis durante o processo terapêutico e se são graves, os efeitos psicoafetivos e existenciais de quem não se sente amado são igualmente sérios.

Já vimos em vários momentos deste trabalho que a criança, quando não se sente desejada lá na concepção ou no útero materno, tem como uma das frases mais frequentes "eu não sou amada", portanto, a frase-registro se complementa com "eu não vou viver". Consequentemente o paciente cria formas de autoagressão... *Mas, na realidade, é impossível viver sem amar*. No tratamento pelo método TIP sempre se descobre o amor por debaixo de bloqueios de sua expressão. Descobre-se também que o paciente é conduzido pelo amor, especialmente na escolha do cônjuge, mas quando ele aprendeu a "não sentir" expressa "frieza de atitudes", através das quais machuca a si e aos outros.

A frase-registro "eu não sou amado", donde também quase sempre resulta a decisão de "não vou amar", em geral é condicionada na fase da gestação, e tem suas consequências mais perniciosas na futura vida familiar do paciente, pois na união conjugal essa frase-registro é reforçada pelas transferências do marido sobre a esposa e vice-versa.

Acompanhe o exemplo que segue, onde a "criança dentro da paciente" fechou o seu coração para amar. A paciente tinha mais facilidade em perceber "simbologias" e é diante das mesmas que trabalhamos a questão.

A paciente, na primeira sessão, queixou-se do problema de insuficiência cardíaca, de grande dificuldade no relacionamento com as pessoas, na vida conjugal e de um forte sentimento de medo da morte. Ao ser conduzida ao momento da concepção, percebe o pai bêbado e a mãe não querendo aceitá-lo. Identifica-se ao "ódio" da mãe, decide que não irá amar, que vai se destruir e agride seu coração.

Na fase terapêutica tentamos colocar a paciente diante de seu N. Luz para possibilitar-lhe a busca de outro referencial de Amor. *A paciente percebe-se amada por meio de "um calor aconchegante", mas não consegue "sentir" o que percebe. Diz que esta percepção bate em seu coração, mas não penetra. É como se o coração fosse fechado por um cadeado.*

Solicitamos à paciente que pedisse ao seu próprio sábio um caminho de solução. E o sábio sugeriu que ela se olhasse no espelho. Ao se solicitar uma frase do sábio (inconsciente do paciente) sobre o que ele sugeria, a resposta foi: "Você emite e o espelho reflete!" Não tendo ainda ficado bem claro o significado, foram pedidos outros símbolos. Apareceu, então, no espelho, um ovo de casca frágil. Um martelo negro batia sobre o ovo e o achatava. O ovo começava a tornar-se negro... A explicação do símbolo veio, aos poucos, do próprio inconsciente da paciente. "... O ovo sou eu, na concepção... O martelo é o ódio do meu coração... pelo ódio eu agrido a mim mesma e me achato, causo depressão... achato tanto que o ovo fica negro, morre... Por isso tenho medo da morte... o ódio mata e eu não sabia", acrescenta a paciente! Após o tratamento solicitamos mais uma vez a simbologia. Apareceu agora uma pomba branca que derrubou o martelo. A paciente continua a descrever: "A pomba me olha e eu a olho com carinho. Um raio de luz vem dela para mim, e eu também consigo emitir luz. O ovo cresce e se normaliza e agora se transforma num coração vivo que bate forte".

A paciente entende a simbologia: "Em vez de cobrar, devo doar Amor... Se eu amar (emitir luz) vem mais amor para mim (raios de luz me invadem)... acaba a depressão e o medo da morte", esclarece ela.

Procuramos objetivar e testar toda a simbologia. Depois solicitamos à paciente que pedisse ao sábio um outro "símbolo-teste" de que ela havia mudado sua "incapacidade de amar". A paciente viu "mãos fechadas e cadavéricas abrindo-se aos poucos e transformando-se em mãos normais e num gesto de afeto". A frase conclusiva em torno do tema foi: "Na medida em que eu me doar, vou sentir-me amada e saber amar"... Solicitamos ainda à paciente que olhasse o seu coração para ver se observava algo importante. A paciente disse que o seu coração estava com um "escudo de ferro" na frente. Perguntamos o significado da simbologia. A paciente respondeu: "Meu coração ficou mais forte... Ele está se protegendo (escudo) para não vir a falhar..."

Realmente, embora a paciente ainda não nos tivesse trazido a confirmação médica, revelou ela, no entanto, seis meses após o trata-mento pela TIP, que não sentira mais a sintomatologia típica dessa sua insuficiência, principalmente o contínuo cansaço. Houve também modificação do comportamento e das atitudes que agora se orientavam para o "querer bem" às pessoas com quem convivia, principalmente os familiares.

Outra paciente vê seu coração vermelho e pulsando do lado esquerdo, mas escuro e murcho do lado direito... Acompanhe o questionamento:

T: O que significa lado direito?
Pc: O sábio aponta para meu pai.
T: Qual o número ligado ao "escuro"? Focalize também dia da semana e hora.

Pc: 02 (2º mês de gestação), sexta-feira, às quinze horas e trinta e dois minutos...
T: O que acontece neste exato momento?
Pc: Mamãe fala para o papai que está grávida... Mamãe está feliz... mas papai franze o rosto... Ele não quer me assumir... Meus pais não são casados... Ele pensa em deixar mamãe... Eu vejo o pensamento dele...
T: O que você concluiu?
Pc: Ele não me quer... Não sou amada... Não posso viver... (Mais adiante, conclui a paciente) Se eu quiser sobreviver não posso amar...
T: Como você concretizou isso? Números...

A paciente agora menciona uma grande quantidade de números que mostram cenas onde *ela colocou-se numa posição interna de frieza para com o seu pai e os namorados. Nunca mais abriu seu coração para "homens"*... E hoje ela transfere essa imagem inconscientemente ao marido e ao seu único filho homem... *A paciente sofria de insuficiência cardíaca. Em terapia evidenciou-se claramente a autoagressão ao coração, como forma de concretizar a frase-registro "não posso amar".*

Já vimos através de vários exemplos de casos clínicos apresentados a confirmação da gravidade de efeitos da falta de Amor. Torna-se, portanto, válido fazermos algumas reflexões mais acuradas sobre o tema. Nesse sentido, vejamos principalmente o Amor em diferentes formas de manifestação. Façamos a diferença inicial entre *o Amor em sua essência, a afetividade e a relação conjugal ou sexual.*

Vejamos separadamente cada uma dessas expressões.

A) Amor, sentido primordial da existência

Já disse alguém, com razão: "Morre mais gente de fome de Amor que de fome biológica". E vários são os estudos e as experiências que confirmam esta afirmação.

Quando falamos, em outro capítulo, da criança no início de sua existência, focalizamos os estudos de Spitz, o qual, ao observá-las em relação ao amor ou ao desamor da mãe, concluiu e comprovou que o abandono, em termos afetivos, é fatal, pois esta criança carente não sobrevive ao primeiro ano de vida. Na Europa, as frequentes guerras e o consequente recolhimento de crianças órfãs às instituições também nos fornecem grande quantidade de informações que confirmam ser o Amor mais importante que grandes cuidados físicos ou materiais. Na Áustria, por exemplo, foi feita uma divisão entre crianças órfãs, entregando-se uma parte a instituições bem equipadas do governo, enquanto as outras foram colocadas para adoção em famílias, onde os recursos materiais eram mais deficientes. Nas instituições do governo zelou-se pelos melhores cuidados higiênicos, de alimentação e de horário. Nas famílias, as crianças nem sempre encontravam esses cuidados, mas recebiam Amor dos familiares. Passado algum tempo, para surpresa dos observadores, os resultados com crianças adotadas por famílias mostravam-se significativamente mais positivos. A sobrevivência foi estatisticamente mais elevada, a saúde física melhor e o equilíbrio psíquico expressava-se pela alegria e comunicabilidade dessas crianças.

De fato, *o Amor — que merece ser escrito com letra maiúscula — é muito mais que um sentimento. É essencialidade. É o próprio sopro da vida. É a força vital que nos chama à existência e nos dá sentido. Ele é construtivo, sempre. Ultrapassa o nível sensível e se localiza na "pessoalidade" ou na "espiritualidade". Sua dimensão é infinita e sua Fonte vem do Absoluto.*

Saber amar é querer "o" bem do outro, não apenas bem "ao" outro. *É a comunicação de bem-querer em nível de ser.* Amor é a alegria da doação gratuita, que não pede retorno e não "cobra". Amar é descobrir no outro a "pessoa", encontrá-la em seu valor maior, independente do que possui ou expressa. *Amar é contribuir para que esse ser único desabroche continuamente e colaborar para que se dirija à plenitude de seu ser único e irrepetível, a fim de que desenvolva a sua capacidade máxima e se projete na autotranscendência.*

Ninguém sobrevive sem Amor. Mas também ninguém consegue amar, se antes não se sentiu amado... Então o que fazer quando uma "criança dentro do adulto", no momento da abordagem direta do seu inconsciente, encontra como causa de seu sofrimento o "desamor" dos pais entre si e deles para com ela? A experiência clínica prova que basta os pais não se amarem para que ela não se sinta amada. *E não se sentindo amada, a criança não saberá amar, nem conseguirá resolver esta questão com qualquer terapia apenas psicológica...* Assim, não teria ela chances de curar-se psicofisicamente?... Como sair desse círculo vicioso?

A criança que não se sentiu amada não apenas agride a si mesma, mas mostra-se distanciada no relacionamento, insegura, agressiva, invejosa, desconfiada, dura no olhar e no sentimento, amarga, vingativa, tensa, rígida no corpo e nas expressões faciais. Costuma usar "máscaras" de defesa. Facilmente vive uma dupla personalidade e há falsidade em seus relacionamentos.

Quando uma criança machucada na infância pelo desamor dos pais se aproxima da vida adulta levará consigo todos os seus conflitos internos e os mostrará nos seus relacionamentos, tanto profissionais como conjugais e familiares. E aqueles que permanecem solteiros ou que se orientam para a vida religiosa, também focalizarão aí seus problemas. A Psicologia convencional costuma dar uma orientação simplista aos que se mantêm solteiros e que expressam problemas afetivos. Recomenda aos mesmos a relação sexual ou o casamento. É evidente que não está aí a solução. *Homens e mulheres, se não resolveram seus conflitos pessoais, expressarão esse desamor sofrido em qualquer estado de adulto, seja de casado, de solteiro ou de religioso.*

Tanto o leigo quanto o religioso, que tantas vezes se diz em "crise vocacional", quando seu problema é apenas "afetivo", precisam realizar o tratamento desse problema na sua origem, que está na infância e no útero materno, não numa solução externa da vida adulta. *Entenda-se bem que a questão da "vocação religiosa" independe de problemas psicológicos. Essa "vocação", quando autêntica, está no Eu-P integrado pelo N. Luz, desde a sua estrutura inicial de "ser" da pessoa, enquanto que o problema afetivo é psicológico, localizando-se na linha do "ter".* Sem dúvida, o psiquismo desequilibrado interfere no todo da pessoa. Mas quando o verdadeiro "vocacionado" realiza a terapia dos problemas psicoafetivo-emocionais a sua "vocação" se distingue ainda com mais nitidez e serenidade; pois na "vocação religiosa" a base de sustentação é exatamente o Amor, e o Amor da Fonte...

Olhando pelo enfoque humanístico, podemos dizer que a pessoa, quando faz sua opção por uma vida religiosa, respondeu de forma especial ao N. Luz, presente dentro dela. E o N. Luz expressa-se principalmente como outro referencial de Amor, diferente dos pais, porque *perfeito*. É percebido como um sentimento de acolhida e aconchego que tem a capa-cidade de preencher todos os "vazios" de Amor. É uma "presença" que se posiciona como "oferta", um Amor que envolve e que inunda todo o ser. Mas o ser humano pode colocar-lhe "anteparos" e diminuir a sua atuação irradiante. *O homem não pode modificar diretamente esse núcleo de Amor, ou seja, nossas fraquezas não podem diminuir o Amor em si, mas podemos bloqueá-lo em nós, com a liberdade que possuímos.*

Justifica-se, portanto, que *chamemos o núcleo de Luz também de "núcleo de Amor". O N. Luz ou do Amor, pela presença permanente dentro do ser humano, pode ser considerado um integrante de seu ser. Mas no que diz respeito à natureza deste núcleo e de sua origem, ele transcende o humano e se origina do Infinito, do Amor Supremo... Assim, o "núcleo de Amor", quando identificado pelos pacientes que se sentiram desamados pelos pais, especialmente na concepção, ou na fase do útero materno, é o referencial que "cura" esse desamor...*

Pela ADI, portanto, verifica-se experimentalmente o que já afirmamos em capítulo anterior: *existe um Amor que nos ama primeiro... E graças a isso, todos nós temos chance de viver a nossa "vocação" primordial: a capacidade de amar!*

De fato, nosso ser é formado pelo organismo, pelo psiquismo, pelo Eu-Pessoal, mas é o N. Luz, expressado pelo Amor, que nos dá o "sentido existencial"! *Existimos e vivemos para amar. A capacidade de amar é nossa primeira missão.*

Tivemos um paciente que nos deu um interessante testemunho quando lhe perguntamos em terapia: se viemos do Amor e se retornaremos ao mesmo Amor, por que motivo sofremos constantemente o desamor? Respondeu-nos ele, pesquisando a "sabedoria" do inconsciente: *"Na fonte lá do Infinito somos um-todo no Amor... Quando uma Luz de lá se desprende para integrar um ser humano, visa a vivência do Amor de pessoa a pessoa!... A Luz é uma expressão diferente do Amor de origem. E o ser humano é feito de tal forma que encontra toda a alegria de viver em sua expressão de amor humano. Ele só será feliz se conseguir viver esse Amor. Mas só é possível vivê-lo se continuar o "abastecimento" na fonte desse Amor... Aí está o grande problema humano, todo o sofrimento resumido numa só palavra: o ser humano esquece de abastecer-se na Fonte do Amor... Por isso não consegue viver o Amor como deve e como quer!*

Há um outro trecho de uma terapia cedido a nós pelo psicólogo e TIP-terapeuta *Ismael José Vilela*, onde o mesmo pesquisa o problema da "Aids" sobre o inconsciente e obtém também uma surpreendente resposta relacionada ao Amor. O terapeuta pergunta ao paciente que perdeu um parente próximo com Aids se o seu inconsciente tem alguma solução para essa doença. Veja o que o "inconsciente" respondeu:

Pc: "Aids tem solução... mas tem que demorar. A humanidade precisa entender que sexo tem jeito certo. É preciso estudar o mecanismo da cura... É muito complexo o mecanismo da cura..."
T: Não se pode abreviar esse tempo?
Pc: Precisa ser assim.
T: Assim como?
Pc: Freio... freiar a humanidade... o medo da doença vai ajudar a freiar o sexo... o caos...
T: Não tem outro jeito?
Pc: Teria... mas os homens não entendem... egoísmo... ninguém mais se importa com ninguém.
T: Haveria algo a nos dizer, para a humanidade?
Pc: *A doença não está ligada ao vírus... nem a homossexuais... mas à falta de Amor. A falta de Amor abre o organismo, elimina as defesas... É preciso olhar para as crianças para evitar que contraiam a Aids. E isso se fará pelo Amor... Não pela educação sexual, mas pela educação para o Amor...*

Na pesquisa pela ADI toda a experiência clínica poderia ser resumida numa só questão: *a relação do Amor com saúde e equilíbrio psiconoossomático.* Não só as crianças morrem antes do primeiro ano de vida quando não recebem Amor, também os adultos que não amam, e principalmente que se fecham egocentricamente sobre si mesmos ou que odeiam, atraem sobre si todo tipo de males... *É como se toda a doença ou todos os males fluíssem de dentro para fora, partindo do "noológico", perpassando o psiquismo e o organismo, atingindo depois as outras pessoas. Assim também o ódio ataca o psiquismo e o organismo de quem odeia, antes de atingir o odiado.* Por outro lado, *o Amor irradiado de alguém beneficia antes todo o psiquismo, o organismo e o nível "humano" de quem ama! Mas como o Amor "constrói", enquanto o ódio "destrói", podemos acreditar que a vitória final será do Amor...*

A nossa experiência clínica confirma, portanto, o que disse aquele paciente investigado em sua sabedoria inconsciente sobre a "complexidade da cura"... *Enquanto o homem não entender que a "humanização" pelo Amor é o segredo de seu equilíbrio e bem-estar psicossomático, tentará inutilmente vencer as doenças apenas pelos medicamentos. E por esse meio, enquanto alguns males por eles são vencidos, outros surgirão, porque a própria natureza humana continuará se vingando da desordem que nela é gerada. Não há como conciliar uma vivência desordenada, materializada e sem Amor com saúde e bem-estar... O vir-a-ser do homem se destina a um fim espiritualizado onde encontrará o Amor em sua Origem. Se o homem, pela sua liberdade, optar por outro caminho, pagará naturalmente o preço de sua escolha, sofrimento que se expressa em males psiconoossomáticos...* É isso que se verifica e se confirma a cada instante pela terapia que acontece através de pesquisa direta do inconsciente: *a verdadeira cura pessoal e o afastamento de males da humanidade está intrinsecamente relacionado à vivência do Amor autêntico dos seres humanos entre si. E para que isso seja possível é necessário que o amor humano se abasteça continuamente na fonte de todo Amor...*

B) Afetividade, aspecto psicológico do Amor

No capítulo anterior falamos sobre a origem, a natureza e a importância do Amor como fundamento de todo o sentido existencial do ser humano. Um segundo enfoque do Amor é o *"afeto",* ou seja, a forma como se comunica entre seres humanos. *Nesse momento o Amor puro e espiritual sofre uma alteração pela influência do psiquismo, que nunca está perfeitamente equilibrado. Projetamos nossos problemas psicológicos da infância nas manifestações de afeto e no relacionamento.*

A criança, quando surge na concepção, sabe o que é o Amor, pois acaba de surgir do mesmo, isto é, da Luz. Comparando esse Amor com o amor dos pais, portanto, ela sempre se decepciona, pois já encontra nos pais um amor contagiado pelo que viu dos ancestrais, através dos gametas e do seu próprio psiquismo.

Já vimos exaustivamente que, em função dessa "decepção primordial" do amor dos pais, a criança, embora tendo também presente o referencial da Luz, tende a confundir-se "emocionalmente". Mais ainda, confunde-se "existencialmente". E como ainda não está apegada ao corpo, a criança deseja então "não viver", passando a autoagredir-se física, psíquica e mentalmente.

Isso nos remete — mais uma vez — à situação-problema de base da estruturação "psicossomática" de um ser humano: o triângulo pai-mãe-filho. Reforça, por outro lado, *a importância fundamental do amor conjugal dos pais para que se formem pessoas psicológica e fisicamente sadias e de personalidade construtiva.*

A realidade da experiência clínica mostra-nos, porém, que os casais poucas vezes se entendem como eles próprios gostariam. Então, como contornar o problema?

Para encontrar a solução *é preciso distinguir o "Amor" que comunica as pessoas no nível mais profundo de seu ser da expressão de "afeto" que reflete o "entendimento". No "entendimento" interferem os problemas de estruturação afetivo-emocional. O Amor que une um casal já está alicerçado sobre aquele mesmo aspecto do inconsciente que um dia os assessorou para que se escolhessem mutuamente. Esse amor é constante, permanente, fluindo entre os dois, mesmo que não consigam se relacionar bem. O "entendimento" é da área psicológica, relacional e "afetiva". Nele acontecem as projeções e as transferências. Daí porque um casal pode não se entender, mesmo que se ame.* E é exatamente isso que mais se verifica em nível de inconsciente, quando o casal tem dificuldades de entendimento entre si.

A criança registra em si os dois tipos de comunicação entre seus pais: o do Amor, que é sólido e contínuo, e o do afeto, que é instável. Mas emocionalmente ela tende a se fixar nos problemas de "desentendimento" dos pais e a registrá-los como código de "desamor". E como já vimos, basta perceber que seus pais não se amam, para também sentir-se desamada e recorrer a processos de autoagressão.

Entretanto, os problemas conjugais seriam contornáveis, pois como já expusemos demoradamente em *As chaves do inconsciente*, tais dificuldades estão genericamente ligadas ao "relacionamento" e não à "falta de Amor" ou ao "engano de escolha" do companheiro. De fato, na hora em que uma mulher escolhe um homem "para toda a vida", o inconsciente automaticamente a assessora, conduzindo-a a gostar de alguém que é, de alguma forma, a "continuidade do amor de seu pai". E é o mesmo que acontece com o homem, quando escolhe sua mulher. *O detalhe de "escolher para toda a vida" é importante, pois só então o inconsciente realiza a "assessoria". Em uniões sem compromisso ou do tipo "vamos ver se dá certo", predomina a atitude egocêntrica, que perturba a assessoria do inconsciente.* Em outras palavras: *quando o casal se une para "ver" se dá certo, não se doa e quando não se "doa" "não pode" dar certo!... Aliás, não existe o "dar" certo. É o casal que "decide" que dará certo ou que não dará certo, através de suas atitudes.* E é por força dessa "decisão" que os ajusta-mentos necessários a qualquer vida conjugal acontecem. Ora, é evidente que o esforço e a atitude interior de "fazer dar certo" uma união conjugal é de todo diferente nas duas situações, ou seja, se estou apenas "testando" ou se já me "comprometo" com o outro e, portanto, preciso "querer" que dê certo. *O "querer" é o segredo de uma união conjugal feliz, que se assenta sobre o Amor, pois o "querer" conduz o casal a alimentar o seu Amor, enquanto que o puro sentimento, dentro do espírito egocêntrico de "testagem", acaba morrendo.* Daí se entende também porque a simples existência da "lei do divórcio", por enfraquecer as decisões do "querer" por toda a vida, aumenta o número de separações de casais (conforme comprova uma estatística feita por Rollo May — EUA).

Voltamos aqui ao argumento que desenvolvemos no livro *As chaves do inconsciente*, de que a escolha dos cônjuges entre si é feita inconscientemente e tendo por referencial a vivência conjugal dos próprios pais. Isso, por um lado, garante a existência de Amor entre os dois. Entretanto, por outro lado, as frustrações sofridas com pai e mãe na linha do relacionamento são agora transferidas ao cônjuge... E o inconsciente em terapia revela, então, que na realidade, os "desentendimentos" não acontecem entre os "membros adultos do casal", mas nas "crianças dentro deles".

Os verdadeiros problemas conjugais, portanto, são afetivos, de relacionamento, de transferência, de atitudes egocêntricas do tipo "cobrança", não de falta de Amor. E por isso, estes "traumas de base" podem ser tranquilamente resolvidos em nível inconsciente, por meio de técnicas específicas.

Daí, *os desentendimentos conjugais não acontecem entre as "pessoas" do casal, mas entre seus "condicionamentos". Não foi o Amor que faltou ou morreu, mas o relacionamento que está precisando de ajuda... Evidentemente, o bom relacionamento exige também e, antes de tudo, uma atitude de "querer". Mas também no inconsciente, ao perceber-se aí a gravidade de consequências dos desentendimentos conjugais, encontra-se a motivação para esse "querer" da melhoria do relacionamento conjugal.*

Tudo que acima afirmamos não apenas é um diagnóstico realizado por uma pesquisa, mas confirmado na fase terapêutica. Pois, com a decodificação dos problemas da área psicoafetiva, realmente acontecem as mudanças de relacionamento entre os casais.

Traremos agora um exemplo de caso clínico que mostra um *procedimento terapêutico* típico para problemas conjugais. No caso, o problema aparece nos pais da paciente em tratamento. Acompanhe:

T: Veja-se com dois anos.
Pc: Estou me sentindo triste... muito só...
T: Esqueça o significado consciente e diga-me, que sensação é esse "sentir-se só"?
Pc: É como se estivesse solto no espaço... no mundo... como se estivesse deslocado da realidade... dividido em mim mesmo... partido... não consigo nem saber quem sou...
T: Agora procure ver lá nos dois anos qual o fato que causou esse "sentir-se só"... distancie-se de você mesmo... retroceda um pouco na cena... veja o que aconteceu *antes* de você "sentir-se só"...
Pc: Meus pais estão discutindo... eles estão brigando... *eles não se amam mais...*
T: E uma menina que tem pais que não se amam, o que pensa de si?
Pc: Eu não existo.
T: Veja uma cadeia de números que reforçam essa frase registro. Pc: 05/01/08/3/7/4/12/15............

Comentário: Queremos enfatizar aqui o sentido do "sentir-se só" no inconsciente. O "sentir-se só" como sentimento de desintegração ou de divisão, ou de "deslocamento da existência" é dos sofrimentos mais repetidos na terapia do inconsciente. E podemos dizer que, em aproximadamente 90% dos casos nos quais o paciente diz que se "sente só", o motivo é desentendimento dos pais. *O "sentir-se só", portanto, não quer dizer que "esteja só", mas tem o significado de que pensa que seus pais já não se amam e que ele, consequentemente, é uma espécie de "inexistente" ou "vazio", porque não é nem resultado, nem "ponto de união" do Amor dos dois...* O questionamento terapêutico, portanto, pesquisa a possibilidade de levar o paciente a descobrir que *"os pais, apesar de discutirem, se amam!"* Ou seja, que o problema dos pais não é de "desamor", mas apenas de convivência ou de condicionamentos.
Segue, sobre o caso acima, o questionamento, visando primeiro uma "positivação", antes da "decodificação".

T: Pergunte ao seu sábio se é verdade que seus pais não se amam.

Pc: Ele diz que não é verdade... mas eu não acredito.
T: Então peça ao seu inconsciente (seu sábio) que dê seis números que provem definitivamente o "contrário", ou seja, que seus pais se amam... Se isso for verdade, o sábio vai mostrar os números...
Pc: Ele me mostra 2,1,5,8,11 e 15.
T: Veja se um destes números é antecedido por 0 ou se tem outros com 0.
Pc: Sim, tem 00,01,04 e 06 (útero materno). Os números que falei acima não têm zero...
T: Então você vai ver agora número por número e em cada um a cena que corresponde ao "contrário" de que os pais não se amam...

O paciente identifica e revive emocionalmente as cenas "contrárias" ao "desamor" entre os pais. O terapeuta lhe dá um tempo após cada número visualizado para que realmente vivencie as cenas. *Comprovado assim o "amor dos pais",* segue o diálogo terapêutico, visando a "decodificação" do problema inicial:

T: Voltemos agora à discussão de seus pais, lá nos seus dois anos de idade... Uma vez que você já sabe que seus pais se amam, vamos ver o motivo da discussão... Não quero saber o "assunto" da discussão, entendeu? Quero saber o "motivo" inconsciente... A discussão entre um casal que se ama tem sempre motivos inconscientes. Se assim não fosse, eles teriam apenas um diálogo, não uma "briga"... Então vamos ver agora: *que "número" de sua mãe está discutindo com que número do seu pai?*
Pc: Número?
T: Sim... Seu inconsciente entendeu... "números".
Pc: O número de minha mãe é "dois", de meu pai "cinco"... Mas eu não entendo o que são esses números!

Comentário: Como se vê, ao responder, o paciente ainda não sabe por que percebeu os "números" e nem conhece as cenas que correspondem aos mesmos... Continua o questionamento:

T: Veja sua mãe com dois anos de idade... o que acontece?
Pc: A mãe dela está brigando com o pai dela...
T: O que está marcando sua mãe nessa briga dos avós? Focalize a cena como se você acertasse o foco de uma filmadora sobre o que mais interessa... o que aparece?
Pc: A vovó está humilhando o avô, chamando-o de "irresponsável".
T: E por que vovó diz isso?
Pc: Porque ele chega tarde em casa, depois de gastar o dinheiro com bebida.

T: E o que essa cena tem a ver com a desavença de seu pai e de sua mãe, quando você tinha dois anos?
Pc: Papai chegou tarde em casa... Mamãe o chamou de irresponsável.
T: Seu pai bebeu? Gastou o dinheiro?!
Pc: Não... mas mamãe "pensa" que ele faz isso...
T: Por quê?
Pc: Ela o compara com o avô.
T: Por quê? Ele fez o mesmo que o vovô?
Pc: Não... Mas ela não sabe que compara o pai com o avô...
T: Então, pelo que se vê, sua mãe ao brigar com seu pai, na realidade, está zangada com o avô!...Veja! Estamos diante de um *"condicionamento" do passado da mãe. O problema não é com seu pai. Aliás, nada tem a ver com seu pai, concorda?*
Pc: É... (Paciente respira aliviada.)
T: Agora vamos ver o motivo real pelo qual o seu pai chegou tarde... Desligue-se da identificação com aquilo que a mãe "pensou" e veja você o verdadeiro motivo deste atraso de seu pai, entrando no inconsciente dele...
Pc: Muita gente na loja... É véspera de Natal... Ele não pode sair antes...
T: OK... Agora vamos ver o seu pai com 5 anos... o que acontece com ele nessa idade que tem relação com a discussão que teve com sua mãe, quando você tinha dois anos?
Pc: A mãe humilha o pai dele... Ele também se sente humilhado, porque é homem como o pai.
T: E o que sua mãe dizia ou fazia para humilhar seu pai?
Pc: Dizia que ele era incapaz... não dava conta de nada... era imprestável...
T: Esta xingação toda tem algo a ver com a palavra "irresponsável" que vovó dizia ao vovô?
Pc: É... a mesma coisa...
T: Veja então que a *discussão de seus pais é na realidade a discussão dos pais de seus pais, concorda?*
Pc: Sim... é isso mesmo...
T: Então vamos fazer o teste para ver o que aconteceria se separássemos em seus pais esses "condicionamentos" da pessoa "livre" deles, OK? (Realidade Potencial.) Coloque a menina de dois anos na frente de sua mãe e o menino de cinco anos na frente de seu pai, aí nos seus dois anos de vida... quem está brigando, as duas crianças ou seus pais adultos?
Pc: As duas crianças.
T: Então vamos afastar essas "crianças" de perto de seus pais... o que fazem seus pais adultos?
Pc: Eles se abraçam... se amam.

T: Então, *já que os pais se amam e as crianças são os "condicionamentos", eles significam uma falsificação no relacionamento de seus pais*... se você percebe assim, pode agora considerar "as crianças de seus pais" como se fossem bonecos e jogá-los fora... consegue?
Pc: Sim... eles são de papel... eu os amassei... e joguei fora...
T: Então, vamos "testar" se você resolveu o problema... De todos os números que você citou como cadeia... quais ainda estão no painel?
Pc: 01 e 15...
T: O resto sumiu?
Pc: Sim... não os vejo mais.

Comentário: A cadeia que agora testamos é a "negativa", anterior à decodificação e o paciente verifica que foi quebrada. Os números 01 e 15 foram "terapizados" separadamente. Continua agora o "teste" que fecha o processo "circular" sobre os dois anos.

T: Você tem dois anos de idade... que cena aparece?
Pc: Eu estou muito alegre.
T: Por quê?
Pc: Papai e mamãe estão passeando comigo... Papai está com o braço no ombro da mamãe...

Comentário: Veja-se que a cena agora é "totalmente outra", que não a anterior aos dois anos de idade do paciente, o que quer dizer que houve a "decodificação" e não apenas uma "substituição". *Essa recuperação do amor dos pais entre si no inconsciente do paciente gerou e realiza sempre mudanças incríveis para melhor em sua personalidade.*
Deste caso, que é apenas uma amostra típica do problema conjugal que se repete a todo instante, podem-se tirar três *conclusões em relação ao Amor conjugal de qualquer casal. Primeiro, se esse Amor realmente existe, pode ser reativado e reforçado sobre o inconsciente, especialmente pela eliminação da conotação psicologicamente negativa. Segundo, se o casal se assumiu compromissadamente em doação total (casamento), é porque foi assessorado pelo inconsciente e o Amor continua a existir, por debaixo dos desentendimentos. Terceiro, é preciso sempre tentar essa recuperação do Amor de um casal, porque o desentendimento conjugal não atinge apenas este, mas os filhos e as próximas gerações, devido à tendência de instalar-se aqui o Mecanismo Inconsciente Automático de Repetição ou MIAR.* Recordemos também o que já foi dito sobre doenças infantis, acidentes e similares, que quando trazidos pelo "inconsciente" à terapia, revelam quase sempre antecedentes de algum problema de desentendimento dos pais do pa-

ciente. O problema, portanto, é de consequências bem mais sérias do que se imagina...

Veja, rapidamente, como acontecem essas conversões de problemas de desamor dos pais em acidentes ou doenças dos filhos. Às vezes, como no caso que segue, o problema pode ser até de "precocidade", com aparência de "fato positivo".

Temos aqui uma paciente que se localiza aos 8 meses de idade. Acompanhe o caso.

T: Dê-me a cena mais sofrida do 1º ano de vida.
Pc: Estou andando... depressa... Todos acham lindo!... porque está acontecendo antes da hora... estão orgulhosos de mim... Tenho só oito meses e já estou andando!
T: Por que você menciona essa cena como "sofrida"?
Pc: Eu aprendi a andar depressa porque estou fugindo.
T: Fugindo?
Pc: Mamãe está falando mal do papai para a vovó... eu chorei para que calasse... mas ela continuava... aí eu levantei... consegui andar... estou indo para a escada lá fora... quero cair e morrer!
T: Por quê?
Pc: Ora, se mamãe fala mal do papai, eles estão separados...
T: E daí?
Pc: Eu não posso viver se eles estão separados. Se eles não estão unidos, eu não existo... *Eu era a união dos dois!... Com eles separados, "eu não sou ninguém"... "Eu não sou!"*

Essa paciente — como acontece com todas as pessoas — fez das frases-registro: "Eu não sou ninguém", "Eu não sou", um "comando condicionado", algo que ela *"tinha de fazer acontecer"*. E acontecia, frequente e impulsivamente, que a paciente tentasse suicídio, além de ter vários outros problemas sérios... Entretanto, nas diversas vezes em que tentou matar-se, nunca soube ela bem por que o fazia. A terapia sobre o inconsciente revelou "estímulos semelhantes", ou seja, outras brigas conjugais de seus pais nesses momentos em que tentava concretizar o seu "eu não sou". Em nível consciente, porém, ela nunca conseguiu relacionar estes fatos. *Após a descoberta inconsciente de que seus pais, apesar dos desentendimentos, se "amavam", e após a sua espontânea substituição das frases-registro acima por "Eu sou importante", "Eu devo existir" e outras, a paciente modificou radicalmente toda a estrutura de seu ser e de comportamento, tornando-se alegre, comunicativa e mudando, inclusive, o seu aspecto físico...*

Em outro caso que pode servir de exemplo, uma moça, ainda bastante jovem, procurou-nos para tratamento. Queixava-se ela, principalmente, de certas crises de "ausência" demorada. Ficava repentinamente inconsciente, como se estivesse em estado de coma e assim permanecia horas ou até dias. Os exames médicos e neurológicos nada de anormal apresentavam.

    Durante o processo terapêutico, ao chegar ao 3º mês de gestação, a paciente surpreendeu-se com uma violenta discussão entre seus pais. Além disso o tema da discussão referia-se à pessoa dela. Acompanhe:

Pc: (no terceiro mês de gestação). Está escuro... parece que estou morta...
T: Mas você não morreu... então o que foi que aconteceu? Veja alguns minutos antes desse escurecimento...
Pc: Papai e mamãe estão discutindo muito (paciente chora). Eles não sabem se levarão para a frente essa gravidez, porque não se entendem...
T: E daí? Como foi que ficou tudo escuro para você? Veja o momento exato... o que aconteceu? Veja o dia da semana e a hora.
Pc: Segunda-feira, às 11h30min da noite... Estou empurrando o corpo contra a cabeça... quero cortar a circulação.
T: Para quê?
Pc: Não quero perceber o que estou presenciando... meus pais não se querem e também não me querem... querem abortar-me... não agüento isso... Não quero ter noção do que se passa.
T: Qual a frase conclusiva para você?
Pc: Não quero perceber o que meus pais pensam... não quero perceber o que me faz sofrer.
T: E uma criança que pensa assim o que registra como reação?
Pc: "Eu me apago".

    O pensamento "Eu me apago!" era, portanto, a frase-registro ou o "comando" inconsciente das crises de ausência da paciente, vida afora... Mas havia uma conotação especial nos "sofrimentos" que originavam as suas ausências: eram "afetivas"... Como processo terapêutico reativaram-se, no inconsciente, os diversos conteúdos que motivavam as crises de ausência e nas diferentes idades onde aconteceram, sendo possível, assim, ver exatamente o que precisava ser substituído e decodificado. Primeiramente recuperou-se a forma de ver o amor dos pais para com ela. Assim, sempre pelo inconsciente, conseguiu-se comprovar que na realidade os pais nunca haviam pensado em abortá-la, mas que esse motivo era apenas uma desculpa para a discussão deles entre si. Finalmente "treinou-se" a paciente a se posicionar de forma diferente em todas as situações onde criava suas crises de ausência... Em contatos posteriores, tivemos notícia de que a paciente nunca mais tivera uma "ausência".

O exemplo serve para confirmar, mais uma vez, o que já vínhamos dizendo, isto é, o quanto é grave para uma criança a sua rejeição ou o desentendimento dos pais na área afetiva e relacional, mesmo que se amem. Isso porque a criança programa autoagressões, que lançadas em seu computador inconsciente, passam a manifestar-se automaticamente em toda a sua vida, diante de estímulos similares aos de origem. *Pois a criança, mesmo que saiba no inconsciente mais profundo que houve e há ainda amor entre seus pais, em nível emocional e afetivo, onde acontecem os enganos, ela sente os desentendimentos entre os mesmos como sendo "desamor".*

Atente-se, portanto, para algumas conclusões em torno do amor conjugal: as discussões dos casais versam quase sempre sobre motivos externamente insignificantes, mas no inconsciente são motivados por problemas de identificação e transferência de seus pais. Assim, esses problemas são contornáveis, até mesmo por um diálogo mais sincero e tranquilo entre ambos, através do qual se busque mais "acertar" e "compreender o outro" do que "ter razão". *E vale a pena "renunciar" a uma "discussão violenta", "abrir mão" de um suposto "direito de cobrança", pois alguns poucos minutos de discussão infrutífera podem gerar dezenas e centenas de dias e anos de ausência de paz, saúde e bem-estar dos filhos e netos...* Isso porque, como vimos, a criança "condiciona" os desentendimentos e os transforma, expressando-os no psiquismo, no físico, na vida relacional, o que se manifesta através das gerações, quando os motivos da discussão originária desse sofrimento, há muito tempo perderam a importância e apagaram-se da memória consciente... *Quantos e quantos pais sofrem até hoje "unidos" o problema de seus filhos que geraram em poucos momentos de "desunião" impulsiva e irrefletida...*

Mas, felizmente, também muitos são os casais que se esforçam para querer "o" bem do outro e fazem crescer o seu amor, colhendo, então, nas próximas gerações os frutos de união, a alegria e o bem-estar que semearam... *Só o Amor recuperará a humanidade... E esse Amor inicia-se na família, numa vivência amorosa da vida-a-dois...*

C) Ato conjugal, o transbordamento do Amor no físico

O que segue é um resumo de um livrete que escrevemos especialmente para jovens, visando ajudá-los na compreensão da interligação existente entre Amor e Ato Sexual (61). Tentamos demonstrar que *o Amor é da interioridade mais profunda do ser humano, do seu nível espiritual e que interliga os níveis da pessoalidade, enquanto o "afeto" inter-relaciona os psiquismos. O ato conjugal é a expressão mais externa dessa união, mas nem por isso a menos importante. Ao contrário, o ato sexual "concretiza" esse amor e esse afeto... e por isso é prazer.*

O ato sexual, portanto, é efeito do Amor. E apenas como "efeito" é verdadeiramente prazer "humano". Se não houver Amor e se a relação sexual não for a última expressão de um Amor profundo e "responsável", ele será sempre destrutivo em termos "humanos", ainda que possa trazer o aparente prazer da descarga fisiológica. Dizemos "aparente prazer", porque fora do contexto do verdadeiro Amor responsável costuma haver autopunição inconsciente que diminui e frustra a vivência do prazer sexual. Daí porque Viktor Frankl nos diz que *o prazer sexual, quanto mais procurado diretamente, mais escapa.*

O ato sexual, segundo nos fala Santo Agostinho, é uma das maiores delícias dadas ao homem. Por isso merece ser bem usufruído. É preciso que, como todas as coisas que dizem respeito ao homem, o ato sexual seja vivenciado integralmente. Assim, *em primeiro lugar, o ato conjugal precisa ser melhor entendido em seu contexto "humanístico" e diferenciado do ato sexual puramente físico ou genital.* Comecemos por lembrar que, se o Amor é uma necessidade fundamental à nossa existência, o ato sexual, em princípio, não é uma necessidade individual, mas social, para sobrevivência da espécie. E é esse o único sentido que tem para os animais. Assim, *se para os seres humanos o ato sexual é entendido como expressão de união e Amor, é porque ele aí se expressa associado ao seu nível humanístico, que o animal não possui.* Vejamos essa diferenciação através de gráficos, conforme segue:

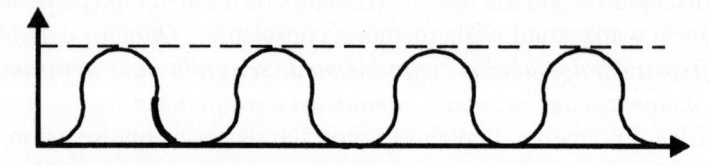

Fig. 5: *O ritmo sexual entre animais*
O ritmo sexual do animal é sem variação no nível máximo (clímax), porque o animal não possui a instância do nível "humanístico" ou do Amor.

Como vemos na figura acima, o ritmo do ato sexual puramente genital ou "animal" é fisiologicamente uma excitação gradativa e crescente até o clímax, seguida pela ejaculação, para depois cair ao nível inicial (fig. 5). Toda vez que o período chamado "cio" impulsiona um macho e uma fêmea para o acasalamento, o ritmo tende a se repetir da mesma forma, com a mesma duração, e o mesmo nível máximo de clímax. Após a cópula nada mais une os animais, embora algumas espécies mantenham um certo vínculo de proximidade, em função da prole. Mesmo assim, *essa "proximidade" animal é apenas "instintiva" e não inspirada na "atitude de amar".*

O ser humano, por ter o nível "humanístico" que o animal não possui e por ser esse o nível de sua "pessoalidade" e, ao mesmo tempo, o nível onde acontece o Amor entre as pessoas, pela sua própria natureza sente necessidade primeira de complementação do "Eu-tu". Pois apenas no Eu-tu, nesse nível humanístico, é que o Amor consegue complementar o casal e o plenificar. Sem dúvida, quanto maior o Amor, maior a ligação afetiva e a atração sexual pelo companheiro. O amor de um casal é algo que se projeta de dentro para fora e, assim, a união física, embora sendo a última instância dessa projeção, torna-se uma necessidade legítima para a expressão total do Amor e especialmente para a "união" conjugal.

Esse é, portanto, o ato conjugal de acordo com a natureza intrínseca do ser humano. *Antes de ser comandado pelo "cio", o ser humano sente a necessidade da união no Amor. Por isso os seres humanos conseguem ter prazer sexual também fora do período de "cio".*

Mas, devido à liberdade e à capacidade de autodeterminação do "nível humanístico" do ser humano, ele pode distorcer a sua natureza. Sendo um microcosmos e trazendo dentro de si a natureza animal, *pode o homem "querer" inverter a ordem da sua estrutura e buscar o ato sexual apenas genital ou motivado somente pelo seu processo biológico.*

Entretanto, quando um homem e uma mulher se unem motivados mais pela atração física que pelo amor maduro, quando o predomínio é da "atração física" ou do "nível animal" — então, conforme antes explicamos — o nível "pessoal" interfere no ritmo da sexualidade, desaprovando-a; e o prazer sexual tende a diminuir muito sua expressão máxima em cada nova relação sexual. Assim se explica certa tristeza profunda e um vazio que o casal sente após semelhante ato sexual, o que não acontece quando esse ato é resposta de um Amor responsável e maduro. E o casal, naqueles casos — como podemos ver no gráfico seguinte — tenderá a não atingir nem mesmo o grau de prazer sexual dos animais (fig. 6). *Pois o animal, não tendo o "nível humanístico", não sofre a sua interferência, como já dissemos. Mas o homem, não podendo impedir que o seu nível humanístico interfira nas condições mencionadas, não conseguirá usufruir totalmente nem mesmo um pleno prazer fisiológico.*

Nível
AMOR Humanístico

Nível
SEXO Fisiológico
(animal)

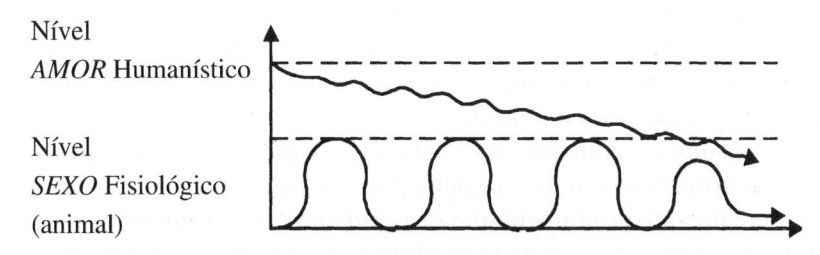

Fig. 6: *Ato sexual, antes da maturidade do Amor*

O ato sexual, sem a maturidade do Amor, é frustrante, porque os dois níveis de sentimentos acontecem isoladamente e o Amor que despertava tende a desaparecer.

Esclarecemos, portanto, que o ato sexual, quando realizado antes da maturidade do Amor, sofre a cobrança e a interferência do "nível humanístico" e é frustrante em termos de prazer totalizante. Nessas condições o Amor e o ato sexual trilham caminhos separados, não se encontram, não se complementam e o próprio Amor, que vinha se construindo, enfraquece. *O ato sexual, portanto, quando buscado apenas como prazer, frustra esse próprio prazer.* E em clínica isso pode se expressar pela impotência, pela frigidez e por muitos outros sintomas.

Contrariamente, se o ato sexual for a expressão de um Amor autêntico e maduro, e se o sexo é "função" do Amor, então *quanto mais crescer o Amor, maior será, respectivamente, o prazer sexual.* E nesse caso não podemos dizer que o ritmo do prazer sexual, após o "clímax", voltou à estaca "zero", porque, *pela interinfluência amor-sexo, após tais relações de unificação total, permanece entre o casal um clima amoroso, uma espécie de tranquilidade prazerosa que, por sua vez, é tanto maior quanto maior for o Amor (flg. 7).* E então, ao contrário do que vimos no gráfico anterior, muitos casos de impotência e frigidez podem curar-se até espontaneamente.

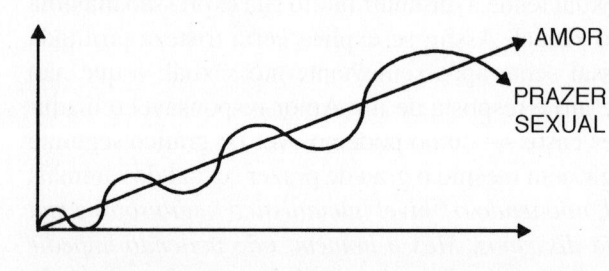

Fig. 7: *A "intensidade" do prazer sexual é efeito da "qualidade" do Amor* Na medida em que cresce o Amor de um casal, aumenta sua atração mútua e o prazer sexual.

*De forma genérica pode-se a*firmar *que o bom relacionamento sexual é sempre consequência do bom relacionamento pessoal. A qualidade de vida sexual de um casal expressa a qualidade do seu relacionamento pessoal e de seu Amor.*

Podemos concluir, portanto, que o prazer sexual cresce na mesma proporção em que aumenta entre o casal a união pelo Amor. Ou podemos dizer também que *os casais que se assumem responsavelmente, tentando vencer seus egoísmos e ajustar-se, recebem uma espécie de prêmio da natureza, que é o de usufruírem um prazer sexual maior do que os outros casais, que preferem ir trocando de par, passando de uma experiência sexual para outra e, consequen-*

temente, de frustração em frustração, em relação ao que no mais íntimo buscam, ou seja, o encon-tro-a-dois profundo no Amor de doação total, inclusive física.

O que acima falamos esclarece também que são ilusórias e prejudiciais as experiências sexuais anteriores ao casamento para verificar se há ajustamento sexual. *Esse ajustamento sexual não acontece em nível dos "corpos", mas quando as "pessoalidades" se unificam.* Assim, o prazer sexual maior só virá com o tempo, na medida em que o casal se unir sempre mais no espírito de "doação total", ou seja, na medida em que se entregar mais profundamente à formação da união conjugal. O ajustamento sexual, então, virá naturalmente, consequentemente, indubitavelmente. *É o espírito de "doação mútua, irrestrita" ou do dar-se "por toda a vida" que expressará, consequentemente, o grau máximo de prazer sexual.*

O que expressamos através dos gráficos se comprova constantemente na experiência clínica pelo Método TIP. Frequentemente a causa inconsciente de distúrbios de ordem sexual ou de doenças, tais como quistos em ovários e nas mamas, infecções, disfunções, alergias ou outros problemas físicos, especialmente problemas de saúde localizados nas regiões genitais, além dos problemas que já citamos de impotência, frigidez e muitos outros, encontram-se em atitudes de autopunição pela busca do prazer sexual fora do contexto do Amor. Há um caso típico que expressa bem o que queremos dizer. Trata-se de um rapaz de 21 anos, que procurou-nos em terapia, porque lhe acontecia frequentemente levantar-se de manhã com grande mal-estar e vômitos. Após a consulta com alguns médicos, nenhuma anormalidade física fora encontrada. Buscada a causa no inconsciente, esse respondeu apresentando cenas de relações sexuais com mulheres sem nenhuma ligação afetiva. O inconsciente do paciente "respondeu" que ele próprio se condenava pelas suas atitudes de busca de satisfação sexual inconsequente...*O paciente como que "vomitava a si mesmo" pelo que fazia... e tudo isso sem que tivesse tido qualquer preocupação moral ou religiosa. Simplesmente — conforme o seu inconsciente evidenciou — o ato sexual como ele o vivenciava estava "fora de ordem" diante do contexto integral da natureza humana, que pede a relação sexual como expressão responsável e de Amor. O paciente mudou o comportamento e os vômitos acabaram.*

Colocadas essas questões genéricas sobre o sentido do ato sexual humano, consideremos também outros problemas psicológicos que podem interferir como bloqueios na harmonia da vivência sexual de um casal e que são trazidos às consultas.

Um desses problemas, que atinge até 60% das mulheres que nos procuram, é a *aversão feminina ao ato sexual.* Buscando-se as causas encontram-se, então, vivências pessoais anteriores de atos sexuais, violência sexual, estupro, uma experiência de ter assistido à relação dos pais e entendido o ato como fora ou contrário do envolvimento amoroso, ou então, experiências negativas absorvidas a partir dos ancestrais. *A experiência traumatizante do passado de uma mulher na área sexual é então condicionada pela paciente e permanece como registro totalmente desvinculado de um ato de amor.* Semelhantes traumas podem ser, inclusive, fixados em plena fase de gestação e não só por meninas, mas também por meninos. Já esclarecemos que *a criança em gestação, inconscientemente entende, pela sabedoria inata, que a relação sexual dos pais deve ser a expressão de seu Amor.* Assim, quando percebe conflitos nessa área registra, em nível de emoção, que os pais não se amam e que a relação sexual é um ato de "desamor", algo de "ruim". Consequentemente, quando a criança percebe, mesmo ainda no ventre da mãe, que ela rejeita o papai sexualmente" ou que "papai busca mamãe com violência", essa criança perturba-se em seu entendimento sexual, condicionando semelhante experiência em seu "computador" do inconsciente. Mais tarde, principalmente *as mulheres e quando se casam, pelo Mecanismo Inconsciente Automático de Repetição (MIAR), tendem a rejeitar seus maridos sexualmente, embora os amem. O marido, por sua vez, não consegue entender essa rejeição e a interpreta da mesma forma que a criança em seu inconsciente, como um ato de desamor.* O homem, então, tende a "forçar" sua mulher e, com isso, afasta sempre mais a esposa, que necessita de muita preparação psicoafetiva para abrir-se à relação sexual. Além disso, o marido muitas vezes busca, então, outras mulheres, não porque o quisesse, mas para afirmar-se como "homem", pois a rejeição de sua mulher lhe é psicologicamente insuportável. A mulher pode até vir a desejar inconscientemente que seu marido busque outra mulher, uma vez que quer livrar-se do ato sexual. E assim, é frequente acontecer que a própria mulher lance seu marido para a infidelidade... É preciso entender também que *o marido, com essa rejeição sexual da mulher, não se sente apenas diminuído sexualmente, mas como "pessoa", em sua "hombridade".* Reage agredindo a esposa — embora nem sempre na mesma hora — mas no "dia seguinte"... *Dessa maneira forma-se um círculo vicioso de problemas conjugais duramente sofridos pelos dois e pelos filhos!*

Veja, através de um exemplo clínico, como podem ser surpreendentes os efeitos, vida afora, de certos tipos de problemas de ordem sexual que acontecem muito entre pais de pacientes. Um jovem de 25 anos queixava-se de conflitos sexuais e principalmente de sua forte tendência ao homossexualismo. Acompanhe o que segue:

T: Veja você no primeiro mês de gestação.
Pc: Estou sendo amassado.

T: Quantos dias tem você, que horas são?
Pc: Tenho 24 dias, são 9h35min da noite.
T: O que acontece fora de você, fora do útero?
Pc: Papai quer me matar... é bruto com a mãe... deita em cima da mãe... me amassa...
T: E o que você concluiu para você, quando pensou que papai queria matar você?
Pc: Que eu deveria ficar bem preso à mãe... só ela que me protege... Eu não quero ser como meu pai que mata! Ele é mau, ele é bruto... Quero ser como a mãe... mulher!
T: Veja se é verdade o que você pensou, quanto a ser amassado... Biologicamente isso não se confirma... Distancie-se emocionalmente da mamãe e do papai e olhe "de cima". O que está acontecendo realmente com seus pais?
Pc: A mãe... é ela que pensa que o pai quer me matar...
T: E ele quer? Entre no inconsciente dele e verifique...
Pc: Não... ele só quer ter relações sexuais com mamãe...

Comentário: Observe aqui o primeiro acontecimento responsável pelos traços de homossexualidade desse rapaz... Continuemos a acompanhar o processo:

T: Por que seu pai parece mau e bruto? Vamos ver se a mãe colaborou para que ele fosse assim... Pergunte ao seu inconsciente (sábio).
Pc: Ele diz que "sim".
T: O que é que sua mãe fez?
Pc: Ela rejeitou papai sexualmente... Ela o desprezou... tem nojo de homem...
T: Qual o número da mãe ligado a esses sentimentos?
Pc: Um.
T: Veja sua mãe com um ano.
Pc: Ela corre apavorada... Ela está suja... o pai dela quer tocá-la... ela não quer ser tocada!
T: Tem um número anterior de sua mãe aí... veja...
Pc: 03... Mamãe no útero... volta-se de costas... não quer ver...
T: Não quer ver o quê?
Pc: Vovó nega-se sexualmente ao vovô... pensa que é muito ruim ser mulher.
T: O que é mesmo que mamãe não quer ver?
Pc: Que é mulher como vovó... que "precisa" ter relações sexuais...
T: Há quantas gerações anteriores à sua avó começou esse problema de mulheres não querendo ser mulher para não terem relações? Veja uma fila atrás da vovó... onde se localiza a primeira mulher do problema?
Pc: Vejo a quinta mulher atrás da vovó.
T: Portanto, a sétima geração antes de você. O que aconteceu?

Pc: É uma menina de doze anos... um parente a convence que precisa ter relações sexuais... que esta é a função da mulher... ele a força... ela se sente violentada... odeia ser mulher... odeia relações sexuais...
T: Veja que o problema que sua mãe vive não é dela... é apenas uma imitação inconsciente que vem passando há gerações através das mulheres. É um "condicionamento"... e um condicionamento no ser humano nunca é total... há momentos em que sua mãe foi "pessoa livre" mais do que "condicionada"... Momentos em que ela viveu com seu pai a relação sexual como expressão de amor... Vamos ver se isso se confirma?

Comentário: Seguimos, levando o paciente a vivenciar uma sequência de momentos de união harmoniosa entre seus pais. Visamos a identificação do paciente com o seu pai nessa nova situação, desligando-o simultaneamente dos "condicionamentos".

T: Veja seis números (depois as cenas) onde seu pai e sua mãe tiveram momentos de *Amor autêntico* um para com o outro, onde nenhum dos dois "cobrava", mas simplesmente se doava, sem interesse algum... Vivencie essas cenas, sentindo-se identificado ao homem que está no pai...
Pc: (Respondendo, conforme solicitado).
T: Veja agora outras seis cenas onde estes pais, que tanto se amam, vivem momentos de *afeto, carinho,* de *cuidados* um com o outro (ainda sem conotação sexual).
Pc: (atendendo à solicitação).
T: Agora esse pai e essa mãe, que assim se amam e que se relacionam bem vão encontrar-se com todo esse amor e afeto em seis cenas de *relações sexuais.* E você identifique-se à figura masculina do pai...

A técnica acima utilizada ajuda o paciente a vivenciar em nível inconsciente o que é a verdadeira expressão do Amor no ato conjugal. Muito frequentemente, antes de uma terapia que introduza o paciente a vivenciar no inconsciente momentos de *"Amor, afeto e união sexual dos seus pais",* ele em sua visão psicológica distorcida, considera esse ato conjugal como algo separado do contexto do Amor, ainda que intelectualmente pense o contrário. Submetendo-se à terapia passa a compreender, então, *que o ato conjugal é a união mais profunda entre duas pessoas que se amam... que é o transbordamento no físico de um sentimento que atinge e envolve o casal em todo o seu ser!*

Além de entender a questão intelectualmente, o paciente que "vivencia" no inconsciente esse relacionamento amoroso de seus pais não só se sente como se sempre tivesse vivenciado apenas o lado positivo deles, *mas realiza também a união de seus pais dentro de si e portanto harmoniza a sua capacidade de amar integralmente e verdadeira-mente, através das três expressões de Amor por nós mencionadas.* E a ligação que se pede ao paciente fazer com a "figura masculina do pai" ou a "figura feminina da mãe" ajuda a vencer a tendência à pederastia ou ao lesbianismo.

No caso acima, o paciente, após a terapia, conseguiu ver seus pais unidos, o que eliminou a necessidade de "prender-se à mãe" para não ser "amassado" e para não ser "rejeitado" por ser homem. Conseguiu também sentir-se no papel de "homem", por identificação ao pai, quando viu as cenas das relações conjugais dos mesmos. Terapeuticamente foram ainda trabalhadas nesse caso outras idades em que houve em sua vida desvios sexuais e reforçaram positivamente aquelas cenas nas quais o paciente se sentira "homem", ou onde era valorizado pelos pais como "menino".

O caso acima também nos mostra que *distúrbios na área sexual devem ser tratados a partir do enfoque do Amor, que se expressa em primeiro lugar em nível humanístico ou espiritual, depois no afetivo e, por último, transborda no físico ou na união sexual.* Em casos assim tratados consegue-se recuperar problemas de desequilíbrio sexual e, genericamente, problemas da capacidade de amar. Dizendo isso de outra forma: distúrbios de ordem sexual não podem ser tratados diretamente em termos do mecanismo sexual. Semelhante tratamento é sempre parcial, insatisfatório e às vezes até de efeitos contrários ao que se quer, porque não se vai à causa. *Da mesma forma, se a vida sexual de um casal vai mal, trate-se do seu amor conjugal, não do problema sexual. Esse é efeito...*

Se de maneira genérica é como acima falamos, isso não quer dizer que os problemas psicológicos não possam interferir sobre a qualidade do ato conjugal de um casal. Já falamos sobre as transferências e as "projeções" na vida conjugal; teceremos agora algumas *reflexões sobre a complementaridade psicossexual entre homem e mulher.* Atualmente insiste-se muito em considerar que as diferenças psicológicas entre homem e mulher são apenas dependentes de fatores socioculturais. Entretanto, uma corrente de ideias exatamente opostas também se afirma em nossos dias e focaliza a integralidade e a interinfluência, enfatizando que *o homem é diferente da mulher no seu "todo", independente de qualquer cultura e época. A cultura só atinge o comportamento externo e os hábitos, não a "essência diferencial" de cada um.*

Evidentemente, diante de nossa linha metodológica que sempre aborda o ser humano integralmente e no inconsciente, onde se revelam as verdades universais — e não apenas opiniões — a nossa observação é de que *homem e mulher têm realmente diferenças que emanam da profundidade de seu todo psiconoossomático. E essas diferenças não devem ser entendidas como elementos de competição, muito menos de mútua agressão — conforme se faz tanto nos movimentos feministas — mas de complementação.* Existem muitos estudos que se detêm sobre detalhes desses aspectos. Aqui queremos apenas lançar alguns traços bem genéricos de complementaridade. Assim, por exemplo, podemos dizer que, enquanto a *função do homem é a de construir o mundo, a da mulher é a de construir a humanidade.* E não quer dizer-se com isso que homem e mulher não possam "exercer" ambos qualquer atividade profissional. Mas há um enfoque interno diferente. Assim, por exemplo, enquanto o homem se compraz em construir uma ponte porque une duas regiões econômicas, a mulher, ao fazê-lo, tende a lembrar-se de que está facilitando o encontro de seres humanos. Por outro lado, pela sua estrutura "maternal" em essência, *a mulher* orienta sua sensibilidade em direção aos outros e ao sexo oposto, buscando sempre um encontro de *"pessoa a pessoa". Parte ela de seu nível de "afetividade" ou da "pessoalidade".* Mesmo que haja um despertar de sua sexualidade, na mulher esse é difuso e de forma alguma se fixa apenas nos órgãos genitais ou nas relações sexuais em si. A mulher somente se sente pronta para a entrega sexual quando se percebe amada e amada no sentido de "sempre". A menor dúvida que possa permanecer, de que essa união pode acabar, basta para que ela oponha inconscientemente restrições sexuais ou sofra de frigidez. A mulher é psicossexualmente muito sensível a esta realidade. *A antecipação de relações sexuais, hoje tão em moda, devido à mentalidade permissiva da época, tem sido responsável por altas estatísticas de desajustamentos sexuais.* A questão se comprova, inclusive, em casais que procuram nossa clínica. *E como é o próprio inconsciente do paciente que fornece os dados, não podemos ter dúvidas sobre a autenticidade das informações.* Isso nos confirma, mais uma vez, que a *"inversão dos valores intrínseco-universais" é punida pela reação da própria natureza.* De fato, se a relação sexual não for a ex-pressão de um amor responsável e de caráter permanente, ela "machuca" o psiquismo e o nível-humanístico, por mais que conscientemente se pense o contrário...

    No homem, a sexualidade conjugal é menos psíquica e mais física, menos difusa e mais localizada. O homem, diferentemente da mulher, sente-se despertado pelo desejo sexual antes de procurar no sexo oposto a "pessoa". Em função dessa realidade costumamos exemplificar a questão — especialmente em palestras para jovens — dizendo que: se pusermos doze homens numa casa, aí teremos doze "postes" ou pessoas de certa forma isoladas. Se colocarmos aí uma só mulher, é ela o "ara-me" que une os postes... Daí porque era preciso uma "Maria" entre os Apóstolos. De fato, todos nós sabemos do dia a dia que a mulher age sempre num primeiro impulso pela "comunicação pessoal e intuitiva" e num segundo passo pela "razão", processo que é exatamente invertido para o homem. Isso se verifica principalmente em relação à criança recém-nascida: a mãe "sente" o que a incomoda quando chora, enquanto o pai quer "examiná-la" para "encontrar" um motivo concreto do choro. *Em função do tema de "complementaridade psicossexual", portanto, o homem parte também* do "concreto", ou seja, da atração física, buscando o encontro sexual com a mulher. Assim, o primeiro passo de aproximação entre homem e mulher — naturalmente expressando-se isso da forma mais genérica possível — é um "desencontro", conforme se vê no gráfico que segue.

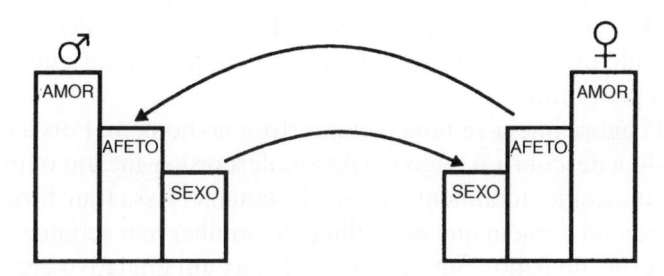

Fig. 8: *O passo inicial da aproximação homem-mulher*
Na complementaridade psicossexual entre homem e mulher, o homem parte da atração sexual e a mulher do afeto. Assim, o primeiro "encontro" é um "desencontro".

Num segundo passo de aproximação, a mulher, que por sua natureza precisa sentir-se amada para conseguir entregar-se toda em uma relação sexual, tende a barrar a busca sexual do seu companheiro, para "dar tempo" de "amadurecer" afetivamente, mesmo que não conscientize porque assim o faz. Na medida em que esse processo se concretiza, os dois se constroem em "nível afetivo", momento em que os diálogos se aprofundam e onde os dois buscam se conhecer, para atingirem juntos a etapa seguinte, que é o Amor.

O homem em relação à mulher, espontaneamente, não entende muito bem o que é Amor conjugal e tende a confundi-lo, desde o princípio, com sexo. A mulher sabe intuitivamente o que é Amor e precisa do sexo dentro desse contexto. *Assim, a mulher, ao evitar as relações precoces, dá ao homem a oportunidade de conhecer o Amor a dois, crescimento que é naturalmente bloqueado se o casal partir imediatamente para a relação sexual.*

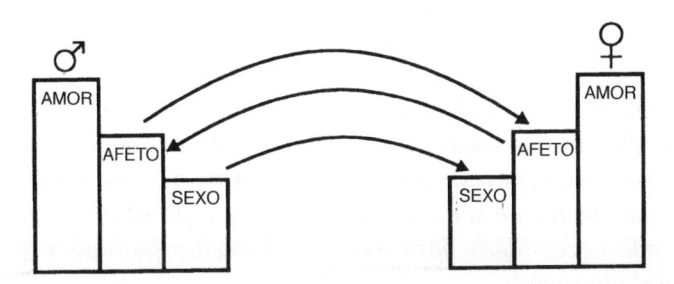

Fig. 9: *O segundo estágio de aproximação homem-mulher*
O segundo encontro entre homem e mulher é em nível afetivo, para o qual a mulher atrai o homem gradativamente...

Em palestras para jovens, onde apresentamos sempre esse esquema de complementaridade, costumamos dizer que *a mulher, na medida em que eleva a aproximação do companheiro para o nível afetivo e depois para o nível do Amor, vai fazendo com que ele deixe de ver nela apenas "uma" mulher, para distingui-la como "a sua" mulher.* É o que nos exemplifica Saint-Exupéry, no O Pequeno Príncipe quando diz: "Foi o tempo que perdi com minha flor que a tornou preciosa para mim".

Já agora inicia-se uma metamorfose no homem. Pois a mulher, ao levá-lo a descobrir o afeto e o Amor, descortina-lhe um outro mundo, desconhecido, totalmente novo e fascinante. Essa transformação é mais nítida no homem que na mulher. Na mulher não acontece tanto a "descoberta" do Amor conjugal, mas apenas um gradativo crescimento nesse Amor.

O homem, uma vez que percebe que ama, fica em conflito entre o desejo de independência egoísta e descompromissada e a doação total e exclusiva de si mesmo a alguém, o que é exigência natural e intuitiva de quem ama verdadeiramente.

Nesse sentido, nas palestras para jovens, costumamos lembrar um ditado popular que é repetido com muita força e espírito de machismo pelos homens que ainda não tiveram uma mulher que lhes ensinasse a amar. Dizem eles: "O homem nasce, cresce, fica bobo e casa..." Esse adágio expressa bem o que afirmamos: que o homem só sabe o que é Amor depois que a mulher o conduziu a esse nível. *Encontrar-se no nível do Amor, portanto, é o terceiro passo de complementaridade entre homem e mulher.*

Interessante é observar aqui, mais uma vez, a natureza humana em sua perfeição. A criança que nasce precisa psicoafetivamente de um lar estável. E a natureza faz com que um casal, quando se ama de verdade, deseje espontaneamente assumir um compromisso "eterno" um com o outro. Portanto, *o casal que se ama deseja construir um lar estável. Aliás, no psiquismo masculino, o homem testa se verdadeiramente ama quando está motivado a assumir esse compromisso com a mulher. E a mulher encontra no "lar estável" as condições apropriadas à sua natureza para realmente conseguir doar-se em termos sexuais, sem restrições inconscientes — o que é um processo psicológico antes de ser qualquer imposição moral. E isso, por sua vez, é uma necessidade para o desenvolvimento sadio da criança e a normalidade social.*

Quando o ato sexual — como no esquema acima — já está estruturado sobre uma coluna sólida que é o Amor, acontece exatamente o oposto do que vimos na série de esquemas iniciais, ou seja, o encontro sexual de um casal, ao mesmo tempo que pode ser fator de rápida separação do mesmo, quando buscado sem a estrutura de base que é o Amor, *é, sem dúvida, fator de união cada vez maior, quando se assenta sobre a doação total e responsável de um casal, ou seja, quando se firma sobre o autêntico Amor-mútuo, que espontaneamente deseja se "firmar para sempre"...*

Costumamos levantar uma questão aos jovens para que se entenda o óbvio presente na afirmação de que um casal que se ama deseja uma união "compromissada" e "para sempre"... Dizemos, então: imagine um casal de namorados apaixonados, e se um deles se declarasse, dizendo ao outro: "Amo-te muito... e vou amar-te por dois anos!" O absurdo presente nesta "declaração de Amor" está exatamente no fato de que *é tácito entender que para o Amor não se marca tempo... ele é eterno, pela sua própria essência. O que falha é o ser humano, que não se exercita na capacidade de saber amar.*

Concluindo: Amor, afeto e ato sexual são interfuncionais e complementares entre homem e mulher. A mulher, espontaneamente, esforça-se por levar seu companheiro escolhido à descoberta do Amor, nível em que ela está pronta a permitir que o homem a conduza amorosamente à plena doação sexual.

E fecha-se, assim, um dos mais belos círculos complementares da natureza, onde o encaixe pode ser harmonizado com perfeição, dando origem a sementes que resultem em frutos sadios, para alegria e bem-estar das próximas gerações.

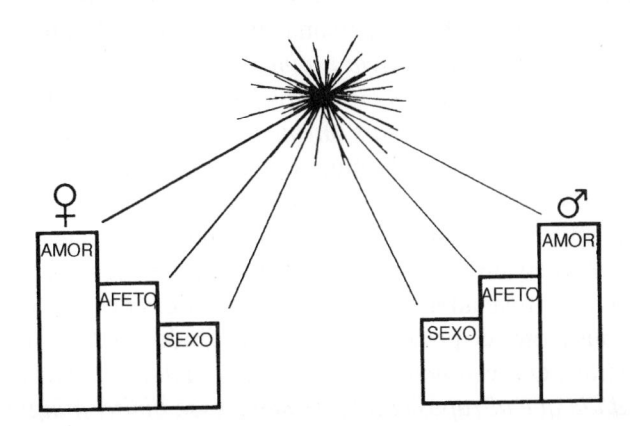

Fig. 10: *O fechamento do círculo de complementaridade homem-mulher*
No processo final de aproximação homem-mulher, os dois se encontram no Amor e assumem no Amor o afeto e o relacionamento sexual.

4.7 - "NÚCLEO EXISTENCIAL", VIDA E MORTE A PARTIR DO INCONSCIENTE

O "Núcleo Existencial" é o registro inconsciente completo da existência humana, mas em termos "valorativos"... Realiza-se através dele uma permanente autocensura inconsciente, tomando como referencial o N. Luz... O "N. Exist." nos revela o sentido da vida e da morte... Ele nos mostra a transferência da "existência" para o nível do "ser" e nos comprova que a vida continua após a perda da matéria de nosso corpo... A terapia sobre o "N. Exist." nos permite antecipar o autojulgamento final da vida e corrigir "pontos escuros" de nosso passado...

Durante a descrição do processo terapêutico, vimos que existe na mente humana, em algum lugar e de alguma forma, o registro absolutamente fiel e "computadorizado" de toda a existência humana, desde o momento da concepção e inclusive de gerações e mais gerações de antepassados daquela pessoa que se submete ao processo. Observamos também que esses registros, quando acionados pela técnica do "questionamento", se por um lado são precisos como um computador, por outro, vão para muito além dos fatos e das puras informações. Isso porque eles nos revelam sentimentos, pensamentos, intenções e tudo aquilo que pode nunca ter sido verbalizado e nem mesmo conscientizado pela pessoa, parecendo também estar escondido eternamente ao saber dos outros. Mas essa revelação se faz no inconsciente e, então, cada paciente obtém dados inéditos sobre si mesmo, sobre suas próprias intenções ocultas ou negadas e sobre as personagens que figuram em cada "cena" de sua vida... *Tudo se desanuvia no inconsciente. Os mistérios e os segredos humanos se desfazem nesse nível, as correlações de fatos se estabelecem e esclarecem as mais intrincadas histórias e acontecimentos vivenciados.* A falsidade, a mentira, o engano, portanto, são totalmente desmascarados nesse nível mental, enquanto a verdade e a autenticidade se evidenciam e se reforçam. Vê-se, assim, que o inconsciente ultrapassa em muito o nosso antigo e pobre conceito de nível mental apenas psicológico, somente revelador de estruturas hipotéticas da personalidade, de traumas causadores de problemas atuais, da libido, ou da história de nossos ancestrais. *O nível inconsciente abrange tudo isso, mas atinge uma profundidade que ultrapassa infinitamente esse limite, atingindo a "interioridade" mais profunda do homem, onde desaparecem os limites da matéria, onde se encontra a transcendência e onde se tange o divino.*

Entretanto, atingido esse nível de "interiorização" profunda, mais um aspecto novo é acrescentado a toda a nossa existência e aos fatos que a compõem: a *conotação valorativa do autojulgamento, da autocensura e, consequentemente, da autopunição*. É importante saber, por outro lado, que *esse "N. Exist."* busca o referencial para seus julgamentos, não naquilo que foi aprendido, mas no que é inerente ao homem, inato, intrínseco e universalmente o mesmo para todos os seres humanos, de todas as raças, todas as crenças e todas as formações — conforme nos responde a pesquisa realizada diretamente sobre o inconsciente. Já falamos na existência dos "valores intrínsecos" quando nos referimos ao tema da "pessoalidade". Aqui, porém, relacionaremos esta questão à instância que interliga esses valores ao "sentido da vida" e ao "significado da morte".

De fato, a experiência clínica nos comprova de contínuo, e com cada novo paciente tratado, que existe em nós uma instância simultânea e permanentemente ativa junto aos enfoques psicofísicos e emocionais, quando esses são levantados pelos questionamentos durante as terapias. Esta instância, ou seja, o "N. Exist." que avalia os acontecimentos em relação aos valores intrínsecos, também os focaliza em termos de "sentido existencial", tanto do ser humano numa visão mais ampla, como no campo restrito da missão particular de cada paciente.

É bastante comum jovens e estudantes procurarem a nossa terapia em busca dos chamados "testes vocacionais". Esclarecemos, então, que semelhante teste se insere no todo da terapia, não podendo ser uma abordagem isolada. Pois a especificidade vocacional só consegue realmente ser evidenciada depois de removidas as "frases-registro-negativas" — que bloqueiam ou falsificam a verdadeira expressão da "pessoalidade sadia", onde se registram as tendências pessoais mais originais... Essa primeira etapa do tratamento geral, portanto, não pode ser dispensada. E o segundo passo, que é a busca mais específica da resposta vocacional, entranha a "sabedoria", "o conhecimento intuitivo", "a capacidade de amar" e, principalmente, o "núcleo de Luz" e o "núcleo existencial". Quando a resposta "vocacional" é evidenciada pelo inconsciente dentro deste contexto, está então relacionada à missão geral do ser humano no mundo e em relação à humanidade. Somente depois apresentar-se-ão ao inconsciente as expressões particulares e diversificadas da execução dessa missão universal do homem e em adequação às tendências individuais — mas sempre em função da "vocação primordial". Por outro lado, a adaptação da "missão vocacional universal" à pessoalidade individual significa para aquele ser humano ou paciente em particular a sua "plenificação" ou a sua "realização" humana mais completa.

Do exposto entende-se o motivo pelo qual a questão da "descoberta vocacional" é angustiante para os jovens que querem preparar-se através de estudos universitários para a atuação no mundo. Os "testes vocacionais" geralmente são vagos e não satisfazem plenamente. Entretanto, se fosse levado em consideração o que acima dissemos, que existe antes de tudo uma "vocação universal", a qual está relacionada com o "sentido existencial geral do ser humano" e em sua adequação particular ao "sentido pessoal da vida" de cada pessoa, e se removêssemos antes os bloqueios que falsificam a "pessoalidade sadia" para evidenciar a "personalidade autêntica", *os "campos vocacionais" que se descortinariam a cada estudante seriam, sem dúvida, muito mais bem definidos e mais aproximados da realização humana que da pura e simples execução profissional.*

O texto acima deve suscitar no leitor várias perguntas. Deve ele querer questionar sobre o que seja esta "vocação primordial" e a "plenificação humana" que citamos e de que forma, concretamente, se pode distinguir o adequado "sentido pessoal de vida" daquele mencionado "sentido existencial comum" a todos os homens.

Essas questões nos conduzem primeiramente a uma dissertação sobre o "sentido da vida e da morte", conforme dados fornecidos pela pesquisa direta do inconsciente. Vejamos, separadamente, a ambos:

A) O "sentido da vida" através da revelação Inconsciente

Conforme vínhamos dizendo, o "N. Exist." se apresenta em terapia como uma espécie de caixa de registros de acontecimentos vivenciais, mas com a diferença de que são *valorativos. A diferença entre os registros genéricos dos fatos para os registros do "N. Exist." está, portanto, nessa conotação qualitativa, que conduz a um autojulgamento, o qual é feito em relação a um referencial universal e "pré-reflexivo" (Frankl), não dependendo de aprendizagem*...E esta diferenciação do registro genérico e amoral do inconsciente para registros do "N. Exist.", que são valorativos, acontece porque ambos têm coordenação distinta. *O inconsciente psicofísico obedece ao "comando direto da natureza biofisiológica"* e assim, como toda a natureza exterior ao homem, volta-se sobre si mesmo, para o autoentendimento de suas necessidades de preservação da espécie, motivado pelo prazer, como já dizia Freud. Em contraposição, *o "N. Exist." aparece no "nível humanístico" ou de "interiorização profunda" e é comandado pelo "Eu-P", o qual, como já vimos, busca a "autotranscendência" e não o "autocentrismo" (Frankl). Essa dicotomia no interior do homem poderia representar um conflito insolúvel se a coordenação geral do ser humano não fosse exercida pelo Eu-P.* Mas como isso acontece, o inconsciente psicofísico passa a existir "em função" da finalidade do Eu-P e assim a harmonia da questão conflitiva pode ser estabelecida. De fato, o homem, a partir do seu nível de "ser" (Eu-P) pode servir-se do seu nível de "ter" (o psicofísico) para a realização da meta do seu sentido existencial, que o lança para além de si em direção à transcendência, aos outros e ao divino. Então o "ser" comandará o seu "existir" no mundo e em função da plenificação desse mesmo "ser". O "existir" passará a ser "vivenciado" de forma a realizar e plenificar gradativamente o "ser". *E o homem caminhará paulatinamente da aparente situação dicotômica do seu eupsicofísico em relação ao seu Eu-P para a unificação pacífica deste.*

No Livro dos Livros temos uma citação que fala sobre as pessoas falecidas, dizendo que "as suas obras as acompanharão".

Esse "acompanhamento" das obras não é fato externo ao homem ou posterior à sua vida neste mundo. Ele acontece na medida em que o homem, ao "viver", vai transformando o seu "existir" físico e material em realidades "imateriais" ou em "substância" que possa ser integrada ao Eu-P, passando isso, então, a constituir a própria natureza do Eu-P e de forma enriquecedora e harmoniosa, acabando por orientar a "pessoa" como-um-todo, já agora em nível do Eu-P, para a plenificação na transcendência ou no divino...

A realidade psicofísica do homem, embora "autocêntrica" por si só, portanto, não é secundária ou inferior, mas necessária e indispensável para que o Eu-P possa realizar o seu "vir a ser" em direção à sua meta final, através do "existir" no mundo. Entretanto, entende-se que *todo o "existir" só faz sentido se assim for,* como dissemos, ou se *estiver a serviço da caminhada de plenificação do "ser", representado pelo Eu-P*. Por outro lado, *para o Eu-P,* que é de natureza imaterial, não física, ou que é espiritual, *o "existir" humano só faz sentido se for "espiritualizado" no processo vital* (observe a figura abaixo):

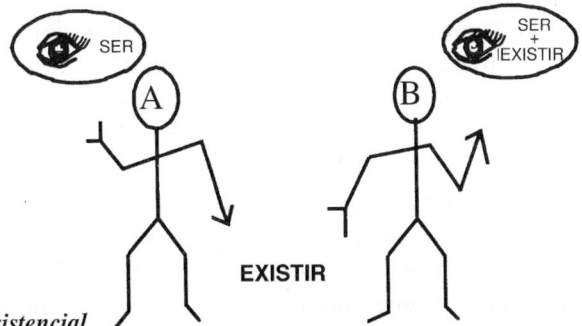

Fig. 11: *Processo existencial*

A - O homem em seu nível de "ser" (Eu-P) observa e coordena o seu "existir" no mundo, tentando adequá-lo à natureza deste "ser" (espiritualizando-o).
B - O homem em seu "existir", ou no processo "vivencial", reintegra esta sua "existência" ao nível do "ser" (Eu-P). No final, o homem "é" o seu "ser", mais o seu "existir".

Lembremos que o processo "existencial" se inicia no momento primeiro da concepção, no instante em que surge o Eu-P. O Eu-P toma aí conhecimento de si como "ser" e passa a observar os seus gametas, que em breve se conjugarão, identificando e "reconhecendo-os", distinguindo o seu espermatozoíde dentre os outros. Percebe, então, o que vem dos seus pais e antepassados nesses gametas e toma as suas primeiras decisões, "escolhendo" ou "tornando ativas" certas características e "amortecendo" outras... Evidentemente, a pessoa não escolhe todas as suas características de "ser", mas ela interfere sobre algumas que lhe chamam a atenção. A segunda observação do Eu-P, e que é simultânea, recai sobre o referencial do N. Luz, como já vimos. E é desse N. Luz que a pessoa busca o "sentido", adaptando a "hereditariedade" e os acontecimentos externos. *Dessa forma, pouco a pouco, a "pessoalidade" vai se transformando em "personalidade".* O processo continua vida afora... Após o nascimento, especialmente a realidade ambiental ou "existencial" continua sendo "avaliada" pelo Eu-P e "ajustada" à "personalidade", cabendo ao Eu-P tomar sempre como referencial de base o N. Luz, para que a "existência" se "transforme" numa substância adequada ao Eu-P, que é sempre "imaterial". *No fim da vida esse processo de "humanização", ainda que o físico tenha decaído, encontra-se em sua expressão máxima de "ser humano", porque, como vimos, toda a "existência" está integrada ao "ser" do Eu-P. No final do processo vivencial, portanto, o homem não apenas continua se "servindo" do seu "psicofísico" para fazer externamente a sua "existência" no mundo, mas ele, por integrar em seu "Eu-P" o seu viver, "é" agora, a sua "existência".*

B) O sentido da morte se entrelaça ao da vida...

O "sentido" da vida humana fica bem delineado pelo inconsciente. Embora cada ser humano tenha uma forma única de realizá-lo, genericamente existe um sentido comum. O homem — como acabamos de ver — a partir do seu Eu-P realiza-se no mundo, tendendo a ajustar o seu "viver" à natureza imaterial de sua "pessoalidade", para onde transfere sua existência... *Entretanto, nem todo tipo de "existir" no mundo "plenifica" o ser ou é realmente adequado à natureza espiritual do Eu-P. Pois para que assim seja, é preciso que a "obra" no mundo se expresse com Amor. E o homem, sendo "livre", pode inclusive inverter o seu processo "existencial". O ser humano pode "não espiritualizar" o "existir", mas não pode impedir que a existência, mesmo assim, seja transferida, em forma de registro existencial, para o nível do "ser". Gera-se, então, a chamada "angústia existencial", o sofrimento da inadequação do ser, de conflitos internos dos mais dolorosos e insuportáveis e que costumam intensificar-se na hora da morte.*

De fato, a pessoa que "vive" no mundo, esforçando-se por utilizá-lo como instrumento para atender aos anseios mais profundos de seu "ser" ou do seu *"Eu-P", o qual visa à "plenificação humana", paradoxalmente não se mantém concentrada sobre si mesma, mas se autotranscende, buscando diretamente o sair de si em direção aos outros, a doação e a entrega que "espiritualiza" o mundo da matéria. E nessa caminhada sente-se ela realizada como "pessoa" e a cada momento, não apenas quando chega ao final das metas visadas, e mesmo quando não as atinge. Dessa forma pode uma pessoa viver o seu "sentido de vida", a sua missão, no dia-a-dia, ainda que tenha, como todos os seres humanos, os seus conflitos psicológicos, emocionais, as doenças físicas, as dificuldades socio-econômicas.* Em relação a essa questão repetimos aqui a citação de Viktor Frankl, quando diz que não somos nós quem deve perguntar "qual o sentido de nossa vida", mas é a vida que nos questiona sobre isso... *O "sentido da vida" é encontrado na medida em que se "responde" adequadamente aos fatos diários da vida e não num projeto idealizado e distante.* Devemos "viver" dentro de nosso "sentido" e não imaginá-lo num futuro inatingível. *Se a nossa vivência se orienta para a "espiritualização do existir", a cada momento saberemos distinguir um "sentido" no que nos acontece. E isso nos trará paz interior, serenidade nos acontecimentos, mesmo que negativos. Sentiremos assim que o crescimento na plenificação humana está se concretizando* e viveremos num processo de "autotranscendência", onde finalmente a ideia da morte já não angustia, pois ela apenas nos desprenderá daquilo que interiormente já não tem significado essencial, daquilo que já não nos aprisiona ao "existir".

Na realidade o que é a "morte"?

A morte não é o morrer da "vida", pois a "vida não morre", como já lembramos. *Não é ela, nem mesmo a perda do corpo, como irrefletidamente repetimos a cada instante, pois a "vida" circula no corpo e o corpo somente é corpo enquanto contém a vida. A morte acontece apenas da "matéria" do corpo. O morto é o cadáver, feito de proteínas, ossos, músculos. A morte não é da "pessoa", ou do "Eu-P", pois esse é integrado pelo N. Luz, que é de dimensão infinita e pela "existência", que é transferida ao nível desse "ser".*

E a pesquisa sobre o inconsciente acrescenta aqui mais um dado novo: *logo que o Eu-P surge, antes da formação do zigoto, esse Eu-P, enquanto observa a união dos seus gametas, já tem a sua "cor-*

poreidade". Essa já surge junto com o Eu-P, no momento primeiro da concepção, mas não com a "matéria" do corpo. A matéria só se forma no segundo momento da concepção, quando se concretiza o zigoto.

Diante dessa informação, por força dos dados obtidos com a pesquisa do inconsciente, queremos contribuir com mais algumas informações para as reflexões desenvolvidas por L. Boff em seu livro *Para além da morte*. Diz esse autor:

"Portanto, a ressurreição manterá a identidade pessoal de nosso corpo. Mas não sua identidade material, que varia de sete em sete anos. Caso se conservasse a mesma identidade material, como seria então o corpo de um feto que morreu no terceiro mês de gestação, ou do ancião, ou de um excepcional? A ressurreição conferirá a cada qual a expressão corporal própria e adequada à estrutura do homem interior..." (61)

No trecho acima iguala-se "corpo" à "matéria", realidades que o inconsciente distingue claramente, como já falamos. *A corporeidade é uma configuração única já presente no Eu-P antes da conjugação dos gametas*, o que faz com que esse Eu-P se reconheça nesse momento, ainda que não consiga dizer, com certeza, se está se "vendo" como adulto ou como criança, ou como ancião, porque *"é" todos os seus corpos ao mesmo tempo, em outras palavras: a corporeidade não tem idade. No Eu-P, antes da formação do zigoto, portanto, já existe a corporeidade da pessoa, ainda que apenas "espiritualizada", ou seja, ainda sem a matéria ou sem o físico*. Realmente, em terapia, todo paciente vê sua corporeidade nesse instante, sem dificuldade alguma, embora, coerente-mente ao que afirmamos, veja esse corpo, por vezes, transparente e em expressões simbólicas, como por exemplo, "encolhido" de medo, de assumir a vida, ou "segurando-se" pelas mãos para não descer ao útero etc. *Também aí o paciente já sabe se será "homem" ou "mulher" e reconhece os seus "gametas", porque já se vê "integralmente" no Eu-P, sendo que o zigoto apenas aparece como uma fase de "evolução" desse seu Eu-P completo em potencial. Antes da formação do zigoto, portanto, a pessoa se vê em sua realidade "corporal" — embora não "material" ou "física". E esse "antes" já pertence ao contexto da concepção.*

O que queremos dizer é que *"corpo" não é sinônimo de "físico" ou "matéria". Pois, como dissemos, o corpo supõe a vida. E na "pessoa" a vida é única e a mesma para todo o seu ser, inclusive o seu ser biológico. Quando essa vida única e pessoal, que é também corporal, abandona o homem pela morte, o que fica para apodrecer não é o corpo, mas a matéria que sustentava o corpo fisicamente. É na realidade apenas o cadáver. Tudo que foi Vida, nesse momento da morte, já está transferido ao Eu-P, onde a "pessoa" continua a "ser" e a "viver", inclusive com a sua estrutura "corporal" embora, repetimos, não material.* Alguns pacientes chamam esse corpo, que se distingue com clareza antes da concepção física e também depois da perda da matéria do "corpo" pela morte, de "corpo espiritual". *A corporeidade é sempre "reconhecível" para a própria pessoa, e esta, quando liberada da matéria, de certo modo exerce o controle sobre o formato do mesmo, pois o "corpo" é menos limitado em sua forma, enquanto não está restringido pelos limites da "matéria" do corpo.* Vai aqui, portanto, a contribuição dos dados coletados pela pesquisa do inconsciente às reflexões desenvolvidas por L. Boff: *a ressurreição manterá a identidade "pessoal" e "corporal" de nosso ser, mas não a "material".* Por isso o feto poderá ver-se como seria em potencial, ele não está preso ao "formato" material de seu ser. *Ele "é",* repetimos, *todos os seus corpos ao mesmo tempo.* O mesmo vale para o ancião. E para o excepcional, *será ele o seu Eu-P sadio,* que nunca perdeu. Isso, porém, não desdiz o que fala o autor — que o nosso corpo refletirá a interioridade.

Em outro momento de seu livro, L. Boff desenvolve a comparação do instante da morte com o da passagem para a vida no nascimento da criança. Diz o autor: "A morte é, como alhures já escrevíamos, semelhante ao nascimento. Ao nascer, a criança abandona a matriz nutritora que, aos poucos, ao cargo de nove meses, fora se tornando sufocante e esgotava as possibilidades da vida intrauterina. Passa por uma violenta crise: é apertada, empurrada de todos os lados, e por fim ejetada no mundo. Ela não sabe que a espera um mundo mais vasto que o ventre materno, cheio de largos horizontes e de ilimitadas possibilidades de comunicação. Ao morrer, o homem passa por semelhante crise: enfraquece, vai perdendo ar, agoniza e é como que arrancado desse mundo. Mal sabe que vai irromper num mundo muito mais vasto que aquele que acaba de deixar e que sua capacidade de relacionamento se estenderá ao Infinito. A placenta do recém-nascido na morte não é mais constituída pelos estreitos limites do homem-corpo, mas pela globalidade do universo total" (62).

A comparação é muito ilustrativa. E a experiência clínica com a Abordagem Direta do Inconsciente pode acrescentar a isso aspectos antes não conhecidos, que esclareçam ainda mais o momento da morte, na descrição acima comparada ao momento do "parto para a vida". Durante a fase do útero materno a criança, em função do que observa do "lado de fora" e, consequentemente, em função das "atitudes" que assume na forma da "frase-registro", já vai definindo como será esse "parto" ou esse "nascimento" para uma nova fase da vida. Se "encolheu-se e fechou-se" sobre si mesma, tende a não querer nascer, a dificultar o parto, a agarrar-se com todas as suas forças dentro do útero materno, "presa" à vida que levou no útero. O seu fechamento não lhe permite entender que "está na hora", que já terminou o período previsto para a vivência no útero e que passar para outra forma de vida é agora uma necessidade vital, significando, ao mesmo tempo, uma libertação para uma vivência mais plena de seu Eu-P. A criança que não "entende" isso e é forçada a nascer "sem querer", às vezes com a ajuda de recursos cirúrgicos ou mecânicos, fixa em seu inconsciente sua atitude de não ter querido passar ao novo estágio da vida. Não se abre para "ver" que a vida é diferente do que imaginava, cabendo a ela apenas "responder" adequadamente. Seu registro inconsciente de "não querer nascer e viver" predomina e se expressa nos acontecimentos da existência. Assim, *a pessoa que morre "presa" ao nosso mundo, continua, após a morte, "olhando para cá e não para o N. Luz" como dizem os pacientes. Não querendo "morrer" para este mundo, paradoxalmente a pessoa continua no "processo de morte", ao invés de voltar-se para a Luz, onde encontraria a Vida...*

C) O "núcleo existencial" na prática terapêutica

O paciente, quando em terapia é trabalhado o "núcleo existencial", é levado a fazer uma espécie de retrospectiva sobre toda a sua vida, *em função de seu sentido.* Ao seu "inconsciente" pede-se, então, que diga, primeiro, qual o referencial que permite fazer essa avaliação. Ouçam-se alguns questionamentos com uma paciente em torno do assunto:

Pc: Vejo-me na concepção... Um grande arco-íris... sobre ele devo escorregar até meus pais... e para o mundo.
T: Por que o arco-íris?
Pc: O sábio me aponta o início dele... lá as cores se misturam como numa bola de fogo...
T: O que significa essa bola?
Pc: Amor... é muito Amor... e a separação das cores no arco-íris são as formas diferentes de viver esse Amor...
T: Não entendi... o que tem isso a ver com sua missão no mundo, com a avaliação do sentido da vida?
Pc: Eu vim dessa bola de fogo que me inundava de Amor... *Eu devo viver para transmitir esse Amor.*
T: Na prática, como acontece isso? Número?...

Comentário: Aqui a paciente menciona uma série de "números" ou "idades" onde aparecem registros de cenas de "doação", de "renúncia" a favor do outro, ou de "colaboração" com algo que beneficie os demais...

AS INSTÂNCIAS HUMANÍSTICAS REVELADAS PELO INCONSCIENTE   435

No caso anterior a paciente, ao reviver essas cenas, se emocionou e se disse "muito feliz". Perguntamos, então:

T: A felicidade é um efeito... Qual o pensamento que está por detrás da mesma? Busque o pensamento que dá a você tanta alegria...
Pc: Eu cumpro minha missão... Eu sou boa! (FR)

É importante, muitas vezes, levar o paciente a rever esta sua "capacidade de amar", de se "doar" e de "ser bom", antes de levá-lo a ver os aspectos negativos de sua vida. Depois passa-se a uma técnica de avaliação das contingências "escuras" de seu passado.
Dissemos, por exemplo, à paciente acima:

T: Imagine-se agora no fim de sua vida... Você tem a oportunidade de olhar para trás e avaliá-la... Você será o seu próprio juiz... Verá uma espécie de "corrente" formada por todos os números (idades) de sua vida, desde 00 a 09 e de 1 à idade atual. Você verá alguns números "brilhando" ou com muita luz... Outros números estarão escuros. Identifique os "escuros"... Eles significarão aqueles acontecimentos que você gostaria de mudar na história geral de sua vida... Observe com coragem... Observe, não com medo de ver o que não gostaria de ter na história da sua vida, mas lembrando-se que você "é bom" e que tem ainda a chance de mudar essa história... E não se esqueça que para fazer um bom julgamento deve tomar como referencial o seu N. Luz — como você próprio identificou — o qual também tinha "manchas escuras"... mas que já clareamos em sessão anterior...

O paciente apontou uma série de "números escuros"... Relatou, nas cenas correspondentes, atitudes que haviam "escurecido" certas passagens da vida e em função das quais ele, de alguma forma, se punira. Havia aí o relato de pequenos furtos, brincadeiras sexuais, atitudes de agressão aos irmãos por ciúmes, inverdades, gestos de egoísmo e de injustiça... E apareceram também cenas em que o paciente, no seu íntimo, ouvira uma espécie de pedido de ajuda e onde decidira não atender ao que "ouvira", "se omitira"...

O paciente impressionou-se ao ver que a "memória inconsciente" o acusava de tantas atitudes, das quais, conscientemente, ele sequer se lembrava — especialmente de certos gestos de agressão à mãe no útero materno... E, sendo psicólogo de profissão, impressionou-se, mais ainda, por aparecerem no "escuro" as suas brincadeiras sexuais da infância. Como "profissional" ele considerava estes comportamentos, entre os quais incluía a "masturbação", como "naturais". Sempre defendera essa maneira de pensar e agora, na terapia, entrava em conflito consigo próprio... pois via agora que há diferença entre o que é "comum" acontecer e o que é "natural"... E passou a entender os fatos com clareza, dentro de uma perspectiva de totalidade, diante do contexto do "amor-doação", compreensão que antes não se sentia capaz de atingir. *Percebeu que o referencial do "certo" e "errado" vem de nossa tendência ao transcendental, da busca de integração plena no Amor e não de normas externamente impostas, tais como "permissão" ou "condenação".*

Quando coisas assim acontecem — o que é comum, principalmente em situações relacionadas a comportamentos sexuais, a abortos provocados, à infidelidade conjugal ou a uniões conjugais não legítimas — deve-se sempre devolver a "discussão" do paciente ao seu próprio inconsciente, através do questionamento. *É o inconsciente do paciente — onde a mentira e a falsidade não se sustentam — que deve fornecer as informações desejadas, não o terapeuta, pois apenas o inconsciente do paciente tem as respostas que de fato conseguem convencê-lo e que se ajustam com precisão ao tipo de dúvida.*

O TIP-terapeuta nunca se pode esquecer de alguns *princípios*. *Primeiro, que o inconsciente é "sábio" e que, por isso, quando correta-mente acionado, traz as respostas mais perfeitas. Segundo, que "conselhos", "teorias", "raciocínios", externamente ou conscientemente elaborados e "fornecidos" ao paciente, irão atingir apenas seu "intelecto", não o inconsciente. São "racionalizados" de acordo com a sua maneira de "pensar" e não são assimilados com força, pois não são naturalmente colocados frente aos critérios da Verdade e da coerência integrada, próprios da "interioridade profunda", do "inconsciente espiritual".*

D) Os "malfeitos" dos antepassados são percebidos e identificados em seu contexto histórico; mas também em sua realidade espiritual são sofridos por nós, podendo ser "reparados"

Já vimos, em capítulo próprio que o paciente, *quando percebe pontos "escuros" em sua vida passada, nem sempre aponta apenas problemas diretamente ligados à sua pessoa, mas transcende para a identificação de antepassados*. O paciente localiza o antepassado correspondente, em que geração atrás de si se encontra e consegue, então, descrever o "histórico" do acontecimento. Faz ele assim a ligação deste histórico consigo e com a mesma precisão com que verifica os fatos de sua vida inconsciente pessoal, ou seja, através da localização de "número, dia da semana, hora, minutos, segundos". Ao trabalhar-se o núcleo existencial, o mesmo fato acontece. Entretanto, o enfoque existencial evidencia os antepassados que aqui se apresentam, não apenas sob o aspecto "histórico" ou "psicológico", mas entranhando a realidade espiritual do bem e do mal em relação a esses ancestrais. *Com isso queremos dizer que o paciente distingue o "estado espiritual" dos mesmos e que, portanto, os identifica como "vivos em sua nova condição de vida".* Se o antepassado é visto no "escuro" e "olhando para cá", o paciente entende nisto um sinal de que continua nele um "apego" ou uma espécie de "saudosismo", enfim, a não aceitação total ou parcial da morte e dessa nova condição de vida. E o paciente, então, identifica, simultaneamente em si certas angústias, desequilíbrios psicológicos e até somatizações ou doenças físicas resultantes da "comunhão" inconsciente com o antepassado. De fato, *essa "comunhão" se dá em nível espiritual, numa espécie de contágio e é projetada pelo paciente de maneira inconsciente, sobre o seu psiquismo, sobre o organismo, e até sobre tendências a comportamentos não aceitáveis, de agressão ao bem comum ou de atos de maldade.* Entretanto, o paciente, a partir de seu inconsciente, esclarece também que essa *"comunhão" negativa entre os níveis espirituais dos seres humanos supõe,* da parte do descendente que está sofrendo *a abertura de uma espécie de "brecha",* uma adesão, ainda que "não conscientizada", a esse mal. Isso quer dizer que *o ser humano não é vítima passiva dessas circunstâncias que o cercam espiritualmente. Aliás, o homem, ao contrário, tem condições de mudar essa realidade vencendo-a em si, dentro de si e com isso barra a continuidade de um processo que pode atravessar espiritualmente várias gerações, atingindo, ainda, os ancestrais. E é a isso que chamamos de "reparação".*

Para investigar e confirmar essas questões, conta-se na ADI sempre com o recurso do questionamento. Diante disso, frequentemente perguntamos ao paciente em terapia se existe um "sentido" de ele ter sofrido, durante tantos anos, às vezes até desde a concepção, certas "somatizações" de seus antepassados. E é o paciente que responde, então, falando em "reparação". Explica que da mesma forma como herdamos inconscientemente e, por condicionamento, os efeitos de "faltas" cometidas por nossos antepassados, *cada geração tem também a chance de "vencer" essas faltas e de transferir esses efeitos positivos de sua vitória para as próximas gerações, com reflexos de libertação para os próprios antepassados.*

Vejamos, como exemplo, o caso de um religioso que se sentia impulsionado violentamente para o desregramento sexual, embora não se entregasse a esse impulso. Em terapia ele descobriu ancestrais que se comportavam como animais na área sexual, e que traumatizaram homens e mulheres, através de gerações. Mas ouviu também de seu inconscien-

te um "agora basta", que a princípio não entendeu. Questionado sobre o enfoque, viu uma Luz se aproximando e afastando sombras de "figuras escuras". Ouviu, então, mais uma vez, um rosnar das "figuras de sombra" que se afastavam e que diziam: "Você nos venceu... pela sua forte adesão à Luz". E com efeito o paciente revelou-nos, tempos depois, que se sentiu libertado, tanto psíquica quanto espiritualmente, desses impulsos que pareciam incontroláveis. Da mesma forma outros pacientes viram que certas simbologias de "libertação" estenderam-se, não apenas a si, a filhos e netos, mas ainda a ancestrais, a partir de "atos livres" seus, que os levaram a lutar e a vencer a prática de comporta-mentos que não aceitavam. *Pelos dados que obtivemos em nossas pesquisas, confirma-se uma espécie de processo de compensação, ilimitado no tempo, entre os Eu-Ps dos seres humanos, não importando se estão ou não em sua "matéria" do corpo. Quem se orienta para a Luz, irradia, não apenas sobre os descendentes, mas também sobre os antepassados a sua claridade. E quem opta contra aquilo que seu núcleo de Luz sugere, cria na descendência "condicionamentos" que são os "efeitos" do mal e que vão atravessando gerações — até que alguém "livre-mente" e por força da própria Luz dentro de si, quebre essa cadeia...*
Tudo isso é percebido e objetivado pela ADI.

Pela terapia do que chamamos de núcleo existencial verifica-se também que *certos "dons", certas "missões" especiais estão potencialmente atravessando gerações, esperando que alguém desse ramo familiar os execute, os faça acontecer. Por vezes gerações e mais gerações se omitem e são livres para fazê-lo.* Mas o seu Eu-P carrega em si o peso dessa omissão, e isso é bem mais sofrido quando o homem já não está ligado à sua matéria. O paciente, então, identifica essas "frustrações" em seus ancestrais e sente a angústia dos mesmos...

A terapia do núcleo existencial sobre o inconsciente profundo, portanto, permite que o paciente perceba, ainda em vida, as suas omissões ou tudo aquilo que não gostaria de ver apenas na hora da morte, tendo então a oportunidade de corrigir e modificar o que deseja. Assim, a terapia sobre o núcleo existencial possibilita a antecipação do autojulgamento, do qual nenhum ser humano escapa na hora da morte. Permite ainda a realização de mudanças do contexto e de atitudes menos "humanas" de sua vida.

Em aspectos terapêuticos, porém, o tratamento do núcleo existencial tem ainda outra finalidade. Pois *o paciente, ao identificar os "pontos escuros" de sua vida passada, não vai mais ser tratado nessas questões em termos de "problemas sofridos" mas sim e somente quanto às "atitudes assumidas". Assim, a terapia leva o paciente a assumir responsabilidade por "pontos escuros" e "mudança de atitudes".* A pergunta que se coloca aqui é a seguinte: o que você faria "hoje" naquela mesma situação em que você condena sua atitude? E o paciente, se de fato estiver "mudando sua atitude interior", enxergará um novo gesto seu naquele enfoque. Assim, a *terapia sobre o núcleo existencial ajuda a "humanizar" o ser humano*.

E) A maneira de a criança perceber a morte

Diante do enfoque do tema proposto neste capítulo, onde se inclui o sentido da vida e da morte, cabe esclarecer a forma como a "criança dentro do adulto" percebe a morte de seus parentes ou de pessoas de alguma forma a ela ligadas.

Em relação à morte, a Psicologia convencional nos fala muito em "sentimentos de perda". Entretanto, a experiência com a Abordagem Direta do Inconsciente nos demonstra que tais "sentimentos" não estão relacionados ao acontecimento da morte (perda) em si, porém manifestam-se mais em função da ausência física da pessoa, antes dia a dia presente. Sabe-se desse fato quando em terapia a "morte" é citada pelo paciente em idades infantis. Pergunta-se, então, pelo que mais incomoda nessa hora. Raramente a "criança" fala no falecido. Em geral, ao contrário, ela não visualiza o "morto" no ataúde. A criança, que vive muito mais o nível "inconsciente" que o "consciente" e percebe realidades que o adulto não vê, quando questionada em terapia estranha o choro e o clima "pesado" de tristeza. Mas, como a sua percepção é inconsciente ou orientada mais para o "interior" das pessoas que para as aparências, ela também vê o "interior" do falecido presente aos acontecimentos como ser "vivo"... Percebe o estado em que se encontra o Eu-P dessa pessoa, se está ou não envolvido em Luz. Ela o vê através da "corporeidade" não física. *A "criança", dentro de cada paciente adulto, portanto, é quem nos dá renovadamente o testemunho mais indiscutível da sobrevida de todo o ser humano.* E como também todos nós temos ainda a "criança viva" dentro de nós, podemos acioná-la a qualquer momento no nível inconsciente e verificar se essa afirmação é verdadeira.

F) De tudo que apresentamos neste capítulo sobre o "N. Exist.", seis são os pensamentos centrais:

1º) *O Eu-P, antes da formação do zigoto, já contém em si a corporeidade que desde esse momento integra o seu processo vital único e irrepetível.* Assim, o ser humano "é" homem ou mulher antes de assumir e se integrar no zigoto.

2º) *O Eu-P continua a existir após a morte física do corpo. Daí a "morte da matéria do corpo" não é o "fim" da vida da "pessoa". A "vida", por ser "vida", não pode "morrer"*. Aquela "pessoalidade" única e irrepetível que surge antes da formação do zigoto e que observa esta integração de seu Eu-P ao psicofísico de seu ser, assiste também, na morte, a essa desintegração, essa separação da matéria de seu corpo. Mas a "corporeidade" ou o "corpo espiritual" — como dizem os pacientes — continua "vivo" no Eu-Pessoal, ou melhor, já está integrado ao Eu-P, assim como a "existência", ou as "obras" de quem falece.

3º) *Se a pessoa continua existindo como "ser", também não é absurdo que percebamos esse ser e que aprendamos daí o que acontece após a morte*. A existência viva dos "Eu-Ps" é perceptível pelo processo de "interiorização". Ela pode não ser "conscientizada", mas a comunhão acontece, transferindo-se realidades espirituais de um para outro ser humano... Muitas vezes essas realidades são "somatizadas" e atingem o psiquismo. Daí, como já comentamos em relação aos antepassados, *podemos sentir física ou psiquicamente sofrimentos que nos são transmitidos pelo Eu-P de outras pessoas, tanto faz se ainda têm ou não a matéria do corpo*. Também aqui a compreensão bíblica nos ajuda quando nos fala sobre a interinfluência dos diversos "membros de um mesmo corpo" que sofrem quando um só membro está doente. *Em nível espiritual nunca estamos isolados*. Existe um fluir, uma interação entre os estados em que se encontram os Eu-Ps de todos os seres humanos, tanto vivos, quanto falecidos.

4º) *Pelo exercício de "interiorização" da ADI aprende-se a ver primeiramente o próprio Eu-P e depois o das outras pessoas e, então, sempre está presente a "corporeidade" a essa percepção. É essa uma capacidade própria do ser humano, a de perceber realidades espirituais, quando sabe interiorizar-se*. Assim, todos os homens têm possibilidade dessas percepções, as quais por si só não estão relacionadas a graus de menor ou maior santidade como não são limitadas às pessoas excepcionais. Entretanto, *só se interioriza quem está disposto a enfrentar-se no mais íntimo de seu ser e a assumir as mudanças necessárias. Quem não é autêntico com os outros e consigo mesmo foge de olhar para dentro de si, porque não suporta ter de aceitar o que aí se registra*. É preciso, porém, que se esteja sempre atento quanto à forma como é feita essa "interiorização", pois até aí pode haver inautenticidade... Mas, por uma questão de coerência entre os fatos, não podemos duvidar que os Eu-Ps exercem influência uns sobre os outros e isso pela simples razão de existirem, não dependendo esse Eu-P de estar ou não integrado à matéria. *O Eu-P "é", e por "ser", age... Entende-se daqui o quanto devemos querer que as pessoas "espiritualizem" sua "existência", pois não podemos impedir que "pesem" sobre nós se não o fizerem.* Da mesma forma nós não podemos nos "espiritualizar" sem envolver beneficamente aqueles que conosco convivem e todos os Eu-Ps que se orientam sobre nós, ainda que não estejam mais no nosso ambiente físico.

5º) *O fato de surgirmos com uma corporeidade única e de a mantermos, prova que não retornaremos para assumir outro corpo. Qualquer paciente em terapia, quando se submete ao Método, percebe com nitidez que seus antepassados continuam a existir, inclusive com sua corporeidade única e que não assumiram outros "corpos" ou outras vidas no mundo.* Atravessando-se pelo inconsciente gerações e mais gerações, cada antepassado é percebido como "existindo" distintamente, e num estado de menor ou maior angústia, dependendo do quanto "espiritualizou" sua vida no mundo. Sem dúvida, há os antepassados que não aceitaram a morte, porque estavam muito apegados às coisas daqui. O paciente, então, pode perceber esse antepassado, inconscientemente, como "desejoso" de retornar e pode estar assimilando sofrimentos de seus ancestrais, psíquica, física e espiritualmente. Pelo inconsciente percebe-se que eles necessitam de ajuda espiritual para se encaminharem à Luz, mas nunca aparece na pesquisa qualquer dado que possa indicar ter havido "retorno" de um ancestral. *A pesquisa do inconsciente, portanto, sem exceção, nos deixa a certeza de que a vida do homem é única no mundo e que caminha em direção à passagem para uma outra forma de vida "pessoal", não para a volta ao mundo em outras vidas.*

6º) *A "matéria" do corpo humano destina-se a tornar possível o "existir" no mundo e o realizar um sentido para esse "existir". A matéria que integra o corpo físico, portanto, tem uma finalidade que é limitada pelo tempo. Daí porque a natureza da "matéria do corpo" também é limitada.* De fato, na medida em que o transporte da "existência" para o nível do "ser" vai acontecendo, a matéria do corpo vai perdendo sua função. Por isso envelhece. Entretanto, *o ser humano que consegue "espiritualizar" sua vida no "existir" e sentir-se cumprindo sua missão ou o seu sentido não se assusta com o envelhecimento, e a ideia de morte não está presa ao físico de seu corpo, mas à sua "pessoalidade", que jamais envelhece.* Daí porque São Francisco de Assis pode dizer: "Bem-vinda, irmã morte"! Quando ele assim falava, não estava "cansado" da vida, mas ao contrário, desejava "vivê-la" mais intensamente. De fato, *quem já transportou a "existência" ao nível do "ser", tem na área do corpo envelhecido um empecilho para viver em plenitude*. Assim, São Francisco ao dizer "bem-vinda, irmã morte", voltava-se para a alegria de "vivenciar" plenamente aquele seu "núcleo existencial", onde se encontravam as suas obras do "existir", espiritualizadas no Amor.

Ao encerrar o capítulo, queremos resumi-lo num comentário final, em função de sua importância e porque consideramo-lo o mais polêmico da obra. As reflexões que aqui fizemos sobre o "N. Exist." nos mostram a importância da inclusão dessa instância na terapia sobre o inconsciente. O "N. Exist." nos revela o sentido da vida e o sentido da morte, como vimos. Ele nos comprova que não existimos por acaso, que houve o momento certo e um único espermatozoide e um determinado óvulo, já pré-escolhidos, para nos formar. Vemos que nos cabe uma missão de Amor a cumprir e que quando dela fugimos, ou se em relação a ela nos omitimos, registramos essa falha numa espécie de "arquivo de autojulgamento". Tudo é "condicionado" a partir de uma primeira escolha de bem ou mal e se transmite às próximas gerações, através de manifestações psíquicas, físicas e espirituais, pelo processo que chamamos de MIAR. *Mas esses "condicionamentos" não são determinantes porque não bloqueiam o discernimento e permitem a reformulação e a reparação a qualquer tempo.* E a reformulação, por sua vez, também é condicionada e retransmitida às próximas gerações. Temos, portanto, a oportunidade de reestruturar a nossa vida "antes da morte" e adequá-la melhor ao seu sentido. Evidentemente, para modificar "escuros" do "N. Exist.", os quais não se classificam como problemas psicológicos, mas estão ligados à "vontade" e à "liberdade" do homem, muitas vezes é necessário encaminhar o paciente aos recursos de "remoção de faltas", oferecidos por ritos religiosos. *Pois não se pode esquecer a diferença entre doenças ou desequilíbrios aquelas escolhas que livremente fazemos entre "bem e mal" e entre "certo ou errado"*. Estes últimos, que assinalam "claros" e "escuros" na terapia do "N. Exist.", pertencem ao nível noológico ou humanístico, embora possam transformar-se em problemas psíquicos ou psicossomáticos, por autopunição inconsciente. Assim, muitas vezes, só o "rito da reconciliação do homem com Deus" é que consegue libertá-lo de faltas concretamente cometidas e curá-lo das seqüelas psicofísicas correspondentes. E a terapia sobre o "N. Exist." permite essas descobertas, o discernimento e a identificação do processo mais adequado de reformulação.

Por outro lado, *o "N. Exist." não apenas nos comprova a sobrevida do homem após a morte, mas revela condições da nova vida que o ser humano, então, assume. Sabe-se destes fatos graças à percepção "interiorizada" do Eu-P, que não é limitada pelo tempo, pelo espaço e pela matéria*. Observa-se, então, que na pessoa falecida está a "transferência da existência" do mundo para o seu Eu-P. Os Eu-Ps tendem a aperfeiçoar-se através do decorrer da vida. Ora, tal aperfeiçoamento "humanístico" faria sentido se fosse para acabar com a morte? Teria a natureza, sempre perfeita, errado nesse ponto? Evidentemente não. A morte para o homem é planejada de tal forma que aconteça quando todo o plano de "existência" no mundo se complete e quando a pessoa esteja pronta para assumir essa outra "existência totalizada" em nível de seu Eu-P, a qual por estar completa já dispensa agora a dimensão material do corpo. *De fato, é o Eu-P completo e não só a alma que entranha a nova vida. O Eu-P é a pessoa total mais a sua existência, inclusive integrada pelo "corpo espiritual".* E a atitude de aceitação ou não da morte, na hora em que acontece para cada um, depende disso, do quanto a pessoa "espiritualizou" a existência que foi transferida ao seu Eu-P, o qual agora resume "todo" o seu "ser". A "espiritualização", por sua vez, depende do Amor e do quanto essa capacidade de amar se abasteceu no núcleo de Luz. Na medida em que a pessoa vive, aproximando-se da morte, mais ênfase o seu Eu-P busca dar às instâncias do nível humanístico. Também a "inteligência" se modifica tendendo, sempre mais à interiorização" ou para a "intuição". *Assim, o ser humano pode ser entendido, no final da vida, como sendo a integração de suas instâncias humanísticas com a existência e com sua corporeidade pessoal e única...* (Veja figura abaixo)

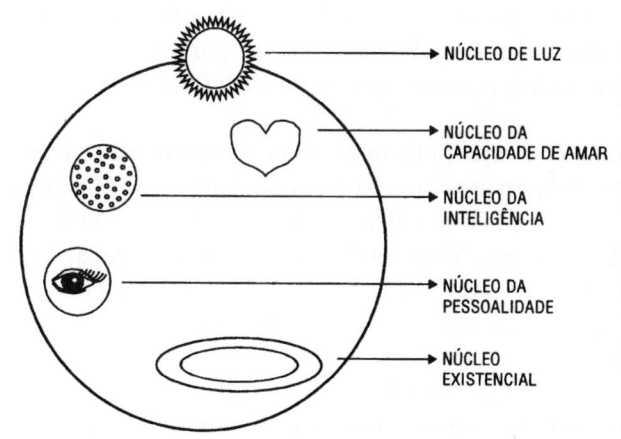

Fig. 12: *O sentido último da existência*

A meta final do "existir" humano é a transferência total da vivência ao nível do "ser", onde se formou gradativamente o arquivo do "núcleo existencial". É a pessoa integralizada a nível espiritual.

O paciente, quando se interioriza para o nível espiritual de seu inconsciente, pode perceber as pessoas através de seu Eu-P. Saberá, então, identificar alguém que ainda vive ou que não está mais entre nós e perceberá que o *Eu-Pessoal "completado" não é necessariamente harmonizado".* Assim, a primeira meta da pessoa que existe apenas em seu Eu-P na nova vida é exatamente chegar a essa harmonia para só depois encaminhar-se a uma "Luz", desligando-se antes da fixação que ainda a prendia ao mundo. Tudo isso e muito, muito mais revela-nos o inconsciente em seu nível mais profundo... Mas isso é assunto para outra oportunidade. Por enquanto, queremos resumir as ideias expostas em simples "rimas" de ordenação dos fatos existenciais, dizendo:

> *Na medida em que a vida física decresce*
> *e que o homem no mundo envelhece,*
> *a "pessoa integral" transferida para o "ser"*
> *plenifica-se com suas obras no novo "viver".*

4.8 - O INCONSCIENTE COMO PONTE ENTRE CIÊNCIA E TRANSCENDÊNCIA

> *O homem, quando entranha, pelo método da pesquisa do inconsciente, a "interioridade" mais profunda de seu ser, encontra-se aí com a "intuição" e através dela se autotranscende. Comprova-se assim, de forma científica, a existência da espiritualidade humana, entendimento que sempre fez parte do senso comum e que se mantinha pacificamente presente no pensamento filosófico e na visão dos estudiosos, até o surgimento da metodologia científica fisicista, que não conseguiu abranger em seus paradigmas esse enfoque da realidade... No inconsciente, portanto, ciência e transcendência já têm comunicação e são conciliáveis.*

"Transcendência" é uma palavra de muitos significados, tanto em termos gerais ou religiosos, como no sentido filosófico. Mas, em função de nossos objetivos, não nos interessam considerações conceituais ou teóricas. Ao falar em "transcendência" queremos apenas nos referir — como fizemos em todo este nosso trabalho — à experiência clínica e da pesquisa dos momentos em que, na prática terapêutica dos casos tratados, o paciente ultrapassa os limites do psicofísico, entranhando o inconsciente que não é limitado pelas leis da física newtoniana, nem pelo tempo, nem pelo espaço, nem pela matéria...

Durante o desenvolvimento do nosso livro já redigimos capítulos especiais sobre temas referentes à pesquisa do nível noológico ou da realidade transcendente percebida no inconsciente. Aqui nos deteremos apenas em *sintetizar* os momentos específicos de "transcendência" revelados pelo inconsciente durante os processos terapêuticos, tecendo, ainda, *correlação dessa transcendência com aspectos da natureza psicofísica do homem e da metodologia empregada.*

a) Dentro desse contexto, o primeiro instante de percepção da "transcendência" do paciente que se submete ao método TIP acontece no exato momento em que inicia sua terapia ou quando se realiza o exercício *de "distanciamento"*. O paciente é solicitado a "interiorizar-se" e a "visualizar-se" à distância de si mesmo, para não se envolver emocionalmente. E com naturalidade separa-se ele, então, de sua realidade psicofísica condicionada ou de sua situação-problema. Distancia a criança dentro de si e consegue ver-se "olhando de fora", "olhando de cima"... percebe, então, *que existe algo nele que se distingue de seu psicofísico, que é diferente do mesmo e que é capaz de fazê-lo "sair de si", "olhar sobre si", "julgar a si mesmo" e "agir" ou "atuar", gerando mudanças em seu ser.*

b) Num segundo momento da percepção do que chamamos de "transcendência", *o paciente, através do processo, é levado a encarar de frente esse "algo que ultrapassa" sua natureza física*. Percebe, então, que aí se localiza a sua *"pessoa" propriamente dita, o Eu-P, que é de substância imaterial, que representa sua essência, dando-lhe caráter de único e irrepetível e diferenciando-o, portanto, de qualquer outro ser humano.*

c) O momento seguinte da "transcendência" acontece com a ADI, quando *o Eu-Pessoal, junto à concepção, permite distinguir os gametas e neles toda a carga genética, mais a herança que vem dos antepassados e, tudo isso, antes de os dois se fundirem para formar o zigoto...* A partir desse momento o paciente entende que a sua concepção acontece um pouco antes daquele momento que é identificado como concepção pela Biologia, ou seja, antes da união de seus gametas. E o paciente percebe também que nesse momento anterior ao zigoto o Eu-Pessoal já se encontra completo como ser, faltando-lhe apenas a união dos gametas para que possa assumir materialmente o corpo humano. Conclui, portanto, que *a concepção biológica é apenas consequente da primeira, que é espiritual e anterior ao zigoto, embora só aconteça em função deste.*

d) Esse momento de percepção da existência de um "Eu" que *ultrapassa a matéria, por sua vez, é acompanhado por um acontecimento que não só transcende o físico, mas que entranha o divino e que é de origem sobrenatural. É a infusão do "núcleo de Luz" no Eu-Pessoal*. Essa Luz — como já vimos pela descrição dos pacientes — vem "de outra Luz maior", como um fio luminoso que se estende até integrar esse Eu-Pessoal. Vimos também que essa "Luz" atrai, mas não força. Está sempre presente, mas pode ser barrada. Significa Amor, Paz, Justiça, Serenidade, Bem... É um referencial de perfeição sempre disponível. *Essa Luz é a presença do Infinito no finito...*

e) Em relação à "transcendência" representada pelo N. Luz considerem-se outras realidades. *O Eu-Pessoal, assim integrado pelo N. Luz e pelo "Infinito", tem "começo" para "ser", na fase anterior à fecundação ou à concepção física, não tendo, porém, um "fim". O Eu-Pessoal não pode "morrer".* O Eu-Pessoal não pode fundir-se no "cosmos", nem retornar na forma de outra pessoa. O Eu-Pessoal tem uma trajetória continuada, que se inicia como ser humano na terra, mas que se dirige para além da matéria do corpo, em direção a essa mesma Luz que lhe deu origem. É assim que o paciente percebe essa realidade no inconsciente, sem depender de qualquer crença ou convicção pessoal.

f) O Eu-P integrado pelo N. Luz, se não tem fim, caracteriza-se então como "eterno". O Eu-P, portanto, necessita do corpo apenas para sua expressão física e material no mundo, não dependendo dele para "existir". Após a morte da matéria, o Eu-P continua completo, apenas sem essa matéria. Mas *a mesma "vida" pessoal circula agora naquilo que chamamos de "corporeidade".* A "corporeidade" tem o "formato" do corpo físico, de "todos os corpos de uma pessoa ao mesmo tempo". O Eu-P é, *portanto, reconhecível como "pessoal", único e inconfundível, embora transparente e não opaco, como o corpo material.* Essa "corporeidade" já é percebida também pelo paciente, no primeiro momento da concepção, antes da formação do zigoto, quando nele se define ainda, e com clareza, se a pessoa é homem ou mulher.

g) Assim, o método da "pesquisa do campo" do inconsciente nos conduz a uma "transcendência" que vai para além da morte física. E vai com naturalidade, sem que o paciente perceba que já ultrapassou, em sua percepção, os registros do inconsciente psicológico. De fato, o Eu-P em nada se modifica pelo simples fato de ter perdido a matéria, ou seja, não se torna diferente após a morte. *E em nível de inconsciente percebem-se os Eu-Pessoais de qualquer ser humano, em qualquer tempo e sempre "sem a matéria", ainda que estejam inseridos nela. Nada há pois de extraordinário em se conseguir perceber, em nível de inconsciente espiritual, um Eu-P que não esteja mais inserido na matéria.* O aspecto da "transcendência" que aqui queremos enfatizar, portanto, e que é detectado com o mesmo processo do "questionamento" ou da investigação científica que se utiliza na ADI é *a capacidade que tem o ser humano de perceber, em nível de inconsciente, o Eu-P de pessoas que já não mais vivem em sua matéria física.*

h) A percepção que o paciente tem de pessoas não mais inseridas na matéria dá-se, em geral, em função do processo terapêutico, quando o paciente costuma encontrar seus ancestrais. *Estes existem no paciente em nível de "registro da memória inconsciente", onde se consegue levantar exatamente o histórico do fato, dia e hora que se quer focalizar; mas existem também em nível de vivência espiritual desses antepassados, ou seja, eles existem como "seres vivos".* E como "seres vivos" podem eles estar ou não harmonizados à nova vida. Se não o estiverem serão percebidos como "encolhidos", sempre mais escuros, isolados, "olhando para cá", numa espécie de "saudosismo" e numa postura de não aceitar a sua nova condição de vida. E esse estado não é apenas detectado, mas "sentido" pelo descendente. O ancestral pode inspirar angústia, tristeza, sentimentos de ódio e outros. Haverá no histórico do descendente momentos bem precisos em que acatou e concretizou semelhantes inspirações. O ancestral pode ser percebido também de forma contrária, alegre, envolvido em luz e caminhando em direção à mesma. Nesse caso haverá, a partir dele, uma irradiação positiva e uma transmissão de paz. *Pelo inconsciente percebe-se a "comunhão" entre todos os seres humanos à nível de Eu-P, o contágio e a irradiação do bem e do mal, como se realmente fôssemos todos "um só corpo" de muitos membros e onde o todo sofre quando um não está bem, mas onde também o Bem de um atinge a todos.* Assim, *todo o ser humano através de seu Eu-P "age" sobre os outros. Mas "age" não pelo que "faz", mas pelo que "é".* E esse processo tem continuidade após a morte física da pessoa. Muitas doenças e desequilíbrios psíquicos encontram nos ancestrais a sua origem primeira. E será possível localizar, então, no descendente, momentos precisos em que admitiu e efetivou tais injunções. Entretanto, *nem aqui acontece o "determinismo". Para "somatizarmos" doenças ou desequilibrarmos o psiquismo é preciso que haja uma "brecha" que se abra com a nossa atuação "livre".* Por outro lado, se nos opusermos e vencermos esses males *pode acontecer* com isso *uma "reparação" que modifica o antepassado e corta a influência negativa para as próximas gerações.* E, nesse sentido, não esqueçamos que *a força do bem é sempre de multiplicação maior que a força do mal*.

i) O que acima dissemos esclarece um equívoco, atualmente de muita penetração em seitas religiosas: *a reencarnação. Observe-se que o paciente em terapia, ao perpassar o "período vital" de seus antepassados, sempre localiza seu ancestral como ser vivo, pessoal e consegue identificar em que estado espiritual se encontra, pouco importando quantas gerações retroceda*, localizando-o, então, em sua "corporeidade", a mesma que tinha quando inserido na matéria ou na vida terrena. O paciente sabe disso porque verifica o "histórico" desse antepassado aqui no mundo, quando busca entender qual a relação desse antepassado com sua própria vida. *Percebe que o ancestral "histórico" e o "espiritual" são a mesma pessoa, portanto, infalivelmente constata que aquele ser antepassado não retornou, nunca assumiu o corpo de outra pessoa, mas que existe lá em nível espiritual.*

Por outro lado, *quando se pergunta ao inconsciente do paciente qual ajuda pode ser prestada ao ancestral, ele responde que esse ancestral "deve ser orientado para a Luz que não está vendo". Não fala ele,* portanto, *que o ancestral deve retornar.* E o terapeuta utiliza-se, então, do que chamamos de "técnica do silêncio". E enquanto o terapeuta silencia (oração de libertação) o paciente vai descrevendo as mudanças que observa no ancestral. Se este estava no escuro e "encolhido" o paciente começa a ver e a descrevê-lo levantando os olhos, ou a cabeça; alguns o veem chorando arrependido, caindo de joelhos, *mas todos são unânimes no final, quando descrevem o ancestral caminhando em direção à Luz. E são unânimes também na afirmação de mudanças que percebem em si.* Sentem alívio, alegria espiritual, sensação de libertação... Pede-se também sinais concretos dessa mudança. E o paciente vê correntes rompidas, sente alívio de dores nos ombros (peso) e muitos outros sinais são dados. Além disso o paciente diz com freqüência que vê outros "Eu-Ps" seguindo seu ancestral para a Luz. Quando questionado sobre isso, diz que são pessoas que, de alguma forma, haviam sido prejudicadas por aquele ancestral e que agora com ele se libertam.

Se trazemos aqui esses dados é simplesmente como revelação do que se constata na pesquisa do inconsciente. Não nos interessa levantar qualquer polêmica religiosa. Há "espiritualistas" que se tratam conosco, verificam tudo que aqui falamos e continuam com sua crença religiosa anterior...

Queremos esclarecer também que aqui se deve descartar qualquer ideia da "sugestão" com a "técnica do silêncio" e isso simplesmente porque nem todos os terapeutas pessoalmente precisam pensar da mesma forma sobre a questão. Alguns TIP-terapeutas apenas se convencem com o passar do tempo, diante da repetição das respostas similares que coletam a partir do paciente e confirmam o que acima falamos.

j) A "transcendência" que se expressa pela ADI esclarece-nos, ainda, *o "sentido da vida e da morte". O "sentido da vida" está em espiritualizarmos a nossa existência, que deve transformar-se em substância adequada ao Eu-P para que possamos então complementar o nosso "ser", transferindo-a ao seu nível. E a nossa existência será tanto mais adequada ao nosso "ser" quanto mais tivermos vivenciado o Amor Infinito na forma finita, de pessoa a pessoa.* Isso se confirma na experiência clínica pelo Método TIP, que revela ser a síntese primeira de todos os problemas humanos, físicos, psicológicos e relacionais, de alguma forma, o desamor"... E o "sentido da morte" está no próprio "sentido da vida".

AS INSTÂNCIAS HUMANÍSTICAS REVELADAS PELO INCONSCIENTE 449

Pois se chegarmos à morte cumprindo o sentido da vida, estaremos preparados a enfrentar harmoniosamente a nova vida que nos espera, após a morte, sem transferir males para os que aqui deixamos e, ao contrário, irradiando-lhes nossa Luz e envolvendo-os nessa inspiração.

k) Há outro enfoque de "transcendência", ao qual a prática clínica nos leva: é a percepção da necessidade imperiosa que o homem tem de caminhar em direção a algo que o ultrapasse *e em adequação coerente e harmoniosa com esta realidade autotranscendente. Isso se revela no momento em que o paciente identifica o seu núcleo existencial e quando, a partir dele, examina a sua vida passada.* Então, tudo aquilo que se revela de orientação contrária àquele vir a ser que muitos filósofos sempre mencionam em suas reflexões, aparece como "manchado" ou "escuro". Até mesmo quando a criança, ainda no útero materno, tenta autodestruir-se, ou quando em doenças que sofre não deixa seu organismo assimilar a medicação como devia, se acontecem "omissões" na plenificação de si mesmo ou de gestos de ajuda ao outro, tudo isso se registra no "N. Exist." — como vimos em capítulo próprio. Verificamos, assim, que a dinâmica do "vir a ser" ou do processo de plenificação humana transcende a vida física e encontra seu sentido para além da pura "realização" egocêntrica de si mesmo. E nesse sentido, como diz Viktor Frankl, a autorrealização se opõe à autotranscendência. *O sentido da vida, paradoxalmente, transcende à própria vida no mundo, e o homem, enquanto no mundo, realiza-se, ainda, na autotranscendência.* É na autotranscendência, portanto, que encontramos o ponto alto de nosso sentido existencial e ela, por sua vez, culmina com a finalidade última do homem, que se encontra com o divino... *Ora, se esta é a meta de nosso vir a ser contínuo, é nesse sentido que se encaminha todo o nosso desenvolvimento de ser "psiconoossomático"; e por isso não podemos ter saúde psíquica e física se ignorarmos a "transcendência".*

l) Em relação ao *"N. Exist."* evidencia-se, também com clareza, através do processo da ADI, *a liberdade humana e o livre-arbítrio.* Fica fora de qualquer dúvida que o ser humano, por mais condicionado que seja, conserva, entretanto, "discernimento" entre "bem e mal", ainda que, por vezes, não "tenha forças" de "escolher o bem" e "evitar o mal", o que, porém, nunca deixa de almejar no mais íntimo de seu ser. Durante o processo do Método TIP revela-se esse "livre-arbítrio" a cada passo da terapia, desde o útero materno. O paciente faz "opções" livres e contínuas em relação ao seu ser, enquanto vai transformando a "pessoalidade", ou quando constrói a si próprio, em termos de "condicionamentos" de saúde ou doença, ou quando realiza "escolhas" de valores entre bens reais e aparentes.

m) Em relação ao dito acima consideremos também a questão que chamamos "exame de consciência". No inconsciente o "exame de consciência" vence e ultrapassa os limites da autodefesa ou da "racionalização", expressando a mais autêntica versão dos fatos e sob enfoques que a reflexão consciente nunca atingiria. O "exame de consciência" é bem mais objetivo quando realizado no inconsciente, ao invés de ser elaborado pelo racional-consciente e, por conseguinte, seus efeitos são mais positivos, não só em relação à própria pessoa, a nível psicofísico e espiritual, mas também em relação aos que convivem com essa pessoa. *Raramente alguém conscientiza que o "exame de consciência" e o consequente rito sacramental de reconciliação com Deus não é apenas um ato religioso, mas muitas vezes, a solução para problemas sérios de relacionamento. Por vezes está aí um potente remédio para males psicofísicos e, mais ainda, frequentemente esse é o único remédio para doenças consideradas incuráveis.*

Para que se tenha ideia mais prática das oportunidades que a experiência clínica oferece em relação ao "exame de consciência" lembremos aqui um trabalho de grupo realizado junto a religiosas, quando em determinado momento conduziu-se à reflexão sobre o "relacionamento em comunidade". No exercício com as presentes, solicitou-se que cada uma visse no inconsciente um "objeto simbólico" representativo da maior "fraqueza pessoal" em relação às atitudes com as companheiras. Uma delas "viu", então, um "travesseiro de penas". Na segunda etapa do exercício viu-se que ela picava todo o travesseiro com uma agulha... Na busca da "explicação" no próprio inconsciente, a resposta dizia: "Eu machuco macio, mas machuco fundo". A pessoa surpreendeu-se, mas acabou conscientizando que realmente assim agia com suas colegas, embora em nenhum "exame de consciência" consciente se tivesse dado conta de tal atitude. E pôde ela corrigir-se buscando a decodificação, assumindo sobre o próprio inconsciente uma atitude de mudança, que se refletiu como benefício evidente sobre toda a comunidade.

n) Um último aspecto que queremos enfatizar como "transcendência" são os momentos em que *o paciente identifica, a partir do inconsciente intuitivo, a resposta às suas elevações espirituais ou a momentos de oração.* Por vezes pergunta-se ao paciente qual o momento mais feliz de determinada idade. E — conforme já exemplificamos em capítulo anterior — o paciente vê seu pai ou sua mãe em oração, percebendo, então, raios de Luz que se dirigem a ele e o inundam de alegria, bem-estar e paz. O que impressiona é que o método utilizado é o mesmo e que as etapas de percepção do paciente também seguem igual sequência. O que queremos dizer é que *o paciente, também aqui, não sabe o que vai ver quando indica "número, dia e hora" da percepção "místi-*

ca". E, por outro lado, também ele se surpreende quando constata esses fatos, às vezes custando a relatá-los por achar "impossível" o que vê... Entretanto, a autenticidade dessa percepção "mística" pode ser testada pelas mudanças que na época gerou no paciente, embora na hora ele próprio não tivesse se "conscientizado" do fato.

    Concluindo: Os momentos da "transcendência" que aqui resumimos acontecem no processo de terapia pelo método TIP, naturalmente, a partir da pesquisa e numa revelação tão espontânea, quanto os fatos psicofísicos. *Tudo o que acima resumimos foi exaustivamente esclarecido e exemplificado no decorrer deste nosso trabalho. Tudo se apresenta em termos de fatos que se constatam, a partir do mesmo método científico de pesquisa de campo.* Tudo o que aqui foi dito é percebido por todos os pacientes, sem diferença de um para outro, no que é essencial. *Tudo isto reflete, portanto, uma realidade espiritual do homem, não uma "crença" ou uma filosofia, uma teoria ou uma opinião. Concluímos, portanto, que existem realidades espirituais que são independentes do que se crê, assim como as realidades físicas, que não dependem de nossa cultura para acontecerem.*

    Na prática da pesquisa do inconsciente, pouco importa saber quais as convicções, crenças ou opiniões de um paciente. Não é necessário que sua filosofia de vida seja especificada. *Tudo o que importa para que o processo se realize é a atitude sincera de querer verificar as verdades inconscientes.* Se houver preconceitos, o "inconsciente se fechará" e o paciente nada perceberá. *É preciso não temer o encontro com a verdade, mesmo que esta seja diferente do que sempre pensávamos. No inconsciente intuitivo a mentira ou o erro não se sustentam.* Assim, se alguém, por exemplo, crê numa fusão da pessoa no cosmos após a morte, se isso não é verdade, essa pessoa não verificará o fato no inconsciente, quando diretamente abordado, ainda que o queira. Se acreditar na reencarnação não conseguirá, porém, encontrar no inconsciente uma pessoa reencarnada. Também não conseguirá enxergar a si mesma antes dessa existência no mundo, embora perceba sua identificação ou a influência sobre si dos antepassados. No inconsciente saberá distinguir o que é um Eu-P e o que é um espírito do bem ou do mal. Encontrará a ação dos anjos, mesmo que nunca tenha acreditado neles... *Essa é a diferença essencial da ADI para as abordagens indiretas de sensitivos, de paranormais, do processo analisado ou interpretado do inconsciente: na pesquisa direta, como a faz a ADI, a verdade universal e absoluta se sobrepõe às verdades pessoais, tanto do paciente, quanto do terapeuta.* E qualquer aspecto do acima mencionado, quando verificado pelo paciente no inconsciente torna-se para ele um fato incontestável... Pois, *embora seja possível, é bem raro alguém querer manter-se no erro, quando já verificou a verdade.*

É sobremodo interessante constatar o quanto um paciente, depois da experiência clínica que o leva a perceber por meio de um processo científico a espiritualidade, a "transcendentalidade" e o "Infinito presente no finito", sente a certeza. Ela é tão forte que outras orientações intelectuais, teóricas, conceitos e mesmo "provas científicas" contrárias não conseguem mais demovê-lo dessas convicções...

Por outro lado, *essas "realidades do mundo espiritual", depois de experimentadas no inconsciente, para o paciente já não se colocam, como antes, apenas como dados teóricos, numa linha "contrária" à vida material, ou como algo para se procurar esporadicamente, a exemplo de uma Missa de Domingo ou mesmo na forma de um supersticioso gesto de desencargo de consciência; mas tornam-se vivas, presentes no dia a dia, centralizando-se como eixo da existência.*

Comprova-se, portanto, o que afirmamos na epígrafe do capítulo: *através do método científico identificam-se conteúdos transcendentes, espirituais e religiosos. No inconsciente, ciência e transcendência já se encontram em harmonia. É possível entender, portanto, que através do inconsciente o mundo da matéria e o "mundo espiritual" já não são mais inconciliáveis.* O método científico, através da ADI, pode perfeitamente identificar "fenômenos espirituais", embora não seja por esse método que estes últimos sejam entendidos em sua essência. Por outro lado, certos fatos científicos podem ser entendidos e o são, a partir do nível da "espiritualidade humana", à qual a ADI conduz. *Esta espiritualidade pode ser "natural" ou "sobrenatural", mas é possível distinguir ambas pelos instrumentos de pesquisa. Pela ADI se torna "fato natural" o entrelaçamento das três áreas que formam o homem: o corpo, a mente e o espírito, ou o físico, o psiquismo e o nível noológico. E se torna "constatação natural" a verificação científica de fatos não físicos, tais como as características do "espírito", que transcendem as leis da matéria.*

Poder-se-ia perguntar agora:

Será realmente *importante* considerar essas questões transcendentais num trabalho científico?

Sim. Embora seja difícil mudar uma mentalidade moldada durante séculos pela ciência fisicista. No entanto, sabe-se que o ser humano é essencialmente "autotranscendente", e se tentar ignorar essa realidade pagará alto preço de sofrimento, pois a natureza não deixa impunes aqueles que a desrespeitam. De qualquer forma, vejamos alguns motivos que evidenciam a *importância* do tema:

1. A conscientização da pessoa sobre a força decisiva do "Eu-Pessoal", em termos da interinfluência de problemas físicos, psicológicos e moral-religiosos, leva-a a assumir a "responsabilidade" maior sobre si própria e a reagir com mais firmeza. Além disso, a conscientização de nossa "responsabilidade inconsciente" e o exercício desse potencial diminui em muito os problemas de "somatização", de "desequilíbrios psicológicos", de desentendimentos e modifica também a espiritualidade, conduzindo a uma forma mais autêntica e coerente de buscar a Deus... Tudo isso se refletirá beneficamente sobre o bem comum.

2. A profunda interligação existente entre a realidade física, psicológica e espiritual comprova que jamais se poderia "curar" verdadeiramente o homem, enquanto ele não fosse atendido "integralmente" nas interconexões e nas interinfluências de suas três dimensões de ser conforme é hoje possível fazer com o método de abordagem do inconsciente.

3. O que se revela cientificamente a partir do inconsciente, sob o prisma da transcendência, em especial *a presença do N. Luz no homem, muda todo o enfoque existencial do ser humano,* principalmente do fisicista, do reducionista, do materialista e das pessoas sem fé. O N. Luz, como envolvimento de Amor que atrai, cura as chagas profundas do ser, dá sentido ao sofrimento inevitável, conduz à alegria, à esperança, à eliminação de tensões, e consequentemente *diminuirá, em muito, as somatizações ou as doenças psiconoossomáticas, os desequilíbrios psíquicos, o apego a coisas menos significantes, o ódio, a inveja, as depressões, as fixações, as obsessões.*

4. Em termos de vida religiosa, a "interiorização" profunda que atinge o "inconsciente espiritual" por muitas vezes pode ser comparada ao que é chamado de "experiência contemplativa"... A *"escuta interior" torna-se mais forte que a "fala" e as "transformações" dos pacientes atestam a autenticidade do que foi vivenciado*. E isso é mais importante do que se pensa, pois permite distinguir a *falsa religiosidade*, acontecimento frequente que pode prejudicar mais que a ausência dela. Também em relação ao problema de "dúvidas vocacionais", o inconsciente intuitivo ou espiritual oferece respostas seguras. O inconsciente, além disso, permite que se identifiquem "momentos espirituais" de decisão vocacional.

5. *Sob o enfoque da transcendência há condições também de encontrar no inconsciente aquelas respostas que a humanidade procura desde todos os tempos, quando o homem se pergunta: "o que sou, donde vim, para onde vou".* Encontram-se aí os valores pré-reflexivos ou universais e a Verdade, aquela Verdade única na qual todas as verdades parciais se encaixam em unidade e coerência. A pessoa que experimenta isso no inconsciente percebe também verdades isoladas e incompletas, mas num contexto de enriquecimento mútuo e dentro de um painel de verdades unificadas, distinguindo-se ainda aí os aspectos discordantes.

Um último questionamento pode ainda ser colocado — e já o foi diversas vezes — em relação ao capítulo da ADI como *"ponte entre ciência e transcendência"*. Sendo a ADI um processo novo, por si só revolucionário e que já deixa antever a sua aceitação, não seria mais prudente apresentá-lo só sob o ponto de vista não polêmico, apenas diante das verificações que podem, desde agora, ser enquadradas no paradigma científico?

Como resposta devemos considerar que o homem, sem dúvida, é grato à evolução científica... Mas é mais forte na humanidade a sede do atendimento ao "ser" que ao saber. *Além disso, não é a verdade que deve ser temida, mas o erro, a mentira e mesmo a "omissão".*

De fato: se acreditarmos que a Verdade Absoluta existe e que nela nada se contradiz, *não podemos ter medo de uma autêntica pesquisa interior do homem, onde comprovadamente se encontram e se entrelaçam os fatos científicos com a transcendência, a sabedoria humana e a revelação divina.*

5 A ADI COMO PARADIGMA CIENTÍFICO COMPLEMENTAR

Em nossa época, os homens se orgulham do incontestável e contínuo progresso científico e tecnológico... Mas a humanidade não está feliz... Ao contrário, encontra-se ainda hoje diante da desestrutura de seu ser interior, como nos primórdios da civilização... E, na verdade, ela definha e agoniza, clamando inutilmente por uma solução... Entretanto, a resposta pode ser encontrada, na busca integrada do saber científico-humanístico, a partir do próprio inconsciente humano... E então devolve-se à Psicologia, a "psique"; à Medicina, o "doente", em substituição à "doença"; à Psiquiatria, a "mente", sempre única e diversa dos códigos de classificação internacional; à Pedagogia, as soluções para os problemas de aprendizagem; à Genética demonstra-se a existência da "pessoa humana", já antes da conjugação dos gametas; e na "pessoa humana" evidencia-se o transcendente e a presença viva de Deus.

A busca insaciável do conhecimento sempre teve como motivação e eixo central o desejo de proporcionar ao homem a felicidade. Assim, a natureza precisa ser conhecida para que o ser humano possa dominá-la a seu favor. A Filosofia tece reflexões ontológicas, visando dar ao homem respostas sobre sua essência, existência e finalidade. A Ciência esforça-se por atender às necessidades ambientais, físicas e materiais do homem. A Psicologia estuda seu comportamento, analisa sua forma de comunicar-se, penetra a profundidade de sua mente. A Medicina tenta exercer controle sobre seu corpo, sobre a reprodução, a vida, a morte. E as religiões procuram cercá-lo com a necessária proteção e respondem à sua ânsia de autotranscendência e de eternidade... *Mas com tudo isso o homem não é feliz!*

De fato, não é preciso deter-se em grandes análises para concluir que o homem vem atravessando os séculos sem ter conseguido atingir a felicidade. Apesar do crescimento vertiginoso das conquistas científicas não houve progresso no bem-estar integral da humanidade. E talvez pudéssemos afirmar até o contrário. Pois o cientificismo, ao dispensar a preocupação com os valores, de certa forma fomenta os contravalores, fazendo crescer a visão individualista e hedonista, motivações que hoje podem armar-se com recursos mais perfeitos para conseguir seus funestos objetivos. A selvageria e a violência aperfeiçoam seus instrumentos do mal com recursos da tecnologia moderna... Crianças em gestação são mortas com mais facilidade por haver menos perigo para as mães que as abortam... A mentalidade egoísta separa os casais e deixa os filhos, não apenas órfãos, mas partidos em seu ser... A riqueza que esbanja convive pacificamente ao lado da miséria que mata... Os meios de comunicação despejam nos lares e no inconsciente das crianças a sementeira negativa para o futuro da humanidade, o veneno da desumanização.

Observa-se, por outro lado, que a insistência obsessiva na busca da felicidade é evocada como "direito" de todos, mas conceituada na forma de atitudes de "cobrança" e irresponsabilidade, o que conduz sempre — como só poderia ser — aos efeitos opostos do que se deseja. E os povos ainda hoje se combatem, se agridem e se destroem por motivos banais e até sem motivos, como nos primeiros tempos da história. Ideologias, só compreensíveis em bestas humanas ou em loucos, ressurgem em nossos dias, para estupefação de todos, e conduzidas por recursos tecnológicos os mais sofisticados, visando alcançar disseminação mais rápida.

Realmente, a humanidade em sua caminhada incansável na busca do saber já explorou os conceitos, as teorias, os laboratórios, todo o mundo exterior a si e até mesmo o inconsciente — embora em sua afloração ao "consciente" — mas não conseguiu fazer com que o homem encontrasse o que procura...

Na realidade, o que é que falta ao homem? Sócrates, lá junto à origem do conhecimento, deu-nos a primeira proposta de solução quando nos indicou o lema do "conhece-te a ti mesmo"... E Sócrates não propôs um conhecimento intelectual de si onde nos posicionássemos olhando de fora, "olhando" para nós, mas sim a "interiorização", onde é necessário "questionar" e "assumir" a nós mesmos, gerando mudanças num vir a ser contínuo.

De fato, a sabedoria que conjuga harmoniosamente todos os saberes não se encontra "fora", mas "dentro" do homem. E só a alcançaremos quando enfrentarmos a nossa "interioridade" profunda. Por outro lado, enfrentaremos essa "interioridade" apenas na medida em que estivermos corajosamente dispostos a encabeçar o processo de nossa plena "humanização". E só nos "humanizaremos" quando, nessa interiorização profunda, ultrapassarmos o limiar de nós mesmos, encontrando aí a presença do divino, representado na figura pessoal da Trindade de Deus.

Essa caminhada para a "interiorização" faz encontrar a "intuição". E a "intuição" hoje já não é exclusiva do pensamento filosófico, mas pode ser concretizada pelo processo científico da "pesquisa do inconsciente humano"...

E chegamos assim ao método da Abordagem Direta do Inconsciente ou ADI.

A pesquisa direta do inconsciente, por permitir o alcance da sabedoria, oferece resposta às questões acima formuladas. O que por meio dessa investigação se propõe é que o homem olhe para dentro de si e que se aprofunde no inconsciente sobre o enfoque físico, psíquico e espiritual, e que busque aí, com a "razão" associada à "intuição", respostas complementares, que preencherão os vazios deixados pela metodologia científica, acabando por harmonizar todo o saber de verdades parciais numa só e única verdade.

De fato, quando o inconsciente é diretamente abordado pela "pesquisa" ou pelo "questionamento" e sem interferências da "racionalização" ou da "análise interpretativa", encontra-se nele o saber universal. *O conhecimento científico, embora no inconsciente também se patenteie em suas características típicas, fragmentárias e de elementaridade, articula-se nesse nível mental numa perspectiva global, entrelaçando-se ao todo humanístico e transcendental.* A metodologia científica pode aí testar sua validade, tomando como referencial os dados obtidos pela pesquisa do inconsciente, que representa o próprio referencial da "intuição", ou da "res cogitans" que Descartes um dia propôs — embora sem saber como atingi-la na prática. Quebrar-se-á, por esse meio, também a diversificação de "linguagem" entre as diferentes ciências e haverá uma unificação de objetivos e de significados entre elas, pois todas visarão à *humanização do homem*".

A ADI, portanto, posiciona-se aqui como "paradigma científico complementar" porque pode encaixar as diversas disciplinas da ciência no contexto da realidade universal, ampla e globalmente, corrigindo o "reducionismo" e conduzindo a metodologia científica ao seu verdadeiro papel de "assessora" e "servidora do homem", enquanto em processo de "humanização".

Criar-se-á, então, a possibilidade de não apenas classificar os fatos como "certos" ou "errados" — critério sempre limitado e relativista — mas como "falsos" ou "verdadeiros", em sentido amplo e absoluto... E a ciência, então, não apenas poderá oferecer instrumentos cada vez mais sofisticados para a "lida" e a "melhoria" das condições de vida, mas auxiliará a preencher os "vazios" humanísticos, unificando o saber e a transcendência dentro do homem, o que acabará por expressar-se através de incalculáveis benefícios no processo de humanização de toda a humanidade.

Acreditamos que o momento histórico está propício a mudanças e reformulações. Vivemos hoje um *esprit de l'époque*, ou um espírito da época "reativo" que tende a responder por meio de esforços conjugados à dor existencial do ser humano. *Na verdade, o sofrimento da humanidade, com seus problemas angustiantes de desumanização, clama desesperadamente por uma solução urgente que recupere o homem em sua dignidade e transcendência. Pois apenas mudando o "homem"*, conduzido-o pela "interiorização" à "autotranscendência", ao encontro de sua luz ou da presença de Deus-Pessoa dentro de si *é que se conseguirá uma integração "psicossomática" harmoniosa de seu próprio ser*. E só quando a harmonia dentro do homem se estabelecer projetar-se-á para o "exterior", para a promoção da saúde, do equilíbrio, da verdadeira paz, da justiça e do bem-estar social... Então entenderemos o que nos ensinou Frankl, quando disse que o homem, na realidade não busca tanto "ser feliz", quanto um "sentido" para ser feliz. E encontrado esse "sentido", uma missão autotranscendente a cumprir, estará atingida também a tão almejada felicidade.

O inconsciente humano — como já vimos exaustivamente — é uma porta que se abre para o tríplice encontro, em unidade, coerência e complementaridade da ciência com a espiritualidade e a totalidade do ser humano...

Nos próximos capítulos tentaremos esboçar algumas ideias sobre a forma como pensamos ser possível enriquecer as diversas disciplinas científicas com a ajuda da ADI. Entretanto, apenas os profissionais da área — depois de devidamente tratados em seus registros de base negativos e depois de especializados na ADI, é que poderão desenvolver estas ideias e ajustá-las adequadamente aos seus objetivos específicos.

5.1 - A ADI COMO PSICOLOGIA

A Psicologia ou é científica, ou humanística... Se for "científica" deverá renunciar ao seu objeto, a psique, e à própria integralidade humana, mas em compensação, poderá adquirir o status *de "ciência objetiva"... Se for "humanística" corresponderá às necessidades essenciais do homem, mas será classificada de "subjetiva", devido aos enfoques "pessoalizados"... Entretanto, quando o homem é abordado diretamente em seu inconsciente, oferece respostas que conciliam ciência com humanismo, e que devolvem à Psicologia o seu objeto próprio.*

Se acompanharmos a caminhada histórica da Psicologia, observaremos que a psique, objeto original dessa disciplina, devido à pressão do paradigma científico foi, pouco a pouco, sendo substituída por outros objetos, os quais são tantos hoje quantas as linhas de Psicologia que surgem. E rejeitada a "psique" valorizou-se, principalmente, as sensações, as emoções, o comportamento e a capacidade de adaptação, pois essa orientação "externa" ou "fisicista" dada à Psicologia parecia enquadrar-se mais ao paradigma científico.

De fato, *existe hoje uma exagerada preocupação em enquadrar a Psicologia como ciência, e tão grande que conduz ao esquecimento dos seus objetivos fundamentais, que se resumem na prestação de ajuda ao homem internamente sofrido.* Esse "interno", representado pelo "psiquismo", não encontra lugar na ciência, motivo pelo qual precisa ser substituído por representações mais concretas, mais "fisiológicas", mais "manipuláveis", para merecer a atenção da metodologia científica. Semelhante substituição, no entanto, retira-lhe a essência, gerando a diversificação das finalidades e criando orientações psicológicas de rumos indefinidos, teorizadas e, muitas vezes, de resultados práticos insignificantes. Especialistas do ramo preocupam-se atualmente com este enfoque. Japiassu, por exemplo, detém-se demoradamente sobre a questão. Pergunta esse autor se realmente importa mais à Psicologia impor-se como conhecimento dentro das normas do restrito quadro científico, desprezando seu objeto primordial, ou desenvolver-se dentro de suas finalidades próprias, servindo ao homem psicologicamente necessitado de ajuda, à pessoa doente e perturbada pelo desequilíbrio de ser que assola a humanidade.

Se insistirmos em classificar a Psicologia como "ciência", devemos então posicionar o homem como simples objeto de experiência, sujeito à explicação de fatos humanos, à análise fragmentada, linear, o que significa, inclusive, a sua decomposição em elementos para estudo de laboratório, diz Japiassu. Assim se conseguirá o engajamento da disciplina no esquema científico proposto, nos moldes da Fisiologia, da Química, da Biologia. A Psicologia poderá então orgulhar-se de seu *status* científico. Mas será uma ciência sem sentido, em relação ao que se propõe fundamentalmente. Não conseguirá, em tempo algum, atingir a meta do psiquismo integral do homem. E nesta análise científica, elementarista, que aliena a concepção do homem total, comete-se erros grosseiros... Lembremos a crítica do analista de ciências Thomas Kuhn, quando se refere à tendência da metodologia científica em prender-se mais ao paradigma existente que aos fatos a serem estudados. Assim, *em relação à Psicologia, deve-se avaliar com seriedade se importa mais "enquadrar num esquema" ou "abraçar o psiquismo",* que não pode ser restringido a esse enquadramento. Se a Psicologia continuar preocupando-se apenas com "sensações", "comportamentos", "elementos", "funções", "instintos", "reações psicofisiológicas" e tantos outros "acessórios" do psiquismo poderá, sem dúvida, vir a orgulhar-se de ser "cientificamente exata", mas permanecerá desviada da verdadeira "realidade" do psiquismo humano. E essa proposta por si só é uma inversão tendenciosa, que em nada reflete o legítimo sentido da chamada "objetividade científica"... Se, porém, a Psicologia quiser perseverar corajosamente em campo próprio, fiel ao objetivo de ajudar o homem no desabrochar de suas potencialidades, no caminhar para a sua autorrealização e na luta contra seus sofrimentos "psicossomáticos", não poderá, então, sujeitar o homem e sua psique, passivamente, às regras da metodologia científica reducionista. *Se a Psicologia optar por este segundo caminho, que é seu, deverá então abrir-se a um enfoque do homem integral e incluir em seu campo a subjetividade, o Amor efetivo, a ordem dos valores, a busca da transcendência e o sentido existencial...*

Vários são os estudiosos que reagem a uma Psicologia cientificista propondo, com coragem, o retorno ao seu verdadeiro objeto, ou à "psique". Ou então, esses autores limitam-lhe a competência, como o fazem certos filósofos que já mencionamos. Ouçamos, por exemplo, o que nos diz Karl Jaspers sobre essa questão: "Reconhecemo-nos dependentes do eu psicofísico (...) Mas em meio a estas dependências existenciais e conceituais buscamos o ponto de independência (...) e, então, contemplamos a nós mesmos e ao mundo a que somos cativos, como se os víssemos de fora (...) Tal é a posição em que somos nós mesmos. Nenhuma ciência pode atingi-la, e estão especialmente privadas dessa possibilidade a Psicologia e a Sociologia. Dessa posição e só dela decorrem para aquelas ciências a verdadeira razão de ser e a limitada significação" (64).

Hoje, passada a euforia inicial do cientificismo, tornando-se a ciência mais humilde, é de bom senso e urgente aproveitarmos a oportunidade para *deixar que o homem retorne ao seu equilíbrio de "ser", aceitando o fato — que afinal não é negativo — de que o homem e, portanto, seu psiquismo, são bem maiores do que o que deles pode dizer a ciência reducionista.*

Durante as exposições que fizemos nos capítulos anteriores demonstramos, de certa forma, que *a Abordagem Direta do Inconsciente é um processo que oferece resposta conciliadora entre as duas mencionadas propostas extremas da Psicologia: a científica e a humanística.* Através desse processo encontramos no inconsciente as realidades, tanto pessoais, emocionais e subjetivas, quanto as universais e relacionadas à natureza mais ampla do ser humano. Aliás, é através de um método científico, a "pesquisa de campo", que se identificam as realidades humanísticas. E essa identificação é "precisa" — como mostra o relato dos casos clínicos — porque especifica os fatos e porque lhes determina o dia e a hora... *Vence-se assim o relativismo da interpretação e da análise e o "subjetivismo", ao objetivarem-se os fatos humanísticos.*

A concretização da ADI processa-se quando se consegue levar o paciente a identificar o passado, não só o fato exatamente como aconteceu naquele momento, mas tornando possível, ainda, *extrair dessa memória viva e ativa do passado os fatos novos, não conscientizados até aquele momento.* Além disso o registro desses fatos é, ainda, "objetivo", porque *não distorcido pela "racionalização".* E é "objetivo" especialmente porque o "computador" do *inconsciente relaciona esse registro do passado, com precisão, a expressões "atuais" da personalidade ou do todo "psiconoossomático" da pessoa que se submete ao processo.*

Uma forma de entender a "objetividade" no processo de pesquisa do inconsciente é compará-lo à Arqueologia. Sabemos, por exemplo, que não adianta descobrir um objeto antigo e analisá-lo dentro do significado de nossos dias. É preciso conhecer a realidade histórica do povo a que pertence e o significado do objeto dentro das circunstâncias daquele passado. A pesquisa do inconsciente também torna possível ir ao passado e verificar a realidade da época com detalhes e sem interferência dos raciocínios atuais. Já vimos, exaustivamente, como tudo acontece: é o "adulto" quem vai até a "sua criança inconsciente" e presente dentro dele para entender o significado dela naquele passado. Por outro lado, pelo processo não é preciso obliterar a consciência para fazer surgir uma "emoção sentida" na época... *Não é a "catarse emocional" que se busca pela ADI, mas o "código" que foi lançado como condicionamento. E esse processo de busca objetiva segue um paradigma científico. Entretanto, logo depois, é a dimensão livre que "planeja" a "decodificação", ratificando-se, nesse momento, cientificamente, a existência da dimensão livre e independente, presente no ser humano.* A presença desse nível humanístico no homem, por outro lado, não é uma constatação "subjetiva", e isto porque ela se verifica como existência real e similar em todas as pessoas "pesquisadas". Conclui-se, portanto, que através da busca direta do inconsciente a Psicologia se expressa como um processo científico, porque alicerçada nas normas da "pesquisa de campo". Mas a ADI não é "reducionista" porque os dados obtidos por meio dela revelam a integralidade humana, inclusive em seus aspectos transcendentais... *A partir do inconsciente, portanto, torna-se possível unificar a metodologia científica com a realidade humanística, solucionando-se assim um problema secular e aparentemente insolúvel, o da dicotomia entre Psicologia científica e humanista.*

Além do que acima falamos, observamos que *através do inconsciente recupera-se a "psique" como objeto da Psicologia.* "Psique" ou "anima" é a "vida" que circula no ser humano. E, conforme mostramos no capítulo sobre o "enigma da vida", esta circula no ser humano inteiro, quer no físico, quer no psiquismo, no intelecto e na dimensão humanística. É como um fluido que impulsiona o existir.

A estrutura psíquica individual se traça na medida em que o Eu-Pessoal assume atitudes e lança registros em seu inconsciente. Assim, a *"pessoalidade" originariamente sadia pode formar uma "personalidade" que não o seja*. A nova "vida psíquica" circulante expressa-se no relacionamento, no intelecto, sobre a espiritualidade e sobre o físico da pessoa. Aliás — vale repetir aqui — qualquer aspecto físico perturbado tem a sua origem no psiquismo e no Eu-Pessoal.

O entrelaçamento que naturalmente acontece entre o psicofísico e a personalidade leva a entender que *um tratamento psicológico só pode ser eficaz se abranger o homem integralmente. E para tanto não bastam atuações paralelas ou em equipe, onde cada especialista cuida de um determinado "aspecto" do paciente, por meio de recursos e entendimentos diferentes, mas é preciso que a abordagem terapêutica abrace a integralidade dentro de um único enfoque. E é esta a oportunidade que o inconsciente humano oferece, quando aí se localiza o primeiro elo de qualquer complexo "psiconoossomático".*

Já lembramos também em capítulo específico que o núcleo de referência central em relação a qualquer expressão problemática que se lança no "fluido vital", perpassando o psiquismo, atingindo o organismo, projetando-se sobre o nível humanístico e espiritual, *é o Amor*. No Amor reside todo o sentido existencial. Psicologicamente também se sabe que não sobrevive quem não ama e não se sente amado. O Amor, focalizado simbolicamente no coração, é atingido no inconsciente "espiritual" pela "interiorização" e pela busca de conteúdos transcendentes, presentes no homem. *Mas a saúde do psiquismo e do organismo abastecem-se nessa fonte do Amor, em primeira instância e no primeiro momento de seu existir... Qualquer sintoma de desequilíbrio psicofísico origina-se, em primeiro lugar, num desequilíbrio da capacidade de sentir-se amado ou de saber amar.*

Entende-se, pois, o malefício resultante de uma ciência fisicista que quer projetar para o exterior do homem o seu "psiquismo", tentando dispensar o Amor ou considerando apenas as suas expressões psicofisiológicas. Não é só o psiquismo que assim perde sua essência: é o próprio homem.

Na terapia sobre o inconsciente, a pessoa aprende a enfrentar profundamente a si mesma, no contexto mais abrangente de seu ser. E já na Antiguidade Sócrates, que orientou para o "conhece-te a ti mesmo", utilizou-se de técnica muito semelhante, mas que foi esquecida depois. Sem dúvida é muito mais fácil deter-se no exterior do homem, como quer fazer a ciência em termos de psiquismo. Isto porque, dessa forma, pode-se atuar apenas "racionalmente", não há compromisso pessoal, não há responsabilidade, não se precisa encarar e assumir mudanças... *É mais simples uma Psicologia do "comportamento" que se detém no que "faço" ou que me diz que "sou condicionado". É mais fácil encarar uma "hipnose" que oblitera o "consciente" para que "outros" pene-trem no "inconsciente", porque então não precisamos assumir a nós mesmos, crescer, amadurecer! É menos comprometedor submeter-nos a longos processos que nos conduzem a um enquadramento em teorias preestabelecidas sobre a "natureza dos inconscientes" do que enfrentar o nosso inconsciente "pessoal e único"... É menos perturbador atribuir os males a "vidas passadas" do que perceber, através dos registros de antepassados existentes no nosso inconsciente, que fomos nós os responsáveis por nossos traumas e, isto por abrirmos "brechas" para que aspectos indesejáveis dos antepassados se infiltrassem em nosso ser! É mais cômodo pregar que temos "direito" a ser felizes — assumindo atitudes de "cobrança" — do que aceitar que somente nós podemos concretizar a nossa felicidade e, ainda, que isto só acontece na medida em que fazemos felizes os outros — conclusão à qual se chega, sem dúvida alguma, na investigação do inconsciente.*

Há muitas correntes psicológicas que oferecem ajuda válida ao homem que sofre. Mas há também muitas correntes psicológicas que oferecem apenas o que atrai e agrada, conteúdos intelectuais, atitudes protetoras, soluções descompromissadas e desumanizantes. Mas elas não curam! *Somente o homem que se interioriza descobre o verdadeiro mecanismo da cura. Só o homem que enfrenta sua vaidade, sua prepotência, seu egocentrismo, que aceita a mudança de si e que se exercita no Amor efetivo é que pode eliminar aí a raiz mais profunda de seu mal.* Por isso, grande parte dos processos de tratamento psicológico são apenas ilusórios, paliativos, substitutivos, temporários, precursores de outros males, os quais o próprio inconsciente desencadeia como mecanismo de compensação.

No tratamento pesquisado do inconsciente a pessoa é ensinada e treinada nessa "interiorização" que conduz ao verdadeiro mecanismo de cura. *É a ADI uma chance para quem realmente quer se curar e para quem estiver disposto a entender "cura" como sinônimo de "humanização". "Humanizar-se", por sua vez, não é "receber amor", mas "amar". E amar é sair de si ao encontro do outro, abrir canais, é colocar no "fluido vital do psiquismo" um bálsamo para todos os males e sofrimentos, seus e alheios. Em princípio, não há doenças incuráveis; há pessoas que não querem se curar... E não querem curar-se porque para "curar" precisam se abrir para o Amor. Falta-lhes a vontade e, por vezes, a força para amar. Mas onde falta o Amor ou o processo de humanização, aí instala-se e perpetua-se a doença.*

O homem, se realmente quer ser sadio em termos psicológicos, ou melhor, em termos psiconoossomáticos, não tem outra solução; ou se engaja no seu "vir a ser", que impulsiona para a autotranscendência e para o Bem Maior em direção ao seu sentido existencial e que culmina no Amor e no Infinito, ou adoece, regride e se destrói...

Entende-se, portanto, que pela Abordagem Direta do Inconsciente não se realiza apenas uma terapia do psiquismo, *mas a ADI é um recurso que conduz a pessoa ao encontro dos recônditos mais profundos de seu ser, possibilitando-lhe que se reestruture a si mesma e de acordo com o seu Eu-Pessoal originariamente sadio e perfeito.* A ADI coloca o ser humano diante de uma nova "chance", de um viver pleno, repleto de saúde, de sentido, de alegria, supondo-se que tudo isso venha regado pela capacidade de amar. *O limite da ADI não se impõe pelo tipo de doença a vencer, nem apenas pela "libertação" de males do passado, mas pela "liberdade" individual de se querer assumir, de fato, o processo do desabrochar humano integral e total.*

Compreende-se, portanto, que *o paciente, durante o processo de pesquisa do inconsciente, passa a entender que para curar-se "psiquicamente" necessita estar disposto a assumir a luta contínua pelo aperfeiçoamento de seu ser, devendo estar com o seu objetivo orientado para a autotranscendência. Somente assim se esboça o sentido existencial. E apenas diante do sentido existencial é que se processa a cura. Quem está voltado para si e sobre o autocentrismo, "encolhe" o seu ser, não desabrocha e murcha, é "doente" psicológica, física e espiritualmente.*

Não há como separar, na prática, o homem em departamentos. A ênfase da Psicologia deve, sem dúvida, recair sobre o tratamento de registros psicológicos. Mas na remoção desses registros se esboçarão espontaneamente atitudes "humanísticas". A ADI-psicológica é uma abordagem que se volta ao cerne do "ser", onde as verdades pessoais, universais e transcendentais precisam harmonizar-se. E lembremos mais uma vez que nesse cerne, onde todas as verdades se encontram em unidade e coerência, a mentira e a falsidade não se sustentam... *E somente quando houver autenticidade, e quando entrelaçada à vivência profunda do Amor, então, de fato, pode acontecer a "cura" psicológica, a qual conduz, ao mesmo tempo, à cura integral do ser humano.*

É essa ajuda — cuja ideia central aqui resumimos, e cujo conteúdo tem sido exposto ao longo desta obra — que a ADI pode oferecer à Psicologia.

5.2 - A ADI JUNTO À MEDICINA E A PSICOSSOMÁTICA

A Medicina científica surgiu como processo fisicista, alicerçado na Biologia. O doente é comparado à máquina, da qual se repõe as peças ou, então, é alguém "agredido" externamente por "bactérias" que exigem um "contra-ataque". Desconsideram-se outras realidades fundamentais que interferem no proces-

so de "doença e cura", especialmente a influência do psiquismo e da dimensão humanística sobre o fato orgânico... Desconhece-se a existência e a força de ação das "ordens cerebrais", que desencadeiam doenças e desequilíbrios. Entretanto, o inconsciente permite pesquisar este processo interno da enfermidade, a forma como se concretiza em cada um e como se torna possível realizar a "reversão".

Comecemos por recordar que a metodologia científica, baseada na Matemática, na Física, na Química e nas experiências de laboratório, no início destinava-se apenas às chamadas "ciências exatas", portanto aos estudos ligados à matéria ou à natureza inorgânica. Para as ciências humanas, da vida e da mente, Descartes havia indicado o método da "intuição", o qual serviria de referencial e controle de autenticidade para essa "ciência da matéria" (*res extensa*). Mas a "intuição" permaneceu no campo filosófico e não foi estruturada de forma que pudesse ser utilizada dentro da linguagem e do paradigma científico, portanto foi deixada de lado e esquecida nesse contexto.

Sobre o que aconteceu em consequência desse "esquecimento" e reflete o processo evolutivo do "método da matéria" ou da "metodologia científica" nos fala, com muita propriedade, o físico Fritjof Capra, em seu livro *Ponto de mutação*.

Comenta Capra que, na natureza, o orgânico se entrelaça ao inorgânico. Assim, os cientistas se sentiram rapidamente motivados a realizarem experimentos que entranhassem a "vida", ou seja, tentaram a adaptação dessa "metodologia da matéria" aos processos "vitais", mais especificamente à Biologia. Na adaptação do paradigma à Biologia, dever-se-ia chegar aos "componentes" e às "sub-unidades", conforme o modelo da Física que busca sempre o menor fragmento. *Daí se começou, na Biologia, com o estudo de tecidos dissecados... e de tecidos mortos tiravam-se conclusões sobre a vida.* Percebe-se, portanto, que a metodologia científica passou a se embrenhar numa área que não conseguiria abranger, por se tratar da "vida", que é mais do que a "matéria". Mas ao entranhá-la, e permanecendo dentro de seu esquema restrito, aconteceu que *a "vida" foi "reduzida" a expressões "externas" e manipuláveis.*

Entretanto, a Biologia, apesar do enfoque parcial, progredia reunindo, por esse caminho, conhecimentos sempre maiores. Descobriu a forma como acontece o desenvolvimento do embrião, como os gens executam suas funções, a divisão e multiplicação celular, a síntese das enzimas, particularidades cromossômicas e genéticas. Mas, conforme comenta Capra, não se sabia — e não se sabe até hoje — o que comanda as funções integrativas, o desenvolvimento ordenado de processos, através dos quais as células se especializam para formar os diferentes órgãos ou tecidos, a maneira como acontece a integração de cada célula com o meio ambiente... Pouco sabe a ciência sobre a atividade coordenadora integral do organismo, os mecanismos de compensação e tantos outros processos que envolvem diretamente a "vida" e por isto não são identificados pela análise "reducionista" da Biologia.

Estruturada a Biologia sobre a "metodologia da matéria", a Medicina seguiu o caminho por ela aberto. E inspirada por Pasteur, que demonstrou a interligação entre germes e doenças, essa ciência mudou gradativamente o enfoque, desviando a atenção da "pessoa do enfermo" para a "doença" em si.

De fato, até a era científica, o ser humano era visto na perspectiva de seu todo. A atenção voltava-se sobre a "pessoa doente" e sobre sua "capacidade pessoal" de eliminar males físicos. Com Pasteur, passou-se a focalizar um organismo "atacado" de fora pelas bactérias, as quais, por sua vez, precisariam ser contra-atacadas por drogas farmaco-químicas. Já agora o corpo humano passou a ser comparado à máquina, à perfeição do relógio, mas continuou-se a pouco considerar os processos "vitais" que nele circulavam. Enfatizava-se a necessidade de "reposição de peças" ou de "órgãos" e daí a ênfase, sempre maior, dada ao processo cirúrgico.

Todos sabemos, no entanto, que o organismo humano não é apenas uma máquina, ainda que a mais perfeita. A "vida" que circula no corpo dá-lhe características muito diferentes. Existem nele funções dinâmicas e de interconexão, tanto integrativas, quanto regenerativas, de compensação e até de coordenação do todo-orgânico. Tanto assim é que, ao "substituírem-se" órgãos num corpo sem vida, num cadáver, o organismo não voltará a funcionar... O processo vital, portanto, não está essencialmente relacionado a recursos farmacológicos ou cirúrgicos. Tudo isto é óbvio a qualquer raciocínio lógico, mas pouco conscientizado no viver cotidiano. Se algum problema de saúde surge, a primeira medida é sempre a busca de um medicamento ou, então, do diagnóstico para identificação mais precisa da disfunção, visando-se em seguida a droga de "contra-ataque" mais adequada. De fato, qual o paciente que se contenta em sair da consulta médica sem uma receita de remédios?!!

Realmente, *hoje o centro das atenções médicas é a "doença"*. Pouco se atenta para a constatação, por exemplo, de que muitos organismos podem estar envoltos pelas mesmas bactérias, sem que todos adoeçam. Não se dá a devida importância às diferenças individuais na reação ao tratamento medicamentoso, apesar de as experiências já terem demonstrado que animais, sob condições idênticas, tendem às mesmas reações, e que assim não acontece com relação aos seres humanos. E pouco se questiona, nesse caso, no que pode estar fazendo essa diferença. Em outras palavras, *a diferença entre pacientes que reagiram positiva ou negativamente a um mesmo tratamento farmaco-químico, quando o "organismo" encontrava-se em situações semelhantes, não pode ser atribuída a coincidências ou a alguns poucos fatores externos, ambientais ou a um tipo específico de resistência orgânica. Essa diferença, como vimos pela pesquisa do inconsciente, encontra-se na dimensão humanística, que não é levada em conta pela ciência, mas que é coordenadora do todo humano. E por não se considerar esse aspecto é que também não se consegue, no diagnóstico clínico, chegar à causa primeira dos males físicos.*

É bem verdade que nos últimos anos a Medicina vem-se voltando para aspectos "psicológicos" relacionados à doença. *Entretanto, como a própria Psicologia estruturou-se no modelo fisicista, não pode oferecer a ajuda que deveria.* Pois da mesma forma como a Medicina avalia "o doente" pelas "doenças", assim a Psicologia científica observa "comportamentos" ou analisa "problemas" e "desequilíbrios" que o paciente "tem", esquecendo-se da "pessoa" que "ele é" e da "psique" ou do "processo vital único" dessa pessoa.

A Medicina, portanto, ao enquadrar-se no modelo da Física, assim como a Biologia, torna-se também "reducionista", porque desconsidera o dinamismo, a qualidade, a imaterialidade, a integralidade e a interferência de outros fatores humanos sobre a reação orgânica...

No que diz respeito à *Medicina Psicossomática*, vem ela surgindo muito timidamente. Considerava, no princípio, que o ser humano tinha doenças "psicossomáticas" quando não se tornava possível identificar uma causa física e, portanto, o sofrimento do paciente passava a ser classificado de "imaginário". Procure-se entender o quanto o sofrimento real do paciente aumentava, se além de sofrer as dores precisava acreditar que as mesmas não "existiam" e que eram fruto de sua "imaginação". Ao sofrimento físico, portanto, acrescentava-se o sofrimento moral... Numa segunda classificação de doenças psicossomáticas, concordava-se em que os fatores emocionais ou psicológicos podiam exercer sua influência sobre males do organismo — embora não se conseguisse entender de que forma isso se processava. Daí, o "psicossomático" de origem emocional não era aceito em todos os ambientes médicos como sendo "cientificamente" comprovado. Hoje já se encontra nos dicionários uma relação de doenças classificadas como "psicossomáticas". Entre estas estão as da pele, as reumáticas, as gastro-intestinais, as respiratórias, as endócrinas... *A classificação de "algumas" doenças como "psicossomáticas" mostra apenas que ainda não se entendeu o mecanismo fundamental da "interinfluência" entre psiquismo, organismo e nível "humanístico" do ser humano.*

E é neste ponto que se insere a ADI na Medicina.

Pela pesquisa do inconsciente verifica-se, repetitivamente, que todo mal orgânico é "psicossomático". E mais: toda diferença de reação orgânica entre os pacientes não tem apenas origem psíquica, mas também e, principalmente, "humanística"! De fato, *o mal físico é apenas a última instância de expressão do que começa no interior do homem, em seu Eu-P livre, e que passando pelo psiquismo se projeta no organismo.*

Explicamos melhor: já dissemos que tudo começa quando o Eu-P de uma pessoa, ou sua dimensão humanística, percebe algo que desagrada, quando então acontece um "posicionamento negativo" diante desse fato. Esse posicionamento vem acompanhado de emoção, de uma "programação" inconsciente e de uma "ordem cerebral" lançada por meio de "frases-registro" que se projetam e se concretizam psíquica e organicamente. Os problemas orgânicos são "somatizações" das "frases-registro", que são sínteses psicológicas. E, em outras palavras, *os problemas de saúde física constituem apenas a última instância de uma sequência de problemas que se iniciaram por um pensamento ligado a uma emoção, o que se transmitiu ao cérebro e foi aí assimilado na forma de "ordem cerebral", para só então concretizar-se no organismo.* Já vimos que o inconsciente, quando abordado em terapia, "explica" o motivo "emocional" de suas doenças, indicando com precisão o momento inicial dessa "programação". Esclarece também o inconsciente por que determinada emoção "escolheu" aquela e não outra doença para a "somatização" — conforme os casos clínicos anteriormente relatados exemplificam.

Enfatizamos, portanto, a partir da experiência pela ADI, que *todo problema orgânico é psicossomático* — com exceção do desgaste natural do envelhecimento e de ataques externos evidentes, tais como produtos químicos etc. E se quisermos ser mais exatos, devemos dizer que *todo o problema orgânico é "psiconoossomático", tendo a palavra grega "nous" o significado de "noológico" ou "humanístico".*

Assim, se focalizarmos as doenças orgânicas pelo inconsciente, são sempre uma linguagem emocional, mas também uma expressão "do mais profundo" do ser humano. *Daí entende-se porque é nesse nível "mais profundo" que deve também atuar a terapia de remoção dos males físicos.* Em relação às disfunções orgânicas vale o que falamos em capítulo anterior, ou seja, que embora aparecendo no adulto, o mal tem a origem numa "programação inconsciente" lançada e condicionada na infância ou na fase do útero materno. A criança, diante de fatos desagradáveis, não apenas se "posiciona", mas lança uma "ordem cerebral" e desordena, consequentemente a emoção, o psiquismo e o organismo, registrando como "código" o que "desequilibra". Fixado esse registro no "computador" do inconsciente, é ele acionado vida afora para funcionar diante de estímulos semelhantes, sendo então, cada vez mais reforçado e ampliado em "ramificações", projetando-se para o organismo e gerando quadros diversificados de doenças, na infância e na fase adulta.

Esse é, portanto, o verdadeiro mecanismo da doença física ou das disfunções orgânicas. Entende-se daí que o "contra-ataque" ex-terno, através da medicação ou de processos cirúrgicos, embora necessário, só tem condições de atingir os "sintomas", nunca a causa primeira, pois não elimina a retroalimentação do inconsciente, que continua ativa...

Consequentemente, o processo diagnóstico-terapêutico também será diferente quando se partir dos princípios acima expostos. É preciso buscar a causa primeira, não só no laboratório, mas na essência do inconsciente noológico. E encontrada essa causa ela só será removida quando o paciente aí retomar seu "posicionamento" e "decidir", sob as mesmas condições daquele passado, por uma "atitude" saudável. Pode ele modificar o código dos seus registros de doença ao assumir, no nível "inconsciente" e, livremente, um "posicionamento" que olha para os fatos de uma forma diferente. A partir daí é possível fazer organicamente a "reversão" e toda uma cadeia se quebrará, atingindo — mas também somente em "última" instância" — o organismo em seus sintomas.

Quando uma cura assim se processa, ela nunca se exerce apenas sobre determinada "disfunção" já diagnosticada, mas sobre toda uma ramificação de desequilíbrios orgânicos que apenas com o tempo se projetariam em sinais perceptíveis...

As reflexões acima, que interligam saúde e doença com a dimensão humanística e da pessoalidade, levam a entender também que, em última análise, o que importa para que se viva a saúde e o bem-estar não são apenas os "cuidados sanitários", mas principalmente a orientação para uma vida alicerçada no relacionamento de Amor, especialmente o familiar, pois é o referencial primeiro que a criança busca no momento da concepção, e sobre esse patamar é que estrutura todo o seu ser "psiconoossomático". Acreditamos que não seria difícil comprovar estatisticamente o quanto o "bem-estar no Amor" conduz ao bom funcionamento do organismo e quanto, ao contrário, são debilitados os organismos que se nutrem no ódio, em outros sentimentos menos nobres ou que não se sentiram amados... Através da pesquisa sobre o inconsciente isto, há muito, se constata e se confirma constantemente.

A importância da abordagem diagnóstico-terapêutica do inconsciente quanto à saúde e à doença, portanto, torna-se evidente após as colocações que fizemos acima. A forma prática de trabalhar já está se estruturando através de médicos que têm vindo até nós para estudar o processo, visando a adaptação do mesmo à *"ADI-médica"*.

A "ADI-psicológica" já constatou e confirma a cada instante o fato de que as doenças físicas principiam "de dentro para fora", a partir de uma "atitude" interna, que se lança como "ordem cerebral". Cabe à "ADI-médica", ou seja, cabe aos médicos que se especializam na ADI, realizar a "pesquisa" sobre a maneira como acontece a transformação dessa "ordem cerebral" em processos orgânicos e fazer a "reversão" do mal físico — o que se torna possível atuando no inconsciente.

Abre-se aqui todo um campo novo para a Medicina, inclusive para a pesquisa diagnóstica, melhor compreensão funcional das doenças e formas alternativas de tratamento. Através do inconsciente pode-se acompanhar a doença em seus trâmites pelo organismo, desde a sua primeiríssima origem, que é psico-humanística, até o desencadear de males físicos conhecidos... E pode-se, consequentemente, saber com exatidão qual ajuda específica deve ser prestada a cada "doente" em particular. E, como no inconsciente todas as doenças poderão ser diagnosticadas em suas causas, entende-se que também aí se encontra a forma de curar doenças que antes não tinham cura. Aliás, as chamadas "doenças incuráveis" são, em grande parte, nada mais que registros programados de autodestruição, mas que, pelo inconsciente, podem ser conduzidas organicamente à "reversão".

Em relação a outros fatores que agridem o bem-estar físico, tais como "acidentes", tanto de crianças como de adultos, a ADI leva a concluir que, na maioria das vezes, também esse acontecimento se deveu a uma "programação inconsciente"... O que faz uma pessoa pisar no acelerador quando deveria apertar o freio? O que faz uma mãe grávida sofrer uma queda perigosa ao filho, apesar de que aparentemente deseja muito aquela criança? O que faz uma criança "cair num poço", "machucar a cabeça", "ser atropelada", quando em nível inconsciente conhece o perigo melhor que o adulto? O inconsciente responde a tudo isso e muita resposta é surpresa para o próprio paciente. É incrível a constatação do quanto o nosso inconsciente "sabe" conduzir os acontecimentos em função de pensamentos e sentimentos ocultos de nós mesmos! Todo um trabalho eficaz de prevenção de acidentes poderia ser feito com a ajuda da pesquisa do inconsciente, especialmente no trânsito!

Aspectos físicos diferentes, anomalias corporais e até características curiosas, tudo isso, se pesquisado sobre o inconsciente, revela respostas surpreendentes... Vejamos alguns exemplos: havia uma paciente de olhos excepcionalmente grandes. No inconsciente revelou, espontaneamente, o desejo do pai de ter uma filha de olhos maiores que o normal. E, no inconsciente, descobriu ela como "atuar" sobre si para conseguir realizar esse desejo do pai. Certa senhora tinha o ventre volumoso. O inconsciente revelou — e sempre espontaneamente — que esta era uma forma de evitar ou, ao menos, dificultar as relações sexuais, que não queria com o marido. Outra jovem tinha os cotovelos muito "pontudos", acontecendo às vezes machucar "sem querer" as pessoas — como dizia. No inconsciente, no entanto, revelou-se que ela agira mentalmente sobre os cotovelos, moldando-os para "cutucar" a mãe desde o útero materno... E o "cutucar" sutilmente através da palavra, para ferir os outros, era também uma de suas características.

Também *as doenças hereditárias mudam o seu enfoque através da abordagem do inconsciente.* O inconsciente nos comprova que trazemos em nós os antepassados com toda a sua carga, em toda a sua maneira de ser e, daí, também o registro das doenças "todas" de nossos ancestrais. Entretanto, só alguns destes males se concretizam nos descendentes. A ADI nos mostra que acontece uma "escolha de modelos" dos antepassados, e nesses "modelos" entram também os problemas psicológicos e os males físicos. Assim, *se o paciente sentiu desamor na época mais vulnerável de seu ser, ou seja, na fase intrauterina e se, então, se "posicionou" de forma negativa diante do que o magoou, tende a buscar no "modelo de seus antepassados" a forma de se agredir ou de se autodestruir.* Poderá, por exemplo, lançar em seu inconsciente e depois transformar em "ordem cerebral" a frase-registro "eu preciso ser doente", indo buscar nos ancestrais a "forma" desse "ser doente" e podendo, então, expressar isto de maneiras as mais diversas, através de uma insuficiência renal, de um câncer, de uma cegueira e de tantos outros males...

Os males congênitos, por sua vez, também recebem um novo enfoque pela abordagem do inconsciente. Quando um mal congênito é constatado numa criança, sabe-se da existência do "transmissor". Mas pode existir também o transmissor e a transmissão não acontecer. Nestes casos, segundo a experiência clínica, houve uma atitude de "não receptividade" da criança a partir da escolha do "Eu-Pessoal". Por outro lado, pode acontecer o contrário, como no caso onde tratamos de uma criança cujo pai era portador de "sífilis". Na família ninguém sabia da doença do pai. Mas a criança, nossa paciente, percebeu o mal, no terceiro mês de gestação, exatamente num momento em que o pai não queria a gravidez e o manifestou à esposa. A criança, nesse momento, no útero, "abriu-se" para o mal do pai e falou ao psicólogo, na sessão de terapia: "Vou formar uma úlcera na perna!" Perguntamos o motivo e ela respondeu: "Ele (o pai) não me quer — vou me destruir com a doença dele!"

Na "reversão" do mal orgânico é preciso que o paciente se tenha convencido profundamente de querer a sua cura, a ponto de mudar sua frase-registro psicológica e, consequentemente, *a ordem-cerebral que desencadeou e sustenta a doença física atual.* Por isso é tão importante a plena consciência do paciente durante o processo de terapia — o que coloca a ADI em posição radicalmente oposta à hipnose. E é por isso também que *as doenças mais graves são aquelas em que o paciente agrediu a inteligência, pois não pode colaborar com sua força pessoal na reversão de seu mal... Nesses casos, entre os quais se colocam os deficientes mentais, o recurso é a terapia através de outra pessoa, de preferência a mãe.*

Bons resultados têm sido atingidos através da ADI com pacientes da Síndrome de Down que têm duas características bem distintas: uma que se refere à trissomia e às manifestações físicas da doença; outra é a que diz respeito à deficiência mental. Essa deficiência acontece pelo desejo da criança de alienar-se "mentalmente", ou seja, por agressão à inteligência. A Síndrome de Down, nesse caso, é o modelo por ela inconscientemente escolhido para "não existir" mentalmente. Em geral, casos dessa Síndrome estão presentes nos antepassados, pois o modelo inconsciente tende a ser buscado, em primeiro lugar, nos ancestrais. O "motivo pessoal", evidentemente, é sempre único, mas de forma genérica está ligado à percepção ou à suposição de desarmonia profunda entre os pais e/ou rejeição muito forte contra a criança na gestação, ainda que inconsciente. Entenda-se melhor: *ao que tudo indica, a Síndrome de Down é uma autoagressão das mais violentas, lançada em si pela própria vítima e através de uma "ordem cerebral" na "programação inconsciente", antes mesmo do zigoto formar-se, o que quer dizer, no intervalo de aproximadamente 72 horas, espaço entre a união conjugal dos pais e a união física dos gametas, quando ainda é possível à criança modificar a sua estrutura genética.* Essa, ao menos, tem sido a resposta dada a nós por mães de crianças mongoloides, quando em terapia se pesquisa indiretamente o inconsciente da criança.

E no processo terapêutico se responde de acordo. A mãe, após realizar a terapia, deve ser levada ao momento do primeiro estágio da concepção do filho, quando apenas existe o Eu-Pessoal da criança mais o Núcleo de Luz e quando ainda não se concretizou o zigoto. *É preciso que,* através da mudança da mãe, que nesse momento deve assumir uma atitude de muito Amor, se *reformule o sentimento da criança, a qual naquele momento decidiu agredir-se.* A criança sente e contagia-se com o Amor da mãe, que acontece em terapia, e pode modificar sua atitude de agressão, ao menos à inteligência. *A deficiência mental do mongoloide, portanto, pode ser "revertida". A sua inteligência pode ser conduzida à normalidade através da terapia da mãe ou de outra pessoa.*

Enxaquecas, alergias, dores generalizadas, problemas crônicos, males "incuráveis", tudo isso encontra no inconsciente sua história de origem e, não poucas vezes, relacionada com a "escolha de modelos" dos antepassados.

Uma grande preocupação nossa e que gostaríamos de compartilhar com a Medicina é a importância da "palavra" do médico. O médico tem um forte poder de sugestão sobre o paciente. A maioria dos médicos tem convicção de que deve dizer a verdade — mesmo que dura — dos resultados dos exames clínicos e de laboratório, acrescentando ainda, muitas vezes, uma espécie de "prognóstico" do mal e de tempo de vida do paciente. Ora, sabemos que essa atitude está relacionada à ética médica, à sinceridade, ao respeito pelo doente... Mas nós perguntamos: *diante do incomensurável potencial do inconsciente sobre o organismo, o que o médico prevê será verdade? Em casos de doenças graves ou aparentemente sem solução, o paciente estará mesmo "condenado" ou é a palavra do médico que "sela" a sua condenação?* Pelo que vimos na ADI, são enormes as surpresas sobre o que o organismo pode fazer no sentido de cura. Seria importante que se elaborasse uma estatística com "grupos de controle", nesse sentido. Diga-se, então, a um grupo a "verdade" dos exames clínicos e de laboratório, ainda que negativa. Diga-se ao outro grupo apenas que o organismo humano oferece condições imprevisíveis de mudar realidades. Faça-se, se possível, atuação pela ADI. Se não for possível submeter o paciente ao tratamento completo, decodifique-se a doença pela "ADI-médica" e leve-se o paciente a uma programação positiva. Certamente os resultados desse segundo grupo serão muito diferentes dos do primeiro...

Em relação a essa questão, queremos relatar ainda o acontecido com uma pessoa cardíaca. O médico "fisicista", embora extremamente dedicado e preocupado em ser sincero com os doentes, falou ao paciente, após alguns exames feitos: "Seu caso é gravíssimo. Precisa parar com todos os seu afazeres... 75% de pessoas com problemas como o seu morrem dentro de um ano!" O paciente tornou-se profundamente deprimido e fisicamente sem forças. Entretanto, exagerava em suas atividades para deixar tudo encaminhado "antes da morte". Fraco, pálido, triste, não desejava sequer alimentar-se direito. Em tudo estava, portanto, colaborando para que a "profecia médica" se concretizasse... Consultando depois outro médico, daqueles profissionais que entendem a influência da psique sobre o organismo, este confirmou os exames e a medicação do outro facultativo, mas acrescentou: "Não é necessário parar com os seus afazeres, desde que você mude o enfoque: em vez de adaptar-se às exigências de seu trabalho, adapte o trabalho às exigências de seu organismo, e de acordo com sentir-se bem ou mal... Se você assim fizer poderá viver até mais do que qualquer pessoa de coração sadio!" Com apenas *esse enfoque novo da palavra do médico, que também dizia a verdade, a mudança dessa pessoa foi total*: alegria, saúde, disposição, trabalho, programas sociais, viagens, tudo tornou a preencher a sua vida como antes e todos que o conheciam admiravam-se da melhora de sua aparência... E dois anos se passaram! *Para esse paciente, a estatística fatalista falhou e isto certamente devido à diferente orientação médica, através da qual, sem faltar à ética ou à verdade atingiu-se, porém, de forma positiva o psiquismo, levando o paciente a reagir e a viver normalmente e satisfeito o restante de sua vida, inclusive prolongando-a em relação à estatística.*

A título de informação e de exemplo, segue agora em anexo, a relação de alguns casos de males orgânicos tratados pelo Método TIP numa média de 10 a 15 sessões e que foram plenamente resolvidos (Informações retiradas dos arquivos do departamento médico da clínica pioneira da ADI/TIP, em 1990).

a) Paciente, 31 anos, *lupus erimatoso, discoide,* com exames positivos e crises periódicas. Submetida ao Método TIP teve remissão total do quadro (10 meses de controle posterior).

b) Paciente com *anorexia,* má digestão, alergia respiratória, tensão pré-menstrual. Remissão após a terapia (Controle médico durante 3 anos).

c) Paciente com *alopecia.* Houve crescimento normal dos cabelos após 9 sessões de terapia (Acompanhamento posterior).

d) Paciente com *disritmia cerebral,* de fundo emocional. Teve EEG normal após a terapia (Controle anual durante cinco anos).

e) Paciente com problema de *úlcera duodenal,* constatada através de RCED. Tratada pelo Método TIP, há cinco anos não apresenta queixas físicas, além de ter melhorado significativamente seu estado emocional.

f) Paciente com *displasia mamária e tensão pré-menstrual.* Após 12 sessões de terapia sobre o inconsciente, não manifesta mais o problema físico (5 anos de controle).

g) Paciente com *nódulo morno na tireoide.* Sofreu tiroidectomia, mas outro nódulo formou-se na contralateral. Após a terapia pelo Método TIP o nódulo regrediu, não necessitando a paciente de nova cirurgia.

h) Paciente *com diabetes mellitus* — 467mg% de glicose. Sofria também de hiporexia, redução da visão, retenção hídrica e hipertensão arterial. Após a terapia sobre o inconsciente houve remissão do edema, a glicose passou a 94mg%, dando à paciente condições de submeter-se a uma cirurgia da visão, passando a enxergar naturalmente. (Controle do caso durante 10 anos. Manteve-se a taxa baixa de glicose.)

i) Paciente de meia-idade queixava-se de dor e "queimação" na boca do estômago. Tinha *gastrite* desde a infância, *dormências pelo corpo, cansaço físico e mental,* sofria de *claustrofobia.* Remissão total desses sintomas após 15 sessões de terapia.

j) Paciente *depressiva* de meia-idade, com prescrições de antidepressivos e carbonato de lítio. Queixava-se de tonteiras, náuseas, suores frios, angústia, pensamentos suicidas, tristeza, fobia, insegurança. *Fazia "psicanálise" há 13 anos.* Após a terapia em 12 sessões pelo Método TIP ficou totalmente livre dos sintomas.

k) Paciente com queixas múltiplas, tais como: *cefaleia pré-menstrual, rinite e outros problemas alérgicos, falta de ar, pouco apetite, má digestão, insônia, angústia.* Sentia que a alergia abalava demais toda sua estrutura psíquica. Fez vários tratamentos, tentando resolver o problema alérgico. Na família havia outros casos de alergia e o pai era asmático. A própria paciente teve asma na infância (até 7 anos). *A paciente fez 12 sessões de terapia pelo Método TIP e todos os problemas relatados na consulta inicial foram negados pela paciente ao final das sessões.* Além disso, dizia-se perfeitamente reintegrada à vida após o tratamento.

l) Paciente queixa-se que desde os 15 anos de idade apresenta problemas de *dores de estômago, azia e má digestão.* Há quatro anos foi constatado que ela fizera uma *úlcera duodenal.* Na consulta queixou-se ainda de *taquicardia e ansiedade.* Após a aplicação da aparelhagem auxiliar e de 10 psicoterapias, a paciente sentia-se livre desses sofrimentos. (Dois anos de acompanhamento posterior.)

Os casos acima sumariamente relatados foram tratados na época em que se fazia apenas a "ADI-psicológica", mais a supervisão médica do caso, antes, durante e depois do tratamento. Mas a metodologia, evidentemente, foi evoluindo e se aperfeiçoando. Assim, desde 1988, através da FUNDASINUM, a entidade-escola vem especializando médicos no processo da ADI — que executam o que chamamos de "ADI-médica".

A "ADI-psicológica" e a "ADI-médica" são complementares. A "ADI-psicológica" diagnostica o processo de doença e desequilíbrio até o momento da "ordem-cerebral", fazendo-se depois a "decodificação". Pela "ADI-médica" diagnostica-se o mal a partir da "ordem-cerebral", na forma como ele vem atuando no organismo e faz-se então a "reversão" do processo de maneira específica. Nessa atuação conjugada entre "ADI-psicológica" e "ADI-médica" pode-se atingir toda a realidade psicofísica do paciente, concretizando-se dessa forma um verdadeiro e completo processo "psicossomático" de tratamento. Além disso, médico e psicólogo unem-se pela ADI numa única linguagem e num só processo, podendo alternar-se a qualquer momento, sem rompimento da continuidade na atuação terapêutica e sem contradições em suas orientações técnicas. Costumamos dizer figuradamente que médicos e psicólogos, ao aplicarem conjugadamente a ADI sobre um paciente, traçam num mesmo "período" harmonioso as suas "vírgulas", sendo que o "raciocínio da frase" pode ser continuado tanto por um quanto pelo outro profissional, intercaladamente e o "ponto final" será marcado pela concordância simultânea de ambos e a constatação da cura integral do paciente.

A seguir, vejamos alguns casos clínicos cujo diagnóstico e "reversão" foram feitos na forma de *"ADI-médica"*. O processo foi realizado pela Dra. Helenice de Fátima Muniz, médica, em conjunto com Dra. Eunides Almeida, psicóloga, durante o período de especialização pela escola da ADI e do Método TIP, na FUNDASINUM. Hoje (1995), ambas são TIP-terapeutas e preceptoras do Método ADI/TIP.

A) Relato parcial de pesquisa-diagnóstica e do tratamento pela "ADI-médica" — Caso: distrofia muscular progressiva

Trata-se de paciente que chamaremos simplesmente de "Maria", de seis anos de idade, já necessitada de cadeira de rodas e que sofria de *distrofia muscular progressiva,* doença que costuma levar à morte antes da adolescência. A terapia foi realizada de forma indireta, através da mãe, tanto sob o aspecto de ADI-psicológica, quanto de ADI-médica. *O processo integral de terapia durou quarenta e cinco dias.*

Os relatos que seguem, embora parciais, são extraídos da gravação das sessões realizadas. Não apresentaremos aqui a terapia feita através da "ADI-psicológica".

1ª Sessão

O caso é de uma paciente de seis anos, necessitada de cadeira de rodas. Nesta primeira sessão a mãe da paciente (médica de profissão) relata à médica Helenice (TIP-terapeuta) a história de sua filha "Maria", a paciente do caso:

Segue o relato direto da mãe da paciente:

Minha filha "Maria" sempre teve dificuldade de se adaptar à duplicidade de sua situação em relação ao pai. Quando ela nasceu o pai não podia assumir a sua paternidade, pois era casado. E na época o meu ex-marido assumiu a paternidade da mesma. Ficou "Maria" assim sem saber quem era o seu pai. Um dia o pai quis que ela o chamasse de pai. Mas o outro também o queria. Nessa época "Maria" tinha dois anos de idade e ficou confusa, chorava e afastava-se do verdadeiro pai, porque as pessoas não falavam bem dele. O meu ex-marido era pessoa alegre e brincava com ela. O pai estava passando por uma fase difícil, devido à separação de sua mulher e os problemas com os filhos. Então eu levei "Maria" ao psicólogo pra saber o que eu faria, porque o pai estava querendo assumir a paternidade dela legalmente. Eu queria saber do psicólogo como ficaria a cabeça de "Maria". A psicóloga falou que a gente conversasse com ela e explicasse quem era o seu verdadeiro pai. Entretanto, meu ex-marido tinha se apegado muito a ela e não queria ficar sem vê-la. Mas era importante que "Maria" se afastasse dele para evitar comparações. Acertou-se então a parte legal e ela foi adotada pelo pai. Ela parecia gostar muito dele. Entretanto, quando tinha 4 anos, a ex-mulher do pai trouxe de volta a velha história. Ela disse à "Maria" que ela não era filha dele e sim do meu ex-marido. Então "Maria" voltou desse encontro pedindo para ir à casa de minha mãe e lá ficou por 6 meses, sem querer olhar para mim, nem para o pai, que estava morando comigo. O pai dela se afastou de todos os familiares e mudamos de casa na tentativa de trazer "Maria" de volta para perto da gente...

"Maria" perguntava sempre se não iam tirar o pai dela. No início de janeiro desse ano começou com dificuldade de pegar as coisas no chão, de se abaixar. Levamos ao ortopedista e ele esclareceu que se tratava de "manha", que não havia motivos para não conseguir fazer aquilo, a musculatura estava toda normal. Levamos a outro ortopedista, tiramos vários "raios x", e minha filha fez muitos exames sem que os resultados acusassem qualquer problema. Aí levamos "Maria" ao neurologista que fez mais um número enorme de exames e nada dava positivo... Mais tarde, o neurologista pediu os exames CPK, CPKMB, e ALDOLASE. Esses exames mostravam alterações e destruição da musculatura. Todos os reflexos e S.N.C. estavam intactos. Não havia nenhuma alteração. Ele falou que o problema era muscular. E a gente não sabia mais a quem recorrer... Fomos, então, ao Rio de Janeiro procurar outros médicos e lá se falou que a causa do problema era de "autoimunidade". Nesta altura "Maria" já não conseguia mais subir escadas, porque a doença foi evoluindo para pior. Ela não levantava da cadeira, não sustentava um copo na mão. Nada. Só andava, mas igual a um robô. Ela não se levantava. A gente tinha que levantá-la pra tudo...

Procuramos outra doutora que pediu uma biópsia do quadrípice direito e mandou que se repetisse os exames de CPK e CPKMB. Esses mostraram alteração maior, especialmente o último. Ficamos muito preocupados porque a doença estava comprometendo a parte cardíaca. O tratamento começou com a aplicação de 60 mg de corticoide. O resultado da biópsia deu 80% de fibrose da musculatura e só havia 20% da musculatura funcionante. A doutora disse que o problema era muito sé-rio, que não sabia como seria a evolução, nem se "Maria" responderia ao corticoide. Mais tarde, feita uma análise pelo chefe do setor médico, disse ele que "Maria" estava se autodestruindo, que a sua doença tinha todas as características de causa emocional. *Indicou-nos, então essa terapia pelo Método TIP.* Procurei saber se existiam pessoas especializadas nesse método em nosso Estado e quando descobri vim correndo fazer essa terapia...

2ª Sessão de ADI-médica — realizada através da mãe da paciente

Veremos agora a terapia ou a ADI-médica feita indiretamente em "Maria", através da mãe. Acompanhe o questionamento, realizado pela ADI-médica.

T: Chame o sábio e diga-lhe que hoje vamos trabalhar o problema físico de "Maria". Vamos ver toda a parte física e se possível reverter o processo, OK? Pergunte a ele se isso é posssível.
Pc: Sim.
T: Então jogue a seguinte reflexão para ele: sábio, para se construir uma casa, primeiro é preciso pensar como se vai fazê-la. Fica no pensamento, no projeto. Depois se arranja meios para concluir esse projeto, ou seja, o que se pensou. Compra-se o material, arranja-se os pedreiros e começa-se o trabalho, até concluir por fim esse projeto... Pergunte agora para o sábio se com a doença também é assim: primeiro se começa no pensamento, depois arranja-se no organismo os meios para fazê-la e depois conclui-se no físico o que se pensou. Isto é verdade, sábio?
Pc: Sim.
T: Então peça a ele que me fale o nº onde "Maria" pensou em fazer esse problema físico.
Pc: 01.
T: Nº onde concretizou no físico?
Pc: 4.
T: Então agora quero falar com a "Maria" através de você. Junte duas nuvens, a que representa o seu inconsciente e o dela... Mas é com ela que vou falar. É como ela vê e não você. Você deve escutá-la e não interferir. Apenas falar o que ela diz... "Maria", veja agora uma mulher grávida de 1 mês. O que está acontecendo que esteja relacionado com o seu problema físico?
Pc: Mamãe está confusa.
T: Qual é o motivo?
Pc: ... se surpreendeu por ter ficado grávida.
T: Por quê?
Pc: O marido dela não é fértil, o filho é de outro.
T: A criança, como está?
Pc: Com medo.
T: Como você sabe que está com medo?
Pc: Fica encolhida.
T: O que ela pensa dela nesse momento?
Pc: Eu sou um problema.
T: Se eu sou um problema, o que faço comigo?
Pc: Fico quieta.

T: O que fez que esteja relacionado ao problema físico?
Pc: Queria parar de crescer.
T: Se parar de crescer o que acontece? Qual é o pensamento ligado a isso? Pc: Eu preciso morrer.

    Comentário: Até aqui o processo é de "ADI-psicológica" em torno do problema físico. Observe que "parar de crescer" pode estar relacionado com agressão aos músculos. Continua o questionamento, já de "ADI-médica".

T: O que você fez aí no primeiro mês em relação ao físico?
Pc: Quando as células do meu corpo iam se dividir, se separar, eu segurava.
T: Como?
Pc: Não deixava o núcleo se separar.
T: Como você conseguiu fazer isto?
Pc: Tem uma substância que fazia o núcleo se separar.
T: De onde vem essa substância?
Pc: De uma coisinha.
T: O que é essa coisinha? Pergunte ao sábio, ele vai escrever no quadro.
Pc: Ribossomo.
T: O que ele faz?
Pc: Ele chega perto e vai soltando uma substância que vai cortando os fiozinhos dos dois núcleos e eles se soltam.
T: Qual o nome dessa substância? Pergunte ao sábio, ele vai escrever no quadro. Veja letra por letra.
Pc: R.I.B.O.N.U.C.L.E.A.S.E.
T: Como você fez para não deixar os núcleos se separarem?
Pc: Fiz o ribossomo ficar parado.
T: Como você fez isso?
Pc: Tem uma substância dentro da célula que segura o ribossomo, que o paralisa.
T: Que substância é essa? Peça ao sábio para escrever.
Pc: R.I.B.O.F.L.A.V.I.N.A.
T: O que faz essa substância parar o ribossomo?
Pc: Eu quis.
T: De onde vem esse querer?
Pc: Da mente.
T: Como é esse querer aí na mente? Como você vê?
Pc: É uma energia.
T: O que você fez com ela?
Pc: Fiz parar de crescer...

Comentário: Passa-se agora aos 4 anos, onde o problema se concretizou no físico:

T: Veja uma menina de 4 anos.
Pc: Tem uma mulher gritando.
T: Quem é essa mulher?
Pc: A mulher do papai.
T: O que ela fala?
Pc: A mamãe roubou o marido dela. Disse que sou culpada. Mamãe falou mentira quando disse que sou filha dele. Mamãe me usou. A mulher grita.
T: O que a criança conclui aí?
Pc: A mamãe é mentirosa.
T: O que é a mamãe?
Pc: Ela é falsa, é má.
T: E uma menina que tem uma mãe má o que pensa de si?
Pc: Sou ruim também.
T: O que faço comigo nesse momento se sou assim? Olhe sobre o físico o que a criança está fazendo.
Pc: Foi lá na medula óssea onde se formam as células de defesa.
T: O que você está fazendo lá? Descreva como vê.
Pc: Acontece assim: uma célula de defesa se divide e dá origem a outra.
T: Como chama esse processo? pergunte ao sábio.
Pc: Mitose.
T: E daí?
Pc: Mas eu queria uma célula diferente.
T: Que célula?
Pc: *Para destruir o corpo... aí eu fiz uma célula oposta!*
T: Como você consegue fazer isto?
Pc: Minha vontade.
T: De onde vem essa vontade?
Pc: Vem do cérebro.
T: Como?
Pc: É uma ordem.
T: Que ordem é essa?
Pc: Que a célula tem de atacar.
T: Como essa ordem sai do cérebro e chega até a medula?
Pc: É uma corrente elétrica
T: Vem através de quê?
Pc: Dos nervinhos.
T: Olhe lá no final dos nervos, como sai daí e chega na medula?
Pc: Tem umas bolinhas brancas que saem deles.

T: Pergunte ao sábio: que bolinhas são estas? Ele vai escrever.
Pc: C.I.T.O.C.R.O.M.O.S.
T: O que fazem esses citocromos?
Pc: Levam a ordem de fazer células opostas de ataque.
T: Como acontece isto?
Pc: Tem uma hélice, uma espiral.
T: Que espiral é essa?
Pc: DNA.
T: E aí?
Pc: Ela dá um tiro e faz um disparo atômico, desfaz e refaz rapidinho a espiral, muda a posição das proteínas.
T: E o que acontece?
Pc: *Muda a ordem, agora é de ataque.*
T: Entendi. Na hora da divisão da célula, passa a ordem para a célula. Agora ela tem a função de atacar... Mas atacar o quê?
Pc: A musculatura.
T: Como se faz isto?
Pc: A célula gruda na fibra muscular e começa a destruir a musculatura.
T: Como ela faz para destruir a musculatura?
Pc: Tem uma substância que sai dela e destrói a proteína da fibra, aí ela vai amolecendo e fica frouxa.
T: Que substância é essa? Pergunte ao sábio.
Pc: Enzima.
T: O que acontece com a fibra destruída?
Pc: Vem outra célula para o tecido, para tentar reconstruir, mas forma um tecido fibroso.
T: Que células são essas?
Pc: Fibroblastos.
T: "Maria", veja em toda sua musculatura quanto por cento já foi destruído e substituído por fibrose?
Pc: 40%.
T: Quais os locais?
Pc: Nas pernas, braços, pescoço, nas costas, e lá no coração também.
T: Qual a percentagem de musculatura comprometida no coração?
Pc: 5%.
T: OK... Na próxima sessão, a psicóloga vai continuar a trabalhar com você a parte psicológica que deu origem aos problemas físicos.

Comentário: Já havia sido feita a ADI-psicológica geral. Agora a intervenção psicológica visava especificamente remover as frases-conclusivas "eu sou um problema", "eu preciso morrer", eu "preciso parar de crescer", e "eu sou má" que retroalimentavam a doença de "Maria", desencadeando o processo físico de autodestruição.

As substituições e decodificações necessárias da "ADI-psicológica" foram feitas. No final da terapia, a paciente registrava em seu inconsciente "eu quero viver". Segue o processo com a "ADI-médica".

T: Olhe lá para dentro de si, o que está acontecendo aí? Mergulhe dentro de você e vá até a medula. Diga, o que está acontecendo?
Pc: Não tem mais ordem do cérebro.
T: O que fez parar essa ordem?
Pc: A vontade.
T: Qual a vontade?
Pc: *De viver.*
T: Como você sabe que não existe, o que mostra aí que sumiu essa ordem?
Pc: A célula não está ficando mais diferente, agora ela é igual.
T: Onde você está vendo?
Pc: Lá na medula... tudo normal, as células que dividem são iguais às outras...
T: Veja que células são estas que estão dividindo igual?
Pc: As de defesa.
T: E o que elas fazem?
Pc: Vão defender o organismo.
T: E as células que atacavam?
Pc: Estão lá, mas elas não têm mais função.
T: Como você sabe?
Pc: Não tem mais ordem para elas.
T: Então por que continuam guardadas aí?
Pc: Vão ficar velhas e morrer. Elas não prestam mais.
T: Se não prestam por que estão aí?
Pc: Vão morrer.
T: Se estas células ficarem guardadas na medula o processo doentio pode voltar?
Pc: *Não, a célula nova é sadia.*
T: Eu quero que você me diga agora como a gente pode reverter o processo. Pergunte ao sábio. Sábio, o que eu devo fazer para *reverter* o processo? Você disse que a reversão poderia ser feita.
Pc: As células agora são sadias.
T: Pois é, mas o músculo está lesado. Eu quero saber como a gente vai reverter isso? Pergunte para o sábio, ele disse que poderia ser revertido. Sábio, como nós vamos reverter o que aquelas outras células fizeram e que agora não existe mais? A partir de hoje elas não existem, mas as outras células que existiram lesaram os músculos. Eu quero saber como a gente vai fazer para desmanchar o que as

outras fizeram... A casa malfeita está lá, eu preciso desmanchar essa casa para fazer uma casa bem-feita. Entendeu? *Nós vamos ter de retirar todo esse estrago que está na musculatura para poder construir nova musculatura.* Peça para o sábio confirmar se isso é possível.
Pc: Disse que é.
T: Então me diga: se é possível, como é que pode ser feito?
Pc: As células precisam se regenerar.
T: O que faz essas células se regenerarem?
Pc: A ordem também.
T: De onde deve vir essa ordem?
Pc: *Do cérebro.*
T: Então dê a ordem ao cérebro com toda firmeza e veja essa ordem, veja como ela se concretiza, onde ela passa, e até onde ela chega. Vá me descrevendo.
Pc: Todas as fibras musculares de meu corpo começam a se regenerar agora.
T: Isto. Agora veja a ordem descendo do cérebro, por onde ela está vindo?
Pc: Pelos nervos.
T: Chega até onde?
Pc: Aos músculos.
T: E o que faz nos músculos?
Pc: As células começam a juntar proteínas.
T: Mas como?
Pc: Vão arrumando as proteínas.
T: Vai falando.
Pc: Vão formando as células musculares novas.
T: Vai falando.
Pc: Mas isto demora.
T: Tudo bem, vai demorar quanto tempo? Olhe lá, pergunte ao sábio. A gente não vai fazer tudo em um dia, você levou uma vida pra fazer isso, 4 anos. Mas eu não quero que você faça isso em 4 anos. Queremos o mais rápido possível. Pergunte para o sábio qual seria o tempo recorde para fazer isso. É esse tempo que queremos dar a ele. Pergunte ao sábio, qual o tempo mínimo?
Pc: 2 meses.
T: Então fale para essa criança aí: em 2 meses você tem de fazer todo o trabalho. Dê essa ordem para a musculatura.
Pc: Você tem de trabalhar em 2 meses.
T: E o que acontece com a musculatura? Olhe se ela responde a essa ordem?
Pc: Ela começa a trabalhar.

T: Está trabalhando mais depressa ou mais devagar?
Pc: Mais depressa.
T: E o tecido fibroso, como é que fica? O que acontece com o tecido fibroso?
Pc: *O tecido fibroso está sendo destruído.*
T: Como está sendo destruído?
Pc: Tem uma célula.
T: Qual o nome dela?
Pc: *Fagócito.*
T: O que ela está fazendo?
Pc: *Está comendo.*
T: Comendo o quê?
Pc: *O tecido fibroso.*
T: E aí?
Pc: Está produzindo uma fibra nova no lugar.
T: Ah! E o tecido fibroso que ele come vai depositar em que? Pra onde vai esse fagócito?
Pc: Ele fica cheio, cheio, cheio e aí estoura.
T: Estoura?
Pc: Estoura e é eliminado.
T: Onde é eliminado, através de onde? Para onde vai o tecido fibrótico?
Pc: Ele vai embora pela urina.
T: Mas como é que ele chega até a urina?
Pc: Pelo sangue.
T: Pelo sangue?
Pc: *A célula vai inchando, se rompe todinha, fica um monte de pedacinhos e vai embora pela urina.*
T: E na urina ela sai sob forma de quê? Se eu fizer um exame de urina agora, o que vou encontrar?
Pc: Albuminúria.
T: Albuminúria? É assim que aparece?
Pc: É.
T: Mas essa albuminúria vai prejudicar?
Pc: Não.
T: Vai o quê?
Pc: Vai ajudar.
T: Tá bom. *Então o fagócito está comendo o tecido fibroso e está* sendo substituído pela fibra, não é isso?
Pc: Fibra normal.
T: E vai levar 2 meses, não é isso?
Pc: *Para consertar tudo.*
T: Agora eu quero que você vá até o coração. Veja no coração os 5% da musculatura que está destruída. Ainda tem tecido fibrótico lá?

Pc: Está sumindo.
T: No coração também?
Pc: Não estou vendo nada.
T: Então volte ao seu estado normal, enquanto conto até três...

Comentário: Segue a essa uma sessão de terapia com a psicóloga para verificação dos números que foram apontados pela paciente como relacionados à doença. Na "testagem" desses números aparece o "03" que não havia sido mencionado antes pela paciente. A psicóloga investiga o motivo desse número não ter sido mencionado antes. Isto denuncia uma "resistência" inconsciente à cura, como se pode verificar no que segue.
Acompanhe um trecho do questionamento indireto dessa questão (ADI-psicológica).

T: Por que o "03" não apareceu antes?
Pc: Porque o escondi.
T: E por que escondeu?
Pc: Porque "eu sou ruim". (FR)
T: O que essa frase faz no psiquismo?
Pc: Está dividindo.
T: *O que é essa divisão?*
Pc: A pessoa é uma coisa e mostra outra, é falsa e se mostra boa... *Eu sou dupla, penso uma coisa e falo outra...*
T: Por que a criança dividiu seu psiquismo?
Pc: Sou como a mamãe: falo uma coisa e penso outra.

Comentário: Terapizou-se aqui a "duplicidade" psicológica. Evidenciou-se, então, que *fisicamente esse duplo se refletiu em "guardar algumas células doentes, para um momento de emergência"*... Em outras palavras: a paciente não eliminou todas as células doentes com a sua "vontade", com a "ordem do cérebro", porque queria inconscientemente guardá-las para desencadear novamente o processo da doença, quando sentisse necessidade disto — o que confirma a "resistência" mencionada. *Isto prova, mais uma vez, o todo "psiconoossomático" de uma pessoa e que não se consegue a "cura" quando esses níveis não são atingidos todos pela terapia, especialmente pela ADI-psicológica que "decodifica a retroalimentação" da doença e que deve atuar paralelamente à ADI-médica.* Segue o questionamento-teste em torno da duplicidade mencionada depois da decodificação:

T: Veja agora aquelas células de ataque que estavam guardadas na medula.
Pc: Não vejo mais, desapareceram.

T: Por quê?
Pc: Não existem mais.
T: O que mudou?
Pc: Antes falava uma coisa e pensava outra, mandava uma ordem de destruição. Agora fala o que pensa não tem mais ordem de *destruição*.

Comentário: A TIP-Terapeuta testa também o nº responsável pela "duplicidade" que não deve surgir mais no inconsciente.

T: *Qual era mesmo o nº que estava guardando as células?* Qual o nº que você havia escondido, que não aparecia na placa que nós trabalhamos?
Pc: *Não estou lembrando.*
T: Ótimo, mas pergunte ao sábio se esse número que você quis esconder porque poderia dar a ordem para reativar aquelas células que estavam guardadas ainda está aí.
Pc: Disse que não.

Comentário: Resolvida a questão da "duplicidade" e das "células guardadas" que poderiam fazer o retorno da doença, a médica investiga no inconsciente a influência dos antepassados sobre o tipo de doença "escolhida" pela paciente.

T: Hoje eu quero saber onde você aprendeu a fazer a sua doença. Eu gostaria de saber onde você buscou esse conhecimento. Se você teve alguma referência ou não. Veja se você buscou na mamãe ou no papai, ou atrás da mamãe ou atrás do papai. O sábio vai te apontar onde você foi buscar referência para fazer esse tipo de agressão física.
Pc: (Silêncio).
T: Eu busquei, sábio, essa referência? Sim ou não? Deixa o sábio responder.
Pc: Sim.
T: Onde eu busquei?
Pc: Atrás do papai.
T: Número? Quantas gerações atrás do papai?
Pc: 5.
T: Agora você vai ver uma fila de 5 pessoas. Olhe para a última pessoa lá da fila. Veja agora a cena que está passando lá. O que você está vendo?
Pc: Ela vai morrer.
T: O que você vê na cena quando diz que ela vai morrer?

Pc: Ela está com tumor.
T: Onde é esse tumor?
Pc: No útero.
T: Qual a relação deste tumor no útero com o problema físico que você fez?
Pc: A ordem.
T: Qual é a ordem?
Pc: *Mudar o código.*
T: Ela fez isso? Essa mulher aí?
Pc: Fez.
T: Que código ela mudou?
Pc: Da célula.
T: Qual célula?
Pc: *Da fibra do músculo do útero.*
T: Como ela fez isso? Veja por dentro da mulher, do físico dela. De onde vem a ordem?
Pc: Do cérebro.
T: Chega até o útero, como?
Pc: Elétrica.
T: Através de quê?
Pc: Elétrons.
T: Mas esses elétrons vêm por onde?
Pc: Nervos.
T: Olhe lá os elétrons passando pelo nervo.
Pc: Está pulando.
T: Pulando? E chega até onde?
Pc: Na célula.
T: Qual célula?
Pc: Muscular lisa.
T: O que faz quando essa ordem chega aí?
Pc: Ela passa a ordem para a célula se modificar.
T: Como faz isso? Vê o que está saindo lá do nervinho?
Pc: Passa pelo citocromo.
T: O que acontece?
Pc: Sai do nervo, chega perto da célula, fica na membrana, aí faz *um disparo atômico no núcleo da célula muscular.*
T: E o que acontece?
Pc: Recebe uma ordem para proliferar.
T: Proliferar como?
Pc: Proliferar um novo tipo de célula.
T: Não é a célula muscular, é uma célula diferente?
Pc: Diferente.

T: Que nome se dá a essa célula diferente?
Pc: *Contrário, células diferentes.*
T: Olhe lá. Mas partiu de uma célula só? Ou são muitas? É uma que recebe a ordem, ou são muitas? Olhe na hora que chegou a ordem.
Pc: É um grupo.
T: Partiu de um grupo? Eram normais essas células?
Pc: Eram.
T: E agora estão se modificando?
Pc: Estão.
T: Quando houve o disparo atômico no núcleo, o que aconteceu?
Pc: Desarmou e armou de novo.
T: O que desarmou e armou de novo?
Pc: *DNA.*
T: Que forma ele tinha antes quando era normal? Vê se têm um nome estas formas, a forma normal e a forma contrária.
Pc: Mas não é contrária.
T: Como é então?
Pc: É tudo diferente.
T: É diferente?
Pc: *É, é disforme.*
T: Quando ocorre o disparo forma um outro tipo de DNA? Que outro tipo então, explica que eu não estou entendendo.
Pc: Tomam forma diferente.
T: E quando tomam forma diferente o que acontece?
Pc: Essas células não tinham ordem de se reproduzir.
T: E agora?
Pc: Agora têm.
T: E quando elas recebem essa ordem o que acontece? Você está vendo o que aí?
Pc: *Reproduz célula diferente dela.*
T: E aí?
Pc: E a velocidade de reprodução é grande.
T: Olha que tamanho que ficou.
Pc: Tamanho de uma laranja.
T: Ficou só aí, ou foi para outro lugar no organismo?
Pc: Foi.
T: Para onde?
Pc: Ovário esquerdo.
T: O que você vê no ovário? É a mesma célula?
Pc: As mesmas células.
T: Então pergunte ao sábio se é metástase?
Pc: É, porque a ordem não chegou lá.

T: Como essa célula está chegando lá no ovário? Olhe aí, vai através de quê? Como chega lá?
Pc: Ela está caminhando por um fio de células, e vai passando por entre as células normais, e vai pelo meio e atinge o *lugar que ela quiser. E atingiu o ovário.*
T: Ela morreu disto?
Pc: Morreu.
T: Veja o momento antes dela morrer, por que ela fez isto? Qual o motivo? Pergunte ao inconsciente dela se foi ela que provocou a doença...
Pc: Ela não queria mais viver.
T: O que vem dela para você?
Pc: *Está vindo o sentimento de culpa.*

Comentário: Essa questão foi trabalhada pela ADI-psicológica. A paciente expressou um sentimento de culpa relacionado à sua função de mulher e de mãe. A paciente também estava se autopunindo e buscou a forma de fazê-lo na mencionada ancestral.

T: Ah! Foi isto? Então foi nisto que você se identificou com essa mulher aí*? E o que você copiou do problema físico* daquela mulher ancestral?
Pc: Como mandar a ordem.
T: Mas a ordem que você aprendeu não foi diferente da ordem que *ela deu?*
Pc: A pessoa dá a ordem que quer.
T: Você deu diferente dela, mas aprendeu como buscar a ordem, foi isso?
Pc: Foi.
T: Esclareça-me uma coisa: ela formou um carcinoma, né? Se é carcinoma por que está lá nas fibras musculares? Normalmente o carcinoma é tecido epitelial, por que está lá nas células musculares? Olhe lá.
Pc: Porque o DNA de qualquer célula sabe fazer qualquer outra célula.
T: É isto? Era uma fibra muscular, não era? E por que está se transformando em tecido epitelial e em carcinoma? Vem do DNA?
Pc: Vem.
T: Veja se em outro lugar do organismo dessa mulher tinha algo parecido. Veja da cabeça até os pés, se além do útero e do ovário tinha outro lugar.
Pc: Mama.
T: O que tem na mama?
Pc: Tumor.

T: Como apareceu esse tumor aí?
Pc: Ele foi para lá.
T: Veja o local que começou, se na mama, no útero ou no ovário? Veja o foco primário, vai acompanhando.
Pc: Primeiro no útero.
T: Primeiro foi o útero?
Pc: Foi, depois o ovário e depois aquelas células foram para o sangue e chegou na mama.
T: Qual é o tumor da mama?
Pc: É o mesmo.
T: *Como que uma célula muscular se transforma em célula epitelial* e dá um carcinoma? Peça ao sábio para explicar.
Pc: *Toda célula no DNA tem tudo, o código do corpo humano inteiro, é capaz de proliferar qualquer célula, desde que receba a ordem.*

Comentário: Observe no trecho acima como a paciente conseguiu detalhar o processo físico de uma ancestral acontecido cinco gerações atrás dela! Após essa sessão realizou-se uma sessão de ADI-psicológica para decodificar o problema ligado à ancestral. Segue aqui *o teste* sobre o estado psicofísico da paciente.

T: Agora dê uma olhada dentro do seu físico. Naquela musculatura que estava trabalhando rápido para desfazer aquele tecido fibrótico. Dê uma olhada e veja, como está a fibrose?
Pc: Está quase normal.
T: Quanto falta?
Pc: Só um pouquinho. É questão de tempo.
T: E o músculo?
Pc: Está bom.
T: Tem alguma fibrose?
Pc: Só um pouquinho.
T: Olhe o corticoide, como está?
Pc: Não tem, joguei fora.
T: Por onde?
Pc: Pela urina.
T: Como estão seus movimentos? Fisicamente como está?
Pc: Eu já consigo abaixar.
T: É mesmo? Sua mãe falou que você está até dançando...
Pc: Eu já pego coisas no chão, levanto do chão também. Agora não preciso segurar em nada para me levantar do chão.
T: Quanto tempo vai levar para desaparecer esse restinho que está aí?
Pc: Até completar o tempo.

T: Completar os dois meses?
Pc: Sim.
T: Então separe as "nuvens" e pode voltar ao normal. Um... dois... três...

Pesquisa complementar de "ADI-médica"

T: Você passou por uma junta médica que diagnosticou a doença que você fez como sendo distrofia muscular progressiva, forma Becker, doença genética, ligada ao cromossomo X ou como sendo dermatopoliomiosite, doença de caráter autoimune. Qual dessas doenças representa a doença que você fez?
Pc: Nenhuma das duas.
T: Tem descrição na Medicina para essa doença que você fez?
Pc: *Não*.
T: Qual a diferença da doença que você fez com a dermatopoliomiosite?
Pc: Na dermatopoliomiosite falta o oxigênio no local.
T: O que gera essa falta do oxigênio?
Pc: Os vasos pequenos na pele... Entope, destrói e fica pouco oxigênio.
T: O que entope e destrói esses vasos?
Pc: O linfócito.
T: Como faz isso?
Pc: Ele destrói o músculo do vaso, então ele fica igual a um canudinho vazando, não funciona, entope e a pele fica sem oxigênio. Aí ele começa a atrofiar, pode ficar até todo estragado.
T: Como fica a pele quando a gente a vê?
Pc: Com manchas escuras. Aparece assim porque as células estouram, morrem e sai de dentro delas um monte de bolinhas pretas que deixam a pele escura.
T: Que bolinhas são estas?
Pc: Melanina.
T: E o mecanismo da destruição muscular, qual a diferença do que você fez?
Pc: É o mesmo... produz uma enzima que destrói o músculo.
T: *Veja se no seu caso houve essa lesão da musculatura do vaso.*
Pc: ... Só um pouquinho, mas não foi na pele, foi só no vaso do músculo para faltar oxigênio e morrer depressa.
T: Mas poderia ter ocorrido também na pele?
Pc: Não tinha essa ordem, só para o músculo.
T: Não foi dada essa ordem?
Pc: *Não precisava*.
T: O que desencadeia a dermatopoliomiosite?

Pc: A vontade de se destruir.
T: Por que você escolheu, entre tantas formas de agredir, agredir justamente a musculatura?
Pc: Por causa do coração. Quando atinge o coração, morre.
T: Por que atingir exatamente o coração? Peça ao sábio a verdade.
Pc: *Para não amar.* (Questão já trabalhada na ADI-psicológica.)
T: Qual a diferença com a distrofia muscular progressiva, doença genética que agride a musculatura e o coração?
Pc: Na genética tem a chave, é só copiar, se quiser.
T: O que quer dizer com essa chave?
Pc: Não precisa criar a doença, já tem a chave, a indicação da doença, é só querer e copiar o que já tem indicado.
T: Onde fica essa chave?
Pc: No DNA do óvulo ou do espermatozoide.
T: O que faz essa chave ficar aí?
Pc: *É passado pelo pai, pela mãe ou pelos dois, mas é a pessoa que vai decidir se vai usar a chave ou não.*
T: Quer dizer que só a presença da chave não define que a pessoa vai ter a doença?
Pc: Não, só existe a chave, a indicação sem a doença. A doença só aparece se a pessoa quiser. A pessoa tem a chave e tem a liberdade de escolher.
T: Qual o momento em que a pessoa pode usar a chave?
Pc: *Quando o óvulo se junta ao espermatozoide.*
T: Como a doença se desenvolve?
Pc: A pessoa quer, aí a ordem é dada naquele pedacinho do DNA que vai formar a medula óssea. Aí não precisa dar mais ordem. Nas células da medula que vão se formar, uma parte será de defesa e a outra de um outro jeito, porque é para atacar a musculatura.
T: A literatura fala que o linfócito libera linfocina na doença chamada dermatopoliomiosite. Essa linfocina poderia ser essa enzima? Pergunte ao seu sábio.
Pc: Não.
T: Qual é a diferença?
Pc: A enzima destrói a fibra. E a linfocina abre uma passagem na membrana do músculo para passar a enzima. Onde ele fica grudado na fibra muscular faz-se um buraco nas duas membranas que estão juntas, aí a enzima passa.
T: Como são produzidas?
Pc: ... São feitas de aminoácidos, mas a sequência é diferente, por isto cada uma tem sua função específica.
T: Na distrofia muscular progressiva, na biópsia, por que encontramos

gordura no músculo?
Pc: Porque a destruição é muito rápida. Não dá tempo de fazer logo a fibrose. Como tem gordura por perto ele enche esse lugar vazio com gordura, porque não pode ficar vazio. Mas depois vira fibrose, é só quando não dá tempo que coloca gordura no lugar.
T: Quanto à idade de aparecimento: por que é mais cedo na distrofia, entre 2 a 4 anos e mais tarde na poliomiosite?
Pc: Porque uma já aparece na concepção. Aí é mais rápida. A outra a pessoa provoca mais tarde.
T: Como é a evolução da doença?
Pc: Depende da vontade da pessoa, da intensidade da ordem, se a ordem for forte a evolução é rápida.
T: Como tratar?
Pc: Só existe uma forma — a vontade de querer viver.
T: Se você fosse dar um nome à doença que você fez e que agora curou, como seria esse nome? Pc: Distrofia muscular... progressiva... auto-imune.

Avaliação final com a mãe da paciente (ADI-médica)

T: Como está sua filha agora? Fale sobre ela.
Pc: Muito bem. Ela já deita e pega as coisas no chão, anda, corre, anda de bicicleta, vai para a piscina, entra e sai, sobe e desce as escadas.
T: E o balé?
Pc: Tá indo bem, vai fazer uma apresentação. Nos ensaios pensei que ela fosse ficar cansada. Mas ela ensaiou direitinho e não se cansou.
T: Como era antes?
Pc: Ela não ia ao balé, não tinha como. Não dançava nada, não conseguia fazer educação física. E agora quando as aulas terminaram ela já fazia educação física. A última coisa que ela fez e que ela estava preocupada de não conseguir fazer era se levantar do chão quando sentava, porque tinha medo de cair e não conseguir se levantar. Agora ela consegue se levantar e vem mostrar pra gente. Consegue levantar sozinha.
T: Só está evoluindo para melhor?
Pc: Só evoluindo para melhor, não teve um ponto, uma parada de evolução.
T: E emocionalmente como está?
Pc: Antes ela era irritada, deprimida. Hoje não; é alegre, abraça espontaneamente, vai para o nosso quarto... Ela não ia mais...
T: E os exames dela?
Pc: *Normais. Aldolase e C.P.K. normal. Hemograma normal.*

T: E o médico dela, o que diz?
Pc: Ele não sabe como pode acontecer uma coisa dessas. Mas disse que existem casos que involuem até sem medicamentos, lembra? Eu não falei nada, só quem sabe desse tratamento aqui é a psicóloga que faz ludoterapia com ela 2 vezes por semana.
T: O que a psicóloga falou?
Pc: *Falou que a mudança foi radical.*
T: E o exame que você falou do corticoide?
Pc: Fiz o exame e ela liberou o corticoide na urina.
T: É ... ela havia dito que ia botar para fora, sob a forma de cortizol. E achou a proteína na urina?
Pc: Achou a proteína, porém dentro de valores normais. Da proteína de 24 horas ela eliminou quase que a metade do valor.
T: Mas antes tinha proteína?
Pc: Não, antes não foi dosado isto.
T: Mas quando ela fazia exame de urina de rotina, tinha proteína?
Pc: Não, não tinha proteína.
T: Depois do tratamento?
Pc: É, apareceu depois.
T: E ela perdeu peso?
Pc: Dois quilos, *perdeu peso e está crescendo, coisa que o* corticoide inibe, cresceu 3 cm.
T: *Está inchada?*
Pc: Estava, mas desinchou bastante. Aquela pigmentação da *mãozinha dela desapareceu.* E outra coisa, em relação à fraqueza da musculatura dos braços, ela perdeu até a noção... ela vai brincar com o pai e dá cada apertão nele a ponto de deixá-lo roxo!
T: E antes?
Pc: Não, não tinha força. O copo caía da mão dela. Agora quando me abraça eu sinto a força que antes não tinha.
T: E o pai, o que está achando disso aí? (Dirigindo-se ao pai)
Pai: Eu não sei nem o que pensar.
T: Quando vocês chegaram aqui para fazer o tratamento, vocês esperavam isto que está acontecendo?
Pai: Minha esperança era de alguma estabilização. Na realidade do que a gente sabia da evolução, se tivesse alguma chance, a melhora seria um prolongamento de dois ou três anos.
T: E a médica, como vê isso?
Pai: Diz que como médica não consegue explicar.

Concluindo: A médica (TIP-terapeuta) continuou acompanhando o caso. *Após os 45 dias intensivos de tratamento pela ADI a paciente* andava normalmente. Logo depois fez a sua apresentação pública de dança de balé, sem cansaço...

Obs.: A terapia descrita foi feita em 1993. Hoje (1997) a paciente continua sem sintomas da doença.

B) Relato parcial de pesquisa e tratamento pela "ADI-médica"

Caso: alopecia

A terapia que segue é mais uma vez realizada pela dupla de TIP-terapeutas já mencionada (Dra. Helenice, da ADI-médica e Dra. Eunides da ADI-psicológica). Os trechos que apresentamos mostram o entrelaçamento psico-orgânico do sintoma de "alopecia". O questionamento inicia com a "ADI-psicológica".

T: Quero o nº onde você pensou pela primeira vez em fazer essa queda de cabelo.
Pc: 01.
T: Onde desencadeou esse pensamento no físico?
Pc: 10.
T: Qual o nº onde se concretizou a queda do cabelo?
Pc: 28.
T: Então veja-se no 1º mês de gestação.
Pc: Minha mãe está preocupada.
T: O que a preocupa?
Pc: Será menino ou menina?
T: O que ela quer?
Pc: Homem.
T: E se eu sou mulher, o que eu sou?
Pc: Algo ruim.
T: Qual o pensamento que liga isto ao problema físico?
Pc: Devo ficar careca.
T: Se ficar careca o que acontece?
Pc: Pareço com homem...
T: E aos 10 anos o que aconteceu?
Pc: Pai conversa com o tio. Disse que queria ir para o Amazonas. Se o primeiro filho fosse homem, ele teria ido e estaria feito. Mas como foi mulher, aí ele teve de ficar.
T: O que a criança de 10 anos pensou, ligado ao problema físico?
Pc: Queria ser homem.
T: Para quê?
Pc: Para agradar ao pai.

T: E o que a criança fez? Como reagiu?
Pc: Cortou o cabelo curtinho.
T: Para que?
Pc: Para ser igual a homem.

Comentário: Até aqui se levantou a "causa primeira", que como já dissemos reside sempre num pensamento provocado em função de uma emoção. Segue o questionamento-diagnóstico de ADI-médica. Acompanhe:

T: Eu quero ver o que você fez para concretizar fisicamente a ideia da alopecia.
Pc: Está tudo entupido.
T: Pergunte ao sábio a relação disto com o 1º mês de gestação.
Pc: Não sou aceita... Não sirvo para nada... Não sou nada.
T: E se não sou nada, faço alguma coisa fisicamente?
Pc: *Ficar feia.*
T: Como faz isto?
Pc: Na cabeça... puxando os fios.
T: Para quê?
Pc: Para caírem...
T: O que está entupido?
Pc: ... Onde sai, onde brotam os fios de cabelo.
T: O que faz ficar entupido aí?
Pc: Gordura amarela.
T: Como essa gordura amarela chegou até aí? É normal ter essa gordura aí?
Pc: Sim.
T: Se é normal, por que você está falando que está entupido? Essa gordura amarela é normal estar aí? Pergunte para o sábio.
Pc: Está falando que é normal.
T: Então qual é a relação? O que na verdade está entupido onde brota o cabelo? Veja lá, o sábio vai mostrar uma figura de livro onde está o folículo piloso, onde deveria nascer o cabelo. Olhe o que está acontecendo? Veja o que é normal e o que está diferente.
Pc: Ele vai fazendo uma bolinha e vai saindo. Isto é normal.
T: E o seu?
Pc: Fica enroladinho lá embaixo. Tem uns lugares que não têm nem cabelo. Fica enroladinho, sem nada.
T: O que o impede de fazer essa bolinha e sair para fora? Olhe lá.
Pc: Não tem força.
T: O que não tem força?

Pc: O fio.
T: Veja o lugar dele sair, se está aberto?
Pc: Está fechado.
T: Por que está fechado? Veja o que está fechando o local de sair o cabelo? Tem alguma coisa?
Pc: A ordem.
T: Essa ordem vem de onde?
Pc: *Do cérebro.*
T: Veja essa ordem descendo. Ela vai através de quê?
Pc: Através do sangue.
T: Tá vendo o que aí? É sangue? Que cor você vê aí?
Pc: É meio vermelho, amarelado.
T: Pergunte ao sábio se isso é sangue ou é nervo? Deixa ele te falar. Temos de ter essa certeza. Pode ser tanto um quanto outro.
Pc: São nervos.
T: Vem através dos nervos e chega até onde?
Pc: Na raiz.
T: Raiz de quê?
Pc: Do cabelo.
T: Olhe o que atinge a raiz do cabelo. Veja se é mesmo na raiz ou é antes da raiz do cabelo que isto acontece.
Pc: Ele chega fraquinho, aí não tem circulação no sangue.
T: Então o problema que está faltando aí é o quê?
Pc: É sangue.
T: Então veja para onde está indo aquela ordem, se é para a raiz do cabelo ou para a circulação.
Pc: Circulação.
T: O que você vê, como você sabe que é circulação?
Pc: Ele escreveu no quadro.
T: Escreveu? Então peça a ele para te mostrar mais detalhes.
Pc: Não fica lá no fio do cabelo, fica antes. Ela enfraquece antes da "voltinha".
T: Então olhe lá. O que a ordem está enfraquecendo antes da voltinha?
Pc: As veias.
T: O que faz as veias enfraquecerem?
Pc: Somem, ficam fininhas.
T: Como consegue fazer com que as veias fiquem fininhas? Como eram antes?
Pc: Eram grossinhas.
T: Como era a circulação aí?
Pc: Toda trançada.
T: Qual era a função desse sangue aí?

Pc: Alimentar o cabelo.
T: Então, quando a ordem chega lá embaixo, ela faz o que com estas veinhas?
Pc: Ela traz pouco sangue. Fica fraquinha.
T: Veja o momento em que começa a ficar fina, como acontece isso? O que faz na veia?
Pc: Ela diminui, murcha, contrai.
T: Como acontece para se contrair? Veja lá no nervo se existe alguma coisa saindo para fazer estas veias se contraírem. Existe, sábio?
Pc: Existe.
T: O que é?
Pc: Dor.
T: Onde?
Pc: No nervo.
T: Veja o que essa dor faz no nervo lá.
Pc: O nervo fica dolorido.
T: O que tem a ver essa dor com os vasos ficarem contraídos? Primeiro tinha uma ordem, qual é mesmo a ordem?
Pc: Ficar feia.
T: Qual a relação com "ficar feia"? O que esse nervo faz no sentido de fechar a circulação? Eu não sei se é pelo próprio nervo ou se é pela substância. Peça ao sábio para ser preciso. Quero saber isso. O que acontece no final do nervo que faz esses vasos se contraírem?
Pc: *Falou "impulso nervoso".*
T: Esse impulso nervoso, ao passar para esses vasos faz o quê?
Pc: Contrair.
T: Quando chega pouco sangue o que acontece com a raiz do cabelo?
Pc: Fica com fome... fica fraca.
T: Se fica fraca, o que acontece?
Pc: Morre.
T: Onde começou a enfraquecer o cabelo? Nos 10 anos começou o mecanismo, mas quando começou a enfraquecer?
Pc: 17 anos.
T: Veja os 17 anos. O que aconteceu à menina para marcar essa idade e começar a atingir os cabelos? Veja por fora agora.
Pc: Está na casa dos avós estudando e eles não gostam dela.
T: O que ela pensa dela própria?
Pc: Eu sou rejeitada.
T: Qual o pensamento ligado ao problema físico?
Pc: Ser homem.
T: Por quê? Se fosse homem o que aconteceria?
Pc: Não era dependente deles.

T: Então volta para dentro, o que está acontecendo naqueles vasinhos lá?
Pc: Raiva.
T: O que essa raiva está fazendo aí dentro desse couro cabeludo?
Pc: Contraindo todo o couro cabeludo.
T: Olhe a parte física lá dentro. A ordem está do mesmo jeito que nos 10 anos?
Pc: Está mais ativa.
T: Veja, o que faz lá?
Pc: Enfraquece a raiz.
T: O que faz para enfraquecer? Olha a circulação, está como estava aos 10 anos?
Pc: Está menor.
T: O que está acontecendo com os cabelos? Olhe lá.
Pc: Estão perdendo a vida, estão ficando foscos, fracos.
T: Então veja os 28 anos, onde se concretizou a queda do cabelo. Olhe primeiro por fora.
Pc: Ela teve um bebê... está de neném novo.
T: E daí? Qual o pensamento que está ligado a "alopecia"? O que fez o cabelo começar a cair? O que essa mulher está pensando?
Pc: (Silêncio).
T: Olhe para a cara da mulher. Como "tá a cara dela"?
Pc: Com medo.
T: Medo! Qual o motivo?
Pc: Ciúme.
T: De quem?
Pc: Do marido... tá estudando e deixou ela sozinha.
T: E o que é importante aí, o que está ligado a esse problema da alopecia?
Pc: *É ruim ser mulher.*
T: E se é ruim ser mulher, o que faço?
Pc: Ser homem.
T: O que ela está fazendo fisicamente? Olhe por dentro agora.
Pc: Tá engordando.
T: Engordando o quê?
Pc: Engordurando as coisinhas em volta assim.
T: Em volta de quê?
Pc: Da raiz do cabelo.
T: E quando essa gordura fica aí, o que acontece?
Pc: Enfraquece.
T: E quando enfraquece, o que acontece com o cabelo?
Pc: Cai.
T: Vem de onde essa gordura?
Pc: Do sangue.

T: Eu quero saber como a ordem cerebral faz para tirar gordura dos vasos e levar para a raiz do cabelo.
Pc: Vai passando e vai acumulando.
T: Sai do vaso?
Pc: Sai.
T: Então deixe-me ver se entendi. *Estão existindo duas ordens aí.* Uma é fechar a circulação para não alimentar os folículos pilosos. E a outra ordem é fazer depósito de gordura na raiz do cabelo e com isso haver a queda dos *cabelos. OK?*

Comentário: A conclusão feita pela TIP-terapeuta é uma amostra do que pode ser feito em termos de diagnóstico preciso e de pesquisa com a ADI-médica.

Pc: OK.
T: Pergunte ao sábio se ainda é preciso ver alguma coisa ligada à causa do mecanismo físico.
Pc: Não.
T: Qual o próximo passo agora, sábio? O que devemos fazer agora?
Pc: *Curar.*

Comentário: A paciente aqui sugere que a "cura" do processo é de ADI-psicológica. Nesse caso, portanto, fica bem patente que a terapia psicológica e a médica, na ADI, se revezam e se complementam. Segue agora um trecho de ADI-psicológica do mesmo caso.

T: O que essa criança precisa mudar para curar?
Pc: O querer.
T: O que precisa querer?
Pc: *Querer ser mulher, ficar cabeluda.*
T: Ela precisa querer ser o quê?
Pc: Mulher. Sentir-se aceita e querida como mulher.
T: É isso? Então vamos mostrar isso para ela. Veja o momento do nascimento dessa criança, está vendo? Quando a mãe viu essa criança o que aconteceu? Veja a mamãe?
Pc: Abraçou o neném.
T: Então sinta o abraço da mamãe. Por que ela abraçou esse neném?
Pc: Porque é "filha" dela... Porque é "minha filha".
T: E se é minha filha, o que tenho por ela?
Pc: Amor.
T: Fala mais. O que essa mulher tá sentindo por essa criança?
Pc: Amor, carinho, ternura...

Comentário: A seguir a TIP-terapeuta utiliza-se da Realidade em Potencial para decodificar o problema, ou seja, serve-se de uma figura imaginária para fazer aflorar do inconsciente uma realidade:

T: Imagine uma enfermeira chegando. Está vendo?
Pc: (sim com a cabeça).
T: Ela tem um menino nos braços e vai trocar por essa menina que nasceu porque os pais queriam menino a gravidez inteira. Pergunte à mãe se ela aceita trocar.
Pc: Não aceita não.
T: Mas ela deveria querer trocar. Ela não queria um menino para agradar ao marido? Agora ela tem a chance de trocar. Vamos devolver essa menina. A enfermeira insiste em trocar. O que a mãe fala?
Pc: Ela segura a menina. Não quer não.
T: Ah! Mas a enfermeira agora vai tirar a menina dos braços dela, à força...
Pc: Mas a mãe não deixa, não.
T: Por que não quer trocar?
Pc: *Porque ela quer aquela menina... Ela a ama, não quer o menino...*
T: Então, vamos ver o papai. Onde está o papai?
Pc: Tá do lado.
T: Vamos conversar com ele sobre a questão. Ele também quer um homem. Ele queria um homem lá aos 10 anos de idade. Vamos trocar essa menina e dar-lhe um menino. Isso vai resolver os seus problemas. O que ele diz?
Pc: Falou que isso é besteira.
T: Por quê?
Pc: *Porque ele gosta daquela menina que está ali.*
T: Então abrace esse pai e essa mãe. Sinta o amor deles aí. Sinta o amor dessa mãe. Sinta o amor da mamãe e do papai nesse momento por você como MULHER. Deixe isto curar você... Me dê 6 números, onde o papai e a mamãe tiveram muito orgulho de você ser mulher. Onde você se sentiu importante por ser mulher.

Concluindo: A paciente relatou aqui as seis cenas de reforço sobre "ser mulher" e outros problemas psicológicos foram tratados em torno da questão. Pouco depois do tratamento uma espécie de "penugem" na cabeça indicava que a paciente tinha vencido o problema da alopecia.

C) Relato parcial de pesquisa sobre o inconsciente de um caso de esquistossomose

Segue um trecho de uma pesquisa sobre o processo de esquistossomose feito indiretamente no inconsciente de um menino, através da paciente em tratamento. *A paciente que se submeteu à terapia indireta era analfabeta.* Acompanhe o questionamento e observe como a descrição da doença é compreensível, simbolicamente. (O caso é extraído do trabalho apresentado por uma médica em especialização pela ADI.)

Inicia-se o questionamento sobre o menino, através da paciente, que responde a partir do inconsciente.

Pc: Meu filho está com verminose.
T: ... Esquistossomose. Peça para o sábio colocar uma lente e com essa lente de aumento o sábio vai ver dentro do fígado do menino e te mostrar. Vai te contar o que está enxergando na lente dentro do menino.
Pc: Tá vendo umas minhoquinhas...
T: Minhoquinhas? (aqui o paciente começa a perceber pelo inconsciente.) Onde é que estas minhoquinhas estão?
Pc: O fígado está dentro de uma capa e as minhoquinhas estão tomando conta dele. Está todo inchado.
T: Peça para o sábio te mostrar como estas minhocas foram parar no fígado. Por onde elas entraram. Mas ele é que vai te mostrar.
Pc: Foi na água...
T: Na água?
Pc: Foi.
T: Como é que as minhocas estão entrando nele?
Pc: No rio. Ele pegou verme no rio.
T: No rio? Pergunte para o sábio se ele tem outro verme além desse aí.
Pc: Não tem, não!
T: É só esse do X?
Pc: É.
T: Então olhe o verme entrando no menino. Por qual parte do corpo ele está entrando? Vamos lá no rio, na hora que entrou no rio e vamos ver esse verme entrando no corpo dele. Como é que entrou?
Pc: Difícil de ver como entrou...
T: Você está vendo os vermes na água?

Pc: "Tô". A água está cheia de verme, cheia de bichinho.
T: Como é esse bichinho na água? Ele é igualzinho ao que estava lá no fígado?
Pc: É...
T: Maior ou menor?
Pc: Menor.
T: Agora veja o menino dentro d'água. Como é que os bichinhos estão fazendo para entrar dentro dele?
Pc: Na boca, nos olhos.
T: Onde mais?
Pc: No ânus também.
T: Agora vamos proteger a boca, os olhos e o ânus desse menino. Onde é que esses vermes vão continuar entrando?
Pc: (Silêncio).
T: Está lá o menino dentro d'água... Peça ao sábio para escrever para você a 1ª letra do nome da parte do corpo onde entram esses vermes.
Pc: Na pele...
T: Agora vamos voltar naquela lente de aumento e mostrar o verme. Ele vai te mostrar o verme entrando. Passou a pele. Onde é que esse verme vai cair agora? Não é você quem vai me responder não. Você vai ver na lente de aumento que o sábio está te mostrando...
Pc: Intestino.
T: Sim. Como é que esse verme chegou da pele ao intestino? Peça ao sábio para ir te mostrando. Ele vai te mostrar o caminho...
Pc: Aqueles bichinhos foram andando, andando, passando pelo sangue até chegar no intestino.
T: O que o bichinho está fazendo no intestino?
Pc: Tá comendo, roendo alguma coisa.
T: Então peça agora ao sábio para mostrar esse bichinho saindo do intestino e indo para o fígado. Que rumo ele vai tomar? Qual é o caminho que ele faz?
Pc: Vai por um canalzinho lá... vai subindo... passa dentro de um outro negócio lá...
T: Isso. Que é esse outro negócio?
Pc: (Silêncio).
T: Com que parece esse negócio que ele passou por dentro?
Pc: Parece uma mão fechada... é uma esponja.
T: Isso. Qual é a 1ª letra do nome dessa esponja?
Pc: B.
T: B?

Pc: B. É baço!
T: É o baço. Esse bichinho fica aí ou vai para outro lado?
Pc: Lá "tá" cheio de bichinho.
T: Pegue um desses bichinhos. O sábio vai pegar um desses bichinhos e vai pintá-lo de verde fluorescente. Você está vendo?
Pc: Não. Vejo um tanto de bichinhos.
T: De que cor eles estão, o normal deles?
Pc: É verde mais escuro.
T: Foi o sábio quem pintou esse bichinho ou ele é dessa cor?
Pc: O sábio que pintou.
T: Isso. Agora olhe esse bichinho verde. Os outros têm outra cor ou é essa mesma?
Pc: Têm outra cor.
T: Então vamos pegar esse bichinho pintado e você vai segui-lo. Vamos ver o caminho desse bicho dentro do corpo, tá? Você já falou que ele entrou pela pele, caiu no intestino, foi pro baço e agora ele sai do baço e vai dar uma voltinha.
Pc: Foi para o fígado.
T: Foi pro fígado. Que mais você está vendo?
Pc: Vejo uma tripa assim dobrada, não sei o que é!
T: Parece com alguma coisa que você já viu antes?
Pc: Não.
T: Qual é a 1ª letra dessa tripa dobrada? Pergunte ao sábio.
Pc: ... é pâncreas.
T: Desse pâncreas, para onde foi passear esse bichinho? Olhe o verdinho! Está subindo ou está descendo?
Pc: Subindo.
T: Tá subindo. Como é o lugar por onde ele está subindo?
Pc: Parece um coadorzinho.
T: Um coadorzinho? Como é o nome desse lugar?
Pc: É escuro.
T: O bichinho está entrando nesse coadorzinho ou só está passando perto?
Pc: Só passa perto.
T: Passa perto. Ele vai adiante ou entra?
Pc: Vai adiante... Chegando dentro de uma capa.
T: De uma capa? Que tem dentro desta capa?
Pc: É o fígado.

T: Que cor é esse lugar? A cor que está vendo e não a cor que você pensa que é!
Pc: Marrom.
T: É o fígado mesmo?
Pc: É.
T: E olhe lá para a cara desse bichinho e me diz, como é que é a cara dele?
Pc: Tem uma carinha de mosquito.
T: Mosquito? É macho ou fêmea?
Pc: Fêmea.
T: Tem macho e fêmea?
Pc: Tem.
T: Qual a diferença do macho e da fêmea? Olhe bem para a fêmea e para o macho.
Pc: A fêmea é lisinha e o macho tem uma coisinha assim pendurada para o lado de fora.
T: Olhe bem a barriga da fêmea pra mim.
Pc: Barriguda.
T: Mas tem alguma coisa diferente?
Pc: Tem uma pinta.
T: Pinta?
Pc: É uma mancha.
T: Mancha?
Pc: É.
T: Olhe mais.
Pc: É uma mancha comprida na barriga dela.
T: Mancha comprida?
Pc: É.
T: Olhe o que o macho faz com essa mancha comprida. Vamos colocar a lente de aumento para você ver bem essa mancha.
Pc: Ele pousa nela.
T: Ele pousa nela? Agora você vê bem a diferença do macho e da fêmea? Qual o órgão? Peça ao sábio para mostrar.
Pc: Eles estão dentro do baço.
T: Olhe bem, não imagine não. Relaxe, distancie e olhe outra vez, qual é a 1ª letra do lugar onde esse macho e essa fêmea estão acasalados?
Pc: Estão no fígado...

Concluindo: Observamos nos casos apresentados que a qualidade dos resultados da pesquisa do inconsciente não varia muito entre pacientes de grande ou pequena cultura, como constatamos ao comparar o questionamento indireto feito através de uma médica (distrofia muscular) e o feito na paciente analfabeta (esquistossomose). *A diferença é que a médica, ao "visualizar" certos processos orgânicos "reconhece" o que já estudou e pode ser tentada a utilizar termos técnicos, o que o TIP-terapeuta como guia do processo deve levá-la a evitar. Entretanto, a paciente "analfabeta" identifica os dados do inconsciente com a mesma precisão que os outros, apenas descreve o que percebe com palavras simples de linguagem popular.*

De forma genérica queremos lembrar, neste final, que os trechos de casos de ADI-médica apresentados já deixam entrever aqui a ampla perspectiva de alternativas e complementaridade que se abre para a Medicina. *Com a ADI-médica destaca-se também o fato de tornar-se possível o uso de linguagem e metodologia unificadas da Psicologia e da Medicina em torno de um mesmo caso. Atente, ainda, para o fato de que doenças normalmente consideradas incuráveis pelos recursos da Medicina convencional, porque não podem ser eliminadas por produtos fármaco-químicos ou por cirurgias tornam-se decodificáveis pela ADI-psicológica e podem ser "revertidos" em seu trajeto orgânico, pela ADI-médica.*

Outros casos já vêm sendo tratados com resultados surpreendentes pela ADI-médica. Assim realizou-se, em apenas 15 dias, o tratamento indireto intensivo de um caso de "distrofia muscular espinhal", de uma criança de nove meses. E foram impressionantes as mudanças em seu estado geral. A criança, que no princípio não conseguia sustentar-se, após os 15 dias de tratamento já se mantinha ereta e segurava objetos na mão. Três meses depois soubemos, através de telefonemas, que a criança já estava com reações musculares normais, faltando apenas andar, embora já se mantivesse em pé. Houve ainda um caso de retinose pigmentar, em que se constatou pelo inconsciente uma melhora de 30% da visão, após a aplicação da ADI-médica. Tivemos um caso de epilepsia, um de tumor cerebral, um de tumor no ovário, um de câncer dos órgãos internos e outros casos interessantes com respostas de cura ou, então, de consideráveis melhoras que já vêm se somando agora, em número cada vez maior, aos primeiros casos aqui relatados. Os relatos aqui deixados servem para exemplificar o que queremos dizer, ou seja, que *a ADI-médica deverá prestar em futuro próximo importante colaboração complementar ao trabalho diagnóstico-terapêutico e de pesquisa da Medicina.*

Queremos acrescentar a informação de que a ADI-médica em muito já evoluiu, em especial através de trabalhos realizados pela *Dra. Helenice de Fátima Muniz,* Professora da Faculdade de Medicina, em Vitória (ES) e preceptora do Método ADI/TIP. Dra. Helenice não apenas elaborou a ADI-médica para adultos, mas fez uma adaptação ao Método para crianças, como atendimento para patologias em geral, mas também para males graves e incuráveis, com impressionantes resultados de remissão total (ou parcial) dos sintomas apresentados. A experiência realizou-se junto a crianças carentes e da periferia de Vitória, com a ADI aplicada em apenas uma, duas ou três sessões sobre os sintomas principais. Dra. Helenice apresentou seu trabalho num curso dado pela autora do livro em Vitória e expôs seus resultados em sua tese de Mestrado.

5.3 - A ADI JUNTO À PSIQUIATRIA

A Psiquiatria tem como objeto a "mente" humana, mas estruturou-se nos moldes da Medicina fisicista, concentrando-se especialmente sobre a química cerebral. Desviou-se da atenção sobre a "pessoa" ou o "doente" para focalizar as "doenças" mentais, acabando por classificá-las por meio de um código internacional... E assim, em paradoxo, a "mente", aquilo que o homem tem de mais "exclusivo", sofreu com a Psiquiatria a mais ampla das generalizações e a despersonalização. Entretanto, o inconsciente pode auxiliar a Psiquiatria a reencontrar a mente pessoal, a entender a situação particular de cada doente mental e a adequar diferencialmente os cuidados terapêuticos.

A Psiquiatria, em sua origem, tem como objeto a "mente" humana. Em relação a essa área recordamos que Descartes, quando dividiu toda a realidade existencial em duas partes, destinou a "mente" a ser estudada pela "intuição", não pelo método científico. Entretanto, como vimos, a "intuição" não foi elaborada metodicamente para que pudesse ser ligada ao paradigma científico e por isso foi esquecida. Assim, a Biologia estruturou-se sobre o esquema da metodologia da "matéria" e, logo depois, a Medicina estabeleceu-se sobre a base da estruturação da Biologia... Dessa forma, também a Psiquiatria entrou no esquema da Medicina, sacrificando o seu objeto próprio, que é a "mente", para substituí-la pelo "cérebro" e suas funções neuroquímicas.

A Psiquiatria, portanto, é hoje uma ciência médica, assim como a Medicina, se orienta mais para a "doença"; pouco focaliza o paciente em sua situação particular de desequilíbrio mental, preferindo enquadrá-lo nas "doenças mentais" em geral.

Entretanto — filosoficamente falando — a "mente", que é o objeto da Psiquiatria, representa a dimensão humanística, coordenando o todo psicofísico, tendo a missão de conduzir os homens a seu fim último através de um vir a ser determinado pelo sentido exclusivo de cada criatura humana em particular. E de acordo com o que revela o inconsciente, quando diretamente pesquisado, sabe-se que *desequilíbrios na mente acontecem em primeiríssimo lugar por "atitudes" assumidas no ser profundo, onde se localiza o Eu-Pessoal ou a "essência" humana.* Exige-se, portanto, na ação terapêutica, conduta o mais "personalizada" possível, porque a mente assim entendida envolve a liberdade e as escolhas existenciais... Ainda que certos processos das doenças mentais acabem por somatizar-se, tornando possível a identificação laboratorial de disfunções orgânicas, ainda que se diagnostiquem problemas neuroquímicos, não está aí a "causa primeira" dos males sofridos pelo paciente, mas em opções realizadas a nível inconsciente, em geral na fase intrauterina, as quais por sua vez foram codificadas na forma de condicionamentos ou somatizadas através de "ordens cerebrais".

A classificação psiquiátrica de doenças mentais em códigos, sem dúvida, afasta a consideração pelos aspectos particulares do doente mental. Além disso, tal classificação do paciente significa apenas a realização *diagnóstica*. Se bem que ao diagnóstico costume seguir-se uma orientação medicamentosa, também esta é internacional e, na maioria das vezes, pouco resolve em relação à "cura" do paciente. Aliás, a medicação tem por finalidade apenas o controle da bioquímica cerebral. E costuma levar à sedação, embora esta não seja a intenção primeira. É paliativa, embora possibilite a reintegração do paciente na sociedade, desde que a atuação se faça de maneira rápida e precisa e desde que as faculdades mentais não tenham ainda sido atingidas. Mas há também a medicação, popularmente conhecida por "sossega leão", com que se busca atender mais aos interesses dos parentes que os do paciente em si, pois não visa mais levá-lo ao equilíbrio, nem o conduz de volta à sociedade, devido à deteriorização mental já atingida. Entende-se, portanto, que a Psiquiatria não oferece aos doentes mentais a ajuda ideal nem a *cura*.

Através da pesquisa do inconsciente, que nos leva à primeiríssima causa do mal, ao contrário, é absolutamente impossível cair no risco de uma classificação genérica de doentes mentais. É única a maneira de perceber os problemas, é única a maneira de o paciente se "posicionar" diante do fato e é única, ainda, a maneira como ele agride a própria capacidade mental; portanto, é único também o tratamento. E com a ADI é possível atingir a "cura" do paciente.

No mais profundo do inconsciente, apenas uma determinada situação é comum a todos os doentes mentais, e isto porque ela é também comum a todos os outros tipos de autoagressão do inconsciente. *E essa "causa", de alguma forma, é sentida pelo paciente como "desamor" dos pais entre si ou para com ele próprio...* E então esse "desamor" é projetado e transformado em ordem cerebral, atingindo a harmonia mental, que pode ser alterada por disfunções neuroquímicas. *Dizer que o "Amor" ou o "desamor" agem sobre o cérebro e que isto gera mudanças físicas pode parecer afirmação um tanto irreal e quase poética, para o "fisicista". Entretanto a prática clínica, como já estamos vendo desde o princípio do livro, nos confirma essa realidade a todo instante.*

Para melhor entendimento da ligação que ocorre entre reações psicoemocionais e desequilíbrio mental, vejamos o exemplo de uma paciente que foi considerada "esquizofrênica". A terapia realizou-se através da mãe. Acompanhe o caso:

A paciente em terapia, mãe da moça considerada esquizofrênica, encontra-se no sexto mês de gravidez. O contexto traumático começou à tarde, às 18h35min. A mãe estava sentada numa poltrona, muito magoada com o marido, que demorava a chegar; teve o pressentimento de que ele, após o trabalho, fora beber. Quanto mais o marido demorava, mais aflita e magoada ficava a mãe. Em resposta, a criança, dentro do útero, primeiramente "encolheu-se", mantendo-se em tensão. Pouco a pouco — pela terapia indireta que estávamos fazendo — a mãe percebeu que a filha estava "localizando" seu pai e que o viu bêbado. A filha, então, sentiu vergonha e reagiu querendo "não tomar consciência" da situação. Nesse momento exato, às 21h10min reagiu, mandando ao cérebro uma ordem de "bloqueio da lógica do raciocínio". Vejamos o diálogo, em terapia indireta através da mãe, com a filha doente, que chamaremos de Ana.

T: Ana, o que você fez, como concretizou essa ordem?
Pc: Meu cérebro sabe concretizar... Eu só não quero ter consciência do que está acontecendo com meus pais... Não quero saber... *Não quero entender...*
T: Como seu cérebro concretizou essa ordem?
Pc: Ele gerou uma substância escura que se infiltrou numa espécie *de "arvorezinha" dos nervos.*
T: Estas "arvorezinhas" se chamariam "sinapses"? Pergunte ao sábio, porque pode ser outro nome...
Pc: Ele fez sinal que "sim" com a cabeça.
T: Como acontece esse processo? Fale mais...
Pc: A substância se instala entre essas ramificações e bloqueia contatos que deveriam acontecer para manter o raciocínio lógico.

T: Bloqueia tudo?
Pc: Não... Em alguns espaços ela não entra, mas ela perturba os contatos, porque onde ela está a comunicação não acontece.
T: Em que parte aconteceu isto no seu cérebro, Ana?
Pc: Do lado esquerdo... (lado da mãe e dela como mulher).
T: E isto se repete? Você costuma repetir estas ordens para o cérebro?
Pc: Não. Isto aconteceu uma só vez. Depois a substância fica lá.
T: Como se chama essa substância?
Pc: Não sei... Eu não entendo disso...
T: Veja lá... Peça ao sábio para escrever letra por letra, vamos ver se juntamos uma palavra.
Pc: Ele escreve: C - O - R - A - L - A - M - I - N - A.
T: Eu também não sei se essa substância existe, mas depois perguntaremos ao médico. Vamos ver o mais genérico... Você disse que a substância age de uma só vez e fica. Mas existe alguma forma de removê-la? O mal é removível?
Pc: Existe, mas não por meio de medicamentos. É pela mãe, a partir da sua Luz e com atos de muito Amor...

Comentário: É interessante observar aqui que a mãe ainda não tinha trabalhado o "Núcleo de Luz" quando se referiu a ele. A percepção, portanto, é totalmente espontânea.

T: Mas como isto age fisicamente?
Pc: Isto leva a criar uma contraordem para o cérebro... Depois *vem uma reação química que elimina a substância.*
T: O que devemos fazer para que sua mãe consiga levar você a reverter essa ordem cerebral?
Pc: É preciso tratar do coração dela e do papai. Os corações deles estão endurecidos...
T: Mas você já não viu, Ana, tantos momentos de amor aqui na terapia, no trabalho que fizemos com sua mãe?
Pc: Sim... *O Amor existe entre eles, mas está bloqueado... não* flui... quando fluir, no meu cérebro esta substância que bloqueia também vai se dissolver... E o meu pensamento vai se refazer... Vai ficar normal...

O médico não se lembrava do termo tal qual a paciente leiga expressara. Mas achou importante a terminação final de "amina". Entretanto, mesmo que a paciente não tenha precisado o termo exato da Psiquiatria, isto não invalida sua resposta, mesmo porque não se sabe se estamos diante de um neuro-transmissor não descoberto. Pode ter acontecido também que por limitações de conhecimento e de treino na pesquisa inconsciente, a paciente não soube expressar o termo.

A agressão à mente é a mais grave das autoagressões inconscientes. Nem mesmo uma programação de autodestruição através do desequilíbrio celular, que dá origem ao câncer, é tão violenta, pois no câncer, ou na programação de insuficiência imunológica (AIDS), o paciente agride algo que de certa forma é externo à sua conscientização de "ser" ou de "pessoalidade"... Ao agredir o corpo, o paciente mantém aberta a mente e, assim, a possibilidade de retrocesso nessa programação. Mas ao agredir a "mente", bloqueia o seu "ser essencial" e toda a esperança de um controle que possibilite um dia "voltar atrás". E o paciente sabe disso, inconscientemente, quando assim se agride. É por isso que na terapia de alguns casos, onde por momentos se evidencia o aspecto mental sadio desses pacientes que bloquearam sua mente, costumamos dizer o que aqui já lembramos no capítulo sobre a inteligência: "Veja como você tem a mente boa para ter sabido exatamente como bloqueá-la, visando fugir do sofrimento que você não quis aceitar!... E a mesma inteligência geradora daquele bloqueio é que hoje pode desbloqueá-la". Observe, também, que certos pacientes seriamente prejudicados em termos mentais e cerebrais já nos revelaram — pela terapia indireta — que conservam a percepção dos fatos e a capacidade "intuitiva". *O mesmo se aplica também a crianças com microcefalia, a pessoas em estado de coma, estados vegetativos ou terminais. Não estão ausentes aos acontecimentos — como parece — mas acompanham mesmo os pensamentos e os sentimentos das pessoas que as cercam.* Tentam, por vezes, comunicar que têm "vontade" própria, como fez a paciente com microcefalia da região cortical, ao provocar o parto natural, aos seis meses de gestação, antes da cesariana que ia ser realizada, porque a criança "não tinha chances de sobreviver", na opinião médica. Aliás, essa mesma criança, através da terapia realizada em sua mãe declarou que, ao agredir o seu cérebro, ela o fez para não conseguir raciocinar, mas não sabia que continuaria a pensar...! *Isto nos disse ela (através da terapia indireta, por meio da mãe) para esclarecer que a capacidade de pensar não está limitada ao cérebro, concluindo-se, portanto, que a terapia de casos assim não pode ficar apenas na medicação.*

Pela ADI, constata-se que com pacientes que se agridem mentalmente deve-se levar em conta ainda outro aspecto de gravidade. É que, ao pesquisar o inconsciente de psicóticos ou doentes mentais, percebe-se, quase sempre, uma influência da negatividade de antepassados, havendo também, muito comumente, a revelação da interferência de rituais ligados a seitas satânicas ou ao mal. E tais acontecimentos atravessam gerações. Observamos o fato, especialmente, em esquizofrênicos.

Aliás, pela ADI confirma-se em parte o que Jung dizia: que o psicótico deixa-se invadir por "outras mentes", mudando de personalidade. De fato, o inconsciente do psicótico é muito aflorado e percebe, com facilidade e sem os limites da matéria, outras "mentes", especialmente as negativas e orientadas para o mal. E as "somatiza" porque enfraqueceu sua própria mente. É uma das explicações por que alguns "psicóticos" podem ter lances de grande inteligência e raciocínio sequencial, enquanto que em outros momentos não há lógica alguma. Isso explica também porque podem alternar inesperadamente docilidade com violência, ou porque apresentam outras grandes alterações de comportamento.

Ora, *entende-se do contexto que uma medicação não pode ter condições de "curar" semelhantes problemas, embora se possa, sem dúvida, acalmar assim as manifestações externas do que é sofrido no mais íntimo desses pacientes.* Em compensação, pela ADI, conseguem-se mudanças rápidas — conforme nos testemunha o psiquiatra Dr. Luiz Carlos Rodrigues. Relata ele o caso de uma paciente — mulher de meia-idade com quadro de "psicosemaníaco-depressiva" (transtorno bipolar) com depressão acentuada, irritabilidade, insônia e cefaleia persistente. Essa paciente vinha fazendo uso de neurolépticos, hipnóticos e antidepressivos em dosagem muito alta, ou seja, num total de 14 comprimidos diários e com pouco ou nenhum resultado. Entretanto, já *na 3ª sessão de abordagem do inconsciente,* pelo Método TIP, conseguiu se livrar da cefaleia e da insônia, resistentes aos psicofármacos. Além disso, com a continuidade da aplicação do processo, foi surpreendente a ação rápida e precisa que, a partir do inconsciente, conduziu à remissão da sintomatologia — de acordo com o que nos relatou o psiquiatra.

Em termos terapêuticos, existem alguns procedimentos que são básicos para atuação com doentes mentais ou psicóticos sobre o inconsciente.

Em primeiro lugar, é importante esclarecer que para tratar diretamente esse tipo de paciente pelo Método TIP é preciso que ele possua raciocínio lógico, ainda que limitado, ou que esteja fora dos períodos de "surto". Pela experiência colhida a partir do inconsciente sabe-se que tais pacientes, limitados mentalmente ou psicóticos, como todo ser humano, têm também um "Eu-P" sadio. Ninguém é concebido com um "Eu-P" doente. E o "Eu-P" sadio destes pacientes percebe muito mais do que imaginamos. De fato, não podemos nos esquecer que *foi através desse "Eu-P" sadio que a própria pessoa "adoeceu" sua mente. Mas a dimensão sadia continua existindo em potencial, podendo ser recuperada.*

Para reativar essa dimensão humanística do Eu-P é muitas vezes necessário, antes de mais nada, quebrar uma espécie de "chantagem" presente na atitude doentia desses pacientes. Essa "chantagem" não é atual, mas encontra-se como "programação" no seu inconsciente. É uma forma de "defesa" e de ele "controlar a situação" através do seu estado de doença. *A atitude de "manipulação inconsciente" do psicótico, entretanto, costuma quebrar se ele se sentir "levado a sério como pessoa", se é considerado capaz e potencialmente sadio. Isto desestrutura seu "domínio".* Pois apenas enquanto considerado como "doente mental" ele consegue intimidar ou enfraquecer os outros, diante de seu desequilíbrio... Daí, se o TIP-terapeuta proceder de forma inesperada, tratando o paciente como "normal" e chamando-o à responsabilidade de "pessoa sadia", e se for "firme" ao mesmo tempo que "afetuoso", o paciente perde seu "espaço de manipulação" e tende a reagir positivamente em direção à cura. É evidente que não estamos generalizando essa observação para todos os tipos de doenças ou de doentes mentais. Mas o êxito do terapeuta com atitudes semelhantes à descrita é muito frequente, principalmente junto a esquizofrênicos, quando se apresentam à terapia pela ADI fora do quadro de "surto".

Para agir de maneira a corresponder ao que o inconsciente sugere a esses pacientes, precisa o terapeuta estar convencido do que faz. Deve falar com "força interior" e com sincero desejo de levar o paciente à reação. *Deve acreditar no valor da "essência humanística sadia" existente em todo ser humano — mesmo que "psicótico" — e querer o "reavivar" do Eu-P desse paciente. Pois, em seu inconsciente, este sabe de sua anormalidade, sendo muito infeliz com ela, além de fazer infelizes os que o cercam. Mas no íntimo sabe também que pode curar-se; precisa apenas sentir que os outros também acreditam nisso. O terapeuta sincero tem a seu favor o fato de que o psicótico, mais do que a pessoa normal, percebe a "autenticidade" ou o "ser" do terapeuta e, portanto, sente e se contagia positivamente quando este tem certeza do potencial de sua recuperação e, principalmente, quando o trata com verdadeiro Amor — Amor que, por vezes, precisa expressar-se com* firmeza...

Como exemplo do que falamos acima queremos relatar aqui nossa atitude na consulta inicial com um esquizofrênico, o qual já havia sido, por seis vezes, internado em instituição própria. Sentou-se ele à nossa frente e quando lhe perguntamos o que queria, respondeu com agressividade: "Eu sou um esquizofrênico". Insistimos em saber o que ele queria. Ele levantou os olhos, gesticulou muito e disse com braveza: "Dizem que vocês curam esquizofrênicos. Então me cure!" Respondemo-lhe o que costumamos falar frequentemente para tais doentes: "Se você é um esquizofrênico, não posso fazer nada. Mas se você é uma pessoa que tem uma esquizofrenia, a sua pessoa pode curar a sua esquizofrenia". A seguir explicamos-lhe que ele possuía um Eu-Pessoal sadio e muito forte, pois "não é qualquer um que consegue provocar em si uma esquizofrenia!"

Concluímos dizendo: "Basta agora que você oriente a mesma força na direção oposta, a da cura". Quando divagava, nós o corrigíamos e falávamos com naturalidade que seu raciocínio não estava lógico. Pedíamos que explicasse melhor. Em momento algum aceitamos a "doença" em suas atitudes. Dizíamos que estávamos falando com a "parte sadia" dele. E, apesar de estar sob efeito de medicamentos, o paciente conseguiu assim manter conosco uma conversação razoavelmente "normal". Depois da primeira consulta ele se submeteu ao tratamento e realizou-o dentro do tempo costumeiro, devido à intensa sensibilidade de seu inconsciente. (O paciente não teve mais "surtos" em sete anos de observação.)

Veja, num outro caso clínico, de que forma foi identificada sobre o inconsciente a criação do processo de "esquizofrenia". O paciente em foco percebeu a si mesmo no terceiro mês de gestação. Ouviu, então, a mãe magoada com o pai, porque ele demonstrava não querer a gravidez. Dizia a mãe: "Eu não entendo. Você tanto queria um filho e agora o rejeita!" E o filho, nosso paciente, lá no útero, pensou e lançou suas frases-conclusivas assim: "Eu sou como o pai. Uma pessoa que não é entendível!" Continuando a perguntar o que fez em função dessa frase, respondeu: "Eu agredi a minha inteligência... na capacidade de entender e de me fazer compreender!" Pedimos a ele o símbolo de como ficara sua inteligência. E ele explicou que estava vendo a inteligência como um vidro de carro quebrado, depois de um acidente. O pensamento tinha se "partido". Pedimos, então, os números que correspondiam à forma como se manifestava a esquizofrenia. O inconsciente deveria mostrar as "cenas". O paciente repetiu em cada cena seus comportamentos "esquizofrênicos", reproduzindo diálogos pouco coerentes, mas nós sempre o motivamos a refazê-los. No final do tratamento completo, no momento do "teste", o paciente não viu mais o vidro quebrado... E, conforme soubemos de pessoas que com ele convivem, seu comportamento normalizou. De forma genérica, os pacientes psiquiátricos, quando buscam o tratamento pelo Método TIP, fora do estado de "surto", encaminham-se para resultados satisfatórios e grandes mudanças, tanto da sintomatologia como em relação ao estado psicológico geral ou do seu comportamento, ainda que continuem às vezes com o uso de uma quantidade mínima de medicamentos de controle. (Em casos de pacientes psiquiátricos mantém-se sempre o controle médico durante o processo da ADI e depois do mesmo.)

Os casos psiquiátricos nem sempre exigem um período maior de tratamento. A título de exemplo do que afirmamos vejamos o caso de uma paciente, cujos dados nos foram fornecidos por um médico da clínica pioneira de nosso método (Dr. Carlos Misael Furtado). Trata-se de uma mulher de meia-idade. Queixa-se ela de depressão, somatizações diversas, angústia, humor variável, atitudes de isolamento, tendência a buscar confusão mental, ansiedade. Foi ela afastada do serviço por falta de condições para o trabalho. Fez tratamento psiquiátrico durante mais de 5 anos. Tentou suicídio, utilizando-se de altas doses de antidepressivos e tranquilizantes. Como tratamento tentou o carbonato de lítio, mas foi suspenso, por intolerância ao medicamento. A paciente submeteu-se à psicoterapia pelo Método TIP, integralmente, em dez sessões de terapia. Feita depois a reavaliação médica, retornou ao trabalho e com reduzida dose de medicação (1 comprimido diário). Terminado esse tratamento prestou concurso interno e foi promovida a cargo de chefia.

Em casos de psicose, nem sempre é possível realizar o tratamento "direto" do paciente. Em deficientes mentais, onde a inteligência está bloqueada e o Eu-Pessoal sadio do paciente deve ser atingido, também deve-se atuar de preferência através da terapia "indireta" da mãe, dando-se ênfase ao núcleo de Luz.

Nos casos de psicose ou deficiência mental torna-se especialmente importante o tratamento, não apenas "através" dos pais, mas "dos" próprios pais. Por meio desse tratamento corta-se a ligação e a influência dos ancestrais que estão atingindo a criança doente ou o paciente. Tenhamos em mente que a criança, especialmente a deficiente, comunica-se muito mais com o inconsciente do que com os gestos e palavras dos pais. Quanto mais grave a psicose, ou quanto maior a deficiência, mais dependente é a criança do inconsciente dos pais e tanto mais positivos podem ser os resultados se os pais realmente fizerem terapia. Por vezes, um falso orgulho leva o pai ou a mãe a acharem que não necessitam do tratamento. É preciso admitir que nossos filhos espelham o que está nos pais, ainda que nos pais o problema fique escondido. Além disso não existe ser humano que não tenha os seus registros negativos de base, ainda que seja por herança dos ancestrais. Portanto, também não existe quem não se beneficie com o tratamento pela ADI.

Considere-se, ainda, que os pacientes com as faculdades mentais diminuídas, ou os psicóticos, são aqueles que mais rapidamente podem ser atingidos pelo trabalho "inconsciente", pois *na mesma proporção em que o consciente neles é bloqueado, o nível inconsciente costuma ser "aflorado" por mecanismo de compensação.*

A seguir relataremos um trecho de uma primeira consulta, em que nos pareceu que a atitude do psicólogo foi de grande importância para se conquistar a colaboração ativa desse tipo de doente. Observe-se que nessa primeira entrevista o terapeuta, em função de seu objetivo, fugiu da conduta costumeira com pacientes, adaptando a consulta ao que lhe pareceu necessário fazer especificamente com este.

Trata-se do caso de um jovem que há 9 meses vinha se mantendo dia e noite em cima de uma cama, apenas se levantando para as refeições e as necessidades higiênicas. Já havia se submetido a vários tratamentos psiquiátricos e a sete psicólogos. Ao ser-nos trazido pela mãe, assim foi apresentado: "Quero lhe pedir desculpas de antemão. Meu filho é sempre muito grosseiro com os médicos e psicólogos que tratam dele e não os leva a sério. Apesar de doente, parece que os manipula e simplesmente não colabora. Tem criado cenas na rua, agride as pessoas. Coloca-se em lugares estratégicos e joga objetos nos que passam... Creio que lhe faltou carinho, pois perdeu o pai muito cedo. Mas os especialistas que o trataram foram sempre muito pacientes e carinhosos com ele. Mesmo assim ele não obteve melhoras. O padrasto também é carinhoso, mas ele não o respeita!..."

Quando o paciente entrou em nossa sala estava de olhos e ombros caídos. Perguntamos o que queria de nós. Travou-se então, resumidamente, o seguinte diálogo:

Pc: Eu vim porque minha mãe acha que eu sou doido.
T: E você, o que acha?
Pc: Mamãe deve estar certa, né... Os psiquiatras também falam...
T: Quero saber "sua" opinião.
Pc: É, acho que sou doido... Olha! Esses tempos eu fiquei num canto da rua e joguei pedra em todos os que passavam...
T: E o que fizeram com você?
Pc: Me internaram, ora!
T: Você acha que foi certo?
Pc: (Levantando os olhos surpreso!) Acho, né! Eu sou doido!
T: (O terapeuta agora fala firme, posicionando o paciente como pessoa normal). Pois eu acho que deveriam ter dado uma boa "surra" em você, para aprender a não jogar mais pedra nos outros... que idade você tinha? 18 anos? Isto é lá idade de se jogar pedras? Você não era mais criança!... Que história é essa de "querer parecer doido"? (O paciente sorriu meio encabulado, escondendo o rosto. Continuamos): Escuta (Fulano)... Você realmente acredita que é doido?! Pense um pouquinho... Por que foi mesmo que você jogou aquelas pedras? O que você queria conseguir? Seja bem sincero com você... Sincero com você, não comigo, porque eu acho que já sei a resposta! Se você mentir eu vou perceber e não poderei ajudá-lo... Vamos fazer um pacto de sinceridade? Você vai ser sincero com você, OK?

O paciente olhou-me inquisitivamente em silêncio. Tomei, então, as suas mãos num gesto de carinho e falei:

"Eu sei que você tem sofrido. Sei também que tem revolta... Mas quem não sofre? Só que você aumenta muito mais o seu sofrimento ao querer

passar por doido... É lógico que nisto existe uma porção de vantagens. Tudo que você fizer é perdoado... Você pode fazer escândalos quando quer atenção dos pais... Todos correm para atender o "coitado" do Fulano, não é isso"?
O paciente concordou, cabisbaixo. Continuamos:
"Pois bem.. mas veja o que você perde... você é jovem, bonito e eu sei que é também inteligente como seu pai era. Você vai desejar namorar... Mas será que as moças vão se encantar num "doido"? Você não tem inveja quando vê seus colegas com namoradas e você não pode tê-las? E o seu futuro?... Você vai querer continuar sempre martirizando sua mãe e chamando a atenção dos outros como sendo um "coitado"? Isto é muito duro para você... porque você perde a liberdade de fazer o que gosta... É lógico! Pois se você fizer o que gosta e o que sabe fazer, ninguém mais vai pensar que você é "doido", não é?... (paciente sorri) Que escravidão que você escolheu para você!..."
Devido à resposta positiva do paciente, entramos aqui com a abordagem sobre o inconsciente. Acompanhe na terapia, o questionamento:

T: Vamos fazer uma avaliação simbólica, OK? Vamos imaginar uma "balança". Coloque de um lado as vantagens de ser "doido" e no outro lado as vantagens de ser "sadio"... Feche os olhos e olhe bem para a balança, enquanto você vai colocando "pesos" de cada lado, símbolos das vantagens de um e de outro... Vá falando... Observe a balança... qual o lado que está pesando mais: o de ficar "doido" ou o de ser "normal"?
Pc: O de "ser normal" pesa mais...
T: Vamos trabalhar mais um pouquinho essa questão... Já que "ser normal" ganhou, vamos colocar no outro lado da balança tudo que você "perde" por não ser normal.
Pc: Ih! Tanta coisa... Mas eu não sabia que eu podia *escolher!*...
T: E agora, você acredita nisto?
Pc: É... eu vejo que a Sra. acredita... então deve ser verdade... A Sra. tem muita experiência!
T: Que você consiga enxergar o que eu acredito é bom... mas não é suficiente. *A terapia e a sua cura só são possíveis se você acreditar!*... Vamos continuar o que estávamos fazendo!...

O paciente continuou a colocar as vantagens de ser normal num lado e as "desvantagens" de não ser normal no outro braço da balança. Reforçamos sua "potencialidade" de um vir a ser normal. Ele tornou-se pouco a pouco mais ativo. Parecia agora denunciar um despertar esperançoso, na medida em que a sessão se adiantava.
No final da sessão lembramos o detalhe referido pela mãe, de que o paciente não costumava dar continuidade à terapia e já "fugira"

de sete psicólogos. Resolvemos motivá-lo com a técnica do "oposto", ou seja, assumimos uma atitude aparentemente contrária ao que visávamos. Acompanhe o processo:

T: Bem! você já viu na balança todos os problemas que cria para você, e viu também que tem chances de ficar bom. *Mas isto vai depender de você, não de mim...* Você tem problemas de inconsciente que precisam de tratamento, mas você não é mais doente que outros pacientes meus. Só tem uma diferença: você até hoje, sempre "quis" ser bem mais doente... Se isto continuar, você vai perder sua terapia, vai fazer com que ela não deslanche... E se eu perceber que isto acontece vou interromper o tratamento para dar lugar a outro paciente que "queira se curar" de verdade. *Aqui quem assume o tratamento* é o paciente e eu ainda não sei se você quer assumir a sua parte! Mas uma coisa eu sei: se você assumir com "garra" *você pode realmente ficar bom!* Pense sobre isto... Mas se não estiver disposto a dar o máximo de si, é melhor não retornar à nossa clínica, OK? Porque nesse caso, quem vai suspendê-lo sou eu!

Comentário: O paciente se assustou com a observação final e falou rápido:

Pc: Mas eu já paguei todo o tratamento!

Comentário: Observe esse mecanismo de defesa para "garantir" a terapia, ou seja: a garantia estava no tratamento "pago", não no seu "esforço" para ficar bom... Respondemos:

T: Não tem importância. Se for o caso de termos de suspender o tratamento a gente devolve tudo que você pagou... *Eu acho que não é justo você e eu perdermos tempo aqui, se você ainda não sabe se quer realmente se curar.* Pense com muita seriedade... Se você quiser realmente mudar, se colaborar de verdade, então eu prometo que darei tudo de mim e tenho certeza de que você será uma outra pessoa no final dos 15 dias de tratamento intensivo que temos à nossa disposição!...

Comentário: Observe que nesta primeira entrevista *alternamos propositadamente atitudes de aceitação e carinho com firmeza.* E a resposta do paciente ao despedir-se da sessão foi a de repentinamente nos abraçar e agradecer porque lhe faláramos com "sinceridade". Depois "pediu desculpas", sem dizer o motivo. Mas não é difícil deduzir que ele se desculpava das "intenções" que tinha inicialmente, ao começar a terapia conosco, quando ele pensava em fazer apenas "mais uma" terapia e mais uma "chantagem". Ao que nos parece, pediu desculpas porque nós desmascaramos essas intenções, ainda que elas pudessem ter sido totalmente inconscientes... Entretanto, perguntamos a ele porque pediu desculpas, mas não soube responder-nos na hora. Acreditamos, porém, que esse pedido evidenciava já uma conscientização em torno da causa de sua doença, que era por ele "criada" como um mecanismo profundamente egocêntrico de defesa. Isto, aliás, se confirmou durante o processo terapêutico. O ato de "pedir desculpas", além disso, não deveria se dirigir somente a nós, à terapeuta, mas genericamente às pessoas que sofriam com sua atitude de "psicótico". *Se assim era, estava aí um sinal positivo do seu "querer" assumir as mudanças durante o tratamento.* As próximas sessões nos mostrariam se tínhamos acertado ou não em nossa interpretação dos fatos.

Ao afirmarmos que a "psicose" do paciente era uma "manipulação egocêntrica", não estamos afirmando que ele não estivesse, de fato, gravemente doente. Dizemos apenas que o desencadeamento de suas crises de alienação não se devia diretamente a fatores internos ou externos, mas antes a uma "decisão" do Eu-P, ainda que não conscientizada, porque programada na fase intrauterina. *A experiência com a pesquisa do inconsciente nos comprova que somente depois desse tipo de "decisão" é que a psicose se instala e desenvolve.*

O paciente acima fez o tratamento com seriedade e dentro do tempo previsto. Foi modificando o seu comportamento e a fala. O olhar tornou-se vivo, a cabeça erguida, o sorriso veio-lhe aos lábios. No final do tratamento fez conosco um plano para o futuro, com muito entusiasmo, incluindo estudos e esportes. Retornou à sua cidade. Poucos dias depois a mãe telefonou-nos: "Meu filho está mudado demais... pediu-me até dinheiro para fazer musculação... e matricular-se num curso... Fiquei em dúvida... ele, que há meses, só permanecia numa cama... Será que eu posso acreditar em sua cura?..." Respondemos: "Sabe o que estou pensando? É que quem precisa de tratamento agora é a senhora"! *Acreditamos que esse "choque" dado na mãe ajudou-a a "aceitar" a cura do filho, provocando uma reação em seu inconsciente o qual — ao que tudo indica — precisava desse filho mais dependente dela.*

Veja, por último, mais um caso que pode servir de exemplo do que queremos ilustrar. O paciente, ao entrar em nosso consultório, estava tão dopado por medicamentos que teve dificuldade para orientar-se no ambiente do consultório e, lentamente, conseguir sentar-se na cadeira. Cabisbaixo, deprimido, classificou-se como esquizofrênico, pedindo ajuda, mas evidentemente sem esperanças. Nossa primeira ação foi de animá-lo. A resposta do paciente não se fez esperar. Levantou a cabeça surpreso e falou: "Pena que eu estou com a língua enrolada... A Sra. iria ver que, mesmo com todos esses medicamentos, eu consigo falar bem... eu sei que ainda sou lógico... a Sra. quer ver? Eu leio muito... posso mostrar como ainda sei falar sobre o que leio e estudo... Mas os médicos não acreditam em mim! Eu sei que preciso de medicamento, porque sem ele fico muito nervoso... mas eles prejudicam minha inteligência... preciso fazer um esforço sobre-humano para manter a coerência no que falo. *Será que não dá para tratar do "nervoso" sem prejudicar a inteligência? Se me destroem a inteligência, perco tudo!... Peço à Sra. porque o seu olhar para mim é diferente!... A Sra. não me olha como se eu fosse um louco!... Ajude-me, por favor!"* E o paciente caiu num choro convulsivo.

Veja o drama secundário do paciente que tem consciência do seu estado "psicótico" e sente como se os seus médicos não o levassem a sério no que fala, exatamente por ser "psicótico". *A única solução que o paciente nesse estado encontra é a de anular sua pessoalidade para submeter-se passivamente ao destino de não existir mais como pessoa. E, paradoxalmente, a única chance de recuperação de um psicótico é através da reativação de seu "Eu-Pessoal", o que, em princípio, é sempre possível. Recuperada a dimensão da "pessoalidade", o paciente tem condições agora de decodificar os desequilíbrios de sua "inteligência" e de sua "mente".*

O grande neuro-psiquiatra Viktor Frankl faz uma observação que merece ser lembrada. Explica *que existe o paranoico que agride o seu suposto perseguidor e existe aquele que simplesmente se queixa dele. A diferença está na dimensão noológica, que continua sadia e permite o discernimento e atitudes livres, independentes da doença...* Assim, também na experiência com a abordagem inconsciente, toda vez que for possível fazer o tratamento direto, deve-se atuar predominantemente sobre essa dimensão, *despertando o paciente, inclusive, no sentido da sua responsabilidade em "querer reagir" para recuperar a sua normalidade mental.*

Concluindo: Neste enfoque do que chamamos de "ADI-psiquiátrica", queremos chamar a atenção para as novas perspectivas que se abrem para o campo, quando se pesquisa e se atua diretamente sobre o inconsciente. Observe-se, por exemplo, o caso relatado logo no início do capítulo sobre a "esquizofrenia de Ana". Vê-se aí que *é possível aprofundar a pesquisa sobre os processos neuroquímicos do cérebro,* se isso for realizado por profissionais de Psiquiatria. E novas informações para a especialidade surgirão, então — como já vêm surgindo —, com cada novo caso pesquisado pela ADI. Essas informações serão simultaneamente genéricas e específicas. *Entender-se-á também, pelo uso da ADI, de que forma um processo psicológico de ordem psicomental pode transformar-se num processo cerebral, ou em reações neuroquímicas. A etiologia das doenças mentais se revelará em suas causas primeiras e com clareza, evidenciando também seu entrelaçamento com a instância psico-humanística e transcendental. Como resposta a semelhante pesquisa no inconsciente dos problemas mentais, surgirá a correta orientação terapêutica para cada caso em particular e que não apenas inibirá os processos das doenças, mas as removerá, conduzindo o paciente ao encontro de seu Eu-Pessoal originariamente sadio.*

5.4 - A ADI JUNTO A OUTRAS CIÊNCIAS, NA FAMÍLIA, NA EDUCAÇÃO E NAS RELAÇÕES HUMANAS

Na ciência das Relações Humanas focaliza-se a forma de "agir", de "fazer" ou de "lidar" mais adequadamente com os outros... Mas no nível do inconsciente o relacionamento se concentra sobre o "ser", o encontro de pessoas, o saber amar e o levar ao desenvolvimento do potencial... Na educação convencional a preocupação é com as técnicas de ensino... Mas o inconsciente permite descobrir e remover as causas primeiras que bloqueiam a aprendizagem... E aos estudos científicos o inconsciente pode acrescentar o toque da qualidade, dos valores e da transcendência, para abranger o homem em sua realidade total...

Alguém já disse que a educação começa vinte anos antes do filho nascer... E pela pesquisa do inconsciente verifica-se que a educação se inicia muitas gerações antes de uma criança vir ao mundo! E isto não é apenas "frase-de-efeito" ou jogado aqui para desanimar o "educador", uma vez que aparentemente nada podemos fazer com o tempo que passou. Na realidade, esses pensamentos valem também para o futuro, pois de instante a instante formam-se casais e pais e, a cada momento, "novas gerações" se iniciam. Assim, se começarmos logo a realizar mudanças, ainda podemos ver em nossas vidas o equilíbrio e gerações futuras mais felizes!

Os homens sempre se preocuparam em melhorar as relações humanas, a educação, os problemas familiares. Não faltam bons livros sobre esses assuntos onde, por vezes, técnicas até sofisticadas os orientam para a família, para a comunidade, para as escolas, para a empresa...

Entretanto, o enfoque desses trabalhos centraliza-se basicamente sobre a mesma questão. Estuda-se uma forma de "lidar" mais adequadamente com o outro. A análise de dificuldades e a elaboração de "soluções" centralizam-se sobre maneiras de manipular conscientemente as situações de conflito. Sem dúvida, muito conseguimos melhorar, por meio desses recursos, o relacionamento humano, a compreensão da criança escolar, sua capacidade de assimilação e as ligações afetivas numa família. Mas o cerne da questão não é atingido porque se localiza no "inconsciente", onde realidades bem mais profundas interferem... Talvez, por influência dos estudos de Freud, já exista a "conscientização" dessa realidade "inconsciente" que dificulta o sucesso na aplicação de técnicas do relacionamento ou na melhoria da aprendizagem escolar. Mas a Psicanálise pouco oferece em termos de soluções práticas para esses problemas. Entretanto, a atuação sobre o inconsciente, devido ao efeito multiplicador dos seus benefícios, apresenta dados através dos quais pode-se chegar rapidamente a grandes resultados. *Na realidade — conforme dizíamos no início dessa obra — um só membro de uma família que se submeta ao tratamento do inconsciente modifica e beneficia todos os outros membros da família. É suficiente, também, que o líder "terapize" seu inconsciente para que os "liderados" melhorem seu relacionamento e seu engajamento profissional ou de trabalho... Da mesma forma, em grupos ou comunidades basta que o superior libere o seu inconsciente de registros de base negativos para que se consiga harmonizar e fazer desabrochar as potencialidades e a alegria dos demais membros.*

Para que possamos entender em mais detalhes a ação da ADI quanto ao relacionamento, à educação e à família, tracemos um paralelo do método com os estudos já existentes sobre esses temas.

A) A ADI e a Ciência das Relações Humanas

A ciência das Relações Humanas estrutura-se oficialmente sobre três outras disciplinas: a Psicologia Geral, a Social e a Sociologia.

Consideremos cada uma em particular e a complementação que lhes pode ser acrescentada pela ADI.

A1 — *A Psicologia Geral* contribui com o estudo sobre a "personalidade". Essa, segundo Allport, é a "maneira única de a pessoa ajustar-se ao meio" e constrói-se a partir da "síntese dinâmica" entre "heranças biológicas e a ação ambiental".

Na pesquisa do inconsciente, a "síntese dinâmica" da personalidade não só se constrói sobre as heranças biológicas, mas sobre o "modelo integral dos antepassados" de várias gerações. E como "modelo integral dos antepassados" o inconsciente indica a realidade biológica, física e psicológica, de conhecimentos, de princípios, de conduta, de convicções e de fé religiosa desses ancestrais. Mesmo que a criança não tenha conhecido antepassado algum, em seu inconsciente ela os encontra e deles imita muita coisa que "escolhe" para a sua própria personalidade.

A teoria da personalidade de Allport, por outro lado, menciona a influência da ação ambiental após o nascimento como fator equivalente às heranças biológicas na estruturação da personalidade. Mas *sabemos pelo inconsciente que a personalidade inicia-se na concepção, não no nascimento*. E mais: a "personalidade", a saúde e os traços característicos e exclusivos de cada um começam a formar-se na primeira fase da concepção, ainda antes da concretização física do zigoto, quando a criança, com a sua dimensão livre do Eu-Pessoal ou da "pessoalidade" olha para os pais e antepassados, visando estruturar-se. Assim, *quando a criança nasce, já lançou em si as características mais marcantes de seu todo "psiconoossomático"*, conforme já demonstramos reiteradamente em capítulos anteriores.

A2 — *A Psicologia Social* tem por objeto o "comportamento social". Este indica as reações que o indivíduo tem e que exterioriza ou não expressa, através de atos, palavras, gestos, sentimentos, emoções, paixões, tendências e desejos. No "comportamento social" estudam-se a "assimilação de padrões" e a "representação de papéis" sociais. O "comportamento social", portanto, é uma espécie de segunda personalidade que a pessoa elabora para "ajustar-se ao meio", de acordo com a convencional Psicologia Social.

Através da pesquisa do inconsciente constatamos que, antes da "segunda personalidade" ou do "comportamento social", a pessoa revela o "duplo interno" entre a "pessoalidade original e sadia" e a "personalidade" que é a estruturação de seu ser "pessoal". A personalidade é gerada a partir de "escolhas" inconscientes do "Eu-Pessoal", mas logo lançadas no "computador" desse nível mental como "frases-registro" que agirão automaticamente no decorrer da vida diante de estímulos semelhantes. *Estas duas formações internas somadas, tanto a da "pessoalidade" livre, sadia e original, quanto a da "personalidade", expressam-se no "comportamento social". E só então realiza-se a "assimilação de padrões" ou a "representação de papéis". Isto faz com que nas "relações humanas" seja necessário considerar mais uma variável, além das mencionadas pela ciência,* e a mais difícil de todas, das quais nem mesmo a própria pessoa tem consciência. Isto faz também com que, por exemplo, uma dupla de gêmeos univitelinos, criados nas mesmas condições, tenha comportamentos sociais diferentes, conforme casos clínicos que já descrevemos.

Diz Mira y López que somos um misto de três personalidades: a que temos, a que nos atribuem, e a que nós próprios nos atribuímos. Mas na própria personalidade que "temos" já se expressam duas formas diferentes de ser... *E devemos contar também com as inesperadas interfe-*

rências da personalidade de nossos antepassados, registradas em nosso inconsciente, as quais frequentemente nos incutem reações ou compreensões totalmente desconhecidas de nossa maneira de ser. Eventual-mente surpreendemo-nos, ainda, com a exacerbação das *forças inconscientes,* que são classificadas nos estudos da "paranormalidade". Assim, a partir do inconsciente ampliam-se imensamente o campo, o significado e as variáveis do que foi chamado de "comportamento" ou psicologia social.

A3 — *A Sociologia* é a terceira ciência que integra os estudos das Relações Humanas.

A Sociologia volta-se especialmente para o ambiente em si e defende, genericamente, a tese de que "é o ambiente que forma o homem" e não ele o ambiente... O tema básico da Psicologia Social que interessa às Relações Humanas é a "interação mental" entre conflitos, competições, cooperação, acomodação, assimilação etc.

Pela ADI modifica-se a afirmação acima. Se o ambiente pode ter força para moldar "comportamentos sociais" pela unificação de "padrões" e pela "representação de papéis", não consegue, porém, atingir o homem em sua intimidade profunda. Antes de participar do ambiente pela "interação mental", o homem estrutura o seu próprio ser, ou seja: *antes de acontecer a ação externa do "grupo sobre a pessoa" existe uma ação interna, através de "posicionamentos pessoais".* E nesta ação interna do homem livre sobre sua dimensão condicionada molda-se uma forma única de responder ao meio ambiente. *O meio ambiente, sem dúvida, exerce influência sobre o homem, mas nunca o determina.*

O homem individual, portanto, *é sempre o agente principal de qualquer processo grupal ou social. Isso o torna mais "responsável", tanto por si mesmo quanto por seu estado psicofísico e pelo bem comum.* Já dizia Paulo VI, na Encíclica Populorum Progressio: *"Quaisquer que sejam as circunstâncias, o homem é sempre o artífice principal de seu sucesso ou fracasso".*

A partir do seu "Eu-Pessoal", e de forma exclusiva, o indivíduo, portanto, transfere aos outros os seus valores, também os "imutáveis" e os "pré-reflexivos", seu empenho construtivo do vir a ser, sua capacidade de amar e sentir-se amado, enfim, toda a realidade interna do ser humano... Transfere também sua ação contrária, a agressiva. *Transmite, do mais profundo de seu ser, suas convicções, suas verdades particulares, com força imperceptível, mas numa ação contínua de seu inconsciente.* Pode-se gerar, assim, o "contágio" inconsciente e um "coinconsciente" de grupo, conforme nos demonstrou o sociólogo Moreno. Essa marca interna da "personalidade" dos membros de um grupo modifica também a estrutura de uma "interação mental" .

É possível entender essa realidade também pelas experiências de grupo de Serviço Social. Ensina-nos essa ciência que o *grupo é a resposta da conduta de seus líderes*. Assim, por mais semelhantes que sejam as atividades e as circunstâncias de um grupo para outro é sempre diferente e única a forma de ele emitir respostas. E isto porque, *bem mais que a influência ambiental externa sobre o grupo, age a liderança interna e a ação individual dos membros desse grupo, formando-se, então, um "coinconsciente" (Moreno) entre eles*. Daí se entende como podem acontecer certas anomalias sociais ou manifestações de determinado grupo, quando expressa, em conjunto, uma linguagem emocional de protesto, de alienação, de desistência da luta, enquanto que noutros grupos, da mesma comunidade e que não estão integrados naquele, o pensamento é diferente. Em geral *o senso comum sabe da força do indivíduo sobre o meio, tanto que algumas organizações sociais atuam servindo-se da força de pessoas isoladas ou de líderes para atingirem seus objetivos*. Essa tem sido, por exemplo, a tática básica de certos movimentos políticos. Alguns líderes muito fortes, destemidos e com dons de oratória, misturam-se estrategicamente em locais de grandes concentrações populares e as tumultuam com discursos ou com frases-chavões. Em pontos diferentes dessas concentrações, outros líderes prendem a atenção e dá-se assim a impressão de representarem, esses poucos que contagiavam a multidão com o mesmo recurso, a opinião da maioria... Embora de forma menos organizada e menos consciente, também o nazismo serviu-se desse expediente. Se hoje pensamos nos seus feitos, vemos nitidamente o desequilíbrio mental do líder e não se pode entender racionalmente que alguém tivesse aderido às suas ideias. O silêncio dos que sofreram o holocausto com a sua loucura mostra que as vítimas pensavam estar sós, e que acreditaram que Hitler contava com a adesão maciça do povo. Somente hoje a história vai nos mostrando, aos poucos, o contrário... Também líderes de seitas religiosas, para total incompreensão dos que estão de fora, já conseguiram levar grande número de pessoas a se suicidar. Todos esses exemplos, embora lamentáveis, mostram *a força que pessoas, individualmente, podem exercer sobre o meio*.

Por outro lado, bem maior ainda é a força dos líderes "positivos", especialmente quando tomam como tema assuntos que fazem eco com a "sabedoria inconsciente" do homem. Assim, por exemplo, um líder positivo como São Francisco de Assis fez crescer e multiplicar o efeito de seus ensinamentos, pois eles continuam a atravessar os séculos após a sua morte, enquanto que mensagens contrárias ao amor, ainda que de multidões, simplesmente acabam por cair no esquecimento.

Enfim, a partir do inconsciente — como falamos no início — também se confirma que a "interação mental" é efeito da ação individual e não causa do comportamento social. Esse efeito é tanto maior quanto mais "convictos" os líderes, pois são eles que geram o "contágio" inconsciente.

B) A ADI e o relacionamento familiar

Se é, como expusemos acima, que *o indivíduo exerce a função mais marcante sobre o meio, devemos, então, cuidar do núcleo onde se geram esses líderes e tudo fazer para que aí a formação seja equilibrada e sadia. Esse núcleo é a família.* Em relação à família, confirma-se, portanto, mais uma vez, o que sempre foi entendido como real: *a família é a célula-mater da sociedade.* E é bom que assim seja, pois enquanto se mostra utópica a ideia de "mudar a sociedade para atingir o indivíduo", sabe-se, pela experiência com a ADI, que um plano de ação para estruturar melhor as famílias e consequentemente os membros da mesma é perfeitamente possível. *Para mudar a sociedade, portanto, é preciso cuidar dos conflitos da família, proporcionando a oportunidade de se formarem aí pessoas bem estruturadas.* É a única forma realmente eficaz para se evitarem as anomalias sociais e gerar relacionamentos satisfatórios nos mais diversos ambientes. Pois, *especialmente na família, o "relacionamento" positivamente duradouro não acontece a partir de conceitos ou técnicas de "lidar" com o outro, mas pelo "encontro em nível do ser" das pessoas e daquilo que realmente "são"...*

Sem dúvida, sempre pareceu mais simples tentar resolver os problemas humanos pelo "fazer" do que pelo "ser". Isto atrai mais os pragmáticos, porque a reformulação do "ser" parece inatingível.

Entretanto, como já vimos, pela ADI o processo se tornou possível e se simplificou. A experiência com a ADI tem mostrado o fator de multiplicação dos benefícios, a força que tem um "inconsciente tratado" sobre o meio. *Já esclarecemos que quando uma mãe se submete ao tratamento pelo Método TIP, por ser ela o centro afetivo da família, mesmo sem ter contato com os filhos, surpreendem as impressionantes mudanças que acontecem por "contágio automático" do seu inconsciente.* E o corte do registro inconsciente dos antepassados, quando realizado em terapia, mostra-nos que não só a família, mas várias gerações futuras se beneficiarão com apenas uma única pessoa que decodifica os registros negativos de seu inconsciente.

Na família e sob o prisma do Amor, se este tornar a ser cultivado, começará a criança a sua identificação primária e sadia de mulher com a mãe ou de homem com o pai. Dos pais assimilará a forma de a mulher relacionar-se com o homem e o homem com a mulher. E esses modelos tenderão a se repetir na busca do companheiro ou da companheira, quando adulta. A partir dos pais e dos irmãos projetará também o seu relacionamento sobre as pessoas com quem convive na escola, no trabalho, no lazer. Entenda-se, além disso, que recuperar o Amor não significa apenas mudar sentimentos e relacionamentos. Pois, conforme explicamos anteriormente, a partir da experiência clínica e das pessoas tratadas pela ADI, *sabe-se que a questão do Amor influi sobre a saúde, a doença, o equilíbrio e até sobre a resistência orgânica.* Vimos, em capítulos anteriores, que a criança quando decide autoagredir-se pode ser violenta, pois na fase uterina não é ela apegada à vida e ao corpo, como o adulto. De fato, ela ainda está na fase de pensar e decidir se quer ou não viver. E nesse processo, por vezes, agride órgãos ou sistemas importantes de seu ser, em rápidos instantes de desejo de autodestruição, e estrutura um psiquismo que pode trazer muitas dificuldades ao meio. Aliás, nesta fase uterina, a projeção do pensamento ou da emoção sobre o psiquismo ou o físico é quase imediata e geralmente muito forte, mesmo que não se manifeste externamente na mesma hora, mas apenas na fase adulta. Daí, mais uma vez, entendemos *a importância máxima de cuidar para que as famílias sejam bem estruturadas em suas bases de inter-relacionamento e no aspecto afetivo-emocional, quando se quer que as sociedades sejam mais sadias.*

E é no sentido de estruturar melhor as famílias que a ADI vem oferecendo a sua grande ajuda. Comecemos lembrando que por meio desse método pode-se saber das autoagressões programadas de uma criança já na fase do útero materno e *desprogramá-las...* Os estudos tradicionais estão muito longe de penetrar nesta profundidade da criança. Já lembramos anteriormente a divulgação pela imprensa de notícia científica que afirmava manifestar a criança, no útero, ligeiras reações físicas a estímulos externos. E doutra vez jornais publicaram, com euforia, experiências que provam reações da criança de útero à música. Estas e outras reações externas da criança são o máximo que se consegue observar pelos métodos científicos. Não se atinge por esse meio o mundo "interior" do ser humano. *Pela pesquisa do inconsciente, ao contrário, consegue-se destacar exatamente o interior todo,* o movimento mental da criança, os registros emocionais, os pensamentos, as opções em relação a si mesma, as ordens cerebrais para a estruturação física, a paulatina formação de sua personalidade, a orientação em termos de amor, desamor e sentido existencial... Está aqui, portanto, uma ajuda que a abordagem do inconsciente oferece ao ser humano nos primeiros instantes da formação de seu ser, ou seja, nos momentos mais importantes do ser humano. *E é essa também uma atuação preventiva da ADI. Preventiva, não no sentido de que a criança com problemas será "eliminada" antes de nascer, mas no sentido de que se pode fazer a terapia dela através da mãe, recuperando-a, ao mesmo tempo que se eliminam os registros de base negativos dessa mãe, o que, por sua vez, atingirá beneficamente o marido, os outros filhos e descendentes, até várias gerações futuras*. E o benefício de uma família recuperada não se restringe apenas aos familiares. O relacionamento de uma criança, quando bem estruturada na família, será de atuação positiva no meio quando ela crescer. Sobre todas as mulheres projetará ela o "conceito inconsciente" que tem de sua mãe ou de sua irmã. Sobre todo homem transferirá o que percebeu na personalidade do pai ou do irmão. E sobre sua futura vida conjugal lançará inconscientemente o que registrou do relacionamento entre seus pais. Na empresa, o chefe representará também o pai. A "madre superiora" recebe a transferência da mãe, assim como a professora na escola. E sobre os colegas de trabalho transferirá os irmãos. *O bom relacionamento familiar é, pois, o segredo de boas relações humanas, do entusiasmo, da alegria, da cooperação, da doação e interação mental sadia. Basta cuidar, preventiva ou terapeuticamente, dos laços familiares para conseguir a melhoria no convívio profissional e social, para construir grupos, comunidades e uma humanidade justa, produtiva, harmoniosa e satisfeita. E isto se reflete, inclusive, sobre a situação econômica... Pois o inconsciente tem sempre capacidade criativa suficiente para contornar problemas "externos", quando "internamente" estiver bem estruturado.*

A recíproca é também verdadeira. Se a "raiz" da sociedade, que é a família, continuar desestruturada, sem laços fortes para formar pilares sólidos de personalidades sadias, esse processo doentio se ramificará em direção ao meio social e profissional, sem que se consiga segurar essa "avalanche". O que acontece, então, é semelhante à moldagem de uma estátua de gesso feita por um artista. Ele assenta porções de massa, uma sobre a outra, acertando-as em suas mãos. Cada porção serve de lastro à posterior. Mas, se uma quantidade não for bem colocada e moldada, a outra que a complementa também ficará defeituosa e acabará por deformar a figura toda...

C) A ADI junto à educação e à aprendizagem

A experiência clínica pela ADI confirma, com cada novo paciente tratado, o quanto as dificuldades de aprendizagem e certos processos educativos estão ligados aos problemas familiares. Já relatamos trechos de casos clínicos no capítulo sobre a inteligência. Recordemos apenas genericamente que *a criança que não se sentir apoiada em sua estrutura de base por pais que se amam, tenderá a bloquear a aprendizagem*. A criança que identifica inconscientemente a professora com a mãe que a magoou, não consegue assimilar o que diz. *A criança, que foi chamada de "burra" pelos pais, não admitindo que eles pudessem mentir, aceita e concretiza essa "burrice", bloqueando sua inteligência.* A criança, cujos pais discutem, ao ver a professora "brava" ou xingando pode até "urinar" na sala de aula como resposta *"condicionada de agressão". A criança que ao ir para a escola deixou em casa os pais distanciados ou discutindo, sente-se desestruturada em seu ser e não tem condições de assimilar o que lhe é ensinado.*

Enfim, sabe-se que a inteligência é infinita e se essa capacidade se apresenta deficiente é porque está sendo bloqueada e geralmente por alguma situação familiar negativa que a criança está vivendo ou projetando na escola. Entretanto, a criança continua a manter potencialmente uma inteligência sadia. Portanto, *se existe um problema de dificuldade de aprendizagem inconsciente, pode ser especificamente diagnosticado, tratado e — principalmente — prevenido.*

D) A ADI junto a outras ciências

Da mesma forma como a ADI pode servir de paradigma científico complementar às ciências médico-psicológicas, assim como presta sua ajuda à família, ao relacionamento e à educação, pode também servir *às ciências exatas.*

De fato, já vimos que a metodologia científica não tem referencial externo para testar sua autenticidade. *O inconsciente pode tornar-se esse referencial, pois a ADI, conforme já afirmamos, é de certa forma a "intuição" sistematizada que foi indicada por Descartes como referencial para a "metodologia da matéria".*

Assim, *pelo inconsciente pode-se orientar o caminho a ser seguido pela ciência e indicar onde deve terminar, integrando o todo em coerência. A partir do inconsciente, inclui-se a "qualidade" e não só a "quantidade" dos fatos estudados. Será possível avaliar, ainda, a estética, os valores, a consciência, a transcendência e os aspectos humanísticos do que é pesquisado.*

Todas as informações científicas podem ser buscadas no inconsciente e também as variáveis mais significativas, as condições mais propícias, as particularidades do segmento a ser estudado. O que queremos dizer é que *nada se perde com o auxílio da abordagem inconsciente em relação à objetividade experimental, mas muito se ganha, porque o estudo acontece dentro do contexto da globalidade do saber. Além disto, ganha-se em tempo e em precisão das respostas.*

Na prática, para que aconteça a ADI com as ciências exatas, *deve-se utilizar processo semelhante à "terapia através de outrem".* Além disso, o aplicador da ADI, evidentemente, deve ser especializado no processo. E para que certos "inconscientes" possam realmente servir de "referencial", é também preciso que sejam selecionados, terapizados, tratados, treinados e especializados, ou seja:

D1 — *Selecionam-se* pessoas de inconscientes mais sensíveis e que ofereçam facilidade natural para se submeterem a essa abordagem.

D2 — *"Terapizam-se"* essas pessoas, decodificando o seu inconsciente, libertando-o de todos os registros negativos ou bloqueadores e dos antepassados no que esses transmitirem de negativo. Ativa-se também o seu potencial positivo, especialmente o "intuitivo".

D3 —*Treina-se* pela ADI a forma de a pessoa abordar o seu inconsciente para que perceba e objetive *o conhecimento* que se quer. Treina-se, ainda, para que a pessoa, na hora da pesquisa do seu inconsciente, não interfira com suas opiniões, raciocínios ou com a sua maneira de sentir e pensar. Ensina-se a concentração sobre a *pesquisa pura* do inconsciente. Pode-se assim, também, evitar a interferência do próprio "observador", o que normalmente não se consegue eliminar de pesquisas científicas. *O treinamento consta resumidamente de ensinar a esse pesquisador do inconsciente "o desligamento total de tudo que sabe, pensa ou quer atingir", para apenas "verificar" o que o seu inconsciente "revela".*

D4 — *Especializa-se* a pessoa sobre quem se fará a pesquisa também pela "retroalimentação" de seu "computador inconsciente" com o conhecimento específico da área a ser pesquisada. Se, por um lado, a pessoa abordada deve isolar de si qualquer intervenção racional, intelectual, emocional ou de opinião no que pesquisa em seu inconsciente, por outro lado, é necessário que de uma forma genérica entenda cientificamente do assunto que vai pesquisar, ou seja, é importante que seu inconsciente seja "retroalimentado" com o assunto específico a ser trabalhado. *Note, porém, que sem essa "retroalimentação" o pesquisado também conseguirá a coleta dos dados do inconsciente. A diferença é que estas informações, sem a retroalimentação, aparecerão de forma mais simbólica, porque o inconsciente nem sempre encontrará no intelecto o referencial para a terminologia própria da pesquisa dos cientistas.*

Concluindo: Uma das grandes preocupações atuais está ligada a problemas éticos quanto à *Engenharia Genética*. O que acontece com o "humanístico" ou com o Eu-Pessoal no momento da concepção numa fertilização *in vitro*, que é "descartada" ou "congelada"? A ADI, junto a essa ciência, pode nos dar respostas importantíssimas, principalmente em relação ao futuro destas experiências... *A metodologia científica, em certas áreas de estudos, chegou a um ponto em que não pode mais prosseguir apenas na linha fisicista, pois corre o risco de estar abrindo caminhos para a criação de homens que, ao invés de ajudar, venham a destruir a humanidade.* Essa vem sendo a preocupação dos Institutos de Bioética, mas falta-lhes exatamente um recurso semelhante à ADI que lhes forneça dados sobre o ser humano em relação às mais diferentes situações de estudos laboratoriais. *A abordagem inconsciente, como já vimos exaustivamente, pode dar-lhes o toque de integralização com a "ciência da matéria". Dessa forma poder-se-á perceber o mistério humano presente junto aos gametas a serem manipulados e evitar que se criem monstros que possam vir a voltar-se contra o próprio homem que os construiu.*

O quanto a ciência se esquece do "humano" presente no homem diz-nos, por exemplo, um artigo que saiu em julho de 1993 numa conhecida revista brasileira (*IstoÉ*), sob o título de "Genoma, a Chave da Vida". Dizia-se aí que, "graças à genética, o homem, ao nascer após o ano 2005, saberá do seu destino". Diz, ainda, a reportagem que o homem terá em mãos as condições de curar todas as doenças em função do Projeto Genoma Humano, que visa mapear até o ano 2005 a ordem e o conteúdo dos genes que estão no DNA, descobrindo dentro deles os pares de base. A reportagem continua lembrando que os genes são os depositários e os transmissores de todas as características gerais e individuais da espécie humana, que agem para o bem ou o mal da pessoa, e que a partir dos genes é que se determinará a predisposição para certas doenças... *Sem dúvida, a ciência poderá vir a distinguir o normal do anormal... Mas querer verificar pelos genes o "bem e o mal" não é do seu alcance. E por isto não terá a ciência o poder de cura de todas as doenças, nem poderá determinar o destino do homem.*

Entretanto, pelo inconsciente pode-se ir aonde a ciência fisicista não vai. Pode-se, por meio dele, explicar o "motivo" porque houve essa e não outra seleção de elementos genéticos e "por que" determinado par de genes se orienta para o bem ou para o mal. E pelo inconsciente não só se "constata", mas se possibilita a reformulação que orienta o homem para o bem, sua saúde, equilíbrio e bem-estar. De fato, o que faria a ciência quando descobrisse que determinado gene "age" para o "mal" ? Simplesmente eliminaria a fertilização? *O mal poderia ser eliminado por outro mal que é o homicídio?!* Portanto, não está aí a solução, mas na "mudança" dessas condições — o que se torna possível através da atuação do Eu-Pessoal livre sobre o inconsciente.

O que a mentalidade cientificista deverá passar a ver e a entender é que a Vida é anterior à genética e que os genes são apenas o "efeito" ou a "representação física" da Vida. Por mais que a ciência fisicista aprofunde e especialize os estudos sobre a Vida, ela sempre continuará constatando apenas a sua "manifestação" e o cientista somente saberá "manipulá-la" a partir de suas "expressões". Já vimos demoradamente em capítulo anterior que a primeira "causa da vida" não é física e que a Vida Humana é comandada pelo "querer" inconsciente do Eu-Pessoal, não por uma coincidência de encontros entre genes que não nos permitam a interferência do próprio ser.

Entenda-se, portanto, que é ilusória a ideia dos homens da ciência quando pensam que ao "conhecer" todos os mistérios que os genes "possuem", controlarão a saúde do homem. Se o controle da saúde não for buscado no nível humanístico, que é imaterial, o homem continuará a malhar em ferro frio, constatando e identificando, talvez em maiores detalhes, a natureza das doenças, descobrindo talvez novos medicamentos para deter o curso do rio desses males, mas nunca chegando à fonte originária dessa questão. *Jamais a ciência fisicista adquirirá poderes para comandar ou manipular de fora aquilo que só o próprio homem consegue controlar, a partir de seu mundo interior e livre. Assim sendo, só resta ao homem tornar-se humilde, a ponto de entender que precisa, antes de mais nada, esforçar-se por aperfeiçoar a si mesmo, para que o mundo exterior seja reflexo desse seu interior e para que assim possa acontecer, finalmente, o encontro harmonioso com a saúde, o equilíbrio e a tão procurada paz e justiça social.*

CONCLUSÃO

Ao concluirmos este trabalho, estamos longe de encerrar a gama enorme de novas informações que foi aberta com *O inconsciente sem fronteiras*. Na realidade, estamos dando apenas os primeiros passos, fazendo o lançamento da pedra fundamental de uma ramificação que se abrirá, aos poucos, esplendidamente para todas as áreas do saber. E se assim pensamos, não é por megalomania, nem para qualificar a teoria da ADI ou o Método TIP como a solução máxima para problemas e "vazios" do conhecimento, mas porque *acreditamos num futuro de alcance incomensurável para o nosso INCONSCIENTE, quando diretamente pesquisado.* E isto porque esse inconsciente não é intelectualizado, mas vivenciado, completo e comum a todos os seres humanos, e encontrado pela pesquisa direta de seus conteúdos puros, sem interferência da subjetividade do pesquisador, da racionalização do pesquisado ou da relativização do processo analítico-interpretativo. Atinge-se, desta forma, o nível mais profundo do inconsciente, onde se localiza a sabedoria humana ou a "intuição", que a tudo sabe responder. E, encontrada esta instância, já não se caminha mais sobre um campo escorregadio de teorias e conceitos, baseados em determinado autor, ou constrangidos dentro dos limitados parâmetros da pesquisa científica ou, ainda, enquadrados em estudos hipotéticos sobre a dinâmica do psiquismo. Pois os conteúdos do inconsciente, conforme buscados pela ADI, são extraídos diretamente da pessoa pesquisada. Isto, portanto, permite que se faça a observação da "repetitividade", tão necessária à estatística e, finalmente, a formulação de conclusões baseadas apenas sobre informações assim obtidas. *E as respostas do inconsciente serão, então, sempre similares em sua essência, embora únicas, em detalhes, para cada pessoa.* Coleta-se assim uma gama de informações que acaba por sugerir um novo "paradigma científico" e que fornece respostas inéditas para o ser humano, sob todos os ângulos do seu ser, agir e viver.

A pesquisa da ADI, portanto, não se fixa sobre uma "teoria dos inconscientes", mas é um recurso franco à "descoberta contínua" das novas facetas desse nível mental, cuja autenticidade se vai comprovando na medida em que se constata a coerência entre todos os mais variados fatos ou dados obtidos. E por ser assim, aberta, sem ideias preestabelecidas, a ADI se movimenta pelo processo de objetivação precisa dos dados pesquisados, expressando a certeza de se terem obtido informações corretas, uma vez que os dados esparsos, pouco a pouco, vão se confirmando e acoplando mutuamente. O mesmo acontece no aprofundamento gradativo dos temas inconscientes. *Os dados das percepções anteriores do paciente são confirmados pelas informações posteriores, tudo fechando-se, finalmente, em complementaridade.* Considere, ainda, que o "raciocínio inconsciente" é invertido em relação ao pensamento racional ou consciente e do tipo que vai de "trás para diante", o que impede, consequentemente, qualquer tentativa de falsificação de informações. Assim acontece, também, porque o paciente só "sabe" da resposta na medida em que esta é "acionada" pelo questionamento...

Através do processo da ADI, contesta-se a teoria do "relativismo de todas as coisas" e *prova-se que no inconsciente existem "verdades objetivas e universais", onde se podem distinguir as realidades autênticas das não verdadeiras.* E a ADI nos fornece também recursos de acesso ao que se quer, pois a sede destas verdades é o próprio inconsciente de todos nós, em seu nível mais profundo, mas atingível. Comprova-se, ainda, pela ADI, que *este inconsciente profundo é o núcleo do "princípio vital humano" ou da "essência humana",* portanto, as verdades aí encontradas são aquelas que caracterizam o próprio "ser" do homem e, desta forma, não são dependentes, nem modificam, conforme este ser humano esteja inserido em outras culturas, crenças ou costumes.

Encontrar um único círculo de verdades, no qual todas as outras verdades parciais se enquadrem com perfeição e do qual as inverdades sejam rejeitadas pela contradição, sempre me pareceu ser um dos objetivos mais ansiosamente buscados pelo ser humano. Podemos não saber adequar-nos a essas verdades perfeitas e unificadas, mas, se elas existem, temos uma meta a perseguir enquanto vivermos, um referencial que nos servirá de guia constante frente a todas as nossas reflexões e atitudes e que nos estimulará a prosseguir sempre e retomar o caminho, quando erramos ou fracassamos. E esta força para recomeçar e para não desanimar assenta-se sobre o fato de sabermos que existe "seguramente" — e não apenas "provavelmente" — um "porto" de chegada. Por outro lado, *nada é mais angustiante e autodestruidor, nada consegue lançar o homem em quadros mais depressivos e desalentadores do que a crença de que a "verdade objetiva não existe" e que "tudo é relativo".* Entretanto, é exatamente este pensamento que deixamos infiltrar-se em nossa comunidade jovem. E é este "relativismo" um veneno sutil que mata o ideal, a esperança, a força de vontade, o espírito de luta... Destrói, portanto, as características próprias do jovem, que aí estão colocadas pela natureza, porque ao jovem cabe lutar por um mundo melhor — não ao adulto que já declina na vida, nem à criança que ainda não cresceu.

Todo o quadro sofrido de nossa humanidade começará a modificar-se quando o filósofo, o cientista, o estudioso ou o homem que simplesmente entende a importância de "humanizar-se" se puserem a buscar a sabedoria e o conhecimento, tão ansiosamente procurados, mais "dentro" que "fora de si". A ADI é um desses caminhos, pois não se demora em raciocínios teóricos, mas busca sempre e renovadamente a experiência direta ensinada pelo inconsciente de todo e qualquer ser humano. *Desta forma, consegue-se manter a coerência entre os dados que se coletam, por mais diferentes que sejam os enfoques ou as pessoas que se submetam ao processo*. Aliás, é nisso que reside para nós o maior valor da ADI. Certa vez uma jornalista perguntou-nos como definiríamos numa só palavra a metodologia que criáramos. Para ilustrar o que queria, disse a jornalista: Freud colocou como maior destaque de sua obra a "descoberta do inconsciente"; Jung deslocou a importância de sua Psicologia Analítica para o "inconsciente coletivo"; e a Sra., o que diz deste seu trabalho com o inconsciente? Respondemos que preferíamos não enfatizar nossa obra pelo tipo de método ou de inconsciente, mas pela capacidade de focalizar a "COERÊNCIA" entre todos os dados que são obtidos do inconsciente, quando buscado pela sua abordagem direta... Pois, sem dúvida, *é neste fato de possibilitar a "coerência entre as informações obtidas" que reside o aspecto original mais relevante da ADI*. Fora disto, seria ela apenas mais um método a competir com os outros. Seria ela um "método de determinado autor", que se diferenciaria de outros autores por características de apreciação "relativa", e não um "processo universal" — como o julgamos — *porque a ADI se constrói na medida em que do inconsciente de "todos os seres humanos" e do "homem todo" são extraídas verdades que se inserem em adequação perfeita com a Verdade Absoluta...*

Por outro lado, a Abordagem Direta do Inconsciente é a sistematização da "intuição", o que quer dizer uma metodologia que permite alcançar prática e metodicamente a proposição filosófica que vem sendo exposta por pensadores de todos os tempos e que posiciona a "intuição" como a área da apreensão imediata, sem contradição e de unificação do saber. Assim, pela ADI torna-se possível pesquisar de modo exato, sem margem de erro, e de uma forma inter-relacionada, toda a amplitude e o significado do inconsciente humano. Entende-se por aí o homem em sua integridade, em relação à transcendência e à espiritualidade, mas também na interligação dessa instância com a funcionalidade orgânica, fisiológica, neuroquímica, cerebral e genética. Por meio da ADI é, ainda, possível obter todo e qualquer conhecimento relacionado a povos, épocas, culturas, costumes, e tudo isto em pormenores que jamais poderão ser atingidos pelos recursos de uma ciência fisicista.

O leitor atento concordará com a afirmação acima, quando relembrar os relatos clínicos que apresentamos no decorrer de nosso trabalho e onde se observa que toda informação aflorada do inconsciente não é apenas "quantitativa" ou objetiva, mas vem envolvida com a "qualidade", o pensamento, a emoção, as reações, a influência de ancestrais e tantos outros aspectos não verificáveis pelo paradigma científico-tradicional. *Ainda que o método científico aprofunde cada vez mais e de forma extraordinária seus estudos físicos sobre o homem, e ainda que milhares de cientistas busquem os segredos da formação genética ou o "genoma", a ciência fisicista não ultrapassa o limite desse físico, ficando sempre no lado de cá da margem que esconde do outro lado a essência da vida.* Vimos em determinadas revistas a euforia com que se divulgam certas pesquisas sobre a criança de útero materno, comprovando-se que ela "ouve" certos sons ou que se "esquiva" de instrumentos usados para abortá-la... A mesma pesquisa feita sobre o inconsciente nos diria também: o que "pensa" a criança ao se defender de ser eliminada, o que lhe acontece em nível de "ser", quando a matéria de seu corpo é destruída, como tudo isto se projeta sobre a mãe que optou pelo aborto, como se expressa organicamente seu sentimento de culpa, qual a origem da motivação verdadeira de querer eliminar seu próprio filho, se há antepassados que interferem nessa questão, quantas gerações de ancestrais repetem este gesto, quais os males psíquicos e orgânicos que também atravessaram as gerações em função da mesma causa etc. *Perguntas e respostas incontáveis podem ser buscadas no inconsciente sobre o mesmo fato.*

É importante também ressaltar que a ADI, mesmo verificando realidades que escapam ao conhecimento da ciência fisicista, mantém-se fiel dentro dos parâmetros científicos da "pesquisa de campo", exigindo a "objetivação" e a "operacionalização" do que é vivenciado e descrito, a partir do inconsciente. *Termos "abstratos" não são aceitos, nem "conceitos" ou "formulações racionais", apenas "fatos"... E é desta forma que pela ADI se entranha, inclusive, a espiritualidade e a vivência religiosa, pois há sempre "sinais visíveis" no inconsciente que expressam esses acontecimentos "invisíveis".*

Conclui-se, por tudo que foi esclarecido neste trabalho, que *através do inconsciente revelam-se assuntos e respostas originais e novas perspectivas para o mundo do conhecimento.* Considere-se, por exemplo, a nova porta que se abre para a Medicina e a Psiquiatria. *Em relação à Medicina, já relatamos,* em capítulo próprio, o quanto *a ADI pode detalhar,* através do questionamento dialogado, *a funcionalidade orgânica em aspectos difíceis ou impossíveis de serem identificados pelo atual paradigma científico, pois resultam de "ordens cerebrais", cujo comando é dado diretamente pela dimensão "livre" ou pelo "querer" humano e que somente depois se concretizam no físico. Da mesma forma, as doenças mentais têm uma causa anterior à química cerebral, uma ordem relacionada com o "desamor" e o "não querer perceber" os fatos. A ADI mostra também os caminhos para se eliminarem estes males e a forma de como realizar a "reversão" desses problemas. O inconsciente fornece, ainda, respostas surpreendentes para a Antropologia, a Filosofia, a Teologia, a Psicologia, a Pedagogia, a Engenharia Genética e todos os outros campos do conhecimento. Especialmente a Bioética deverá encontrar com a ADI as respostas procuradas.*

Considere-se também a nova compreensão que a ADI lança sobre o tema *"hereditariedade". O inconsciente revela que "herdamos" absolutamente tudo de nossos antepassados, todas as características físicas, o que diz respeito à saúde, à doença, à maneira de ser e pensar, de agir, de compreender a vida espiritual, moral e religiosa de nossos ancestrais.* Sabe-se que buscamos "modelos", isto é reativamos certas características desses antepassados e em função de sofrimentos semelhantes. Conhecemos pela ADI o MIAR, ou seja, os "condicionamentos" que vão se repetindo através das gerações, até mesmo dentro de idades e épocas semelhantes. Sabemos que na origem de todo MIAR existe um acontecimento real ou um "ato livre", uma "decisão". E *esta verificação aumenta, incomparavelmente, a nossa responsabilidade, pois uma "má decisão" ou um "erro" será "motivado" a ser repetido através de nossos descendentes, por gerações incontáveis, até que alguém diga um "basta", "redimindo" com atos de profunda espiritualidade este MIAR condicionado e criando um novo "MIAR — positivo", para as próximas gerações...* É importante também que se entenda ser este mecanismo não somente psicológico ou espiritual, mas projetado sobre o físico e aparecendo como doença real, por vezes "incurável" pelos recursos da Medicina. É dentro desse mecanismo que se explicam também, quase sem exceção, os casos de esquizofrenia. Vimos ainda, em capítulo específico, que a influência dos ancestrais não é apenas de registro inconsciente, mas de "ser vivo", pelo simples fato de não acontecer a "morte da pessoa", apenas a perda de sua matéria. Daí essa interinfluência acontecer entre os seres humanos, à semelhança dos vasos comunicantes, pouco importando estarem ainda, ou não, inseridos na "matéria" do corpo. Aliás, *as ca-racterísticas do "existir" e da "interação" humana não são e nunca poderiam ser limitadas por um aspecto tão insignificante de seu ser, como é a "materialidade"do corpo...*

A descoberta que a ADI faz das *instâncias humanísticas* também não poderíamos deixar de ressaltar neste final, principalmente porque *esta verificação acontece através de um processo científico de pesquisa de campo e não a partir de uma doutrina ou teorização qualquer.* Esta identificação é que gera a possibilidade de unificação integrada entre os diversos níveis humanos, e é assim que *se prova à ciência fisicista o seu engano ao pensar que a espiritualidade é uma abstração ou uma "realidade menos verdadeira que a física"...* Aliás, a ADI demonstra o contrário: que *a natureza física do ser humano é "efeito" e é "dependente" da realidade espiritual do homem.*

Falando de forma genérica, pode-se ainda enfatizar, neste final, que *a ADI se posiciona dentro do "espírito da época", o qual tende a reagir contra o cientificismo elementarista e reducionista, pois ela evidencia a integralidade, a totalidade, a vivência, a intuição e, principalmente, a "humanização do homem".* Posiciona-se ela também como processo que se encaixa na história da evolução do saber antropofilosófico. De fato, a ADI conjuga, de certa forma, a filosofia antiga e perene com a "fenomenologia" e o "existencialismo", continuando a identificar a "essência" ao lado da "existência". *Confirmam-se pela ADI, outrossim, as revelações do cristianismo a partir do inconsciente. E isto é particularmente importante em nossos dias, quando filosofias enganosas e panteístas invadem sutilmente revistas, jornais, a televisão e até a informação da infância, utilizando-se para isto, inclusive, da criação de "campos de força" e de "drogas" para confundir as mentes com a promessa de "cura do mundo" com a chegada de uma nova era...* Sabemos que essas filosofias aproveitam-se da crescente insatisfação humana, adaptando-se ao *esprit de l'époque*, pois se definem a favor da globalidade (holismo), da intuição, da integralidade, do desejo mundial de unificação. *Expressam-se como movimentos pacifistas e orientados para interesses comuns mas, na realidade, iludem o homem com uma espiritualidade sem Deus, querendo envolvê-lo numa organização de domínio universal.*

No que diz respeito ao *conhecimento, a abordagem do inconsciente possibilita a unificação das diversas ciências entre si, numa mesma linguagem e único enfoque,* constituindo-se assim como "paradigma complementar" de preenchimento dos "hiatos" científicos. Acontece, desta forma, o enfoque dentro de um mesmo prisma das duas realidades de conhecimentos que até hoje caminhavam paralelas, sem condições de se encontrarem: *a ciência e a espiritualidade...*

Encerrando este nosso trabalho, queremos dizer, ainda, que de forma alguma esperamos aceitação pacífica de tudo o que aqui escrevemos. Sabemos da "sina" que sempre acompanha o "novo", em qualquer época. Sabemos da incompreensão que enfrentaremos, das agressões, dos debates às vezes construtivos, mas muitas outras vezes infrutíferos e cansativos que nos cercarão, principalmente após o lançamento da obra... Mas sabemos também pelo que lutamos. E muitos já lutam ao nosso lado: A FUNDASINUM ou a Fundação de Saúde Integral Humanística, "entidade-escola" da ADI e do Método TIP engrossa a cada dia a sua fileira de profissionais da área da Psicologia e da Medicina, que não medem esforços para se especializarem devidamente nesse processo. É que há um valor maior em jogo: *a esperança de se estar efetivamente contribuindo para a diminuição do sofrimento humano, a melhoria das condições de bem-estar social, a espiritualização do homem e a humanização da ciência.* Daí por que perseveramos e continuaremos a lutar... Pois *sempre acreditamos nos frutos que necessariamente se desprendem de palavras, gestos e trabalhos impregnados de ideal e imbuídos do desejo de gerar mais Amor, único bálsamo capaz de curar e reconstruir a humanidade sofrida.*

É nessa esperança que se despede
O inconsciente sem fronteiras.

APRECIAÇÕES

As apreciações que seguem em anexo foram feitas para a primeira edição deste livro, em 1995, dez anos depois do lançamento de *As chaves do inconsciente*, livro ao qual dá continuidade *O inconsciente sem fronteiras*, conforme se verá, que explora um assunto inédito, a "pesquisa direta do inconsciente humano".

O livro *O inconsciente sem fronteiras*, conforme se verá, explora um assunto inédito que é a *"pesquisa direta do inconsciente humano"*. E as informações, os dados, que se coletam a partir desse nível mais profundo de nosso ser, atingem, sob novos enfoques, e muitas vezes revolucionários, as mais diferentes áreas do saber. Assim, inevitavelmente, este livro está fadado a ser *polêmico*, mesmo porque não é possível entender intelectualmente toda a abrangência do Método ADI. Somente a experiência vivencial, que possibilita a intuição e a apreensão total e imediata, leva à compreensão mais ampla desse processo.

Devido ao contexto acima descrito, achamos importante solicitar a personalidades distintas, de áreas diversas do conhecimento, das quais algumas já se haviam submetido ao processo ADI, uma apreciação que nos fornecesse sugestões para esclarecer melhor o conteúdo de nosso trabalho. Não pensávamos em incluí-las em nossa obra. Entretanto, à medida que recebíamos os pareceres, julgamo-los tão valiosos que decidimos — com a devida permissão dos "apreciadores" — compartilhá-los com nossos leitores, porque nos pareceu que estas opiniões, por si sós, oferecem esclarecimentos que se fazem necessários.

O tema de nosso prefácio, portanto, são estas "apreciações", que dividiremos de acordo com diversas áreas do conhecimento.

Começaremos pela apreciação de dois *Cientistas*:

Dr. James Alma Sluss, Jr., formado em Química (B.S.) pelo College of William and Mary, fez 2 anos de pós-graduação em Química Orgânica e Física e PhD em Química e Física pela Universidade de Indiana, Estados Unidos.

Segue a apreciação de Dr. James sobre o livro *O inconsciente sem fronteiras*:

Considero o Método de Abordagem Direta do Inconsciente "ADI", aplicado na prática clínica como Terapia de Integração Pessoal "TIP", um grande avanço, por procurar no inconsciente a cura de perturbações comportamentais, as quais, em vários graus, impedem que muitas pessoas possam ter uma vida plena, sendo essa a meta real da terapia. Acredito também que a ADI aplicada à Medicina oferece um caminho para a cura de doenças orgânicas, explicando aquelas "remissões espontâneas" observadas pelos médicos. O amor e a intuição são essenciais para qualquer empenho, seja de relacionamento em negócios até as investigações em genética.

No que diz respeito à mente, comparada no livro ao computador, acho que a mente vai além, especialmente em relação à lógica inteligente, a chamada "fuzzy logic", em que o computador "pensa" para escolher o caminho melhor. Por outro lado, após ler o livro, fica-me ainda a dúvida do motivo por que a sabedoria pura do inconsciente permite escolher tão rapidamente registros negativos em função de influências externas, sem pesar melhor as consequências.

O processo de registro descrito é similar ao que na linguagem do computador se chama de EPROM, "memória reprogramável de leitura"; só quando o inconsciente programa um registro negativo, utiliza-se a ADI/TIP para fazer uma reprogramação visando substituir o registro negativo por um positivo. Mas, devido às pressões da vida diária, acho possível que o inconsciente possa fazer nova reprogramação negativa no EPROM — a menos que a pessoa decida, por ela própria, interiorizar-se e que por meio da vivência do amor e da intuição evite essa reprogramação negativa, permitindo assim a continuação da vida saudável em todos os aspectos.

Como a Dra. Renate conclui, as suas descobertas podem levantar polêmica, mas isso não desmerece o valioso avanço oferecido por essa técnica humanística em terapia. Ela está, sem dúvida, abrindo o caminho para que se possa consultar e ouvir diretamente o inconsciente — meta que vem sendo procurada há tantos séculos.

Dr. Antônio Carlos Camargo é médico e pesquisador na área da neuroquímica. De seu vasto curriculum resumiu ele para nós alguns dados que aqui seguem: "University Career" MD (1959-1964) — University of São Paulo, Medical School; PhD (1969) Pharmacology University of São Paulo, Medical School; Associate Professor of Pharmacology (1972-1986) Department of Pharmacology, Medical School, University of São Paulo; Full Professor of Pharmacology (1986) Department of Pharmacology, Institute of Biomedical Sciences, University of São Paulo.

Este cientista expressa-se sobre nosso trabalho de uma maneira sucinta, mas com palavras que para nós são de inestimável valor, em razão do enfoque científico. Diz Dr. Camargo:

A ciência ainda está a anos-luz de distância de entender o que chamamos de inconsciente, mente, espírito. Esses aspectos que preocupam o homem, desde os seus primórdios, sempre foram e ainda são objeto de consideração das religiões místicas ou proféticas e mais recentemente da Psicologia. Vejo que os resultados concretos que você tem obtido nessa área com a utilização do método abordado no seu livro têm valor por si mesmos e prescindem de uma explicação científica ou paracientífica.

Em relação à visão *Médica,* nosso trabalho foi honrado pela apreciação da **Dra. Marília de Freitas Maakaroun**, médica, especializada em pediatria, psiquiatria infantil e especialista em adolescência. Exerce a função de coordenadora da Unidade Materno-Infantil e Adolescência e é também coordenadora do Programa de Atenção à Saúde da Mulher, da Criança e do Adolescente, da Secretaria de Estado da Saúde de Minas Gerais.
Diz Dra. Marília:

A obra O inconsciente sem fronteiras *é desafiadora, corajosa e genuína na sua grandeza, na sua complexidade de abrangência e na profundidade de conhecimento humano, alcançado pela autora na proporção em que vai descrevendo o revolucionário Método TIP, de "Abordagem Direta do Inconsciente".*
Toda obra é manifestação de seu criador e as pessoas que têm o privilégio de conhecer a Dra. Renate Jost de Moraes constatam ser ela portadora de uma identidade transcendente, que flui através de sua pessoa, integrando a sua vida ao universo de sua atuação profissional. Ela nos tem permitido verificar que realmente é possível atingir níveis cada vez mais elevados de funcionamento da personalidade, pela busca persistente do autoconhecimento com técnicas inovadoras e cientificamente comprovadas. Os resultados de seus estudos confirmam o alívio e a cura de muitas doenças de expressão complexa, assegurando sempre o equilíbrio estrutural humano.
Quem leu o seu primeiro livro, As chaves do inconsciente *(Agir, 1985), sabe que a autora vem analisando criteriosamente a ambígua trajetória do ser humano, descortinando a antinomia de seus desejos e de suas tendências superiores, adentrando, através do Método TIP, as profundezas de suas razões primitivas e descortinando as raízes da conduta humana.*

Temos certeza de que esta obra norteará os caminhos daqueles que buscam o seu conhecimento pessoal e a sua vocação maior, integrando os aspectos de saúde à unicidade do processo histórico vivencial que antecede o nascimento do ser.

Acreditamos também que este trabalho inédito constitui o advento da cura definitiva da maioria das doenças deste século, pois elas se caracterizam pela limitação consciente da dimensão real da condição humana, impedindo o desabrochar da personalidade em sua plenitude e transformando a pessoa em fragmentos grotescos e fantasmáticos de uma realidade aparentemente inalcançável.

Dr. Carlos Misael Lopes Furtado, também é médico, clínico geral, auxiliou-nos no atendimento médico pela ADI e colaborou no trecho que se segue:

Na atualidade, quando assistimos às profundas transformações que ocorrem no mundo, quando observamos a tecnologia em destaque, que facilita a vida cotidiana, vemos também, infelizmente, a predisposição ao materialismo, ao fisicismo e à busca da realização humana apenas através de "exterioridades". O livro O inconsciente sem fronteiras *encontra uma forma fantástica de mudar o enfoque do homem para a sua interioridade, a compreensão mais profunda de sua essência, onde o Eu-Pessoal único e irrepetível assume toda a dimensão do ser e se beneficia porque encaminha o homem todo para a autorrealização na humanização. No dia a dia de meus atendimentos, em meu consultório, constato, a cada novo caso, as transformações internas que a TIP realiza nos pacientes. Experimentam eles a forma mais rápida e duradoura de mudanças em seu físico, em seu psiquismo e em suas atitudes, e para toda a vida. Quem passa por esta experiência, que apesar de rápida é suave, com certeza modifica seu mundo interior e vivencia a libertação.*

O livro O inconsciente sem fronteiras, *que Dra. Renate oferece ao mundo, veio esclarecer de uma vez por todas as dúvidas e dificuldades relativas ao inconsciente. Mostra o livro a possibilidade de se atingir este inconsciente psicoterapeuticamente, com técnicas próprias, indicando caminhos similares para outras ciências. Na Medicina, já estamos experimentando a ADI-médica, a qual, com certeza, será um grande marco na ciência porque conduzirá à descoberta e à cura de muitas patologias e também servirá para o alívio de dores psicológicas que entranham os males orgânicos, aumentando o sofrimento físico.*

Da área da *Psicologia* tivemos ainda a apreciação abalizada da **Maria Silves S. R. de Araújo**. Dra. Silves, também formada em Letras, exerce o cargo de pesquisadora bibliográfica na Biblioteca da Câmara dos Deputados em Brasília. Diz, em sua apreciação final, Dra. Silves:

Seu livro, a meu ver, não podia ser melhor nem mais completo. Da introdução à conclusão, sua abrangência, densidade e profundidade são impressionantes. Você consegue transmitir com clareza assuntos complexos. O livro é mais que a apresentação detalhada do método ADI. É um estudo do ser humano, abrangente, profundo e com o arrojo das grandes descobertas. Penetra ele o inconsciente humano até as suas raízes mais profundas, inclusive de ancestrais, encontrando aí explicação e sentido para a vida e para a morte. Evidencia, com simplicidade, verdades que sabíamos vir de dentro do homem e que sempre foram apresentadas apenas como ensinamentos religiosos. Entretanto, sem dúvida, a sua firmeza em apresentar a ADI como "paradigma científico complementar" deve vir a gerar polêmica, talvez não tanto na Psicologia, mais aberta, graças à diversidade de linhas psicológicas, mas na área das outras ciências... Só me resta desejar que seu livro alcance os objetivos visados.

Uma outra apreciação de nosso trabalho conjuga conhecimentos de *Serviço Social e Filosofia*. Quem a redigiu foi **Rosa C. Andraus**. É ela formada em Serviço Social e pós-Graduada em Curriculum e Supervisão pela PUC-São Paulo. É especializada também em Filosofia Social.
Diz Professora Rosa:

Acontece hoje, no campo universitário e dos estudos em geral, uma tendência à interdisciplinaridade. A pesquisa volta-se para o cotidiano com o objetivo de relacionar teoria e prática e de mostrar também que a Filosofia se faz presente em toda ação, de maneira implícita e explícita, porque tal ação é intencional. Essa intencionalidade passa pelo entendimento do que vem a ser uma atitude interdisciplinar, a qual na prática é uma questão de postura que permite à pessoa estar em constante busca, diálogo, humildade, no sentido de estar aberto para o compromisso, a responsabilidade, a alegria e, principalmente, para a atitude de vida... A Filosofia é vista, assim, sob o novo prisma, pois é, então, toda ação de abertura e de compromisso com as pessoas e com os projetos que as envolvem. Isso significa que não há nada de novo e nada de velho, porque através da ação o novo se torna velho e o velho novo. Esse movimento dialético se faz presente tanto na vida como na ação. Nesse sentido, torna-se missão também o diálogo, o rever e o repensar. Filosofia, portanto, já não é apenas teoria, mas pesquisa sobre a ação, onde o conhecimento científico e o senso comum se unem na busca de alternativas e do global, deixando de lado a visão fragmentária e unilateral.

Seu livro, Dra. Renate, é exemplo dessa atualização da Filosofia porque apresenta uma pesquisa que relaciona a prática à teoria e mostra a Filosofia engajando-se no vivencial, através do compromisso da intenção da seriedade e do próprio viver, o que se torna evidente nos casos clínicos apresentados. Essa relação permite ao leitor tornar-se seu parceiro porque ele não só consegue perceber a relação teoria versus prática, mas também participar das questões colocadas. Elabora você ainda a questão filosófica enquanto prática pesquisada e compromissada e como uma questão de "ser" no mundo, enquanto ativa como interdisciplina de abertura na busca de rever e repensar, de compromisso, de responsabilidade, de alegria e de vida. Sua ousadia em nos mostrar isso na prática é o desafio que todo pesquisador sério deveria assumir. Parabéns e continue nessa luta...

Um *Pedagogo* que se fez representar na apreciação prévia do livro é **Dr. Saad Zogheib Sobrinho**. Dr. Saad é também Bacharel em Ciências Jurídicas e Sociais, licenciado em Filosofia e Ciência da Educação. Foi Professor de Psicopedagogia em Porto Alegre, e Assessor do Ministério de Ação Social para Assuntos Educacionais em Portugal. Diz Dr. Saad:

O nosso tempo está pedindo sínteses resolutivas em todos os domínios. Síntese não é nem centrismo ideológico, tampouco oportunismo das "colchas de retalhos", que quer salvar um pouco de tudo, ao gosto fácil do consumismo imediato de tantas modas em curso. Síntese e criatividade exigem muito trabalho, muita pesquisa, lucidez. E, em se tratando do homem, em sua totalidade, requer a ousadia de encontrar novos caminhos e métodos para ajudá-lo a desabrochar plenamente, em todas as suas dimensões: "O homem todo e todos os homens".

Houve no campo científico muita conquista e, ao mesmo tempo, danos irreparáveis, quando se pensaram para a humanidade sistemas, soluções, métodos. É mais ou menos inútil conhecer tudo de economia quando se conhece pouco do homem. O marxismo revelou grandeza e caos com esta distração. O liberalismo semeia o progresso à custa de miséria social. Nem mesmo a genialidade de Freud furtou-se de cair nas malhas daquilo que tentou ultrapassar com a descoberta do inconsciente: "a racionalização" e a "generalização". Não é cômo-

do e é precariamente científico sentir-se a priori *classificado, a partir dos sintomas descritivos, numa doença ou num distúrbio qualquer. E, acima de tudo, em seus sintomas. E além de tudo, hoje proliferam, e a bom mercado, respostas instantâneas e descartáveis. Nunca se fizeram avanços com soluções fáceis.*

A psicóloga Renate Jost de Moraes, com arrojo e ousadia, dá uma contribuição notável e original no campo da psicoterapia. O resultado de seu trabalho é solidamente sustentado por uma pesquisa sistemática e rigorosa, feita a partir de pessoas tratadas com êxito pela sua abordagem, a qual se dirige a cada um e pode ser dirigida a todos, sem nenhuma discriminação. É que a dignidade da pessoa humana não está vinculada a classes sociais, a fatores étnicos, graus acadêmicos, ou mesmo à possibilidade de acesso de compreensão dos métodos terapêuticos.

É importante, em um tempo de massificação que despersonaliza, devolver o espaço vital e promover a identidade de cada um, a sua "pessoalidade", a fim de que a comunidade seja sadia e solidária. O "eu" e o "nós" não nasceram para se digladiar sempre, mas existem sadiamente para se articular em grande estilo integrativo.

O livro As chaves do inconsciente *abriu com um critério singu-lar e sério o acesso à riqueza interior do homem e da humanidade, confrontando-se com realismo e compreensão também com tudo aquilo que faz o homem sofrer, sem o seu pleno conhecimento. E como ser "social" por excelência o homem nunca sofre sozinho, nem conhece a felicidade fora da relação com os outros. Dra. Renate, percorrendo o "universo humano" pela via do inconsciente, procurou devolver significado e saúde aos vínculos, agora não mais asfixiantes e destrutivos. O inconsciente sem fronteiras reafirma com riqueza interior, mais bem experimentada com a "prática", que esta modalidade alternativa de psicoterapia, não por isso menos rigorosa, é passível de verificação em concreto. A unidade essencial da pessoa humana requer tomá-la também e, sobretudo nesta esfera, como um todo. A realidade inconsciente demonstra a estreita interdependência entre os domínios ou dimensões humanas da corporeidade, das emoções e da mente que afundam suas raízes no espiritual. Haverá sempre mais consenso quanto a isso, quando as "ideologias" reconhecerem acima delas mesmas, que na História cabe uma humanidade que as transcende. Estas dimensões parecem ter selado um "acordo secreto" para defenderem a todo custo a unidade do ser humano. Dra. Renate penetrou com ousadia no conteúdo complexo deste "acordo secreto" e detectou caminhos importantes, através do "inconsciente", para colaborar na saúde, na educação e em relação ao sentido profundo da vida... Materialismo e espiritualismo são enfoques redutivos, limitados. O valor divino do humano e o valor humano do divino revelam a eternidade no tempo e a humanidade do Eterno.*

Da área *Religiosa* tivemos também apreciações extremamente valiosas.

Honrou-nos, em especial, com sua apreciação, o Bispo de Ilhéus, **Dom Valfredo Tepe**. Como *teólogo e psicólogo* é ele autor de vários livros de formação, tais como, *O sentido da vida*, *Quero que sejas*, *Prazer ou amor*, *Diálogo e auto-realização*, *Estamos salvos*, *Nós somos um*, *O sonho do rei* e *Presbítero hoje*. Dom Valfredo já foi membro da Comissão Episcopal e Pastoral da CNBB, da Comissão de Doutrina da CNBB e da Congregação para a Doutrina da Fé em Roma.

Sobre o nosso livro diz Dom Valfredo:

Se falasse em alemão, eu diria: Dieses Buch ist ein grosser Wurf, ou seja, esse *livro é um grande lançamento, dilatando as fronteiras do conhecimento a respeito da complexa realidade psiconoossomática do ser humano. Consegue unir a pesquisa científica com a reflexão humanista, numa visão global, holística — aspiração de muitos que se cansaram da situação de Babel, onde todas as disciplinas falam o seu próprio idioma (economês, sociologuês, teologuês) sem haver entendimento comum, interdisciplinar.*

É surpreendente o resultado da pesquisa de campo, com rigor científico que, para além do inconsciente individual de Freud e do inconsciente coletivo de Jung, descobre o inconsciente "universal" ou "intuitivo", através do método ADI (Abordagem Direta do Inconsciente), cuja seriedade científica é comprovada pelos resultados de cura através da TIP (Terapia de Integração Pessoal).

Impressionante é também a descoberta do "Eu-Pessoal" nas pesquisas de campo, como instância primeira e última que garante a dignidade inalienável da pessoa humana. Assim, também impressiona o fato de que este "Eu-Pessoal" está presente no ato da concepção ou até antes, e que sobrevive à destruição da morte que não o atinge... No campo psicológico não conheço outro trabalho tão positivo e global.

Padre Mário Sérgio Bittencourt é um sacerdote jovem, pároco e membro do Tribunal Eclesiástico Regional de Apelação de Belo Horizonte.

... deixe-me dizer-lhe que não conheço outro livro que defenda e exalte como este tudo do primacial humanismo, que se amolde a plano mais harmonioso e se transforme em sólida e atual cultura, onde se exprime um simples linguajar de grande perfeição. No início da leitura, deparei-me com duas certezas entrelaçadas, que pude perceber de modo indireto: o conceito de humanismo e o Cristianismo em relação

ao homem. O primeiro atinge o homem todo e o segundo, através do núcleo de Luz, atinge todo o homem. Pude perceber pela leitura a evolução sofrida do conceito de humanismo, proclamando-se, a seguir, a excelência suprema do humanismo cristão, o único pelo qual é possível a realização integral da pessoa humana.

Creio que no seu livro, ao ser apresentado ao público, o leitor poderá observar, através dos títulos e subtítulos dos 5 capítulos, a perfeita concordância com a afirmação preliminar, ou seja: o corpo, o intelecto, a formação moral e a formação religiosa atingidos todos no mais profundo do ser inconsciente e numa linha de coerência entre si. Olhados estes temas em seus múltiplos aspectos e funções, servirão para comprovar a supremacia irrecusável do referido humanismo, devotado ao geral dos valores humanos e não apenas a alguns. A leitura dos vários capítulos de cada parte traz a confirmação gradual deste plano equilibrado, e de tal forma que os cinco grupos de temas darão a ideia de um metódico e regularíssimo desdobrar de conceitos que aparecem como desenvolvimento e ilustração de uma única epígrafe. Repito que pude perceber um equilíbrio completo de todos os elementos expostos. Dei-me conta de não serem poucos os capítulos que se abrem por um enunciado fundamental, desenvolvendo-se em reflexões e comentários, e acabando por uma síntese que a tudo ilumina, englobando o enunciado básico e a explanação consequente. Quanto à cultura expressa no seu livro, convictamente a chamo de sólida, porque me julgo no segredo de seu vigor. Digo com certeza, ele encontra respaldo na íntima associação dos valores da sabedoria clássica e nas grandes e definitivas conquistas da sabedoria cristã. E não poderia deixar de citar que após a leitura de O inconsciente sem fronteiras, *me vem à mente a máxima renascentista que é buscada nestas páginas e no trabalho realizado, qual seja, "tornar o homem plenamente humano".*

Outra apreciação religiosa veio de Wetzlar, Alemanha, do Pastor Luterano **Ernst Helmuth Jost**, meu pai. Foi como criança, sentada aos seus pés, quando ele lia as suas homilias ou outros artigos religiosos à mamãe, que aprendi a conhecer o Cristo do Evangelho, que é, ao mesmo tempo, Deus e Homem Verdadeiro. E vivenciando aqueles momentos familiares de amor, creio que despertei assim minha capacidade de amar. Entretanto, já antes disto, no útero materno, registrei o sentido que estes pais queriam dar ao meu existir, quando escolheram para mim o nome de Renate, para que minha vida se centralizasse no "renascer" e em levar os homens a renascer... É a este pai, portanto, que devo em primeiro lugar, depois de Deus, o meu entusiasmo e a coragem do lançamento desta obra, que realmente visa, antes de tudo, a retomada e o "renascimento" da dimensão humana, ou do Eu-Pessoal, sempre sadia, livre e presente em todo o ser humano, por mais que se esconda por detrás das deformações psíquicas e físicas de cada um...

Fala o Pastor Jost:

Diante de minha função de pastor, não me compete opinar sobre a parte científica da ADI e do Método TIP. Mas, toda a argumentação é convincente e leva a confiar no processo de tratamento. Entretanto, a obra se estende para muito além de uma terapia da saúde, abrindo novos rumos à humanidade e à fé cristã: à humanidade, porque restabelece a integridade humana, incluindo as diversas dimensões da mente, a consciência, a subconsciência e, inclusive, as manifestações parapsicológicas; à fé cristã, porque aponta no centro da pessoa uma Luz espiritual, que ilumina e orienta a vontade e as energias criadoras da vida, desde que o indivíduo aceite esta orientação... Mais um terceiro aspecto da obra merece apoio: o trabalho da FUNDASINUM, com o atendimento a pessoas carentes, com orientação cristã e com a finalidade de servir de entidade-escola, visando especializar profissionais para que a obra tenha continuidade num futuro mais distante... Queira Nosso Senhor Jesus Cristo abençoar esta iniciativa e a todos os que se dedicam a esta obra de Bem!

Na apreciação espiritual-religiosa de nosso trabalho, há outra pessoa que distinguimos como muito especial: é a **Maria de Abreu Anawate**. Anawate é pedagoga e, há muitos anos, coordena e orienta grupos de espiritualidade e oração. Sobre o nosso livro, diz Maria Anawate:

Existem pessoas que são como archotes. Com sua luz iluminam a escuridão e tornam visível a realidade que ali estava oculta. No seu archote muitos outros se acenderão levando sua luz para iluminar as mais diversas áreas do saber humano.

Renate é uma delas.

Sua argumentação se estrutura sobre a base firme do sempre crescente número de dados colhidos diretamente do inconsciente. E explicam-se hoje, desta forma, em termos racionais, muitas questões que eram classificadas apenas como fenômenos espirituais e que, por isto, não eram consideradas pela ciência. Agora a ciência e a espiritualidade se aproximam gradativamente e dão-se as mãos. E isto é necessário acontecer, pois o homem só encontrará seu equilíbrio quando souber harmonizar as características da sua área física com a mental e a espiritual. E este livro é de inigualável auxílio na busca desta harmonia.

Também a área do *Direito* faz-se representar na apreciação prévia de nosso trabalho, através de Dra. Anna Maria Frauendorf Cenni.

Dra. Anna é advogada militante, professora de línguas, tradutora e intérprete para o inglês e o italiano.
É assim que nos fala Dra. Anna Maria:

> *O tratamento pela ADI e pelo Método TIP, tão bem exposto nos livros publicados pela Dra. Renate, foi o marco divisor de dois "tempos" da minha vida, como o é também de muitos outros pacientes que conheci... Através da terapia, de uma hora para outra, após algumas poucas sessões, livrei-me dos incômodos de uma "taquicardia paroxística" e da "extrasístole", próprias da Síndrome de Wolf Parkinson White, mal do qual eu há tantos anos sofria. Nunca mais, desde 1982, fui acometida por este tipo de doença... Agora, ao ler* O inconsciente sem fronteiras, *descubro o "porquê" e o "como" da minha cura. E me maravilho também pela descoberta do meu Eu-Pessoal, da minha capacidade de usar o "direito-dever" de escolha, sendo assim responsável pelo que faço de minha vida. Sou pessoa e senhora de coisas visíveis e invisíveis, do óbvio e do imponderável, do oceano infinito do inconsciente, que une a todos entre si sem, no entanto, deixar que sejamos únicos, irrepetíveis e conhecidos pelo nome, através de nosso núcleo de Luz, que nos projeta ao Infinito.*
>
> *O livro* O inconsciente sem fronteiras *me traz a confirmação de muita coisa que já intuía, levantando o véu em questões difíceis de entender da Filosofia e da Religião... Sinto agora que não sou "obra do acaso", mas resultado de um plano, e eternizada por um Raio de Luz, vindo de Deus-Criador... Isto me plenifica e me lança com confiança, como gente especial, nesta aventura maravilhosa que é VIVER!..."*

Destacaremos agora, ainda, nesta apreciação prévia do livro *O inconsciente sem fronteiras*, a opinião de outros profissionais que se submeteram ao processo ADI. Fala em primeiro lugar **Ana Luiza Esteves de Moraes**, que é dentista e estudante de psicologia.
Diz Dra. Ana:

> *A ciência, por ser essencialmente de natureza dinâmica, modifica conceitos e engloba novas descobertas com o passar dos anos. É a isso que chamamos de evolução. Todo ser humano, portanto, deve estar atento e aberto para captar estas mudanças que, às vezes, se apresentam lentas e sutis, e outras vezes são marcantes e definitivas. Ao terminar a leitura de* O inconsciente sem fronteiras, *deparei-me com uma das mais felizes descobertas da ciência dos últimos tempos. Isto porque com esta nova metodologia o ser humano poderá ser*

beneficiado integralmente. E a tendência atual em todas as áreas de saúde é o conceito de que não podemos tratar isolada uma determinada parte do paciente porque esta área está intimamente relacionada com o todo. O ser humano não é uma máquina, e todos sabemos da forte relação da nossa saúde física com o bem-estar psicológico. Quantos benefícios, quanta ajuda esta nova terapia poderá trazer (e já vem trazendo) aos milhares e milhares de pessoas do nosso tempo, tão confusas e angustiadas, que trabalham e vivem insatisfeitas e não sabem a quem recorrer. Pelo conteúdo dos casos clínicos, tão bem relatados, pude ver o quanto nossas vidas podem mudar, o quanto podemos crescer em todos os sentidos, no convívio com as pessoas, no trabalho, na espiritualidade e, talvez, no mais importante, que é o convívio com nós mesmos.

Penso que ao terminar a leitura desta obra passei a ver o mundo de outra maneira e acredito que, como eu, todas aquelas pessoas que realmente se preocupam com o bem-estar e a qualidade de vida da raça humana saberão aplaudir este grande passo dado em direção ao futuro. E, assim, só nos restará torcer para que este caminho aberto nos abra os olhos cada vez mais...

Maria Clara Jost é Mestre em Psicologia e graduada em Filosofia pela Universidade Federal de Minas Gerais (UFMG). É especialista na metodoloiga da ADI/TIP, Professora e supervisora do Curso de Especialização na área, pela Fundação de Saúde Integral Humanística – FUNDASINUM. Coordenadora da área de pesquisa e coleta de dados da FUNDASINUM, autora do livro *Por trás da máscara de ferro, as motivações do adolescente em conflito com a lei*; graduada em Música e especializada em Clarinete pela Universidade Escola Superior de Lisboa – Portugal.

Comenta Maria Clara:

Ao começar a ler O inconsciente sem fronteiras *tive uma sensação estranha... algo como uma clarificação, como se, de repente, aparecesse, no fim de um longo túnel, uma luz... Uma sensação de enxergar, depois de tanto tempo de nebulosa, escura e confusa caminhada, uma saída, uma resposta, uma direção... E essa sensação foi-se tornando cada vez mais nítida, mais certa, deliciosamente maravilhosa...*

Como psicóloga, acostumei-me a ouvir, durante todo o tempo de formação, e dali em diante, uma visão do homem cada vez mais determinista e sufocante. Aprendi a conviver com o sentimento de marasmo da psicologia tradicional, onde não se pode fazer muito para ajudar esse homem sofrido que se mostra nada mais que um resultado, mal-acabado, de um somatório de forças que o condicionam a ser o que é e o aprisionam. Restava conformar-nos com esta situação e tentar aliviar um pouco esse ser que sofre, escutando a fala, a palavra compulsiva sobre si mesmo, na ilusão de um esvaziamento catártico, e num retorno autocêntrico que coloca esse ser num círculo vicioso, sem saída, onde ele se sente cada vez mais vítima dos acontecimentos, sem controle sobre os próprios sentimentos e impulsos, sem forças para reagir a não ser com a agressão ao mundo que o condicionou e determinou, para por fim conformar-se com o seu estado de ser e "suportar" a vida que lhe foi destinada.

Durante todo esse tempo sofri profundamente com este estado de coisas. Não conseguia admitir que "o ser" podia estar tão simploriamente reduzido a nada. E a angústia aumentava ao perceber que essa "filosofia de vida" impregnava todos os ambientes. Na escola, nas ruas, na televisão, nos meios intelectuais, artísticos, entre jovens e idosos. Um ar de pessimismo, de falta de sentido, de perda total de referências e valores, onde tudo é permitido, onde a "liberdade" de ser e fazer pode ser total, onde cada um vale por si, se é que vale alguma coisa, e uma ilusória sensação de paraíso do momento presente, onde importa a felicidade deste momento, pois não se vislumbra nada de mais valioso no firmamento... e chama-se isso de maturidade?! O sentido do profundo e angustioso vazio, uma desesperadora incerteza, um total não saber, não entender, não se achar... milhões de caminhos abertos... sensação de estar perdido... angustiosa sensação de nada ser!!!

Foi então que vislumbrei a luz no fim do túnel. O inconsciente sem fronteiras descortina um outro mundo. Um mundo onde existe uma resposta. Uma resposta que não é mística, não é ilusória, não é política, idealista, materialista, espiritualista, não é classificável em qualquer modismo do nosso século, pois é uma resposta que vem de dentro de cada ser humano, com suas características irrepetíveis e maravilhosamente únicas. Ela nos faz buscar a força no nosso próprio coração que precisa sair de si mesmo e olhar para fora, olhar o outro, que precisa estar vivo, direcionando-se para o ato essencialmente humano de Amar. Ela nos diz que decidimos e optamos a cada momento de nossa vida, que somos responsáveis, pois respondemos de maneira exclusiva sempre, até mesmo a esses condicionamentos, dando-nos, portanto, a esperança de refazer, reconhecer, recomeçar, reanimar, retornar a ser aquilo que somos, como ser, com um sentido insubstituível, como o nó de uma rede que não pode jamais se omitir sob pena de provocar um buraco na malha da rede da vida...

Saber que ser humano é ser livre, é ser responsável, é estar direcionado ao amor, é estar realmente presente, participar deste momento, desta história, deste século. Isto me faz acreditar que o mundo é modificável, que existe sentido em querer crescer, e crescer juntos, elevando os outros ao nosso redor... que vale a pena estar aqui, pois somos absolutamente indispensáveis.

Por fim, como filha, queria agradecer à criador a do Método ADI/ TIP e à autora as horas de dedicação, as renúncias, os sofrimentos, a coragem e a força de escrever este livro. Agradecer todos os momentos de sua vida que ofereceu para que esta obra chegasse às nossas mãos. Agradecer ter ela acreditado na possibilidade de um mundo feito de Homens, feito de coragem, feito principalmente da verdade, a mesma que está no seu trabalho e dentro de cada ser humano que encontrou em seu caminho.

Amintas Jacques Jost de Moraes é engenheiro civil, pós-graduado em engenharia econômica pela Fundação Dom Cabral de Belo Horizonte; fez mestrado em Administração de Empresas em Boston, Massachussets (1997). Ao retrornar ao Brasil dedicou-se até o presente momento ao desenvolvimento da FUNDASINUM, nas mais diversas áreas de seus objetivos.

Segue sua apreciação da presente obra:

O livro O inconsciente sem fronteiras *vem atender a questionamentos do mundo contemporâneo na linha humanística e em momento histórico propício, quando o homem, angustiado e desgastado por teorias reducionistas, com profunda ânsia de acertar, sente mais do que nunca a necessidade de conhecer o embasamento científico e absoluto dos valores humanísticos e transcendentais, intrínsecos à sua pessoa. A obra apresenta um processo inovador, através do qual se torna possível absorver, a partir da pesquisa do inconsciente, um saber mais completo e rápido, processo comparável aos recursos disponíveis na informática, prognosticando com seu potencial — cujas contribuições em velocidade e precisão nos encantam — um desenvolvimento e uma aplicabilidade infindáveis. Compreendemos, assim, nosso compromisso e responsabilidade de promovermos o desenvolvimento desta metodologia, uma vez que neste contexto está inserida toda uma esperança de mudança comportamental da humanidade, a qual, uma vez atingida, promoverá incalculáveis benefícios às gerações futuras...*

REFERÊNCIAS BIBLIOGRÁFICAS

1. Dicionário de Filosofia, p. 112.
2. Bíblia Sagrada — *Evangelho de São João*, cap. 4, v. 8.
3. Bíblia Sagrada — *Evangelho de São João*, cap. 14, v. 6.
4. Bíblia Sagrada — *Evangelho de São João,* cap. 5, v. 6.
5. Bíblia Sagrada — *Evangelho de São João,* cap. 2, v. 9.
6. Bíblia Sagrada — *Evangelho de São Mateus,* cap. 6, v. 17.
7. Fritjof Capra — *Ponto de mutação* — p. 55.
8. Fritjof Capra — *Ponto de mutação* — p. 55.
9. Stanislaw Grof — *Para além do cérebro* — p. 3.
10. Rubem Alves — *Filosofia da ciência* — p. 45.
11. Fritjof Capra — *Ponto de mutação* — p. 72.
12. Fritjof Capra — *Ponto de mutação* — p. 74.
13. Fritjof Capra — *Ponto de mutação* — p. 74.
14. Fritjof Capra — *Ponto de mutação* — p. 95.
15. Fritjof Capra — *Ponto de mutação* — p. 85.
16. Howking, Stephen — *Uma breve história do tempo* — p. 29.
17. Howking, Stephen — *Uma breve história do tempo* — p. 29.
18. Fritjof Capra — *Ponto de mutação* — p. 366.
19. Fritjof Capra — *Ponto de mutação* — p. 366.
20. Stanislaw Grof — *Para além do cérebro* — p. 2.
21. Fritjof Capra — *Ponto de mutação* — p. 51.
22. Freud — *Standart brasileira*, Vol. XIV — p. 19.
23. Freud — *Standart brasileira*, Vol. XIV — p. 26.
24. Garcia Roza, *Freud e o inconsciente* — p. 47.
25. Garcia Roza, *Freud e o inconsciente* — p. 26.
26. Garcia Roza, *Freud e o inconsciente* — p. 26.
27. Tereza Erthal — *Terapia vivencial* — p. 109.
28. Joseph Nuttin, *Psicanálise e personalidade* — p. 126.
29. Jung. *Fundamentos de Psicologia Analítica* — p. 64.
30. Jung. *Fundamentos de Psicologia Analítica* — p. 86.
31. E. A. Bennet. *O que Jung disse realmente* — p. 35.
32. E. A. Bennet. *O que Jung disse realmente* — p. 35.
33. E. A. Bennet. *Jung e o inconsciente* — p. 4.

34. E. A. Bennet. *O que Jung disse realmente* — p. 38.
35. E. A. Bennet. *O que Jung disse realmente* — p. 38.
36. E. A. Bennet. *O que Jung disse realmente* — p. 55.
37. Xausa, Izar A. de Moraes. *A Psicologia do sentido da vida* — p. 71.
38. Yolanda Cintrão Forghieri — *Fenomenologia e psicologia* — p. 19.
39. Xausa, Izar A. de Moraes. *A Psicologia do sentido da vida* — p. 72.
40. A. A. Lima. *O existencialismo* — p. 39.
41. A. A. Lima. *O existencialismo* — p. 37.
42. A. A. Lima. *O existencialismo* — p. 37.
43. Jaspers — *Iniciação à Filosofia* — p. 39.
44. Jaspers — *Iniciação à Filosofia* — p. 46.
45. Jaspers — *Iniciação à Filosofia* — p. 47.
46. Jaspers — *Iniciação à Filosofia* — p. 48.
47. Jaspers — *Iniciação à Filosofia* — p. 45.
48. Geiwitz — *Teorias não freudianas da personalidade* — p. 149.
49. Schlupp — *Basic Conceps of Logotherapy of V. Frankl.*
50. Renate Moraes — *As chaves do inconsciente* — p. 310.
51. Schlupp — *Basic Conceps of Logotherapy of V. Frankl.*
52. Stanislaw Grof — *Para além do cérebro* — p. 94.
53. Fritjof Capra — *Ponto de mutação* — p. 343.
54. José Schembri — escrito para *O inconsciente sem fronteiras.*
55. H. Padovani e L. Castagnola — *História da Filosofia* — p. 459.
56. H. Padovani e L. Castagnola — *História da Filosofia* — p. 233.
57. H. Padovani e L. Castagnola — *História da Filosofia* — p. 289.
58. H. Padovani e L. Castagnola — *História da Filosofia* — p. 480.
59. H. Padovani e L. Castagnola — *História da Filosofia* — p. 480.
60. Viktor Frankl — *Der Unbewusste Gott.*
61. Congresso ADCE, Bahia — Artigo *Ética para empresários* — 1990.
62. Renate Jost de Moraes — *Amor, sexo, moral, o que valeu para ontem valerá ainda hoje?*
63. L. Boff — *Vida para além da morte* — p. 43.
64. L. Boff — *Vida para além da morte* — p. 40.
65. Jaspers — *Introdução ao pensamento filosófico* — p. 45.

BIBLIOGRAFIA

ABBAGNANO, Nicola. *Dicionário de Filosofia*, São Paulo, Editora Mestre Jou, 1982.

ABERASTURY, Arminda. *Adolescência*, Rio Grande do Sul, Artes Médicas, 1983.

ADAM, Augusto. *Investigação sobre a integração moral sexual na ordem ética*, Ed. Educ. Nacional, 1956.

AINSWORTH, Stanley. *O Poder emocional positivo*, São Paulo, Editora Cultrix, 1981.

ALLERS, Rudolf. *Freud — Estudo crítico da psicanálise*, Porto, Livraria Tavares Martins, 1963.

ALLPORT, Gordon W. "Prefácio à edição norte-americana de 1984" in FRANKL, Viktor, *Em busca de sentido*, São Leopoldo, Editora Sinodal, Petrópolis: Ed. Vozes 9ª edição, 1999.

ALVES, Rubem. *Filosofia da ciência*, São Paulo, Editora Brasiliense, 1981.

ANALECTA FRANKLIANA. *The Proceedings of the First Word Congress of Logotherapy,* San Diego, Califórnia, 1980.

ANDREAS, Steve e Connirae Andreas. *Transformando-se,* São Paulo, Summus Editorial, 1991.

ARLOW, Jacob e Brenner, Charles. *Conceitos psicanalíticos e a teoria estrutural*, Rio de Janeiro, Imago Editora, 1973.

ASSAGIOLI, Roberto. *O ato da vontade*, São Paulo, Editora Cultrix, 1973.

ASSAGIOLI, Roberto. *Psicossíntese*, São Paulo, Editora Cultrix, 1965.

ASTI, Vera. *Metodologia da pesquisa científica*, Porto Alegre, Globo, 1993.

BACHRACH, Arthur J. *Introdução à pesquisa psicológica*, São Paulo, Editora Herder, 1969.

BARROS, Dirceu N., Fernando E. L. e José G. *Obstetrícia*, Rio de Janeiro, Folha Carioca Editora Ltda., 1985.

BARROS, Manuel C. de. *Filosofia tomista,* Porto, Livraria Figueirinhas, 1986.

BATÀ, Angela M. La Sala. *Medicina psicoespiritual*, São Paulo, Editora Pensamento, 1980.

BATÀ, Angela M. La Sala. *O Espaço interior do homem*, São Paulo, Editora Pensamento, 1986.

BENNET, E. A. *O que Jung disse realment*e, Rio de Janeiro, Jorge Zahar Editor, 1985.

BERGE, André. *A educação sexual e afetiva* , Rio de Janeiro, Livraria Agir Editora, 1968.

BERGSON, Henri. *A evolução criadora*, Editora Delta, Rio de Janeiro, 1964.

BERGSON, Henri. *Introduccion a La Metafísica y la Intuición Filosofica*, Edi. Leviatán, Buenos Aires, 1903.

BERGSON, Henri. *Ensayo Sobre los Datos Inmediatos de La Consciencia*, Ed. Claudio Garcia e cia. Montevedeio, 1944.

BERMÚDEZ, Jaime G. R. *Introdução ao psicodrama*, São Paulo, Editora Mestre Jou, 1977.

BERNE, Eric. *Os jogos da vida,* Rio de Janeiro, Editora Artenova S.A., 1977.

BERTHERAT, Thérèse. *O corpo tem suas razões*, São Paulo, Martins Fontes, 1987.

BIASE, Walter Di. *Formas de inteligência*, Rio de Janeiro, Livraria Editora Cátedra, 1975.

BIGO, Pierre e Fernando B. de Ávila. *Fé cristã e compromisso social*, São Paulo, Edições Paulinas, 1982. BOFF, Leonardo. *Vida para além da morte*, Petrópolis, Vozes, 1988. BUSTOS, Dalmiro Manuel. *Psicoterapia psicodramática.*

BINSWANGER, Ludwig. *Ausgewählte Werke*, Band 3. Heidelberg Verlag, 1994.

BOFF, Leonardo. *Vida para além da morte*, Petrópolis, Vozes, 1985.

BUSTOS, Dalmiro Manuel. Psicoterapia psicodramática.

BUZZI, Arcângelo R. *Introdução ao pensar,* Petrópolis, Vozes, 1985.

CABRAL, Álvaro e Eduardo Pinto de Oliveira. *Uma breve história da psicologia,* Rio de Janeiro, Zahar Editores, 1972.

CABRAL, R. J. *Para compreender a psicopatologia geral*, Minas Gerais, Editora Santa Edwiges Ltda., 1983.

CAMPOS, Dinah M. de Souza. *Psicologia da adolescência*, Petrópolis, Vozes, 1975.

CAPRA, Fritjof. *O ponto de mutação* , São Paulo, Editora Cultrix, 1982.

CARVALHO, Irene Mello. *Introdução à psicologia das relações humanas*, Rio de Janeiro, Editora da Fundação Getúlio Vargas, 1978.

CHARDIN, Teilhard. *O meio divino,* São Paulo, Editora Cultrix, 1957.

CHARDIN, Teilhard. *O fenômeno humano,* São Paulo, Editora Cultrix, 1988.

CHARDIN, Teilhard. *Mundo, homem e Deus* , São Paulo, Editora Cultrix, 1986.

CHÂTELET, François. *O século XX,* Rio de Janeiro, Zahar Editores, 1982.

CHAUCHARD, Paul. *O domínio de si,* São Paulo, Edições Loyola, 1977.

CHAUCHARD, Paul. *Necessidade de amor,* São Paulo, Editora Herder, 1967.

CHOPRA, Deepak. *A cura quântica,* São Paulo, Editora Best Seller, 1989.

CHOPRA, Deepak. *Conexão saúde,* São Paulo, Editora Best Seller, 1987.

CRUCHON, S. J. George. *Iniciação à psicologia dinâmica* , Coimbra, Atlântida Editora, 1966.

D'ASSUMPÇÃO, Evaldo Alves. *Os que partem, os que ficam,* Petrópolis, Vozes, 1991.

DOLTO, Françoise. *Psicanálise e pediatria,* Rio de Janeiro, Zahar Editores, 1972.

DORIN, E. *Dicionário de Psicologia,* São Paulo, Edições Melhoramentos, 1978.

DORSCH, Friedrich. *Diccionario de Psicología,* Barcelona, Editorial Herder, 1981.

DOURLEY, John P. *A psique como sacramento* , São Paulo, Edições Paulinas, 1985.

ELKIND, David. *Crianças e adolescentes,* Rio de Janeiro, Zahar Editores, 1972.

ENTRALOGO, Pedro Lain. *Cuerpo y alma,* Ed. Espasa Calpe, 1991.

ERTHAL, Tereza C. Saldanha. *Terapia Vivencial,* Petrópolis, Vozes, 1990.

FESTINGER, Leon e Daniel Katz. *A pesquisa na psicologia social,* Rio de Janeiro, Editora da Fundação Getúlio Vargas, 1974. FIORINI, Héctor J. *Teoria e técnica de psicoterapias,* Rio de Janeiro, Livraria Francisco Alves Editora S.A., 1985.

FIZZOTTI, Eugenio. *De Freud a Frankl,* Espanha, Eunsa, 1981.

FORGHIERI, Yolanda Cintrão. *Fenomenologia e Psicologia,* São Paulo, Cortez/Autores Associados, 1984.

FOULQUIÉ, Paul. *O existencialismo,* São Paulo/Rio de Janeiro, Difel, 1975.

FRANCA, Leonel. *Noções de História da Filosofia,* Rio de Janeiro, Livraria Agir Editora, 1987.

FRANCA, Leonel. *Por que existem homens que não creem em Deus,* São Paulo, Mundo Cultural Ltda., 1979.

FRANKL, Viktor. *Fundamentos antropológicos da psicoterapia.*

FRANKL, Viktor E. *Der Mensch auf der Suche nach Sinn,* Germany, Herderbücherei, 1972.

FRANKL, Viktor E. *Der Unbewusste Gott,* München, Kosel-Verlag, 1979.

FRANKL, Viktor E. *Die Sinnfrage in der Psychotherapie,* München, R. Piper & Co. Verlag, 1981.

FRANKL, Viktor E. *Sin-Voll Heilen,* Germany, Herderbücherei, 1984.

FRANKL, Viktor E. *Theorie und Therapie der Neurosen*, München, Ernest Reinhart Verlag, München — Basel, 1983.

FRANKL, Viktor E. *Psychotherapie fur den Laien,* Germany, Herderbücherei, 1983.

FREUD, Anna. *O ego e os mecanismos de defesa,* Rio de Janeiro, Civilização Brasileira, 1983.

FREUD, Sigmund. *Obras completas*, Volume 1, p. 115-131, Rio de Janeiro: Imago Editora Ltda., 1974.

FREUD, Sigmund. *Volume XIV, de Obras completas,* Rio de Janeiro, Imago Editora Ltda. 1974.

FRIDERICHS, Edvino Augusto. *Cura do psiquismo,* São Paulo, Edições Loyola, 1987.

FROMM, Erich. *Análise do homem,* Rio de Janeiro, Zahar Editores, 1978.

GANONG, William F. *Fisiologia médica*, São Paulo, Atheneu Editora São Paulo S.A., 1973.

GEIWITZ, P. James. *Teorias não-freudianas da personalidade* , São Paulo, Editora Pedagógica e Universitária Ltda., 1973.

GROF, Stanislaw. *Para além do cérebro*, São Paulo, McGraw-Hill, 1987, p. 301.

HALL, Calvin S. e Gardner Lindzey. *Teorias da personalidade*, São Paulo, E.P.U. e EDUSP, 1973.

HARRIS, Thomas A. *As relações do bem-estar pessoal*, Rio de Janeiro, Editora Artenova Ltda., 1977.

HAWKING, Stephen W. *Uma breve história do Tempo,* Petrópolis, Rocco, 1989.

HILDERBRAND, Dietrich von. *Atitudes éticas fundamentais,* São Paulo, Quadrante, 1988.

HILDERBRAND, Dietrich von. *Filosofia do relacionamento entre homem e mulher,* São Paulo, Mundo Cultural Ltda., 1984.

HOSSRI, Cesário Morey. *Treinamento autógeno e equilíbrio psicotônico,* São Paulo, Editora Mestre Jou, 1976.

JAPIASSU, Hilton. *Introdução à epistemologia da psicologia,* Rio de Janeiro, Imago Editora Ltda, 1977.

JAPIASSU, Hilton e MARCONDES, Danilo. *Dicionário básico de Filosofia,* 3ª edição, Rio de Janeiro, Jorge Zahar Editora, 1996.

JASPERS. *Iniciação à Filosofia,* Guimarães Editores, Lisboa, 1984.

JASPERS. *Introdução ao pensamento filosófico,* Ed. Cultrix, São Paulo, 1965.

JOLIVET, Régis. *Curso de Filosofia,* Rio de Janeiro, Livraria Agir Editora, 1987.

JOST, Gisela Renate. *Problemas sociais do hanseniano,* TCC de Serviço Social — Pontifícia Universidade Católica do Rio Grande do Sul, 1962.

JUAN, Luis Segundo. *Que mundo? Que homem? Que Deus,* Ed. Paulinas, São Paulo-SP, 1995.

JUNG, C. G. *Fundamentos da psicologia analítica,* Petrópolis, Vozes, 1972.

JUNG, C. G. *O Eu e o inconsciente,* Petrópolis, Vozes, 1982.

JUNG, C. G. *Psicologia do inconsciente,* Petrópolis, Vozes, 1980.

KLUCKHOHN, Clyde e Henry A. Murray. *Personalidade na natureza, na sociedade e na cultur a,* Minas Gerais, Editora Itatiaia Ltda., 1965.

KOHLER, Wolfgang. *Psicologia da gestalt,* Belo Horizonte, Editora Itatiaia Ltda.,1968.

LAING, R. D. *O eu e os outros,* Petrópolis, Vozes, 1989.

LAING, R.D. *O eu dividido,* Petrópolis, Vozes, 1987.

LARRAÑAGA, Inácio. *Sofrimento e paz,* Petrópolis, Vozes, 1989.

LARRY, Dossey MD. *Encontro com a alma uma investigação científica e espiritual,* Ed. Cultrix, São Paulo-SP, 1989.

LAZARUS, Arnold A. *Uma visão além dos princípios de condicionamento,* Belo Horizonte, Interlivros, 1977.

LEITE, Dante Moreira. *Personalidade,* São Paulo, Companhia Editora Nacional, 1967.

LEMAIRE, Anika. *Jacques Lacan,* Rio de Janeiro, Editora Campus Ltda. 1982.

LEON, Bonaventure. *Psicologia e vida mística,* Ed. Vozes, Petrópolis, 1975.

LLERA, Jesus Beltran. *Psicologia,* Petrópolis, Vozes, 1992.

LIMA, Alceu Amoroso. *O existencialismo*, Rio de Janeiro, Livraria Agir Editora, 1951.

LORENZATTO, José. *Parapsicologia e religião,* São Paulo, Edições Loyola, 1979.

LUKAS, Elisabeth. *Auch dein Leiden hat Sinn*, Germany, Herderbücherei, 1981.

LUKAS, Elisabeth. *Auch deine Familie braucht Sinn*, Germany, Herderbücherei, 1981.

LUKAS, Elisabeth. *Gesinnung und Gesundheit,* Germany, Herderbücherei, 1987.

LUKAS, Elisabeth. *Psychologische Seelsorge,* Germany, Herderbücherei, 1985.

LUKAS, Elisabeth. *Von der Tiefenzur Hohenpsychologie,* Germany, Herderbücherei, 1983.

LUKAS, Elisabeth. *Von der Trotzmacht des Geistes,* Herderbücherei, 1986.

MANDRIONI, Héctor D. *Introducción a la Filosofia*, Buenos Aires, Editorial Kapelusz S.A., 1964.

MARCELLI, Daniel. *Estados fronteiriços em psiquiatria,* Rio de Janeiro, Zahar Editores, 1982.

MARITAIN, Jacques. *Sete lições sobre o ser*, Ed. Loyola, São Paulo-SP, 1996.

MARITAIN, Jacques. *Die Stufen des Wissens*, Mathias Grüne Wald. Verlag. Maiz.

MARX, Melvin H. e William A. Hillix. *Sistemas e teorias em psicologia,* São Paulo, Editora Cultrix, 1973.

MAY, Rollo. *Psicologia existencial,* Porto Alegre, Editora Globo, 1980.

MECA, Diego Sánchez. *Martin Buber,* Barcelona, Editorial Herder, 1984.

MENEZES, Onofre A. *Parapsicologia e regressão de idade*, São Paulo, Edições Loyola, 1986.

MEVES, Christa. *Freiheit Will Gelernt Sein*, Germany, Herderbücherei, 1981.

MICELA, Rosaria. *Antropologia e psicanálise*, São Paulo, Brasiliense, 1984.

MOHANA, João. *Teologia das relações humanas,* São Paulo, Edições Loyola, 1982.

MOHANA, João. *Ajustamento conjugal,* Porto Alegre, Editora Globo, 1969.

MOHANA, João. *Plenitude humana,* Porto Alegre, Editora Globo, 1977.

MONDIN, Battista. *O homem — Quem é ele?,* São Paulo, Edições Paulinas, 1980.

MONTEOLIVA, José Maria. *O dilema da sexualidade,* São Paulo, Edições Loyola, 1990.

MOODY JR., Raymond A. *Vida depois da vida*, São Paulo, Edibolso, 1975.

MORAES, Gisela Renate Jost. *Tendência filosófico-psicológica da atualidade,* Belo Horizonte, Lato Sensu, 1985.

MORAES, Gisela Renate Jost. *Psicoterapia do mongoloide* (2ª edição), Belo Horizonte, Impriminas, 1979.

MORAES, Gisela Renate Jost. *História da psicologia numa apreciação humanística,* Brasília, 1978.

MORAES, Gisela Renate Jost. *Experiências com a abordagem do inconsciente sem Hipnose*, Trabalho de Estágio em Psicologia, CEUB, Brasília, 1977.

MORAES, Gisela Renate Jost. *Reflexões humanísticas sobre a educação,* Belo Horizonte, Lato Sensu, 1986.

MORAES, Gisela Renate Jost. *Amor, sexo, moral — O que valeu para ontem valerá ainda hoje?*, São Paulo, Ed. Mens Sana, 1982.

MORAES, Gisela Renate Jost. *Método de terapia noossofrológica MTN* — 2ª edição, Impriminas, Belo Horizonte, 1979.

MORAES, Renate Jost. *As chaves do inconsciente,* Rio de Janeiro, Agir, (11ª Edição), 1996.

MORENO, J. L. *Psicoterapia de grupo e psicodrama,* São Paulo, Editora Mestre Jou, 1974.

MORENO, J. L. *Psicodrama,* São Paulo, Editora Cultrix, 1987.

MORGAN, Cliford T. *Psicologia fisiológica,* São Paulo, EPU e Editora da Universidade de São Paulo, 1973.

MUUSS, Rolf E. *Teoria da adolescência,* Minas Gerais, Interlivros, 1974.

NÉRICI, Imídeo Giuseppe. *Didática geral dinâmica,* Rio de Janeiro, Editora Científica, 1973.

NOGARE, Pedro Dalle. *Humanismos e anti-humanismos,* Petrópolis, Vozes, 1990.

NUTTIN, Joseph. *Psicanálise e personalidade,* Rio de Janeiro, Livraria Agir Editora, 1972.

ORAISON, Marc. *O Problema do amor,* São Paulo, Edições Paulinas, 1969.

ORAISON, Marc. *Psicologia e sentido do pecado* , São Paulo, Edições Paulinas, 1974.

PADOVANI, Humberto e Luís Castagnola. *História da Filosofia,* São Paulo, Melhoramentos, 1984.

PASOLINI, Piero. *A unidade do cosmo*, São Paulo, Editora Cidade Nova, 1988.

PASOLINI, Piero. *O futuro: melhor que qualquer passado*, São Paulo, Editora Cidade Nova, 1982.

PENFIELD, Wilder. *O mistério da mente*, São Paulo, Atheneu Editora São Paulo, 1983.

PETZOLD, Ernst und Achim Reindell. *Klinische Psychosomatik*, Germany, Quelle & Meyer Heidelberg, 1980.

PRONTUÁRIOS. Trechos extraídos do atendimento a 257 casos clínicos — IMEP e FUNDASINUM.

POWEL, John e Loretta Brady. *Arrancar máscaras, abondonar papéis*, São Paulo, Edições Loyola, 1988.

RABUSKE, Edvino A. *Antropologia filosófica*, Rio Grande do Sul, Grafosul, 1981.

REED, William Standish. *A cura do homem total*, Rio de Janeiro, Edições Louva-a-Deus, 1986.

REIS, Mário G. *Divórcio ou ministério da família?*, São Paulo, Edições Loyola, 1975.

RITCHIE, George G. e Elisabeth Sherrill. *Voltar do amanhã*, Rio de Janeiro, Nórdica, 1978.

RIVAS, Manuel E. Iglesias. *Entre Luces Y Sombras*, Espanha, Mensajero, 1971.

ROGERS, Carl R., Rachel L. Rosenberg. *A Pessoa como centro*, São Paulo, E.P.U. e EDUSP, 1977.

ROZA, Luiz A. Garcia. *Freud e o inconsciente*, Rio de Janeiro, Zahar Editores, 1984.

RUITENBEEK, Hendrik M. *Psicoanálisis Y Filosofía Existencial*, Madri, Editorial Gredos, S.A., 1972.

RULLA, L. M. *Psicologia do profundo e vocação*, São Paulo, Edições Paulinas, 1986.

SCHULTZ, Duane. *História da psicologia moderna*, São Paulo, Editora Cultrix, 1975.

SEGAL, Hanna. *Introdução à obra de Melanie Klein*, Rio de Janeiro, Imago Editora Ltda., 1975.

SILVA, Franklin Leopoldo. *Bérgson, Intuição e discurso filosófico*, Ed. Loyola, São Paulo-SP, 1994.

SPITZ, René A. *O primeiro ano de vida,* São Paulo, Livraria Martins Fontes Editora Ltda., 1983.

STORR, Anthony. *As ideias de Jung*, São Paulo, Editora Cultrix, 1984.

STRACHEY, James. *Artigos sobre técnicas — sonhos no folclore,* Rio de Janeiro, Imago Editora Ltda., 1976.

TEPE, Dom Valfredo. *Diálogo e auto-realização,* Editora Vozes, Petrópolis, 1965.

TEPE, Dom Valfredo. *O sentido da vida*, Editora Mensageiro, Brasília, 1966.

TRESMONTANT, Claude. *La Mística Cristiana Y El Porvenir Del Hombre*, Barcelona, Editorial Herder, 1980.

VAN DEN BERG, J. H. *Pequena psiquiatria,* São Paulo, Editora Mestre Jou, 1976.

WAMBACH, Helen. *Vida antes da vida*, Rio de Janeiro, Livraria Freitas Bastos S.A., 1988.

WEIL, Pierre. *As fronteiras da regressão*, Petropólis, Vozes, 1977.

WEIL, Pierre. *Holística: Uma nova visão e abordagem do real,* São Paulo, Editora Palas Athena, 1990.

WERTHEIMER, Michael. *Pequena história da psicologia*, São Paulo, Companhia Editora Nacional, 1977.

WILHELM, Joanna. *A caminho do nascimento*, Rio de Janeiro, Imago Editora Ltda., 1988.

WINKEL, Erna van der. *Do inconsciente a Deus,* São Paulo, Ed. Paulinas, 1985.

WOLFF, Hanna. *Jesus psicoterapeuta,* São Paulo, Edições Paulinas, 1988.

WOLFF, Werner. *Fundamentos de psicologia*, São Paulo, Editora Mestre Jou, 1956.

WOODWORTH, Robert S. e Donald G. Marquis. *Psicologia*, São Paulo, Companhia Editora Nacional, 1968.

XAUSA, Izar A. de Moraes. *A Psicologia do sentido da vida,* Petrópolis, Vozes, 1986.

ZANCHETTA, Maria Luiza. *Ancestrais, vida intra-uterina e libertação do Homem,* Rio Grande do Sul, 1987.

ZOLLER, H. *Die Befreiung vom Wissenschaftlichen Glauben,* Herderbücherei, 1974.

ÍNDICE

PREFÁCIO 7
APRESENTAÇÃO 13
INTRODUÇÃO 15

1. O INCONSCIENTE SEM FRONTEIRAS................................19
   1.1. Considerações iniciais 19
   1.2. O significado diferencial da pesquisa "direta"
        do inconsciente...25
   1.3. A realidade inconsciente diante da "inversão direcional" 30

**2. A ABRANGÊNCIA INTEGRAL DO HOMEM
PELO MÉTODO TIP** 35
   2.1. A abrangência terapêutica pelo método TIP.....................36
   2.2. A abrangência técnica pelo processo "circular" 96
   2.3. A abrangência por "períodos vitais"............................115

**3. O HOMEM EM SEU SIGNIFICADO ATRAVÉS
DA HISTÓRIA E A PARTIR DO INCONSCIENTE** 197
   3.1. O humanismo da Antiguidade e a pesquisa do inconsciente... 200
   3.2. O humanismo cristão a partir do inconsciente 213
   3.3. A ciência e a desumanização.................................224
   3.4. Limites da ciência no parecer de cientistas 232
   3.5. A análise do homem pelo inconsciente "racionalizado"
        e "inferido" 238
   3.6. A guinada da reumanização
        e as informações do inconsciente............................254
   3.7. A busca indireta do inconsciente em terapias alternativas....... 279
   3.8. O "intuicionismo" e o inconsciente
        diretamente pesquisados 289

**4. AS INSTÂNCIAS HUMANÍSTICAS REVELADAS
PELO INCONSCIENTE** 293
   4.1. O enigma científico da vida.................................297

4.2. O inconsciente responde sobre a vida humana 302
4.3. A pessoalidade 305
4.4. A inteligência 358
4.5. O núcleo de Luz 372
4.6. O Amor e suas expressões inconscientes 396
4.7. "Núcleo existencial",
    vida e morte a partir do inconsciente 426
4.8. O inconsciente como ponte
    entre ciência e transcendência 444

5. A ADI COMO PARADIGMA CIENTÍFICO
COMPLEMENTAR 455
5.1. A ADI como Psicologia 458
5.2. A ADI junto à Medicina e a Psicossomática 464
5.3. A ADI junto à Psiquiatria 507
5.4. A ADI junto a outras ciências, na família,
    na educação e nas relações humanas 521

CONCLUSÃO 533
APRECIAÇÕES 541
REFERÊNCIAS BIBLIOGRÁFICAS 555
BIBLIOGRAFIA 557